Biosphäre

Rheinland-Pfalz

7-10

Cornelsen

Biosphäre
Band 7–10 Gymnasium Rheinland-Pfalz

Autorinnen und Autoren:
Silke Hübner, Kaiserslautern; Gabriele Merk, Alzey; Kathrin Scholz, Herxheim

Beraterinnen und Berater:
Raimund Leibold, Nittel; Waltraud Suwelack, Höhr-Grenzhausen

Teile dieses Buches sind anderen Ausgaben der Lehrwerksreihe Biosphäre entnommen.

Autorinnen und Autoren dieser Ausgaben:
Simone Alberts; Astrid Agster; Stefan Auerbach; Andreas Bauer; Joachim Becker; Dr. Werner Bils; Pia Bordes-Sagner; Anke Brennecke; Silke Bringezu; Frank Deutschmann; Anne-Kathrin Dierschke; Peter Emmler; Robert Felch; Heidemarie Frasiak; Daniela Grabenstein; Christian Gröne; Franziska Hach; Angelika Huber; Yvonne Hübner; Lutz Jäger; Dr. Horst Janz; Michael Jütte; Wolfhard Koth-Hohmann; Prof. Dr. Hansjörg Küster; Dr. Karl-Wilhelm Leienbach; Andre Linnert; Prof. Dr. Anke Meisert; Monika Pohlmann; Martin Post; Gabriele Rupp; Dr. Ulrike Schiek; Annegret Schlegel; Dr. Stephanie Schrank; Hans-Jürgen Staudenmaier; Dr. Matthias Stoll; Michael Szabados; Volker Wiechern; Dr. Hans-Joachim Winkhardt

Redaktion: Ina Albrecht

Redaktionelle Mitarbeit: Aljoscha Metz; Dr. Peggy Radant; Dr. Adria Wehser

Designberatung: Katharina Wolff-Steininger

Layoutkonzept, Umschlaggestaltung, Layout: SOFAROBOTNIK GbR, Augsburg & München

Technische Umsetzung: SOFAROBOTNIK GbR, Augsburg & München

Grafik: Marina Goldberg, Berlin; Karin Mall, Berlin; Tom Menzel, Klingberg; Matthias Pflügner, Berlin

Begleitmaterialien zum Lehrwerk	
E-Book	978-3-06-420192-7
Lösungen zum Schülerbuch 7-10	978-3-06-420180-4
Handreichungen für den Unterricht Teil 1	978-3-06-300006-7
Handreichungen für den Unterricht Teil 2	978-3-06-420007-4
Handreichungen für den Unterricht Teil 3	978-3-06-420008-1

www.cornelsen.de

1. Auflage, 6. Druck 2022

Alle Drucke dieser Auflage sind inhaltlich unverändert und können im Unterricht nebeneinander verwendet werden.

© 2015 Cornelsen Schulverlage GmbH, Berlin
© 2016 Cornelsen Verlag GmbH, Berlin

Druck und Bindung: Livonia Print, Riga

ISBN 978-3-06-420179-8

PEFC zertifiziert
Dieses Produkt stammt aus nachhaltig bewirtschafteten Wäldern und kontrollierten Quellen.
www.pefc.de
PEFC/12-31-006

INHALTSVERZEICHNIS

Vielfalt vor der Haustür   8

1 Kennzeichen der Lebewesen

Von Tieren, Menschen und Pflanzen 10

2 Das System der Lebewesen

Vielfalt lässt sich ordnen 14
METHODE Ordnen   18

Säugetiere lassen sich ordnen 20
METHODE Vergleichen   22

3 Vielfalt bei Wirbellosen

Der Regenwurm – ein Ringelwurm 24

Die Weinbergschnecke – ein Weichtier 28

Die Honigbiene – ein Insekt 32
METHODE Informationsbeschaffung   36
METHODE Bestimmungsschlüssel   37

Wirbellose im Überblick 38

4 Vielfalt bei Pflanzen

Blütenpflanzen lassen sich ordnen 40

Vielfalt der Bäume 46
METHODE Herbarium – Sammeln und Bestimmen   48

Sporenpflanzen und Pilze 50

5 Einzellige Lebewesen

Einzeller 52
METHODE Mikroskopieren und Zeichnen   56

ÜBERPRÜFE DEIN GRUNDWISSEN   58
Vielfalt vor der Haustür

Vielfalt und Veränderung   60

1 Geschichte des Lebens auf der Erde

Lebewesen der Vergangenheit 62

Fossilien 66

2 Verwandtschaft der Lebewesen

Entwicklungsgeschichte der Wirbeltiere 70

Verwandtschaft der Wirbeltiere 74

3 Veränderungen der Lebewesen

Natürliche Auslese 80
BASISKONZEPT Entwicklung   82

DARWINs Theorie 84

ÜBERPRÜFE DEIN GRUNDWISSEN   88
Vielfalt und Veränderung

Versorgung mit Stoffen und Energie   90

1 Der Körper besteht aus Zellen

Von der Zelle zum Organismus **92**

BASISKONZEPT System   94

2 Ernährung und Verdauung

Nahrungsmittel und ihre Inhaltsstoffe **96**

Verdauung von Kohlenhydraten **102**

METHODE Ein Versuchsprotokoll erstellen   106

Verdauung von Proteinen und Fetten **108**

Verdauung im Überblick **112**

3 Atmung, Blut und Blutkreislauf

Lunge – Atmung und Gasaustausch **114**

BASISKONZEPT Struktur – Eigenschaft – Funktion   116

METHODE Arbeiten mit Modellen   118

Blut – Zusammensetzung und Aufgaben **120**

Blutkreislauf **124**

Herz – Bau und Funktion **128**

METHODE Präparation eines Schweineherzens   132

4 Auch Zellen atmen

Zellatmung **134**

IM BLICKPUNKT CHEMIE Stoff- und Teilchenebene   135

IM BLICKPUNKT PHYSIK Energie   136

ÜBERPRÜFE DEIN GRUNDWISSEN   138
Versorgung mit Stoffen und Energie

Licht ermöglicht Stoffaufbau   140

1 Pflanzen produzieren Stoffe

Pflanzen bestehen aus Zellen **142**

METHODE Herstellung eines mikroskopischen   144
Präparats von Pflanzenzellen

Fotosynthese **146**

Fotosynthese und Zellatmung **152**

ÜBERPRÜFE DEIN GRUNDWISSEN   155
Licht ermöglicht Stoffaufbau

Ökosysteme im Wandel   156

1 Wechselbeziehung zwischen Pflanze und Tier

Pflanzen und Tiere sind aufeinander **158**
angewiesen

2 Ökosystem – mehr als ein Lebensraum

Trockenmauer **160**

METHODE Untersuchung eines Ökosystems   164

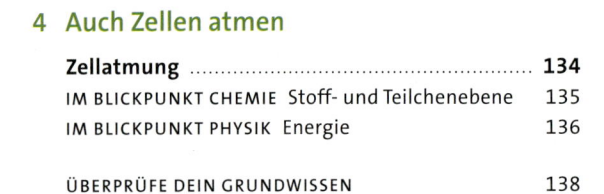

3 Ökosystem Wald

Standortansprüche von Pflanzen **166**

Nahrungsbeziehungen im Wald **170**
IM BLICKPUNKT BODENÖKOLOGIE 174
Zersetzung von Laub
METHODE Bestimmung von Bodenlebewesen 175

Energiefluss und Stoffkreisläufe im Wald **176**

Wald im Wandel **180**

4 Ökosystem Fließgewässer

Lebensräume entlang eines Fließgewässers **184**

Leben in der Strömung **188**
METHODE Gewässeruntersuchung 192

Fließgewässer im Wandel **194**

5 Der Mensch beeinflusst Ökosysteme

Der Mensch belastet die Umwelt **198**
IM BLICKPUNKT GEOGRAFIE Treibhauseffekt 201

Biodiversität **204**

Nachhaltiges Handeln **208**
IM BLICKPUNKT GEOGRAFIE 211
Arten- und Biotopschutz

ÜBERPRÜFE DEIN GRUNDWISSEN Ökosysteme 212
im Wandel

Erwachsen werden 214

1 Pubertät

Zeit des Erwachsenwerdens **216**

Geschlechtsorgane **220**

2 Sexualität und Fortpflanzung

Liebe und Sexualität **222**

Menstruationszyklus und Schwangerschaft **226**

Verhütung **230**

ÜBERPRÜFE DEIN GRUNDWISSEN 234
Erwachsen werden

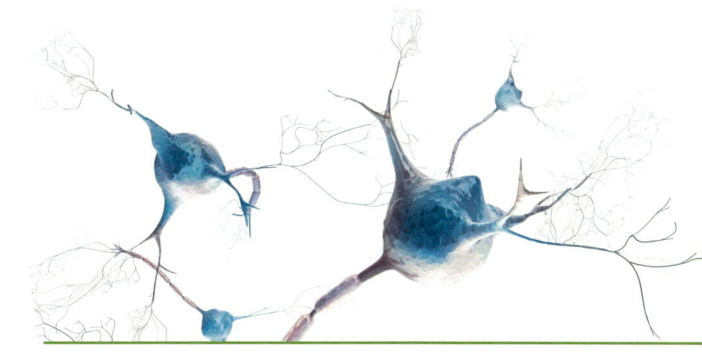

Informationen empfangen, 236
verarbeiten, speichern

1 Sinnesorgane des Menschen

Der Körper nimmt viele Reize wahr **238**

Das Auge **242**
IM BLICKPUNKT PHYSIK Strahlengänge 246
IM BLICKPUNKT MEDIZIN Fehlsichtigkeit 247
METHODE Präparation eines Schweineauges 248

Sehen – mit Auge und Gehirn **250**

Riechen und Schmecken **256**
IM BLICKPUNKT ZOOLOGIE Geruchssinn bei Hunden 258

2 Informationsverarbeitung

Zentrales und peripheres Nervensystem **260**

Die Nervenzelle **264**

Gehirn und Rückenmark **268**

Lernen und Gedächtnis **272**
IM BLICKPUNKT MEDIZIN Sucht und Drogen   274

ÜBERPRÜFE DEIN GRUNDWISSEN Informationen   276
empfangen, verarbeiten, speichern

Sport und Ernährung   278

1 Gesunderhaltung des Körpers

Gesunde Ernährung **280**
IM BLICKPUNKT MEDIZIN Essstörungen   284

Der Blutzuckergehalt wird geregelt **286**

Entspannung und Anspannung **290**

2 Bewegung

Bau und Funktion des Muskels **292**
BASISKONZEPT Energie   294

Bewegung und Fitness **296**

ÜBERPRÜFE DEIN GRUNDWISSEN   300
Sport und Ernährung

Krankheitserreger erkennen   302
und abwehren

1 Krankheitserreger

Bakterien **304**
IM BLICKPUNKT GESCHICHTE Alexander FLEMING   306
entdeckt das Penicillin

Viren **308**

Weitere Krankheitserreger **310**

2 Immunsystem

Immunabwehr **314**

Immunisierung **318**
IM BLICKPUNKT MEDIZIN HI-Virus und Aids   322
IM BLICKPUNKT MEDIZIN Allergien   323

ÜBERPRÜFE DEIN GRUNDWISSEN Krankheitserreger   324
erkennen und abwehren

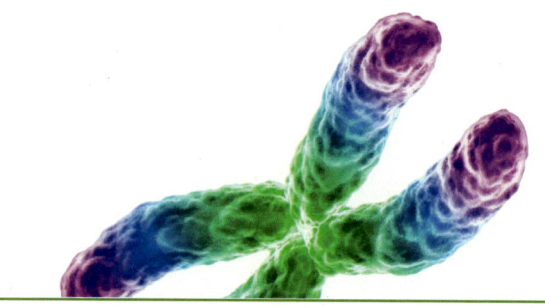

Individualität und   326
Entwicklung

1 Erbinformation

Teilung und Wachstum **328**

Kinder sehen ihren Eltern ähnlich **334**
IM BLICKPUNKT GESCHICHTE Entstehung der   336
Vererbungsregeln

Chromosomen – Träger der Erbinformation **338**

Bildung der Geschlechtszellen und Meiose **342**

Gene bestimmen Merkmale **346**

Proteinbiosynthese im Überblick **350**

2 Vererbung beim Menschen

Forschungsmethoden der Humangenetik **352**
METHODE Stammbäume lesen und auswerten 354

Genetik der Blutgruppen **356**

Genetisch bedingte Erkrankungen **360**

ÜBERPRÜFE DEIN GRUNDWISSEN 364
Individualität und Entwicklung

Biologische Anthropologie   386

1 Evolution des Menschen

Stammesentwicklung des Menschen **388**

Der Mensch erobert die Erde **394**
IM BLICKPUNKT GESCHICHTE Menschliche 398
Rassen – ein umstrittener Begriff

Stress **400**

ÜBERPRÜFE DEIN GRUNDWISSEN 404
Biologische Anthropologie

Aufgaben richtig verstehen – Aufgaben lösen ... **405**

Register **408**

Bildquellenverzeichnis **415**

Biowissenschaften und Gesellschaft   366

1 Angewandte Biologie

Tier- und Pflanzenzucht **368**

Gentechnik **372**

Gentechnik beim Menschen **376**

Der genetische Fingerabdruck **378**

Klonen **381**
IM BLICKPUNKT BIOTECHNOLOGIE UND ETHIK 382
Klonen

ÜBERPRÜFE DEIN GRUNDWISSEN 384
Biowissenschaften und Gesellschaft

Vielfalt vor der Haustür

1 **Kennzeichen der Lebewesen** **10**

2 **Das System der Lebewesen** **14**

3 **Vielfalt bei Wirbellosen** **24**

4 **Vielfalt bei Pflanzen** **40**

5 **Einzellige Lebewesen** **52**

In diesem Kapitel beschäftigst du dich mit

- ▶ den Kennzeichen der Lebewesen. Du erfährst, wie man Lebewesen von Gegenständen unterscheiden kann.

- ▶ der Vielfalt von Lebewesen. Du lernst, wie man die unterschiedlichen Lebewesen ordnen kann. Am Beispiel der Säugetiere erfährst du, wie man sie aufgrund kennzeichnender Merkmale in Gruppen einteilt.

- ▶ wirbellosen Tieren. Du lernst den Regenwurm, die Weinbergschnecke und die Honigbiene als Vertreter dieser vielgestaltigen Gruppe kennen und beschäftigst dich mit dem Körperbau und der Lebensweise der Tiere.

- ▶ Blütenpflanzen, Sporenpflanzen und Pilzen. Du erhältst einen Einblick in die Vielfältigkeit dieser Lebewesen und lernst etwas über ihren Aufbau, ihre Fortpflanzung und kennzeichnenden Merkmale.

- ▶ Einzellern. Du lernst Lebewesen kennen, die nur aus einer Zelle bestehen und dennoch alle Kennzeichen der Lebewesen zeigen.

01 Weinberg-
schnecke kriecht
über einen Stein

Von Tieren, Menschen und Pflanzen

Wenn die Luft früh am Morgen noch feucht und kühl ist, sind viele Weinbergschnecken unterwegs. Sie kriechen langsam über Steine, Blätter und Äste. Ohne Zögern erkennen wir sie als Lebewesen, während wir Steine als nicht lebendig einordnen. Doch welche Merkmale hat ein Lebewesen? Und treffen diese Merkmale auf Tiere, Menschen und Pflanzen in gleicher Weise zu?

TIERE · Die Fähigkeit sich zu bewegen, gehört zu den auffälligsten Merkmalen der Tiere. Auch die Weinbergschnecke lässt sich hierdurch trotz ihrer Langsamkeit leicht vom nicht lebendigen Stein unterscheiden. **Bewegung** ist ein Kennzeichen der Lebewesen. Aber auch Autos bewegen sich. Daher muss es weitere Kennzeichen für Lebewesen geben.

Stößt die Weinbergschnecke mit ihren Fühlern auf ein Hindernis, zieht sie diese ruckartig ein. Erst langsam streckt sie dann ihre Fühler wieder aus und orientiert sich neu. Schnecken können Reize aus ihrer Umgebung wahrnehmen und darauf reagieren. **Reizbarkeit** stellt ein weiteres Kennzeichen der Lebewesen dar.

Schaut man der Schnecke bei ihrem Weg über den Stein genauer zu, kann man beobachten, wie sie mit der Raspelzunge den grünen Bewuchs abweidet. Dieser Bewuchs ist die Nahrung der Weinbergschnecke. Die Nahrung wird in ihrem Körper aufgenommen sowie umgewandelt und die in der Nahrung enthaltenen Stoffe werden genutzt. Unverdauliche Reste scheidet sie als Kot wieder aus. Die Umwandlung nennt man **Stoffwechsel.** Dieser dient der Aufrechterhaltung der Lebensvorgänge im Körper und ist ein weiteres Kennzeichen der Lebewesen.

Weinbergschnecken leben durchschnittlich acht bis zwölf Jahre. Doch schon vor vielen

02 Weinbergschnecke: **A** vor der Berührung, **B** nach der Berührung

Jahrhunderten gab es diese beeindruckenden Tiere. Generation für Generation bringen sie Nachkommen hervor und pflanzen sich dadurch fort. **Fortpflanzung** ist ein weiteres Kennzeichen der Lebewesen.

Die Nachkommen unterscheiden sich in ihrer ersten Lebensphase deutlich von ausgewachsenen Weinbergschnecken. Elterntiere legen zunächst Eier in Erdhöhlen ab, in denen dann die kleinen Schnecken aus den Eiern schlüpfen. Diese Jungschnecken entwickeln sich über Monate zu erwachsenen Tieren, die sich dann selbst fortpflanzen können. Eine solche **Entwicklung** ist typisch für Lebewesen.

Während ihrer Entwicklung nehmen die jungen Weinbergschnecken auch an Größe zu. Sie tragen nach dem Schlüpfen noch ein weiches Gehäuse von nur wenigen Millimetern Länge, das mitwachsen kann. Ausgewachsene Tiere weisen eine Gehäusegröße von bis zu 40 Millimeter auf. **Wachstum** ist ein weiteres Kennzeichen von Lebewesen.

Tiere wie zum Beispiel die Weinbergschnecke sind also Lebewesen, da für sie alle **Kennzeichen des Lebendigen** zutreffen: *Bewegung, Reizbarkeit, Stoffwechsel, Fortpflanzung, Entwicklung* und *Wachstum*.

MENSCHEN · Ebenso wie die Tiere zeigen auch Menschen alle Kennzeichen des Lebendigen. So kann sich der Mensch auf ganz unterschiedliche Weise *fortbewegen*. Er geht, läuft, springt und schwimmt und erreicht so sein Ziel.

Mit seinem Sinnesorgan Auge nimmt er zum Beispiel die verschiedenen Körperfarben und Körperformen der Tiere wahr. Er reagiert auf diese Wahrnehmungen mit einem bestimmten Verhalten. Während er die junge Katze streichelt, weicht er vor der Schlange aus Furcht zurück. Der Mensch zeigt hierdurch seine *Reizbarkeit*. Auch die Kennzeichen *Stoffwechsel, Fortpflanzung, Entwicklung* und *Wachstum* lassen sich beim Menschen feststellen.

1 Lege in deinem Biologieheft eine Tabelle nach folgendem Muster an! Vervollständige die Zeile zum Menschen, indem du eine seiner Eigenschaften nennst, durch die das jeweilige Kennzeichen deutlich wird!

	Bewegung	Reiz-barkeit	Stoff-wechsel	Fort-pflanzung	Entwick-lung	Wachs-tum
Mensch	gehen	sehen	—	—	—	—

2 Ergänze in der für Aufgabe 1 angelegten Tabelle zwei Tiere deiner Wahl! Erweitere die Tabelle hierzu um zwei Zeilen und fülle diese aus!

03 Weinbergschnecke: **A** bei der Eiablage, **B** Jungtiere schlüpfen aus den Eiern, **C** einzelne Jungschnecke

PFLANZEN · Gehören Pflanzen zu den Lebewesen, müssen sie ebenfalls wie Tiere und Menschen die Kennzeichen des Lebendigen aufweisen. Ihr *Wachstum* und ihre *Entwicklung* können wir beispielsweise bei der Rosskastanie beobachten. Aus ihrem Samen wachsen Wurzeln und ein Stängel, die immer größer werden. Aus dem Stängel entwickelt sich im Verlauf der Zeit ein mächtiger Baumstamm mit Ästen und vielen Laubblättern. Im Früh-

04 Keimender Samen einer Rosskastanie

jahr bildet der Rosskastanienbaum Blüten, aus denen wieder Früchte hervorgehen. In Ihnen befinden sich die Samen, die der *Fortpflanzung* dienen.

Pflanzen haben auch einen *Stoffwechsel*. Sie nehmen Ausgangsstoffe aus der Umgebung auf. Mithilfe des Sonnenlichts wandeln sie diese in Zucker und andere Nährstoffe um. Hierbei setzen die Pflanzen Sauerstoff frei. Zur Aufrechterhaltung ihrer Lebensvorgänge werden also Stoffe aufgenommen, umgewandelt und wieder abgegeben. *Bewegung* und *Reizbarkeit* der Pflanzen kann man gut bei Gänseblümchen beobachten. Ihre Blüten sind am Morgen geschlossen. Mit den ersten Sonnenstrahlen öffnet sich die Blüte. Geht am Abend die Sonne unter, schließen sie sich wieder.

Betrachtet man ein Laubblatt unter einem Mikroskop, erkennt man ein Muster aus sechseckigen Gebilden. Es sind *Zellen*. Auch Tiere und Pflanzen bestehen aus Zellen. Ein weiteres Kennzeichen von Lebewesen ist: Alle Lebewesen bestehen aus Zellen.

3 Ergänze in der für Aufgabe 1 auf Seite 11 bereits angelegten Tabelle eine Pflanzenart deiner Wahl!

4 Erläutere ein Kennzeichen der Lebewesen! Beziehe dich dabei auf Tiere, Menschen und Pflanzen!

05 Gänseblümchen: **A** morgens, **B** mittags, **C** abends

Material A ▸ Lebendig oder nicht lebendig?

A1 Diskutiere mit deinem Tischnachbarn, ob es sich bei den Fotos jeweils um ein Lebewesen handelt!

A2 Zu Aufgabe 1 auf Seite 11 hast du bereits eine Tabelle angelegt. Erweitere diese Tabelle um die Beispiele Kerze, Kirschstein und Roboter!

Material B ▸ Kennzeichen der Lebewesen

B1 Nenne die Kennzeichen der Lebewesen, die auf den Fotos zu sehen sind!

B2 Die Mimose in Abbildung C kann nicht wie das Reh oder die Maus laufen. Erkläre, weshalb Pflanzen trotzdem das Kennzeichen Bewegung besitzen!

01 Vielfalt der Lebewesen:

A Wespenspinne,

B Wespe,

C Wilde Möhre,

D Farn,

E Ringelnatter,

F Regenwurm

Vielfalt lässt sich ordnen

Wenn man die Lebewesen auf dem Foto betrachtet, staunt man über ihr Aussehen, ihre Farben und Formen. Manche sehen sich ähnlich, bei anderen erkennt man sofort Unterschiede. Wie erhält man bei dieser Vielfalt einen Überblick?

SYSTEMATIK · Die Lebewesen auf der Erde zeigen eine enorme Vielfalt. Seit Jahrhunderten versuchen Biologen, die Vielfalt der Lebewesen zu ordnen. Dazu verwenden sie geeignete Merkmale, die Lebewesen gemeinsam haben oder voneinander unterscheiden.

Der schwedische Naturforscher *Carl VON LINNÉ* entwickelte schon im 19. Jahrhundert ein Ordnungssystem. Er unterschied Lebewesen nach ihrem Aussehen und ordnete sie nach Ähnlichkeiten. LINNÉ teilte alle damals bekannten Lebewesen in zwei **Reiche** ein, das Tier- und das Pflanzenreich. Die Tiere ordnete er nach Merkmalen des Körperbaus, die Pflanzen nach ihrem Blütenbau.

Früher dachte man, dass alle Lebewesen mit bestimmten gemeinsamen Merkmalen auch nahe miteinander verwandt sein müssen. Dies gilt für viele Lebewesen, aber nicht für alle. Heute weiß man, dass die Eingruppierung nach dem Aussehen nicht genau genug ist. So ist die gestreifte Wespenspinne nicht eng mit der Wespe verwandt, obwohl sich beide ähnlich sehen.

Mit neuen Untersuchungsmethoden lassen sich nicht sichtbare Ähnlichkeiten herausfinden und so Verwandtschaften zwischen Lebewesen aufzeigen. Heutzutage ordnet man die Lebewesen in drei Superreiche ein, die **Domänen.**

Alle Lebewesen, die Zellen mit einem Zellkern besitzen, sind miteinander verwandt und bilden die *Domäne* der **Eukaryoten**. Diese riesige Gruppe wird noch einmal in drei *Reiche* unterteilt.

Die beiden anderen *Domänen* umfassen kleinste Lebewesen, die Bakterien und die Archaeen. Sie besitzen keinen Zellkern und werden auch **Prokaryoten** genannt.

Carl VON LINNÈ
1707–1778

TIERREICH · Alle Tiere haben trotz ihres unterschiedlichen Aussehens grundlegend ähnliche Merkmale, die sie beispielsweise von Pflanzen abgrenzen. Sie bestehen zum Beispiel aus vielen Zellen, besitzen ein Nervensystem, spezialisierte Gewebe und Organe und beziehen ihre Energie aus der Nahrung.

Tiere, die in ihrem Grundbauplan viele gemeinsame Merkmale aufweisen, werden zu einer *Gruppe* zusammengefasst. So gehören Tiere mit einer Wirbelsäule wie die Ringelnatter oder der Mensch zu den *Wirbeltieren*. Alle anderen Tierarten besitzen keine Wirbelsäule und gehören daher zu den *Wirbellosen*, wie zum Beispiel der Regenwurm. Sie weisen viele verschiedene Grundbaupläne auf.
Innerhalb dieser Gruppen werden Tiere mit gemeinsamen oder ähnlichen Merkmalen in **Stämme** zusammengefasst. Diese werden in Klassen und die Klassen in verschiedene Ordnungen unterteilt. Die Ordnung ist eine Gruppe verschiedener Familien, zu denen wiederum unterschiedliche Gattungen zählen. Zu den Gattungen gehören oft viele Arten.

Seit LINNÉ besitzt jedes Tier einen wissenschaftlichen Nachnamen, den Gattungsnamen, und einen wissenschaftlichen Vornamen, den Artnamen. Der Rote Waldregenwurm heißt zum Beispiel *Lumbricus rubellus*.

PFLANZENREICH · Alle grünen Pflanzen betreiben Fotosynthese und decken ihren Energiebedarf aus Licht und Kohlenstoffdioxid. Sie werden in Grünalgen, Moose, Farnpflanzen und Samenpflanzen gegliedert.
Von den im Wasser vorkommenden Grünalgen gibt es vielfältige Formen. Sie können nur aus einer Zelle bestehen oder vielzellig sein.
Die kleinen, einfach gebauten Moose sind vielzellige Pflanzen. Farnpflanzen und Samenpflanzen besitzen in ihrem Inneren Gefäße zum Wasser- und Nährstofftransport. Daneben haben sie die Organe Wurzel, Sprossachse und

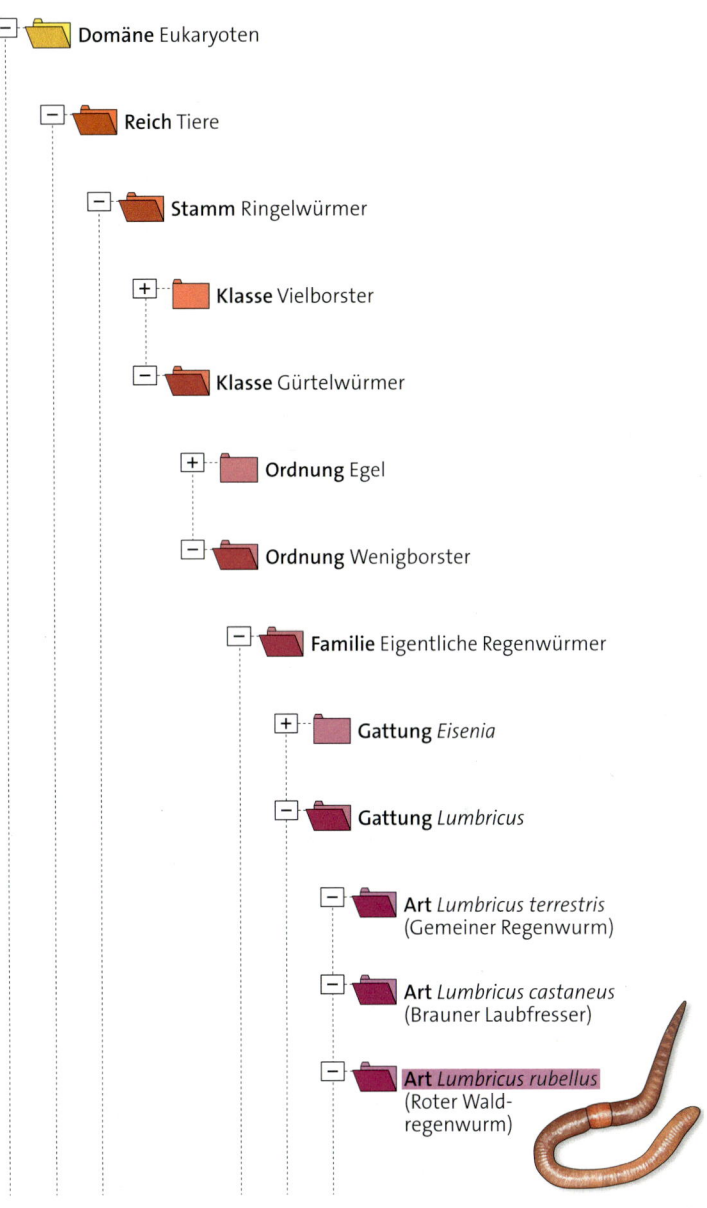

02 Hierarchisches Ordnungssystem

Blatt. Sie gehören zur Abteilung der Gefäßpflanzen. Im Unterschied zu den Farnpflanzen bilden Samenpflanzen Blüten aus.

1) Erstelle eine Gliederung der Lebewesen nach Domänen und Reichen!

2) Ordne die Lebewesen der Abbildung 01 in deine Gliederung ein, und begründe die Einordnung!

03 Wiesen-Champignons

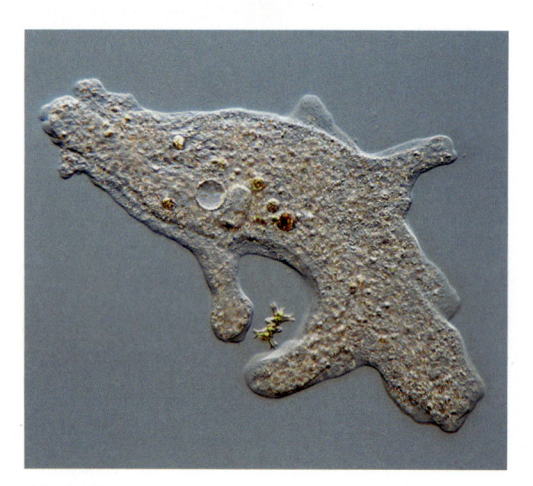

04 Amöbe

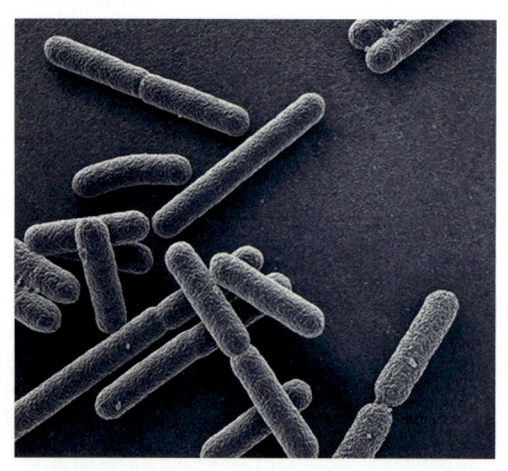

05 Bakterien

PILZE · Einzellige Hefen oder der vielzellige Wiesen-Champignon gehören zum Reich der Pilze. Sie unterscheiden sich von den Pflanzen dadurch, dass sie wie die Tiere ihre Energie aus der Nahrung beziehen. Die Zellen der Pilze sind wie die der Pflanzen von einer Zellwand umschlossen. Das Material der Zellwände besteht im Unterschied zu den Pflanzen bei den meisten Pilzen aus Chitin. Dies ist ein Baustoff, der auch bei Insekten vorkommt.

EINZELLER · Ein weiteres Reich bilden Lebewesen, die nur aus einer einzigen Zelle mit Zellkern bestehen. Diese Gruppe ist sehr vielfältig. Einzeller kommen überwiegend im Wasser vor. Hierzu gehören zum Beispiel die Amöbe und das mikroskopisch kleine Pantoffeltierchen.

BAKTERIEN UND ARCHAEEN · Lebewesen, deren Zellen keinen Zellkern haben, heißen **Prokaryoten.** Sie kommen überall auf der Erde vor. Man unterscheidet zwischen den Archaebakterien oder Archaeen und den Bakterien. Zu den Archaeen gehören Lebewesen, von denen Forscher annehmen, dass sie Nachkommen der ersten Prokaryoten auf der Erde sind. Viele Archaeen leben unter extremen Bedingungen, zum Beispiel in heißen Quellen bei einer Temperatur von über 80 Grad Celsius. Bakterien kommen häufiger vor als Archaeen. Zu ihnen gehören bekannte Krankheitserreger, zum Beispiel der Tuberkulose oder der Pest. Die Einteilung der Lebewesen ist ein künstliches Ordnungssystem und wird immer wieder überarbeitet. Trotz verschiedener Einteilungsmöglichkeiten schafft die *Systematik* einen Überblick über die Vielfalt der Lebewesen.

3) Ergänze deine Gliederung aus Aufgabe 1 um die noch fehlenden Reiche!

4) Erweitere das Schaubild in Abbildung 06, indem du die abgebildeten Lebewesen der Seiten 15 und 16 den entsprechenden Domänen und Reichen zuordnest!

Domäne
Archaeen

Domäne
Bakterien

Domäne
Eukaryoten

Reich
Einzeller

Reich
Pflanzen

Reich
Tiere

Reich
Pilze

/// **METHODE** ///

Ordnen

07 Angebot eines Markthändlers

08 Aufbau von Früchten: **A** Beerenfrucht, **B** Steinfrucht

VIELFALT ORDNEN *· In der Natur begegnet uns eine große Vielfalt an Lebewesen: Gänseblümchen und Rotbuchen, Marienkäfer und Wildschweine. Auch in unserem Alltag treffen wir auf Vielfalt, wenn wir zum Beispiel das Angebot eines Markthändlers bestaunen. Um uns in all dieser Vielfalt orientieren zu können, ordnen wir die vielfältigen Gegenstände und Lebewesen in Gruppen.*

ORDNEN DURCH VERGLEICHEN *· Das Einteilen in Gruppen vollziehen wir, indem wir Unterschiede und Ähnlichkeiten bezüglich bestimmter Merkmale feststellen: Pflanzliche Produkte, die sehr süß schmecken, fassen wir als Obst zusammen, nicht süße Produkte als Gemüse. Das Merkmal, das man zum Vergleichen nutzt, nennt man **Vergleichskriterium.** Bei der Unterscheidung in Obst und Gemüse ist es der Geschmack.*
Wesentlich für die Einteilung in Gruppen ist das Ziel des Ordnens. Markthändler wollen ihren Kunden Orientierung über ihre Produkte als Nahrung bieten. Deshalb ordnen sie nach dem Kriterium Geschmack. Biologen nutzen hingegen häufig den inneren Aufbau der Früchte als Vergleichskriterium, da ein ähnlicher Aufbau von Früchten Hinweise auf die Verwandtschaft der Pflanzen liefern kann.

*Je nachdem, welches Vergleichskriterium gewählt wird, entstehen unterschiedliche **Ordnungssysteme.***

NACH KRITERIEN ORDNEN *· Ein Ordnungssystem, dem ein einziges Vergleichskriterium zugrunde liegt, ermöglicht eine eindeutige Zuordnung. Ordnet man Früchte zum Beispiel einheitlich nach dem Merkmal Farbe, können sie eindeutig in grüne, gelbe und rote Früchte eingeteilt werden. Ein solches Ordnungssystem nennt man **kriterienstet.***
*Versucht man Früchte anhand zweier Merkmale wie Farbe und Aufbau zu ordnen, ist eine Zuordnung nicht immer eindeutig. Ein entsprechendes Ordnungssystem mit je einer Gruppe für rote und für hartkernige Früchte ermöglicht zum Beispiel keine eindeutige Zuordnung für Kirschen, die rot und hartkernig zugleich sind. Ordnungssysteme, denen mehrere Vergleichskriterien zugrunde liegen, nennt man daher **kriterienunstet.***

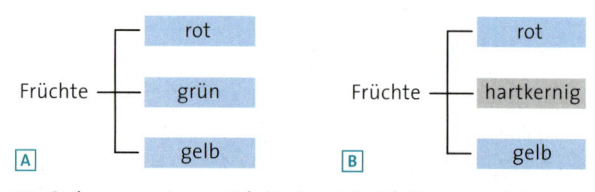

09 Ordnungssysteme: **A** kriterienstet, **B** kriterienunstet

Material A ► Tiere ordnen

Zitronenfalter

Kohlmeise

Fledermaus

Ameise

Luchs

Karpfen

Schweinswal

Teichmolch

A1 Ordne die abgebildeten Tiere auf zwei unterschiedliche Weisen in von dir gewählte Gruppen!

A2 Nenne jeweils die Gruppennamen und das Vergleichskriterium!

A3 Entscheide, ob du jeweils kriterienstet oder kriterienunstet geordnet hast! Begründe deine Entscheidung!

Material B ► Ordnungssysteme für Fische

Fische — gepunktet / gestreift / bunt

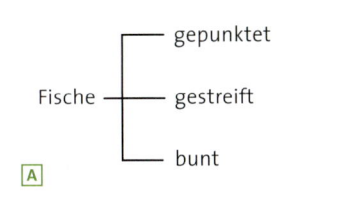
A

Fische — Pflanzenfresser / Allesfresser / Fleischfresser

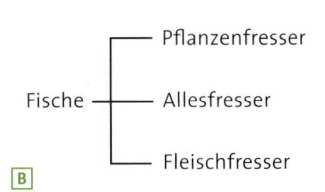
B

Fische — lang gestreckt / kugelförmig / breitflossig

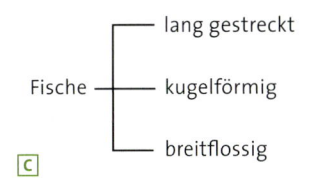
C

B1 Stelle den Unterschied zwischen kriteriensteten und kriterienunsteten Ordnungssystemen dar!

B2 Beurteile, ob es sich in den Abbildungen A bis C jeweils um ein kriterienstetes oder kriterienunstetes System handelt!

B3 Stelle für eines der Ordnungssysteme eine Vermutung auf, welches Ziel es erfüllen könnte! Berücksichtige dabei, für wen es nützlich sein könnte!

01 Sibirischer Tiger

Säugetiere lassen sich ordnen

Die Kopf-Rumpf-Länge des Sibirischen Tigers kann bis zu 2,80 Meter betragen. Obwohl Jaguar und Luchs wesentlich kleiner sind als der Sibirische Tiger und sie sich in der Fellzeichnung deutlich voneinander unterscheiden, ordnet man die drei Tiere den Katzen zu. Sie weisen nämlich trotz der Unterschiede die typischen Merkmale der Katzen auf. Wie ordnet man Tiere in Gruppen?

MERKMALE · Der *Sibirische Tiger* lebt als Einzelgänger in einem Revier. Diese Lebensweise ist ein *Merkmal* des Tigers. Anhand dieses Merkmals kann er mit anderen Katzen verglichen werden. Jaguar und Luchs sind ebenfalls Einzelgänger und zeigen somit eine *Gemeinsamkeit* mit dem *Sibirischen Tiger*. Alle drei ernähren sich von Fleisch und besitzen ein Fleischfressergebiss. Die bevorzugten Beutetiere sind hingegen sehr unterschiedlich. Der

Tiger jagt hauptsächlich Rothirsche, Rehe und Wildschweine. Während der *Luchs* ähnlich wie Füchse und Marder kleine Säugetiere jagt, zählen beim *Jaguar,* neben Säugetieren, auch Reptilien oder sogar Fische zu den Beutetieren. In diesem Merkmal, den Beutetieren, *unterscheiden* sich die Katzen voneinander. Je mehr gemeinsame Merkmale Tiere aufweisen, desto näher sind sie miteinander *verwandt.*

VERWANDTSCHAFT · Um die Vielfalt der Katzen in Verwandtschaftsgruppen einzuordnen, nutzt man Merkmale als *Ordnungskriterien*. Alle Katzen gebären ihre Jungtiere lebend und säugen sie. Außerdem haben sie alle ein Fell und eine gleichwarme Körpertemperatur. Katzen und alle anderen Tiere, die diese Merkmale zeigen, fasst man zu der Klasse der **Säugetiere** zusammen. Diese werden in verschiedene Ordnungen wie beispielsweise die

Insektenfresser, die Nagetiere oder die Paarhufer eingeteilt. Jede **Ordnung** hat ganz bestimmte Merkmale, in denen sie sich von den anderen Ordnungen unterscheidet. Das Fleischfressergebiss ist ein typisches Merkmal, das nur bei der Ordnung der Raubtiere in unterschiedlicher Ausprägung vorhanden ist. Alle Raubtiere sind deshalb miteinander näher verwandt als mit den anderen Ordnungen der Säugetiere. Vergleicht man die Raubtiere untereinander, so unterscheiden sie sich wiederum in einigen speziellen Merkmalen, wie zum Beispiel dem Bau und der Funktion der Vorderextremitäten oder der Jagdweise. Innerhalb dieser Ordnung lassen sich deshalb die Tiere in unterschiedliche Familien einordnen, wie zum Beispiel in die Familie der Hundeartigen, der Marderartigen oder der Katzenartigen. Innerhalb einer Familie sind Tiere am engsten miteinander verwandt, wenn sie sich untereinander fortpflanzen und fruchtbare Nachkommen haben. Diese Tiere fasst man zu einer **Art** zusammen. *Sibirischer Tiger*, *Jaguar* und *Luchs* gehören zu den Säugetieren, zu der Ordnung der Raubtiere und zur Familie der Katzenartigen, bilden aber jeweils eine eigene Art. Das Ordnen der Tiere in Gruppen hilft den Biologen, eine Übersicht, trotz der großen Artenvielfalt, zu erlangen.

03 Jaguar

04 Luchs

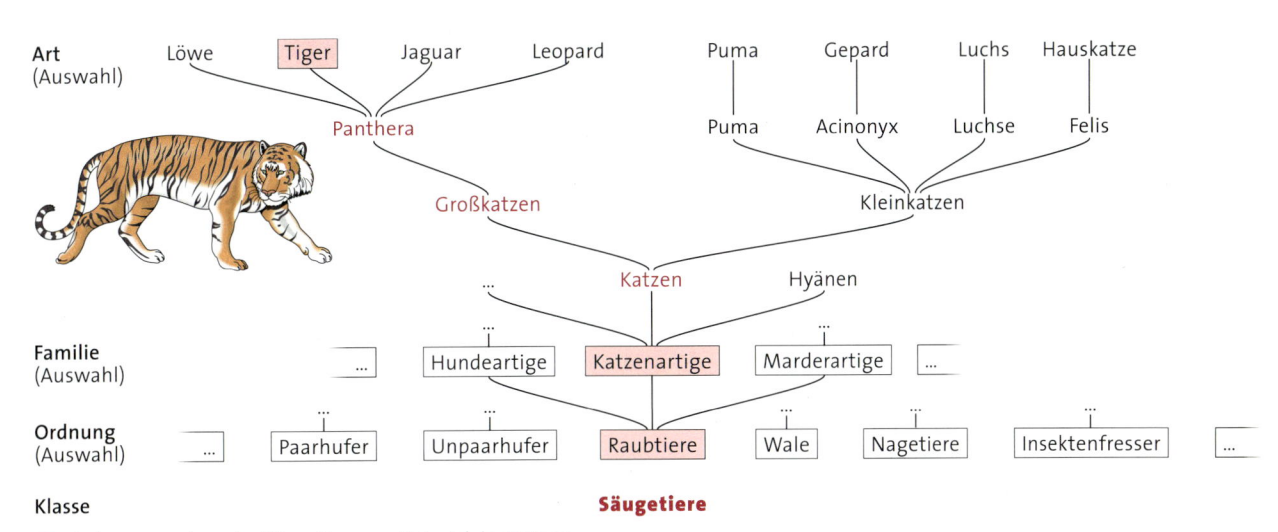

02 Ordnungssystem der Säugetiere am Beispiel der Katzen

METHODE

Vergleichen

STECKBRIEF

Löwen

Kopf-Rumpf-Länge: bis etwa 2,50 Meter;

Körpermasse: bis etwa 225 Kilogramm;

Beutetiere: große Herdentiere wie Zebras und Antilopen;

Lebensweise: lebt und jagt in einem Rudel (ein Männchen, mehrere Weibchen und Jungtiere);

Laufgeschwindigkeit: bis zu 55 Kilometer pro Stunde

STECKBRIEF

Gepard

Kopf-Rumpf-Länge: bis etwa 1,50 Meter;

Körpermasse: bis etwa 50 Kilogramm;

Beutetiere: kleine bis mittelgroße Gazellen und Antilopen, Kaninchen oder Vögel;

Lebensweise: lebt als Einzelgänger und jagt alleine;

Laufgeschwindigkeit: bis zu 112 Kilometer pro Stunde

Löwen und Geparden kann man heute fast nur noch in den Graslandschaften Afrikas beobachten. Dort jagen beide nach Beute. Machen sich Löwe und Gepard dabei Konkurrenz? Um diese Frage zu beantworten, muss man die beiden Katzenarten miteinander vergleichen. Für den **Vergleich** werden verschiedene Merkmale wie beispielsweise die Lebensweise, die Beutetiere oder die Laufgeschwindigkeit von Löwe und Gepard zusammengestellt und betrachtet. Diese Merkmale dienen als Vergleichskriterien. Der Vergleich ist eine Gegenüberstellung von ausgewählten Merkmalen. Das Vergleichsergebnis ist eine Antwort auf die Ausgangsfrage und beinhaltet die Unterschiede und Gemeinsamkeiten der beiden Tierarten.

Der Gepard ist an das Jagen als Einzelgänger sehr gut angepasst. Mit einer Laufgeschwindigkeit von über 110 Kilometern pro Stunde jagt er kleine und schnelle Beutetiere wie zum Beispiel Gazellen. Die in Rudeln lebenden Löwen jagen dagegen gemeinsam. Sie treiben die in großen Herden lebenden Zebras auseinander. Einzelne, von der Herde getrennte Tiere, werden dann von den Löwen erbeutet. Für diese gemeinsame Jagd nach großen Beutetieren ist die geringere Laufgeschwindigkeit des Löwen im Vergleich zum Gepard vollkommen ausreichend. Der Vergleich von Lebensweise, Beutetieren und Laufgeschwindigkeit bei Löwen und Geparden zeigt, dass sich beide Katzenarten bei der Jagd nach Beutetieren keine Konkurrenz machen.

1 Nimm Stellung zur Aussage „Luchs und Tiger sind verwandt"! Nimm die Abbildung 02 auf Seite 21 zu Hilfe!

2 Erläutere, weshalb Jaguar und Gepard trotz vieler Gemeinsamkeiten jeweils eine eigene Art sind!

Material A ▸ Säugetiere vergleichen und ordnen

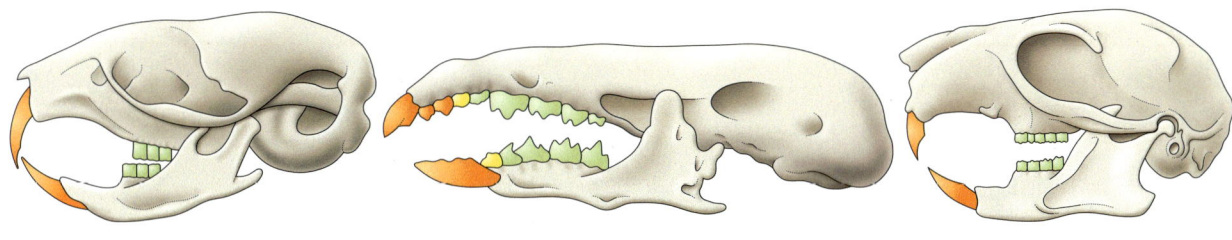

Feldmaus   Spitzmaus   Eichhörnchen

A1 Vergleiche die Schädel von Feldmaus, Spitzmaus und Eichhörnchen miteinander!

A2 Die Anordnung der Zähne wird in einer Zahnformel zusammengefasst. Erstelle für diese Tiere jeweils eine Zahnformel und vergleiche sie!

A3 Ordne mithilfe des Vergleichs der Zahnformeln die Tiere jeweils ihrer Ordnung zu!
Nimm die Abbildung 02 auf Seite 21 zu Hilfe!

Material B ▸ Meerestiere vergleichen

/// STECKBRIEF ///////////////////////////////////////

Schwertwal
Lebensraum: in warmen und kalten Ozeanen;
Körperlänge: bis etwa 10 Meter;
Nahrung: Fische, Robben, Pinguine, Delfine;
Atmung: Lungenatmung;
Lebensweise: lebt und jagt in Gruppen

B1 Beschreibe Gemeinsamkeiten und Unterschiede von Schwertwal und Walhai! Nimm die Abbildungen und die Steckbriefe zu Hilfe!

B2 Ordne den Schwertwal einer Gruppe von Tieren zu! Nimm die Abbildung 02 auf Seite 21 zu Hilfe!

B3 Nimm Stellung zum Namen Walhai!

/// STECKBRIEF ///////////////////////////////////////

Walhai
Lebensraum: in warmen Ozeanen;
Körperlänge: bis etwa 15 Meter;
Nahrung: vorwiegend pflanzliche und tierische Kleinstlebewesen sowie kleine Meerestiere;
Atmung: Kiemenatmung;
Lebensweise: lebt als Einzelgänger

01 Regenwürmer

Der Regenwurm – ein Ringelwurm

Im Boden leben viele Lebewesen. Die meisten Bodenlebewesen sind sehr klein. Mit dem bloßen Auge erkennt man nur sehr wenige, zum Beispiel den Regenwurm. Wie ist er an seinen Lebensraum angepasst?

ÄUSSERER KÖRPERBAU · Betrachtet man den länglichen, nahezu runden, rosa bis rot gefärbten Regenwurm genauer, fallen einige Besonderheiten auf. Die Enden des lang gestreckten Körpers sehen unterschiedlich aus. Das runde Vorderende trägt den Mund, am etwas abgeflachten Hinterende liegt der After. Der Körper ist in bis zu 180 etwa gleichförmige Körperringe, die *Segmente*, gegliedert. Deswegen gehört der Regenwurm zum Tierstamm der **Ringelwürmer.** Jedes Segment besitzt bauchseits und seitlich zwei *Borstenpaare*. Diese Borsten sind durch Muskeln beweglich. Im vorderen Drittel des Wurms befindet sich eine helle Verdickung, der *Gürtel*, der für die Fortpflanzung wichtig ist. Über die gesamte Körperoberfläche sind *Sinneszellen* verteilt, mit denen der Regenwurm verschiedene Reize aufnimmt.

INNERER KÖRPERBAU · Unter der Haut des Regenwurms befinden sich zwei Muskelschichten. Die äußere Muskelschicht besteht aus ringförmigen Muskeln, die *Ringmuskulatur*. Darunter liegt eine dickere Schicht aus Muskeln, die im Wurmkörper längs verläuft, die *Längsmuskelschicht*. Die Muskeln der inneren, deutlich dickeren Längsmuskelschicht verlaufen vom Vorder- bis zum Hinterende des Wurmkörpers. Die Haut und Muskelschichten zusammen bilden den **Hautmuskelschlauch.**

Die Kammern im Körper des Wurms sind mit Flüssigkeit gefüllt. Zusammen mit dem Hautmuskelschlauch bildet diese Flüssigkeit das *Hydroskelett*. Es gibt dem Wurm seine Form und Beweglichkeit. Die äußerlich gleichförmigen Segmente werden durch dünne Querwände voneinander getrennt und sind auch im Inneren ähnlich aufgebaut. Die Querwände werden vom Darm, der vom Mund bis zum After verläuft, durchzogen. Oberhalb des Darms verläuft das *Rückengefäß*, unterhalb das *Bauchgefäß*. Beide Blutgefäße sind vorn durch muskulöse *Seitenherzen*, weiter hinten durch *Seitengefäße* miteinander verbunden und bilden einen **geschlossenen Blutkreislauf.** Den Wurmkörper durchzieht ein Nervensystem, das einer Strickleiter ähnelt und deshalb **Strickleiternervensystem** genannt wird. Aufgrund der Lage unterhalb des Bauchgefäßes wird es als *Bauchmark* bezeichnet.

FORTBEWEGUNG · Bewegt sich der Regenwurm vorwärts, streckt sich zunächst die vordere Körperregion des Wurms lang und wird hierbei dünn. Dies geschieht durch das Zusammenziehen der Ringmuskulatur. Direkt danach erschlafft sie und die Längsmuskulatur des Wurms zieht sich von vorn nach hinten zusammen. Dadurch wird die vordere Region des Wurms wieder dick und der Rest des Wurmkörpers wird nach vorne gezogen. Nun erschlafft die Längsmuskulatur und die Ringmuskulatur kann sich wieder zusammenziehen. Dieses *Wechselspiel der Muskeln* setzt sich bei der Fortbewegung ständig weiter fort. Dadurch ist der Regenwurm zu unterschiedlichen Zeiten an unterschiedlichen Stellen dünn beziehungsweise dick. Damit sich der Regenwurm beim Zusammenziehen der Längsmuskulatur tatsächlich nach vorne bewegt, werden die zahlreichen Borsten in der vorderen Region ausgestreckt und im Erdreich verankert. So rutscht er nicht zurück.

griechisch hydro = Wasser

1 J Zeichne einen Regenwurm in dein Biologieheft! Beschrifte das Vorderende, das Hinterende, die Borstenpaare und den Gürtel!

02 Bau des Regenwurms

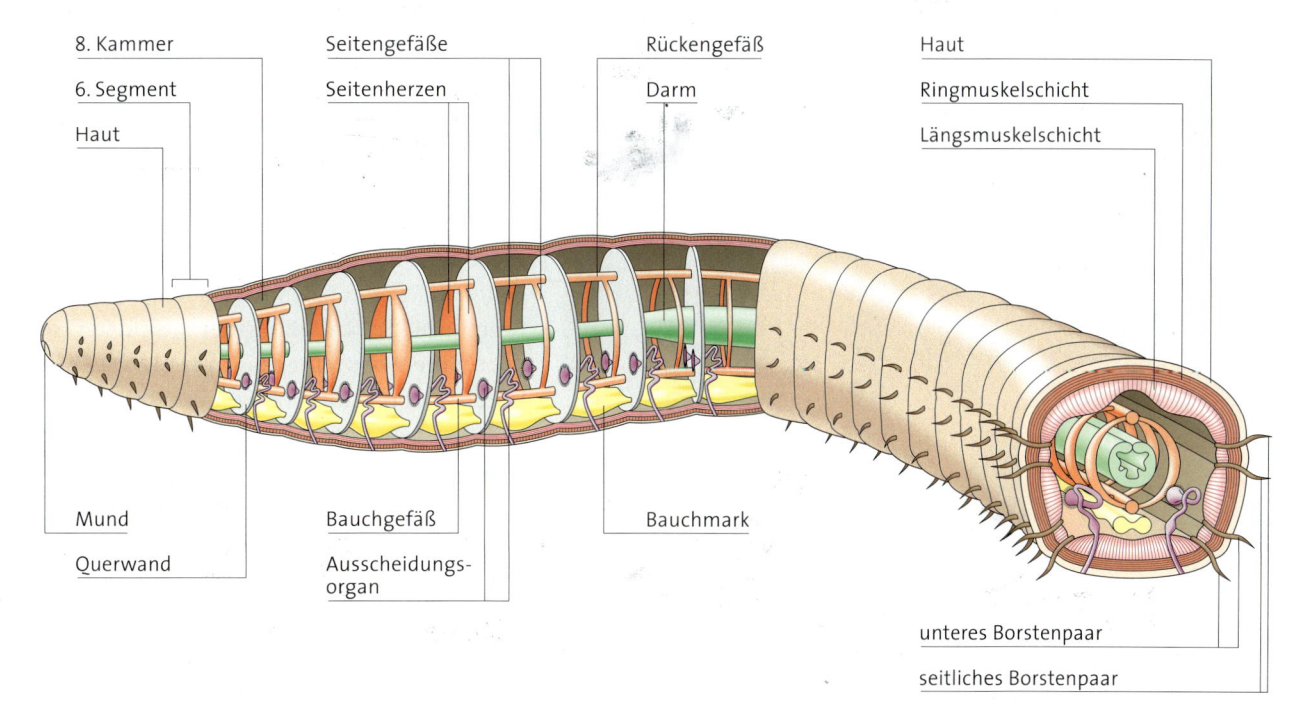

8. Kammer   Seitengefäße   Rückengefäß   Haut

6. Segment   Seitenherzen   Darm   Ringmuskelschicht

Haut   Längsmuskelschicht

Mund   Bauchgefäß   Bauchmark

Querwand   Ausscheidungsorgan

unteres Borstenpaar

seitliches Borstenpaar

PAARUNG UND FORTPFLANZUNG · Bei der Paarung liegen zwei Regenwürmer besonders im Bereich des Gürtels und in dem Bereich davor eng beieinander. In dieser Zeit bilden sie dort eine gemeinsame Schleimhülle, in der sie Spermienzellen austauschen. Die Spermienzellen des Partners werden in paarigen Taschen gespeichert und dienen später der Befruchtung der eigenen Eizellen, die sich in einer paarigen Eizellentasche ansammeln. Danach trennen sich die Regenwürmer wieder.

Zur Eiablage entstehen im Bereich des Gürtels erneut schleimige Hüllen. Indem sich der Wurm windet, rutschen die Hüllen kopfwärts und in jede Hülle wird eine Eizelle abgelegt. Sie werden an der Öffnung der Spermientasche von Spermienzellen befruchtet und der Wurm streift die Hüllen ab. Die Schleimhüllen erhärten an der Luft zu traubenförmigen **Kokons.** Aus diesen Kokons schlüpfen nach wenigen Wochen junge Regenwürmer. Die Regenwürmer bilden sowohl Spermienzellen als auch Eizellen. Regenwürmer sind also **Zwitter.**

LEBENSWEISE UND BEDEUTUNG · Regenwürmer leben in feuchter Erde. Hier legen sie Wohnröhren an, indem sie sich erst dünn und dann wieder dick machen und so Erdreich verdrängen. In ihren Wohnröhren bewegen sie sich mithilfe des Hydroskeletts und der Borstenpaare sehr geschickt. Durch ihr verformbares Hydroskelett können sie auch durch enge Bereiche ihrer Wohnröhren kriechen.

Regenwürmer atmen in ihrem feuchten Lebensraum über die gesamte Körperoberfläche. An das Tageslicht kommen sie nur selten, denn Sonnenlicht, Wärme und Trockenheit können ihre empfindliche Haut schädigen. Die Haut muss immer feucht sein, damit der Wurm über sie Sauerstoff aufnehmen kann. Regenwürmer sind also **Feuchtlufttiere.**

In der Nacht zieht der Regenwurm Laubblätter in seine Wohnröhre. Er frisst diese Blätter zusammen mit Erde und scheidet Unverdauliches durch den After aus. Die Kothäufchen werden häufig an der Erdoberfläche abgesetzt. Aus ihnen entsteht sehr fruchtbare Erde. Die große Bedeutung der Regenwürmer für die Bodenqualität ergibt sich auch durch die Belüftung und Durchmischung der Erde, denn sie bauen ihre Wohnröhren bis zu zwei Meter tief. Unter einem Quadratmeter Boden können bis zu 400 Regenwürmer leben.

03 Regenwürmer im Lebensraum: **A** Wohnröhre, **B** Kothäufchen, **C** Eikokon, **D** Paarung, **E** aus dem Kokon schlüpfender Regenwurm

2 ⌡ Nenne Angepasstheiten des Regenwurms an seinen Lebensraum!

3 ⌡ Erkläre den Begriff Zwitter!

Material A ▸ Bedeutung des Regenwurms

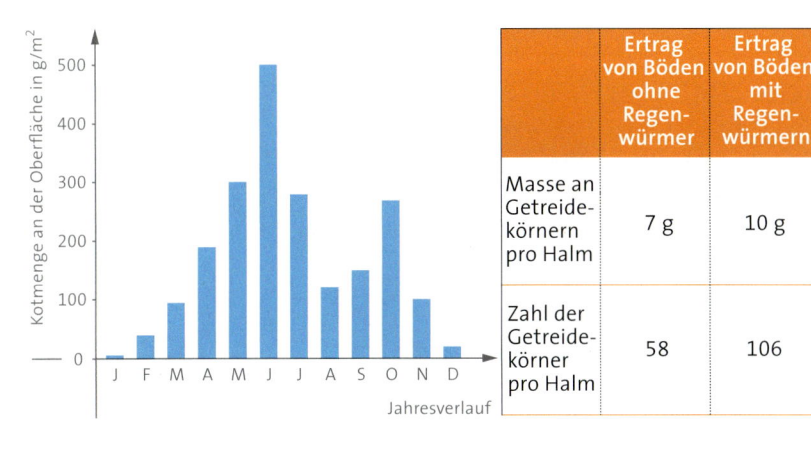

	Ertrag von Böden ohne Regenwürmer	Ertrag von Böden mit Regenwürmern
Masse an Getreidekörnern pro Halm	7 g	10 g
Zahl der Getreidekörner pro Halm	58	106

A1 Beschreibe das Säulendiagramm!

A2 Stelle Vermutungen an, weshalb die von Regenwürmern produzierte Kotmenge im Jahresverlauf unterschiedlich groß ist!

A3 Vergleiche die Ernteerträge in der Tabelle miteinander und erläutere sie mithilfe der Lebensweise der Regenwürmer!

Material B ▸ Fortbewegung des Regenwurms

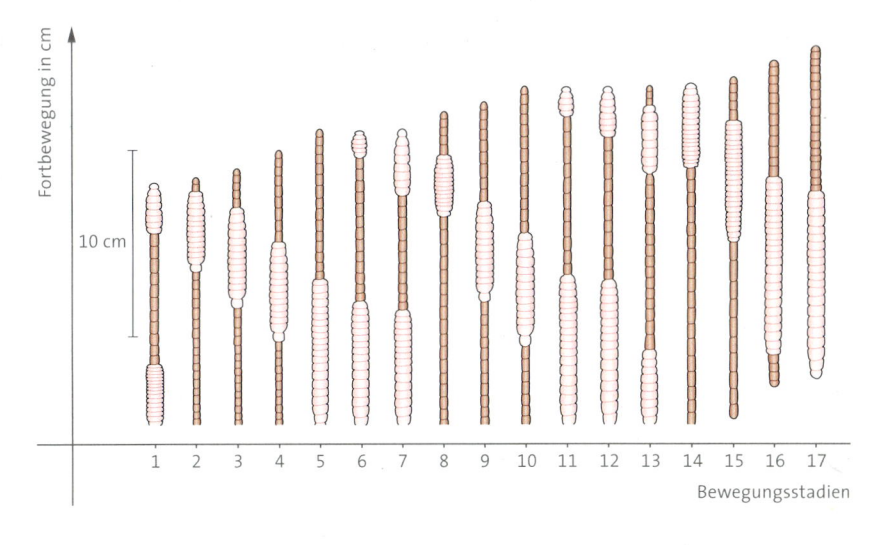

B1 Beschreibe mithilfe der Abbildung Veränderungen des Regenwurmkörpers während der Fortbewegung!

B2 Erläutere, welche Muskulatur im dunkelroten und hellroten Bereich jeweils aktiv ist!

B3 Erkläre die Fortbewegung des Regenwurms! Erläutere an diesem Beispiel den Zusammenhang zwischen Körperbau und Fortbewegung des Regenwurms!

Material C ▸ Ringelwürmer

Blutegel

Wattwurm

C1 Informiere dich in Lexika, Tierbüchern oder im Internet über den Blutegel und den Wattwurm!
Notiere Merkmale dieser Ringelwürmer wie Aussehen, Lebensraum und Nahrung jeweils in einem Steckbrief! Berücksichtige dabei jeweils auch eine Besonderheit!

01 Schnecke
kriecht über eine
Messerklinge

Die Weinbergschnecke – ein Weichtier

Schnecken bewegen sich sehr langsam fort. Im Schneckentempo können sie sogar über scharfe Gegenstände kriechen, ohne sich zu verletzen. Wie gelingt den Schnecken das?

FORTBEWEGUNG · Nach Regen oder am Morgen findet man häufig glänzende Schleimspuren auf Wegen. Sie stammen zum Beispiel von Weinbergschnecken, die mithilfe der *Fußschleimdrüse* Schleim bilden. Dieser wird am Vorderende des Fußes ausgeschieden, wenn die Weinbergschnecke kriecht. Deshalb befindet sich zwischen Untergrund und Fußsohle ein *Schleimteppich*, auf dem die Schnecke vorwärts gleitet. So kann sie sogar über scharfe Gegenstände kriechen. Der Fuß der Weinbergschnecke besteht hauptsächlich aus Muskeln. Er ist an der Unterseite wie eine Sohle abgeplattet. Über diese *Kriechsohle* verlaufen beim Kriechen von hinten nach vorne gleichzeitig mehrere *wellenartige Muskelbewegungen*. Jede dieser Muskelbewegungen schiebt die Schnecke ein Stück weiter voran.

Trifft die Schnecke auf Hindernisse oder wird sie berührt, kann sie die Fühler einstülpen oder den Kopf und sogar den gesamten Fuß einziehen. Dies ermöglicht ein großer *Rückziehmuskel*, der innen an der *Schale* festgewachsen ist.

KÖRPERBAU · Unter der harten Schale aus Kalk sind der *Mantel* und der *Eingeweidesack* verborgen. Beim Kriechen sind vom weichen Körper der Weinbergschnecke der *Fuß* und der *Kopf* gut zu erkennen. Schnecken gehören zum Tierstamm der **Weichtiere.**

Der Kopf trägt zwei Paar *Fühler*. Das vordere, kurze Fühlerpaar dient als *Tast-* und *Ge-*

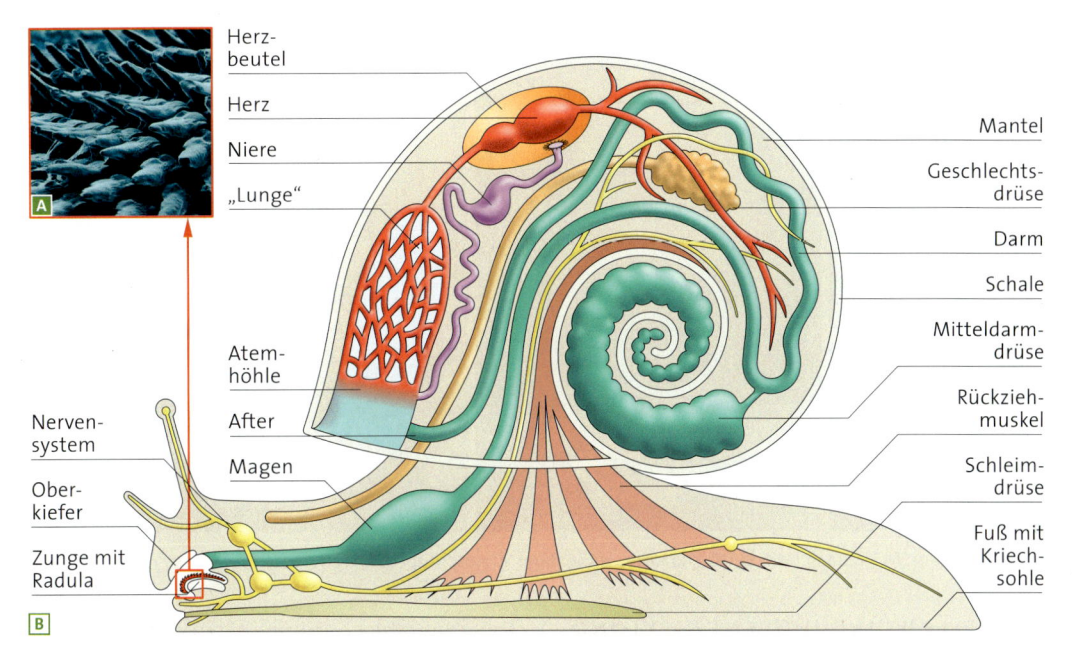

Herz-
beutel

Herz

Niere

„Lunge"

Atem-
höhle

After

Magen

Nerven-
system

Ober-
kiefer

Zunge mit
Radula

Mantel

Geschlechts-
drüse

Darm

Schale

Mitteldarm-
drüse

Rückzieh-
muskel

Schleim-
drüse

Fuß mit
Kriech-
sohle

02 Schnecke:
A Oberfläche der
Radula,
B Körperbau

schmacksorgan. Die hinteren, langen Fühler tragen die *Augen.* Andere *Sinneszellen* liegen in der Haut des Fußes verstreut, mit denen die Weinbergschnecke verschiedene Reize, zum Beispiel den Reiz durch eine Berührung, aufnimmt. Alle Sinnesorgane sind mit dem *Nervensystem* verbunden, das im Kopfbereich einige Nervenknoten aufweist.

Unten am Kopf, zwischen zwei Mundlappen, liegt der *Mund.* Darunter mündet die Öffnung der Fußschleimdrüse nach außen. Das Atemloch befindet sich rechts am Mantelrand. In der Atemhöhle liegt eine mit stark verzweigten Blutgefäßen versehene *Lunge,* die der Atmung dient. Die Weinbergschnecke gehört zu der Gruppe der **Lungenschnecken,** sie kann aber auch zusätzlich über die *schleimige Haut* atmen. Das sauerstoffreiche Blut fließt von den Blutgefäßen der Lunge in das *Herz,* das das Blut durch offen endende Gefäße in den Körper pumpt. Schnecken besitzen also einen **offenen Blutkreislauf.**

ERNÄHRUNG · Über der Zunge der Weinbergschnecke liegt ein bewegliches Band. Es trägt spitze, nach hinten gerichtete Chitinzähnchen auf der Oberfläche und heißt **Radula.** Mit der Zunge drückt die Schnecke die Radula auf die Pflanze. Wie bei einem Schaufelradbagger bewegt sich die Radula nach hinten. Die Chitinzähnchen raspeln so Pflanzenteilchen ab und transportieren sie in den *Schlund.* Außerdem kann die Schnecke mithilfe des knorpeligen Oberkiefers und der knorpeligen Zunge Stücke aus frischen Pflanzen herausschneiden. Die Radula zerkleinert die pflanzliche Nahrung. Die zerkleinerten Pflanzenteile gelangen vom *Magen* vorbei an der *Mitteldarmdrüse zum Darm.* Mithilfe von Verdauungssäften, zum Beispiel aus der Mitteldarmdrüse, werden die Nährstoffe zerlegt und vom Körper aufgenommen. Die unverdaulichen Reste werden über den *Darm* bis zum *After* befördert und ausgeschieden.

1 ⌡ Gib an, welche Körperbereiche der Schnecke sich innerhalb beziehungsweise außerhalb der Schale befinden!

2 ⌡ Nenne die Sinnesorgane der Schnecke und ihre Aufgaben!

*lateinisch Radula
= Schabeisen*

03 Fortpflanzung und Entwicklung der Weinbergschnecke: **A** Paarung, **B** Eiablage, **C** geschlüpfte Jungtiere

FORTPFLANZUNG UND ENTWICKLUNG · Im Frühsommer suchen Weinbergschnecken einen Paarungspartner. Sie sind wie Regenwürmer *Zwitter*. Ist ein Partner gefunden, richtet sich das Paar auf, reibt seine Kriechsohlen aneinander und betastet und befühlt sich.

Während der *Paarung*, die mehrere Stunden dauern kann, stoßen sich die Weinbergschnecken oft gegenseitig einen etwa einen Zentimeter langen Kalkpfeil in den Fuß. Da er vermutlich der Reizung des Partners zur Paarung dient, wird er *Liebespfeil* genannt. Nun werden die *Spermienzellen* über die ausgestreckten *Penisse* an der rechten Kopfseite in einem Paket ausgetauscht und von beiden Schnecken in einer dort befindlichen Spermientasche gespeichert.

Erst einige Wochen später legt die Weinbergschnecke 40 bis 60 reife Eizellen in einer *Erdhöhle* ab. Kurz zuvor werden sie von den Spermienzellen des Partners aus der eigenen Spermientasche befruchtet.

Nach wenigen Wochen schlüpfen die Jungtiere. Durch die anfangs weiche und durchsichtige Schale schimmern die Weichteile.

Der *drüsenreiche Mantel* ist für das Wachstum der Schale zuständig: Er versorgt sie mit Kalk. Dadurch wird die Schale zunehmend größer und härter. Die jungen Weinbergschnecken verlassen schließlich ihre Geburtshöhle.

LEBENSWEISE · Da Weinbergschnecken für das Wachstum der Schale viel Kalk benötigen, kommen sie in Gegenden mit *kalkreichen Böden* vor. Weinbergschnecken müssen als *Landschnecken* Wasserverlust vermeiden. Sie gehen nur bei Regen, in der Dämmerung und nachts auf Nahrungssuche. Sie sind also *Feuchtlufttiere*. Bei Trockenheit ziehen sie sich an einem kühlen und feuchten Ort in ihre Schale zurück und verschließen sie mit einem *Schleimhäutchen*.

Weinbergschnecken überwintern bevorzugt in kleinen Erdhöhlen. Sie verschließen zur *Überwinterung* ihr Gehäuse mit einem *Kalkdeckel* und fallen in Winterstarre. Im Frühjahr stoßen sie den Deckel wieder ab.

3 Begründe, weshalb die Schnecke nur bei Regen, in der Dämmerung und nachts auf Nahrungssuche geht!

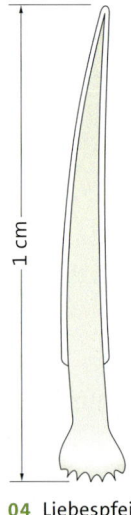

1 cm

04 Liebespfeil

Material A ▸ Fortbewegung der Schnecke

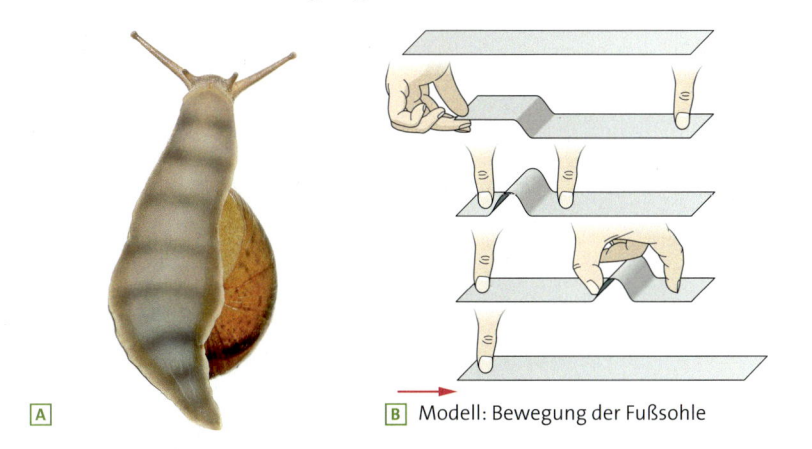

A Modell: Bewegung der Fußsohle

A1 Beschreibe die Fußsohle der kriechenden Schnecke auf einer Glasplatte!

A2 Erläutere mithilfe eines Papierstreifens die Fortbewegung einer Schnecke!

A3 Erläutere, was durch den Modellversuch mit dem Papierstreifen nicht erklärt werden kann!

Material B ▸ Schnecke beim Fressen

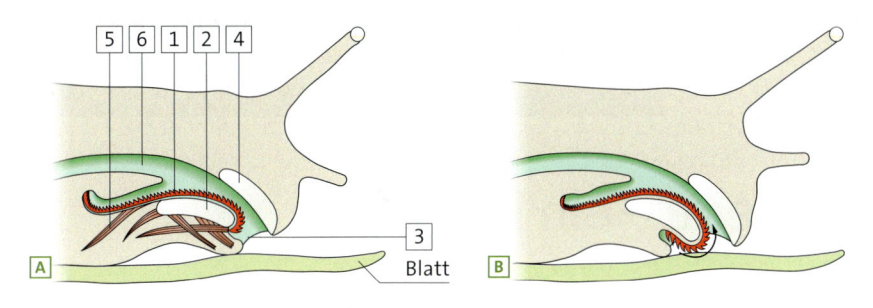

A / B Blatt

B1 Ordne den Zahlen die entsprechenden Fachbegriffe zu!

B2 Beschreibe die unterschiedlichen Vorgänge in den Abbildungen A und B!

Material C ▸ Weitere Schneckenarten

Hain-Schnirkelschnecke

Rote Wegschnecke

Wellhornschnecke

Gemeine Sumpfdeckelschnecke

Die meisten Lungenschnecken leben an Land, Kiemenschnecken im Wasser.

C1 Informiere dich in Lexika, Tierbüchern oder im Internet über den jeweiligen Lebensraum der abgebildeten Schnecken!

C2 Ordne die Schnecken der Gruppe der Lungenschnecken oder der Kiemenschnecken zu! Begründe deine Zuordnung!

C3 Nenne weitere Tiere, die über Kiemen atmen!

01 Honigbiene
im Flug

Die Honigbiene – ein Insekt

Im Frühjahr und Sommer sieht man viele Honigbienen auf Blüten Nektar und Pollen sammeln. Welche Gemeinsamkeiten haben sie mit anderen Insekten, welche Unterschiede gibt es?

lateinisch insectum = eingeschnitten, eingekerbt

ÄUSSERER KÖRPERBAU DER HONIGBIENE · Die Honigbiene ist ein Kerbtier, ein **Insekt.** Ihr Körper unterteilt sich wie bei allen Insekten in die drei Hauptabschnitte *Kopf, Brust* und *Hinterleib*. Diese Körperteile sind durch deutliche Kerben voneinander abgesetzt. Der Körper der Vorfahren der Insekten war ursprünglich in einzelne Kammern, die *Segmente,* gegliedert. Bei der Biene erkennt man diese Gliederung noch am Hinterleib. Die Segmente sind hier mit Gelenkhäutchen beweglich miteinander verbunden, während die Segmente des Kopfes und der Brust weitgehend verschmolzen sind. Bienen gehören zu den *Gliedertieren*. Die für Insekten typischen sechs Beine sitzen an der Brust und sind jeweils in fünf Glieder unterteilt. Der Körper ist von einem festen, aber elastischen Panzer umgeben und geschützt. Dieses *Außenskelett* der Insekten besteht nicht aus Knochen wie das Innenskelett der Wirbeltiere, sondern aus dem Faserstoff **Chitin.** Da den Insekten eine Wirbelsäule fehlt, zählt man sie zu den *wirbellosen* Tieren. An der Brust trägt die Honigbiene außerdem zwei durchsichtige Flügelpaare. Die Flügel sind wie bei allen geflügelten Insekten Ausstülpungen der Haut und keine umgewandelten Vorderextremitäten wie bei den Flügel tragenden Wirbeltieren. Zur Orientierung dienen der Honigbiene ihre zwei Fühler am Kopf, die *Antennen* und ihre zwei *Netzaugen*. Sie sind aus bis zu 6000 Einzelaugen, auch Facettenauge genannt, zusammengesetzt. Die Mundwerkzeuge der Biene bestehen ebenfalls aus Chitin und dienen zum Lecken und Aufsaugen von Flüssigkeiten.

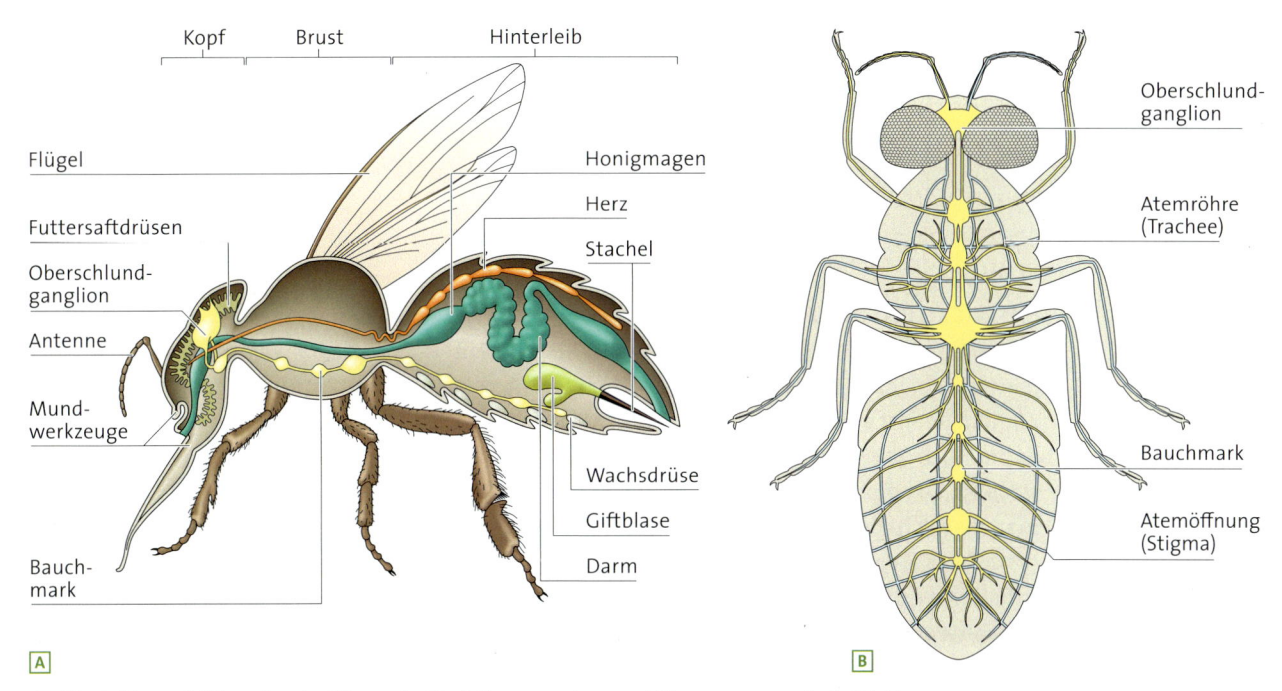

02 Honigbiene: **A** Körperbau im Längsschnitt, **B** Nervensystem und Atmungsorgane in Aufsicht

INNERER KÖRPERBAU DER HONIGBIENE · Der gesamte Körper der Biene wird von Blut durchströmt, das von einem *röhrenförmigen Herzen* im Rücken des Tiers von hinten nach vorn gepumpt wird. Die Blutgefäße enden offen. Insekten besitzen im Gegensatz zu Wirbeltieren einen *offenen Blutkreislauf.* Das farblose Blut, die *Lymphe,* dient dem Nährstofftransport und dem Wundverschluss, jedoch nicht dem Transport der Atemgase. Wie gelangt der benötigte Sauerstoff dann in den Körper und zu den Organen? Der benötigte Sauerstoff wird durch Atemöffnungen, die *Stigmen,* in den Seitenwänden der Hinterleibssegmente aufgenommen und durch verzweigte Atemröhren, die *Tracheen,* direkt, ohne Umweg über das Blut, den Organen zugeleitet. Der Abtransport des Kohlenstoffdioxids verläuft umgekehrt. Das Nervensystem der Biene durchzieht als *Bauchmark* die Unterseite des Körpers. Da es aus Paaren von Nervenknoten, den *Ganglien,* aufgebaut ist, die längs und quer miteinander durch Nervenstränge verbunden sind, erinnert es an eine Strickleiter. Deshalb bezeichnet man dieses Nervensystem, das bei allen Gliedertieren vorkommt, als *Strickleiternervensystem.* Ein großer Nervenknoten im Kopf des Insekts, das Oberschlundganglion, erfüllt die Aufgaben eines Gehirns. Im Hinterleib trägt die Honigbiene einen Stechapparat mit Giftdrüsen und einem Stachel mit Widerhaken.

LEBENSWEISE · Honigbienen *sind staatenbildende Insekten.* In einem Bienenstock leben bis zu 80 000 Arbeiterinnen mit ihrer Königin zusammen. Nur diese legt Eier und kann sich fortpflanzen. Die Arbeiterinnen verrichten in ihrem Leben in einer bestimmten Reihenfolge verschiedene Aufgaben im Bienenstock. Ab der dritten Lebenswoche verlassen sie den Bienenstock auf der Suche nach Nahrung. Den Nektar der Blüten sammeln sie in ihrem Honigmagen, Blütenstaub in kleinen Körbchen aus Borsten an den Hinterbeinen. Nach mehreren hundert Blütenbesuchen kehrt eine Sammelbiene zum Bienenstock zurück und liefert ihr Sammelgut ab.

1 Erkläre den Begriff Insekt!

03 Entwicklung
einer Honigbiene:

A Ei,

B Larve,

C Puppe,

D Vollinsekt

A B C D

ENTWICKLUNG DER HONIGBIENE · In einem Bienenstock leben bis zu 80 000 Bienen. Die meisten von ihnen sind Arbeiterinnen. Nur die Königin pflanzt sich fort. Sie legt etwa 2 000 Eier pro Tag in die Waben. Nach etwa drei Tagen schlüpft aus dem **Ei** eine **Larve.** Bei ihr sieht man deutlich die Kammerung, die *Segmentierung*, des Körpers. Die Larve wird ständig von Arbeiterinnen gefüttert, in den ersten Tagen mit Futtersaft, später mit Pollen und Honig. Das Außenskelett aus *Chitin* kann nicht mitwachsen, daher muss die Larve sich in dieser Zeit mehrmals häuten. Bei jeder Häutung wird ein neuer, etwas größerer Chitinpanzer gebildet. Nach der letzten Häutung verschließt eine Arbeitsbiene die Wabe mit einem Wachsdeckel und die darin enthaltene Larve baut mit einem Sekret aus Spinndrüsen einen **Kokon**. In dieser äußerlich reglosen **Puppe** findet die Verwandlung zum Vollinsekt statt.

Im Inneren der Puppe werden die Organe der Larve aufgelöst und neue gebildet. Nach einigen Tagen der Puppenruhe platzt die Haut auf. Das voll entwickelte Insekt zernagt den Deckel der Wabe. Nach 21 Tagen verlässt eine Arbeitsbiene die Wabe. Ihr Panzer härtet aus, ihr Arbeitsleben kann beginnen.

Wegen der tiefgreifenden Veränderungen wird die Entwicklung vom Ei über die Larve und Puppe zum Vollinsekt als **vollständige Verwandlung** oder *vollständige Metamorphose* bezeichnet. Die Entwicklung zum Vollinsekt dauert bei der Königin 16, bei der Arbeiterin 21 und bei den männlichen Drohnen 26 Tage.

ENTWICKLUNG DER HEUSCHRECKE · Nicht alle Insekten durchlaufen eine Entwicklung mit einer vollständigen Metamorphose. Heuschrecken zum Beispiel verwandeln sich unvollständig. Aus ihrem Ei schlüpft eine Larve, die einer erwachsenen Heuschrecke äußerlich bereits ähnelt. Die Larve ist jedoch viel kleiner, besitzt noch keine Flügel und keine Organe zur Fortpflanzung. Sie frisst ständig, wächst und häutet sich mehrmals. Dabei verwandelt sie sich zu einem Vollinsekt, ohne ein Puppenstadium zu durchlaufen. Diese Entwicklung vom Ei über die Larve ohne Bildung einer Puppe zum erwachsenen, fortpflanzungsfähigen Insekt wird als **unvollständige Verwandlung** oder *unvollständige Metamorphose* bezeichnet.

2 Vergleiche die vollständige mit der unvollständigen Metamorphose! Nenne dabei Gemeinsamkeiten und Unterschiede!

04 Entwicklung
einer Heuschrecke:

A Ei,

B ungeflügelte
Larve,

C Larve mit Flügelstummeln,

D erwachsene
Heuschrecke

A B C D

Material A ▸ Mehlkäferzucht

Bei einem Versuch wurden Mehlwürmer in einem Glas mit Vollkornmehl über einige Wochen gehalten. Das Versuchsergebnis ist in der Abbildung dargestellt.

A1 Ordne den Zahlen die richtigen Begriffe zu!

A2 Der Mehlwurm – ein Wurm? Nimm Stellung zum Begriff Mehlwurm!

Material B ▸ Entwicklung bei Käfern und Schmetterlingen

Engerling

Maikäfer

Distelfalter-Raupe

Distelfalter

B1 Nenne die Entwicklungsstadien, die in den Abbildungen nicht zu sehen sind!

B2 Beschreibe, wovon sich Larven und Vollinsekten des Maikäfers und des Distelfalters ernähren!

B3 Vergleiche die Ernährungsweise der Larven und Vollinsekten des Mehlkäfers und des Maikäfers miteinander!

B4 Stelle Vermutungen an, welchen Vorteil, aber auch welchen Nachteil es bieten kann, wenn sich Vollinsekten anders ernähren als ihre Larven!

B5 Nenne Wirbeltiere, die in ihrer Entwicklung ebenso wie die Insekten ein Larvenstadium durchlaufen!

/// **METHODE** //

Informationsbeschaffung

*Für einen Vortrag, zur Erstellung eines Steckbriefes oder auch, um sich intensiver auf eine Klassenarbeit vorzubereiten, ist es notwendig neue **Informationen** zu einem Thema zu erschließen. Dafür kann man unterschiedliche **Medien** nutzen.*

*Grundlegende Informationen enthält dein **Schulbuch**. Es gibt einen Überblick, mit dem du dir eine gesicherte Wissensbasis schaffen kannst.*
*In einem **Lexikon** findet man ebenfalls grundlegende Informationen zu einem bestimmten Thema. Die Einträge sind alphabetisch geordnet, sodass man schnell Informationen finden kann.*
*Hat man einen ersten Überblick über sein Thema erlangt, kann der Besuch einer **Bibliothek** hilfreich sein. Dort gibt es neben Fachbüchern auch ein breites Angebot an Fachzeitschriften und Tageszeitungen. Diese sind nützlich, um weiterführende Informationen zu erhalten. Eine Mind-Map, Notizen und eine Gliederung zum Thema können helfen, den Überblick nicht zu verlieren.*

*Auch **Experten** können eine wichtige Informationsquelle sein. Apotheker, Ärzte, Wissenschaftler oder Mitarbeiter vom Zoo helfen gerne bei biologischen Fragestellungen.*

Will man sich zum Beispiel über Honigbienen informieren, ist es ratsam, einem Imker seine Fragen zu stellen. Bevor man jedoch einen Experten aufsucht, sollte man sich konkrete Fragen zu seinem Thema überlegen und aufschreiben. Meistens ist es auch erforderlich, sich telefonisch oder schriftlich bei einem Experten anzumelden und einen Termin auszumachen.

*Um geeignete Abbildungen, Fotos oder aktuelle Informationen zu erhalten, nutzt man das **Internet**. Die Internetrecherche erfolgt über eine Suchmaschine. Eine große Anzahl von Internetadressen können damit nacheinander durchsucht werden. Da eine Suchmaschine viele Suchtreffer anzeigt, ist es wichtig, die Suche mit mehreren Stichwörtern einzugrenzen. Danach kann man die Internetadressen mit den gesuchten Informationen aufrufen. Die Informationen, die man im Internet findet, sind auf Wissenschaftlichkeit und Wahrheitsgehalt zu prüfen. Alle genutzten Internetseiten müssen mit Datum und Uhrzeit notiert werden.*

1 ⌡ Informiere dich über ein Insekt deiner Wahl! Nutze alle zur Verfügung stehenden Medien! Erstelle ein Poster!

www.insektenbox.de
www.nabu.de
www.planet-wissen.de

Fachbücher, Fachzeitschriften und Lexika

Schulbuch

Experten

Internet

01 Woher bekomme ich Informationen?

Bestimmungsschlüssel

Wenn Biologen eine Pflanze oder ein Tier bestimmen wollen, verwenden sie einen Bestimmungsschlüssel. Dabei wird fortlaufend jeweils ein Merkmal betrachtet. Hier im Beispiel beginnt man mit dem Merkmal Flügel. Wenn sie vorhanden sind, gehört das Tier zu den Zweiflüglern, fehlen sie, ist das Tier ein Urinsekt. Nun muss man entscheiden, ob die Vorder- und Hinterflügel gleichartig aussehen oder nicht. So geht es weiter, bis der richtige Name für die Gruppe gefunden ist.

Wirbellose im Überblick

Tiere, die in ihrem **Grundbauplan** viele gemeinsame Merkmale aufweisen, werden zu einer *Gruppe* zusammengefasst. So gehören Tiere mit einer Wirbelsäule zu den Wirbeltieren. Diese Gruppe umfasst etwa fünf Prozent aller Tierarten. Alle anderen Tierarten besitzen

Arten (Auswahl)

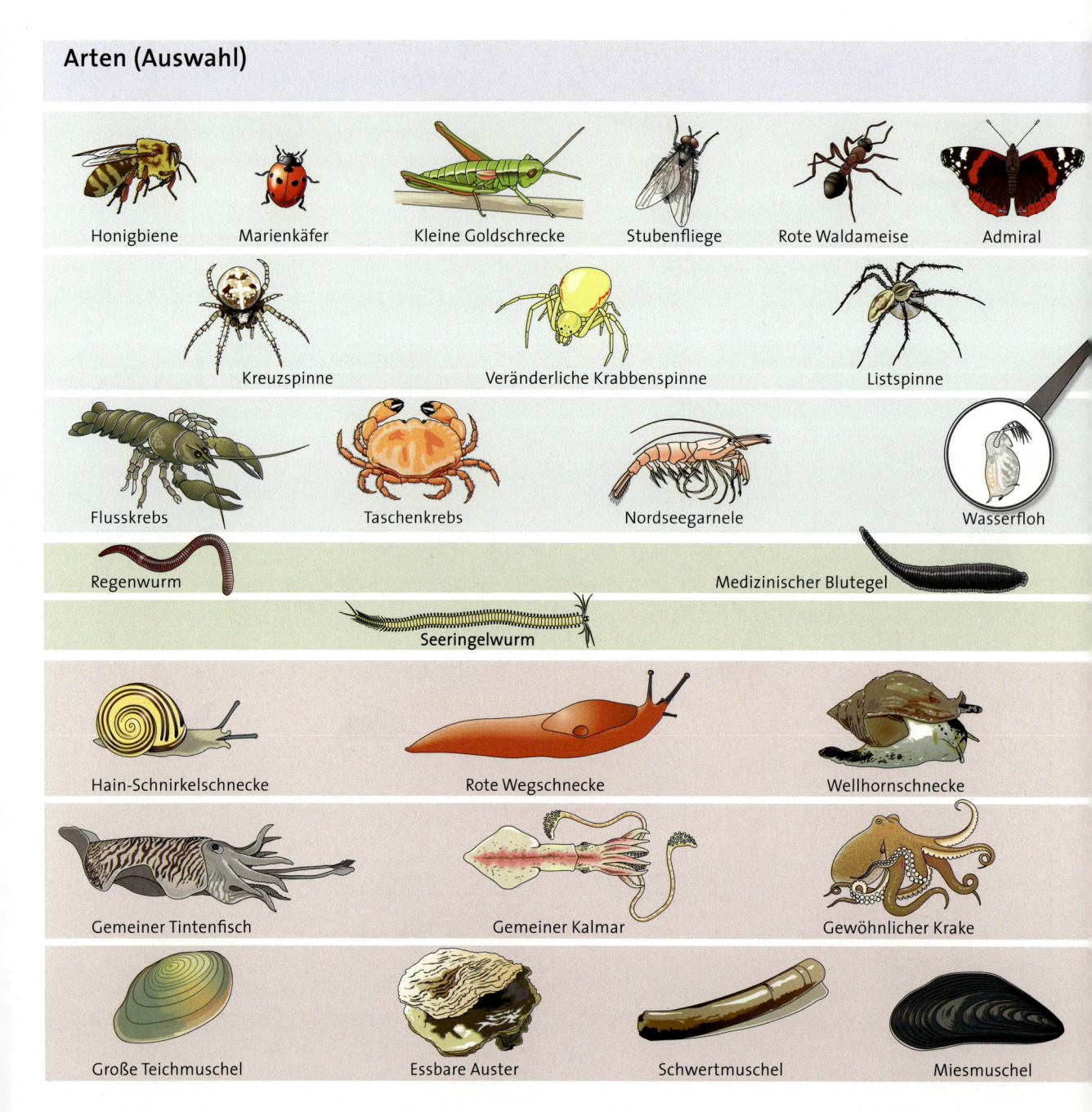

Honigbiene   Marienkäfer   Kleine Goldschrecke   Stubenfliege   Rote Waldameise   Admiral

Kreuzspinne   Veränderliche Krabbenspinne   Listspinne

Flusskrebs   Taschenkrebs   Nordseegarnele   Wasserfloh

Regenwurm   Medizinischer Blutegel

Seeringelwurm

Hain-Schnirkelschnecke   Rote Wegschnecke   Wellhornschnecke

Gemeiner Tintenfisch   Gemeiner Kalmar   Gewöhnlicher Krake

Große Teichmuschel   Essbare Auster   Schwertmuschel   Miesmuschel

keine Wirbelsäule und gehören daher zu den **Wirbellosen.** Sie weisen viele verschiedene Grundbaupläne auf. Hier werden drei Stämme der Wirbellosen mit ihren typischen gemeinsamen Merkmalen und einigen ihrer Vertreter vorgestellt.

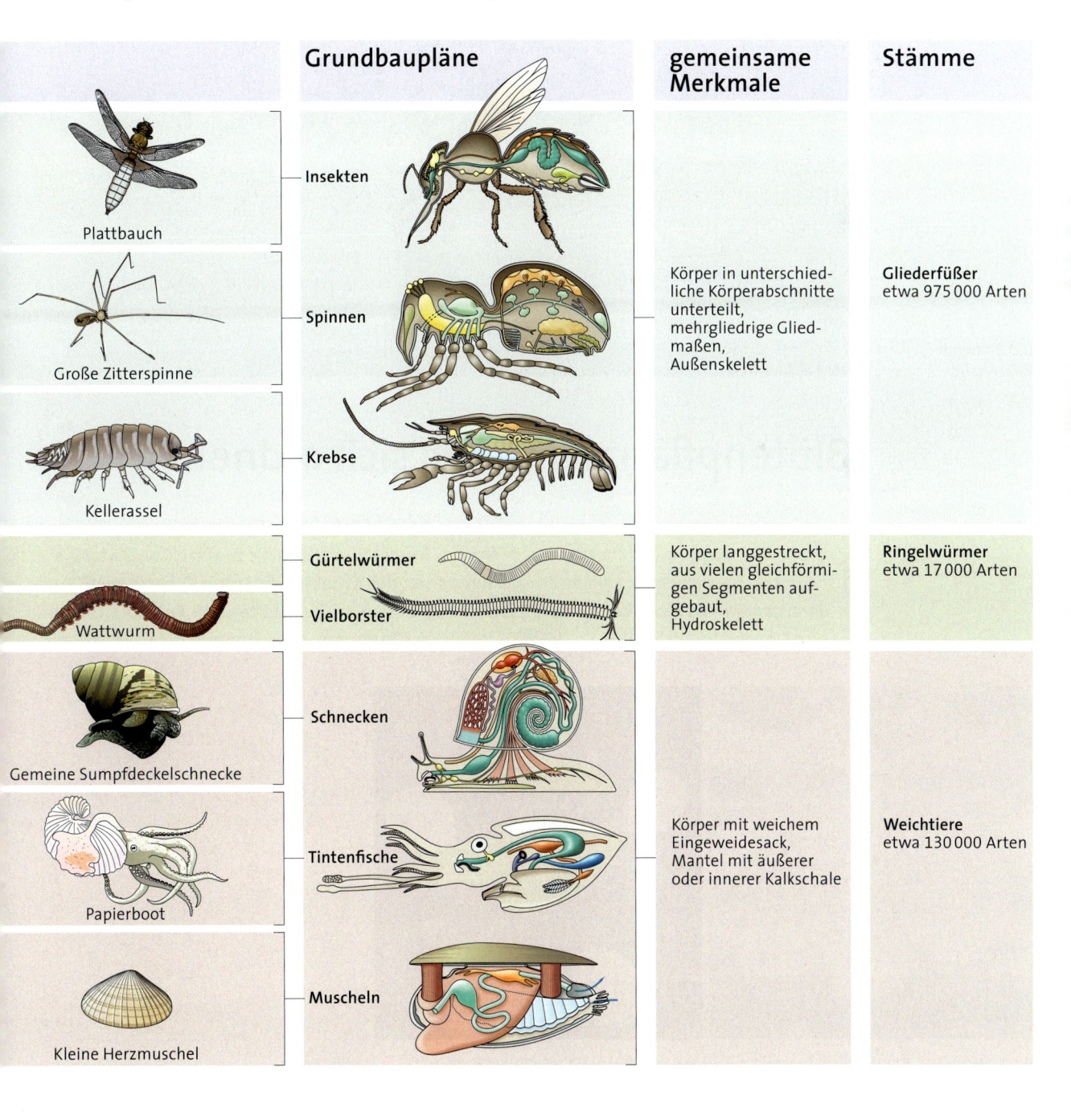

	Grundbaupläne	**gemeinsame Merkmale**	**Stämme**
Plattbauch	Insekten	Körper in unterschiedliche Körperabschnitte unterteilt, mehrgliedrige Gliedmaßen, Außenskelett	**Gliederfüßer** etwa 975 000 Arten
Große Zitterspinne	Spinnen		
Kellerassel	Krebse		
Wattwurm	Gürtelwürmer / Vielborster	Körper langgestreckt, aus vielen gleichförmigen Segmenten aufgebaut, Hydroskelett	**Ringelwürmer** etwa 17 000 Arten
Gemeine Sumpfdeckelschnecke	Schnecken	Körper mit weichem Eingeweidesack, Mantel mit äußerer oder innerer Kalkschale	**Weichtiere** etwa 130 000 Arten
Papierboot	Tintenfische		
Kleine Herzmuschel	Muscheln		

01 Blühender
Kirschbaum

Blütenpflanzen lassen sich ordnen

Im Frühling, noch bevor die ersten Laubblätter erscheinen, brechen die Knospen des Kirschbaums auf. Seine vorher kahlen Zweige sind dann ganz mit weißen Blüten bedeckt. Wie ist eine Kirschblüte aufgebaut?

BAU DER BLÜTE · Den auffälligsten Teil der Kirschblüte bilden die fünf weißen Blütenblätter, die **Kronblätter.** Unter ihnen sitzen fünf kleinere, grüne Blätter, die **Kelchblätter.** Ihr kräftiger Bau weist darauf hin, dass sie die

02 Kirschblüte: **A** Aufsicht, **B** Legebild mit 20 Staubblättern, **C** Blütendiagramm mit 30 Staubblättern

Blüte schützend umhüllt haben. Nach dem Aufblühen biegen sie sich zum Blütenstiel hin. Im Inneren der Blüte sieht man bis zu 30 dünne, fadenartige Gebilde, die **Staubblätter.**

Die kleinen, gelben Köpfe der Staubblätter heißen *Staubbeutel* oder *Staubgefäße* und ihre langen, dünnen Stiele *Staubfäden*. Aus der Mitte der Blüte ragt ein Gebilde heraus, das wie eine winzige Flasche aussieht. Die Verdickung unten, der Flaschenbauch, ist der *Fruchtknoten*. Den schlanken Flaschenhals nennt man *Griffel*. Sein Ende, das sich oben zu einer kleinen Fläche verbreitert, ist die *Narbe*. Das gesamte Gebilde aus Fruchtknoten, Griffel und Narbe nennt man Stemp*el.* Der Stempel der Kirschblüte besteht aus fünf miteinander verwachsenen **Fruchtblättern.**

Bei genauer Betrachtung unter der Lupe erkennt man, dass alle Teile der Kirschblüte kreisförmig angeordnet sind. Wenn man die Blüte vereinfacht in der Ansicht von oben zeichnet, erhält man einen Blütengrundriss oder ein **Blütendiagramm.** Darin werden die einzelnen Blütenteile durch unterschiedliche Farben gekennzeichnet.

ROSENGEWÄCHSE · Der Bau der Blüten ist bei den unterschiedlichen Blütenpflanzen verschieden. Blütenpflanzen, die ähnlichen Blütenmerkmale wie die Kirschblüte aufweisen, gehören zur **Pflanzenfamilie der Rosengewächse.** Sie haben fünf Kronblätter, fünf Kelchblätter und viele Staubblätter. Die Zahl und Form der Fruchtblätter sowie die Früchte können in dieser Familie sehr unterschiedlich aussehen. Zu den Rosengewächsen gehören viele Nutzpflanzen, zum Beispiel Erdbeere und Himbeere, sowie neben Kirschbäumen auch Apfel-, Pflaumen- und andere Obstbäume.

1) Vergleiche die Blüten der Kirsche und der Heckenrose miteinander! Berücksichtige dabei die Anzahl der Kron- und Staubblätter sowie Form und Anzahl der Fruchtblätter!

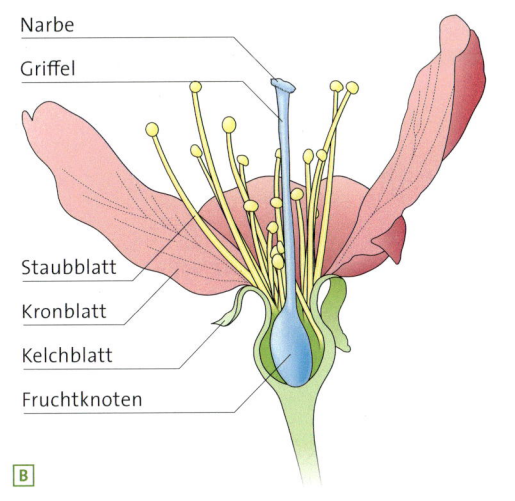

Narbe
Griffel
Staubblatt
Kronblatt
Kelchblatt
Fruchtknoten

03 Kirschblüte: **A** Längsschnitt, **B** Schema

04 Rosengewächse: **A** Heckenrose, **B** Schema der Blüte

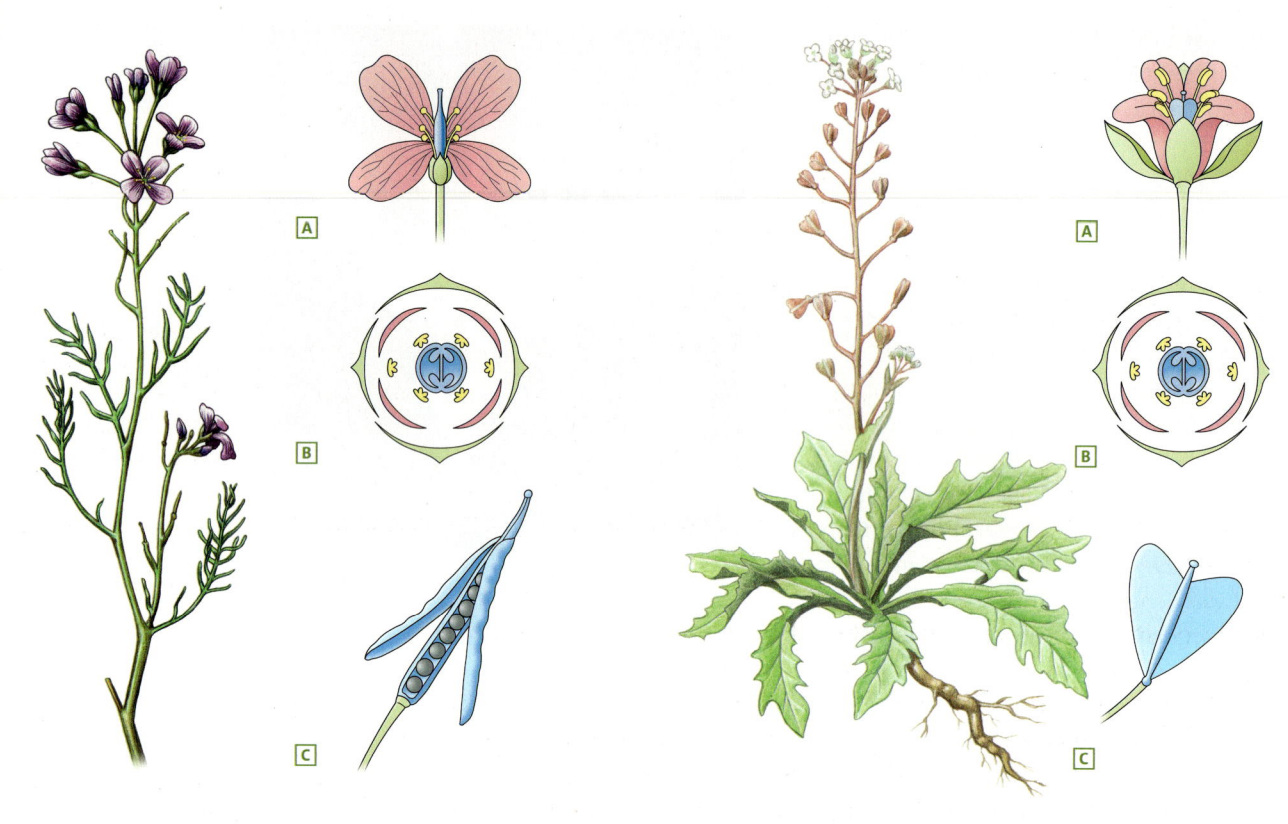

05 Wiesenschaumkraut: **A** Blütenschema, **B** Blütendiagramm, **C** Frucht

06 Hirtentäschelkraut: **A** Blütenschema, **B** Blütendiagramm, **C** Frucht

KREUZBLÜTLER · Im Frühjahr wächst auf feuchten Wiesen das *Wiesenschaumkraut*. Seine blasslila Blüten bestehen aus vier Kelch- und vier Kronblättern, die kreuzförmig angeordnet sind. Im Inneren der Blüte befinden sich vier lange und zwei kurze Staubblätter und ein Stempel, der aus zwei Fruchtblättern entstanden ist. Die gleiche Anzahl und Anordnung der Blütenteile findet man auch bei anderen Pflanzen, zum Beispiel beim *Hirtentäschelkraut*. Seine Blüten sind zwar kleiner und reinweiß, aber sehr ähnlich gebaut wie die des Wiesenschaumkrauts. Wegen ihrer kreuzförmig angeordneten Kelch- und Kronblätter bekam die Familie, zu der das Wiesenschaumkraut und das Hirtentäschelkraut gehören, den Namen **Kreuzblütler.** Auch den Raps zählt man zu dieser Familie.

Außer in den Blüten gleichen sich die Pflanzen der Familie Kreuzblütler auch im Bau ihrer **Früchte.** Sie bestehen aus zwei äußeren Fruchtwänden und einer Mittelwand, an der die Samen sitzen. Eine solche Fruchtform bezeichnet man als *Schote*. Neben dem Bau der Blüte ist die Schote also ein weiteres, typisches Kennzeichen der Familie der Kreuzblütler.

Zur Familie der Kreuzblütler gehören auch einige wichtige Nutzpflanzen, zum Beispiel der Kohl. Alle Formen der Kohlpflanzen sind aus einer einzigen Kreuzblütler-Art, dem *Wildkohl*, gezüchtet worden. So entstanden *Grünkohl*, *Rotkohl*, *Weißkohl*, *Wirsing*, *Blumenkohl*, *Kohlrabi* und *Rosenkohl*.

2 Nenne Merkmale, die alle Arten der Familie der Kreuzblütler gemeinsam haben!

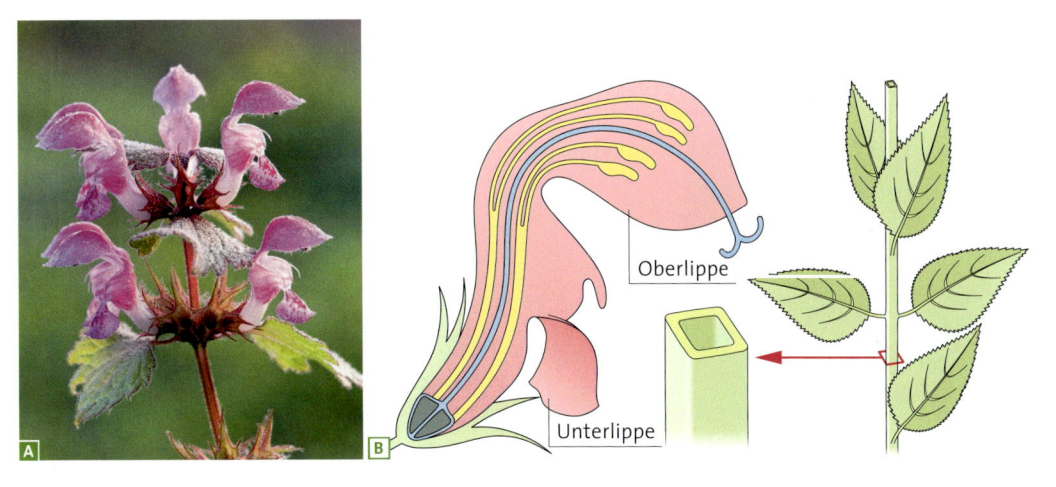

07 Lippenblütler:
A Blüte der Gefleckten Taubnessel,
B Bau der Blüte und der Sprossachse

LIPPENBLÜTLER · Taubnesseln haben ganz andere Blüten als Kreuzblütler oder Rosengewächse. Die rechte und linke Seite ihrer Blüte sehen gleich aus, ihre Ober- und Unterseite dagegen nicht. Eine solche Blüte nennt man *zweiseitig symmetrisch.* Sowohl die Kelchblätter als auch die Kronblätter sind zu einer Röhre verwachsen. Die Kronblattröhre öffnet sich in einen oberen, helmartigen Teil, die *Oberlippe,* und eine untere, flache *Unterlippe.* Im Inneren der Blüte liegen vier Staubblätter und ein Stempel. Solche Blüten kennzeichnen die Familie der **Lippenblütler.** Es gibt allerdings auch Lippenblütler mit sehr kurzer Oberlippe oder mit weniger als vier Staubblättern. Alle Lippenblütler besitzen eine *hohle, vierkantige Sprossachse.* Viele unserer Gewürzpflanzen sind Lippenblütler, wie zum Beispiel Rosmarin und Thymian.

SCHMETTERLINGSBLÜTLER · Auch die Gartenerbse hat zweiseitig symmetrische Blüten. Ihre fünf ungleichen Kronblätter entspringen aus einer kurzen Kelchblattröhre. Das nach oben ragende, größte Kronblatt ist die *Fahne.* Die beiden seitlichen Kronblätter nennt man *Flügel.* Zwischen ihnen stehen zwei miteinander verwachsene Kronblätter, die wie der Rumpf eines Bootes aussehen. Sie bilden das *Schiffchen.* Im Schiffchen liegen zehn Staubblätter. Neun sind zu einer Röhre verwachsen, die den Stempel umgibt. Durch die seitlich vom Schiffchen abstehenden Flügel erinnert die Erbsenblüte ein wenig an einen Schmetterling. Die Familie, für die solche Blüten typisch sind, hat daher den Namen **Schmetterlingsblütler** erhalten. Zu den Schmetterlingsblütlern gehören neben den Erbsen weitere wichtige Nahrungspflanzen wie Bohne und Linse.

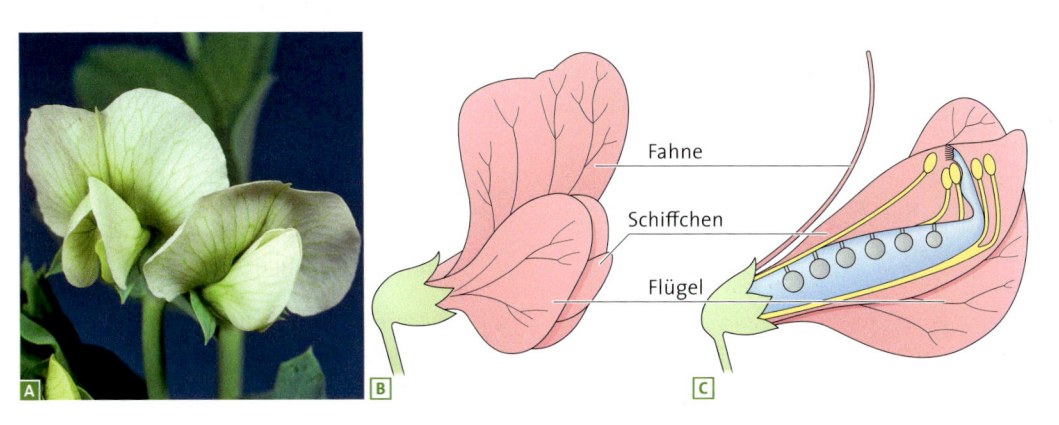

08 Schmetterlingsblütler:
A Blüte der Gartenerbse,
B Bau der Blüte,
C Schema der Blüte

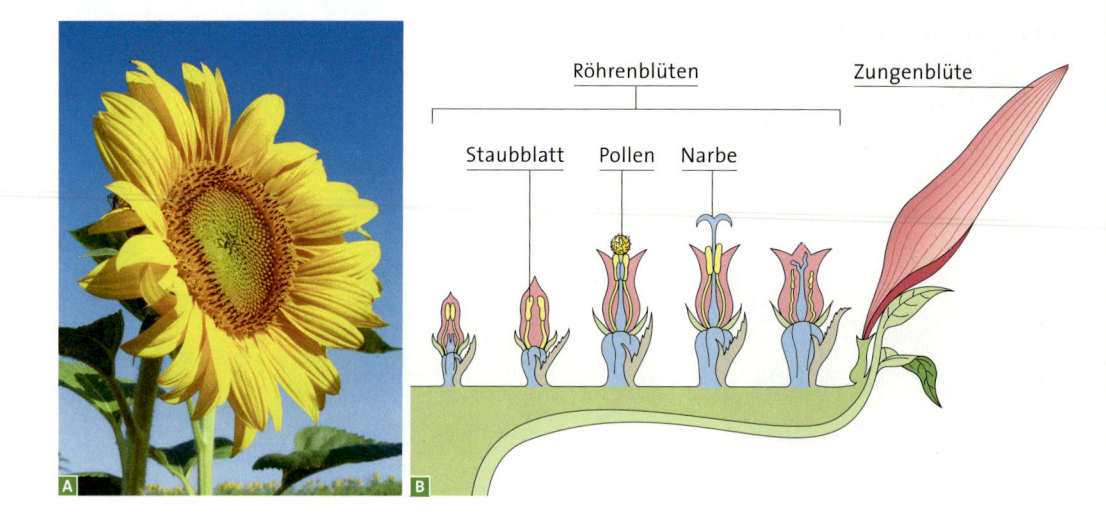

Röhrenblüten · Zungenblüte

Staubblatt · Pollen · Narbe

09 Korbblütler:

A Blütenstand
der Sonnenblume,

B Schema des
Blütenstands

A · B

KORBBLÜTLER · Die Blüte der Sonnenblume scheint riesig zu sein. Das täuscht. Diese scheinbare Blüte setzt sich nämlich aus vielen kleinen Blüten zusammen. Sie ist ein *Blütenstand,* in dem die Einzelblüten dicht gedrängt wie in einem flachen Korb stehen. Man nennt daher die Pflanzenfamilie, die sich durch solche Blütenstände auszeichnet, **Korbblütler.**

Eine Einzelblüte der Sonnenblume besteht aus einem winzigen Blütenkelch, kleinen, zu einer Röhre verwachsenen Kronblättern, fünf Staubblättern und einem Stempel. Man nennt eine solche Einzelblüte Röhrenblüte. Die Blüten am Rand des Blütenstands haben keine Staubblätter und nur einen unvollständigen Stempel. Weil ihre Kronblätter zu einer nach außen gebogenen, gelben Zunge vergrößert sind, werden sie *Zungenblüten* genannt.

Die Blütenstände der Korbblütler-Arten unterscheiden sich in der Form und der Anordnung ihrer Einzelblüten.

Bei der *Kornblume* besteht der Blütenstand nur aus großen, blauen Röhrenblüten.

Die *Echte Kamille* hat einen gewölbten Blütenkorb aus kleinen, grün-gelben Röhrenblüten und einem Rand aus weißen Zungenblüten.

Beim *Löwenzahn* findet man nur Zungenblüten, die aber im Unterschied zur Sonnenblume Staubgefäße und einen vollständigen Stempel haben.

10 Korbblütler
(Auswahl):

A Kornblume,

B Echte Kamille,

C Löwenzahn

A · B · C

3) Nenne die typischen Kennzeichen für die Pflanzenfamilien Lippenblütler und Schmetterlingsblütler!

4) Beschreibe, worin sich die Blütenstände von Kornblume und Löwenzahn unterscheiden!

Material A ► Blütenformen

Raps — Hahnenfuß — Bärlauch

A B C

A1 Gib an, mit welcher Farbe die einzelnen Blütenteile im Blütendiagramm gekennzeichnet sind! Beachte, dass bei einer der Blüten Kelch- und Kronblätter die gleiche Farbe haben!

A2 Ordne die abgebildeten Blüten den Blütendiagrammen zu! Begründe deine Zuordnung!

Material B ► Pflanzenfamilien

A Zaunwicke — B Walderdbeere — C Gänseblümchen — D Kleine Brunelle

B1 Nenne die Abbildung, die einen Blütenstand zeigt, und diejenige, in der zweiseitig symmetrische Blüten zu sehen sind!

B2 Ordne die abgebildeten Blüten passenden Pflanzenfamilien zu! Begründe deine Zuordnung!

Vielfalt der Bäume

01 Eiche

02 Esche

03 Stechpalme

04 Kirschbaum

LAUBBAUM · Laubbäume haben breite Blätter. Die Formen der Blätter sind einfach wie bei der Eiche oder zusammengesetzt wie bei der Esche. Die meisten mitteleuropäischen Laubbäume tragen nur im Sommer Laub und verlieren ihre Blätter im Herbst. Eine immergrüne Strauchart, Stechpalme oder Ilex, wächst gelegentlich baumförmig und ist daher der einzige einheimische immergrüne Baum.

In wärmeren Regionen, etwa am Mittelmeer, gibt es diverse immergrüne Laubbäume. In Tropischen Regenwäldern tragen Laubbäume das ganze Jahr über Blätter. Dort werfen die Bäume zwar auch ihre Blätter ab, aber nicht alle zur gleichen Zeit. Entsprechend werden das ganze Jahr über neue Blätter gebildet.

Im Holz mitteleuropäischer Laubbäume gibt es weite und enge Leitbahnen. Im Frühjahr entstehen weite Leitbahnen. Zur Zeit des Laubaustriebs kann daher rasch viel Wasser von den Wurzeln in die Baumkronen geleitet werden. Im kühlen und feuchten Klima ist dies für das Wachstum von Laubbäumen günstig. Im trockenen Sommer werden enge Leitbahnen gebildet, in denen weniger Wasser transportiert wird. Gerbstoffe machen das Holz vieler Laubbäume besonders haltbar. Eichenholz ist daher gut zum Bau von Häusern und Schiffen geeignet. Das Holz vieler Laubbäume ist schwerer als Wasser. Man kann es daher nicht flößen oder triften: Das Floß würde untergehen.

Eine Eigenschaft haben alle Laubbäume ohne Ausnahme: Sie sind **Bedecktsamer.** Das bedeutet, dass bei ihnen die Samenanlage, aus der der Same hervorgeht, vom Fruchtknoten umschlossen wird. Die daraus entstehende Frucht schützt den Samen bis zur Keimung. Oft ist ein Nährgewebe vorhanden, aus dem der Same bei der Keimung Nährstoffe bezieht. Oder die Frucht kann so umgebildet sein, dass sie zur Nahrung von Tieren wird, die die Samen verbreiten. Das gilt beispielsweise für die Kirsche.

NADELBAUM · Nadelbäume haben schmale Blätter mit kleiner Oberfläche, die Nadeln. Die meisten Nadelbäume sind immergrün. Nur die Lärche, die von Natur aus im Hochgebirge wächst, verliert im Herbst ihre Nadeln. Die anderen Nadelbäume werfen wie tropische Laubbäume ihre Blätter zu jeder Jahreszeit ab, bilden sie aber vor allem im Frühjahr und Frühsommer neu. Die Blätter sind von einer dicken Wachsschicht bedeckt, die die Wasserabgabe einschränkt. Nadelbäume können daher auch an trockenen Standorten wachsen. Dort sind sie Laubbäumen überlegen. Der Wacholder gedeiht sogar in trockenen Heidegebieten.

Trocken ist es auch dort, wo es lange Frost gibt. Dort ist nämlich Wasser oft gefroren, sodass es von den Bäumen nicht aufgenommen und weitergeleitet werden kann. Aus diesem Grund gedeihen Kiefern in Europa sowohl im trockenen Süden, am Mittelmeer, als auch im kalten Norden, in Skandinavien und Russland. Dort sind auch Fichten häufig zu finden.

Das Holz von Nadelbäumen ist sehr gleichmäßig gebaut. Alle Leitbahnen sind ähnlich groß. Daher werden stets ähnlich große Mengen an Wasser von den Wurzeln in die Baumkronen transportiert. Das Holz von Nadelbäumen ist leichter als Wasser. Es schwimmt also, wenn man es in Flöße bindet und auf dem Wasser transportiert.

Eine Eigenschaft haben alle Nadelbäum ohne Ausnahme: Sie sind **Nacktsamer.** Das bedeutet, dass bei ihnen die Samenanlage, aus der der Same hervorgeht, frei auf dem Fruchtblatt liegt und nicht in einem Fruchtknoten eingeschlossen ist. Deshalb haben sie keine Frucht.

1 ⌡ Stelle Unterschiede zwischen Laub- und Nadelbäumen in einer Tabelle zusammen!

2 ⌡ Erkläre die unterschiedliche Verbreitung von Laub- und Nadelbäumen in Europa!

05 Lärche

06 Wacholder

07 Kiefer

08 Fichte

/// **METHODE** //

Herbarium – Sammeln und Bestimmen

1) Sammeln und Bestimmen

2) Pressen und Trocknen

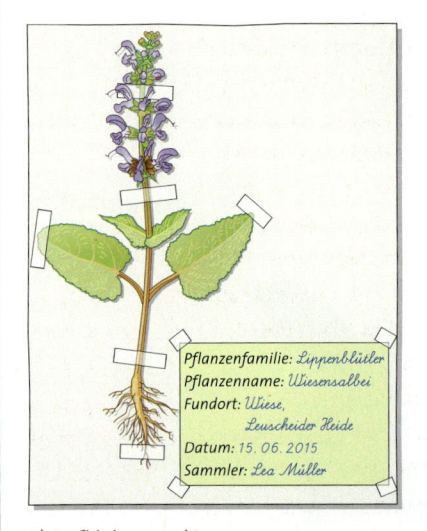

3) Aufkleben und Lagern

Ein Herbarium ist eine Sammlung gepresster und getrockneter Pflanzen oder Pflanzenteile, wie zum Beispiel Laubblätter von Bäumen.

Material:

- festes Papier oder leichter Zeichenkarton,
- Schere,
- Etiketten (selbstklebend, fünf bis sechs Zentimeter lang),
- Ziegelsteine oder dicke Bücher,
- Tageszeitungen,
- zwei Holzplatten oder starke Pappe,
- Bestimmungsbuch

Durchführung:

SAMMELN UND BESTIMMEN ·
Bevor man eine Pflanze pflückt, muss man mithilfe des Bestimmungsbuches ihren Namen feststellen. So wird vermieden, dass man aus Versehen eine geschützte Pflanze beschädigt. Außerdem lassen sich die Pflanzen nach dem Pressen und Trocknen oft nur noch schwer bestimmen. Transportiere die Pflanzen getrennt in Plastiktüten, in die jeweils ein Zettel mit Artname, Fundort und Funddatum gelegt wird.

PRESSEN UND TROCKNEN ·
Lege jede Pflanze einzeln so in gefaltetes Zeitungspapier, dass sie in einer natürlichen Lage ausgebreitet ist. Füge ein Etikett hinzu, auf dem der Artname der Pflanze, die Familie, der Fundort und das Funddatum ver-

merkt sind. Klappe die Papierbögen zu und staple sie abwechselnd mit Zwischenlagen aus mehreren Bögen Zeitungspapier.

Lege oben und unten eine Holzplatte oder einen starken Pappkarton auf den Stapel und beschwere ihn mit Ziegelsteinen oder dicken Büchern. Weil sich leicht Schimmel bildet, müssen die Zwischenlagen aus Zeitungspapier alle zwei bis drei Tage gewechselt werden, bis die Pflanzen völlig getrocknet sind.

AUFKLEBEN UND LAGERN ·
Lege jede getrocknete Pflanze einzeln auf je einen festen Bogen Papier oder einen leichten Zeichenkarton. Behandle die Pflanzen sehr vorsichtig, da sie jetzt sehr spröde sind und leicht zerbrechen. Schneide aus selbstklebenden Etiketten Streifen und befestige damit die Pflanzen. Klebe dann das vorbereitete, beschriftete Etikett mit dem Namen der Pflanze und allen Funddaten in die rechte untere Ecke des Papierbogens. Bewahre die Herbarbögen in einer passenden Schachtel auf oder hefte sie in einen Ordner ein.

DIGITALES HERBARIUM ·
Pflanzen kann man nach dem Bestimmen auch in ihrem Lebensraum fotografieren, statt zu pflücken. Anschießend erstellt man aus den Fotos eine Präsentation oder eine Bilderfolge und beschriftet die Fotos mit Artname, Fundort und Funddatum. So erhält man ein Fotoherbarium.

Material A ▶ Blätter einheimischer Laubbäume

Ausschnitt aus einem Bestimmungsbuch für einheimische Laubbäume		
1	Blätter einfach (nur aus einer Fläche bestehend)	weiter bei 3
1*	Blätter zusammengesetzt (aus mehreren Teilblättchen bestehend)	weiter bei 2
2	Blätter gefiedert	Esche
2*	Blätter gefingert	Rosskastanie
3	Blätter schmal und lang (lanzettförmig)	Weide
3*	Blätter nicht schmal und lang	weiter bei 4
4	Blattrand ganzrandig	Rotbuche
4*	Blattrand nicht ganzrandig, sondern gesägt, gebuchtet oder gelappt	weiter bei 5
5	Blattrand gesägt	weiter bei 6
5*	Blattrand gebuchtet	weiter bei 7
5**	Blattrand gelappt	weiter bei 8
6	Blattfläche herzförmig	Sommerlinde
6*	Blattfläche eiförmig	Hainbuche / Weißbuche
7	Blattfläche gleichförmig gebuchtet, Blattstiel etwa ¼ so lang wie die Blattfläche	Traubeneiche
7*	Blattfläche ungleich gebuchtet, Blattstiel sehr kurz	Stieleiche
8	Lappen der Blätter am Ende spitz zulaufend	Spitzahorn
8*	Lappen der Blätter am Ende rundlich	Bergahorn

gefiedert   gefingert   gelappt

lanzettförmig   eiförmig   herzförmig

ganzrandig   gesägt   gebuchtet

A1 Bestimme mithilfe des Bestimmungsschlüssels die Baumarten, von denen die abgebildeten Blätter stammen!

01 Moosbedeckter
Waldboden

Sporenpflanzen und Pilze

Im Wald finden wir oft dicht beieinander Moose, Farne und Pilze. Sie haben keine Blüten. Gehören sie zu den Pflanzen? Wie unterscheiden sie sich voneinander?

FARNE · Zur Gruppe der Farnpflanzen gehören neben den Bärlapp- und den Schachtelhalmgewächsen die *Echten Farne*. Farnpflanzen bestehen wie die Samenpflanzen aus Wurzel, Sprossachse und Laubblättern. Sie sind Sprosspflanzen, bilden aber keine Blüten und Samen. Die Echten Farne nehmen Wasser und darin gelöste Mineralstoffe durch ihre Wurzeln auf. Über die Sprossachse gelangt es in ihre Laubblätter, die Wedel. Diese sind häufig gefiedert. Dort findet die Fotosynthese statt. Die gebildeten energiereichen Stoffe gelangen durch Leitungsbahnen in die ganze Pflanze.

Farne pflanzen sich durch **Sporen** fort. Im Sommer bilden sich an der Unterseite ihrer Wedel **Sporenkapseln,** die später aufreißen und die reifen **Sporen** auswerfen. Jede Spore kann zu einer jungen Farnpflanze heranwachsen. Somit gehören die Farnpflanzen zu den **Sporenpflanzen.**

MOOSE · Die kleinen Moospflanzen sind sehr einfach gebaut. Betrachtet man eine einzelne Laubmoospflanze mit der Lupe, erkennt man zarte grüne Blättchen, die sich an einem dünnen Stämmchen verteilen. Die Blättchen haben eine sehr dünne Haut. Daher können die Moospflanzen Wasser und darin gelöste Mineralstoffe mithilfe ihrer Blättchen aufnehmen. Die Blättchen haben außerdem den grünen Blattfarbstoff, das *Chlorophyll,* das für die Fotosynthese notwendig ist. Im Boden sind die Moospflanzen mit dünnen Fäden, den **Rhizoiden**, verankert. Jedoch können *Rhizoide* im Gegensatz zu den Wurzeln weder Wasser noch Mineralstoffe aus dem Boden aufnehmen.

Moose pflanzen sich durch Sporen fort. Auf ihren Stämmchen bilden sich *Sporenkapseln*, in denen viele kleine *Sporen* heranreifen und aufplatzen. Die Fortpflanzung ohne Befruchtung mithilfe von Sporen ist eine *ungeschlechtliche Fortpflanzung*. Moose und Farnpflanzen können sich aber auch geschlechtlich fortpflanzen.

PILZE · Ein eigenes Reich der Lebewesen bilden die Pilze. Sie besitzen in ihren Zellwänden einen besonderen Baustoff, das **Chitin**, das auch bei Insekten vorkommt und den Pilzen Festigkeit verleiht. Jedoch haben Pilze kein *Chlorophyll*. Deshalb müssen sie sich von energiereichen Stoffen ernähren. Manche Arten sind mikroskopisch klein, beispielsweise die Schimmelpilze auf verschimmeltem Brot oder die Hefepilze. Am bekanntesten sind die **Hutpilze**, zu denen der Echte Steinpilz und der Rote Fliegenpilz gehören. Hier ist der eigentliche Pilz im Boden verborgen. Er bildet ein weitreichendes, stark verzweigtes Fadengeflecht, das **Mycel.** Bei genügend Feuchtigkeit, Wärme und Nährstoffen wächst das Mycel ständig und bildet dann den oberirdischen Teil, den **Fortpflanzungskörper.** Dieser ist für die Fortpflanzung notwendig. Er besteht aus Hut und Stiel. Anhand der Unterseite des Hutes kann man die verschiedenen Hutpilze unterscheiden. Ist sie röhrenartig wie ein Schwamm aufgebaut, sind es **Röhrenpilze**. Andere Pilze haben eine lamellenartige Hutunterseite und gehören zu den **Blätterpilzen**, auch Lamellenpilze genannt. Pilze pflanzen sich ohne Befruchtung fort. Man nennt das eine **ungeschlechtliche Fortpflanzung**.

Pilze und Pflanzen können sich auch gegenseitig bei der Ernährung helfen. So kommen Birkenpilze oft in der Nähe von Birken vor. Die Birke wird durch das Mycel des Birkenpilzes besser mit Wasser und Mineralstoffen für die Fotosynthese versorgt. Der Birkenpilz bekommt Nährstoffe vom Baum, zum Beispiel die energiereiche Glukose. Es entsteht eine Wechselbeziehung, in der sowohl der Pilz als auch die Pflanze einen Vorteil aus dem Zusammenleben ziehen. Eine solche Beziehung nennt man *Symbiose*. Eine weitere Symbiose zwischen Pilzen und Algen sind die **Flechten**. Die Algen produzieren Nährstoffe, von denen sich der Pilz ernährt. Der Pilz schützt die Alge vor dem Austrocknen.

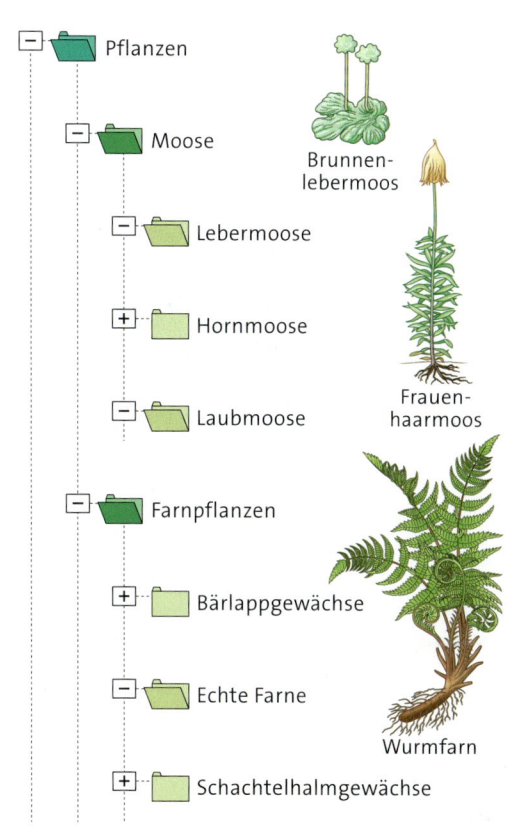

02 Systematik der Sporenpflanzen

03 Birkenpilz

1 Vergleiche den Bau von Farnen und Moosen!

2 Begründe, weshalb Pilze keine Pflanzen sind!

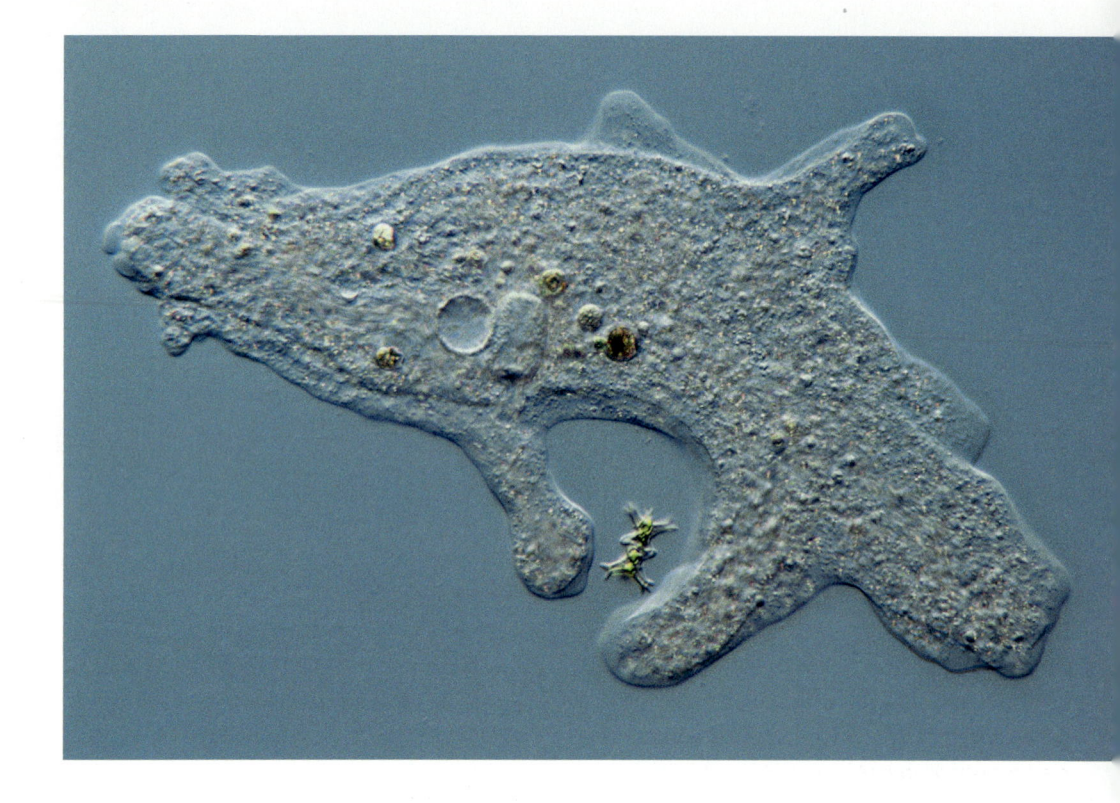

01 Amöbe beim Fressen einer Zieralge

Einzeller

Fortbewegung, Nahrungsaufnahme und Verdauung erfolgen bei vielzelligen Lebewesen arbeitsteilig mithilfe verschiedener Organe und zahlreicher spezialisierter Zellen. Bei Einzellern leistet dies eine einzige Zelle. Wie ist das möglich?

WECHSELTIERCHEN · In Tümpeln kann man auf faulenden Pflanzenteilen winzige Schleimklümpchen finden, die mit bloßem Auge gerade noch sichtbar sind. Dabei handelt es sich um etwa 0,5 Millimeter große Lebewesen, die aus einer einzigen, unregelmäßig geformten Zelle mit einem großen Zellkern bestehen. Diese Lebewesen werden als **Amöben** bezeichnet. Weil die Zelle ständig ihre Gestalt wechselt, nennt man sie auch *Wechseltierchen*. Amöben und alle anderen Lebewesen, die nur aus einer Zelle bestehen, bezeichnet man als *Einzeller*. Eine Amöbe kann an jeder beliebigen Stelle das von der Zellmembran umgebene Zellplasma ausstülpen. Dadurch entstehen sogenannte *Scheinfüßchen*. An einer anderen Stelle werden

diese eingeschmolzen, indem Zellplasma ins Zellinnere zurückfließt. Durch das Ausstülpen und Einschmelzen von Scheinfüßchen können sich Amöben kriechend fortbewegen.

Trifft eine Amöbe auf ein Nahrungsteilchen, umfließt sie es mit ihrer Zelle und schließt es damit in ein *Nahrungsbläschen* ein. Dieses wandert im Zellplasma umher. Dabei findet der Abbau der Nahrung durch Verdauung statt. Die Nährstoffe werden durch die Membran des Bläschens ins Zellplasma aufgenommen. Unverdauliche Reste bleiben im Bläschen und werden an den Rand der Zelle transportiert. Dort verschmilzt die Membran des Bläschens mit der Zellmembran und die Abfallstoffe gelangen nach außen. Neben zahlreichen Nahrungsbläschen besitzt eine Amöbe noch ein größeres Bläschen, das rhythmisch schrumpft und anschwillt. Dieses *pulsierende Bläschen* pumpt ständig in die Zelle eindringendes Wasser wieder nach außen.

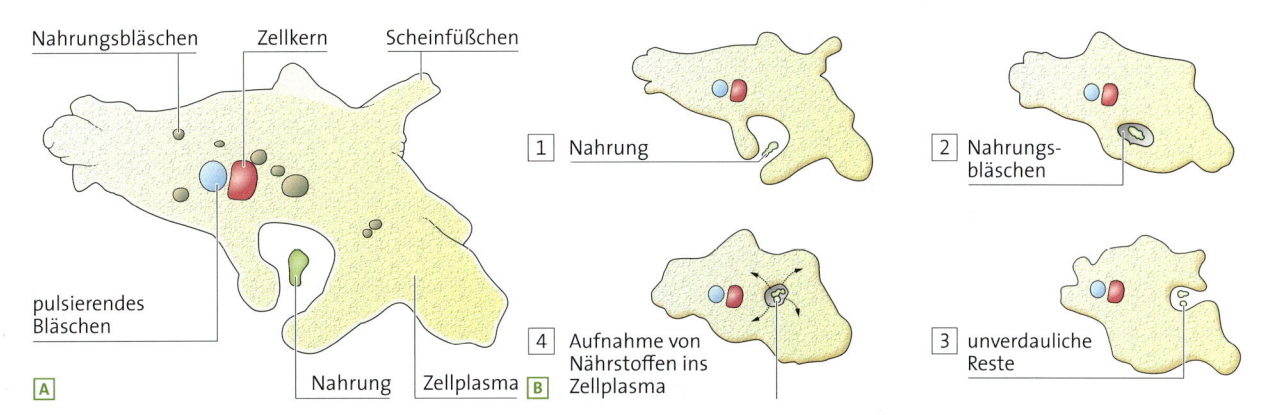

02 Amöbe: **A** Bau, **B** Nahrungsaufnahme

PANTOFFELTIERCHEN · Beim Mikroskopieren von Teichwasser erkennt man schnell umherschwimmende Einzeller auf. Sie sind etwa 0,3 Millimeter lang und haben eine gleichbleibende Form, die an Pantoffeln erinnert. Man nennt sie *Pantoffeltierchen.*

Ihre rasche Fortbewegung erfolgt durch ständig schlagende, haarähnliche *Wimpern,* mit denen die Zelloberfläche dicht besetzt ist. Beim Schwimmen dreht sich das Pantoffeltierchen schraubenförmig um seine Längsachse. Stößt es auf ein Hindernis, ändert es schlagartig seine Bewegungsrichtung. Im Unterschied zur Amöbe kann das Pantoffeltierchen nur an einer bestimmten Stelle der Zelle, dem *Zellmund,* Nahrung aufnehmen. Der Zellmund ist eine trichterförmige Einstülpung der Zellmembran. Davor befindet sich ein dicht mit Wimpern besetzter Bereich, das *Mundfeld.* Durch das Schlagen dieser Wimpern werden Nahrungsteilchen, zum Beispiel Bakterien, in den Zellmund gestrudelt und an dessen Ende als Nahrungsbläschen aufgenommen. Wie bei der Amöbe durchwandern diese die Zelle. Unverdauliche Reste werden aber nur an einer bestimmten Stelle, dem *Zellafter,* ausgeschieden. Pantoffeltierchen haben einen großen Zellkern und zwei *pulsierende Bläschen,* die sich in rhythmischem Wechsel füllen und entleeren. Unter der Zellmembran liegen zahlreiche spitze *Eiweißnadeln,* die bei Berührung blitzschnell ausgeschleudert werden und zur Verteidigung dienen.

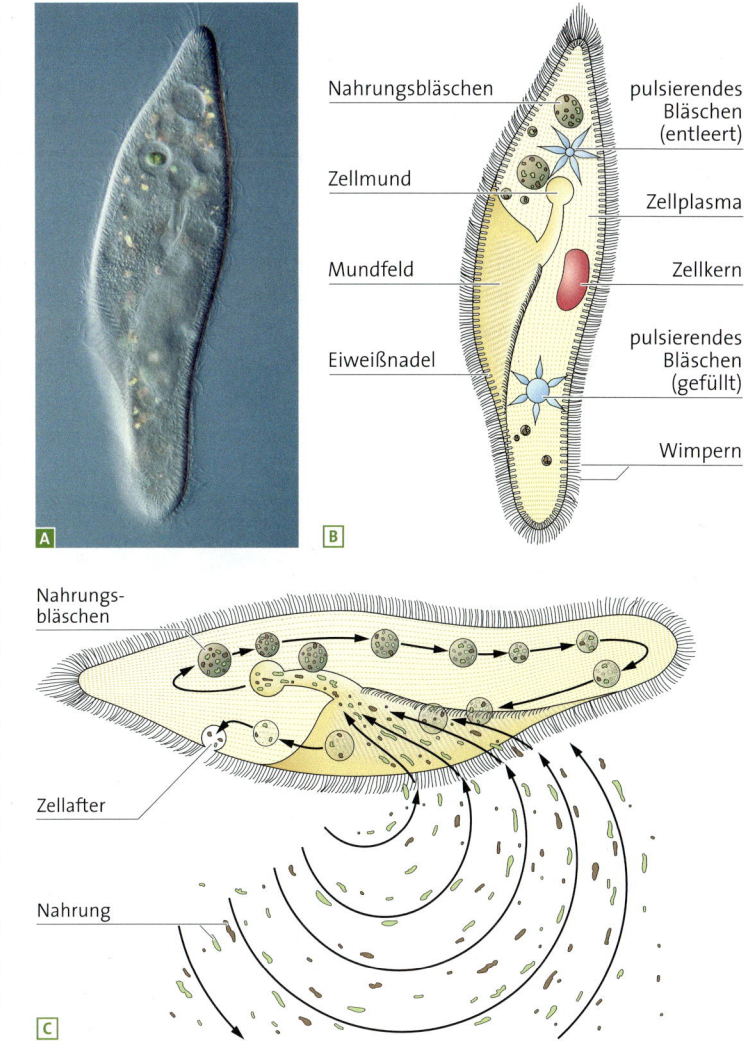

03 Pantoffeltierchen: **A** mikroskopische Aufnahme, **B** Schema, **C** Nahrungsaufnahme

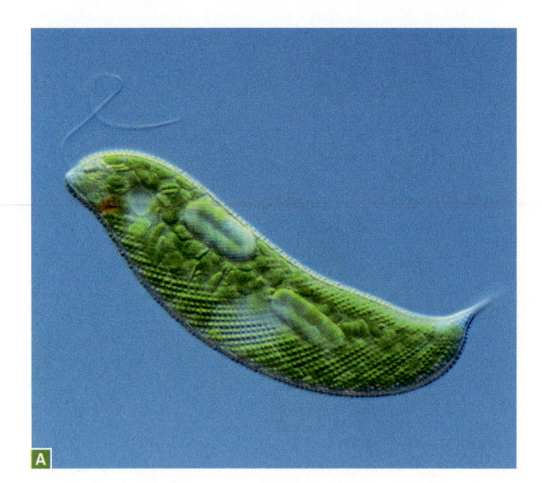

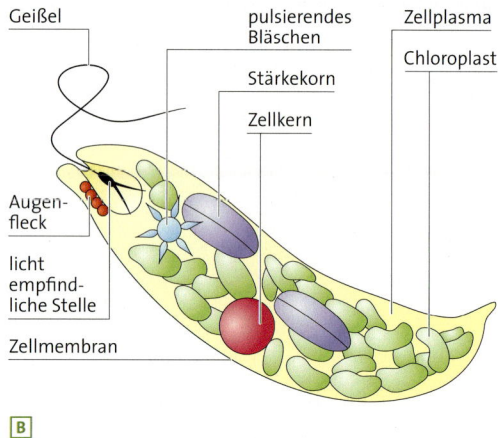

Geißel — pulsierendes Bläschen — Zellplasma — Chloroplast — Stärkekorn — Zellkern — Augenfleck — licht empfindliche Stelle — Zellmembran

04 Augentierchen:
A mikroskopische Aufnahme,
B Bau

AUGENTIERCHEN · In nährstoffreichen Gewässern leben häufig grün gefärbte, spindelförmige Einzeller, die nur etwa 0,05 Millimeter lang sind. Sie haben einen spindelförmigen Zellkörper. Wie Pantoffeltierchen schwimmen sie schraubenförmig durch das Wasser. Eine lange, fadenförmige Geißel am Vorderende zieht sie mit propellerartig kreisenden Bewegungen nach vorn. Bei genauerer Betrachtung erkennt man seitlich der Ansatzstelle der Geißel einen roten Fleck, den *Augenfleck*. Ihm verdanken diese Einzeller ihren Namen: *Augen-*

tierchen. Mithilfe des Augenflecks und einer lichtempfindlichen Stelle können sie die Richtung des einfallenden Lichtes feststellen. Augentierchen besitzen *Chloroplasten* und können daher durch Fotosynthese selber Nährstoffe herstellen. Bei Lichtmangel sind sie aber auch in der Lage, Nahrung aus der Umgebung aufzunehmen. Außerdem haben sie einen *Zellkern* und ein *pulsierendes Bläschen*.

VERMEHRUNG UND VIELFALT · Wenn eine Amöbe eine bestimmte Größe erreicht hat, teilt sich zunächst der Zellkern. Danach folgt die Teilung des Zellplasmas. Aus der Mutterzelle entstehen zwei gleiche, halb so große Tochterzellen, die später heranwachsen. Verschlechtern sich die Lebensbedingungen, bildet die Amöbe eine dicke Kapsel aus. So kann sie als *Dauerform* Austrocknung und Nahrungsmangel überstehen. Auch andere Einzeller vermehren sich durch Zellteilung, Pantoffeltierchen durch Quer- und Augentierchen durch Längsteilung.

Einzeller weisen eine große Formenvielfalt auf. Sie kommen im Wasser, in feuchten Böden oder im Körper von Tieren vor. *Schalenamöben* besitzen Schutzgehäuse aus Kieselsäure, *Kammerlinge* Skelette aus Kalk. *Glockentierchen* sind mit den Pantoffeltierchen verwandt. Ihre Zellkörper haben lange Stiele, die auf Wasserpflanzen befestigt sind. *Zieralgen* sind Einzeller mit spiegelbildlichen Zellhälften.

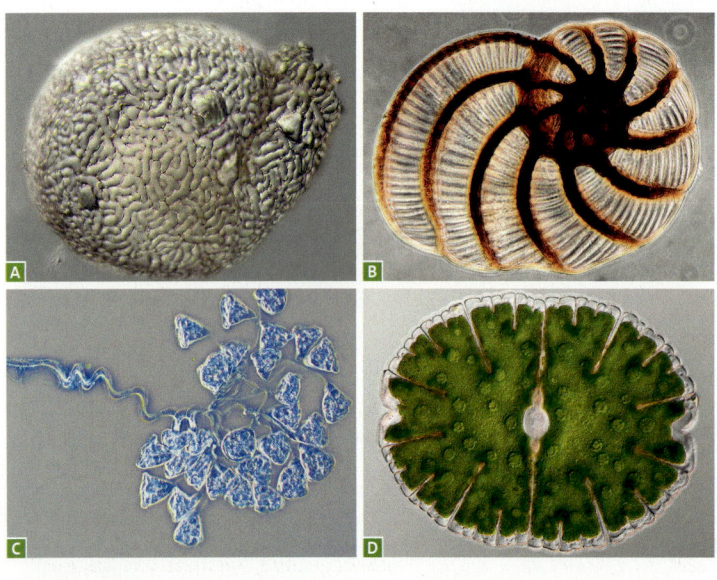

05 Formenvielfalt bei Einzellern: **A** Schalenamöbe, **B** Kammerling, **C** Glockentierchen, **D** Zieralge

Material A ▸ Amöbe

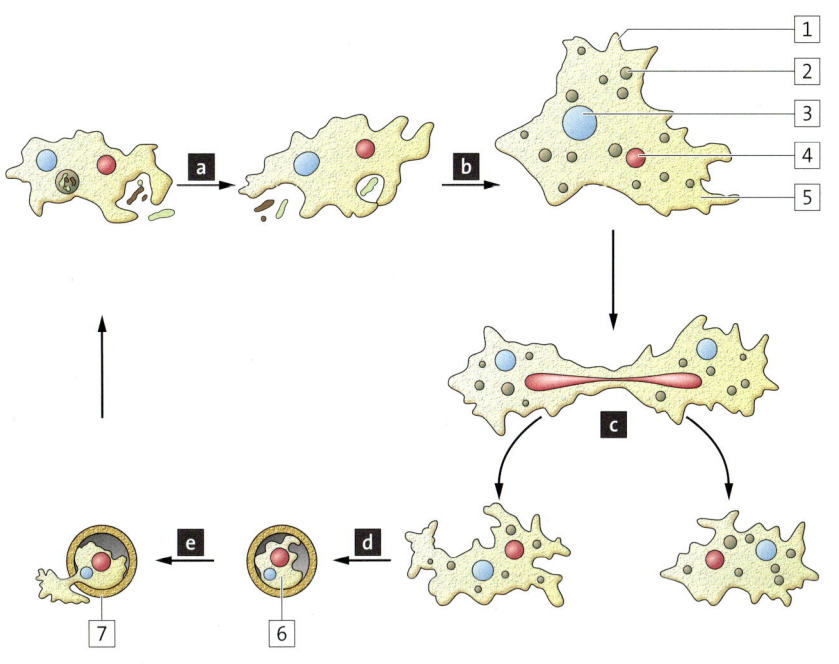

A1 Benenne die mit Zahlen gekennzeichneten Bereiche!

A2 Beschreibe die mit Buchstaben gekennzeichneten Vorgänge!

A3 Nenne Ursachen für die Vorgänge c, d und e!

A4 Nimm Stellung zu der Aussage: „Amöben sterben, wenn sie alt sind"!

A5 Erläutere, wie es die Amöbe schafft, Nahrung aufzunehmen, ohne dass die Zellmembran aufreißt und Zellplasma ausfließt!

Material B ▸ Augentierchen

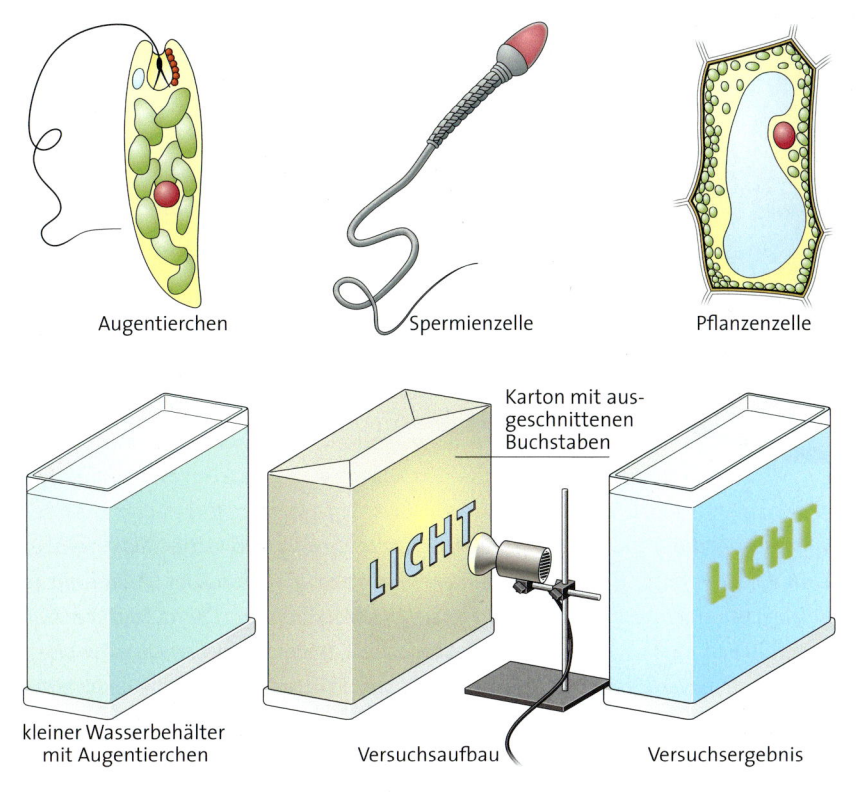

Augentierchen   Spermienzelle   Pflanzenzelle

Karton mit ausgeschnittenen Buchstaben

kleiner Wasserbehälter mit Augentierchen   Versuchsaufbau   Versuchsergebnis

B1 Vergleiche das Augentierchen zuerst mit einer Pflanzenzelle und dann mit einer Spermienzelle! Nenne jeweils Gemeinsamkeiten und Unterschiede!

B2 Begründe aufgrund der Ergebnisse von Aufgabe B1, ob das Augentierchen zu den Tieren oder Pflanzen gehört!

B3 Beschreibe den Versuchsaufbau und formuliere eine Frage, die mit diesem Versuch geklärt werden kann!

B4 Formuliere mindestens zwei Schlussfolgerungen, die aus dem Versuchsergebnis gezogen werden können!

B5 Begründe, weshalb das Augentierchen ein Lebewesen ist!

Mikroskopieren und Zeichnen

Aufbau des Mikroskops
Eines der wichtigsten Geräte der Biologen ist das Lichtmikroskop. Es liefert ein stärker vergrößertes und viel genaueres Bild als eine Lupe.

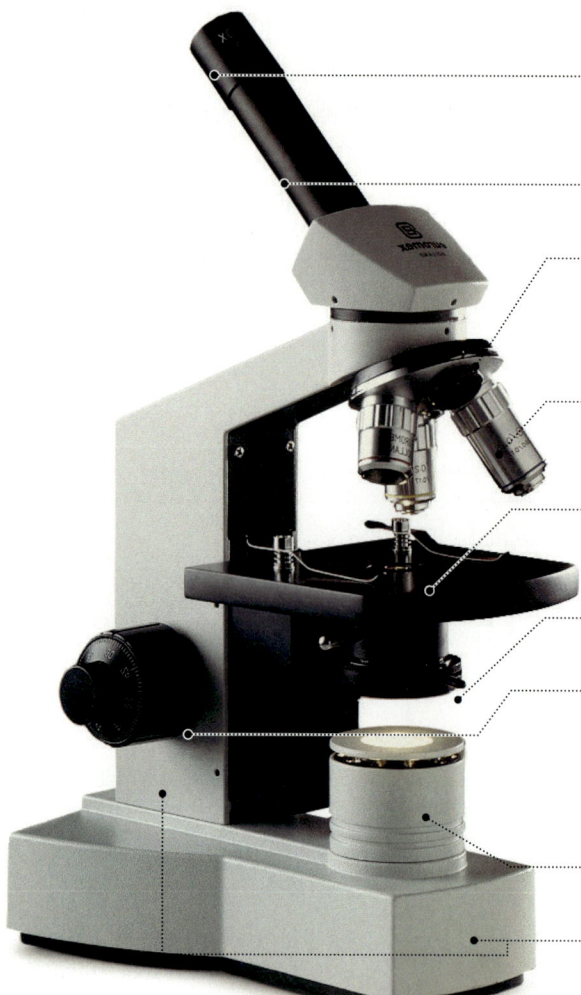

Okular: *vergrößert das Bild. Die Vergrößerung ist neben der Linse eingraviert.*

Tubus: *Röhre mit dem Okular am oberen Ende.*

Objektivrevolver: *Vorrichtung, um verschiedene Objektive mit unterschiedlichen Vergrößerungen über das Objekt zu stellen.*

Objektiv: *vergrößert das Objekt. Die Vergrößerung ist meistens seitlich eingraviert.*

Objekttisch: *Auflage für das Objekt. Das Objekt muss in den Lichtstrahl, über die Öffnung im Objekttisch gelegt werden.*

Blende: *reguliert die Helligkeit und den Kontrast des Bildes.*

Triebrad: *verändert den Abstand zwischen dem Objekttisch und dem Objektiv und stellt so das Bild scharf. Meistens ist ein Triebrad für die grobe und eins für die feine Einstellung vorhanden.*

Mikroskopleuchte: *durchleuchtet das Objekt.*

Stativ und Fuß: *Halterung für die Teile des Mikroskops. Am Stativ trägt man das Mikroskop beim Transport.*

01 Bau eines Lichtmikroskops

*Damit das Objekt von Licht durchstrahlt wird, muss es dünn und durchsichtig sein. Aus dem gleichen Grund liegt es auf einer Glasplatte, dem **Objektträger,** und wird oben von einem dünnen Glasplättchen abgedeckt, dem **Deckgläschen.** Das Bild des Objekts, das man durch das Okular sieht, ist seitenverkehrt und steht auf dem Kopf.*

Um zu berechnen, wie stark ein mikroskopisches Bild vergrößert ist, multipliziert man die Vergrößerung des Okulars mit der des Objektivs. Schulmikroskope vergrößern häufig mit einem 10-fachen Okular und einem 40-fachen Objektiv bis etwa 400-fach. Forschungsmikroskope erreichen eine bis zu 2000-fache Vergrößerung.

Bedienung des Lichtmikroskops

Um das Lichtmikroskop richtig nutzen zu können und um es dabei nicht zu beschädigen, muss man einige wichtige Regeln beachten:

1) *Transport: Trage das Mikroskop mit einer Hand am Stativ und mit der anderen unter dem Fuß.*

2) *Vorbereitung: Schließe die Stromversorgung an und schalte die Beleuchtung ein. Stelle durch Drehen am Objektivrevolver das Objektiv mit der geringsten Vergrößerung über die Öffnung im Objekttisch.*

3) *Auflegen des Objektträgers: Trockne die Unterseite des Objektträgers und lege ihn in den Lichtstrahl über die Öffnung im Objekttisch.*

4) *Scharfstellen des Bildes: Fahre mit dem Grobtrieb den Objekttisch möglichst nahe an das Objekt heran.*

Kontrolliere dabei seitlich, dass das Objektiv den Objektträger nicht berührt. Schau dann durch das Okular und drehe gleichzeitig mit dem Feintrieb den Objekttisch so weit nach unten, bis du ein scharfes Bild siehst.

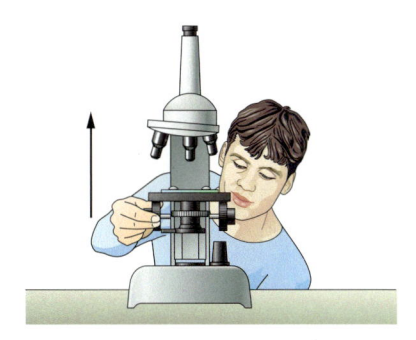

02 Herauffahren des Objekttisches

5) *Helligkeit und Kontrast: Stelle mit der Blende die Helligkeit und den Kontrast so ein, dass möglichst viele Einzelheiten klar zu sehen sind.*

6) *Suche geeignete Stellen: Schau durch das Okular und verschiebe gleichzeitig den Objektträger, bis du einen geeigneten Bereich des Objekts gefunden hast. Berücksichtige dabei, dass das Bild seitenverkehrt ist und auf dem Kopf steht.*

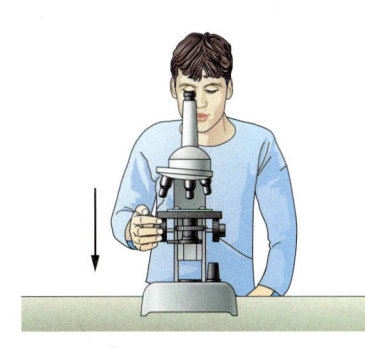

03 Scharfstellen des Bildes

Erstellung einer mikroskopischen Zeichnung

*Eine mikroskopische Untersuchung lässt sich häufig durch eine beschriftete **Zeichnung** besser sichern als durch eine Beschreibung. Für die Anfertigung von mikroskopischen Zeichnungen gelten folgende Regeln:*

1) *Verwende weißes, unliniertes Papier und zeichne möglichst groß, mindestens eine halbe DIN-A4-Seite.*

2) *Zeichne nur mit Bleistift. Ziehe klare, durchgängige Linien.*

3) *Zeichne nur das, was du wirklich siehst und was dir wichtig erscheint.*

4) *Beschrifte die Zeichnung. Ziehe die Beschriftungsstriche mit dem Lineal. Achte dabei darauf, dass sie sich nicht kreuzen.*

5) *Gib oben auf der Seite an, welches Objekt dargestellt ist, die Vergrößerung, die Art der Vorbehandlung, zum Beispiel die Färbung, das Datum und deinen Namen!*

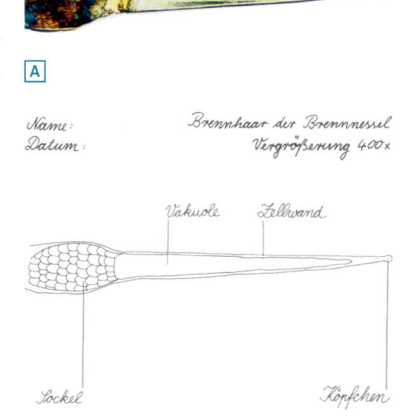

04 Brennhaar einer Brennnessel: **A** mikroskopisches Bild, **B** Zeichnung

A ▸ Kennzeichen der Lebewesen

Kann ich ...

1 die Kennzeichen der Lebewesen nennen und jeweils genauer beschreiben? *(Seite 10 und 11)*

2 die Kennzeichen der Lebewesen bei einem Tier erkennen und beschreiben? *(Seite 10 und 11)*

3 die Kennzeichen der Lebewesen auch bei Pflanzen erkennen und beschreiben? *(Seite 12)*

4 Lebewesen von Gegenständen unterscheiden und meine Entscheidung begründen? *(Seite 10 bis 12)*

B ▸ Vielfalt lässt sich ordnen

Kann ich ...

1 ein Ordnungssystem für Lebewesen beschreiben und für Gruppen von Lebewesen Beispiele nennen? *(Seite 14 bis 17)*

2 erklären, weshalb Luchs und Tiger miteinander verwandt sind? *(Seite 20 und 21)*

3 unterschiedliche Säugetiere nennen? *(Seite 20 und 21)*

4 am Beispiel der Säugetiere erläutern, wie mithilfe von Vergleichskriterien verschiedene Lebewesen geordnet werden? *(Seite 20 und 21)*

C ▸ Wirbellose

Kann ich ...

1 den Bau und die Fortpflanzung des Regenwurms beschreiben und begründen, warum er zu den Ringelwürmern gehört? *(Seite 24 bis 26)*

2 die Lebensweise des Regenwurms beschreiben und die Angepasstheit an seine Lebensweise erläutern? *(Seite 26)*

3 die Bedeutung des Regenwurms für die Bodenqualität erklären? *(Seite 27)*

4 den Bau und die Fortpflanzung der Weinbergschnecke beschreiben und begründen, weshalb sie zu den Weichtieren gehört? *(Seite 28 bis 30)*

5 die Angepasstheit der Weinbergschnecke an ihre Ernährungsweise erklären? *(Seite 27)*

6 am Beispiel der Honigbiene den äußeren und inneren Bau eines Insekts beschreiben? *(Seite 32 und 33)*

7 erklären, was staatenbildende Insekten sind? *(Seite 33)*

8 | die Entwicklungsstadien der Honigbiene nennen und beschreiben? *(Seite 34)*

9 | die Entwicklung der Honigbiene und der Heuschrecke miteinander vergleichen? *(Seite 34)*

D ▸ Blütenpflanzen, Sporenpflanzen und Pilze

Kann ich ...

1 | unterschiedliche Pflanzenfamilien mit Beispielen nennen und jeweils den besonderen Blütenbau beschreiben? *(Seite 40 bis 44)*

2 | Nadelbäume und Laubbäume miteinander vergleichen? *(Seite 46 und 47)*

3 | die Begriffe Bedecktsamer und Nacktsamer erklären? *(Seite 46 und 47)*

4 | Farne und Moose miteinander vergleichen? *(Seite 50)*

5 | begründen, weshalb die Pilze nicht zu den Pflanzen gehören, sondern ein eigenes Reich bilden? *(Seite 50 und 51)*

E ▸ Einzeller

Kann ich ...

1 | drei Beispiele für Einzeller nennen und beschreiben? *(Seite 52 bis 54)*

2 | den Bau und die Lebensweise des Wechseltierchens und des Pantoffeltierchens vergleichen? *(Seite 52 und 53)*

3 | an einem Einzeller die Kennzeichen der Lebewesen beschreiben? *(Seite 52 und 54)*

4 | die Reaktion des Augentierchens auf Licht beschreiben und erklären? *(Seite 54)*

5 | die Teile eines Mikroskops nennen und ihre Funktion beschreiben? *(Seite 56)*

6 | beschreiben, wie man beim Mikroskopieren vorgehen muss? *(Seite 57)*

7 | beschreiben, wie man eine mikroskopische Zeichnung anfertigt? *(Seite 57)*

Kann ich aus dem Kapitel „Vielfalt vor der Haustür" Beispiele nennen für das Basiskonzept:
- Entwicklung?
- Struktur – Eigenschaft – Funktion?

60

Vielfalt und Veränderung

1 **Geschichte des Lebens auf der Erde** **62**

2 **Verwandtschaft der Lebewesen** **70**

3 **Veränderungen der Lebewesen** **80**

In diesem Kapitel beschäftigst du dich mit

- ► Lebewesen der Vergangenheit. Du erfährst, wie Spuren der Vergangenheit entstanden sind und wie man manche dieser Spuren zeitlich einordnen kann. Außerdem lernst du einige Lebewesen der Vergangenheit kennen und erfährst etwas über ihre Bedeutung für die Evolutionsbiologie.

- ► dem Stammbaum der Wirbeltiere. Du lernst, wie man Wirbeltiere in Gruppen einteilen kann. Weiterhin beschäftigst du dich mit den kennzeichnenden Merkmalen der fünf Wirbeltierklassen.

- ► der Variabilität von Lebewesen. Du lernst, dass sich Individuen einer Art trotz vieler Gemeinsamkeiten in der Ausprägung von Merkmalen unterscheiden und erfährst etwas über die Ursachen der Vielfalt.

- ► DARWIN und LAMARCK. Du lernst etwas über diese berühmten Biologen und die Bedeutung ihrer Forschungen und Ideen zur Entstehung von Arten.

01 *Tyrannosaurusrex-*
Modell vor dem
Senckenberg Museum
Frankfurt am Main

Lebewesen der Vergangenheit

Vor dem Senckenberg Museum in Fankfurt am Main kann man das Modell eines Tyrannosaurusrex bewundern. Dieser und andere Dinosaurier wecken Interesse. Sie sind die bekanntesten Tiere, die die Erde vor etwa 65 Millionen Jahren besiedelt haben. Doch wie sah die Erde zu dieser Zeit aus? Welche anderen Tiere und Pflanzen lebten damals?

ERDZEITALTER · Zur Beschreibung der Geschichte des Lebens auf der Erde unterteilen Paläontologen die Zeit in vier große Abschnitte, die **Erdzeitalter**. Zur genaueren Betrachtung werden die großen Zeitalter noch in kleinere Abschnitte unterteilt.

ERDFRÜHZEIT · Vor etwa 4,6 Milliarden Jahren entstand der Planet Erde als glühender Gesteinsball. Allmählich kühlte er ab, die Oberfläche verfestigte sich und bildete schließlich eine feste Erdkruste. Lang anhaltender Regen und Eiswasser füllten große Becken, sodass große Ozeane entstanden. Um den Erdball herum befand sich die Uratmosphäre, die viel Kohlenstoffdioxid, aber noch keinen Sauerstoff enthielt.

Die ersten Lebewesen bevölkerten vor etwa 3,8 Milliarden Jahren die Urozeane: winzige, kugelförmige Lebewesen, die den heutigen Bakterien ähneln. Die ältesten Spuren gibt es unter anderem an der Westküste Australiens:

02 Stromatolithen-
Kolonien an der
westaustralischen
Küste

03 Panzerfisch: **A** Fossil, **B** Aussehen (Rekonstruktion)

04 Versteinerte Baumstämme

knollige oder säulenförmige Gebilde, die aus vielen Kalksteinschichten bestehen. Im Inneren dieser **Stromatolithen** findet man fossile Bakterien, die in Kolonien gelebt und die zusammen mit Sedimenten die steinernen Gebilde geformt haben. Einige dieser Bakterien entwickelten im Laufe von Jahrmillionen die Fähigkeit zur *Fotosynthese*. Sie setzten Sauerstoff frei, der sich schließlich in der Atmosphäre anreicherte. Andere Bakterien nahmen den Sauerstoff auf und nutzten ihn bei der *Zellatmung* für den eigenen Stoffwechsel. *Stromatolithen* sind *Leitfossilien* der **Erdfrühzeit**, die etwa vier Milliarden Jahre umfasst. Neben Bakterien entstanden in dieser Zeit auch vielzellige Lebewesen. Einige sahen heutigen Quallen ähnlich.

ERDALTERTUM · Die Zeit von etwa 540 bis etwa 250 Millionen Jahre vor heute wird als **Erdaltertum** bezeichnet. Die ältesten Fossilien dieser Zeit stammen von Meeresbewohnern wie Korallen, Schwämmen, Würmern, Seeigeln, Muscheln, Ammoniten und Trilobiten. Etwa 500 Millionen Jahre alte Fossilien belegen, dass kieferlose Fische die ersten Wirbeltiere waren. Etwa 80 Millionen Jahre später gab es Panzerfische, deren Kopf und Rumpf mit Knochenplatten gepanzert waren. Etwas später kamen die ersten **Knorpelfische** als Vorfahren von Haien und Rochen, aber auch Knochenfische hinzu. Aus dieser Zeit stammen ferner die ältesten Fossilien von Quastenflossern. Die ersten Landwirbeltiere waren Vorfahren der heutigen Amphibien, was unter anderem die etwa 350 Millionen Jahre alten Fossilien des *Ichthyostega* belegen.

Neben Fossilien tierischer Lebewesen findet man auch Abdrücke von Algen, die aus dem Erdaltertum stammen. Die ersten Landpflanzen gab es vor etwa 400 Millionen Jahren. Sie waren eher klein und unscheinbar. Etwa 50 Millionen Jahre später lebten Schachtelhalme, Baumfarne sowie Nacktsamer wie Schuppenbäume, die zum Teil bis zu 40 Meter hoch werden konnten. Am Ende des Erdaltertums bildeten sich sumpfige Wälder. Hier lebte eine Vielzahl wirbelloser Tiere, die zum Teil sehr groß waren. Auch die ersten Vorfahren der Reptilien, Vögel und Säugetiere traten auf. Die Wälder des ausgehenden Erdaltertums sind der Ursprung der heutigen Steinkohlelager, zum Beispiel im Ruhrgebiet.

griechisch stroma = Schicht
griechisch lithos = Stein

05 Skelett eines Brachiosauriers im Museum für Naturkunde Berlin

ERDMITTELALTER · Die Zeit von vor etwa 250 bis 66 Millionen Jahren wird als **Erdmittelalter** bezeichnet. Aus dieser Zeit stammen die Fossilien des *Archaeopteryx* sowie der ersten bedecktsamigen Pflanzen.

Besonders charakteristisch für diese Zeit sind jedoch die Saurier: Zu Beginn des Erdmittelalters gab es unter den Reptilien bereits Formen von zehn Meter Länge. In der Zeit von 200 bis 145 Millionen Jahre vor heute, dem **Jura**, existierte dann eine erstaunliche Vielfalt von Sauriern auf der Erde, sowohl an Land, im Wasser und in der Luft. Am Ende des Erdmittelalters starben zahlreiche Tiergruppen aus, darunter Ammoniten und Saurier.

ERDNEUZEIT · Vor etwa 66 Millionen Jahren begann die **Erdneuzeit**, die in die Abschnitte **Tertiär** und **Quartär** unterteilt wird. Die Pflanzen und Tiere dieser Zeit ähnelten in ihrem Aussehen zunehmend den heutigen Arten. Vor allem die Bedecktsamer bildeten eine Vielfalt von Arten. Die Säugetiere wurden zur dominierenden Wirbeltiergruppe. Vor etwa vier Millionen Jahren begann auch die Entwicklung des Menschen.

Die letzten 2,5 Millionen Jahre werden als *Quartär* bezeichnet. In diesem Abschnitt wechseln Warmzeiten mit Kaltzeiten, die zu einer Vereisung der Pole, der Gebirge sowie ganz Nordamerikas und Europas führten. Diese Klimaänderungen und der zunehmende Einfluss des Menschen haben bis heute starken Einfluss auf alle existierenden Arten.

1 Erstelle in deinem Heft einen Zeitstrahl, der die Zeit vom Beginn des Erdaltertums bis heute darstellt! Maßstab: 20 Millionen Jahre entsprechen einem Zentimeter.

2 Kennzeichne auf dem Zeitstrahl die einzelnen Zeitalter und benenne sie! Nutze dazu Bild 06!

3 Kennzeichne im Zeitstrahl die bedeutenden Ereignisse, die im Text genannt sind!

4 Rechne aus, wie lang der Zeitstrahl sein müsste, wenn die Erdfrühzeit im gleichen Maßstab angefügt würde!

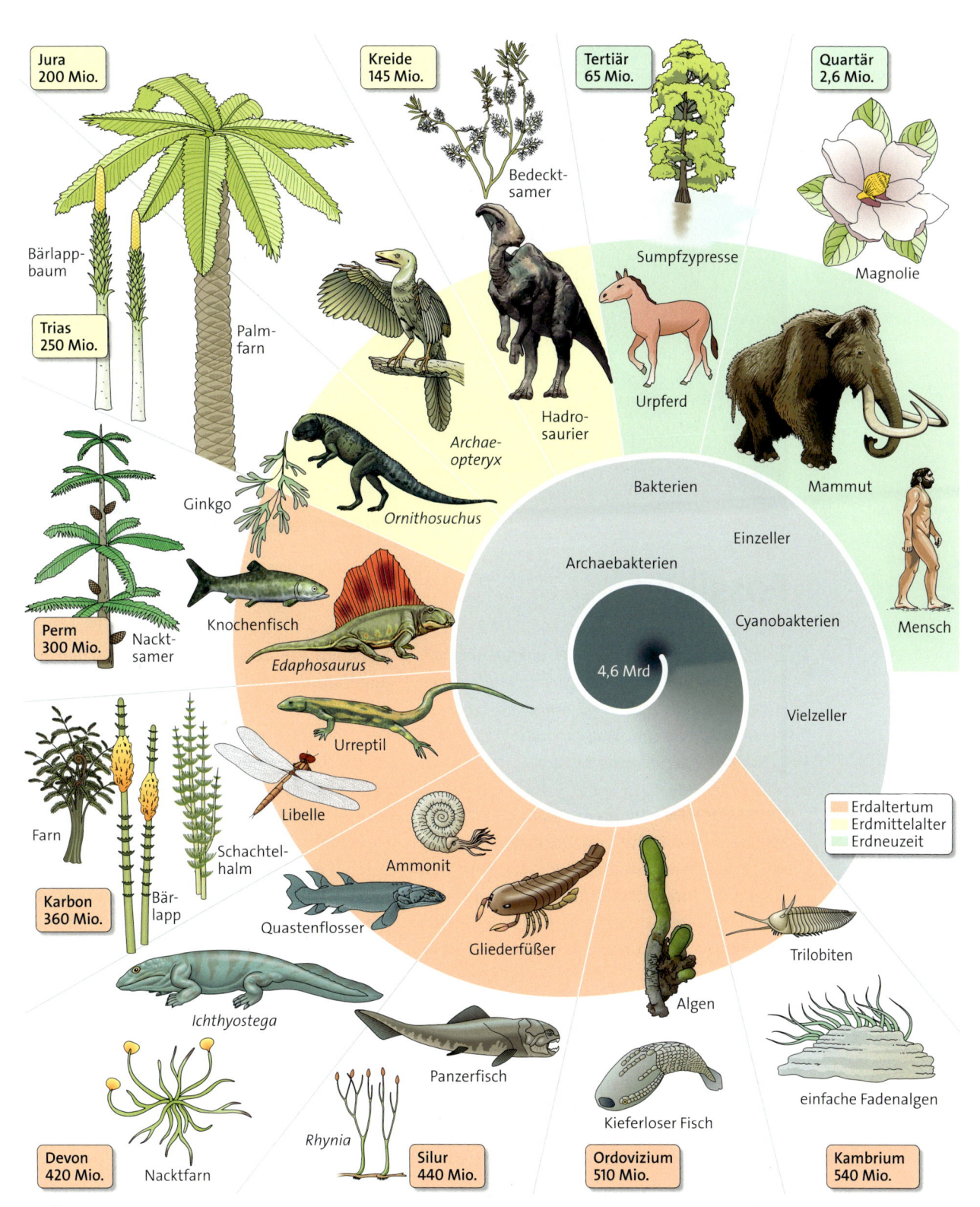

Jura
200 Mio.

Bärlapp-
baum

Trias
250 Mio.

Palm-
farn

Ginkgo

Ornithosuchus

Perm
300 Mio.

Knochenfisch

Edaphosaurus

Nackt-
samer

Kreide
145 Mio.

Bedeckt-
samer

Hadro-
saurier

*Archae-
opteryx*

Tertiär
65 Mio.

Sumpfzypresse

Urpferd

Quartär
2,6 Mio.

Magnolie

Mammut

Mensch

Bakterien

Einzeller

Archaebakterien

Cyanobakterien

4,6 Mrd

Vielzeller

Erdaltertum
Erdmittelalter
Erdneuzeit

Farn

Schachtel-
halm

Bär-
lapp

Karbon
360 Mio.

Urreptil

Libelle

Ammonit

Gliederfüßer

Algen

Trilobiten

Ichthyostega

Quastenflosser

Panzerfisch

Kieferloser Fisch

einfache Fadenalgen

Rhynia

Nacktfarn

Devon
420 Mio.

Silur
440 Mio.

Ordovizium
510 Mio.

Kambrium
540 Mio.

06 Übersicht der Abschnitte der einzelnen Erdzeitalter mit Darstellung ausgewählter Tiere und Pflanzen

01 Fossil des Urpferdchens

Fossilien

> *Im Senckenberg-Museum in Frankfurt am Main wird ein Fund präsentiert, der als Urpferdchen bezeichnet wird und 45 Millionen Jahre alt sein soll. Wie sind Wissenschaftler zu diesen Erkenntnissen gekommen?*

lateinisch fossilis = ausgegraben

URPFERDCHEN · In der ehemaligen Erzgrube Messel in der Nähe von Darmstadt fanden Wissenschaftler Steine, die wie Knochen aussahen. Ihre Form und ihre Anordnung ähnelten dem Skelett von heute lebenden Säugetieren. Allerdings gibt es auch deutliche Unterschiede.

Nach und nach kamen die Wissenschaftler zu der Erkenntnis, dass es sich bei dem Fund um Überreste eines Tieres handelte, das viele Ähnlichkeiten hatte mit bereits bekannten Vorfahren unserer heutigen Pferde. Wahrscheinlich lebte das Tier vor etwa 45 Millionen Jahren und ist damit noch älter als diese Vorfahren der Pferde. Die Wissenschaftler nannten es daher Urpferdchen. Im Gegensatz zu den heute lebenden Pferden war das Urpferdchen nur ungefähr so groß wie ein Fuchs. Zudem hatte es vier Zehen pro Fuß.

Die Überreste von Lebewesen aus früheren Zeiten bezeichnet man als **Fossilien.** Der Fund aus der Grube Messel, der im Senckenberg-Museum präsentiert wird, ist also ein Fossil des Urpferdchens. Wissenschaftler, die sich mit der Erforschung von Fossilien beschäftigen, werden als **Paläontologen** bezeichnet. Die entsprechende Wissenschaft nennt man **Paläontologie.**

ENTSTEHUNG VON FOSSILIEN · Stirbt ein Tier oder eine Pflanze, zum Beispiel in einem Gewässer, so sinkt der Körper auf den Grund, wo er mehr oder weniger vollständig von Aasfressern, Würmern und Bakterien zersetzt wird. Knochen, Außenpanzer, Schalen oder Zähne bleiben oft erhalten. Werden diese Überreste von feinem Sand oder Schlamm bedeckt, so können sie nicht weiter zerstört oder zersetzt

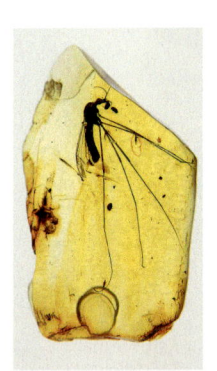

02 Mücke in Bernstein

03 Haifischzähne, Versteinerungen

04 Seeigel, Steinkern

werden. Mit der Zeit lagern sich auf den Überresten dicker werdende Kalk- und Sandschichten ab. Solche Ablagerungen nennt man **Sediment**. Aufgrund des Drucks entstehen daraus zunehmend festere Gesteinsschichten. Mineralstoffe lagern sich in den Knochen, Panzern oder Schalen ein und ersetzen diese fast vollständig, sodass sie zu Stein werden. Solche **Versteinerungen** lassen die Form und äußere Struktur von Knochen, Panzern oder Schalen gut erkennen.

Das Sediment kann auch in die Hohlräume von Schneckenhäusern oder Muschelschalen gelangen. Während das Sediment im Inneren versteinert, lösen sich die ursprünglichen Schalen mit der Zeit auf. Es entsteht ein harter Kern, auf dessen Außenseite man die Innenstrukturen der Schalen gut erkennen kann. Solche Fossilien nennt man **Steinkerne.**

Fußabdrücke von Tieren, zum Beispiel von Dinosauriern, können mit der Zeit ebenfalls versteinern. Man spricht dann von **Spurenfossilien.** Es gibt aber auch Fossilien von Pflanzenteilen wie Blättern oder Zweigen. Oft ist im Laufe der Fossilbildung das Gewebe völlig zersetzt worden. Zurück bleibt nur der **Abdruck** des Blattes im Stein. Der Prozess, der zur Entstehung eines Fossils führt, wird als **Fossilisation** bezeichnet. Er dauert oft viele Millionen Jahre.

BESONDERE FOSSILFORMEN · Werden kleine Insekten von Baumharz vollständig eingeschlossen, können ihre Körper nicht zersetzt werden. Sie bleiben erhalten oder *konserviert*. Wenn im Laufe von Millionen Jahren das Baumharz versteinert, entsteht **Bernstein,** in dem man dann die konservierten Insekten finden kann.

Auch im Moorboden, im heißen Wüstensand oder im arktischen Eis verzögert sich die Zersetzung toter Lebewesen, sodass sie konserviert werden und **Mumien** entstehen. Mumien unterscheiden sich von Fossilien durch ihr geringeres Alter und den Erhalt von Weichteilen.

Im Laufe sehr langer Zeiträume ist aus dem Torf von Mooren Braunkohle und schließlich Steinkohle geworden. Beim Abbau der Kohle findet man häufig fossile Überreste von Bäumen und anderen Pflanzen, die in früheren Erdepochen gelebt haben und nach ihrem Absterben im Torf versunken waren.

1 ⌡ Erkläre den Begriff Fossil!

2 ⌡ Erstelle eine Tabelle, in der du den verschiedenen Fossilformen stichwortartig Angaben zu ihrer Entstehung und Beispiele zuordnest!

05 Farnblatt, Abdruck

BEDEUTUNG VON FOSSILIEN · Das Sediment, das nach und nach die Überreste von Lebewesen bei der Fossilisation bedeckt, unterscheidet sich in Farbe, Form und Korngröße. Dadurch entstehen über viele Millionen Jahre verschiedene übereinanderliegende Gesteinsschichten, wie man zum Beispiel in einem Steinbruch sehen kann. Die untersten Schichten sind früher entstanden und damit älter als die darüber liegenden. Dasselbe gilt für die in den jeweiligen Schichten gefundenen Fossilien.

Manche Fossilien findet man regelmäßig nur in bestimmten Gesteinsschichten. Man bezeichnet sie als **Leitfossilien.** Ein Beispiel dafür sind die *Trilobiten,* die aussehen wie heute lebende Asseln. Trilobiten haben nur zu einer bestimmten Zeit in großen Mengen auf der Erde gelebt. Das bedeutet, dass alle Gesteinsschichten, in denen man sie findet, in dieser Zeit entstanden und damit gleich alt sind.

Durch Vulkanausbrüche, Erdbeben und die Bewegung der Kontinente werden Gesteinsschichten ständig verschoben. Dadurch kann es dazu kommen, dass sich auch ihre Lage zueinander verändert. Mithilfe der Leitfossilien in den jeweiligen Gesteinsschichten können Wissenschaftler die ursprüngliche Abfolge, also die zeitliche Reihenfolge der Schichten feststellen. Weitere Fossilien, die man in diesen Schichten findet, kann man diesen altersmäßig zuordnen.

Damit hat man einen Maßstab, mit dessen Hilfe man das Alter von Fossilien und Gesteinsschichten im Vergleich zum Alter anderer Fossilien und Gesteinsschichten bestimmen kann. Man bezeichnet das Verfahren als **relative Altersbestimmung**.

Mithilfe moderner physikalisch-chemischer Verfahren kann man sogar ungefähr das Alter der Gesteinsschichten bestimmen und so auch das absolute Alter der jeweiligen Fossilien zeitlich eingrenzen.

Inzwischen hat man in vielen Erdschichten eine riesige Anzahl unterschiedlichster Fossilien gefunden. Ein Vergleich ähnlicher Fossilien verschiedener Schichten zeigt, dass sich die Lebewesen im Laufe der Erdgeschichte verändert haben. Diese Veränderungen werden als **Evolution** bezeichnet. Vielfach weisen Fossilien auch auf frühere Lebensformen hin, die es heute nicht mehr gibt.

Somit liefern Fossilien wichtige Hinweise auf die Entwicklung von Tieren und Pflanzen im Verlaufe erdgeschichtlich langer Epochen. Fossilien geben uns Auskunft darüber, wie die Evolution von Lebewesen auf der Erde verlaufen ist.

06 Gesteinsschichten

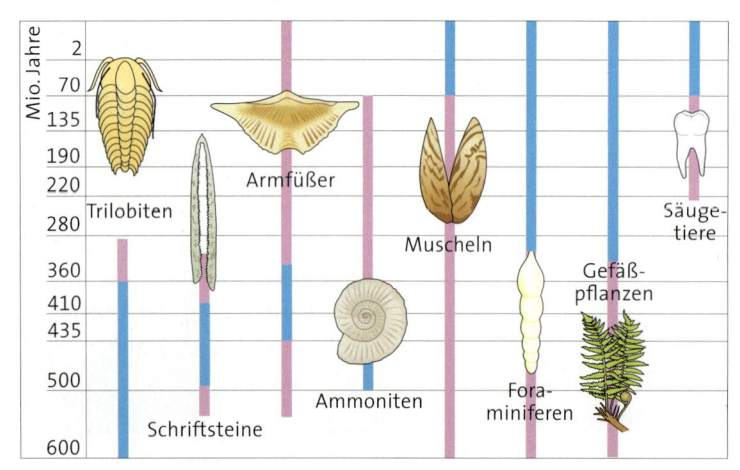

07 Zeitliche Einordnung von Leitfossilien

3 Erkläre, wie man mithilfe von Leitfossilien Aussagen über das Alter anderer Fossilien machen kann!

Material A ▸ Entstehung von Fossilien

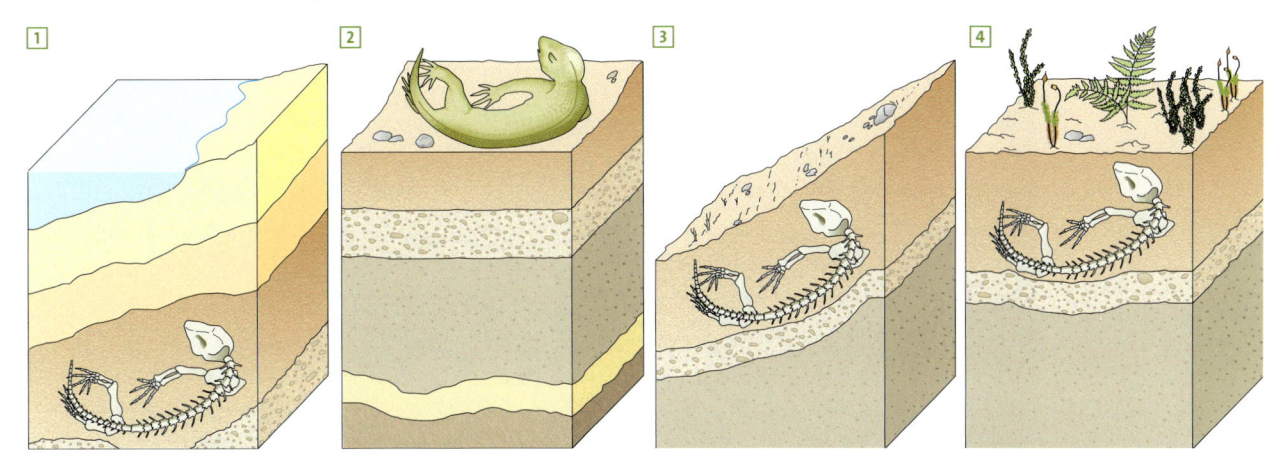

A1 Ordne die Einzelbilder zur Entstehung von Fossilien, indem du die Zahlen in der richtigen Reihenfolge notierst!

A2 Beschreibe mithilfe der Abbildung die Entstehung dieses Fossils!

A3 Erläutere, weshalb es sich bei dem abgebildeten Fossil nicht um einen Steinkern, sondern um eine Versteinerung handelt!

Material B ▸ Wollhaarmammut

Im vereisten Boden Sibiriens wurde im Jahr 2007 ein junges Wollhaarmammut gefunden. Das gefrorene Tier ist mit Haut und Weichteilen erhalten. In seinem Magen wurden Reste von Gräsern, Moosen und Zweigen gefunden. Zudem entdeckte man auf der Haut dicke Wollhaare. Das Jungtier starb vor etwa 10 000 Jahren.

B1 Erläutere, weshalb das Wollhaarmammut-Fossil eine Mumie ist!

B2 Gib an, welches Fundmaterial Auskunft über die Ernährungsweise des Wollhaarmammuts geben kann!

B3 Formuliere eine Vermutung hinsichtlich der Bedeutung der Wollhaare auf der Haut des Mammuts für die Erforschung der Lebensbedingungen dieser Tiere!

B4 Beschreibe anhand des Beispiels die Arbeit von Paläontologen!

01 *Archaeopteryx*, Berliner Exemplar von 1876

Entwicklungsgeschichte der Wirbeltiere

Bei Ausgrabungen stoßen Wissenschaftler manchmal auf teilweise mehrere Millionen Jahre alte, versteinerte Skelettreste von Wirbeltieren. 1876 wurde zum Beispiel in einem Steinbruch bei Eichstätt in Bayern der Archaeopteryx gefunden. Was kann man aus diesen Funden über die erdgeschichtliche Vergangenheit der Wirbeltiere erfahren?

VOM WASSER ZUM LAND · Alle Wirbeltierfossilien, die älter als 400 Millionen Jahre sind, weisen Skelette mit fischtypischen Merkmalen auf. Einige dieser Arten besaßen Flossen mit einem dicken, muskulösen Stumpf. Deren Knochen ähneln in ihrer Form und Anordnung den Knochen der Gliedmaßen landlebender Wirbeltiere.

Funde mit einem Alter von etwa 375 Millionen Jahren zeigen erstmals Knochenstrukturen, die auch für landlebende Formen typisch sind. Darunter entdeckte man Arten, zum Beispiel *Tiktaalik*, die sowohl fisch- als auch amphibienähnliche Skelettmerkmale besaßen. Sie werden deshalb als **Mosaikformen** bezeichnet. Als mögliche Bindeglieder zwischen diesen Wirbeltiergruppen werden sie auch *Übergangsformen* genannt.

im Wasser — an Land

Fische mit muskulösen Fleischflossen	Übergangsform *Tiktaalik*	erste auch an Land lebende vierbeinige Wirbeltiere = *Ur-Amphibien*
vor etwa 380	vor etwa 375	vor etwa 365 Millionen Jahren

02 Der Übergang von wasserlebenden zu landbewohnenden Wirbeltieren

1 Beschreibe die Veränderungen der Knochenstrukturen der Vorderbeine beim Übergang vom Wasser- zum Landleben!

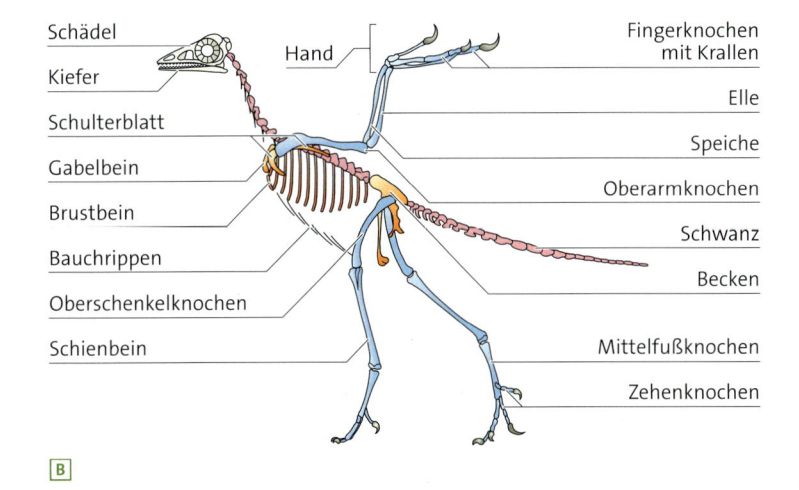

Schädel

Kiefer

Hand

Fingerknochen mit Krallen

Schulterblatt

Elle

Gabelbein

Speiche

Brustbein

Oberarmknochen

Bauchrippen

Schwanz

Oberschenkelknochen

Becken

Schienbein

Mittelfußknochen

Zehenknochen

A

B

03 *Archaeopteryx:* **A** Rekonstruktion **B** Skelett

VOM LAND ZUR LUFT · Im Erdmittelalter waren die Reptilien die beherrschenden Landwirbeltiere. Aus frühen Reptiliengruppen entwickelten sich unabhängig voneinander die Säugetiere und die Vögel.

1876 entdeckte man in einem Steinbruch bei Eichstätt ein Fossil, das vor ungefähr 150 Millionen Jahren lebte. Die bis dahin bekannten fossilen Vögel hatten ein Alter von maximal etwa 100 Millionen Jahren. Offensichtlich hatte man also einen noch älteren Vorfahr der heute lebenden Vögel gefunden. Daher gab man dem Fossil den Namen **Archaeopteryx**, also „Urflügel" oder daraus abgeleitet „Urvogel".

Betrachtet man den *Archaeopteryx* genauer, fallen einem zunächst die Knochen auf. Man erkennt aber auch die Abdrücke von Federn, die den Körper des Tieres fast vollständig bedeckt haben müssen. Diese Beobachtung macht den Fund zu etwas ganz Besonderem. Wenn man den *Archaeopteryx* mit Vertretern heute lebender Wirbeltiergruppen vergleicht, erkennt man, dass er neben dem Federkleid auch Ähnlichkeiten mit dem Skelett heute lebender Vögel hat. Die Vorderextremitäten sind flügelähnlich ausgebildet. Die Hand weist drei Finger auf, die jedoch – anders als bei Vögeln – nicht verwachsen sind. Die Mittelfußknochen sind teilweise zu einem Knochen verwachsen.

Der fünfte Zeh ist nach hinten gerichtet. Auch der Schädel ähnelt in Form und Größe dem Vogelschädel.

Anders als bei Vögeln hat *Archaeopteryx* jedoch kegelförmige Zähne in Ober- und Unterkiefer. Er besitzt zudem eine lange Schwanzwirbelsäule und drei Krallen an den Vordergliedmaßen. Diese Merkmale findet man weder bei fossilen noch bei heute lebenden Vögeln. Ähnliche Merkmale gibt es aber bei den heute lebenden Reptilien. *Archaeopteryx* weist also sowohl vogelähnliche als auch reptilienähnliche Merkmale auf. Aus diesem Grund wurde *Archaeopteryx* zunächst als eine fossile *Übergangsform* zwischen Reptilien und Vögeln beschrieben, was auch den Namen „Urvogel" erklärt.

Die Untersuchung vogelähnlicher Saurier und urtümlicher Vögel ermöglichte es, die Evolution der Vögel immer genauer zu beschreiben. Wissenschaftler gehen heute davon aus, dass es vor vielen Millionen Jahren reptilienähnliche Tiere gab, aus denen sich die heutigen Vögel entwickelt haben. *Archaeopteryx* kann eine Idee davon vermitteln, wie diese Übergangsformen ausgesehen haben könnten. Welche Stellung er selbst im Stammbaum der Vögel einnimmt, ist aber nach wie vor Gegenstand wissenschaftlicher Untersuchungen.

DIE ENTWICKLUNGSGESCHICHTE DER PFERDE · Heute lebende Wildpferde besitzen eine Schulterhöhe von bis zu 160 Zentimeter. Die frühesten Skelettfunde ausgestorbener Pferde weisen dagegen eine Schulterhöhe von nur knapp 40 Zentimeter auf. Ordnet man die fossilen Funde ausgestorbener Pferde nach ihrem Alter, erkennt man eine deutliche *Zunahme der Körpergröße* innerhalb der letzten 50 Millionen Jahre.

Ein Blick auf den Aufbau des Vorderfußskeletts der ältesten Pferdefossilien zeigt, dass sie Pfoten mit vier dünnen Zehen besaßen. Heute lebende Pferde besitzen dagegen nur einen einzigen sehr stabilen Zeh mit einem großen Huf. Betrachtet man die dazwischenliegenden Funde, so erkennt man eine *Verringerung der Zehenanzahl* im Laufe der Entwicklungsgeschichte der Pferde.

Ein weiteres Skelettmerkmal weist eine deutliche Veränderung auf: Die frühesten Pferde besaßen sehr kleine Zähne mit glatten Kauflächen und einer dünnen Schicht aus hartem Zahnschmelz. Heute lebende Pferde hingegen besitzen große Zähne mit durch tiefe Rillen aufgerauten Kauflächen. Sie sind durch eine dicke Schicht Zahnschmelz und zusätzlich durch eine dicke Hülle aus Zahnzement geschützt. Der Vergleich mit den fossilen Funden zeigt zunehmend *größere, rauere und härtere Kauflächen der Zähne.*

Bei der Suche nach den Ursachen für diese Veränderungen der Körpergröße, des Fußskeletts und der Zähne fällt auf, dass sich der Lebensraum der Pferde in den letzten 50 Millionen Jahren stark verändert hat. Zunächst lebten sie in dichten, feuchten Urwäldern, die sich jedoch durch einen Klimawandel vor etwa 25 Millionen Jahren allmählich in trockene Steppenlandschaften verwandelten. Das Nahrungsangebot der Urwälder bestand vor allem aus weichen Laubblättern der Kräuter und Büsche. Dieser Lebensraum war durch dichtes Unterholz und einen weichen feuchten Boden gekennzeichnet.

Die weiten Steppen, die von den heute lebenden Wildpferden besiedelt werden, besitzen einen trockenen, harten Boden, bieten keinerlei Deckung vor angreifenden Fressfeinden und haben lediglich harte Gräser als Nahrungsangebot.

Zeitalter	Körpergröße, Vorderfuß, Zahnbau und Lebensraum

2 Nenne die Merkmale, die sich im Laufe der Entwicklungsgeschichte der Pferde verändert haben, und beschreibe ihre jeweiligen Abwandlungen!

3 Erläutere den Zusammenhang zwischen den Abwandlungen dieser Körpermerkmale und den Veränderungen ihres Lebensraumes!

Material A ► Latimeria – ein „lebendes Fossil"

ausgestorbener Quastenflosser

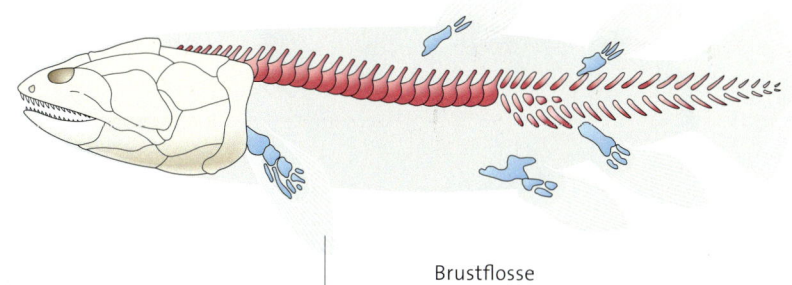

Brustflosse

Vor etwa 380 Millionen Jahren lebten Fische mit Flossen, die aufgrund ihrer besonderen Bauweise erstmals für eine einfache Fortbewegung an Land geeignet waren. Sie werden daher an den Anfang der Entwicklung der ersten landlebenden Wirbeltiere gestellt. Bis 1938 galten diese Quastenflosser als ausgestorben, dann entdeckte man jedoch die zu ihnen gehörende

Art *Latimeria* an den Küsten von Inseln vor Südafrika. Diese Fische werden auch als „lebende Fossilien" bezeichnet, weil sie sich von ihren fossilen Vorfahren kaum unterscheiden.

A1 Beschreibe den Bau der Brustflosse der Quastenflosser!

A2 Erläutere, weshalb sich die Brustflossen der Quastenflosser zur einfachen Fortbewegung an Land eignen!

Material B ► *Gansus yumenensis* – ein Vorfahr heute lebender Vögel

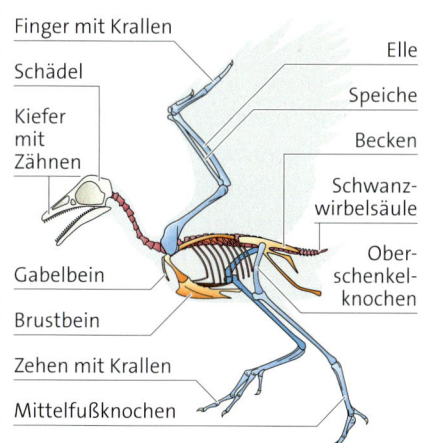

Finger mit Krallen
Schädel
Kiefer mit Zähnen
Gabelbein
Brustbein
Zehen mit Krallen
Mittelfußknochen

Elle
Speiche
Becken
Schwanz-wirbelsäule
Ober-schenkel-knochen

demnach auf oder am Wasser. *Gansus* gilt als eine der ältesten Vogelarten. Aus ähnlichen Formen könnten sich heute lebende Vögel entwickelt haben.

B1 Vergleiche das *Gansus*-Skelett mit dem des *Archaeopteryx*! Nutze dazu die Abbildung 03! Nenne zunächst deine Vergleichskriterien!

B2 Vergleiche die Bedeutung von *Gansus yumenensis* und *Archaeopteryx* für die Evolutionsbiologie!

B3 Erkläre anhand der fossilen Funde von *Gansus* seine Angepasstheit!

Gansus yumenensis lebte vor 115 Millionen Jahren im Nordwesten des heutigen Chinas. Abgebildet ist die Rekonstruktion dieser etwa taubengroßen Tiere. Alle Funde sind gut

erhalten. Neben Spuren von Federn wurden auch Reste von Schwimmhäuten gefunden. Knochenstrukturen an den Beinen weisen auf besonders kräftige Muskulatur hin. *Gansus* lebte

01 Wirbeltiere

Verwandtschaft der Wirbeltiere

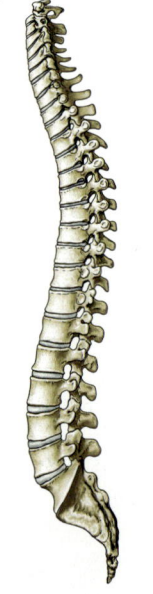

02 Wirbelsäule des Menschen

Wolf, Taube, Zauneidechse, Laubfrosch und Forelle weichen in ihrem Körperbau und ihrer Fortbewegungsweise stark voneinander ab. Dennoch werden sie als Vertreter der Säugetiere, Vögel, Reptilien, Amphibien und Fische alle zusammen in die biologische Verwandtschaftsgruppe der Wirbeltiere eingeordnet. Welche gemeinsamen Merkmale verbinden sie?

WIRBELSÄULE · Beim Blick auf den inneren Bau der Wirbeltiere fällt auf, dass sie alle eine *Wirbelsäule* besitzen. Diese besteht aus einzelnen Wirbelknochen und gibt dem Wirbeltierkörper seine *Stabilität*. Da alle Wirbel über Gelenke miteinander verbunden sind, ermöglicht sie auch eine hohe *Beweglichkeit*. Diese ist umso

größer, je mehr Wirbel vorhanden sind: Eine Ringelnatter besitzt 230, ein Schwan 56, ein Frosch nur neun Wirbel. Mit zunehmender Größe der Wirbel erhöht sich ihre Stabilität und Tragfähigkeit: Die größten und belastbarsten Wirbel der menschlichen Wirbelsäule befinden sich im Lendenbereich, die weniger belasteten Halswirbel sind dagegen wesentlich zierlicher. Die Form der Wirbelsäule steht in engem Zusammenhang mit der Fortbewegungsweise: Bei allen sich vierbeinig fortbewegenden Wirbeltieren verläuft sie als flacher Bogen. Beim zweibeinigen Menschen ist sie jedoch doppelt S-förmig gekrümmt, um Erschütterungen beim aufrechten Gehen abfedern zu können.

SKELETT UND FORTBEWEGUNG · Die Fortbewegungsmöglichkeiten der Wirbeltiere werden vor allem durch den Knochenbau der Gliedmaßen bestimmt. Die durch Knochenstrahlen versteiften flächigen Flossen ermöglichen das besonders effektive Schwimmen der Fische, das durch ihren stromlinienförmigen Rumpf zusätzlich unterstützt wird. Die seitlich vom Rumpf abstehenden Beine der Amphibien und Reptilien erlauben lediglich eine langsam kriechende Fortbewegung, während die unterhalb des Rumpfes ansetzenden Beine der Säugetiere auch sehr hohe Laufgeschwindigkeiten ermöglichen. Mithilfe ihrer zu Flügeln entwickelten Vordergliedmaßen bewegen sich die Vögel vor allem fliegend fort, was ihnen durch die extreme Leichtbauweise ihres Skeletts zusätzlich erleichtert wird.

HOMOLOGIEN · Die große Ähnlichkeit des Grundbauplans der Vordergliedmaßen bei Wirbeltieren legen eine Abstammung der Wirbeltiere von gemeinsamen Vorfahren nahe. Solche Ähnlichkeiten, die man auf eine gemeinsame Abstammung zurückführt, nennt man *Homologien* oder *homologe Merkmale*. Man bezeichnet die Vorderextremitäten der Wirbeltiere als Homologien. Homologien helfen beim Ordnen, da sie das Einordnen in gemeinsame Verwandtschaftsgruppen zulassen.

1 Nenne für die in Abbildung 03 gezeigten Wirbeltiergruppen diejenigen Skelettmerkmale, die der Fortbewegung dienen! Ordne ihnen die genannten Fortbewegungsweisen zu!

2 Beschreibe die Gemeinsamkeiten und Unterschiede der Gliedmaßenskelette in Abbildung 03! Berücksichtige dabei Bau und Lage der einzelnen Knochen!

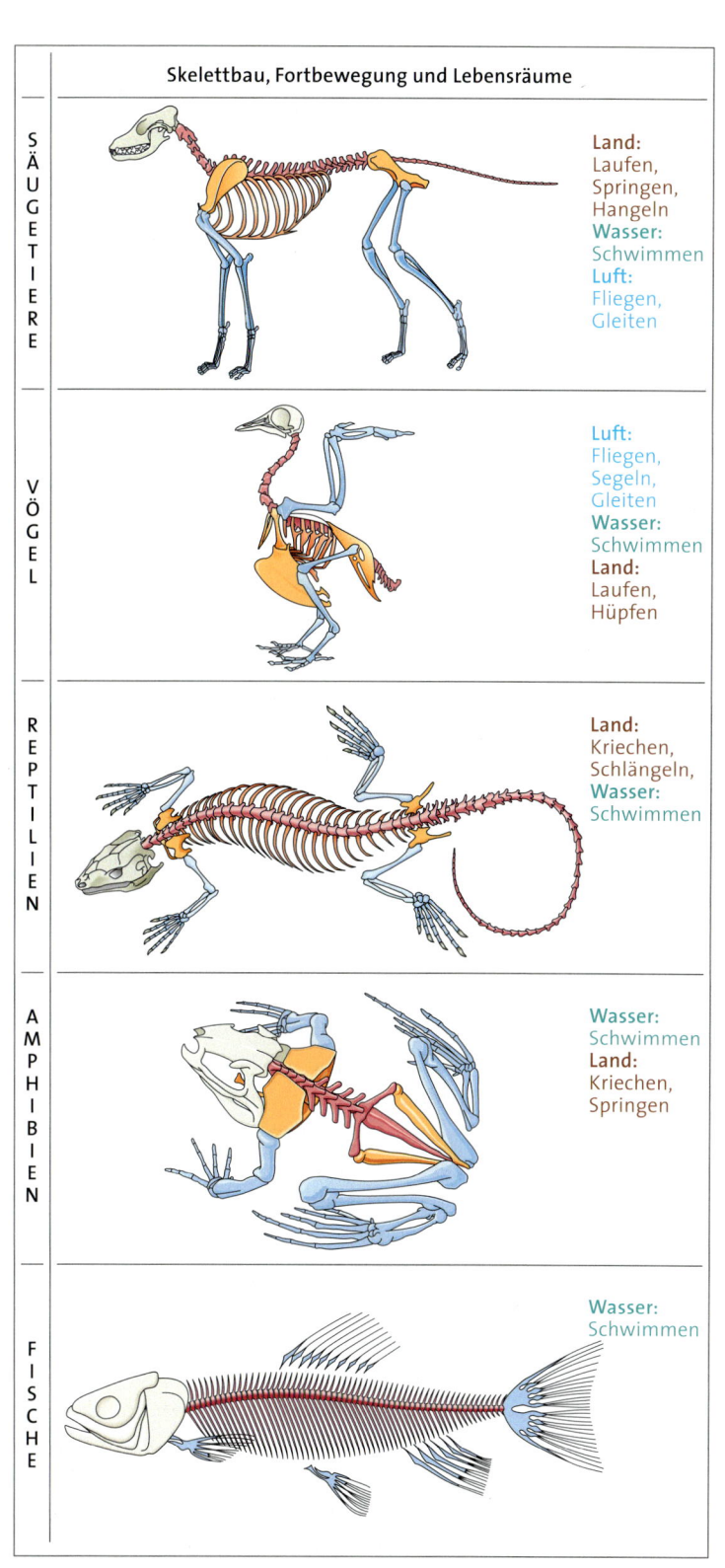

03 Merkmale der Wirbeltiergruppen im Vergleich

KÖRPERBEDECKUNG · Die gleichmäßig und flach angeordneten *Knochenschuppen* der Fische erleichtern das Gleiten im Wasser und schützen vor Verletzungen. Die äußere Schleimschicht ihrer Haut stellt einen wirksamen Schutz vor Krankheitserregern dar.

Die durch Drüsen befeuchtete, sehr dünne Haut der Amphibien ermöglicht die *Hautatmung* unter Wasser. Die *Hornschuppen* der Reptilien schützen vor Austrocknung und Verletzungen. Die *Federn* der Vögel schaffen große Tragflächen mit geringem Gewicht, ihre Daunen schützen vor Auskühlung.

Die *Haare* der Säugetiere bieten vor allem Schutz vor Auskühlung und Verletzungen. Bei manchen Säugern, wie zum Beispiel den Katzen, dienen empfindliche Tasthaare auch der Orientierung.

ATMUNG · Fische können mit ihren *Kiemen* unter Wasser atmen. Auch die Büschelkiemen der nur im Wasser lebenden Amphibienlarven erfüllen diese Aufgabe, während die *Lunge* der erwachsenen Tiere die Atmung an Land ermöglicht.

Reptilien atmen ausschließlich über ihre Lunge, deren innere Oberfläche durch Auffaltungen vergrößert ist. Die *Luftsäcke* der Vögel speichern einen großen Vorrat an Atemluft, der während des Fliegens benötigt wird. Säugetiere decken ihren Sauerstoffbedarf über die stark vergrößerte innere Oberfläche ihrer Lunge.

BEFRUCHTUNG · Bei Fischen und Amphibien findet die Befruchtung meistens außerhalb des Körpers statt. Die weiblichen Tiere setzen beim Ablaichen viele Eizellen ins Wasser ab, die dort von den Spermienzellen der männlichen Tiere befruchtet werden. Man spricht von *äußerer Befruchtung*. Bei Reptilien, Vögeln und Säugetieren treffen Eizelle und Spermienzelle dagegen im Körper des weiblichen Tieres zusammen. Bei ihnen findet eine *innere Befruchtung* statt.

EMBRYONALENTWICKLUNG · Aus den befruchteten Eizellen der Fische und Amphibien entwickeln sich im Wasser zunächst *Larven*, die sich von den erwachsenen Tieren unterscheiden. Dieses Zwischenstadium fehlt bei der Entwicklung der auf dem Land lebenden Wirbeltiere.

Bei Reptilien sind die in den abgelegten Eiern heranreifenden Embryonen durch eine dünne pergamentartige Schale vor Austrocknung geschützt. Die feste Kalkschale der Vogeleier bietet zusätzlich einen Schutz vor Beschädigungen. Die Embryonen der Säugetiere entwickeln sich geschützt in der Gebärmutter im Körper des Muttertieres.

GESCHICHTE UND VERWANDTSCHAFT · Alle Lebewesen, die wir heute kennen, sind im Laufe von sehr langer Zeit aus anderen Lebewesen hervorgegangen. Während der Evolution haben sich aus gemeinsamen Vorfahren viele verschiedene Tierarten und Pflanzenarten entwickelt. Über die gemeinsamen Vorfahren sind verschiedenen Arten miteinander verwandt. Man nennt diese Verwandtschaft **stammesgeschichtliche Verwandtschaft.**

3 ｊ Nenne aus jeder Wirbeltiergruppe je einen Vertreter für jeden der von ihr besiedelten Lebensräume!

4 ｊ Erläutere die Bedeutung der unterschiedlich stark aufgefalteten inneren Oberfläche der Lungen bei Säugetieren, Reptilien und Amphibien!

5 ｊ Erläutere die Zusammenhänge zwischen Lebensraum, äußerer Befruchtung und Embryonalentwicklung bei Fischen und Amphibien!

6 ｊ Stelle Vermutungen an, weshalb die durchschnittlich pro Jahr produzierte Nachkommenzahl bei Vögeln und Säugetieren innerhalb der Wirbeltiergruppen vergleichsweise niedrig ist!

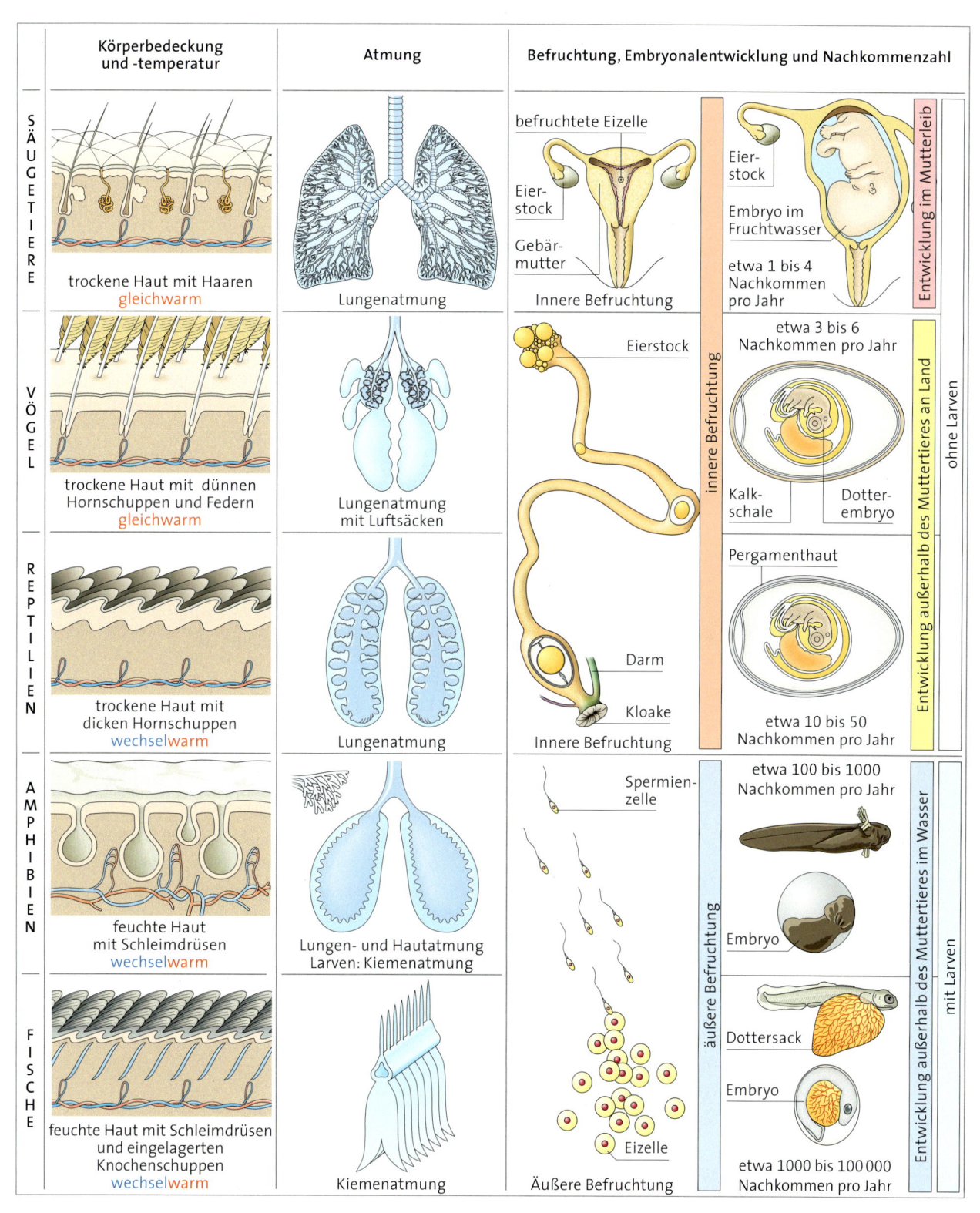

Körperbedeckung und -temperatur	Atmung	Befruchtung, Embryonalentwicklung und Nachkommenzahl

SÄUGETIERE

trockene Haut mit Haaren
gleichwarm

Lungenatmung

befruchtete Eizelle
Eierstock
Gebärmutter
Innere Befruchtung

Eierstock
Embryo im Fruchtwasser
etwa 1 bis 4 Nachkommen pro Jahr

Entwicklung im Mutterleib

VÖGEL

trockene Haut mit dünnen Hornschuppen und Federn
gleichwarm

Lungenatmung mit Luftsäcken

Eierstock

innere Befruchtung

etwa 3 bis 6 Nachkommen pro Jahr
Kalkschale
Dotterembryo

ohne Larven

REPTILIEN

trockene Haut mit dicken Hornschuppen
wechselwarm

Lungenatmung

Darm
Kloake
Innere Befruchtung

Pergamenthaut

etwa 10 bis 50 Nachkommen pro Jahr

Entwicklung außerhalb des Muttertieres an Land

AMPHIBIEN

feuchte Haut mit Schleimdrüsen
wechselwarm

Lungen- und Hautatmung
Larven: Kiemenatmung

Spermienzelle
Embryo

etwa 100 bis 1000 Nachkommen pro Jahr

äußere Befruchtung

mit Larven

FISCHE

feuchte Haut mit Schleimdrüsen und eingelagerten Knochenschuppen
wechselwarm

Kiemenatmung

Eizelle
Äußere Befruchtung

Dottersack
Embryo
etwa 1000 bis 100 000 Nachkommen pro Jahr

Entwicklung außerhalb des Muttertieres im Wasser

04 Weitere Merkmale der Wirbeltiere im Vergleich

Material A ► Wirbeltiergliedmaßen im Vergleich

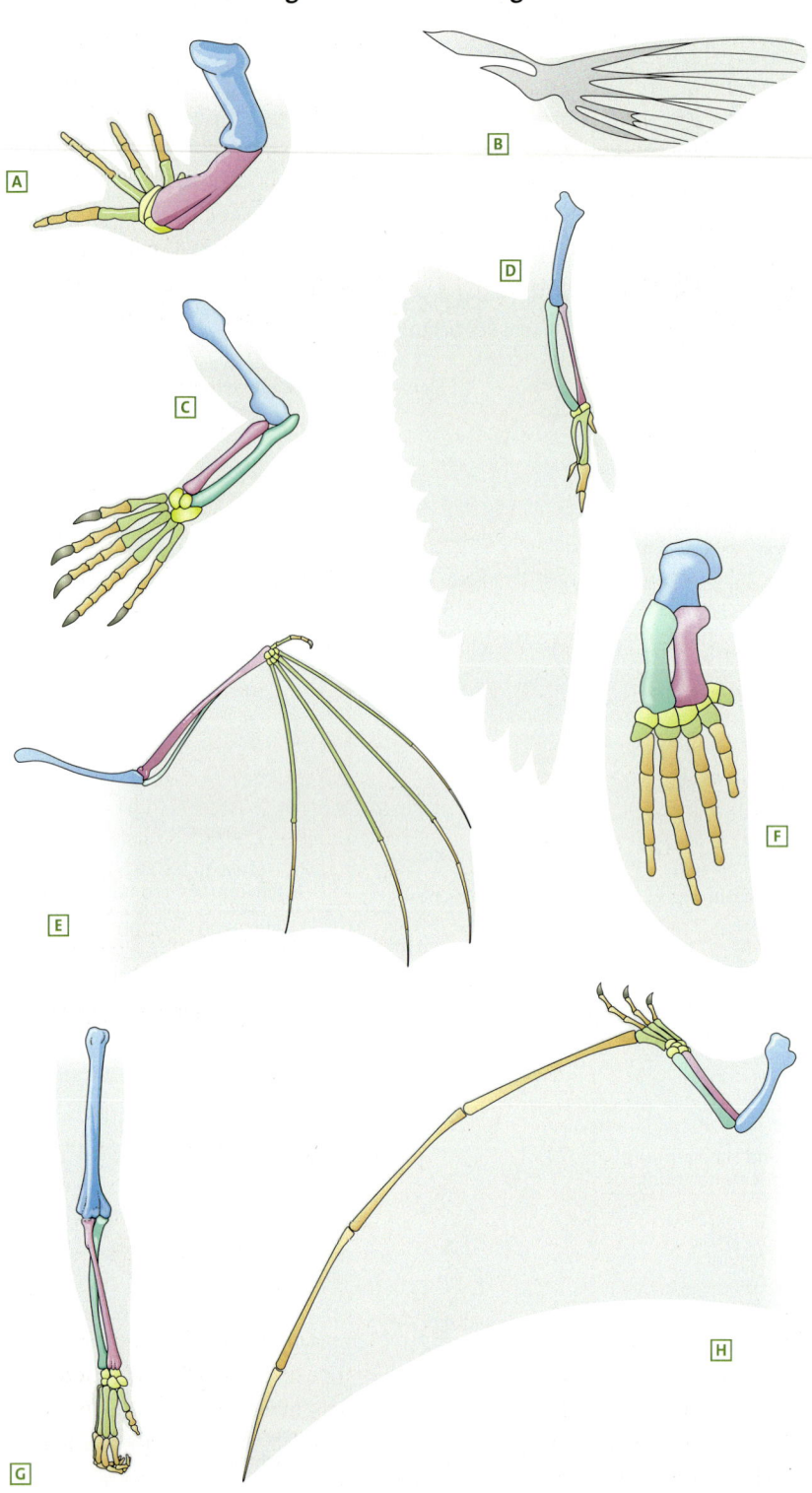

Die Abbildung zeigt Vordergliedmaßen eines Wals, einer Großen Fledermaus, eines ausgestorbenen Flugsauriers, eines Feuersalamanders, eines Menschenaffen, einer Taube, einer Eidechse und die Brustflosse einer Forelle.

A1 Benenne die durch Farben gekennzeichneten Knochen!

A2 Ordne jede Gliedmaße einer der Fortbewegungsweisen Schwimmen, Kriechen, Hangeln und Fliegen zu!

A3 Wähle je eine Gliedmaße für die Fortbewegung durch Schwimmen, Kriechen, Hangeln und Fliegen und erläutere, durch welche Merkmale sie für ihre jeweilige Fortbewegungsweise besonders geeignet ist!

A4 Ordne den Zeichnungen jeweils ein passendes Tier und die jeweilige Wirbeltiergruppe zu!

A5 Stelle Vermutungen an, weshalb sich die Baupläne der Gliedmaßen teilweise stark ähneln, obwohl die Arten verschiedenen Wirbeltiergruppen angehören!

Material B ► Brüllaffen und Schimpansen

Brüllaffen kommen in Mittel- und Südamerika vor. Sie sind tagaktive Baumbewohner und geschickte Kletterer. Beim Springen in den Bäumen nutzen sie ihren Greifschwanz als fünfte Hand. Schimpansen kommen in Afrika vor. Sie sind tagaktiv. Zur Nahrungssuche bewegen sie sich kletternd in Bäumen fort, vor allem aber auch gehend am Boden. In der Gruppe der Säugetiere gehören Brüllaffen und Schimpansen zu den Primaten.

B1 Beschreibe die Fortbewegungsweise von Brüllaffen und Schimpansen! Erläutere ihren Körperbau als Angepasstheit an verschiedene Lebensräume!

B2 Schimpansen und Brüllaffen leben auf ganz unterschiedlichen Kontinenten, die sich vor etwa 200 Millionen Jahren getrennt haben, dennoch gehören beide zu den Primaten. Erläutere an

diesem Beispiel ihre Verwandtschaft, indem du erklärst, wann der letzte gemeinsame Vorfahr dieser Primatenarten gelebt haben müsste!

Material C ► Der Stammbaum der Wirbeltiere

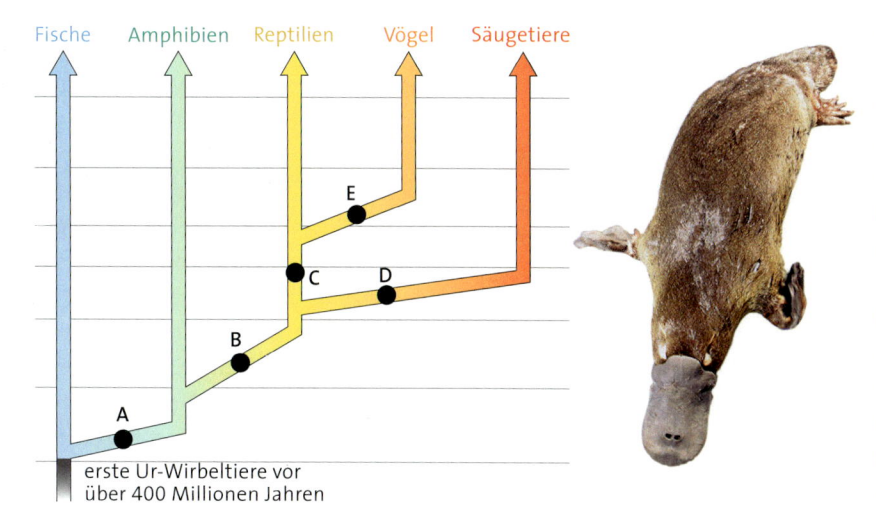

Fische Amphibien Reptilien Vögel Säugetiere

E

C D

B

A

erste Ur-Wirbeltiere vor über 400 Millionen Jahren

Schnabeltiere leben in Australien. Sie sind dämmerungsaktiv und suchen mit ihrem Schnabel Larven und Schnecken am Grund von Gewässern. Sie atmen mit Lungen. Das Weibchen legt ein bis drei Eier und brütet diese aus. Sind die Jungtiere aus den Eiern geschlüpft, lecken sie Milch vom Milchfeld am Bauch der Mutter. Männliche Schnabeltiere haben an ihren Hinterläufen Fortsätze, aus denen sie bei Gefahr wie Reptilien Gift ausstoßen können.

C1 Ordne den Punkten A bis E die Merkmale der Wirbeltierklassen zu, die erst zu diesem Zeitpunkt der Entwicklung entstanden sind! Nimm die Tabelle von Seite 77 zu Hilfe!

C2 Erstelle ein Begriffsnetz zu den Merkmalen der Schnabeltiere! Gehe dabei auch darauf ein, ob die angeführten Merkmale jeweils charakteristisch für eine bestimmte Wirbeltierklasse sind!

C3 Begründe mithilfe deiner Ergebnisse in C2, dass Schnabeltiere nicht eindeutig einer Gruppe der Wirbeltiere zugeordnet werden können!

01 Farbvarianten der Kreuzotter

Natürliche Auslese

Die Kreuzotter ist die Schlange mit dem größten Verbreitungsgebiet und kommt auch in vielen Gebieten Deutschlands vor. Bekommt man diese scheuen Tiere wirklich einmal zu Gesicht, fällt auf, dass sie ganz unterschiedlich gefärbt und gezeichnet sind. Wie sind diese Unterschiede entstanden?

VIELFALT · Beim Betrachten verschiedener Kreuzottern stellt man viele Ähnlichkeiten, beispielsweise den gedrungenen Körperbau und den für Schlangen wenig vom Körper abgesetzten Kopf, aber auch auffällige Unterschiede bestimmter Merkmale fest. Solche Unterschiede können sich im Verhalten zeigen oder betreffen die Widerstandfähigkeit gegen Kälte. Besonders auffällig sind die unterschiedlichen Farbvarianten bei den einheimischen Kreuzottern. So können die Tiere silbergrau, bräunlich, rötlich oder sehr dunkel gefärbt sein und auch ihre Zeichnung ist sehr variantenreich. Diese unterschiedlichen Merkmalsausprägungen führen zu einer Vielfalt innerhalb einer Art, zu einer **Variabilität.**

Die unterschiedliche Ausprägung von Merkmalen bei den Einzeltieren, den *Individuen*, kommt vor allem durch die geschlechtliche Fortpflanzung zustande. In der Eizelle und in der Spermienzelle befinden sich Informationen über die Merkmale der Eltern, die jeweilige *Erbinformation*. Bei der Befruchtung entstehen neue Kombinationen, die zu den unterschiedlichen Ausprägungen von Merkmalen bei den Nachkommen führen. Bei den Nachkommen treten also Variationen der elterlichen Merkmale auf.

Manchmal erfolgen zufällige Veränderungen der Erbinformation. Sie können durch Umwelteinflüsse wie Chemikalien oder radioaktive Strahlung ausgelöst werden.

Solche spontanen Veränderungen der Erbinformation heißen **Mutationen.** Werden diese an die Nachkommen weitergegeben, können sie bei ihnen ebenfalls eine variierte Merkmalsausprägung bewirken.

ANGEPASSTHEIT · Durch die vielfältigen Merkmalskombinationen sind die Individuen einer Art unterschiedlich an die Gegebenheiten der Umwelt angepasst. Diese Gegebenheiten heißen *Umweltfaktoren*. Dazu gehören zum Beispiel das Nahrungsangebot, das Klima und Brutmöglichkeiten.

Die unterschiedliche Angepasstheit hat Einfluss auf die Überlebensfähigkeit der Individuen. So sind die unterschiedlichen Farbvarianten der Kreuzottern in verschiedenen Gegenden Deutschlands nicht gleich verteilt. Im Alpenraum und in Moorgebieten findet man öfter die schwarze Variante. Die dunkle Färbung absorbiert besser die Sonnenstrahlen, sodass sich der Körper der Schlange schnell erwärmt. Das ist in kühleren Gebieten von Vorteil, denn die Körpertemperatur von Schlangen ist von der Umgebungstemperatur abhängig. Wird es zu kalt, sinkt die Aktivität der Tiere. Außerdem sind die dunkel gefärbten Schlangen im Moor besser getarnt und werden seltener von Fressfeinden entdeckt.

Ist ein Lebewesen gut an seine Umwelt angepasst, kann es sich besser entwickeln und hat eine höhere Überlebenswahrscheinlichkeit. Damit steigt auch die Wahrscheinlichkeit, dass es sich erfolgreich fortpflanzen und seine vorteilhaften Merkmale an die Nachkommen weitergeben kann. Diese Fähigkeit bezeichnet man als **Fitness.**

Dadurch, dass sich die besser angepassten Individuen häufiger fortpflanzen können, zeigen viele Nachkommen diese Angepasstheit. Umgekehrt bringen die weniger angepassten Individuen weniger Nachkommen hervor. Über viele Generationen verschwinden so ihre Merkmalsausprägungen.

Den unterschiedlichen Fortpflanzungserfolg in Abhängigkeit von den jeweiligen Umweltbedingungen bezeichnet man als natürliche Auslese oder **natürliche Selektion.**

1 ⌡ Beschreibe die Angepasstheit der unterschiedlich gefärbten Kreuzottern an ihren jeweiligen Lebensraum!

2 ⌡ Erkläre den Begriff Fitness!

3 ⌡ Erkläre, wie es zu Vielfalt und Veränderung von Merkmalen innerhalb einer Art kommt!

02 Getarnte Kreuzotter

03 Höllenotter beim Sonnenbad

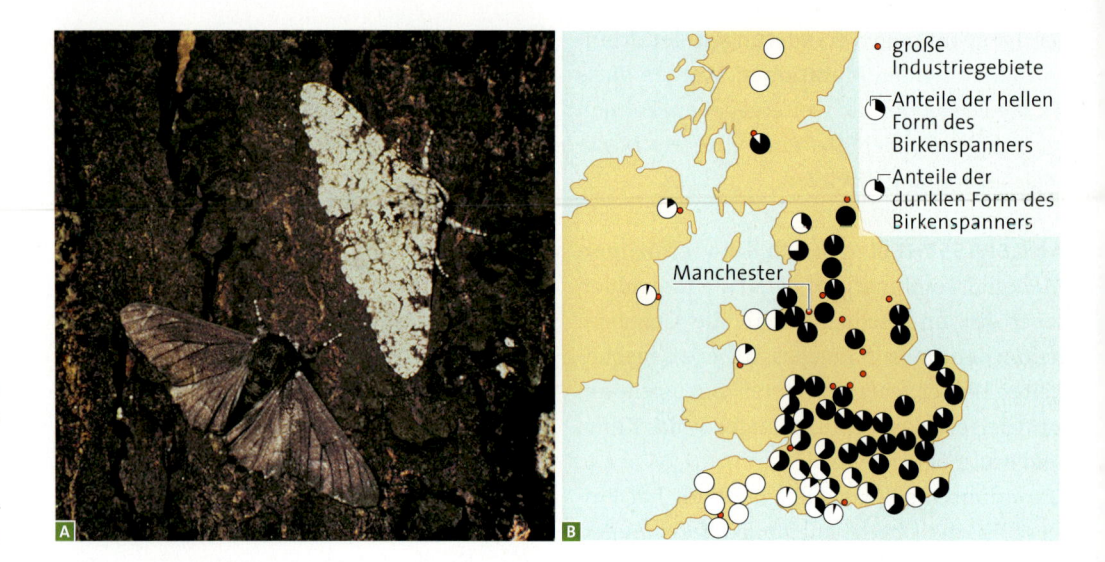

04 Birkenspanner:
A helle und dunkle Variante,
B Verbreitung der Formen in Großbritannien und Irland

SELEKTION BEIM BIRKENSPANNER · Birkenspanner sind Nachtfalter, die den größten Teil des Tages fast regungslos auf der Rinde von Birken verbringen. In Großbritannien beobachtete man, dass bis 1850 fast alle Falter eine helle Flügelfarbe hatten. Dunkel gefärbte Varianten traten selten auf. Die hellen Tiere waren gut getarnt und so relativ sicher vor Singvögeln, die sich von Faltern ernähren.

Im 19. Jahrhundert führte die zunehmende Industrialisierung in England zu mehr Luftverschmutzung. Ruß lagerte sich auf den hellen Birken ab. Dadurch waren helle Tiere auf den dunklen Rinden der Birke besser zu erkennen und wurden häufiger gefressen als dunkle Exemplare. Die dunkel gefärbten Falter waren nun besser an die veränderten Umweltbedingungen angepasst und hatten einen größeren Fortpflanzungserfolg als die hellere Variante. Um 1900 gab es fast nur noch dunkle Tiere, besonders im Bereich der größeren Industriestädte.

Infolge erfolgreicher Umweltschutzmaßnahmen nimmt der Anteil heller Birkenspanner inzwischen wieder zu. Die Veränderungen in der Häufigkeit der Farbvarianten des Birkenspanners gelten als Beispiel für das Wirken der Selektion.

//// BASISKONZEPT ////////////////

Entwicklung

Die Individuen des Birkenspanners weisen eine Variabilität auf. Diese unterschiedlichen Merkmalsausprägungen sind auf Veränderungen der Erbinformation, Mutationen, und der zufälligen Merkmalskombination bei der geschlechtlichen Fortpflanzung zurückzuführen. Durch die unterschiedlichen Merkmale sind die Falter verschieden gut an die Umweltverhältnisse angepasst. Die am besten angepassten Individuen haben den größten Fortpflanzungserfolg und geben ihre Eigenschaften an die Nachkommen weiter. Diese natürliche Selektion führt langfristig zu Veränderungen der Art durch neue Angepasstheiten an veränderte Umweltbedingungen. Solche Entwicklungen vollziehen sich in sehr langen Zeiträumen. Verändern sich die Umweltbedingungen schneller, können Arten aussterben. Auch der Mensch beeinflusst direkt oder indirekt die Umwelt und beschleunigt dadurch Entwicklungsvorgänge oder das Artensterben. Man spricht vom Basiskonzept Entwicklung.

4 Erläutere die Begriffe Variation und Selektion am Beispiel der Birkenspanner!

Material A ► Natürliche Selektion

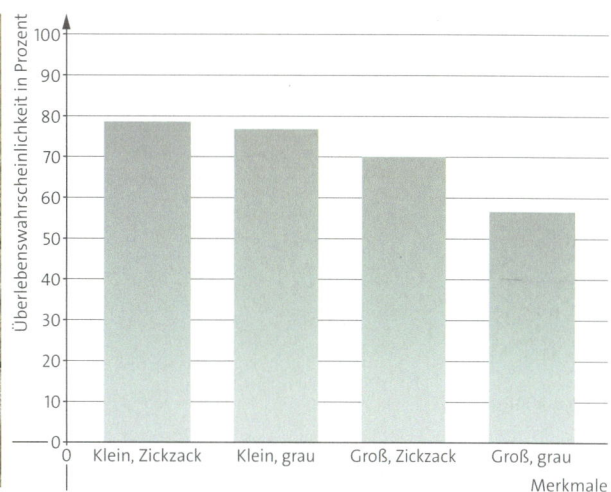

Von der in Südspanien vorkommenden giftigen Stülpnasenotter sind zwei Farbvarianten bekannt. Eine Variante hat ein auffälliges Zickzackmuster auf dem Rücken, die andere ist einheitlich grau. In einem Experiment mit unterschiedlich gefärbten und unterschiedlich großen Schlangenmodellen wurde untersucht, wie häufig das jeweilige Modell von Greifvögeln attackiert wurde, wenn man es im Gelände platzierte.

A1 Beschreibe die Ergebnisse des Experiments!

A2 Stelle Vermutungen an, welchen Einfluss die Merkmale auf die Überlebenswahrscheinlichkeit haben!

A3 Stelle Vermutungen über die Aussagekraft des Experiments an!

Material B ► Modellexperiment zur Selektion

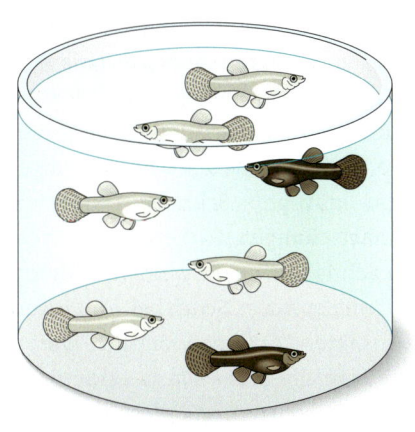

Zahnkärpflinge der Gattung *Gambusia* kommen zahlreich in nordamerikanischen Seen vor. Es gibt eine hellgraue und eine schwarze Variante dieser Fische. Für ein Experiment setzte man Tiere beider Varianten in gleicher Anzahl in Gefäße mit hellem und mit dunklem Boden. Anschließend erhielten Fisch fressende Vögel Zugang zu den Gefäßen. Nach einer bestimmten Zeit waren in dem Gefäß mit hellem Boden 278 schwarze und 176 hellgraue Fische, in dem Gefäß mit dunklem Boden 217 hellgraue und 78 schwarze Fische gefressen worden.

B1 Vergleiche die Varianten der Fische in den Gefäßen!

B2 Erläutere an diesem Beispiel die Wirkung der Selektion in Abhängigkeit von Umweltfaktoren!

B3 Begründe, weshalb dieses Experiment nur Modellcharakter haben kann!

01 Die Galapagosinseln westlich vor Südamerika; Großer Grundfink (*Geospiza magnirostris*)

02 Schnäbel verschiedener Darwinfinken

DARWINs Theorie

Als 22-jähriger Student bekam Charles DARWIN die Gelegenheit, an einer Forschungsreise mit dem Vermessungsschiff „Beagle" teilzunehmen. Auf dieser Reise, die von 1831 bis 1836 dauerte, sammelte er viele Tiere und Pflanzen. Später entwickelte er eine Theorie über die Veränderung der Arten, die sehr viel Aufsehen, aber auch Empörung auslöste. Welche Ideen DARWINs waren damals so sensationell?

GALAPAGOSINSELN · Etwa 1000 Kilometer vor der Küste Ecuadors liegen die **Galapagosinseln.** Sie sind vulkanischen Ursprungs. Die Landschaft der Inseln ist sehr vielfältig. Sie reicht von trockenen Küsten- und Wüstengebieten über regenreiche Waldregionen bis zu Gebirgen, die bis zu 1000 Meter über den Meeresspiegel hinaus ragen.

Hier lebt eine Vielzahl von Tier- und Pflanzenarten, von denen einige ausschließlich auf den Galapagosinseln vorkommen, wie Riesenschildkröten und Meeresechsen.

DARWINS THEORIE · Charles DARWIN kam 1835 auf die Galapagosinseln, wo er umfangreiche Naturstudien durchführte. Dabei fielen ihm unter anderem verschiedene Finkenarten auf, die den Tieren des Festlandes unterschiedlich stark ähnelten. Aber auch die Finken der verschiedenen Inseln wiesen Unterschiede auf, besonders in der Körpergröße sowie in Form und Größe der Schnäbel: Vögel mit kurzem, kräftigem Schnabel ernährten sich von hartschaligen Samen. Solche mit kleinerem Schnabel fraßen weichere Samen und Vögel mit spitzem Schnabel ernährten sich von Insekten. Außergewöhnlich waren Finken, die mithilfe eines Dorns Larven aus morschem Holz bohrten und diese anschließend fraßen.

Nach der späteren Auswertung aller Beobachtungen und Aufzeichnungen kam DARWIN zu dem Schluss, dass Lebewesen sich im Laufe der Zeit verändern. Dies stand im krassen Widerspruch zu der Schöpfungsgeschichte in der Bibel, die nach Überzeugung der meisten Menschen als unumstößliche Wahrheit galt.

Die Vielfalt der Finkenarten auf Galapagos erklärte DARWIN mit Annahmen, die sich auf eigene Beobachtungen und auf theoretische Überlegungen stützten: Demnach könnte vor langer Zeit eine Gruppe Finken vom Festland zufällig auf die Insel gekommen sein, vielleicht durch einen Sturm. Hier war zunächst Nahrung im Überfluss vorhanden und die Finken vermehrten sich stark. Allmählich wurde die Finkenpopulation jedoch größer und es kam zu Konkurrenz, zum Beispiel um Nahrung. Nur noch diejenigen Individuen fanden genug zu fressen, deren Schnabel besonders gut an die Beschaffenheit der Nahrung angepasst war, von der es genug gab. Vögel mit kräftigem Schnabel konnten sich zum Beispiel leicht von Nüssen und anderen hartschaligen Früchten ernähren, Vögel mit spitzen Schnäbeln hingegen gut Insekten fangen. Ihre Nachkommen konnten sie gut ernähren. In dieser Umweltsituation waren sie also *besser angepasst* als diejenigen, die Nüsse nur schlecht knacken und auch Insekten nur schlecht fangen und deshalb weniger Nachkommen gut ernähren konnten.

Dadurch entwickelten sich aus der Ausgangspopulation nach und nach Finkenpopulationen mit deutlich unterschiedlichen Schnäbeln, die das vielfältige Nahrungsangebot nutzen konnten. Im Laufe der Zeit entstanden so neue Arten.

Der beschriebene Prozess beruht auf zufälligen Veränderungen der genetischen Information, den *Mutationen*, aufgrund derer sich die Eigenschaften von Nachkommen gegenüber ihren Eltern unterscheiden können. Im Verlaufe der geschlechtlichen Fortpflanzung werden die Erbanlagen durchmischt und es entsteht eine große genetische **Variation**. Die am besten an die Umweltbedingungen angepassten Nachkommen überleben, was DARWIN als natürliche Zuchtwahl bezeichnete. Heute nennt man diesen Vorgang **natürliche Selektion**. Sie und die Veränderung der Lebensbedingungen sind der

⁄⁄⁄ STECKBRIEF ⁄⁄⁄⁄⁄⁄⁄⁄⁄⁄⁄⁄⁄⁄⁄⁄⁄⁄⁄⁄⁄⁄⁄⁄⁄⁄⁄⁄⁄⁄⁄⁄⁄

Charles Robert DARWIN (1809–1882)

Charles Robert DARWIN wurde 1809 in England geboren. Er studierte zunächst Theologie, interessierte sich aber mehr für die Naturforschung. Von 1831 bis 1835 fuhr DARWIN mit dem Vermessungsschiff „Beagle" nach Südamerika. Er sammelte an allen Stationen eine Vielzahl von Tieren und Pflanzen, Steinen, Fossilien und andere Funde. Zurück in England ordnete er seine Sammlungen und veröffentlichte 1837 ein Reisetagebuch. Ab 1843 arbeitete er als Privatgelehrter in seinem Landhaus in Kent. Während der folgenden Jahre entwickelte er die Theorie von der Entstehung der Arten. 1859 erschien sein Buch „The origin of species by means of natural selection". Es ist aus heutiger Sicht die Grundlage der modernen Evolutionsbiologie.

„Motor", der die Veränderung der Arten im Laufe großer Zeiträume vorantreibt.

LAMARCK · Bereits vor DARWIN entwickelten auch andere Wissenschaftler Ideen, wie die Entstehung der Artenvielfalt auf der Erde erklärt werden könnte. Einer von ihnen war Jean Baptiste DE LAMARCK, der wie DARWIN davon ausging, dass die Artenvielfalt durch eine Veränderung vorhandener Arten entstanden sein könnte. Er nahm allerdings an, dass sich die Bedürfnisse der Lebewesen ändern, wenn sich die Umweltbedingungen ändern. Dies würde zu einem geänderten Gebrauch von Organen führen. Solche, die nun stärker genutzt würden, würden stärker ausgeprägt. Organe, die nicht oder weniger gebraucht werden, entwickelten sich dagegen zurück oder verschwänden ganz. Auf diese Weise veränderte sich ein Individuum im Laufe seines Lebens. Auch die Nachkommen würden die neuen Merkmalsausprägungen aufweisen, die sich bei ihren Eltern durch Gebrauch und Nichtgebrauch ausgeprägt hätten.

03 Jean Baptiste DE LAMARCK (1744–1829)

DARWIN	LAMARCK

geänderte Umwelt: das Gras ist trocken; saftige, frische Blätter sind an hohen Bäumen zu finden

DARWIN

Vielfalt in der Population: Es gibt zufällig wenige Giraffen mit etwas längeren Hälsen, aber auch einige mit mittellangem und wenige mit recht kurzem Hals.

Die wenigen Giraffen mit einem etwas längeren Hals erreichen viele Zweige, sie sind gut mit Nahrung versorgt und können sich erfolgreich fortpflanzen. Sie sind besonders gut an die neuen Umweltbedingungen angepasst. Die wenigen Giraffen mit einem kürzeren Hals erreichen gerade so viel Nahrung, wie sie zum Überleben brauchen, und haben einen geringeren Fortpflanzungserfolg.

Insgesamt finden sich in den nächsten Generationen mehr Giraffen mit der Merkmalsausprägung „langer Hals".

LAMARCK

Geänderte Bedürfnisse: Die kurzhalsige Giraffe versucht an die Blätter an den hohen Bäumen zu kommen.

Der Hals wird durch den ständigen Gebrauch beim Strecken nach den Zweigen am Baum länger.

Die Giraffe zeigt die erworbene Merkmalsausprägung: langer Hals.

Die Giraffen mit der neu erworbenen Merkmalsausprägung pflanzen sich fort und ihre Nachkommen zeigen die Merkmalsausprägung „langer Hals" auch.

DARWIN betrachtet bei seiner Theorie eine ganze Population. **LAMARCK betrachtet bei seiner Theorie einzelne Individuen.**

04 DARWINs und LAMARCKs Theorie zur Entstehung der Artenvielfalt am Beispiel des Giraffenhalses

EVOLUTIONSTHEORIE · DARWINs Theorie der natürlichen Auslese wurde im Laufe der Zeit durch neue Erkenntnisse vor allem aus der Genetik, Ökologie und der Verhaltensforschung bestätigt und zur **Evolutionstheorie** erweitert. Besonders die modernen Verfahren zur Analyse und zum Vergleich der DNA verschiedener Lebewesen haben erheblich zum Verständnis der Evolution beigetragen: Man kann die Verwandtschaft zwischen verschiedenen, zum Teil auch fossilen Arten feststellen und damit ihre Evolution allmählich rekonstruieren. LAMARCKs Erklärung der Evolution konnte hingegen nicht bestätigt werden.

lateinisch evolvere = entrollen

1 Beschreibe, wie DARWIN beziehungsweise LAMARCK die Entstehung des dicken Körnerfresserschnabels beim Großen Grundfink erklären würden! Erstelle dazu zwei Flussdiagramme wie in Abbildung 04!

Material A ▸ Taubenzucht

Dragonertaube

Pfauentaube

Kropftaube

Perückentaube

Felsentaube

Trommeltaube

A1 Stelle an einem Beispiel dar, wie Taubenzüchter vorgehen, um eine neue Rasse ausgehend von der Felsentaube zu erhalten!

A2 Nenne die wesentlichen Aussagen von DARWINs Theorie von der Entstehung der Arten durch natürliche Zuchtwahl!

A3 Erkläre, weshalb DARWIN das Vorgehen der Taubenzüchter als Begründung für seine Idee von der Entstehung der Arten heranzog!

Lange Zeit beschäftigte sich DARWIN mit der Beobachtung und Züchtung von Tauben und nutzte seine Erkenntnisse zur Erläuterung seiner Evolutionstheorie. So stellte er fest, dass alle heute bekannten Taubenrassen von der Felsentaube abstammen.

Material B ▸ Röhrenschnauze des Ameisenbärs

B1 Beschreibe, wie DARWIN die Entstehung der Röhrenschnauze mit langer Zunge beim Ameisenbär erklären würde! Erstelle dazu ein Flussdiagramm wie in Abbildung 04!

B2 Erkläre, welche Vorteile beziehungsweise Nachteile mit einer längeren oder kürzeren Röhrenschnauze und Zunge verbunden sein könnten!

B3 Stelle Vermutungen an, weshalb die Röhrenschnauze der Ameisenbären im Verlaufe der Evolution nicht immer länger wird!

Ameisenbären kommen ausschließlich in Mittel- und Südamerika vor. Sie sind nicht näher mit den Bären verwandt. Charakteristisch für Ameisenbären ist die lange Röhrenschnauze mit einer langen Zunge. Ameisenbären ernähren sich fast ausschließlich von Ameisen und Termiten. Mit ihren Krallen brechen sie die Bauten auf und lecken die Tiere dann mit der langen Zunge auf.

A ▸ Geschichte des Lebens auf der Erde

Kann ich ...

1 die vier Erdzeitalter nennen, charakteristische Lebensformen zuordnen und besondere Ereignisse beschreiben? *(Seite 62 bis 65)*

2 Darstellungen der Entwicklung der Lebewesen auf der Erde interpretieren? *(Seite 65)*

3 wesentliche Merkmale des Urpferdchens nennen? *(Seite 66)*

4 erläutern, was Fossilien sind? *(Seite 66)*

5 die Entstehung von mindestens zwei Fossilienformen beschreiben und jeweils ein Beispiel nennen? *(Seite 66 und 67)*

7 die Bedeutung von Fossilien für die Erforschung der Geschichte des Lebens beschreiben? *(Seite 68)*

8 erklären, wie Forscher das Alter von Fossilien bestimmen? *(Seite 68)*

9 den Begriff Leitfossilien an einem Beispiel erläutern? *(Seite 68)*

10 erläutern, welcher Prozess mit dem Begriff Evolution beschrieben wird? *(Seite 68)*

B ▸ Entwicklung der Wirbeltiere

Kann ich ...

1 den Begriff Mosaikform erklären und Beispiele für Mosaikformen nennen? *(Seite 70 und 71)*

2 die besondere Merkmalskombination des Archaeopteryx beschreiben und die Bedeutung der Fossilfunde für die Evolutionsbiologen erläutern? *(Seite 71)*

3 wesentliche Schritte in der Entwicklungsgeschichte der Wirbeltiere beschreiben? *(70 und 71)*

5 anhand von Grafiken die Entwicklungsgeschichte der Pferde erläutern? *(Seite 72)*

6 die körperbaulichen Veränderungen der Pferde im Laufe ihrer Evolution in Abhängigkeit von den Veränderungen des Lebensraums beschreiben? *(Seite 72)*

7 die Merkmale nennen, die die Verwandtschaftsgruppe der Wirbeltiere verbinden? *(Seite 74 und 75)*

8 beschreiben und erklären, dass der Grundbauplan der Vorderextremität aller Klassen der Wirbeltiere gleich ist? *(Seite 74 und 75)*

9 erläutern, dass der unterschiedliche Bau der Vorderextremitäten von verschiedenen Klassen der Wirbeltiere durch Angepasstheiten an die Lebensweise entstanden ist? *(Seite 74 und 75)*

10 den Begriff Homologie erklären? *(Seite 75)*

11 für jede Klasse der Wirbeltiere charakteristische Merkmale nennen? *(Seite 76 und 77)*

C ▸ Vielfalt der Lebewesen

Kann ich ...

1 den Begriff Angepasstheit erklären? *(Seite 81)*

2 den Begriff der Variabilität erläutern? *(Seite 80)*

3 erklären, dass die Lebewesen, die besser angepasst sind, eine höhere Fitness zeigen? *(Seite 81)*

4 erklären, dass Angepasstheiten zufällig auftreten? *(Seite 80 und 81)*

5 erklären, dass verschiedene Lebewesen unterschiedliche Angepasstheiten zeigen, je nachdem, welchen Umweltfaktoren sie ausgesetzt sind? *(Seite 81 und 82)*

D ▸ DARWIN und LAMARCK

Kann ich ...

1 erklären, wie sich DARWIN die Entstehung der 14 Darwinfinkenarten auf Galapagos vorstellte? *(Seite 84 und 85)*

2 erklären, wie sich LAMARCK die Veränderung von Lebewesen vorstellte? *(Seite 85)*

3 anhand von zwei Flussdiagrammen vergleichend darstellen, auf welche Weise DARWIN und LAMARCK die Entstehung eines neuen Merkmals erklären würden? *(Seite 86)*

Kann ich aus dem Kapitel „Vielfalt und Veränderung" Beispiele nennen für das Basiskonzept:
- Entwicklung?

Versorgung mit Stoffen und Energie

1 Der Körper besteht aus Zellen 92

2 Ernährung und Verdauung 96

3 Atmung, Blut und Blutkreislauf 114

4 Auch Zellen atmen 134

In diesem Kapitel beschäftigst du dich mit

► dem Bau der Zellen. Du lernst, welche Aufgaben die verschiedenen Bestandteile einer Zelle haben. Du erfährst etwas über Zelltypen und ihren Zusammenschluss zu Geweben und Organen.

► der Ernährung sowie mit der Verdauung von Nährstoffen. Du lernst, wie der Körper die Inhaltsstoffe der Nahrung nutzbar machen kann. Außerdem erfährst du, wie man Nährstoffe nachweisen kann.

► dem Blut, dem Blutkreislauf und der Atmung. Du erfährst, woraus Blut besteht und welche Aufgaben die Blutbestandteile haben. Du lernst auch etwas über den Bau und die Funktion des Herzens, des Blutkreislaufs und der Lunge.

► der Zellatmung. Du lernst, wie bei Pflanzen, Tieren und beim Menschen nutzbare Energie aus energiereichen Stoffen freigesetzt wird und wie diese Energie gespeichert und umgewandelt wird.

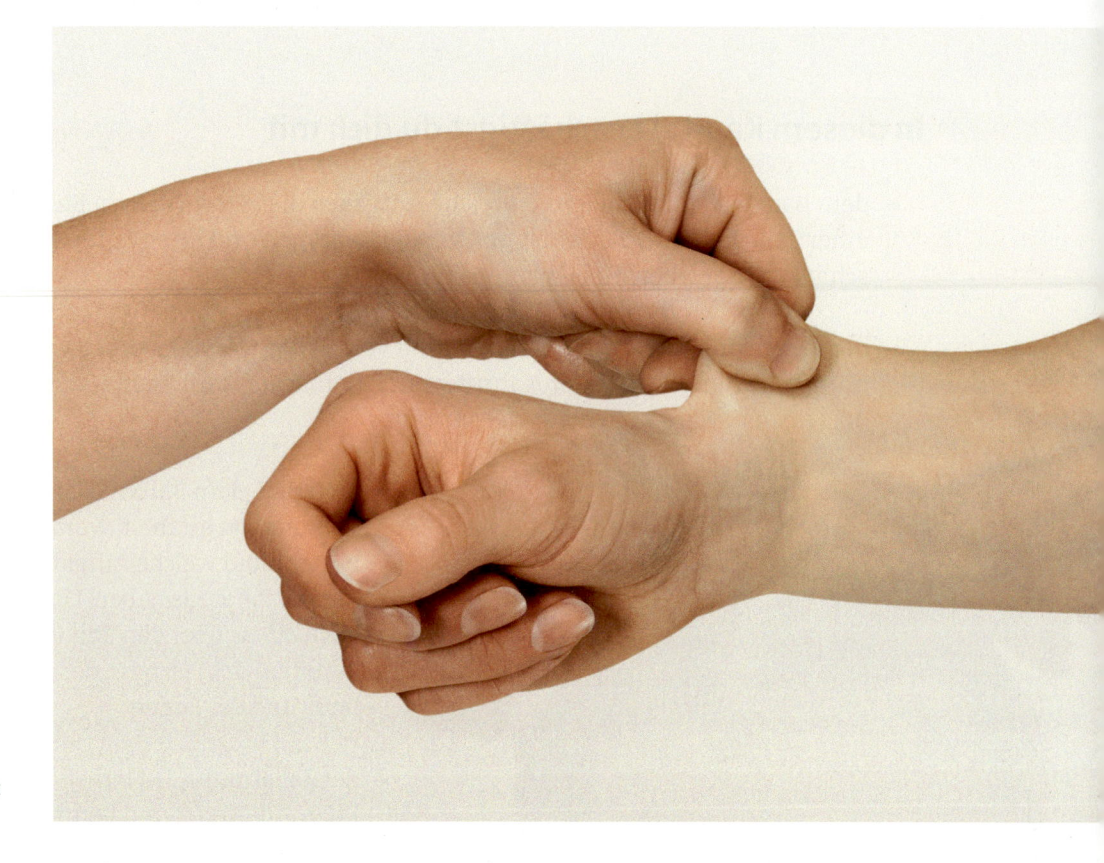

01 Gedehnte Haut eines Menschen

Von der Zelle zum Organismus

Die Haut eines Menschen lässt sich leicht zwischen zwei Fingern dehnen, ohne dass sie Schaden nimmt. Wie lässt sich diese Beobachtung mithilfe des Zellaufbaus erklären?

BAU DER TIERZELLE · Die Hautzellen sind von einem zarten, aber flexiblen Häutchen, der **Zellmembran,** begrenzt. Membranen sind sehr dünn und daher im Lichtmikroskop nicht zu erkennen. Da sie die einzige Abgrenzung von tierischen Zellen, wie den Hautzellen, sind, ist ihre Form flexibel und sie lassen sich dehnen. Das Zellinnere einer tierischen Zelle ist mit einer körnigen, zähflüssigen Masse, dem **Zellplasma,** gefüllt. Hier laufen die Lebensvorgänge ab. Im Zellplasma werden chemische Stoffe abgebaut, verändert oder hergestellt. Diese chemischen Prozesse werden durch die Erbinformation gesteuert, die in der Erbsubstanz gespeichert ist. Sie liegt, von einer Membran umgeben, im **Zellkern.** Dieser ist meistens kugel- oder linsenförmig.

Nur im Elektronenmikroskop sichtbar findet man im Zellplasma einer Tierzelle noch längliche, von einer Membran umhüllte Gebilde,

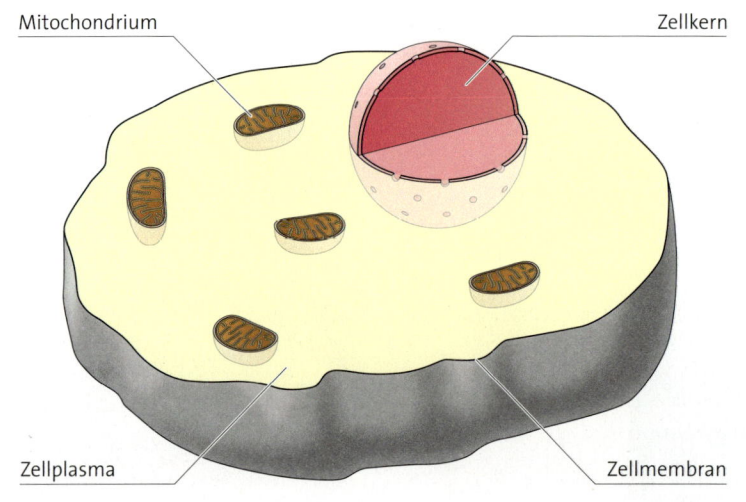

Mitochondrium · Zellkern · Zellplasma · Zellmembran

02 Schema einer Tierzelle

die **Mitochondrien**. Durch sie wird der Zelle Energie zur Verfügung gestellt.

ZELLDIFFERENZIERUNG · Alle Lebewesen bestehen aus Zellen. Wie die meisten Lebewesen wächst auch der Mensch aus einer einzigen Zelle heran, der befruchteten Eizelle. Sie wird auch **Zygote** genannt. Aus der *Zygote* entstehen acht gleiche Tochterzellen. Man nennt sie **Stammzellen.** Diese *Stammzellen* haben noch alle Entwicklungsmöglichkeiten. Im Laufe des weiteren Wachstums gehen aus den Stammzellen zahlreiche verschiedenartige, für bestimmte Aufgaben spezialisierte Zellen hervor. Diesen Vorgang nennt man *Zelldifferenzierung*.

ZELLTYPEN · Bei Lebewesen kann man verschiedene Zelltypen unterscheiden. Zellen zeigen je nach Funktion eine andere Struktur, sodass sich die *differenzierten Zellen* in Bau und Ausstattung unterscheiden. Jeder Zelltyp erfüllt eine bestimmte Aufgabe, es findet eine *Arbeitsteilung* statt. Beim Menschen findet man etwa 200 verschiedene Zelltypen. So sind zum Beispiel Fettzellen kugel- bis eiförmig. Sie enthalten viel flüssiges Fett, sodass Zellkern und Zellplasma an den Zellrand gedrängt werden. Dagegen haben Muskelzellen eine lang gestreckte Form. Sie enthalten feine fadenartige Strukturen, die sich verkürzen können.

GEWEBE · Differenzierte Zellen kommen in Lebewesen nur selten einzeln vor, sondern bilden Verbände aus gleichartigen Zellen mit einer gemeinsamen Aufgabe. Diese Zellverbände nennt man *Gewebe*. Die Gewebe von Tieren lassen sich vier Hauptgruppen zuordnen: Gewebe, die einen Körper nach außen abgrenzen, Organe umschließen oder Körperhohlräume auskleiden, nennt man **Deckgewebe.** Sie dienen dem Schutz und sind auf die Stoffaufnahme oder -abgabe spezialisiert. Gewebe, die andere Gewebe verbinden, stützen und schützen, nennt man **Bindegewebe.** Die Zellen dieser Gewebe sind meistens in

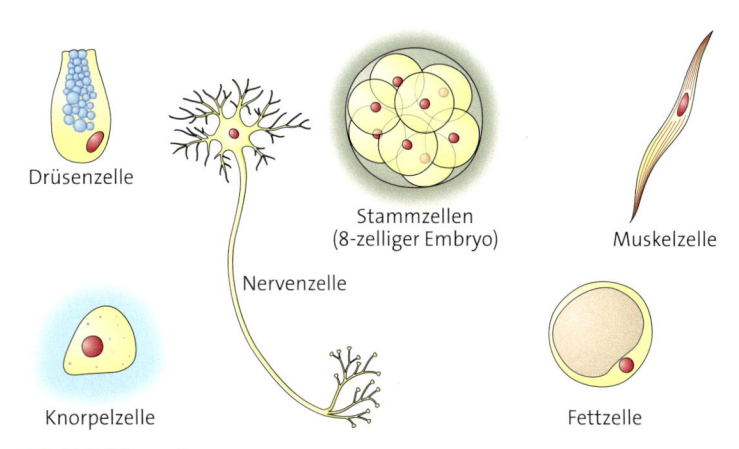

Drüsenzelle

Nervenzelle

Knorpelzelle

Stammzellen
(8-zelliger Embryo)

Muskelzelle

Fettzelle

03 Zelldifferenzierung

einer von ihnen ausgeschiedenen Grundsubstanz eingebettet. Die Grundsubstanz kann zugfest sein wie bei Sehnen oder hart wie bei Knochen. Auch Fettgewebe ist ein Bindegewebe, das sowohl der Stoßdämpfung und Wärmedämmung als auch der Speicherung von Nährstoffen dient. Gewebe, die sich verkürzen können und damit Bewegungen ermöglichen, nennt man **Muskelgewebe.** Besteht ein Gewebe aus einem Geflecht von Nervenzellen, die über Verästelungen und lange Ausläufer untereinander in Verbindung stehen, nennt man es **Nervengewebe.** Es dient der Weiterleitung und Verarbeitung von Informationen..

1 ⌡ Beschreibe anhand von zwei ausgewählten Zellen aus Abbildung 03 den Zusammenhang zwischen Struktur und Funktion!

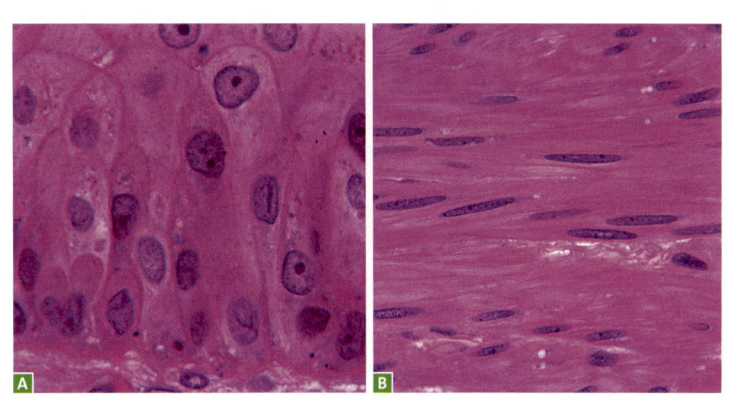

04 Gewebe von Tieren: **A** Deckgewebe, **B** Muskelgewebe

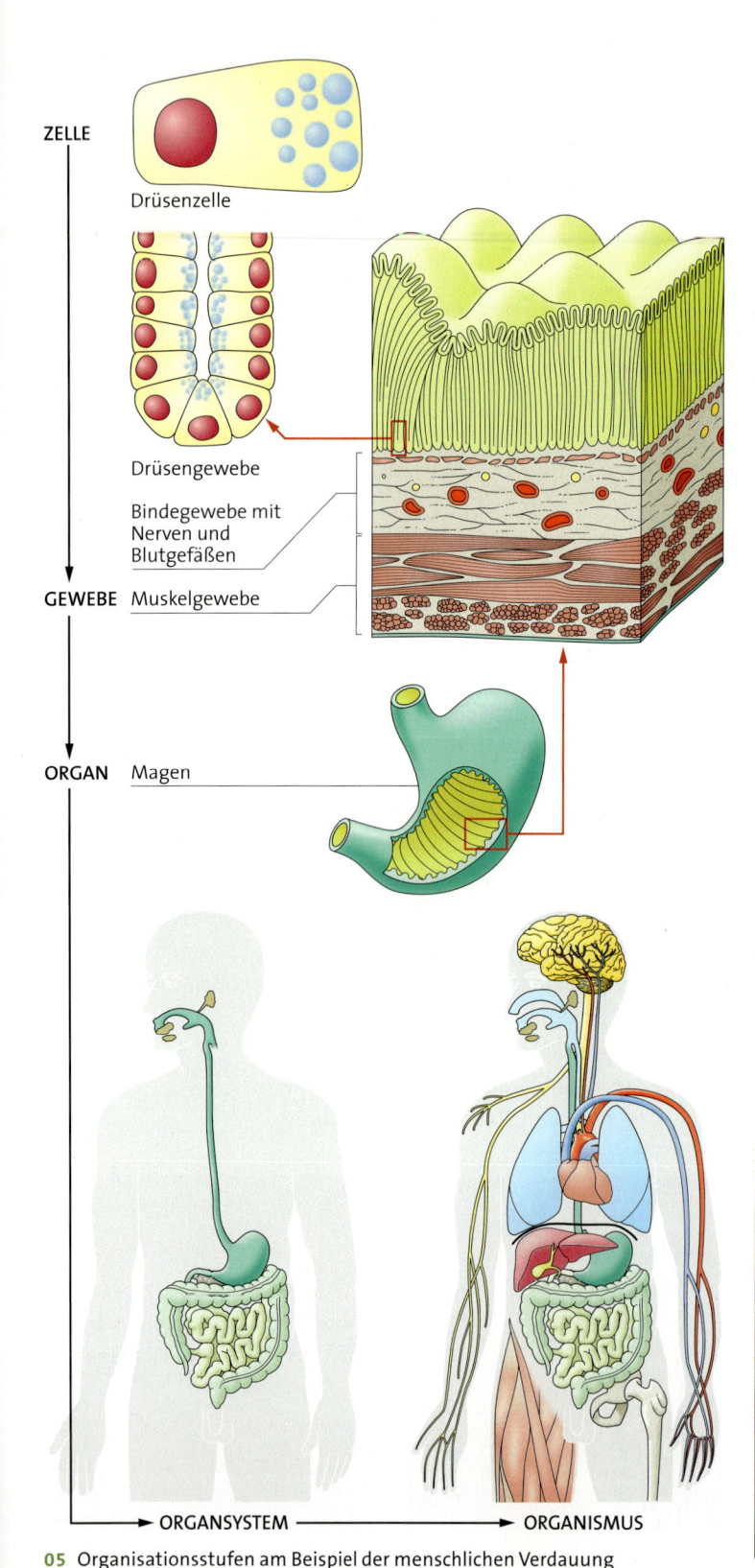

ZELLE

Drüsenzelle

Drüsengewebe

Bindegewebe mit
Nerven und
Blutgefäßen

GEWEBE Muskelgewebe

ORGAN Magen

→ ORGANSYSTEM ————————→ ORGANISMUS

05 Organisationsstufen am Beispiel der menschlichen Verdauung

ORGANISATIONSSTUFEN · Aus einer einzigen Zelle, der *Zygote*, gehen durch zahlreiche *Zellteilungen* und durch *Zelldifferenzierung* spezialisierten Zellen hervor. Eine einzelne spezialisierte **Zelle** stellt die unterste *Organisationsstufe* eines vielzelligen Lebewesens dar. Eine Zelle erfüllt ihre Aufgabe aber in der Regel nie alleine, sondern gemeinsam mit vielen gleichartigen Zellen. Diese gleichartig spezialisierten Zellen sind zu Zellverbänden, den **Geweben,** zusammengeschlossen. Sie stellen die nächste Organisationsstufe eines vielzelligen Lebewesens dar. So enthält beispielsweise die innerste Schicht des Magens zahlreiche Drüsenzellen, die als Drüsengewebe den Magen auskleiden. Am Aufbau des Magens sind auch Bindegewebe, Muskelgewebe und Nervengewebe beteiligt. Erst gemeinsam können sie die Verdauungsaufgabe des Magens erfüllen. Verschiedene räumlich eng zusammenliegende Gewebe erfüllen bestimmte Aufgaben gemeinsam. Sie bilden ein **Organ.**

Außer dem Organ Magen sind an der Verdauung noch weitere Organe beteiligt, zum Beispiel der Dünndarm und die Bauchspeicheldrüse. Alle Organe, die der Verdauung dienen, bilden das Verdauungssystem, ein **Organsystem.** Zahlreiche Organsysteme, zum Beispiel das Verdauungssystem und das Nervensystem, arbeiten bei der Bewältigung der Aufgaben eines vielzelligen Lebewesens zusammen und bilden den **Organismus.**

/// **BASISKONZEPT** /////////////////

System

Der Magen ist gemeinsam mit weiteren Organen, zum Beispiel Dünndarm und Bauchspeicheldrüse, an der Verdauung beteiligt. Zusammen bilden sie eine Funktionseinheit, die man auch **Verdauungssystem** *nennt. Dies ist eines von vielen Beispielen, bei denen jeweils einzelne Elemente in Wechselwirkung zueinander stehen und so eine Einheit bilden. Deshalb spricht man vom* **Basiskonzept System.**

Material A ► Gewebe bei Tieren

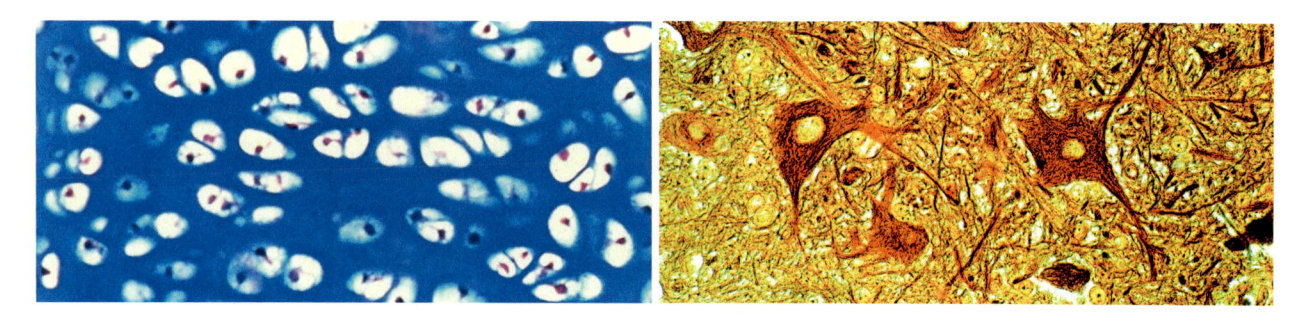

A1 Betrachte die abgebildeten Gewebe mit einer Lupe! Zeichne und beschrifte jeweils eine typische Zelle!

A2 Benenne die Gewebe mithilfe der gezeichneten Zellen! Nimm Abbildung 03 auf Seite 93 zu Hilfe!

Material B ► Gewebe und Organe des Menschen

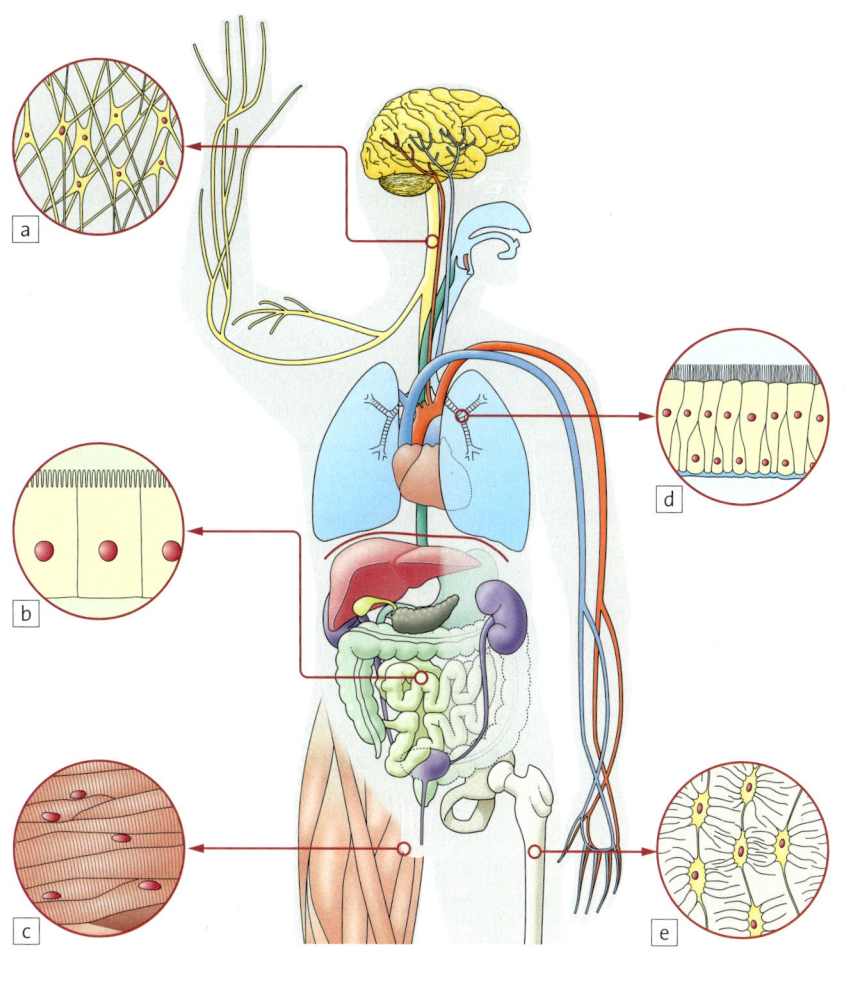

B1 Nenne die mit Buchstaben gekennzeichneten Gewebe!

B2 Beschreibe den Bau von zwei der abgebildeten Gewebe und ordne diese jeweils einem Grundgewebetyp zu!

B3 Erläutere das Basiskonzept Struktur – Eigenschaft – Funktion an einem der abgebildeten Gewebe!

Aus Hautzellen eines Patienten kann man heute im Labor künstlich Oberhautgewebe herstellen. Außerdem ist auch die künstliche Herstellung von Knorpelgewebe sowie von Harnröhren gelungen.

B4 Stelle Vermutungen an, welche Schwierigkeiten bei der künstlichen Herstellung von Organen bestehen!

01 Reisgericht

Nahrungsmittel und ihre Inhaltsstoffe

Bei der Zubereitung von Speisen werden häufig viele verschiedene Nahrungsmittel verwendet. In einem Reisgericht sind neben Reis oft auch Gemüse und Fleisch enthalten. Woraus bestehen die unterschiedlichen Nahrungsmittel?

INHALTSSTOFFE · Fleisch, Gemüse, Reis und alle anderen Nahrungsmittel bestehen jeweils aus vielen verschiedenen Stoffen. Diese *Inhaltsstoffe* sind zum größten Teil Kohlenhydrate, Fette und Proteine. Da sie die lebensnotwendige Energie für den Körper liefern und Baustoffe für sein Wachstum und seine Entwicklung bereitstellen, nennt man sie **Nährstoffe.** Diese drei Nährstoffe sind in unterschiedlichen Mengen in den Nahrungsmitteln enthalten. Sie machen den größten Anteil der Inhaltsstoffe eines Nahrungsmittels aus. Für viele lebenswichtige Vorgänge im Körper sind noch weitere Inhaltsstoffe von großer Bedeutung. Dies sind *Vitamine, Mineralstoffe, Ballaststoffe* und *Wasser*. Die Art und Menge der Inhaltsstoffe ist auf der Verpackung eines Lebensmittels angegeben.

KOHLENHYDRATE · Kohlenhydrate können in unterschiedlichen Zusammensetzungen in den verschiedenen Nahrungsmitteln vorkommen. Der kleinste Baustein eines Kohlenhydrats ist ein Einfachzucker, zum Beispiel Traubenzucker, die Glukose. Wenn sich zwei *Einfachzucker* zusammenlagern, entsteht ein *Zweifachzucker.* Der Malzzucker zum Beispiel, die Maltose, besteht aus zwei Glukosebausteinen. Lagern sich viele Zuckerbausteine zusammen, bilden sie einen *Vielfachzucker,* wie zum Beispiel die Stärke. Sie besteht aus Tausenden von Glukosebausteinen. Glukose, Maltose und Stärke werden wie viele weitere Zuckerverbindungen als *Kohlenhydrate* bezeichnet.

Große Mengen an Kohlenhydraten sind vor allem in den meisten pflanzlichen Nahrungsmitteln enthalten. Hierzu zählen beispielsweise Getreideprodukte wie Nudeln, Brot und Haferflocken, aber auch Kartoffeln und viele Früchte. Kohlenhydrate können bei der Verdauung leicht abgebaut werden. Sie liefern dem Körper dadurch schnell Energie für alle Lebensvorgänge. Sie sind eine wichtige Energiequelle.

ucker, pflanzliches Öl, Fischmehl
erstenmalzextrakt, Weizenprote
lciumcarbonat, jodiertes Speis
ßmolkenpulver, Invertzuckersi
nulgator (Sojalecithine), Backtri
latriumhydrogencarbonat), Säu

Analyse	je 100 g
Brennwert	1616 kJ
Eiweiß (Proteine)	14,0 g
Kohlenhydrate	64,0 g
davon Zucker	10,8 g
Fett	6,0 g
davon gesättigte Fettsäuren	3,1 g
Ballaststoffe	8,5 g
Natrium	0,5 g

02 Lebensmittel-
verpackung

FETTE · Fette sind Nährstoffe, die jeweils aus einem *Glycerin* und drei *Fettsäuren* zusammengesetzt sind. Sie können sowohl in pflanzlichen als auch in tierischen Nahrungsmitteln vorkommen. Große Mengen tierischer Fette sind zum Beispiel in Butter, Käse oder Wurst enthalten. Reich an pflanzlichen Fetten sind zum Beispiel Speiseöl oder Nüsse.

Fette liefern dem Körper hauptsächlich Energie und dienen als Energiespeicher. Sie stellen dem Körper doppelt so viel Energie zur Verfügung wie die gleiche Menge an Kohlenhydraten. Der Abbau der Fette bei der Verdauung und damit die Bereitstellung der Energie benötigt jedoch viel mehr Zeit als der Abbau der Kohlenhydrate. Pflanzliche Fette lassen sich leichter verdauen als tierische.
Neben der Aufgabe als Energielieferanten und Energiespeicher haben Fette auch als Baustoffe eine Bedeutung für den Körper. Sie sind für den Aufbau von Zellen, Fettpolstern oder auch Fettgewebe wichtig. Außerdem benötigt der Körper Fette, um bestimmte Vitamine im Körper aufnehmen zu können.

PROTEINE · Proteine bestehen aus aneinandergereihten Proteinbausteinen, den *Aminosäuren*. Sie unterscheiden sich in der Anzahl, der Art und der Reihenfolge der Aminosäuren, von denen es 20 verschiedene gibt.
Man unterscheidet pflanzliche und tierische Proteine. Fleisch, Fisch und Eier enthalten zum Beispiel viel tierisches Protein. Viel pflanzliches Protein befindet sich in Erbsen und Bohnen, vor allem Sojabohnen.

Proteine sind als Baustoffe wichtig für das Wachstum und die Entwicklung des Körpers. Die verschiedenen Proteine können vielfältige Aufgaben im Körper übernehmen. Sie regulieren Vorgänge im Körper oder spielen bei der Immunabwehr eine große Rolle. Sie können vom Körper aber auch zusätzlich als Energiequelle genutzt werden.

03 Kohlenhydratreiche Nahrungsmittel

04 Fettreiche Nahrungsmittel

05 Proteinreiche Nahrungsmittel

06 Obst und Gemüse

MINERALSTOFFE · Mineralstoffe können ebenso wie Vitamine nicht selbst vom Körper gebildet werden. Auch wenn der Mensch sie nur in geringen Mengen benötigt, müssen sie über die Nahrung aufgenommen werden. Mineralstoffe sind in allen Lebensmitteln in unterschiedlichen Mengen vorhanden. Vor allem Gemüse, Milchprodukte und Getränke wie Obstsäfte oder Kräutertees sind reich an Mineralstoffen. Sie sind lebensnotwendig, weil sie vielfältige Aufgaben für das Wachstum und die Entwicklung des Körpers erfüllen. Auch bei der Aufnahme und der Umwandlung von Stoffen sind Mineralstoffe beteiligt.

Natrium sorgt beispielsweise für einen ausgewogenen Flüssigkeitshaushalt des Körpers. Kalzium ist unter anderem wichtig für die Knochen- und Zahnbildung.

In kleinsten Mengen benötigte Mineralstoffe werden als *Spurenelemente* bezeichnet. Hierzu zählen zum Beispiel Iod und Zink.

VITAMINE · Vitamine sind Inhaltsstoffe von Nahrungsmitteln, die der Mensch nicht selber herstellen kann. Man unterscheidet viele verschiedene Vitamine. Sie sind vor allem in frischem Obst und Gemüse enthalten, aber auch in anderen Nahrungsmitteln, wie beispielsweise Vollkornprodukten.

Vitamine sind für viele lebenswichtige Vorgänge im Körper unbedingt erforderlich. Sie spielen zum Beispiel eine wichtige Rolle bei der Blutbildung, der Arbeit des Immunsystems und der Regulation von Vorgängen in den Zellen. Sie wirken schon in sehr geringen Mengen von nur wenigen Milligramm. Da Vitamine lebensnotwendig sind, müssen auch sie in der Nahrung enthalten sein. Ohne eine ausreichende Vitaminversorgung kommt es zu ernsthaften Krankheiten, die sogar tödlich sein können.

BALLASTSTOFFE · Neben den Nährstoffen, den Vitaminen und den Mineralstoffen gibt es weitere Inhaltsstoffe in Nahrungsmitteln. Diese kann der Körper nicht als Energie- oder Baustoffe nutzen. Sie werden fast unverändert ausgeschieden. Sie füllen den Darm und sind so von großer Bedeutung, weil sie die Darmtätigkeit zusätzlich anregen. Man nennt solche Inhaltsstoffe der Nahrungsmittel **Ballaststoffe.**

07 Bedeutung der Inhaltsstoffe von Lebensmitteln

1 ⌡ Nenne die Bedeutung der Inhaltsstoffe von Lebensmitteln für den Menschen!

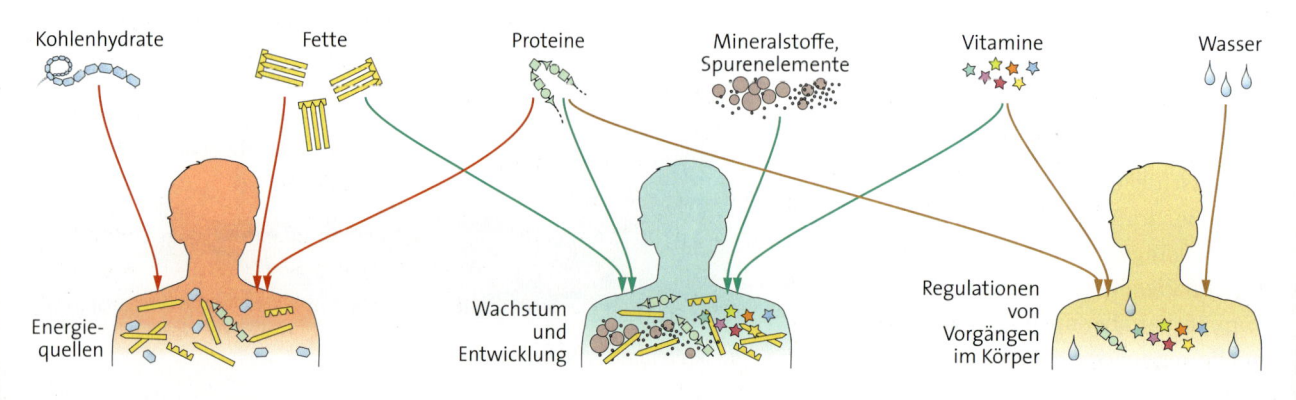

VERSUCH A ▸ Nachweis von Glukose mit Teststreifen

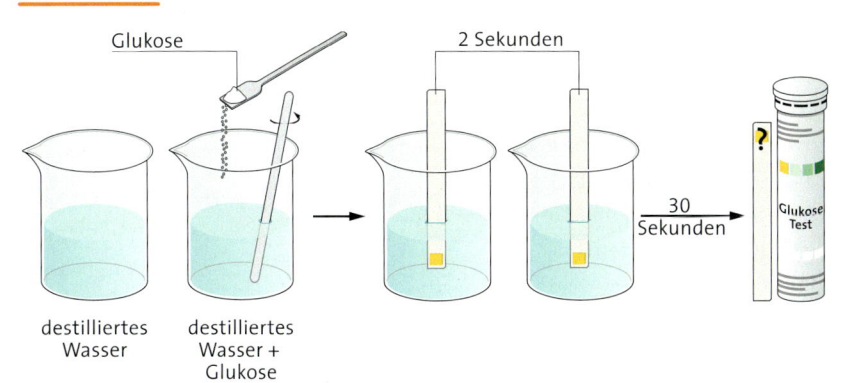

destilliertes Wasser · destilliertes Wasser + Glukose · 2 Sekunden · 30 Sekunden · Glukose Test

Tauche jeweils einen Glukose-Teststreifen 2 Sekunden in jedes Becherglas. Tupfe die Teststreifen mit der Kante auf einem Filterpapier ab und warte 30 Sekunden.

A1 Vergleiche sofort die Färbungen der Testfelder mit der Farbskala auf der Teststreifendose! Beschreibe deine Beobachtungen!

A2 Prüfe mit neuen Teststreifen, ob Traubensaft, Milch und 25 ml destilliertes Wasser, in dem ein Spatellöffel Honig gelöst wurde, Glukose enthalten!

Material:
5 Bechergläser (50 ml), Spatel, Glasstab, destilliertes Wasser, Glukose, Glukose-Teststreifen, Filterpapier, Honig, heller Traubensaft, Milch

Durchführung:
Fülle in 2 Bechergläser jeweils 25 ml destilliertes Wasser. Gib in eines der Bechergläser 1 Spatellöffel Glukose und rühre mit dem Glasstab um.

VERSUCH B ▸ Nachweis von Glukose mit der Fehling-Probe

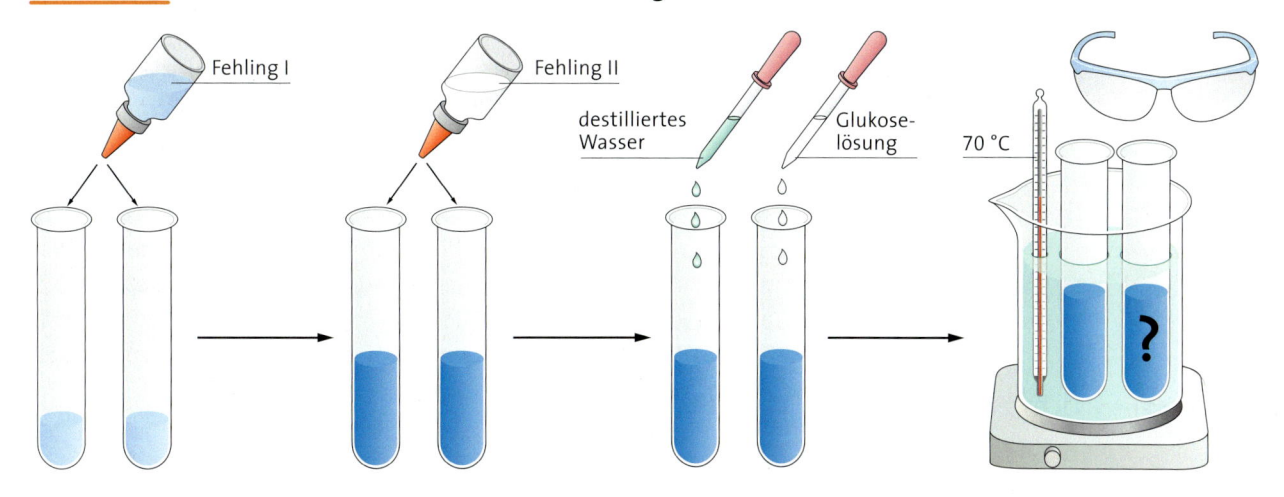

Fehling I · Fehling II · destilliertes Wasser · Glukoselösung · 70 °C

Material:
Schutzbrille, Becherglas (250 ml), Heizplatte, Thermometer, Reagenzglasständer, 5 Reagenzgläser, Pipette (3 ml), Fehling-I- und Fehling-II-Lösung in Tropffläschchen, alle Lebensmittel aus Versuch A

Durchführung:
Trage während des gesamten Versuchs eine Schutzbrille!

Fülle das Becherglas zur Hälfte mit Leitungswasser und erhitze es auf der Heizplatte auf 70 °C. Gib in zwei Reagenzgläser jeweils zunächst 20 Tropfen Fehling-I-, dann 20 Tropfen Fehling-II-Lösung und schüttele vorsichtig. Gib dann in das erste Reagenzglas 3 ml destilliertes Wasser, in das zweite 3 ml Glukoselösung und schüttele vorsichtig. Stelle die beiden

Reagenzgläser in das heiße Wasserbad und beobachte einige Minuten.

B1 Beschreibe, woran man erkennt, dass das zweite Reagenzglas Glukose enthält!

B2 Untersuche mit dieser Methode die Lebensmittel aus Versuch A! Beschreibe deine Beobachtungen!

VERSUCH C ▸ Nachweis von Stärke mit Iod-Kaliumiodid-Lösung

Material:
6 kleine Petrischalen, Spatel, Iod-Kaliumiodid-Lösung in Tropffläschchen, Stärke;
verschiedene Lebensmittel, zum Beispiel Kartoffel, Apfel, Joghurt, Banane, Reis

Durchführung:
Gib in eine Petrischale einen Spatellöffel Stärke und in weitere Petrischalen jeweils kleine Proben verschiedener Lebensmittel.
Tropfe auf die Stärke und die Lebensmittel jeweils 3 Tropfen Iod-Kaliumiodid-Lösung.

C1 Beschreibe, woran man das Vorhandensein von Stärke erkennt!

C2 Nenne die Lebensmittel, die Stärke enthalten!

VERSUCH D ▸ Nachweis von Fett mit der Fettfleckprobe

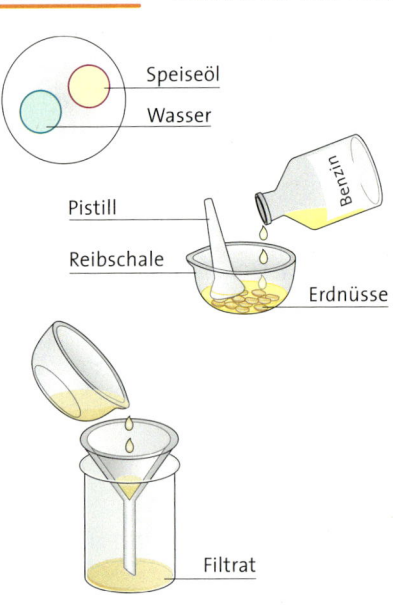

Material:
Rundfilterpapier, Pipetten, Reibschale mit Pistill, Speiseöl, Waschbenzin, kleiner Trichter mit Filterpapier, kleines Becherglas; verschiedene Lebensmittel, zum Beispiel Milch, Erdnüsse, Äpfel, Käse

Durchführung:
Gib auf einen Rundfilter mit einer Pipette einen Tropfen Wasser und daneben einen Tropfen Speiseöl. Umrande die Tropfen mit verschiedenen Farbstiften. Lass das Filterpapier trocknen, und halte es dann gegen das Licht.

D1 Beschreibe, woran man das Vorhandensein von Fett erkennt!

D2 Untersuche mit dieser Methode verschiedene Lebensmittel! Nenne die Lebensmittel, die Fett enthalten!

Hinweis: *Von festen Lebensmitteln müssen kleine Proben in der Reibschale unter Zugabe von etwas Waschbenzin zerkleinert werden. Das Gemisch wird mithilfe eines Trichters und eines Filterpapiers in ein Becherglas filtriert und ein Tropfen der filtrierten Flüssigkeit auf ein Filterpapier getropft.*

VERSUCH E ▸ Nachweis von Fett mit Sudan-III-Lösung

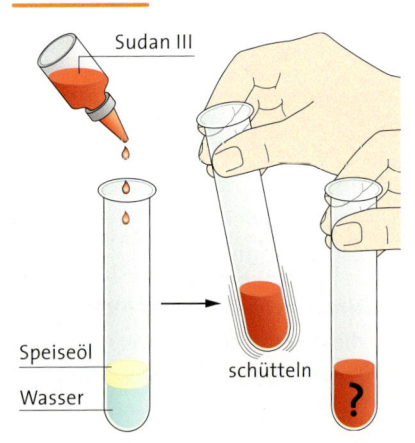

Material:
5 Reagenzgläser, Reagenzglasständer, Pipetten, Sudan-III-Lösung in Tropffläschchen; Speiseöl, Milch und filtrierte Flüssigkeiten aus Versuch D

Durchführung:
Fülle in ein Reagenzglas eine Daumenbreite hoch Wasser, und gib etwa 2 ml Speiseöl dazu. Gib 3 Tropfen Sudan-III-Lösung dazu und schüttele vorsichtig.

E1 Beschreibe, woran man das Vorhandensein von Fett erkennt!

E2 Stelle mit dieser Methode fest, welche Lebensmittel aus Versuch D Fett enthalten! Vergleiche die Ergebnisse mit denen der Fettfleckprobe!

VERSUCH F ► Nachweis von Protein mit Teststreifen

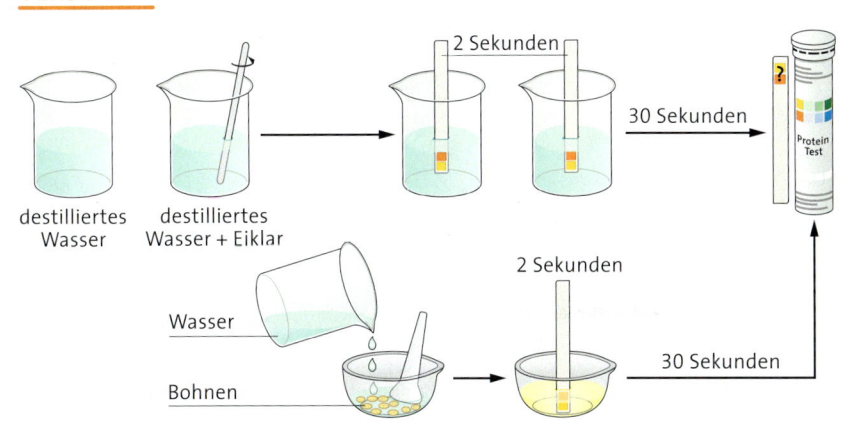

destilliertes
Wasser

destilliertes
Wasser + Eiklar

Wasser

Bohnen

2 Sekunden

30 Sekunden

2 Sekunden

30 Sekunden

Protein
Test

in jedes Becherglas. Tupfe die Teststreifen mit der seitlichen Kante auf
einem Filterpapier ab und warte
30 Sekunden.

F1 Vergleiche sofort die Färbungen
der Testfelder mit der Farbskala
auf der Teststreifendose!
Beschreibe deine Beobachtungen!

F2 Prüfe mit neuen Teststreifen das
Vorkommen von Protein in
verschiedenen Lebensmitteln!
Nenne die Lebensmittel, die
Protein enthalten!

Hinweis: *Feste Lebensmittel
müssen vorher in der Reibschale
zerrieben und mit Wasser auf-
geschwemmt werden.*

Material:
5 Bechergläser (50 ml), destilliertes
Wasser, Eiklar, Glasstab, Protein-
Teststreifen, Reibschale mit Pistill;
verschiedene Lebensmittel, zum
Beispiel Milch, Orangensaft, Bohnen

Durchführung:
Fülle in 2 Bechergläser jeweils 25 ml
destilliertes Wasser. Gib in eines der
Bechergläser etwas Eiklar und rühre
mit dem Glasstab um. Tauche jeweils
einen Protein-Teststreifen 2 Sekunden

VERSUCH G ► Nachweis von Protein mit der Biuretprobe

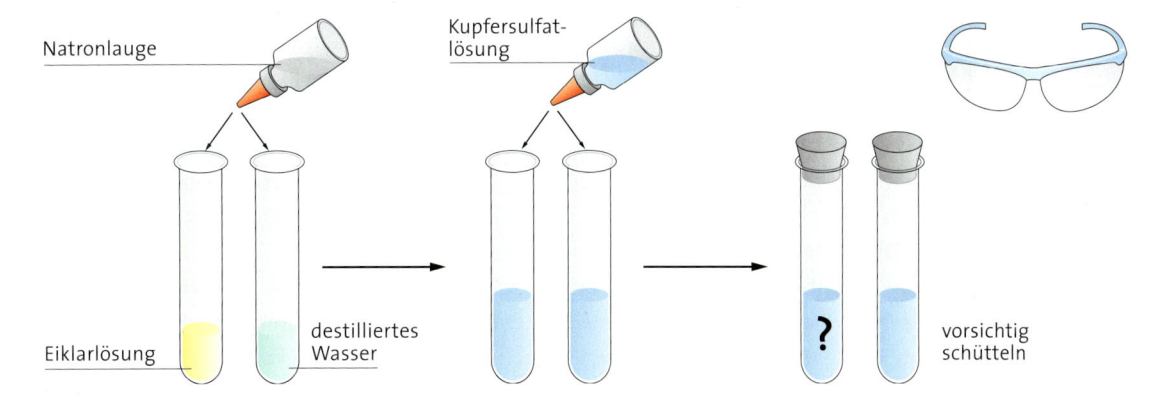

Natronlauge

Kupfersulfat-
lösung

Eiklarlösung

destilliertes
Wasser

?

vorsichtig
schütteln

Material:
Schutzbrille, Reagenzgläser mit Stop-
fen, Reagenzglasständer, Pipetten,
Eiklar, 10 %ige Natronlauge und 1 %ige
Kupfersulfatlösung in Tropffläsch-
chen; Lebensmittel aus Versuch F.

Durchführung:
*Trage während des gesamten Versuchs
eine Schutzbrille!*

Verdünne etwas Eiklar mit destillier-
tem Wasser, und gib etwa 2 ml der
Eiklarlösung in ein Reagenzglas. Gib in
ein zweites Reagenzglas etwa 2 ml
destilliertes Wasser. Füge in beide
Reagenzgläser jeweils 20 Tropfen
Natronlauge und 5 Tropfen Kupfersulfatlösung dazu. Verschließe die
Reagenzgläser mit Stopfen und
schüttele vorsichtig.

G1 Beschreibe, woran man das
Vorhandensein von Protein
erkennt!

G2 Untersuche in gleicher Weise die
Lebensmittel aus Versuch F!
Vergleiche die Ergebnisse mit
denen aus Versuch F!

01 Stärkung mit
Weintrauben

Verdauung von Kohlenhydraten

Wenn wir Weintrauben essen, erhalten unsere Muskeln sehr schnell viel Energie. Der Traubensaft enthält große Mengen des energiereichen Kohlenhydrats Glukose. Wie macht unser Körper Kohlenhydrate für die Muskeln und die übrigen Organe nutzbar?

VERDAUUNG IM MUND · Glukose ist ein so kleines Kohlenhydrat, dass sie die Zellen der Mundschleimhaut und die dünne Wand der kleinen Blutgefäße, der Kapillaren, durchdringen kann. Schon im Mund beginnt daher ein Vorgang, durch den Glukose ins Blut gelangt. Mit dem Blutstrom wird die Glukose zu allen Organen des Körpers transportiert, unter anderem auch zu den Muskelzellen. Kohlenhydrate, die größer als die Glukose sind, müssen zunächst zerkleinert werden, damit sie ins Blut aufgenommen werden können. Die Vorgänge, durch die die Nährstoffe in kleinere Bestandteile zerlegt werden, nennt man Verdauung. Die Verdauung der langen Glukose-

ketten der Stärke zum Beispiel beginnt im Mund. Die Speicheldrüsen bilden pro Tag etwa 1,5 Liter Speichel. Dieser zerlegt den Vielfachzucker Stärke in kleine Stücke, die aus je zwei Glukosebausteinen bestehen. Man nennt diesen Zweifachzucker Maltose. Auch Maltose ist noch zu groß, um in den Blutstrom zu gelangen.

VERDAUUNG IM DÜNNDARM · Die Maltose kommt vom Mund durch die Speiseröhre in den Magen und von dort in den Dünndarm. Die vom Dünndarm gebildete Flüssigkeit, der *Dünndarmsaft*, spaltet die Maltose. So entstehen einzelne Glukosebausteine. Diese wandern dann durch die Dünndarmoberfläche in die darunterliegenden zahlreichen Kapillaren. Die Stärke, die im Mund noch nicht abgebaut wurde, wird über die Speiseröhre und den Magen unverändert bis in den Anfangsteil des Dünndarms, den Zwölffingerdarm, transportiert. Hier mündet der Ausführgang einer großen Drüse, der Bauchspeicheldrüse. Ähn-

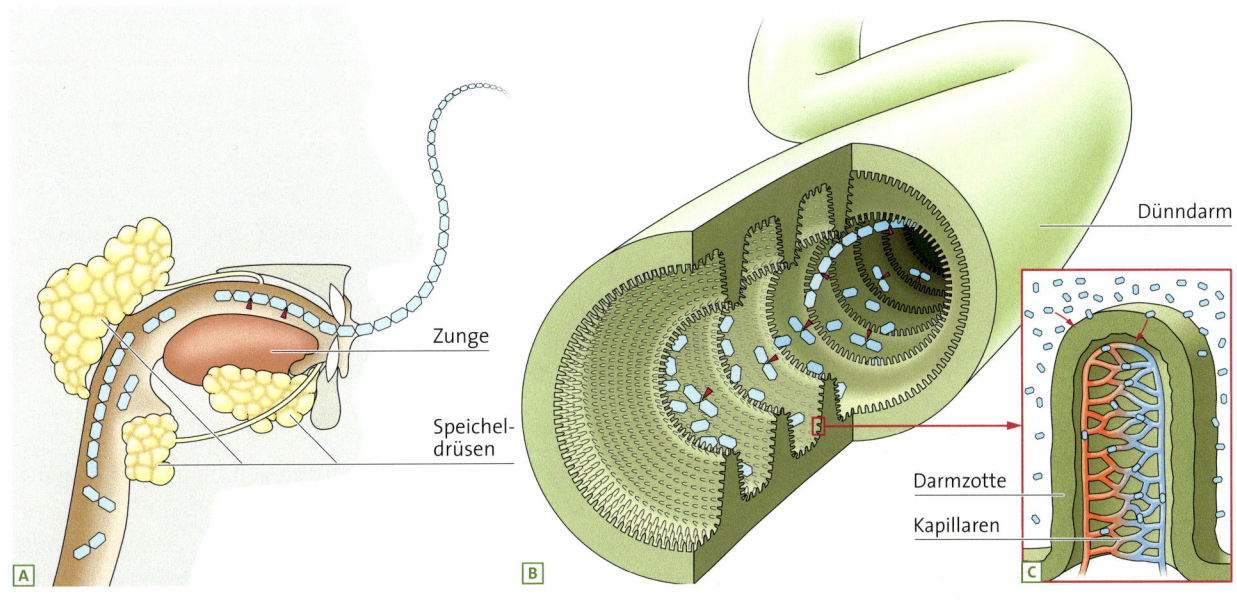

02 Verdauung der Stärke: **A** im Mund, **B** im Dünndarm, **C** Aufnahme von Glukose in die Kapillaren einer Darmzotte

lich wie der Mundspeichel baut die von dieser Drüse abgegebene Flüssigkeit, der *Bauchspeichel,* die Stärke zu Maltose ab. Die Flüssigkeiten, die den Abbau der Nährstoffe besorgen, bezeichnet man als *Verdauungssäfte.*

Die Verdauungsvorgänge in unserem Körper benötigen eine gewisse Zeit. Die im Traubensaft enthaltene Glukose jedoch bringt so schnell Energie, weil sie nicht verdaut werden muss. Mit dem Blut erreicht die Glukose in kurzer Zeit die Zellen, zum Beispiel die Muskelzellen, wo die in ihr enthaltene Energie durch die Zellatmung freigesetzt wird.

Um in die Blutbahn übertreten zu können, müssen die Bausteine der Nährstoffe, zum Beispiel die Glukose, Kontakt mit der Oberfläche der Verdauungsorgane bekommen. Die Wand des Dünndarms ist in Falten gelegt. Aus diesen *Dünndarmfalten* ragen wie winzige Finger viele kleine, dicht stehende Ausstülpungen nach innen in den Darm hinein. Man nennt sie *Darmzotten.* Die Oberfläche des Dünndarms ist daher sehr viel größer, als sein Durchmesser von etwa drei Zentimetern und seine Länge von etwa sechs Metern vermuten lassen. Diese **Oberflächenvergrößerung** wird durch den Bau

der Zellen der Darmzotten noch weiter verstärkt. Sie tragen an der Seite, die gegen den Darminnenraum gerichtet ist, zahlreiche sehr dünne Fortsätze, die **Mikrovilli.**

Die Dünndarmfalten, die Darmzotten und die Mikrovilli ergeben insgesamt eine Oberfläche der Darminnenwand von etwa 200 Quadratmetern. Das entspricht ungefähr der Fläche eines Tennisplatzes. Durch diese riesige Oberfläche kommen sehr viele Nährstoffbausteine zur gleichen Zeit mit der Darmwand in Kontakt. Die hohe Anzahl der Kapillaren in der Wand des Dünndarms bildet insgesamt ebenfalls eine sehr große Oberfläche.

Die Vorteile, die das Prinzip der Oberflächenvergrößerung bietet, treten auch beim Kauen auf. Wenn man dabei zum Beispiel ein Stück Brot zerteilt, wird seine Oberfläche größer. So hat der Speichel eine größere Fläche, über die er auf die im Brot enthaltene Stärke einwirken kann.

griechisch mikros = klein

lateinisch villus = Zottelhaar, Fransen

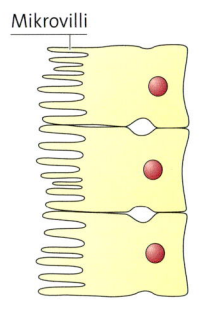

03 Dünndarmzelle mit Mikrovilli

1 Beschreibe, wie Stärke verdaut wird!

2 Erläutere das Basiskonzept Struktur – Eigenschaft – Funktion am Beispiel des Dünndarms!

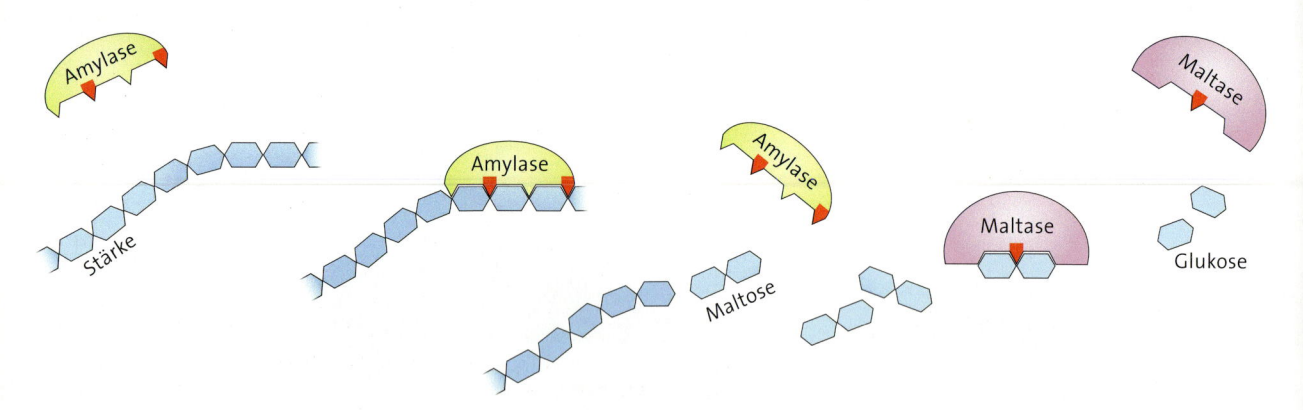

04 Abbau der Stärke durch Amylase und Maltase

ENZYME · Die Stärke, zum Beispiel im Brot oder in Haferflocken, ist sehr stabil. Sie lässt sich nur in ihre Bestandteile auftrennen, wenn man sie stark erhitzt. Der Mundspeichel und der Bauchspeichel enthalten aber einen Stoff, der Stärke auch bei Körpertemperatur zerlegt. Dieser Stoff heißt *Amylase*. Dazu heftet sich die Amylase für sehr kurze Zeit an eine Stelle der Stärke und zerschneidet sie, sodass *Maltose* entsteht. Danach löst sich die Amylase wieder von der Stärke und heftet sich an eine andere Stelle derselben oder einer anderen Stärke.

Die Amylase verändert sich durch ihre Tätigkeit nicht. Weil sie sich daher immer wieder in kurzen Zeitabständen für einen neuen Spaltungsvorgang einsetzen lässt, kann mit sehr wenig Amylase eine große Menge von Stärke abgebaut werden. Stoffe, die so wie die Amylase für die Umwandlung von Stoffen bei Körpertemperatur sorgen, nennt man **Enzyme**. Enzyme sind Proteine. Sie sind nicht nur für die Verdauung erforderlich, sondern für fast alle Lebensvorgänge innerhalb und außerhalb der Zellen.

Die Amylase kann nur Stärke spalten, nicht aber Maltose. Sie ist so gebaut, dass sie genau zur Stärke passt, nicht aber zur Maltose. Die Amylase kann sich daher nur an Stärke binden, nicht aber an Maltose. Für die Zerlegung von Maltose in zwei Glukosebausteine ist ein anderes Enzym zuständig, die *Maltase*. Vergleichbar ist das mit einem Schlüssel, der nur in ein ganz bestimmtes Schloss passt. Bei allen Enzymen ist diese Passgenauigkeit die Voraussetzung dafür, dass sie wirken können. Man spricht daher vom **Schlüssel-Schloss-Prinzip.** Enzyme können also ihre Funktion, die Veränderung von Stoffen, nur erfüllen, wenn ihr Bau, ihre Struktur, zu der des Stoffes passt, der verändert werden soll. Alle Enzyme sind auf eine bestimmte Wirkung spezialisiert. Maltase zum Beispiel kann nur Verbindungen zwischen Glukosen lösen, sie aber nicht miteinander verknüpfen.

Für alle Enzyme gilt: Sie bewirken die Umwandlung eines Stoffes. Sie verändern sich durch die Umwandlungen der Stoffe nicht. Jedes Enzym ist auf einen ganz bestimmten Stoff und eine ganz bestimmte Wirkung spezialisiert.

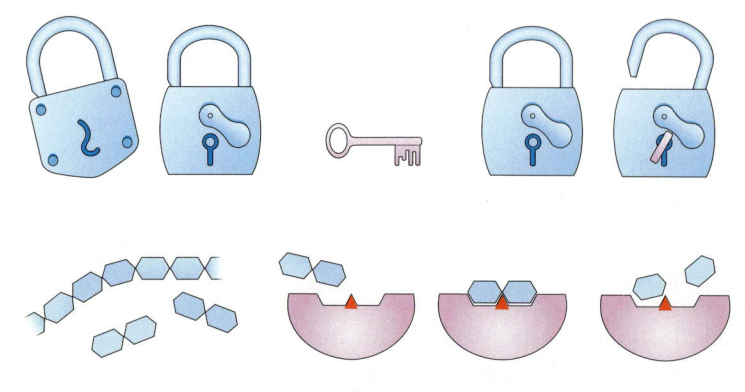

05 Schema des Schlüssel-Schloss-Prinzips der Enzymwirkung

3 Beschreibe die Arbeitsweise von Enzymen!

Material A ▸ Wirkung des Speichels auf Stärke

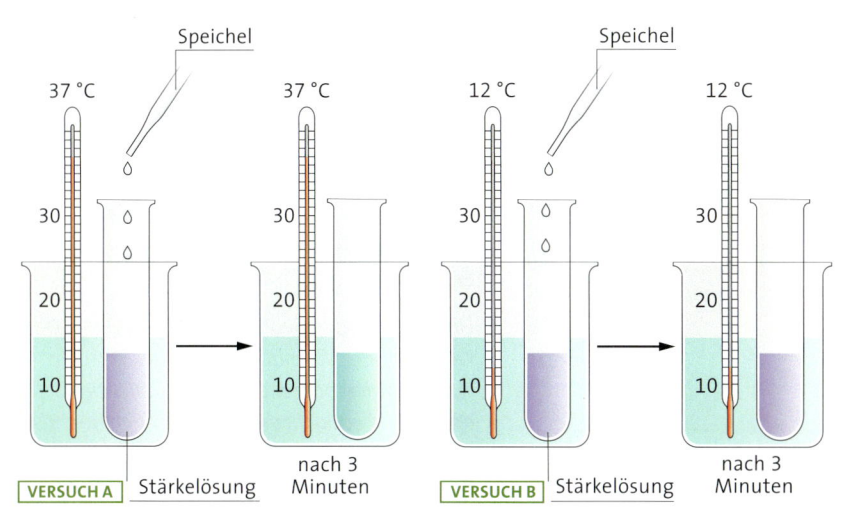

In den schematisch dargestellten Versuchen A und B wurde in Wasser gelöste Stärke mit Iod-Kaliumiodid-Lösung blau angefärbt. In beiden Versuchen waren alle Versuchsbedingungen, bis auf eine, gleich.

A1 Beschreibe den Versuchsaufbau!

A2 Erkläre das Ergebnis des Versuchs A!

A3 Stelle Vermutungen an, wie sich das Ergebnis des Versuchs B erklären ließe!

A4 Begründe, weshalb die Stärke angefärbt wurde!

A5 Begründe, weshalb in beiden Versuchen alle Versuchsbedingungen außer einer gleich sein mussten!

Material B ▸ Wirkung von Enzymen

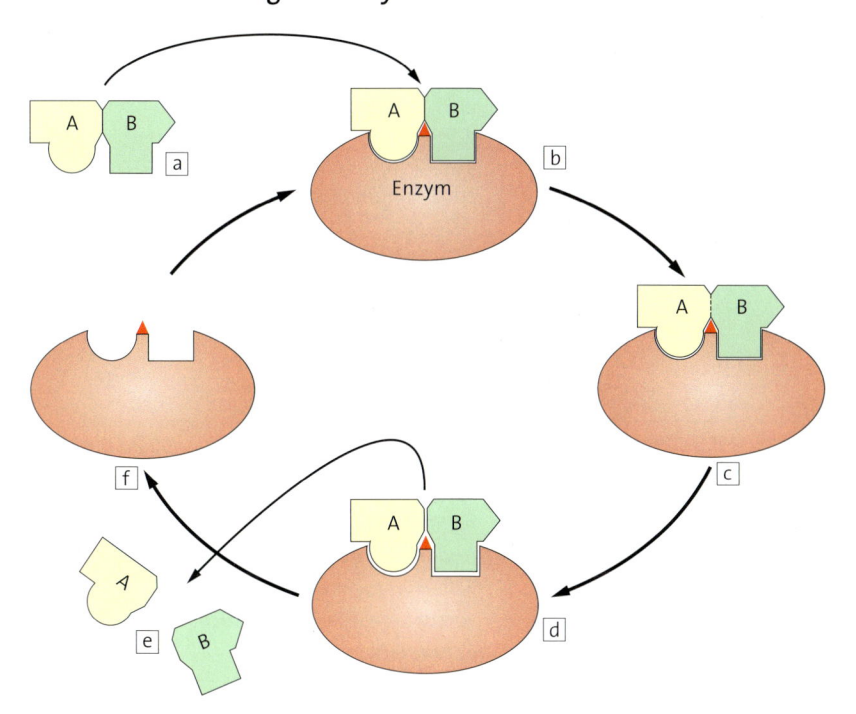

In der Abbildung ist die Wirkung von Enzymen am Beispiel der Spaltung eines Stoffes dargestellt. Das Schema gilt für alle Enzyme.

B1 Beschreibe die im Schema dargestellten Vorgänge, durch die ein Stoff mithilfe eines Enzyms gespalten wird!

B2 Begründe mithilfe des Schemas, weshalb nur eine geringe Menge von Enzymen für die Spaltung einer großen Stoffmenge erforderlich ist!

B3 Fertige ein ähnliches Schema an, in dem dargestellt ist, dass ein Enzym nur einen bestimmten Stoff spalten kann!

B4 Erläutere am Beispiel des bei B3 angefertigten Schemas das Basiskonzept Struktur – Eigenschaft – Funktion!

METHODE

Ein Versuchsprotokoll erstellen

Naturwissenschaftler führen häufig Versuche durch, um Phänomene zu erklären. Um diese Versuche zu dokumentieren, werden Versuchsprotokolle angefertigt.

Fragestellung

Die Fragestellung ergibt sich aus der Beobachtung eines Phänomens.

Hypothesen

Um die Fragestellung zu untersuchen, werden Hypothesen (begründete Vermutungen) zur Beantwortung der Fragestellung aufgestellt.

Materialien

Hier werden alle Materialien, die für den Versuch benötigt werden, aufgezählt. Dazu gehören Laborgeräte, Chemikalien sowie alle weiteren Materialien wie zum Beispiel Pflanzen oder Bodenproben.

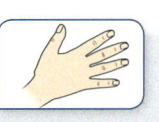

Versuchsaufbau und -durchführung

Um den Aufbau des Versuchs anschaulich zu machen, können Zeichnungen angefertigt werden. Die Durchführung beschreibt, was man bei dem Versuch macht. Wichtig ist, dass Aufbau und Durchführung so beschrieben werden, dass auch jemand, der den Versuch nicht kennt, diesen nachvollziehen kann.

Beobachtungen und Ergebnisse

Hier werden alle Beobachtungen und Messwerte notiert, die man während des Versuchs wahrnehmen oder messen kann. Wichtig ist, dass die Beobachtungen hier noch nicht gedeutet werden. Messwerte werden zum Beispiel in Form einer Tabelle zusammengefasst.

Auswertung und Deutung

Um die Fragestellung zu beantworten, werden die Beobachtungen und Ergebnisse hier ausgewertet. Dafür werden die Beobachtungen erklärt und allgemeine Schlussfolgerungen daraus gezogen. Weiterhin wird ein Bezug zu den anfangs aufgestellten Hypothesen hergestellt.

Fehlerbetrachtung

Bei Versuchen kommt es oft zu Problemen in der Durchführung, die man bei der Planung nicht bedacht hat. Dadurch entstehen Fehler und nicht auswertbare Ergebnisse. Diese Fehler werden hier genannt und Änderungsvorschläge für die Versuchsdurchführung entwickelt.

Versuchsprotokoll

Fragestellung: Kann Speichel Stärke zersetzen?

Hypothese 1: Bei Zugabe von Speichel kann Stärke zersetzt werden.

Hypothese 2: Stärke zersetzt sich auch ohne Zusatz von Speichel nach einiger Zeit in wässriger Lösung.

Materialien: zwei Reagenzgläser, Reagenzglasständer, zwei 50-Milliliter-Bechergläser, Tropfpipette, Spatel, Stärke, Iod-Kaliumiodid-Lösung

Durchführung:
In einem Becherglas werden zehn Milliliter Speichel gesammelt.
In dem anderen Becherglas wird die Stärkelösung aus 20 Millilitern lauwarmem Wasser und einer Spatelspitze Stärke hergestellt. Zu diesem Gemisch gibt man fünf Tropfen Iod-Kaliumiodid-Lösung. Die beiden Reagenzgläser werden etwa zwei Zentimeter hoch mit dem Ausgangsgemisch gefüllt.

> Dadurch, dass das Ausgangsgemisch in einem einzigen Becherglas hergestellt wird, ist sichergestellt, dass in jedem Reagenzglas die gleiche Konzentration enthalten ist.

In Reagenzglas A werden zwei Milliliter Speichel gegeben. In Reagenzglas B werden zwei Milliliter Wasser gegeben.

> Der Versuchsansatz ohne Speichel dient in diesem Fall als Kontrollansatz. Darüber hinaus führt das Hinzufügen von Wasser dazu, dass beide Gemische auf gleiche Weise verdünnt werden und in beiden Reagenzgläsern das gleiche Volumen an Flüssigkeit enthalten ist. Somit ist sichergestellt, dass Farbänderungen nicht durch unterschiedliche Konzentrationen hervorgerufen werden.

Beide Proben werden 15 Minuten stehen gelassen.

> In beiden Ansätzen kann die Reaktion über den gleichen Zeitraum ablaufen.

Die Farbintensität der Proben wird gleichzeitig bestimmt.

> Der verbleibende Stärkegehalt, also die Messgröße, wird nach gleicher Einwirkzeit erfasst.

Die Farbintensitäten der Proben werden verglichen.

> Durch den Vergleich der Farbintensität können die Unterschiede der noch enthaltenen Stärkemengen festgestellt werden.

Beobachtungen/Ergebnisse: Zu Beginn des Versuchs sind die Lösungen in beiden Versuchsansätzen blauviolett gefärbt.
Nach 15 Minuten konnte man beobachten, dass das Gemisch in Reagenzglas A gelblich und das Gemisch in Reagenzglas B blauviolett ist.

Auswertung/Deutung: Die blauviolette Färbung zu Beginn des Versuchs zeigt an, dass Stärke vorhanden ist. In Reagenzglas A ist die Blaufärbung verschwunden. Daraus kann man schließen, dass der Speichel für den Abbau der Stärke verantwortlich ist. In Reagenzglas B konnte keine Farbänderung beobachtet werden. Das ist darauf zurückzuführen, dass keine Zersetzung der Stärke stattgefunden hat. Die Hypothese 1 konnte im Experiment zunächst bestätigt werden. Hypothese 2 wurde widerlegt.

01 Eisbein

Verdauung von Proteinen und Fetten

Mit der Nahrung müssen wir auch Proteine und Fette aufnehmen, zum Beispiel in Form von Fleisch oder fett- und proteinreichen pflanzlichen Nahrungsmitteln. Wie verdaut und verwertet der Körper diese Nährstoffe?

VERDAUUNG VON PROTEINEN · Die in der Nahrung, zum Beispiel in einem Eisbein, enthaltenen Proteine gelangen nach dem Kauen und Schlucken fast unverändert in den Magen. Die Magenschleimhaut bildet pro Tag etwa zwei Liter Verdauungssaft. Dieser enthält ein Enzym, das Proteine in kürzere Ketten von Aminosäuren zerlegt. Man nennt solche Enzyme, die Proteine spalten, *Proteasen*. Die Proteasen des Magensaftes können nur wirken, wenn ihre Umgebung sauer ist. Dafür sorgt eine sehr starke Säure, die besondere Zellen der Magenwand abgeben, die *Salzsäure*. Diese Magensäure hat aber noch weitere Wirkungen. Sie trennt die in Flüssigkeiten, zum Beispiel in der Milch gelösten Proteine von den übrigen Be-

standteilen ab. Durch diesen als *Ausfällung* bezeichneten Vorgang entsteht eine weiche Masse von Milchproteinen, die im Magen zurückgehalten wird, sodass die Proteasen des Magensafts lange Zeit auf sie einwirken können. Die übrigen flüssigen Bestandteile der Milch fließen schnell weiter in den Dünndarm. Außerdem tötet die Magensäure die in der Nahrung enthaltenen Krankheitserreger ab, zum Beispiel Bakterien. Die Muskeln der Magenwand sorgen durch knetende Bewegungen dafür, dass der Mageninhalt mit dem Magensaft gründlich durchmischt wird.

Die schon in kurze Aminosäureketten zerlegten Proteine verlassen den Magen und gelangen in den Dünndarm. Dort wirken Verdauungssäfte auf sie ein, die von der Bauchspeicheldrüse und der Dünndarmwand gebildet werden. Die Bauchspeicheldrüse bildet pro Tag etwa 1,5 Liter Bauchspeichel, der durch einen Ausführgang in den vorderen Abschnitt des Dünndarms, den *Zwölffingerdarm*, fließt. Die Dünndarmwand scheidet pro Tag etwa drei Liter Dünndarmsaft ab. Diese beiden Verdauungssäfte enthalten Proteasen, die die kurzen Aminosäureketten weiter abbauen, bis die ursprünglich in der Nahrung enthaltenen Proteine vollständig in ihre Einzelbausteine, die Aminosäuren, zerlegt sind. Auch die Dünndarmwand ist von Muskeln durchzogen. Sie treiben den Darminhalt weiter und durchmischen ihn mit dem Verdauungssaft.

VERWENDUNG VON PROTEINEN · Aminosäuren sind so klein, dass sie durch die Oberfläche der Dünndarmzotten und durch die Wand der darin liegenden Kapillaren ins Blut aufgenommen werden können. Das Blut transportiert sie zu den Zellen. Die Zellen verwenden die Aminosäuren, um sie zu eigenen, menschlichen Proteinen wieder zusammenzusetzen. Die Reihenfolge der Aminosäuren der nun menschlichen Proteine ist aber anders als die der Proteine in der Nahrung. Die Proteine im Eisbein unterscheiden sich deutlich von denen in den Zellen des Menschen.
Die Zellen des Menschen bestehen vorwiegend aus Proteinen. Diese haben nur eine begrenzte Lebensdauer und müssen daher ständig ersetzt werden. Wenn die Proteinverdauung gestört ist oder wenn die Nahrung zu wenige Proteine enthält, kommt es daher zu sehr ernsthaften gesundheitlichen Störungen. Nicht alle Aminosäuren sind gleich wichtig. Diejenigen, die auf jeden Fall in der Nahrung enthalten sein müssen, bezeichnet man als *essenzielle Aminosäuren*. Für Kinder ist der Proteinmangel besonders gefährlich, denn sie benötigen für ihr Körperwachstum ständig große Mengen an Proteinen, um neue Zellen bilden zu können.

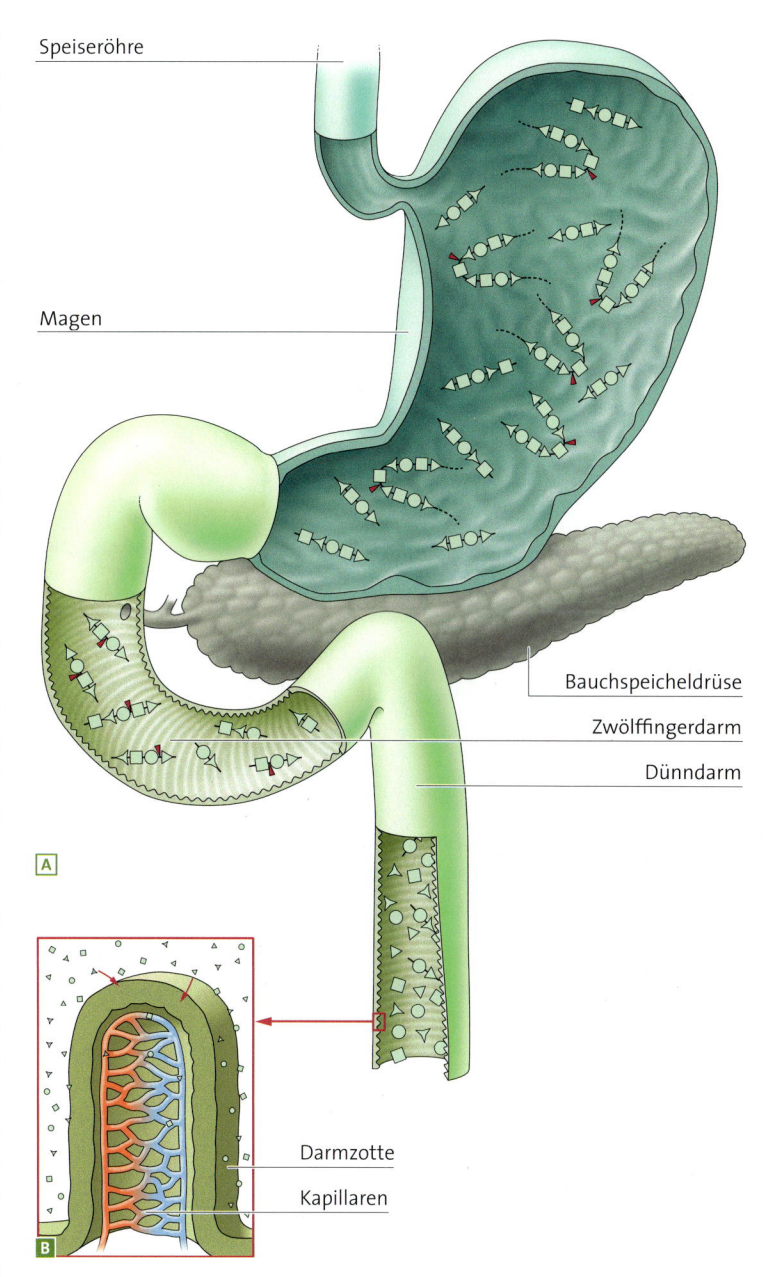

02 Verdauung von Proteinen: **A** im Magen und Dünndarm, **B** Aufnahme von Aminosäuren in die Kapillaren einer Dünndarmzotte

1] Beschreibe, wie Proteine verdaut werden!

2] Erläutere, weshalb die Proteine der Nahrung anders gebaut sind als die, aus denen die Zellen des Menschen bestehen!

3] Beschreibe die Aufgaben der Magensäure!

4] Begründe, weshalb ein Proteinmangel besonders gefährlich ist!

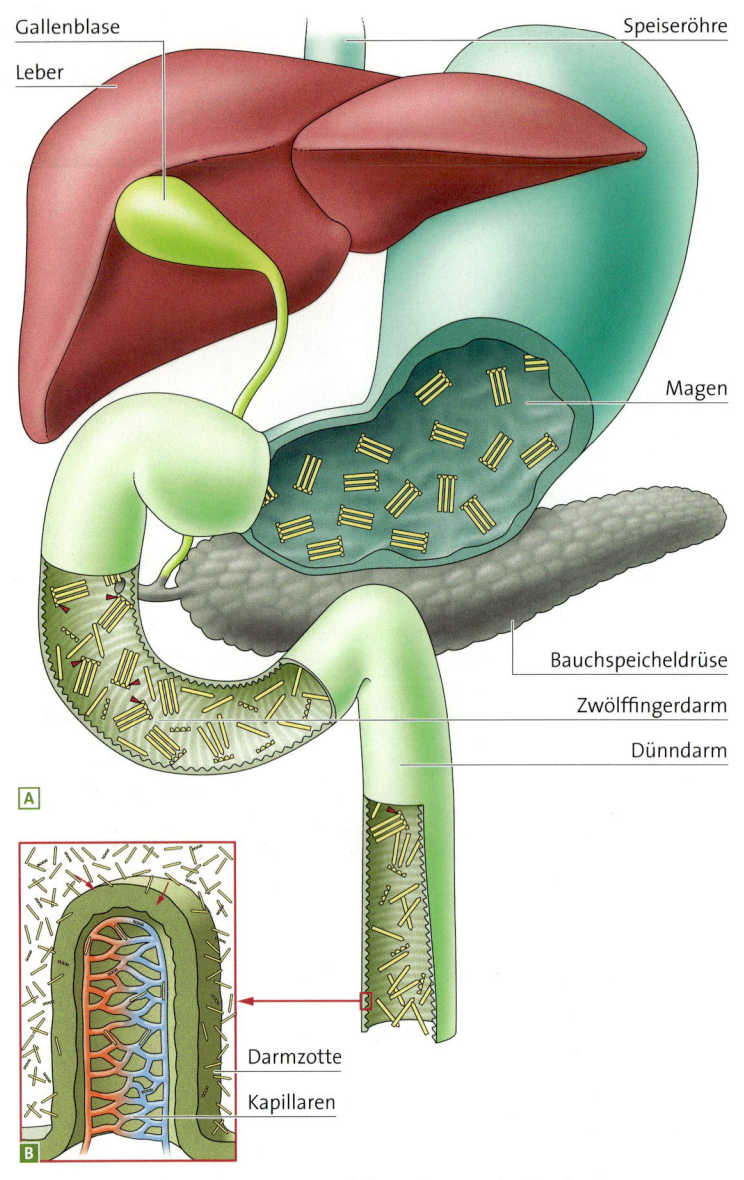

Gallenblase
Leber
Speiseröhre
Magen
Bauchspeicheldrüse
Zwölffingerdarm
Dünndarm

A

Darmzotte
Kapillaren

B

03 Verdauung von Fetten: **A** im Zwölffingerdarm und Dünndarm,
B Aufnahme von Fettbestandteilen in die Kapillaren einer Dünndarmzotte

VERDAUUNG VON FETTEN · Die in der Nahrung, zum Beispiel in einem Eisbein, enthaltenen Fette werden auf ihrem Weg vom Mund durch die Speiseröhre und den Magen kaum verändert. Ihre Verdauung beginnt erst im vorderen Abschnitt des Dünndarms, dem *Zwölffingerdarm*. Dort mündet ein Gang, durch den die Bauchspeicheldrüse ihren Verdauungssaft abgibt. Der Bauchspeichel enthält außer der Amylase und den Proteasen auch Enzyme, die die Fette in ihre Bestandteile, Glycerin und Fettsäuren, zerlegt. Weil man Fette in der Fachsprache als Lipide bezeichnet, nennt man Fett abbauende Enzyme *Lipasen*. Auch der von der Dünndarmwand gebildete Verdauungssaft enthält Lipasen.

In den Zwölffingerdarm mündet noch ein weiterer Ausführgang. Er geht von der *Gallenblase* aus. In der Gallenblase wird eine Flüssigkeit gespeichert, der Gallensaft, der auch *Galle* genannt wird. Die Galle wird in der Leber gebildet. Etwa einen halben Liter dieser gelbgrünen Flüssigkeit gibt die Gallenblase pro Tag in den Zwölffingerdarm ab. Die Galle zerteilt große Fetttropfen in viele kleine. Dadurch vergrößert sie die Oberfläche des Fetts sehr stark. Auf diese Weise kann viel Lipase des Bauchspeichels und des Dünndarmsaftes gleichzeitig an vielen Stellen mit viel Fett in Kontakt treten. So kann in kurzer Zeit eine große Fettmenge abgebaut werden. In Fetten ist sehr viel Energie enthalten. Ohne Galle könnte diese wertvolle Energiequelle nur unvollständig genutzt werden.

Die Bestandteile der Fette, Glycerin und Fettsäuren, können durch die Zotten der Dünndarmwand in die darin liegenden Gefäße eindringen. Ein Teil der Fettbestandteile kommt so direkt in die Kapillaren, ein anderer Teil aber wird zunächst in Lymphgefäße aufgenommen und gelangt von dort in das Blutgefäßsystem. Dafür sorgt ein Gang, der im oberen Brustbereich das Lymphgefäßsystem mit dem Blutgefäßsystem verbindet.

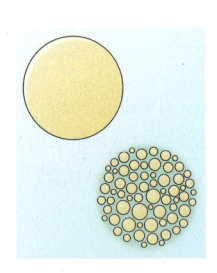

04 Verteilung von Fett durch Galle

5 ⌡ Nenne Verdauungsorgane, die am Abbau der Fette beteiligt sind!

6 ⌡ Erläutere das Prinzip der Oberflächenvergrößerung am Beispiel der Wirkung von Galle!

7 ⌡ Begründe, weshalb die Galle in einigen Fachbüchern nicht als Verdauungssaft bezeichnet wird!

Material A ▸ Verdauung von Nährstoffen

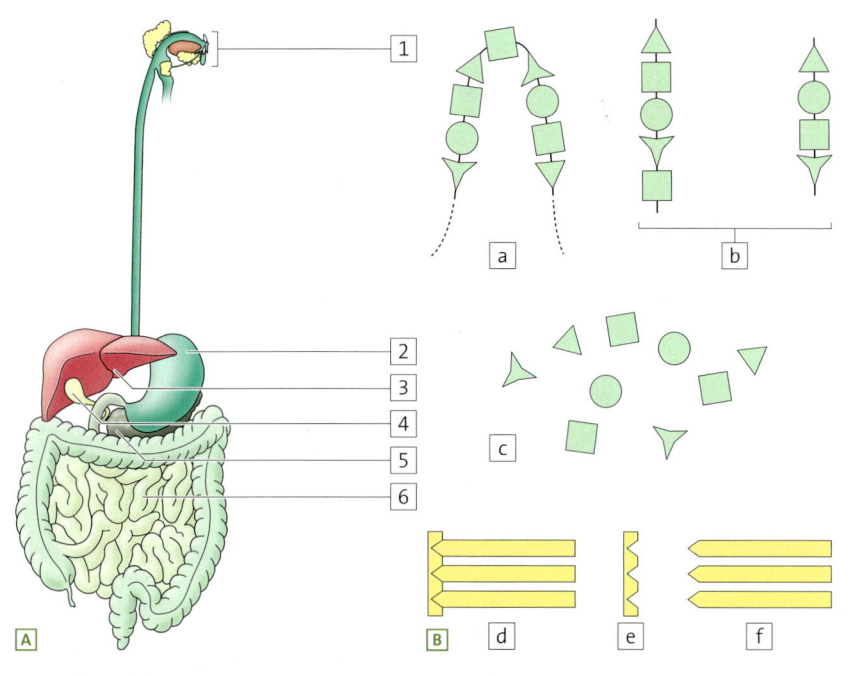

Abbildung A zeigt ein Schema der Verdauungsorgane des Menschen. In der Abbildung B sind Symbole für die Nährstoffe und ihre Bestandteile dargestellt, in die sie durch die Verdauung zerlegt werden.

A1 Benenne die mit Zahlen gekennzeichneten Bereiche!

A2 Nenne die Fachbegriffe für die in der Abbildung B dargestellten Symbole und ordne sie den passenden Stellen des Schemas A zu! Dabei sind Mehrfachnennungen möglich.

A3 Ordne die Enzyme Proteasen, Lipasen, Maltase, Amylasen den Stellen der Abbildung A zu, an denen sie gebildet werden!

A4 Nenne die Organe, die an der Bildung und Speicherung der Flüssigkeit beteiligt sind, die Fett in kleine Tropfen verteilt!

A5 Nenne den Ort, an dem die Nährstoffe oder ihre Bestandteile in das Blut aufgenommen werden!

Material B ▸ Wirkung von Proteasen

Reagenz-glas	1	2	3
Wasser	+	+	+
Fleisch	+	+	+
Salzsäure	+	−	+
Pepsin	−	+	+

In der Abbildung sind die Ergebnisse eines Versuchs dargestellt, mit dem die Wirkung von Pepsin, einer Protease des Magensafts, untersucht werden sollte. Jedes der drei Reagenzgläser enthielt die gleiche Menge von den in der Tabelle angegebenen Inhalten. Alle Reagenzgläser standen gleich lange Zeit in Wasser von 37 bis 40 Grad Celsius.

B1 Beschreibe die Versuchsbeobachtungen und Versuchsergebnisse!

B2 Erkläre das Versuchsergebnis im Reagenzglas 3!

B3 Nenne die Voraussetzung dafür, dass Pepsin wirken kann!

B4 Begründe, weshalb die Bedingungen in allen Reagenzgläsern gleich sein mussten!

B5 Entwirf einen ähnlichen Versuch, durch den die Bedeutung der Galle für den Abbau von Öl untersucht wird!

Verdauung im Überblick

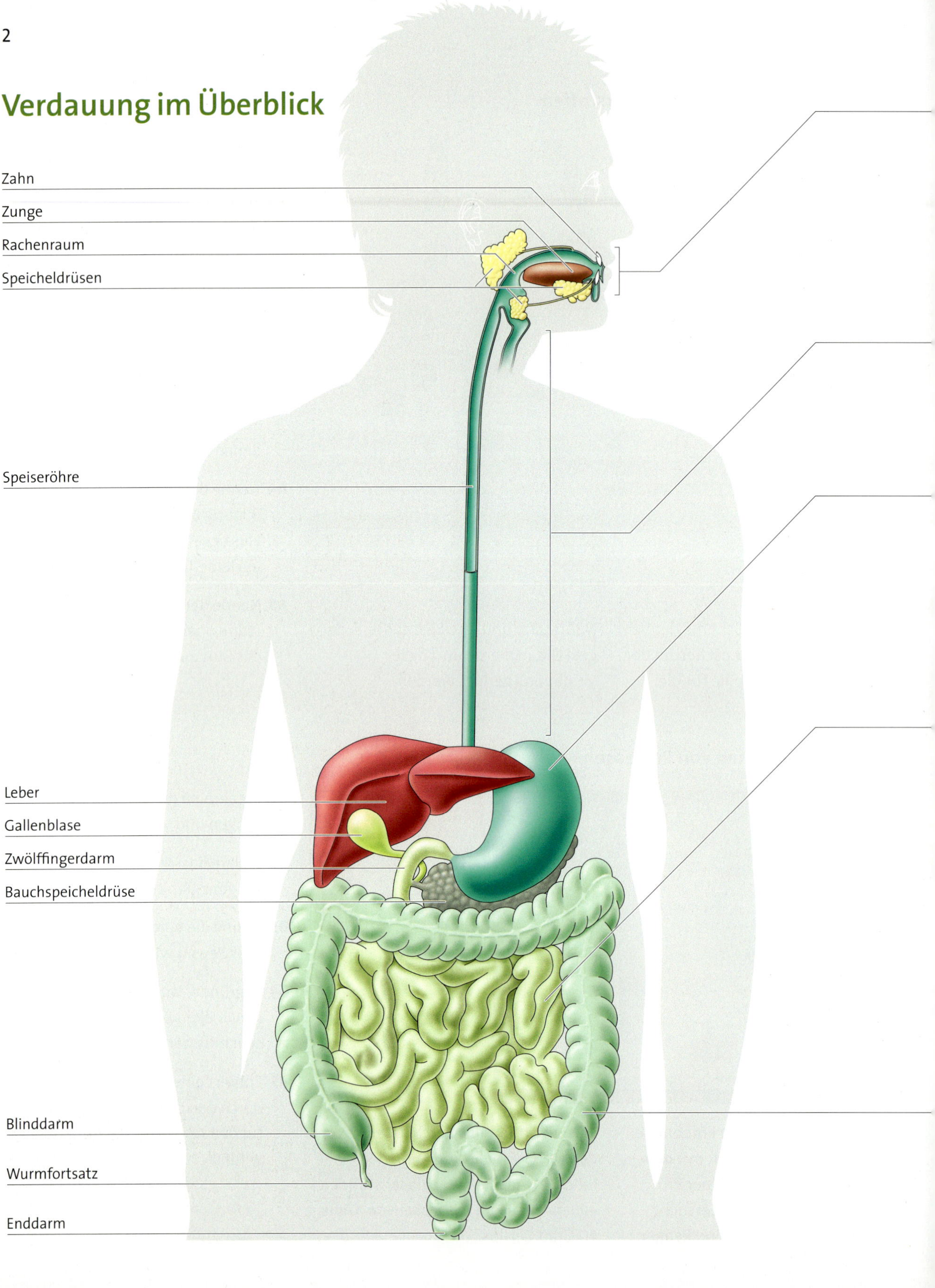

Zahn

Zunge

Rachenraum

Speicheldrüsen

Speiseröhre

Leber

Gallenblase

Zwölffingerdarm

Bauchspeicheldrüse

Blinddarm

Wurmfortsatz

Enddarm

Mundhöhle:

- Mündung der Ausführgänge der Speicheldrüsen
- Speichelproduktion: etwa 1,5 Liter pro Tag
- Zerkleinerung der Nahrung durch Zähne und Zunge

Der Speichel enthält das Enzym Amylase. Dieses zerlegt einen Teil der in der Nahrung enthaltenen Stärke in Maltose. Fette, Proteine und Ballaststoffe werden im Mund nicht abgebaut. Der Nahrungsbrei wird durch den Schluckvorgang in die Speiseröhre befördert.

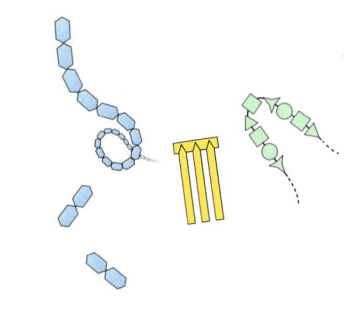

Speiseröhre:

- Länge: etwa 25 Zentimeter
- Durchmesser: etwa 1,5 Zentimeter

Die Speiseröhre dient dem Weitertransport der Nahrung. Verdauungsvorgänge finden nicht statt.

Magen:

- Fassungsvermögen: etwa 1,5 Liter
- Verweildauer der Nahrung: 1 bis 5 Stunden
- Magensaftproduktion: 2 bis 3 Liter pro Tag
- Magensäure: Abtöten von Keimen

Die Proteasen des Magensaftes zerlegen die Proteine in kürzere Aminosäureketten. Kohlenhydrate, Fette und Ballaststoffe werden nicht weiter abgebaut.

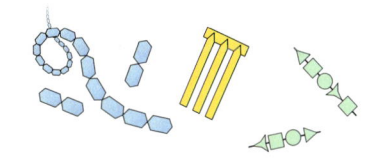

Dünndarm:

- Gesamtinnenfläche: etwa 200 Quadratmeter
- Länge: zwischen 3 und 4 Meter
- Verweildauer des Nahrungsbreis: 2 bis 4 Stunden
- Mündung der Ausführgänge von Bauchspeicheldrüse und Gallenblase in den Zwölffingerdarm
- Leber: Produktion von etwa 650 Milliliter Gallensaft pro Tag
- Gallensaft: Zerteilung großer Fetttropfen in viele kleine
- Bauchspeicheldrüse: Produktion von 700 bis 2 500 Milliliter Bauchspeichel pro Tag

Der Dünndarmsaft und der Bauchspeichel enthalten Verdauungsenzyme. Amylasen und Maltasen spalten die Kohlenhydrate in Glukose. Proteasen zerlegen die Aminosäureketten in Aminosäuren. Lipasen spalten die Fette in Glycerin und Fettsäuren. Kohlenhydrate und Aminosäuren werden durch die Zellen der Darmwand ins Blut aufgenommen. Glycerin und Fettsäuren gelangen durch die Zellen der Darmwand in Blut und Lymphe. Ballaststoffe können nicht abgebaut und aufgenommen werden.

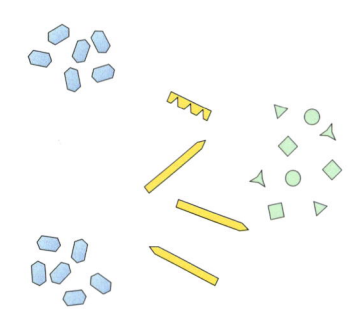

Dickdarm:

- Länge: etwa 1,6 Meter
- Verweildauer der Nahrungsreste: zwischen 5 und 70 Stunden

Durch Wasserentzug werden die Bestandteile, die vom Körper nicht verdaut und aufgenommen werden können, eingedickt und schließlich über den Enddarm ausgeschieden.

01 Auftauchen, um Luft zu holen

Lunge – Atmung und Gasaustausch

Der Mensch kann nur kurze Zeit unter Wasser bleiben. Dann muss er auftauchen, um zu atmen. Was geschieht bei der Atmung?

ATMUNGSORGANE · Sobald ein Schwimmer den Kopf über Wasser hat, kann er atmen. Mit jedem Atemzug strömt Luft durch den Mund und die Nase in seinen Körper.

Die Nase prüft, ob gefährliche oder unangenehme Stoffe in der Luft sind. Sie ist gut durchblutet und von einer Schleimhaut ausgekleidet, der *Nasenschleimhaut.* Dadurch wird die Luft vorgewärmt und angefeuchtet. Im Nasenschleim bleiben Staub und Krankheitserreger hängen. Beim Naseputzen werden sie aus dem Körper entfernt. Die Nasenschleimhaut ist von dicht stehenden, feinen Härchen, den *Flimmerhärchen,* besetzt. Sie schlagen ständig und transportieren so den Nasenschleim nach hinten in den **Rachen.** Dort wird er verschluckt. Hinter dem Rachen kreuzen sich die Transportwege der Luft und der Nahrung. Dort liegt der **Kehlkopf.** Sein Klappenmechanismus sorgt dafür, dass die Nahrung in die Speiseröhre gelangt und die Luft in eine durch Knorpelringe versteifte Röhre, die **Luftröhre.** Am unteren Ende verzweigt sich die Luftröhre in zwei Äste, die **Bronchien.** Die Luftröhre und die Bronchien sind wie die Nase von

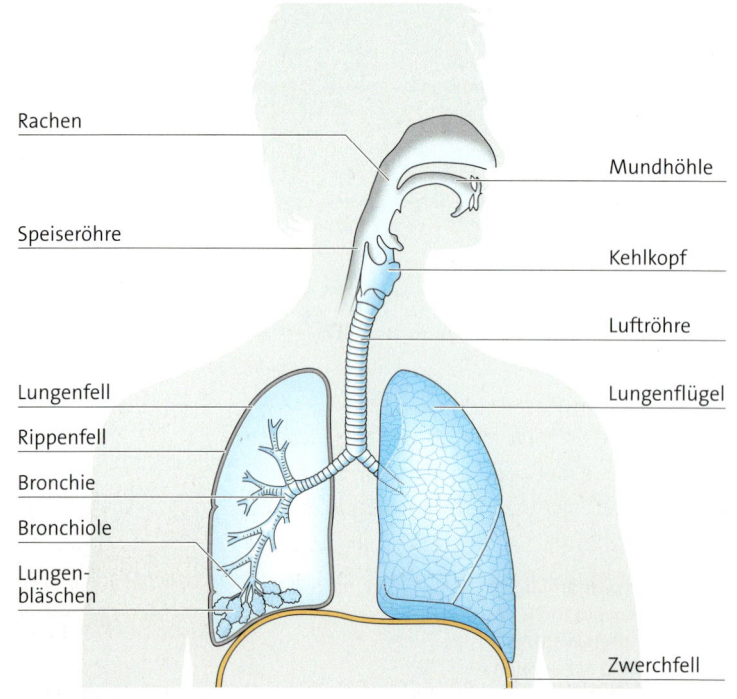

Rachen

Mundhöhle

Speiseröhre

Kehlkopf

Luftröhre

Lungenfell

Lungenflügel

Rippenfell

Bronchie

Bronchiole

Lungenbläschen

Zwerchfell

02 Atmungsorgane

einer Schleimhaut ausgekleidet, die Flimmerhärchen trägt. Durch die Bronchien strömt die Luft in die **Lunge,** die rechts und links vom Herzen fast den ganzen Brustraum ausfüllt. Sie ist in zwei Hälften, die *Lungenflügel,* geteilt. Die Lungenflügel bestehen aus zartem und sehr empfindlichem Gewebe. Die Lunge ist von einer Art Korb eingeschlossen, dem *Brustkorb.* Die Seiten des Brustkorbs sind die Rippen. Den Boden bildet eine kuppelförmige Fläche, das **Zwerchfell.** Es besteht aus Muskeln und Sehnen.

ATEMBEWEGUNGEN · Obwohl die Lunge keine Muskeln hat, kann sie ihre Form verändern. Dafür sind viele kleine Muskeln zuständig, die zwischen den Rippen liegen. Wenn sich diese *Zwischenrippenmuskulatur* zusammenzieht, heben sich die schräg nach unten gerichteten Rippen. Dadurch wird der Brustraum größer. Die äußere Begrenzung der Lunge, das *Lungenfell,* liegt der Innenauskleidung des Brustraums, dem *Rippenfell,* sehr eng an. Der sich vergrößernde Brustkorb zieht die Lunge deshalb mit und erweitert sie so ebenfalls. Dadurch saugt sie Luft an. Diese Form der Atmung bezeichnet man als **Brustatmung.** Die Verbindung zwischen Lungen- und Rippenfell kommt dadurch zustande, dass beide Häute sehr glatt sind und zwischen ihnen ein dünner Feuchtigkeitsfilm liegt. Daher haften sie fest aneinander, ähnlich wie zwei feuchte Glasplatten.

An einer weiteren Atembewegung ist das *Zwerchfell* beteiligt. Wenn sich seine Muskulatur zusammenzieht, wird seine nach oben gewölbte Form flacher. Dadurch senkt sich das Zwerchfell, drückt auf die Bauchorgane und erweitert so den Brustraum nach unten hin. Die Lunge folgt dieser Bewegung, erweitert sich ebenfalls und saugt so Luft an. Diese Form der Atmung nennt man **Bauchatmung.**

Nach dem Einatmen erschlaffen die Zwischenrippenmuskulatur und das Zwerchfell. Damit beginnt das Ausatmen der Luft. Da der Brustkorb elastisch ist, sinken die Rippen wieder

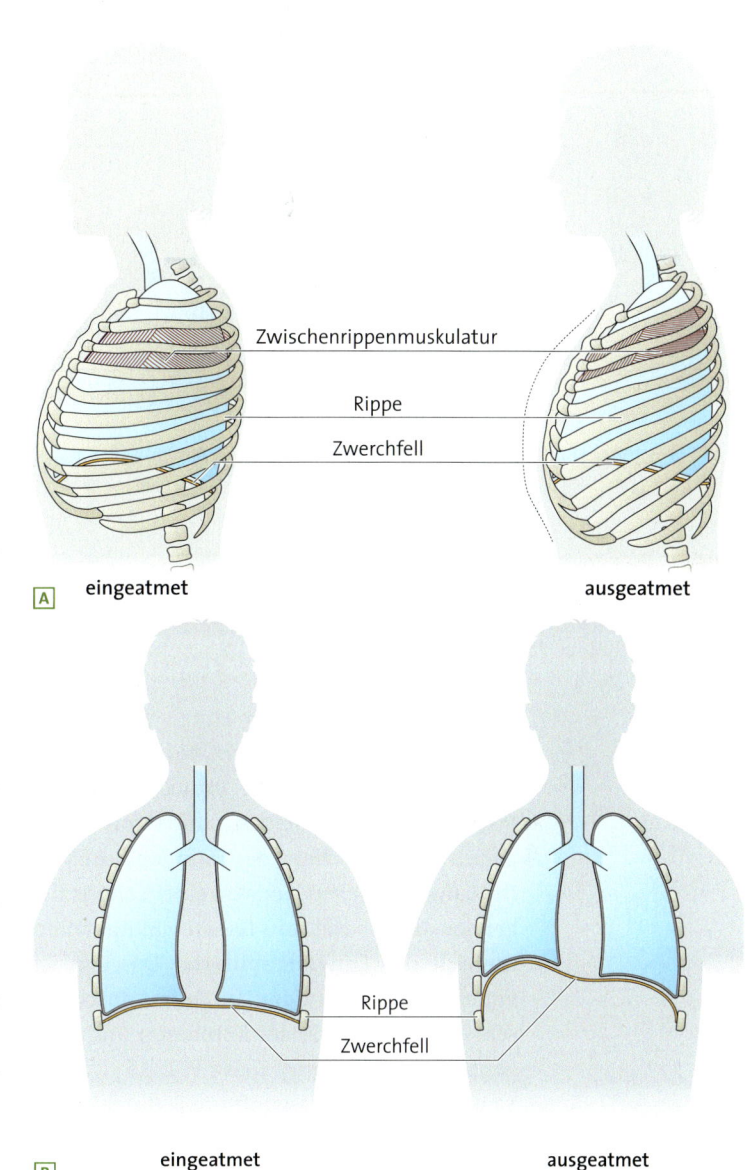

A eingeatmet — ausgeatmet

Zwischenrippenmuskulatur
Rippe
Zwerchfell

B eingeatmet — ausgeatmet

Rippe
Zwerchfell

03 Atembewegungen: **A** Brustatmung, **B** Bauchatmung

schräg nach unten, und die Bauchorgane drücken das Zwerchfell zurück in die gewölbte Stellung. Dadurch verkleinern sich der Brustraum und infolgedessen auch die Lunge, sodass die Luft ausströmt. Der Mensch atmet meistens gleichzeitig durch Brust- und Bauchatmung.

1 Beschreibe die Bewegungen bei der Brust- und Bauchatmung!

04 Flimmerhärchen auf der Innenwand der Bronchien

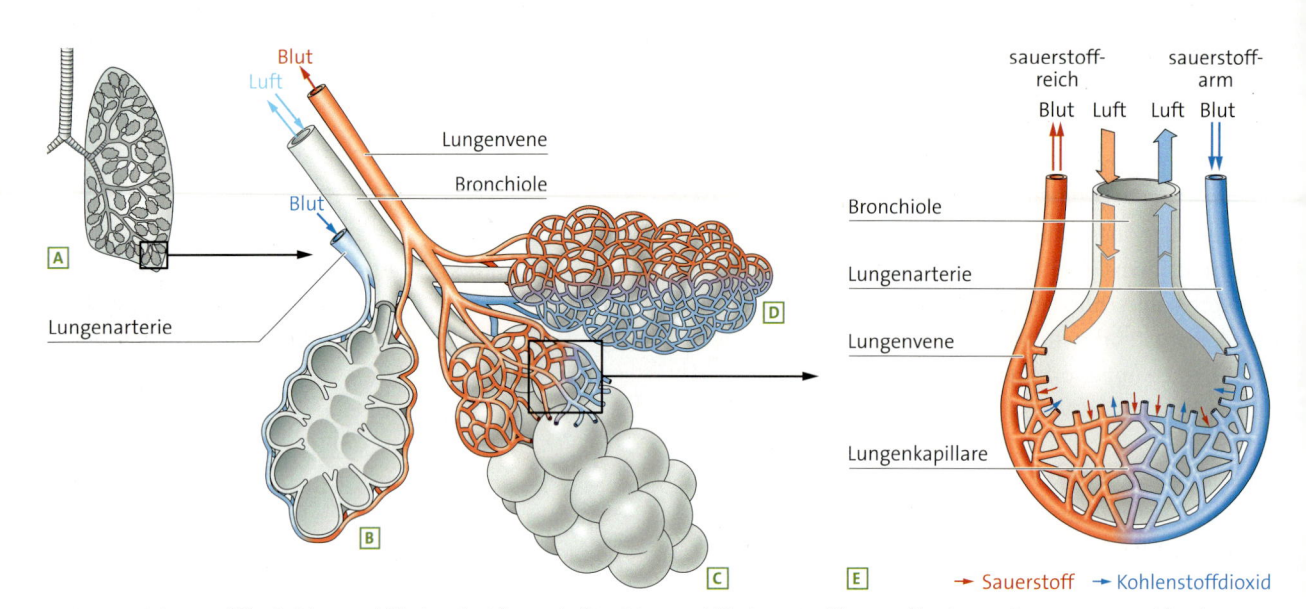

05 Lunge: **A** Lungenflügel, **B** Lungenbläschen im Längsschnitt, **C** Lungenbläschen, Kapillaren teilweise entfernt, **D** Lungenbläschen mit Kapillaren, **E** Gasaustausch am Lungenbläschen (Schema)

GASAUSTAUSCH · In der Lunge verzweigen sich die Bronchien sehr stark, bis feinste Luftkanälchen entstehen, die **Bronchiolen.** Jede Bronchiole endet in kleinen, traubenförmig angeordneten Bläschen, den **Lungenbläschen.** Die Lungenbläschen sind von einem eng anliegenden dichten Netz aus feinsten Blutgefäßen umhüllt, den **Lungenkapillaren.** Das Blut ist von der Atemluft in der Lunge nur durch die sehr dünnen Wände der Kapillaren und Lungenbläschen getrennt. Diese Wände sind für Sauerstoff und Kohlenstoffdioxid durchlässig. Das Blut, das vom Herzen in die Lunge gepumpt wird, enthält weniger Sauerstoff und mehr Kohlenstoffdioxid als die Luft in den Lungenbläschen. Dieser Unterschied gleicht sich in der Lunge zum Teil aus, weil Sauerstoff der Luft ins Blut übertritt und Kohlenstoffdioxid aus dem Blut in die Luft aufgenommen wird. Da es so scheint, als ob diese beiden Gase getauscht würden, spricht man vom **Gasaustausch.** Dieser ist die Ursache dafür, dass die ausgeatmete Luft weniger Sauerstoff und mehr Kohlenstoffdioxid enthält als die eingeatmete.

In Ruhe atmet der Mensch etwa 15-mal in der Minute. Dabei strömt pro Atemzug etwa ein halber Liter Luft in die Lunge ein und wieder heraus. Ein Schwimmer muss häufiger atmen als ein Mensch, der sich nur wenig bewegt, weil seine Muskeln viel Sauerstoff benötigen und viel Kohlenstoffdioxid ins Blut abgeben.

2 J Beschreibe den Zusammenhang von Struktur und Funktion am Beispiel der Lungenbläschen!

BASISKONZEPT ///////////////////

Struktur-Eigenschaft-Funktion

Die Lunge ist so gebaut, dass in kurzer Zeit sehr viel Gas ausgetauscht werden kann. Dafür sorgt die sehr hohe Anzahl der Lungenbläschen und Kapillaren mit ihren sehr dünnen Wänden. Dadurch kommt es zu einer riesigen Gesamtoberfläche der Lunge von etwa 200 Quadratmetern, die auf 80 Quadratmetern sehr engen Kontakt mit den Lungenkapillaren hat. Die Struktur der Lunge, ihr Bau, steht also in Zusammenhang mit ihrer Funktion. Man spricht daher vom Basiskonzept Struktur-Eigenschaft-Funktion.

Material A ▸ Atembewegungen

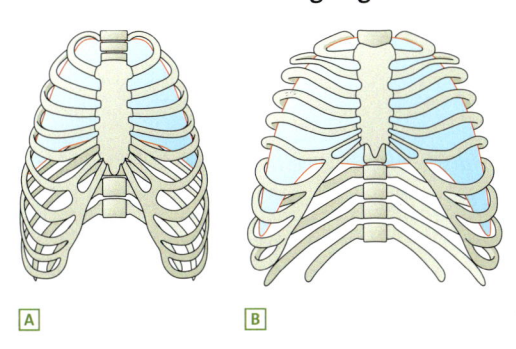

Tabelle 1	
Stickstoff	78 %
Sauerstoff	17 %
Kohlenstoffdioxid	4 %
andere Gase	1 %

Tabelle 2	
Stickstoff	78 %
Sauerstoff	21 %
Kohlenstoffdioxid	0,03 %
andere Gase	1 %

A1 Vergleiche den Zustand des Brustkorbs bei A und B! Beschreibe, wie sich A in den bei B dargestellten Zustand ändert!

A2 Vergleiche die beiden Tabellen! Ordne die Tabellen den Abbildungen des Brustkorbs zu! Begründe die Zuordnung!

A3 Beschreibe die Vorgänge, die zu den in den Tabellen dargestellten Unterschieden führen!

In den Tabellen ist die ungefähre Zusammensetzung der Luft dargestellt, die sich beim Ein- oder Ausatmen in der Luftröhre befindet.

Material B ▸ Luftmengen in der Lunge

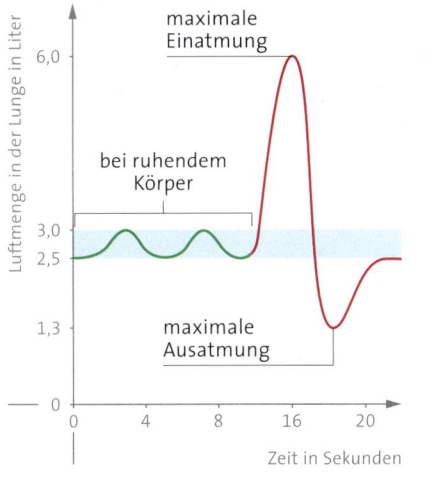

In der Grafik sind die Luftmengen dargestellt, die die Lunge eines bestimmten Menschen enthalten kann.

B1 Bestimme mithilfe der Grafik die Luftmenge, die bei ruhendem Körper mit einem Atemzug aufgenommen wird, und die Luftmenge, die maximal aufgenommen werden kann!

B2 Berechne die Luftmenge, die bei ruhendem Körper in die Lunge aufgenommen wird: pro Minute, pro Stunde und pro Tag!

B3 Ein Schwimmer benötigt etwa 45 Liter Luft pro Minute. Beschreibe, wie sich die Grafik ändert, wenn die Atmung eines Schwimmers dargestellt wird!

B4 Die Leistungsfähigkeit einer Lunge kann als die Luftmenge angegeben werden, die ein Mensch maximal bei einem Atemzug ausatmen kann. Ermittle diesen Wert mithilfe der Grafik!

Material C ▸ Kehlkopf

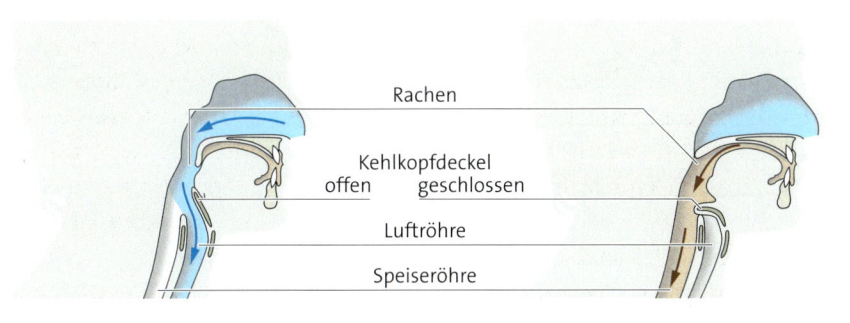

C1 Beschreibe die Aufgabe des Kehlkopfdeckels!

C2 Um die Laute beim Sprechen zu erzeugen, muss Luft durch die Stimmbänder im Kehlkopf strömen. Erkläre mithilfe der Abbildung, weshalb man beim Essen nicht reden sollte!

⧸⧸ METHODE ⧸⧸

Arbeiten mit Modellen

Modelle entwickeln

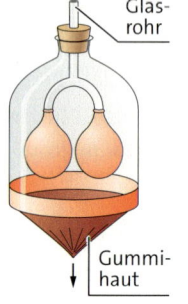

Glas-rohr

Gummi-haut

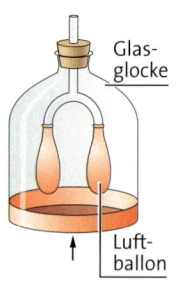

Glas-glocke

Luft-ballon

01 Modell zur Bauchatmung

Um biologische Strukturen oder Funktionsweisen zu verstehen, entwickeln Biologen häufig Modelle. Diese Modellentwicklung kann man gut an einem Modell zur Bauchatmung nachvollziehen. Die Modellentwicklung beginnt mit einer Fragestellung (Wie gelangt Luft in die Lunge?) und einer oder mehreren Ideen (Durch das Senken des Zwerchfells wird das Lungenvolumen vergrößert; durch die Volumenvergrößerung strömt Luft in die Lunge.).

Geleitet von diesen Ideen kann man mit geeigneten Materialien ein Modell bauen. Die Teile des Lungenaufbaus, die man für die Funktion des Einatmens für wesentlich hält, baut man dann im Modell so nach, dass sich der Vorgang des Lufteinströmens beim Testen des Modells zeigt. Ist dies erreicht, muss in weiteren Überprüfungen gezeigt werden, dass das entworfene Modell auch tatsächlich der realen Funktionsweise der Lunge entspricht. Hierzu leitet man aus dem Modell Vorhersagen ab.

*So funktioniert beispielsweise das Modell nur dann, wenn der Raum zwischen Luftballon und Glasglocke luftdicht verschlossen ist. Hieraus kann man die Vorhersage ableiten, dass auch die reale Bauchatmung nur dann funktioniert, wenn der Raum zwischen Rippenfell und Lungenfell abgeschlossen ist. Der **Vergleich zwischen Vorhersage und Original** beziehungsweise der Realität gibt Aufschluss darüber, ob die Vorhersage zutrifft.*

In dem Beispiel der Bauchatmung kann sie bestätigt werden: Kommt es beispielsweise durch eine Brustverletzung zu einer Öffnung des Spalts zwischen Rippenfell und Lungenfell, funktioniert die Atmung nicht mehr. Die Vorhersage aus dem Modell stimmt also mit dem Original beziehungsweise der Realität überein. Solange ein Modell durch derartige Überprüfungen bestätigt wird, kann es als (vorläufig) gültig beurteilt werden. Trifft die Vorhersage nicht zu, muss das Modell weiterentwickelt und erneut überprüft werden.

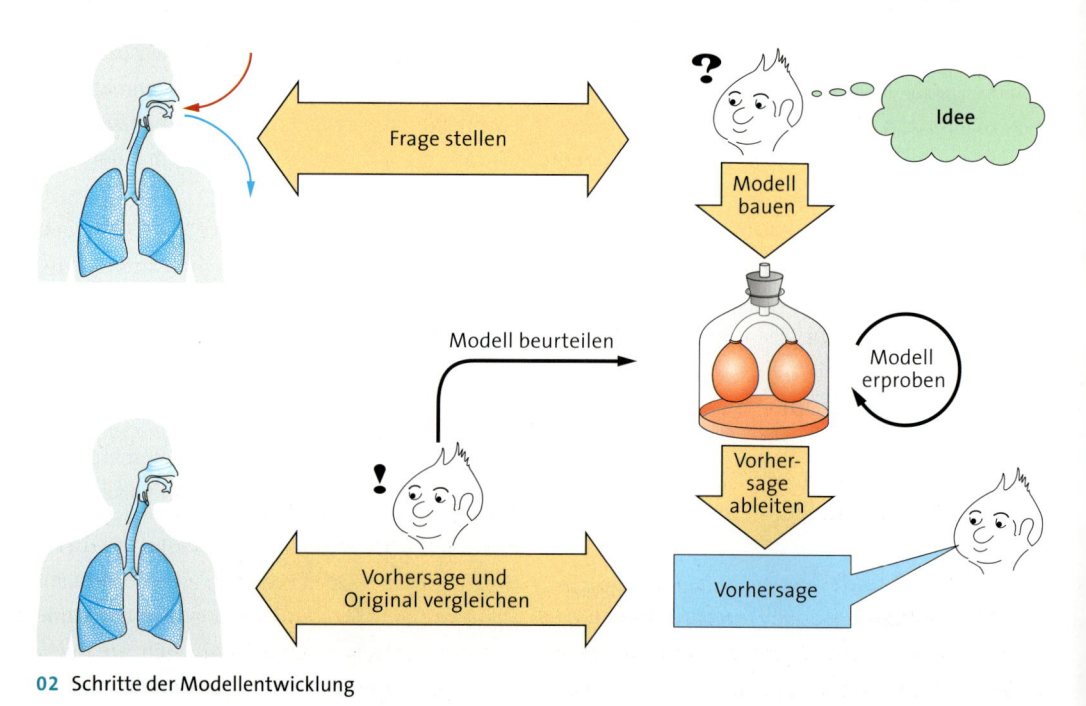

02 Schritte der Modellentwicklung

Struktur- und Funktionsmodelle

*Das Modell eines Torsos zeigt den wesentlichen Aufbau der Organe im menschlichen Rumpf, ihre Größenverhältnisse und Lagebeziehungen. So werden beispielsweise Form und Lage der beiden Lungenflügel sowie ihre Verbindung mit den Atemwegen deutlich. Modelle wie diese, die biologische Strukturen darstellen, werden als **Strukturmodelle** bezeichnet. Sie weisen häufig schon auf den ersten Blick eine hohe Ähnlichkeit mit den Originalen auf. Dies beruht meistens darauf, dass sie die Form, Oberfläche, Farbgebung oder auch Größe originalnah darstellen. Im Gegensatz zum Torso zeigt das auf*

Seite 120 beschriebene Glasglocken-Modell den Mechanismus auf, der auch für das Einströmen der Luft in die Lunge verantwortlich ist. Zieht man die elastische Membran an der Unterseite der Glasglocke nach unten, so strömt Luft in die mit der Außenluft verbundenen Luftballons.

*Modelle, die wie dieses eine Funktionsweise darstellen, werden als **Funktionsmodelle** bezeichnet. Sie weisen im Vergleich zu Strukturmodellen meistens eine geringere Ähnlichkeit zu den Originalen auf, da Merkmale wie Form oder Farbe von nachgeordneter Bedeutung sind.*

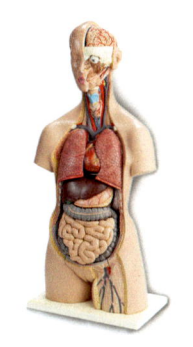

03 Strukturmodell des menschlichen Torsos

Modelle und Originale analogisieren

*Die Luft innerhalb der Glasglocke des Funktionsmodells zur Bauchatmung entspricht in der Realität dem mit Flüssigkeit gefüllten Spalt zwischen Lungenfell und Rippenfell. Aufgrund der geringen Ähnlichkeit dieses Teils des Modells mit den originalen Strukturen kann es leicht zu Missverständnissen kommen. Daher ist es wichtig, die Teile eines Modells den entsprechenden Elementen des Originals zuzuordnen; dies bezeichnet man als **Analogisieren.***

Teile des Modells	Entsprechung im Original
Glasglocke	Brustkorb
Luftballons	Lungenflügel
elastische Unterseite	Zwerchfell
Glasrohr nach außen	Luftröhre, Bronchien und Bronchiolen
luftgefüllter Raum zwischen Glasglocke und Luftballons	mit Flüssigkeit gefüllter Raum zwischen Lungenfell und Rippenfell

Modelle kritisieren

Bei der Entwicklung von Modellen steht meistens eine spezielle Darstellungsabsicht im Vordergrund. Das Glasglocken-Modell stellt beispielsweise den Mechanismus des Lufteinstroms durch Druckunterschiede zwischen Glockeninnenraum und Außenluft dar. Diese Druckunterschiede werden im Modell dadurch erzeugt, dass die elastische Unterseite der Glasglocke nach unten gezogen wird, sodass sich das Volumen im Inneren der Glasglocke vergrößert.

Würde man diesen Teil des Modells direkt auf die Realität übertragen, müsste man annehmen, dass ein Muskel am Zwerchfell ansetzt und diesen nach unten zieht. Dies trifft jedoch nicht zu. Vielmehr ist

das Zwerchfell selbst ein Muskel, der sich beim Einatmen zusammenzieht. Da das Zwerchfell im entspannten Zustand nach oben gewölbt ist, flacht es sich durch das Zusammenziehen des Muskels nach unten ab. Hierdurch vergrößert sich das Lungenvolumen und die Luft strömt ein.

*Dieser Teilprozess der Bauchatmung wird also durch das Funktionsmodell falsch dargestellt und muss entsprechend kritisch diskutiert werden. Diese **Modellkritik** bedeutet jedoch nicht, dass es sich um ein „schlechtes Modell" handelt. Vielmehr werden zugunsten einer bestimmten Darstellungsabsicht andere Eigenschaften sinnvollerweise vernachlässigt oder vereinfacht im Modell umgesetzt.*

01 Blutende Wunde

Blut – Zusammensetzung und Aufgaben

Ein Stich in die Fingerkuppe ist schmerzhaft. Aus der Wunde tritt Blut aus. Für das bloße Auge erscheint das Blut als einheitlich rot gefärbte Flüssigkeit. Woraus besteht Blut?

BESTANDTEILE DES BLUTES · Ein erwachsener Mensch besitzt etwa sechs Liter Blut. Lässt man Blut einige Zeit in einem Reagenzglas stehen, so trennt es sich in zwei Schichten auf. Die obere Schicht ist gelblich. Dies sind die *flüssigen Bestandteile* des Blutes, das **Blutplasma.** Es besteht überwiegend aus Wasser. Darin sind neben Glukose, Fetten und Proteinen auch Hormone, Mineralstoffe und Vitamine gelöst. Außerdem werden Abfallstoffe und Kohlenstoffdioxid im Blutplasma transportiert.
In der unteren, roten Schicht sammeln sich die *festen Bestandteile* des Blutes.

ROTE BLUTZELLEN · Wenn man die festen Bestandteile des Blutes mit dem Mikroskop untersucht, lassen sich verschiedene Zellen erkennen. Die meisten Zellen haben die Form einer Scheibe, die in der Mitte eingedellt ist. Das sind die **roten Blutzellen,** auch Erythrozyten genannt. In einem Milliliter Blut sind etwa fünf Milliarden von ihnen enthalten. Ihr Durchmesser beträgt nur sieben Mikrometer, das sind sieben tausendstel Millimeter. Sie sind also winzig klein. Rote Blutzellen sind mit einer roten Substanz gefüllt, die Sauerstoff aufnehmen und wieder abgeben kann. Dieser *rote Blutfarbstoff* heißt **Hämoglobin.** Es verleiht dem Blut seine einheitlich rote Farbe. Mithilfe des Hämoglobins sind die roten Blutzellen in der Lage, Sauerstoff zu transportieren. Daneben sind sie auch am Transport von Kohlenstoffdioxid beteiligt.

56 Prozent flüssige Blutbestandteile

44 Prozent feste Blutbestandteile

02 Zusammensetzung des Blutes

Rote Blutzellen besitzen keinen Zellkern. Sie haben daher nur eine kurze Lebensdauer von etwa 110 Tagen. Deshalb müssen sie laufend neu gebildet werden. Dies geschieht im Inneren einiger Knochen, im *roten Knochenmark.* Der Bau einer roten Blutzelle, ihre Struktur, bietet Vorteile für ihre Funktion, vor allem für die Aufgabe, Sauerstoff zu transportieren. Durch die eingedellte Form wird die Oberfläche der Zelle größer. An der vergrößerten Fläche kann die Zelle mehr Sauerstoff aufnehmen und abgeben. Der Platz, der durch den fehlenden Zellkern frei wird, ist mit Hämoglobin gefüllt. Je mehr Hämoglobin die Zelle enthält, desto mehr Sauerstoff kann sie aufnehmen und transportieren.

WEISSE BLUTZELLEN · Viel seltener als die roten Blutzellen findet man in den festen Bestandteilen des Blutes Zellen mit einem Durchmesser von etwa einem bis zwei hundertstel Millimetern. Damit sind sie zwar deutlich größer als die roten Blutzellen, man erkennt sie unter dem Mikroskop aber erst, wenn man sie anfärbt. In einem Milliliter Blut gibt es nur fünf bis acht Millionen dieser **weißen Blutzellen,** die auch Leukozyten genannt werden. Im Gegensatz zu den roten Blutzellen enthalten sie kein Hämoglobin. Sie haben aber einen Zellkern.

Im Körper des Menschen kommen verschiedene weiße Blutzellen vor. Ihre Bildung beginnt im roten Knochenmark. In vielen Fällen wird sie an verschiedenen anderen Stellen des Körpers fortgesetzt. Aufgabe der weißen Blutzellen ist die Abwehr von Krankheitserregern und Fremdkörpern. Während rote Blutzellen nur passiv vom Blutstrom transportiert werden, können sich einige weiße Blutzellen aktiv kriechend fortbewegen. Das ist möglich, weil sie ihre Gestalt stark verändern können. Sie sind sogar in der Lage, die Blutgefäße zu verlassen und sich zwischen den Zellen aufzuhalten. Auch dort nehmen sie den Kampf gegen eingedrungene Krankheitserreger auf,

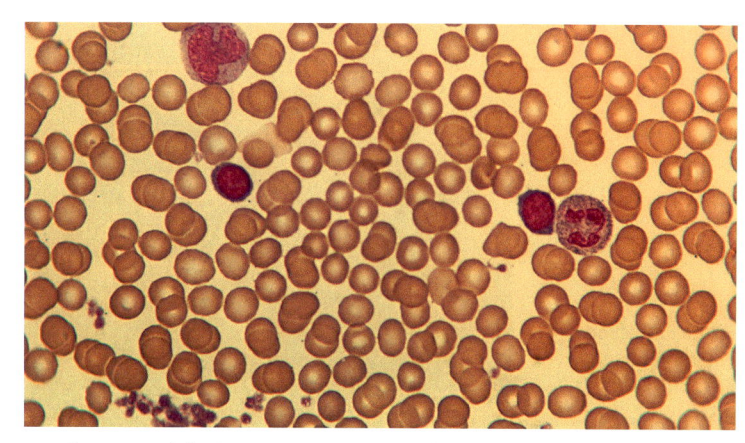

03 Blutausstrich (mikroskopische Aufnahme)

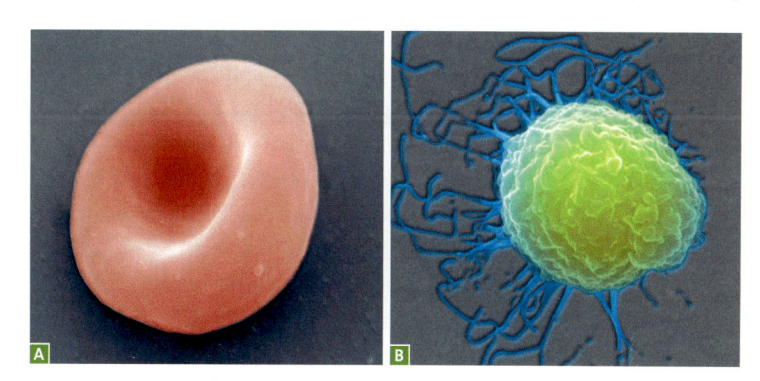

04 Blutzellen (elektronenmikroskopische Aufnahme): **A** rote Blutzelle, **B** weiße Blutzelle

unter anderem dadurch, dass sie diese auffressen. Häufig sterben sie dabei ab. Eiter besteht überwiegend aus abgestorbenen weißen Blutzellen.

1 Nenne die festen und flüssigen Bestandteile des Blutes!

2 Berechne die Anzahl der roten Blutzellen, die in fünf Litern Blut enthalten sind!

3 Beschreibe den Zusammenhang zwischen Struktur und Funktion der roten Blutzellen!

4 Stelle die Unterschiede zwischen roten und weißen Blutzellen in Form einer Tabelle dar! Berücksichtige dabei ihre Form, Größe, Anzahl und Aufgabe!

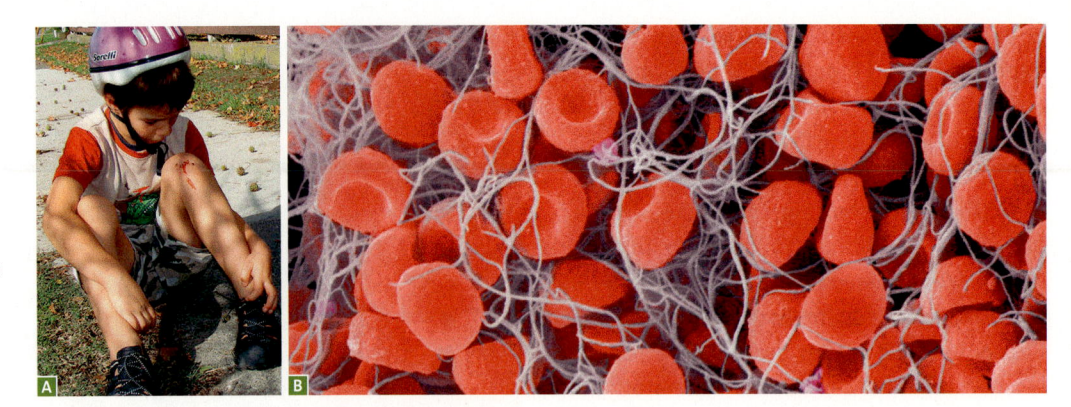

05 Wundverschluss:

A Schürfwunde,

B rote Blutzellen in einem Netz aus Fibrinfäden

BLUTPLÄTTCHEN · Zu den festen Bestandteilen des Blutes gehören auch Bruchstücke besonderer Zellen. Sie haben einen Durchmesser von zwei bis drei tausendstel Millimetern und sind somit sehr viel kleiner als rote Blutzellen. Mit einer Anzahl von 200 bis 300 Millionen pro Milliliter Blut ist ihre Menge deutlich größer als die der weißen Blutzellen. Diese Zellbruchstücke, die **Blutplättchen,** enthalten keinen Zellkern. Sie sterben daher schnell ab. Ihre Lebensdauer von nur acht bis vierzehn Tagen ist noch kürzer als die der roten Blutzellen. Im Knochenmark werden sie ständig nachgebildet. Blutplättchen sind erforderlich, um Wunden verschließen zu können. Sie reißen leicht auf, zum Beispiel bei Verletzungen. Dabei werden Stoffe freigesetzt, die sich im Inneren der Blutplättchen befinden. Diese Stoffe wandeln ein bestimmtes Protein des Blutplasmas um. So entstehen winzige Proteinfäden, das *Fibrin*. Die Fibrinfäden bilden ein engmaschiges schleimiges Netz, in dem rote Blutzellen hängen bleiben. Auf diese Weise entsteht eine Art Blutpfropf, der die Wunde verschließt. Man bezeichnet diese Bildung eines Blutpfropfes als **Blutgerinnung.** Das getrocknete Fibrin bildet mit den darin gefangenen Blutzellen später den *Schorf* der Wunde.

Blutplasma, dem das Protein entzogen wurde, welches für die Bildung von Fibrin notwendig ist, nennt man **Blutserum.**

Wenn keine Blutgerinnung möglich ist, lassen sich Wunden nur schwer schließen. Dadurch kann es zu großen Blutverlusten kommen. Wenn mehr als ein Liter Blut verloren geht, besteht Lebensgefahr.

5 ⌡ Stelle den Vorgang der Blutgerinnung als Pfeildiagramm dar!

6 ⌡ Erläutere die Bedeutung der Blutgerinnung!

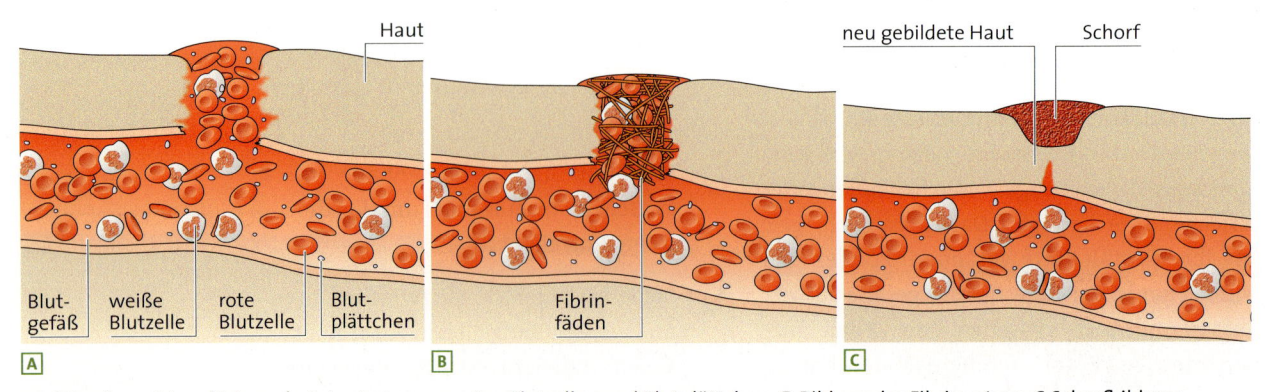

06 Wundverschluss (Schema): **A** Austreten von roten Blutzellen und Blutplättchen, **B** Bildung des Fibrinnetzes, **C** Schorfbildung

Material A ▸ Blutspende

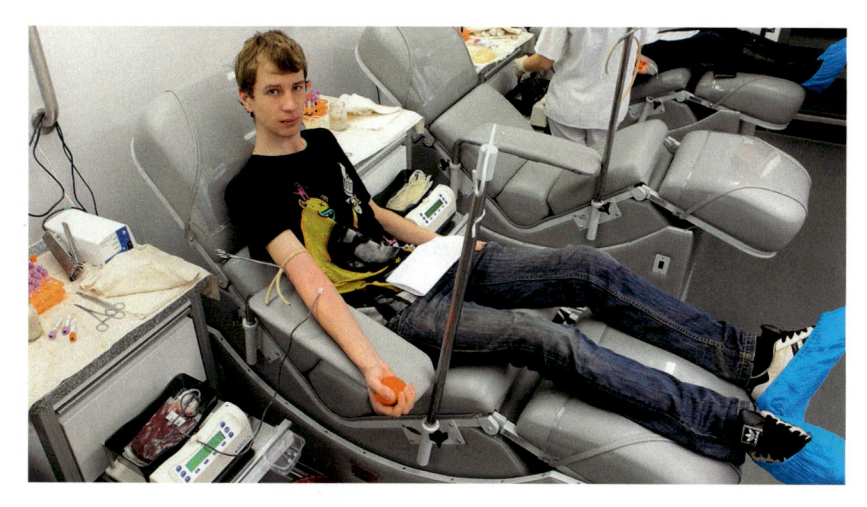

Bei einer Blutspende wird etwa ein halber Liter Blut entnommen.

A1 Begründe, weshalb zwei Blutspenden nicht zu dicht aufeinanderfolgen dürfen!

A2 Stelle Vermutungen an, weshalb nicht jeder Mensch Blut spenden kann!

A3 Begründe, weshalb die körperliche Leistungsfähigkeit kurz nach einer Blutspende herabgesetzt ist!

Material B ▸ Blutbestandteile

	Anzahl der festen Bestandteile des Blutes in Millionen pro Milliliter		
	weiße Blutzellen	rote Blutzellen	Blutplättchen
normale Werte	5,0 bis 8,0	4 000 bis 6000	200 bis 300
Person A	6,0	5200	240
Person B	2,6	4900	290
Person C	5,2	3200	225
Person D	7,8	5800	91

Die Tabelle zeigt die Anzahl von Blutzellen und Blutplättchen von vier Personen. Außerdem sind die Werte angegeben, die für gesunde Menschen normal sind.

B1 Nenne für jede Person den Bestandteil des Blutes, dessen Wert vom normalen Zustand abweicht!

B2 Beschreibe die Schwierigkeiten, mit denen die Personen B, C und D zu kämpfen haben! Begründe jeweils mithilfe der Tabelle!

Material C ▸ Bluterkrankheit

Das Blut von Menschen, die an der Bluterkrankheit leiden, kann nicht gerinnen. Oft müssen sie Schutzvorrichtungen gegen Stöße tragen, um innere Blutungen zu verhindern.

C1 Nenne Bestandteile des Blutes, die an der Blutgerinnung beteiligt sind!

C2 Begründe, weshalb diese Krankheit so gefährlich ist!

C3 Begründe, weshalb Bluterkranke schon nach kleinen Stößen große, blutunterlaufene blaue Flecke unter der Haut haben!

01 Bewusstloser Wachsoldat

Blutkreislauf

> *Nachdem ein Wachsoldat lange Zeit still stehen musste, wurde er bewusstlos und fiel um. Wie kam es zu dieser Bewusstlosigkeit?*

lateinisch capillus = Haar

DURCHBLUTUNG · Kurz bevor der Soldat zu Boden fiel, wurde sein Gesicht blass. Das lag daran, dass sein Kopf nicht ausreichend mit Blut versorgt wurde. Gefährlich war der Blutmangel, weil auch das Gehirn nicht mehr genügend Blut erhielt. Daher konnte das Gehirn seine Aufgabe, den Körper zu steuern, nicht mehr vollständig erfüllen. Der Soldat wurde bewusstlos und fiel zu Boden. Wie schafft es der Körper, alle Bereiche mit genügend Blut zu versorgen?

Das Blut fließt in Röhren, die in alle Bereiche des Körpers ziehen. Man nennt sie **Blutgefäße** oder Adern. Das Herz pumpt das Blut stoßweise in die große *Körperschlagader, die Aorta.* Von dort abzweigende Blutgefäße versorgen den Kopf, die Arme, die inneren Organe und die Beine mit sauerstoffreichem Blut. Solche Blutgefäße, die Blut vom Herzen wegführen, nennt man **Arterien.** Die Blutgefäße verzweigen sich im weiteren Verlauf zu immer kleiner werdenden Ästen. Durch die Verästelung entsteht schließlich eine sehr große Anzahl kleinster Blutgefäße, die einen Durchmesser von nur etwa einem Zehntel eines Haares haben. Sie heißen daher Haargefäße oder **Kapillaren.**

Alle Organe des Körpers werden durch dichte Geflechte aus Haargefäßen, den *Kapillarnetzen,* mit Blut versorgt. In den Kapillarnetzen des Körpers nimmt das Blut Kohlenstoffdioxid und Abfallstoffe aus den Zellen auf und gibt Sauerstoff und Nährstoffe an sie ab. Diese Nährstoffe wurden zuvor in den Kapillarnetzen der Dünndarmwand ins Blut aufgenommen. Auf dem Weg zurück zum Herzen vereinigen sich die Kapillaren und die daran anschließenden Gefäße wieder. So entstehen immer größer werdende Blutgefäße, die sauerstoffarmes und kohlenstoffdioxidreiches Blut transportieren. Solche Gefäße, in denen das Blut zum Herzen hin fließt, nennt man **Venen.** Die Vene, die in der Nähe des Herzens das vom Kopf und Oberkörper kommende Blut sammelt, ist die *obere Hohlvene.* Das von den inneren Organen, dem Rumpf und den Beinen kommende Blut gelangt über die *untere Hohlvene* ins Herz zurück.

Weil das Blut immer wieder zum Herzen zurückkehrt, spricht man von einem **Blutkreislauf.** Da es die Blutgefäße dabei nie verlässt, von einem **geschlossenen Blutkreislauf.** Das Blut, das im Körper seinen Sauerstoff abgegeben und Kohlenstoffdioxid aufgenommen hat, kehrt über die Hohlvenen ins Herz zurück. Das Herz pumpt dieses Blut dann nicht wieder in den Körper, sondern zunächst in einen zweiten Kreislauf. In diesem Kreislauf führt eine große Arterie vom Herzen weg zur Lunge, die *Lungenarterie.* Sie verzweigt sich sehr stark, bis in feine Kapillarnetze. In diesen Lungenkapillaren gibt das Blut Kohlenstoffdioxid an die Luft ab und nimmt Sauerstoff aus der Luft auf. Das nun kohlenstoffdioxidarm und sauerstoffreich gewordene Blut fließt in sich wieder vereinigenden Gefäßen und dann durch die *Lungenvenen* ins Herz zurück. Von dort aus wird es schließlich wieder in die Aorta gepumpt.
Bei einem Herzschlag wird also gleichzeitig Blut in zwei Kreisläufe gepumpt: in einen größeren *Körperkreislauf* und einen deutlich kleineren *Lungenkreislauf.* Man spricht daher von einem **doppelten Blutkreislauf.** Die Trennung in zwei gesonderte Kreisläufe sorgt dafür, dass das Herz nicht nur den Körper, sondern auch die Lunge mit voller Kraft durchblutet.

1 Nenne die zwei Blutgefäße, die an das Herz anschließen und sauerstoffreiches Blut transportieren!

2 Beschreibe den Vorteil eines doppelten Blutkreislaufs!

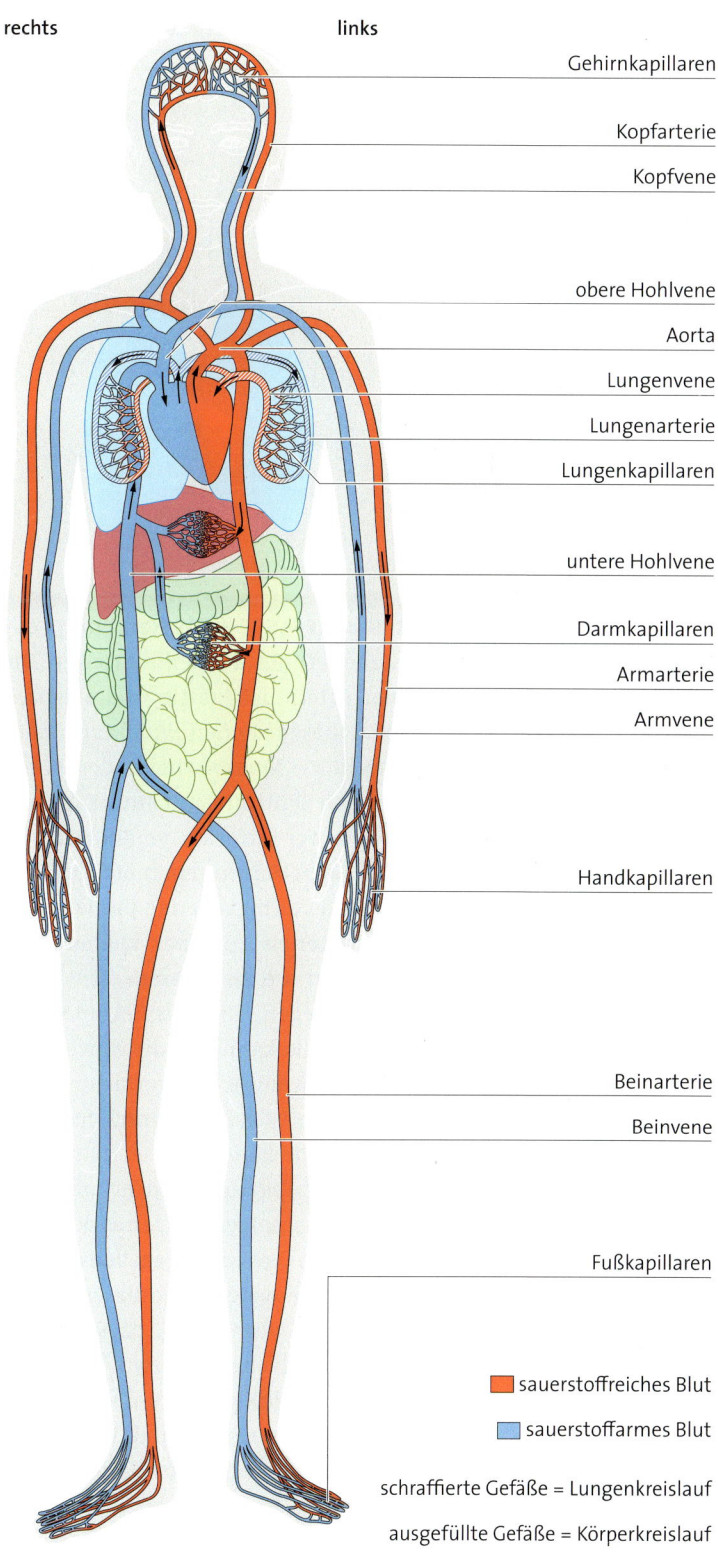

rechts links

Gehirnkapillaren

Kopfarterie

Kopfvene

obere Hohlvene

Aorta

Lungenvene

Lungenarterie

Lungenkapillaren

untere Hohlvene

Darmkapillaren

Armarterie

Armvene

Handkapillaren

Beinarterie

Beinvene

Fußkapillaren

sauerstoffreiches Blut

sauerstoffarmes Blut

schraffierte Gefäße = Lungenkreislauf

ausgefüllte Gefäße = Körperkreislauf

02 Schema des Blutkreislaufs von vorne gesehen

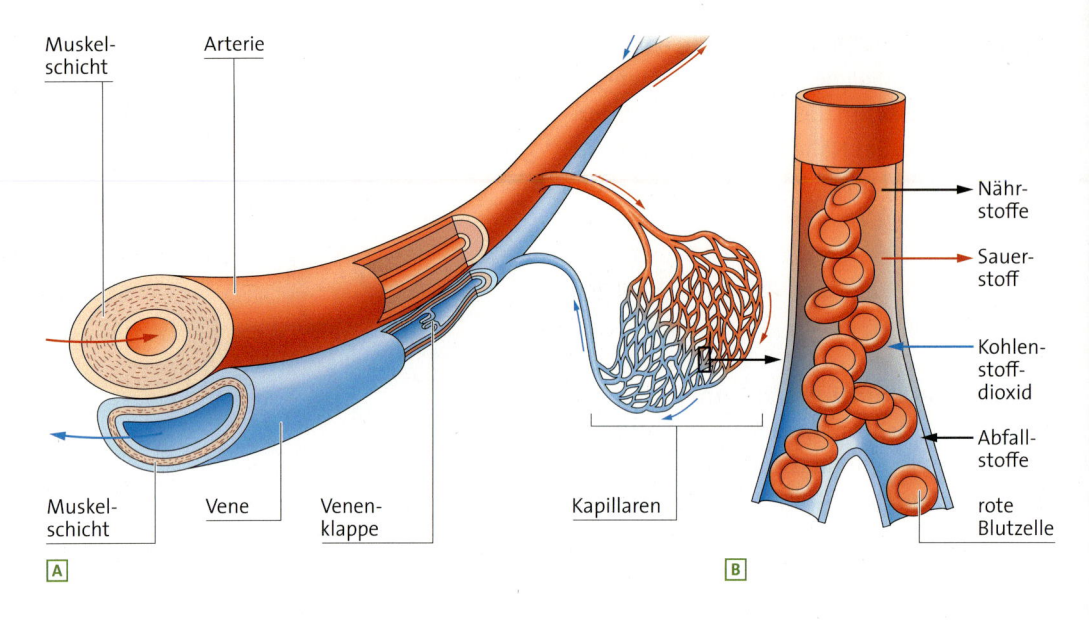

03 Blutgefäße:
A Bau, **B** Stoffaustausch an den Kapillaren

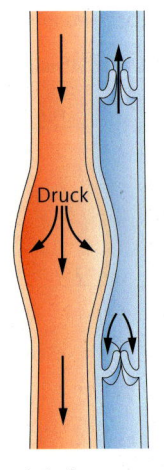

04 Arterienpumpe

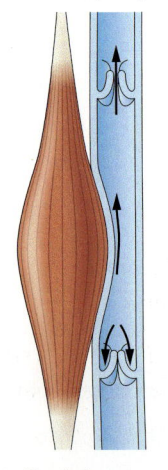

05 Muskelpumpe

BAU DER BLUTGEFÄSSE · Das Herz pumpt das Blut mit hohem Druck durch die Arterien. Die Wand einer Arterie ist kräftig und elastisch und kann so diesem hohen *Blutdruck* standhalten. Die dicke Muskelschicht der Wand unterstützt den Bluttransport und kann die Öffnungsweite der Arterien verändern. Das stoßweise aus dem Herzen gepumpte Blut läuft als Druckwelle durch die Arterien. Sie dehnt die Wände der Arterien zu einer kleinen Verdickung aus. Dort, wo die Arterien dicht unter der Oberfläche liegen, zum Beispiel am Handgelenk und am Hals, kann man die vom Herzen kommende Druckwelle als *Puls* ertasten.

In den Kapillaren ist der Blutdruck nur sehr gering. Ihre Wände können daher sehr dünn sein. Dünne Gefäßwände sind erforderlich, weil in den Kapillarnetzen Stoffe aus dem Blut in das umliegende Gewebe abgegeben und aus ihm aufgenommen werden. Kapillaren sind in so großer Anzahl vorhanden, dass sie insgesamt eine Oberfläche von etwa der Größe eines Fußballfeldes bilden. So kann das Blut in kurzer Zeit viel Sauerstoff und Nährstoffe abgeben sowie Kohlenstoffdioxid und Abfallstoffe aufnehmen.

In den Venen bleibt der Blutdruck sehr gering. Das erklärt, weshalb die Wand einer Vene viel dünner ist als die einer Arterie. Die Muskulatur der Wand ist ebenfalls sehr dünn, sodass sie den Rücktransport des Blutes zum Herzen kaum unterstützen kann. Daher liegen Venen oft eng neben Arterien oder Skelettmuskeln. Wenn sich die Arterie durch die Druckwelle des Pulses ausdehnt oder der Skelettmuskel durch die Kontraktion dicker wird, drückt er auf die Venen und presst das Blut darin weiter. Damit das Blut dabei in die richtige Richtung fließt, liegen in Abständen von wenigen Zentimetern Klappen in den Venen, die *Venenklappen*. Sie wirken wie Ventile und verhindern so den Rückstrom des Blutes in Richtung der Kapillarnetze. Man bezeichnet diesen Mechanismus des Bluttransports in den Venen als *Arterienpumpe* beziehungsweise *Muskelpumpe*. Bewegung, zum Beispiel beim Sport, unterstützt daher den Bluttransport in den Venen und damit den gesamten Blutkreislauf. Bei langem unbeweglichem Stehen kann soviel Blut in den Beinen bleiben, dass das Herz zu wenig für die Versorgung des Gehirns zur Verfügung hat. Bewusstlosigkeit kann dann die Folge sein.

3 Erläutere den Zusammenhang von Struktur und Funktion am Beispiel der Kapillarwände!

Material A ▸ Blutkreislauf

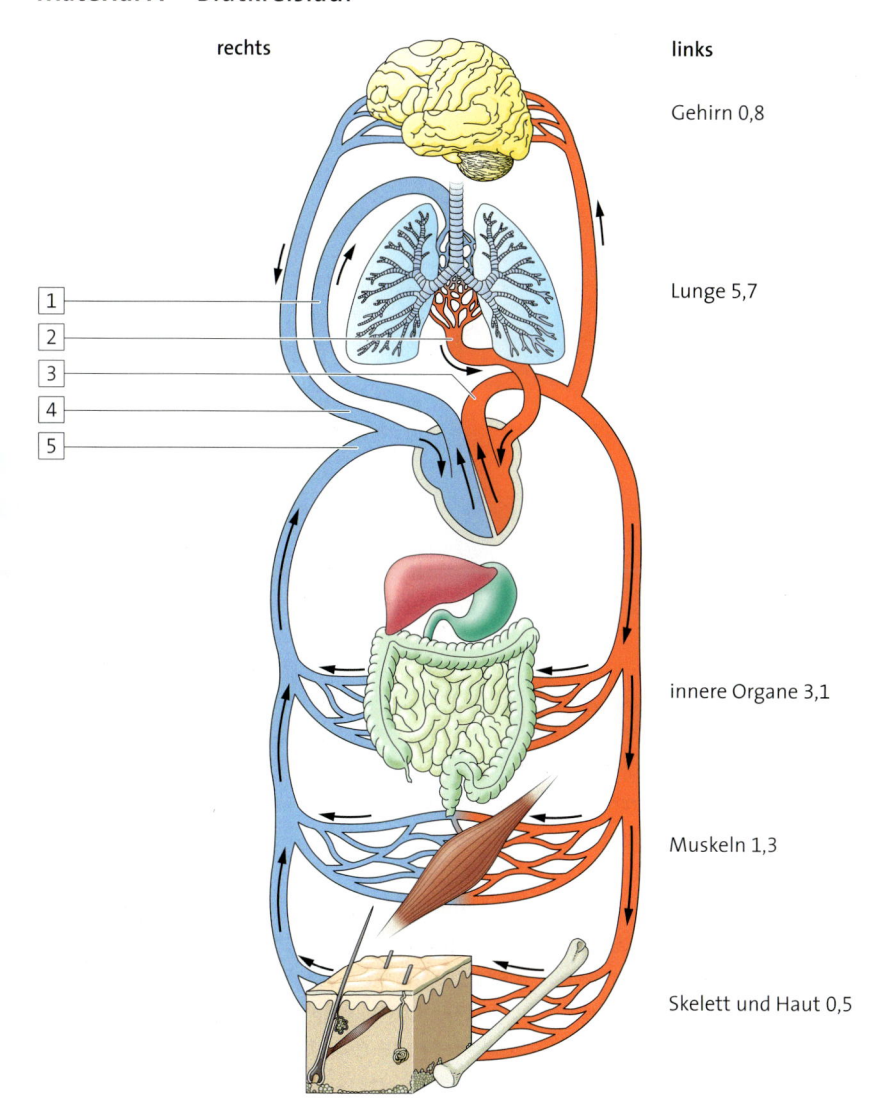

rechts

links

Gehirn 0,8

1
2
3
4
5

Lunge 5,7

innere Organe 3,1

Muskeln 1,3

Skelett und Haut 0,5

Im Schema ist die durchschnittliche Durchblutung einiger Organe in Litern pro Minute bei ruhendem Körper dargestellt.

A1 Nenne die Fachbegriffe für die mit Zahlen gekennzeichneten Blutgefäße!

A2 Beschreibe zwei Wege, die eine Blutzelle nehmen kann, wenn sie von der Aorta aus durch den Kreislauf transportiert wird, bis sie die Aorta wieder erreicht hat! Fertige dazu jeweils ein Pfeildiagramm an!

A3 Stelle die Durchblutungsmenge der im Schema angegebenen Organe als Säulendiagramm dar!

A4 Während eines Marathonlaufs, einer Klassenarbeit oder der Zeit nach einem reichhaltigen Mittagessen ändert sich die Durchblutung der Organe gegenüber dem Ruhezustand. Stelle Vermutungen an, in welchen Organen die Durchblutung während der oben genannten Tätigkeiten jeweils besonders stark ansteigt!

Material B ▸ Durchblutung der Haut

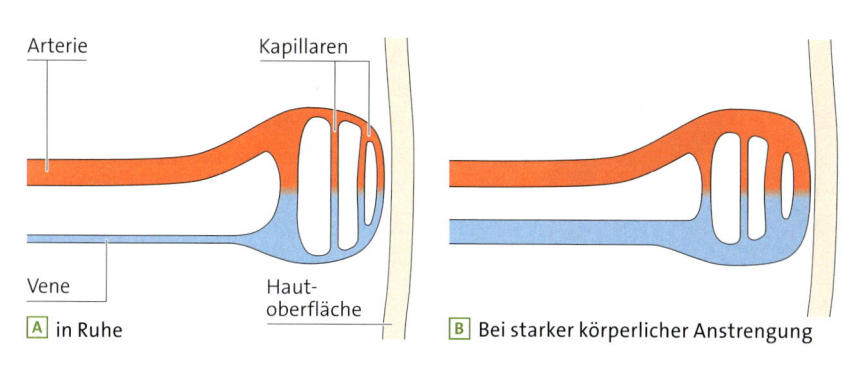

Arterie

Kapillaren

Vene

Hautoberfläche

A in Ruhe

B Bei starker körperlicher Anstrengung

Das Schema zeigt Blutgefäße der Haut.

B1 Vergleiche den Durchmesser der Blutgefäße in Schema A und B!

B2 Erläutere den Vorteil, den die Veränderungen der Durchmesser im Schema B mit sich bringen!

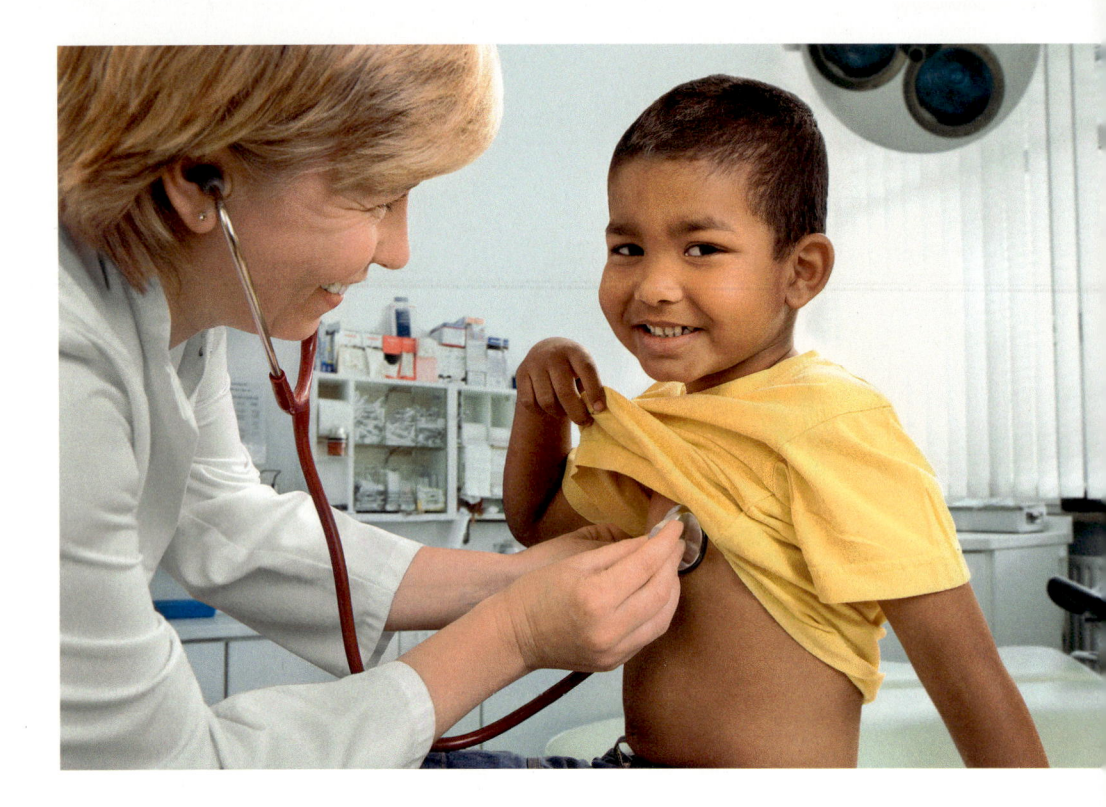

01 Abhören der Herztöne

Herz – Bau und Funktion

Bei der körperlichen Untersuchung horcht der Arzt auch das Herz ab. Dabei hört er Herztöne. Wie arbeitet das Herz?

BAU DES HERZENS · Das Herz liegt gut geschützt in der Mitte des Brustkorbs unter dem Brustbein. Es ist eingebettet in den *Herzbeutel.* Die Innenwand des Herzbeutels ist mit einer Schleimschicht ausgekleidet. Dadurch erfolgen die Pumpbewegungen des Herzmuskels fast reibungsfrei. Die Herzspitze zeigt leicht nach links.

Das Herz ist ein etwa faustgroßer Muskel, der Hohlräume umschließt. Einen solchen Muskel bezeichnet man als *Hohlmuskel.* Die beiden vom Herzmuskel umschlossenen großen Räume nennt man **Herzkammern.** Diese sind durch die **Herzscheidewand** voneinander getrennt. Über der linken und rechten Herzkammer liegt jeweils ein deutlich kleinerer **Vorhof.** Auf jeder Seite besteht zwischen dem Vorhof und der Herzkammer eine Verbindung, die durch Klappen geöffnet und geschlossen werden kann. Diese Klappen nennt man **Segelklappen.** Von den Herzkammern gehen zwei große Arterien ab, von der rechten Kammer die *Lungenarterie* und von der linken die Hauptschlagader, die *Aorta.* Die Verbindung zwischen den Herzkammern und den abgehenden Arterien lässt sich durch die **Taschenklappen** öffnen und schließen.

02 Lage des Herzens im Brustkorb

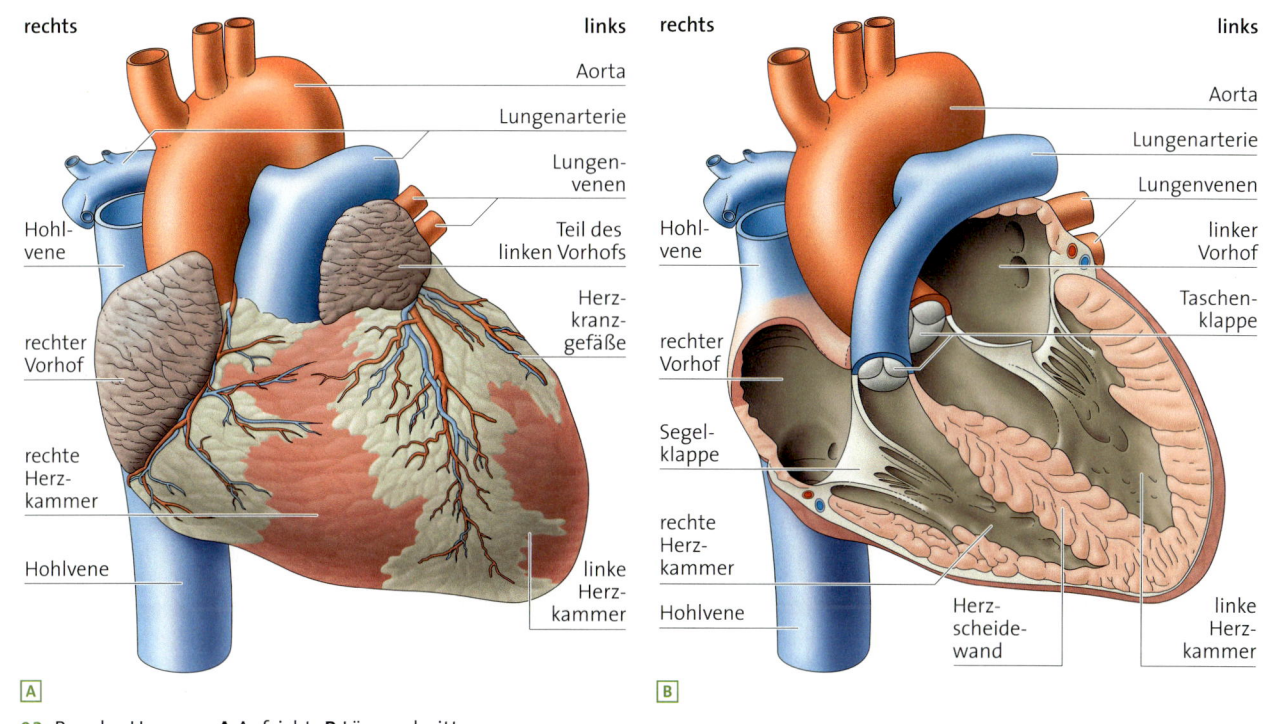

rechts · links · rechts · links

Aorta

Lungenarterie

Lungen-
venen

Hohl-
vene

Teil des
linken Vorhofs

Herz-
kranz-
gefäße

rechter
Vorhof

rechte
Herz-
kammer

Hohlvene

linke
Herz-
kammer

Aorta

Lungenarterie

Lungenvenen

linker
Vorhof

Hohl-
vene

Taschen-
klappe

rechter
Vorhof

Segel-
klappe

rechte
Herz-
kammer

Hohlvene

Herz-
scheide-
wand

linke
Herz-
kammer

A · B

03 Bau des Herzens: **A** Aufsicht, **B** Längsschnitt

■ Gefäße, die sauerstoffreiches Blut transportieren ■ Gefäße, die sauerstoffarmes Blut transportieren

AUFGABEN DES HERZENS · Das Herz ist der Motor des Blutkreislaufs. Ein Herzstillstand hat immer auch einen Kreislaufstillstand zur Folge. Das ist lebensgefährlich. Ein Mensch, dessen Gehirn nur sechs bis zehn Sekunden keinen Sauerstoff erhält, wird bewusstlos. Nach einigen Minuten ohne Sauerstoff erleidet das Gehirn nicht behebbare Schäden. Fällt die Sauerstoffversorgung des Körpers noch länger aus, stirbt der Mensch. Deshalb muss das Herz das ganze Leben lang ununterbrochen arbeiten und darf nicht ausfallen. Auch bei Bewusstlosigkeit schlägt das Herz weiter. Die Steuerung des Herzschlags geschieht nämlich unabhängig vom Gehirn und vom übrigen Nervensystem durch ein Zentrum im Herzen selbst.

Das Herz schlägt bei einem Erwachsenen in Ruhe etwa siebzig Mal pro Minute. Damit werden jeden Tag etwa 14 000 Liter Blut durch die beiden Herzkammern bewegt.
Für den Körperkreislauf ist ein höherer Druck erforderlich als für den Lungenkreislauf. Daher ist der Herzmuskel auf der linken Seite, von der aus das Blut über die Aorta in den Körper gepumpt wird, wesentlich kräftiger als auf der rechten Seite.
Jeder Muskel benötigt Energie, um seine Arbeit zu verrichten. Dies gilt auch für den Herzmuskel. Deshalb wird er von Blutgefäßen versorgt. Die Durchblutung des Herzens erfolgt nicht von innen her, sondern dafür sorgt ein Geflecht aus Blutgefäßen, das an der Herzoberfläche zu sehen ist. Diese Gefäße heißen *Herzkranzgefäße*. Sie transportieren Sauerstoff und Nährstoffe, vor allem Glukose, an das Herz heran und führen Kohlenstoffdioxid und Abfallstoffe ab.

1) Beschreibe die Lage der Segelklappen und der Taschenklappen!

2) Begründe, weshalb die Herzkranzgefäße so wichtig für das Herz sind!

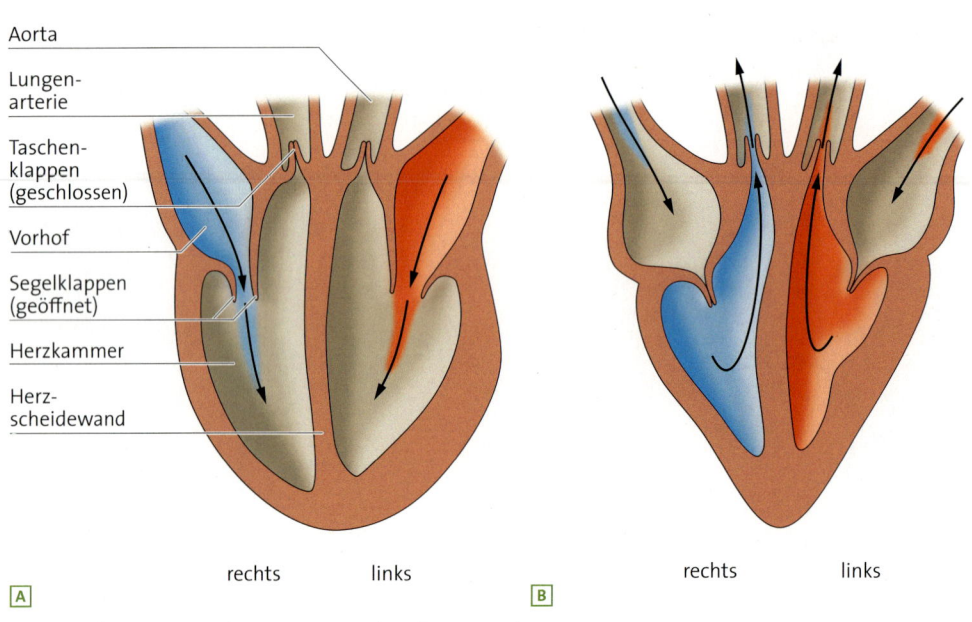

Aorta
Lungen-
arterie
Taschen-
klappen
(geschlossen)
Vorhof
Segelklappen
(geöffnet)
Herzkammer
Herz-
scheidewand

rechts links rechts links

A **B**

04 Pumpbewegungen des Herzens: **A** Diastole, **B** Systole

FUNKTION DES HERZENS · Das Herz arbeitet wie eine Pumpe. In ständigem Wechsel saugt es Blut aus den Venen an und drückt es danach in die Arterien. Die rhythmische Tätigkeit lässt sich in zwei Abschnitte unterteilen.

Zu Beginn der Herztätigkeit strömt Blut aus den Vorhöfen in die Herzkammern. Diesen Zeitabschnitt, in dem der Herzmuskel entspannt ist und die Herzkammern sich mit Blut füllen, nennt man **Diastole.**

Im Anschluss an die Diastole zieht sich die Muskulatur der Herzkammern zusammen. Dadurch verringert sich der Raum in den Kammern, sodass das darin enthaltene Blut unter Druck gerät. Infolgedessen wird Blut aus der rechten Herzkammer in die Lungenarterie und aus der linken Herzkammer in die große Körperarterie, die Aorta, gepumpt. Diesen Abschnitt der Herztätigkeit, bei dem der Herzmuskel sich zusammenzieht und Blut in die Arterien drückt, nennt man **Systole.** Inzwischen ist Blut aus den Hohlvenen in den rechten und aus den Lungenvenen in den linken Vorhof geströmt. Nur während der Systole zieht sich also der Herzmuskel zusammen. In der übrigen Zeit erschlafft der Herzmuskel.

Beim Abhören des Herzens kann man zwei rhythmisch aufeinanderfolgende Herztöne wahrnehmen. Den ersten Ton hört man, wenn sich die Muskulatur der Herzkammern zusammenzieht und die Segelklappen sich schließen. Der zweite Ton tritt am Ende der Systole auf, wenn sich die Taschenklappen schließen.

Durch Bewegungen der beiden Vorhöfe öffnen sich die Segelklappen, sodass das Blut in die Herzkammern strömen kann. Zu Beginn der Systole sorgt der steigende Druck in den Herzkammern dafür, dass sich die Segelklappen schließen. Dies verhindert, dass das Blut in die Vorhöfe zurückfließt. Bei weiter steigendem Druck gegen Ende der Systole öffnen sich die Taschenklappen und lassen das Blut in die Arterien fließen, schließen sich aber sofort wieder, sodass das Blut nicht in die Herzkammern zurückfließt.

3 Beschreibe die Vorgänge während der Diastole und während der Systole!

4 Erkläre, wodurch die Segelklappen geschlossen und die Taschenklappen geöffnet werden!

Material A ▸ Bau des Herzens

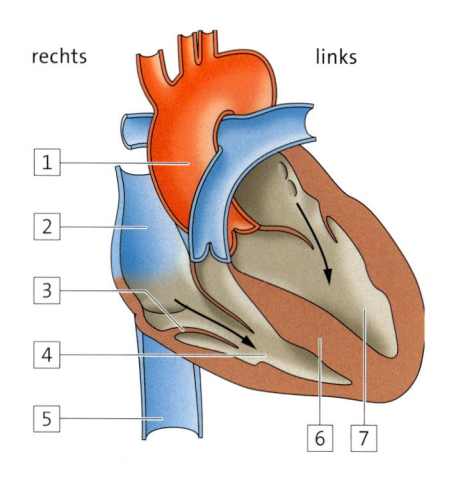

rechts

links

1
2
3
4
5
6 7

A1 Benenne die mit Zahlen gekennzeichneten Teile des Herzens mit Fachbegriffen!

A2 Begründe, ob sich das Herz in der Diastole oder der Systole befindet!

A3 Beschreibe die Fließrichtung des Blutes in den Gefäßen 1 und 5!

A4 Stelle Vermutungen an, welche Folgen es hätte, wenn die beiden Bereiche 4 und 7 durch ein Loch im Bereich 6 nicht vollständig voneinander getrennt wären!

Material B ▸ Sportlerherz

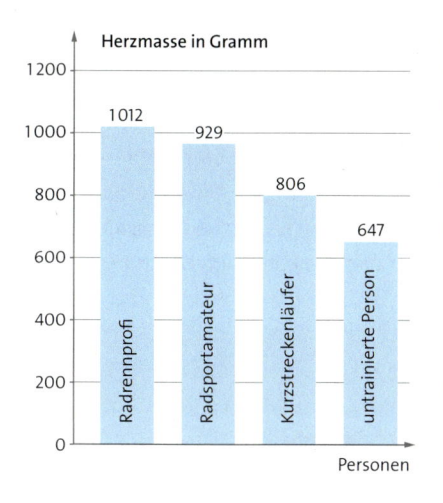

Herzmasse in Gramm

1012 Radrennprofi
929 Radsportamateur
806 Kurzstreckenläufer
647 untrainierte Person

Personen

Aus dem Säulendiagramm kann die Größe des Herzens bei verschiedenen Personen abgeleitet werden. Je größer die Masse des Herzens ist, desto größer ist auch der Raum der Herzkammer.

B1 Berechne die Unterschiede der Herzmassen in Prozent zwischen der untrainierten Person und den Sportlern!

B2 Stelle Vermutungen an, wie es zu den dargestellten Unterschieden gekommen sein könnte!

B3 Erkläre, weshalb das Herz eines trainierten Sportlers unter anderem dafür verantwortlich ist, dass seine Körperleistung höher ist als die einer untrainierten Person!

B4 Erkläre, weshalb das Herz von Radrennprofis bei ruhendem Körper weniger häufig pro Minute schlägt als das Herz einer untrainierten Person!

Material C ▸ Leistungen des Herzens

	ruhend	belastet
Von einer Herzkammer bei einem Schlag gepumptes Blut	70 ml	70 ml
Herzschläge pro Minute	70	130
Gesamte Blutmenge im Körper	6 l	6 l

In der Tabelle sind Daten zu Tätigkeit und Leistung des Herzens bei ruhendem Körper und bei einer bestimmten körperlichen Anstrengung angegeben. Sie gelten für ein und dieselbe Person.

C1 Berechne jeweils für den ruhenden und den belasteten Körper, wie viel Liter Blut in einer halben Stunde in die Aorta gepumpt wird!

C2 Erkläre die Unterschiede, die sich für den ruhenden und den belasteten Körper ergeben!

C3 Berechne, wie oft pro Tag bei ruhendem Körper das gesamte Blut durch das Herz fließt!

C4 Begründe, weshalb die aus beiden Herzkammern in die Blutgefäße ausströmenden Blutmengen gleich groß sein müssen!

/// METHODE ///

Präparation eines Schweineherzens

Das menschliche Herz hat die gleichen Bestandteile wie ein Schweineherz. Auch die Funktionen der Bestandteile sind vergleichbar. Die Präparation eines Schweineherzens liefert somit auch Erkenntnisse über das menschliche Herz.

Material:

Einmalhandschuhe, frisches Schweineherz, Präparierschale, Präparierbesteck, Papiertücher, Plastiktüte

Durchführung:

Beim Präparieren wird das Schweineherz zunächst äußerlich untersucht und anschließend geöffnet. Um Verletzungen zu vermeiden, muss man mit scharfen und spitzen Arbeitsmaterialien besonders vorsichtig umgehen. Das Tragen von Einmalhandschuhen ist aus hygienischen Gründen wichtig.

Lies dir zunächst jeden Arbeitsschritt genau durch und beginne erst dann mit der Präparation. Dokumentiere deine Ergebnisse der einzelnen Arbeitsschritte.

Gib am Ende der Präparation alle Herzteile und die Einmalhandschuhe in einer verschlossenen Plastiktüte in den Restmüll. Reinige alle Materialien, deinen Arbeitsplatz sowie anschließend deine Hände gründlich.

Äußere Untersuchung:

1) *Lege das Herz in die Präparierschale und identifiziere die Brustansicht sowie die Rückenansicht.*

2) *Lege das Herz so in die Präparierschale, dass die Herzspitze nach rechts zeigt.*

3) *Identifiziere folgende äußerlich sichtbaren Teile des Herzens: Aorta, linker und rechter Vorhof,* *Herzspitze, Lungenvenen, Lungenarterie, obere und untere Hohlvene, Herzkranzgefäße.*

4) *Untersuche von außen die Taschenklappen am Anfang der Aorta und der Lungenarterie.*

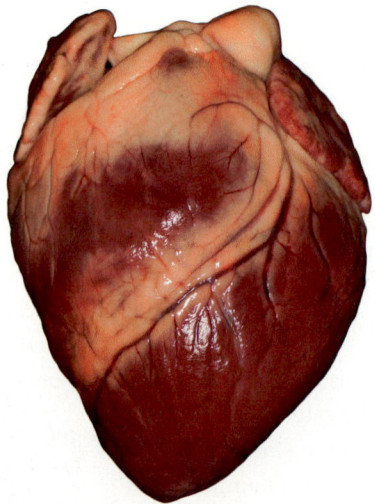
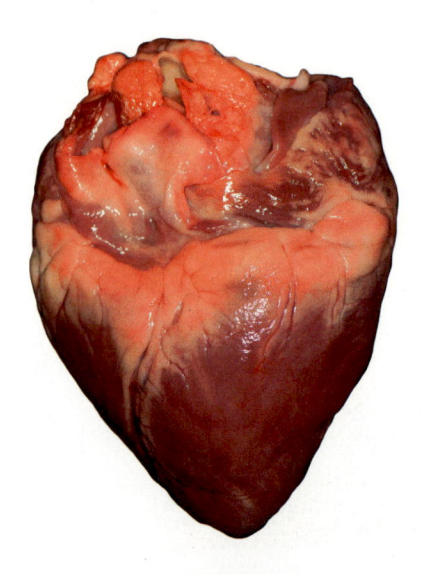

01 Lage des Herzens im Körper:

A Brustansicht,

B Rückenansicht

  A   B

Innere Untersuchung:

1) Trenne die Aorta und die Lungenarterie ab, sodass die Taschenklappen frei-
gelegt sind.

2) Führe nun einen Schnitt durch den Muskel des rechten Vorhofs (Schnitt 1)
und lege so die Segelklappen frei.

3) Schneide durch die rechte Segelklappe nach vorn links unten die rechte
Herzkammer auf (Schnitt 2). Ziehe die Herzkammerwände auseinander
und betrachte das Innere.

4) Suche die Lungenarterie und schneide sie von der rechten Herzkammer
nach oben hin auf (Schnitt 3). Jetzt siehst du die Taschenklappe der Lungenarterie.

5) Schneide die komplette linke Herzhälfte seitlich auf. Vergleiche Vorhof und
Herzkammer mit der rechten Seite.

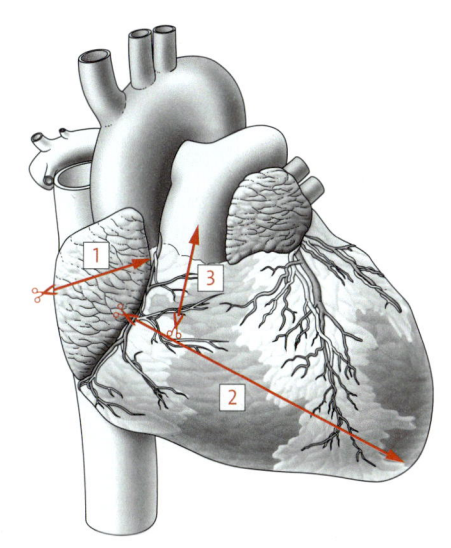

02 Schnittführung bei der inneren
Untersuchung

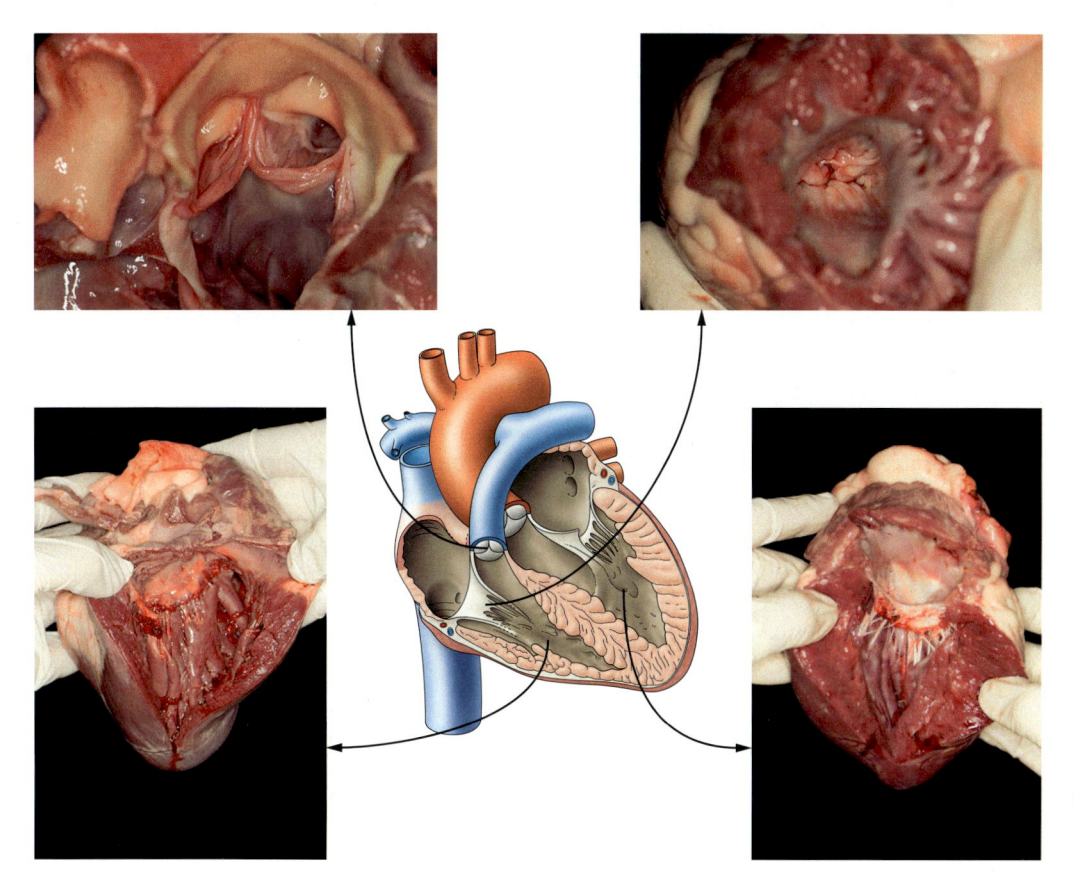

03 Strukturen
im Inneren des
Herzens

01 Tennisspielerin isst eine Banane

Zellatmung

> *Häufig kann man beobachten, dass eine Tennisspielerin während eines langen Spiels eine Banane isst. Weshalb macht sie das?*

ZELLATMUNG BEI MENSCH UND TIER · Der menschliche Körper benötigt für alle Lebensvorgänge Energie, zum Beispiel für Muskelbewegungen und Denkvorgänge. Auch die Tennisspielerin benötigt für ihre Bewegungen im Spiel Energie. Energiequellen sind die Nährstoffe. Während Pflanzen durch Fotosynthese ihre Nährstoffe selbst aufbauen können, müssen Mensch und Tier diese mit der Nahrung aufnehmen, beispielsweise durch das Essen einer Banane. Diese enthält hauptsächlich Kohlenhydrate, aber auch geringe Mengen an Proteinen und Fetten. Die Nährstoffe werden für den Aufbau von Zellen gebraucht, aus denen der menschliche Körper besteht.

Während der Wachstumsphase teilen sich die Zellen häufig und der Nährstoffbedarf ist besonders groß. Für die Zellteilungen und für alle anderen Lebensvorgänge brauchen Zellen Energie, die in den Nährstoffen gespeichert ist.

Dazu werden die Kohlenhydrate in Glukosebausteine zerlegt, die anschließend unter Sauerstoffverbrauch zu Kohlenstoffdioxid und Wasser reagieren. Dabei wird Energie für die Zelle nutzbar gemacht. Man bezeichnet diesen Vorgang als **Zellatmung**. Die Zellatmung verläuft bei allen Lebewesen gleich.

Ein Teil der Energie entweicht als Wärme. Diese nutzen Vögel und Säugetiere zur Aufrechterhaltung ihrer Körpertemperatur. Der Vorgang der Zellatmung ist bei Mensch und Tier gleich.

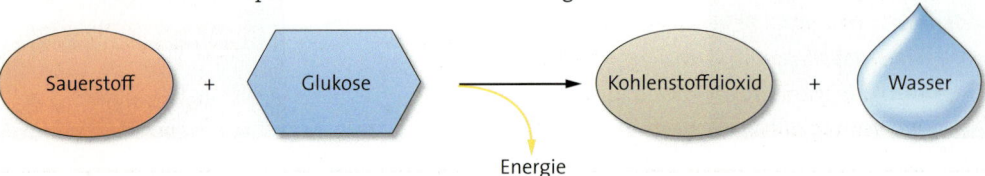

02 Wortgleichung der Zellatmung

Sauerstoff + Glukose → Kohlenstoffdioxid + Wasser

Energie

ORTE DER ZELLATMUNG · Die Zellatmung findet in spezialisierten Zellbestandteilen statt, den **Mitochondrien**. Mitochondrien gibt es in allen Zellen von Tieren und Pflanzen. Dort reagiert Glukose mit Sauerstoff zu Kohlenstoffdioxid und Wasser. Bei dieser Stoffumwandlung wird die in der Glukose gespeicherte Energie für die Pflanze, das Tier oder den Menschen nutzbar gemacht. In den Mitochondrien wird Energie für verschiedenste Lebensvorgänge bereitgestellt. Ähnlich wie die Mitochondrien liefern auch Kraftwerke Energie, die vielfältig nutzbar ist. Die elektrische Energie stammt aus den Brennstoffen, zum Beispiel Kohle oder Gas. Mitochondrien liefern der Zelle Energie, die zuvor in der Glukose gespeichert und durch die Zellatmung für die Zelle und deren Lebensvorgänge nutzbar gemacht wurde. Daher nennt man die Mitochondrien auch „Kraftwerke der Zelle".

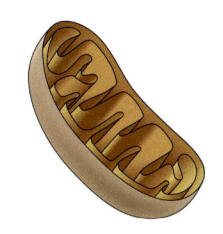

03 Mitochondrium

⁄⁄⁄ IM BLICKPUNKT CHEMIE ⁄⁄⁄

Stoff- und Teilchenebene

Alle Lebewesen sind aus Zellen aufgebaut. Alle Zellen bestehen aus verschiedenen **Stoffen** wie Proteinen, Kohlenhydraten und Wasser. Diese wiederum bestehen aus kleinsten Teilchen, den **Molekülen.** Wasser zum Beispiel besteht aus Wassermolekülen. Ein Wassermolekül setzt sich aus zwei Wasserstoffatomen und einem Sauerstoffatom zusammen. **Atome** sind die kleinsten Bausteine aller Stoffe. Es gibt verschiedene Atomsorten, die **Elemente**. Ihnen ist jeweils ein **Elementsymbol** zugeordnet, welches das entsprechende Element eindeutig abkürzt. Zum Beispiel steht H für Wasserstoff und O für Sauerstoff. Stoffe, die aus mehreren Elementen bestehen, heißen **Verbindungen.** Die Zusammensetzung einer Verbindung gibt man durch die **chemische Formel** an, zum Beispiel bei Wasser durch H_2O. Die verschiedenen Atome sind fest miteinander verbunden und bilden die *Moleküle.* Ihre Summenformeln geben das jeweilige Atomanzahlverhältnis im Molekül an.

Bei der Zellatmung reagiert ein Molekül Glukose, $C_6H_{12}O_6$, mit sechs Molekülen Sauerstoff, O_2, zu sechs Molekülen Kohlenstoffdioxid, CO_2, und sechs Molekülen Wasser, H_2O. Die Wasserstoffatome, die vor der Reaktion in der Glukose gebunden waren, reagieren bei der Zellatmung mit den Sauerstoffatomen des Sauerstoffmoleküls zu Wassermolekülen. Die übrigen Atome des Glukosemoleküls stecken in den gebildeten Kohlenstoffdioxidmolekülen, die an die Umgebung abgegeben werden. Bei dieser Reaktion werden bestehende Bindungen gebrochen und neue Bindungen geknüpft. Dabei wird die in den Bindungen des Glukosemoleküls gespeicherte Energie genutzt, um neue Bindungen zu knüpfen, oder sie wird als Wärme abgegeben.

Bei der **chemischen Reaktion** von Glukose und Sauerstoff zu Kohlenstoffdioxid und Wasser findet eine **Stoffumwandlung** statt. Es entstehen neue Stoffe mit neuen Eigenschaften. Die neuen Stoffe, Kohlenstoffdioxid und Wasser, enthalten die Atome der Ausgangsstoffe, Glukose und Sauerstoff, in einer veränderten Zusammensetzung. Daher bleibt die Gesamtmasse erhalten. Dies beschreibt das **Gesetz von der Erhaltung der Masse**. Des Weiteren ist diese Stoffumwandlung mit einem **Energieumsatz** verbunden.

$$C_6H_{12}O_6 \ + \ 6O_2 \ \xrightarrow{\text{Energie}} \ 6CO_2 \ + \ 6H_2O$$

Glukose Sauerstoff Kohlenstoff- Wasser
dioxid

04 Summengleichung der Zellatmung

/// **IM BLICKPUNKT PHYSIK** //

Energie

Sonne   Pflanze   Fahrradfahrer   Dynamo   Lampe

Energie → Energie → Energie → Energie → Energie

Wärme   Wärme   Wärme   Wärme   Wärme

05 Transport der Energie mithilfe von Energieträgern

In einer grünen Pflanze wird durch die Fotosynthese die Energie des Lichts auf die Glukose übertragen. Licht und Glukose sind **Energieträger.** Energie wird also mithilfe von Energieträgern transportiert. Die Pflanze nimmt die Energie des Lichts auf und baut dadurch energiereiche Stoffe wie Nährstoffe auf, die der Mensch mit der Nahrung zu sich nimmt. Ein Teil der von der Pflanze aufgenommenen Energie wird als Wärme freigesetzt.

Beim Fahrradfahren wird die Energie für die Muskeltätigkeit genutzt. Dabei wird auch Wärme freigesetzt. Dem Fahrradfahrer wird warm. Ist beim Fahrradfahren gleichzeitig der Dynamo angeschaltet, wird sogar ein Teil der Energie auf diesen übertragen. Auch hier wird wieder Wärme frei, der Dynamo erwärmt sich. Gleichzeitig überträgt dieser die Energie auf die Lampe am Fahrrad, die dadurch leuchtet. Auch bei diesem Prozess wird Wärme frei. Bei der Nutzung von Energie wird der Energieträger gewechselt. Dabei wird keine Energie erzeugt oder vernichtet. Die Gesamtenergie bleibt gleich. Deshalb spricht man in der Physik vom **Prinzip der Energieerhaltung**.

Allgemein gilt, dass ein **Energieträgerwechsel** meistens mit Wärmefreisetzung verbunden ist. Diese Energie steht dem System dann nicht mehr zur Verfügung.

06 Energieträger:
A Känguru,
B Glühwürmchen,
C Auto,
D Kerze,
E Ventilator,
F Solarzelle

1 ⟩ Beschreibe den Wechsel des Energieträgers an zwei Beispielen der Abbildung 06!

Material A ▸ Versuch zum Gasaustausch

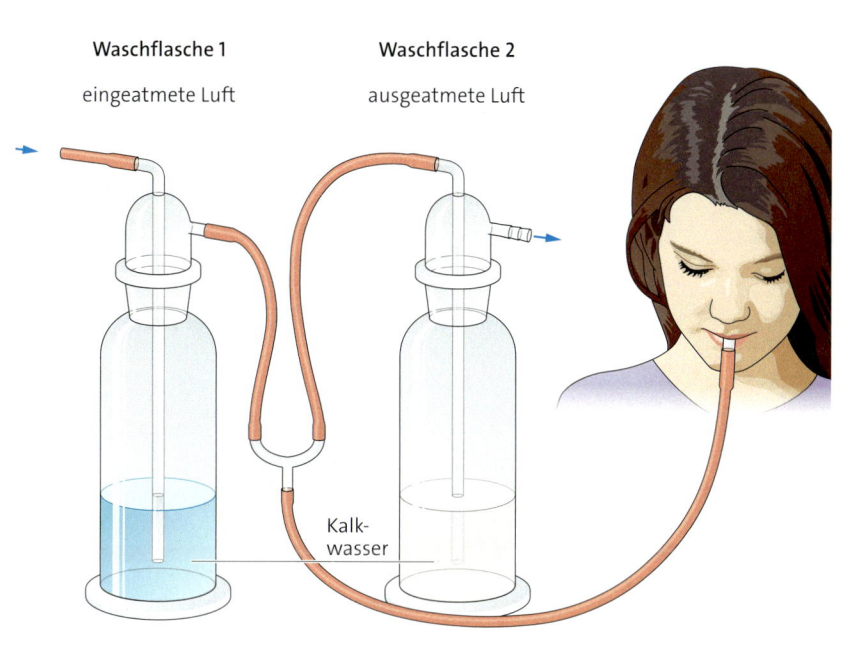

Waschflasche 1
eingeatmete Luft

Waschflasche 2
ausgeatmete Luft

Kalk-
wasser

Die Abbildung zeigt einen Versuch, bei dem eine Versuchsperson mit einem Röhrchen durch Kalkwasser einatmet beziehungsweise ausatmet. Mithilfe farblosen Kalkwassers kann man Kohlenstoffdioxid in der Luft nachweisen.

A1 Beschreibe den Weg der Luft in der Versuchsanordnung beim Einatmen und Ausatmen!

A2 Formuliere die Versuchsbeobachtungen in zwei Sätzen nach dem Muster: „Wenn ..., dann ...“!

A3 Erläutere, welche Aussagen man mit diesem Versuch über die eingeatmete und die ausgeatmete Luft machen kann!

A4 Stelle den Weg der Atemgase durch den menschlichen Organismus in einem Pfeildiagramm dar!

A5 Beschreibe den Zusammenhang zwischen dem Gasaustausch in der Lunge und der Zellatmung in den Mitochondrien!

A6 Erstelle ein Schema, in dem du die ablaufenden Vorgänge im Mitochondrium symbolisch darstellst!

Material B ▸ Energiegehalte von Stoffen

Energiegehalt der Stoffe vor und nach der Verbrennung

Energiegehalt — hoch / niedrig

Ausgangsstoffe — Endprodukte

Bei einem Lagerfeuer wird Holz verbrannt. Dabei entstehen Asche, Ruß, Kohlenstoffdioxid und Wasserdampf. In dem Holzfeuer werden Würstchen gegrillt und danach verzehrt.

B1 Beschreibe die Aussage des Energiediagramms!

B2 Energie kann nicht verlorengehen. Erkläre die energetischen Zusammenhänge anhand des Diagramms und ergänze dieses!

B3 Vergleiche die Verbrennung von Holz mit der Zellatmung!

B4 Stelle den Weg der Energie aus den verspeisten Würstchen durch den menschlichen Organismus in einem Pfeildiagramm dar!

A ▸ Von der Zelle zum Organismus

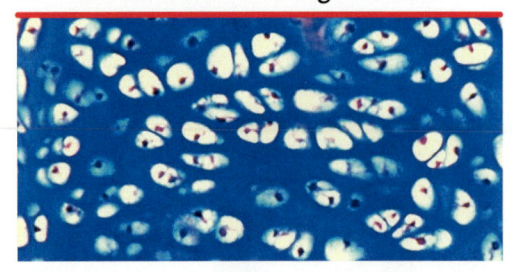

Kann ich ...

1 ⌡ den Bau einer Tierzelle beschreiben?
(Seite 92)

2 ⌡ beschreiben, welche Eigenschaften
Stammzellen haben, und woraus sie
entstehen? *(Seite 93)*

3 ⌡ Beispiele für Zelltypen und Gewebe von
Tieren nennen und beschreiben?
(Seite 93)

4 ⌡ an einem Beispiel die Organisationsstufen Zelle – Gewebe – Organ – Organsystem – Organismus vergleichen?
(Seite 94)

B ▸ Ernährung

Kann ich ...

1 ⌡ den Bau von Fetten, Proteinen und verschiedenen Kohlenhydraten beschreiben
und als Symbole zeichnen?
(Seite 96 bis 98)

2 ⌡ beschreiben, welche Aufgaben Kohlenhydrate, Fette und Proteine im Körper
des Menschen haben? *(Seite 96 und 97)*

3 ⌡ die Funktion von Vitaminen, Mineralstoffen und Ballaststoffen beschreiben?
(Seite 98)

4 ⌡ je einen Versuch erläutern, mit dem man
Glukose, Stärke, Fette und Proteine nachweisen kann? *(Seite 99 bis 101)*

C ▸ Verdauung

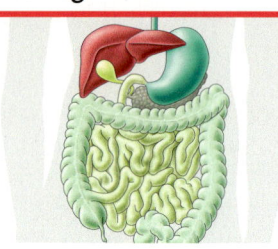

Kann ich ...

1 ⌡ die Verdauung von Kohlenhydraten im
Mund und im Dünndarm miteinander
vergleichen? *(Seite 102 und 103)*

2 ⌡ das Prinzip der Oberflächenvergrößerung am Beispiel des Dünndarms
erklären? *(Seite 103)*

3 ⌡ die Arbeitsweise eines Enzyms am Beispiel der Amylase erläutern? *(Seite 104)*

4 ⌡ das Schlüssel-Schloss-Prinzip am Beispiel der Maltase mithilfe einer beschrif-
teten Skizze beschreiben? *(Seite 104)*

5 ⌡ die Verdauung von Proteinen erläutern?
(Seite 108 und 109)

6 ⌡ die Vorgänge beschreiben, die bei der
Verdauung von Fetten ablaufen?
(Seite 110)

7 ⌡ die Funktion und den Wirkungsort
der verschiedenen Verdauungsenzyme
nennen? *(Seite 112 und 113)*

8 ⌡ die Wirkung der Magensäure und des
Gallensafts beschreiben?
(Seite 108 und 110)

D ▸ Atmung

Kann ich ...

1 ⌡ den Weg der Luft beim Einatmen beschreiben? *(Seite 114 und 115)*

2 ⌡ den Bau der Lunge beschreiben? *(Seite 114 bis 116)*

3 ⌡ die Vorgänge bei der Brust- und Bauchatmung erklären? *(Seite 114 und 115)*

4 ⌡ den Gasaustausch in der Lunge erläutern? *(Seite 116)*

E ▸ Blut und Blutkreislauf

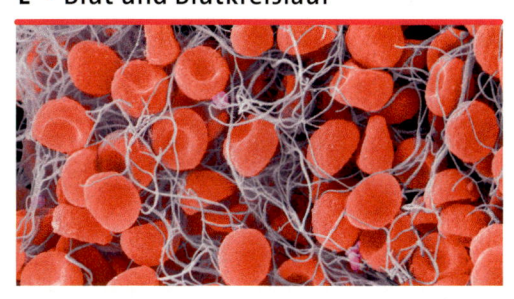

Kann ich ...

1 ⌡ die Zusammensetzung des Blutes beschreiben und den Blutbestandteilen Funktionen zuordnen? *(Seite 120 bis 122)*

2 ⌡ den Vorgang der Blutgerinnung beschreiben? *(Seite 122)*

3 ⌡ ein Schema des Blutkreislaufes zeichnen und beschriften? *(Seite 125)*

4 ⌡ Unterschiede in Bau und Funktion von Venen, Arterien und Kapillaren beschreiben? *(Seite 126)*

5 ⌡ den Bau des Herzens als beschriftete Schemazeichnung darstellen? *(Seite 128 bis 130)*

6 ⌡ die Funktion des Herzens erläutern? *(Seite 129 und 130)*

7 ⌡ den Unterschied zwischen Systole und Diastole erläutern? *(Seite 130)*

F ▸ Zellatmung

Kann ich ...

1 ⌡ die Stoffe nennen, die ein Lebewesen bei der Zellatmung verbraucht? *(Seite 134)*

2 ⌡ die Stoffe nennen, die bei der Zellatmung in der Zelle entstehen? *(Seite 134)*

3 ⌡ die Wortgleichung der Zellatmung nennen? *(Seite 134)*

4 ⌡ den Zellbestandteil nennen, in dem die Zellatmung abläuft? *(Seite 93 und 135)*

5 ⌡ erklären, wie der Mensch seine Körperwärme erzeugt? *(Seite 136)*

Kann ich aus dem Kapitel „Versorgung mit Stoffen und Energie" Beispiele nennen für das Basiskonzept:

- Struktur – Eigenschaft – Funktion?
- Energie?
- System?

Licht ermöglicht Stoffaufbau

1 **Pflanzen produzieren Stoffe** **142**

In diesem Kapitel beschäftigst du dich mit

► dem Aufbau pflanzlicher Zellen. Du erfährst, dass alle Pflanzenteile aus Zellen bestehen und dass alle Zellen einen ähnlichen Grundaufbau aufweisen. Außerdem lernst du, welche Aufgaben die unterschiedlichen Zellbestandteile haben.

► der Fotosynthese. Du erfährst, wie Pflanzen unter Nutzung des Sonnenlichts energiereiche Stoffe herstellen. Außerdem lernst du, in welchem Pflanzenorgan die Fotosynthese stattfindet und wie dieses Organ aufgebaut ist.

► Versuchen zur Fotosynthese. Mit ihrer Hilfe findest du heraus, von welchen Faktoren die Fotosyntheseleistung einer Pflanze abhängt.

► der Zellatmung. Du lernst, wie Pflanzen, Tiere und Menschen energiereiche Stoffe für sich nutzbar machen.

01 Wasserpest:
A Spross,
B lichtmikroskopisches Bild einer Zelle aus dem Laubblatt der Wasserpest bei starker Vergrößerung

Pflanzen bestehen aus Zellen

Unter dem Mikroskop erkennt man, dass das Laubblatt der Wasserpest, einer beliebten Aquarienpflanze, aus vielen gleichartigen, nebeneinanderliegenden und sehr kleinen Kästchen aufgebaut ist. Woraus besteht ein solches „Kästchen"?

ZELLEN · Eine genaue Untersuchung mit dem Mikroskop ergibt, dass die flach erscheinenden Kästchen in Wirklichkeit kleine Räume sind. Man nennt sie **Zellen.** Alle Teile der Wasserpest, nicht nur die Laubblätter, bestehen aus Zellen, so wie es bei allen Pflanzen der Fall ist.

Die Zellen des Wasserpestblattes sind mit einer Länge von 0,2 Millimetern vergleichsweise groß. Die meisten Pflanzenzellen haben nur eine Größe zwischen 0,1 und 0,01 Millimeter. Alle Pflanzenzellen, ob groß oder klein, sind aber aus ähnlichen Bestandteilen aufgebaut.

ZELLBESTANDTEILE · Pflanzenzellen haben eine stabile Hülle aus einem Geflecht von festen Fäden, die als **Zellwand** bezeichnet wird.

Meistens ist die Zellwand zwar sehr dünn und durchsichtig, sie gibt aber dennoch der Pflanzenzelle eine stabile Form. Durch Öffnungen in der Zellwand, die *Tüpfel*, stehen benachbarte Zellen miteinander in Kontakt.

Unter der Zellwand liegt das zarte, aber sehr flexible Häutchen, die **Zellmembran**, die im Lichtmikroskop kaum zu erkennen ist.

Schon bei etwa 200-facher Vergrößerung erkennt man unter dem Lichtmikroskop im *Zellplasma*, dass der grüne Farbstoff in kleinen kugel- bis linsenförmigen Körperchen vorliegt, den **Chloroplasten**. Sie sind von Membranen umgeben. Chloroplasten stellen typische Bestandteile pflanzlicher Zellen dar, die im Inneren den grünen Blattfarbstoff, das *Chlorophyll*, enthalten. Dieses sorgt bei allen Pflanzen für die grüne Farbe der Laubblätter und Sprosse. In den Chloroplasten läuft mit Hilfe des Chlorophylls die Fotosynthese ab. Durch diesen Vorgang kann die Pflanzenzelle die Lichtenergie nutzen, um Zucker selbst herzustellen, den sie als Nährstoff verwendet.

Weiterhin fällt auf, dass sich die Chloroplasten in den Blattzellen der Wasserpest überwiegend in den Randbereichen befinden, während

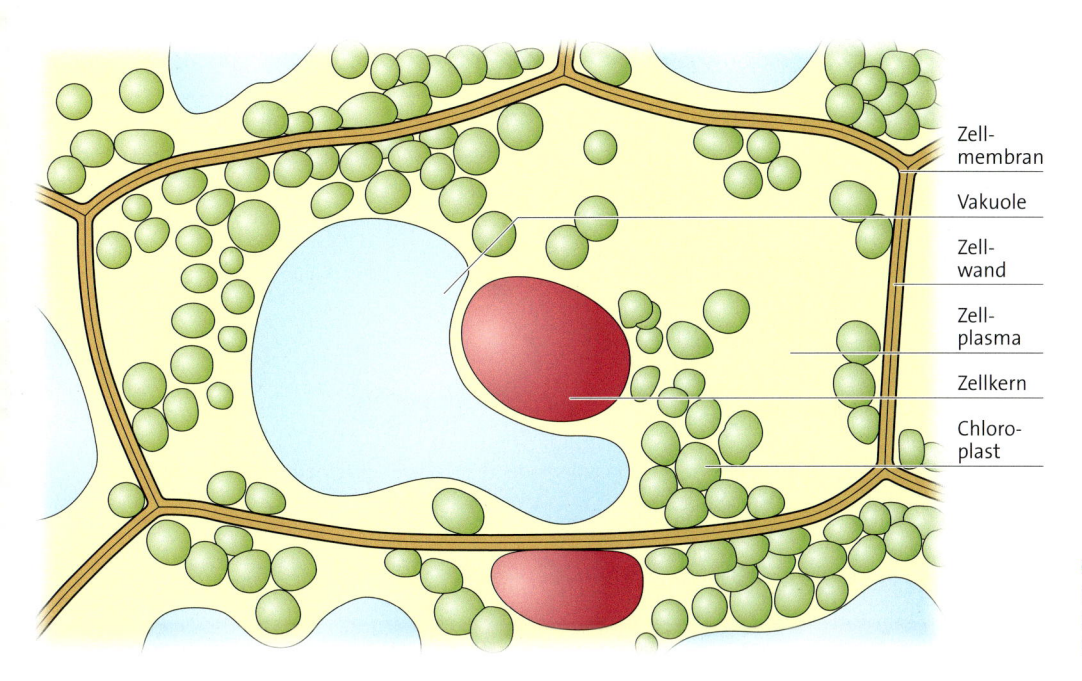

Zell-
membran

Vakuole

Zell-
wand

Zell-
plasma

Zellkern

Chloro-
plast

02 Schema des lichtmikroskopischen Bilds einer Pflanzenzelle

der innere Bereich farblos und strukturlos erscheint. Worauf diese Randlage der Chloroplasten zurückzuführen ist, ist an den Blattzellen der Wasserpest nur schwer erkennbar. Dieser größte Teil pflanzlicher Zellen wird von einem weiteren Zellbestandteil ausgefüllt, der **Vakuole**. Diese Vakuole ist in den Zellen der roten Küchenzwiebel mit einem roten Farbstoff gefüllt und hierdurch sichtbar. Eine Detailansicht der Zellrandbereiche zeigt, dass die Vakuole, wie die Zelle auch, von einem dünnen Häutchen, einer *Membran*, umgeben ist. Dieses Häutchen nennt man **Tonoplast**. Dieser sorgt für die Abgrenzung zwischen dem Vakuoleninhalt und der Umgebung. Die Vakuole ist von einer Flüssigkeit umgeben, die die Grundsubstanz der Zelle darstellt, das **Zellplasma**. In diesem liegt der **Zellkern,** der auch in einer Pflanzenzelle, wie der Wasserpestzelle, die Stoffwechselprozesse steuert.

Zellkern, Vakuole und Chloroplasten sind Beispiele dafür, dass Zellen unterschiedliche, durch *Membranen* abgegrenzte Räume aufweisen, die bestimmte Funktionen erfüllen. Diese Räume nennt man **Kompartimente.**

Einige besonders gestaltete Bereiche des Zell-

plasmas sind so klein, dass sie nur unter dem Elektronenmikroskop sichtbar sind. Dabei handelt es sich um längliche, von Membranen umhüllte Gebilde, die *Mitochondrien.*

Im Zellplasma vieler roter Pflanzenzellen findet man außerdem rötlich orange gefärbte Körperchen, die den Chloroplasten sehr ähnlich sind. Man bezeichnet sie als *Chromoplasten.* Sie geben zum Beispiel Möhren oder Tomaten ihre Farbe.

Der Blick durch das Lichtmikroskop zeigt stets nur eine Ebene innerhalb der Zellen scharf. Stellt man nacheinander auf verschiedene Ebenen scharf, sind teilweise unterschiedliche Zellbestandteile zu erkennen. Erst die Summe dieser Ebenen ermöglicht eine dreidimensionale Vorstellung des Aufbaus der Zellen.

1 Beschreibe die Aufgaben des Zellkerns, der Chloroplasten und der Mitochondrien!

2 Beschreibe die beiden Zellbestandteile, die die Pflanzenzelle umhüllen!

3 Nenne den Zellbereich, in dem der Stoffwechsel der Pflanzenzelle abläuft!

/// **METHODE** //

Herstellung eines mikroskopischen Präparates von Pflanzenteilen

Um ein Objekt unter dem Lichtmikroskop sichtbar zu machen, muss man ein Präparat anfertigen. Dafür benötigt man Hilfsmittel:

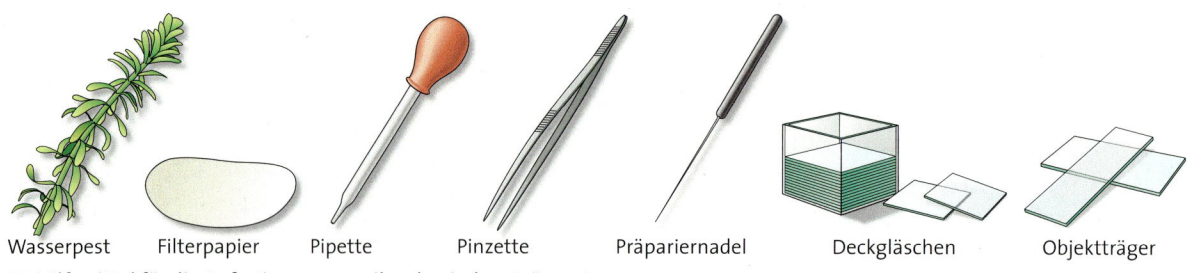

| Wasserpest | Filterpapier | Pipette | Pinzette | Präpariernadel | Deckgläschen | Objektträger |

03 Hilfsmittel für die Anfertigung von mikroskopischen Präparaten

Um ein Präparat von der Wasserpest herzustellen, sind folgende Schritte notwendig:

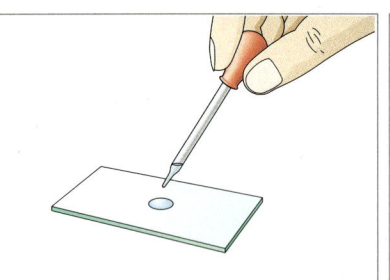

1) Bringe mit einer Pipette einen Wassertropfen auf die Mitte des Objektträgers.

2) Zupfe mit einer Pinzette ein Blatt von der Wasserpest ab.

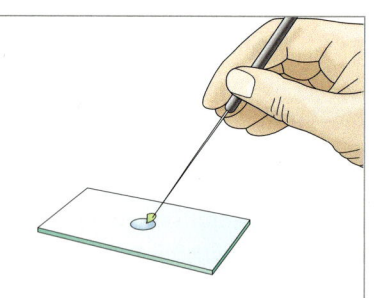

3) Lege mit einer Präpariernadel die Blattspitze in den Wassertropfen ein.

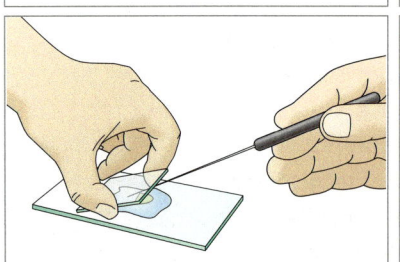

4) Stelle das Deckgläschen an den Wassertropfen an und senke es langsam ab.

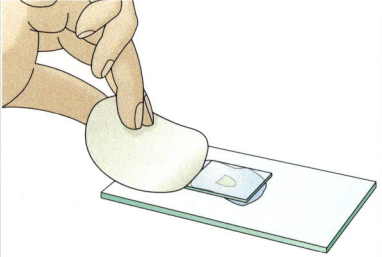

5) Sauge mit einem Filterpapierstreifen überschüssiges Wasser ab.

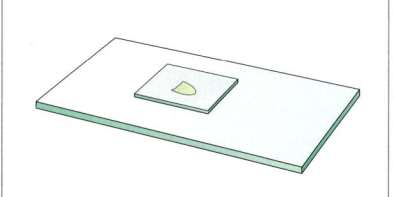

6) Dein Präparat ist nun fertig.

4) Mikroskopiere das Präparat und betrachte es bei unterschiedlichen Vergrößerungen!

Material A ▸ Die Ebenen einer Pflanzenzelle

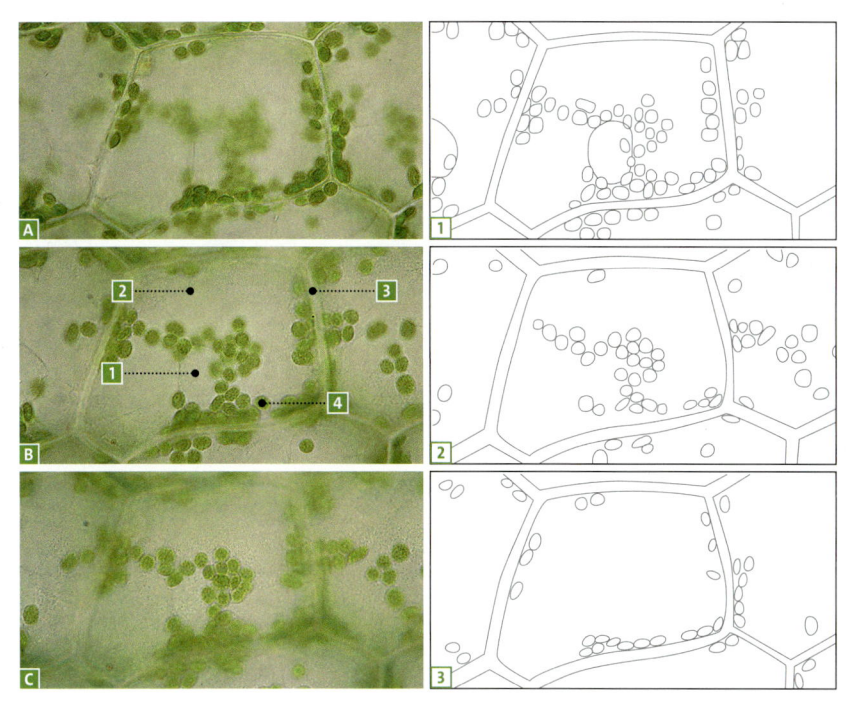

Das mikroskopische Bild einer Zelle zeigt jeweils nur eine Ebene des Zell-innern scharf. Durch vorsichtiges Drehen am Feintrieb kann man auf unterschiedliche Ebenen scharf stellen.

A1 Nenne zu den Ziffern 1 bis 4 in Foto B die entsprechenden Fachbegriffe!

A2 Die Zeichnungen 1 bis 3 gehören jeweils zu einem der Fotos A bis C und zeigen die jeweils scharf erkennbaren Strukturen. Ordne die Zeichnungen entsprechend zu und begründe deine Zuordnung!

Material B ▸ Eine Pflanze hat unterschiedliche Zellen

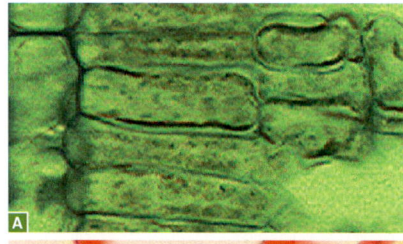

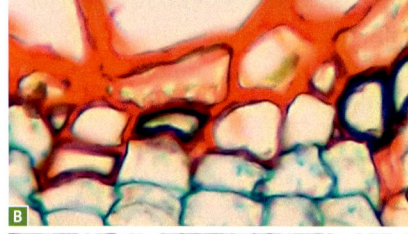

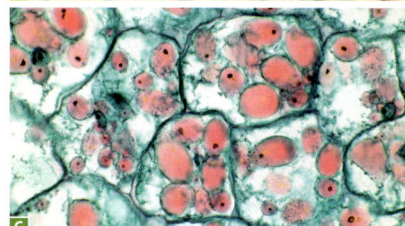

Eine Kartoffelpflanze besteht aus vielen unterschiedlichen Pflanzenteilen. Mikroskopiert man diese Pflanzenteile, entdeckt man ganz unterschiedliche Zellen.

B1 Vergleiche die Struktur der in den Abbildungen A bis C gezeigten Zellen! Beziehe dich hierbei vor allem auf die erkennbare Ausbildung der Zellbestandteile!

B2 Deute die Struktur der Zelltypen A bis C im Hinblick auf deren Funktion und nenne entsprechende Teile der Kartoffelpflanze, in denen diese Zellen vorkommen könnten!

01 Der Apfelbaum wächst und bildet Äpfel

Fotosynthese

In jedem Frühjahr bilden Apfelbäume Blätter und Blüten. Im Sommer reifen die zuckerhaltigen Äpfel. Wie gelingt es dem Apfelbaum, jedes Jahr von Neuem zuckerhaltige Äpfel zu bilden und zusätzlich noch zu wachsen?

griechisch phos = Licht

griechisch synthesis = Aufbau

FOTOSYNTHESE · Wie alle grünen Pflanzen nimmt der Apfelbaum die energiearmen Stoffe *Wasser* und *Kohlenstoffdioxid* auf. Das Wasser wird über die Wurzeln im Boden aufgenommen und in der Sprossachse zu den Laubblättern transportiert. Das Kohlenstoffdioxid gelangt aus der Luft über die Spaltöffnungen in die Laubblätter. Die Laubblätter sind reich an Blattgrünkörnern, den **Chloroplasten.** In diesen linsenförmigen Zellbestandteilen liegt der grüne Blattfarbstoff, das **Chlorophyll.** Fällt Sonnenlicht auf das Chlorophyll, wird in den Chloroplasten Traubenzucker, die **Glukose,** gebildet. Die Energie des Lichts wird verwendet, um aus Kohlenstoffdioxid und Wasser die energiereiche Glukose zusammenzusetzen. Dabei wird Sauerstoff frei. Dieser entweicht über die Spaltöffnungen des Laubblattes in die Luft. Der Aufbau von Glukose aus Kohlenstoffdioxid und Wasser in den Chloroplasten mithilfe der Lichtenergie heißt *Fotosynthese*.

Die in den Laubblättern hergestellte energiereiche Glukose nutzt der Apfelbaum, um seine zuckerhaltigen Äpfel zu bilden. Auch Tiere und Menschen profitieren von diesen Vorgängen in den Blättern der grünen Pflanzen. Der freigesetzte Sauerstoff und die gebildeten Nährstoffe benötigen alle Lebewesen zum Leben. Daher gilt die Fotosynthese als der wichtigste biologische Vorgang auf unserer Erde.

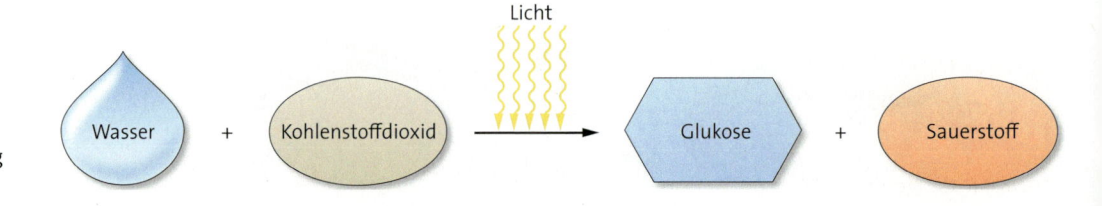

02 Wortgleichung der Fotosynthese

FOTOSYNTHESERATE · Aus der Wortgleichung der Fotosynthese kann man ableiten, dass der Apfelbaum, wie alle Pflanzen, zum Wachsen Wasser, Licht und Kohlenstoffdioxid benötigt. Diese Faktoren beeinflussen die *Fotosynthese*. Wenn viel Glukose und Sauerstoff gebildet wird, spricht man von einer hohen *Fotosyntheserate*. Ohne Licht kann die Pflanze zum Beispiel keine Fotosynthese betreiben. Die Fotosyntheserate ist daher null. Auch der Gehalt an Kohlenstoffdioxid in der Luft beeinflusst die Fotosyntheserate. Um die Fotosyntheserate zu erhöhen, wird in Gewächshäusern dieses Gas oft zusätzlich eingeblasen. Wie die Keimung und das Austreiben der Blätter ist auch die Fotosynthese von der Temperatur abhängig. Bei zu hohen oder zu niedrigen Temperaturen läuft die Fotosynthese nur langsam oder gar nicht ab. Die optimale Temperatur ist für jede Pflanzenart verschieden.

NÄHRSTOFFE · Die energiereiche Glukose dient den Pflanzen in erster Linie zur Deckung des eigenen Energiebedarfs. Meistens produziert die Pflanze mehr Glukose, als sie benötigt. Die überschüssige Glukose wird als Baustein zur Umwandlung in andere Stoffe verwendet. Wenn viele Glukosebausteine zu Ketten verbunden werden, entsteht *Stärke*, ein Speicherstoff. Glukose ist also ein Einfachzucker, der zum Aufbau des Vielfachzuckers Stärke verwendet werden kann. Alle Zucker gehören zur Nährstoffgruppe der **Kohlenhydrate**.

Glukose dient auch als Ausgangsstoff für **Fette**. Diese bestehen aus den Bausteinen *Glycerin* und *Fettsäuren*.

Darüber hinaus liefert die Glukose die Energie für die Herstellung von Eiweißen, den **Proteinen**. Proteine sind aus einer Kette verschiedener Bausteine, den *Aminosäuren*, zusammengesetzt. Proteine, Fette und Kohlenhydrate bilden die drei **Nährstoffgruppen**.

Kohlenstoffdioxid = CO_2

Sauerstoff = O_2

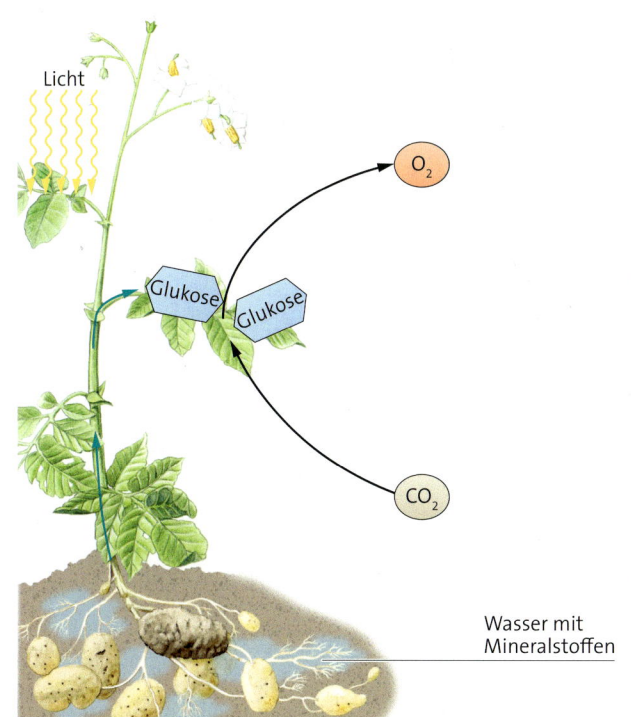

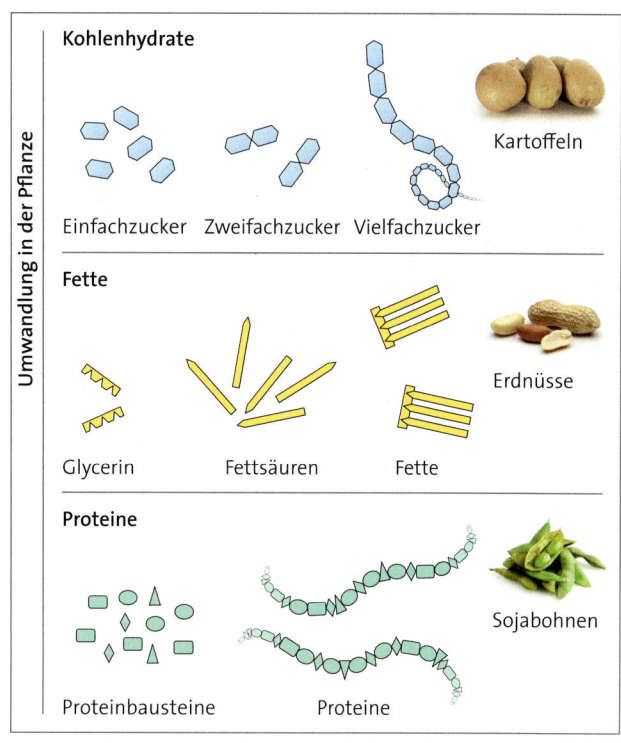

03 Umwandlungen in der Pflanze

ORT DER FOTOSYNTHESE · Untersucht man ein Laubblatt mit dem Mikroskop, so lassen sich im Querschnitt unterschiedliche Gewebeschichten erkennen. Die Blattoberseite und -unterseite werden jeweils von einer Schicht aus lückenlos aneinandergereihten Zellen gebildet. Diese Zellschichten sind frei von Chloroplasten und werden als obere beziehungsweise untere *Epidermis* bezeichnet. Die Epidermiszellen scheiden nach außen hin eine Wachsschicht ab, die **Kutikula.** Diese dient als Verdunstungsschutz.

Unter der oberen Epidermis liegen langgestreckte Zellen, die Palisadenzellen. Sie enthalten viele Chloroplasten. Unter diesem *Palisadengewebe* schließen sich die chloroplastenärmeren Zellen des *Schwammgewebes* an. Zwischen diesen Zellen liegen luftgefüllte Hohlräume. Besonders große Hohlräume be-

lateinisch cuticula = Häutchen

finden sich über den zahlreichen Öffnungen in der unteren Epidermis. Durch diese verschließbaren **Spaltöffnungen** und die Hohlräume wird Sauerstoff, Kohlenstoffdioxid und Wasserdampf aufgenommen oder abgegeben.

Das Laubblatt ist von reich verzweigten Blattadern durchzogen. Diese sorgen für die Stabilität des Blattes und dienen vor allem dem Transport von Wasser. Die Laubblätter der grünen Pflanzen haben also die Hauptaufgabe, Fotosynthese zu betreiben. Sie sind durch ihren Bau an diese Aufgabe angepasst.

1 ∫ Beschreibe den Vorgang der Fotosynthese!

2 ∫ Erkläre, weshalb es vorteilhaft für die Pflanze ist, dass das Palisadengewebe im oberen Blattbereich liegt!

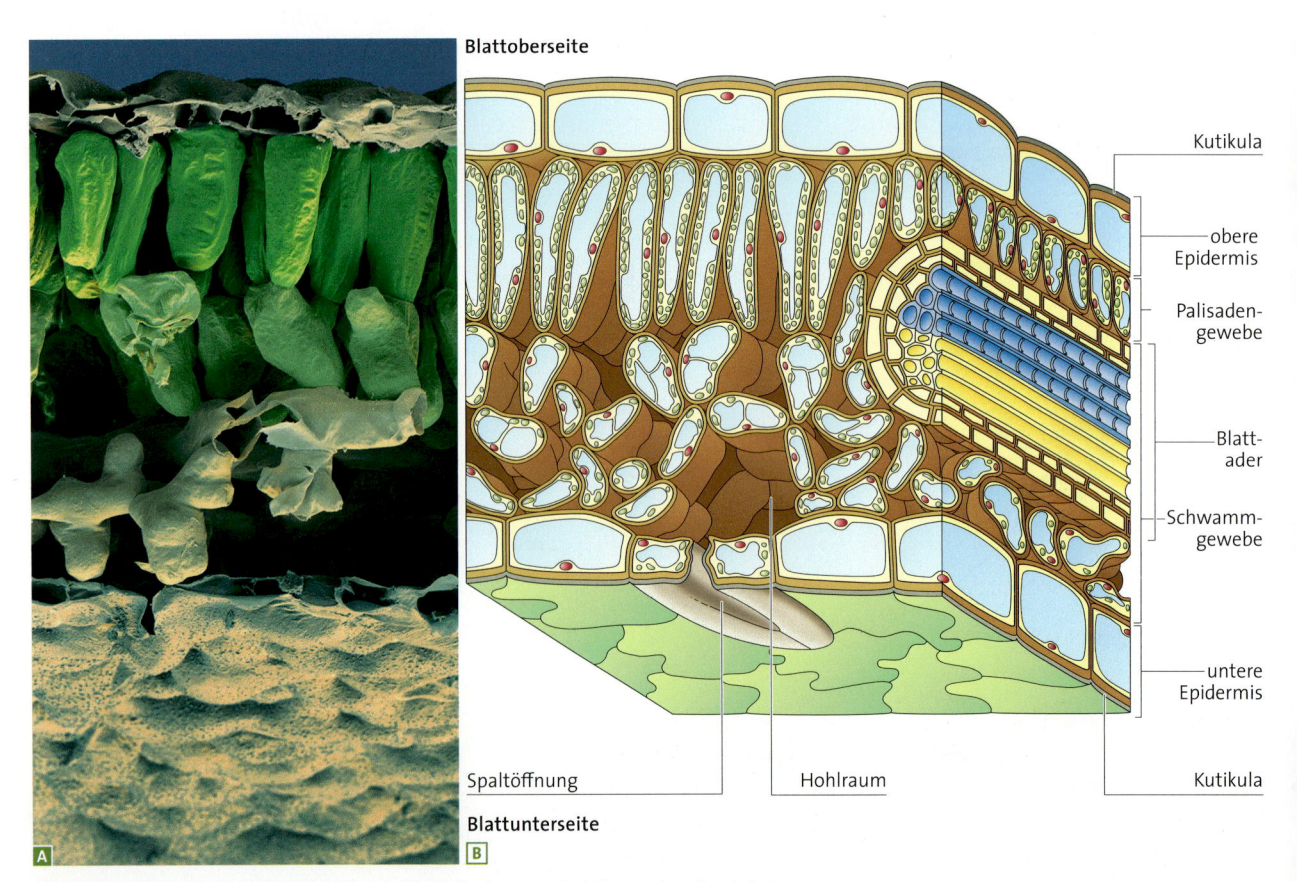

Blattoberseite

Kutikula

obere Epidermis

Palisadengewebe

Blattader

Schwammgewebe

untere Epidermis

Spaltöffnung

Hohlraum

Kutikula

Blattunterseite

A   B

04 Laubblatt: **A** elektronenmikroskopische Aufnahme, **B** dreidimensionales Schema

Material A ▶ Entdeckung der Fotosynthese

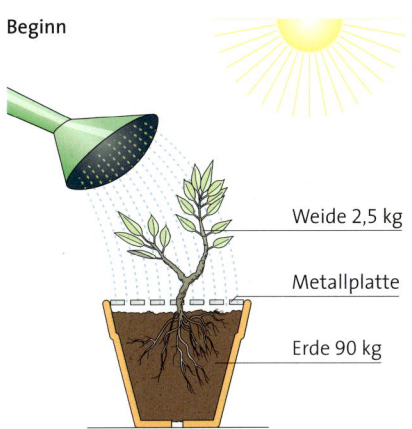

Beginn

Weide 2,5 kg

Metallplatte

Erde 90 kg

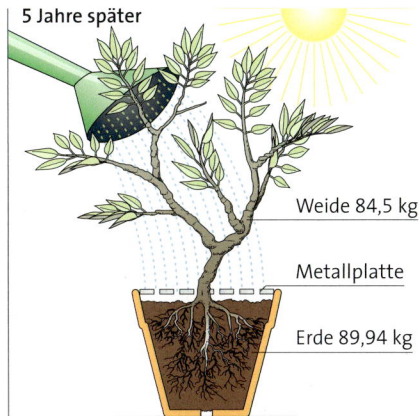

5 Jahre später

Weide 84,5 kg

Metallplatte

Erde 89,94 kg

A1 Beschreibe das Versuchergebnis!

A2 Stelle Vermutungen an, weshalb die Erde mit einer Metallplatte abgedeckt wurde!

A3 Deute das Versuchsergebnis, wie es auch VAN HELMONT vermutlich getan hat!

A4 Erkläre das Versuchsergebnis auf Grundlage heutiger Erkenntnisse!

Der Arzt und Naturforscher Jan Baptist VAN HELMONT (1580 bis 1644) aus Brüssel untersuchte, welche Stoffe Pflanzen benötigen, um wachsen zu können.
In einem Versuch pflanzte er einen 2,5 Kilogramm schweren Weidenbaum in einen Blumenkübel mit 90 Kilogramm getrockneter Erde. Die Erde wurde mit einer durchlöcherten Metallplatte abgedeckt. Er stellte die Pflanze im Freien auf und goss sie bei Bedarf mit Regenwasser. Nach fünf Jahren wog VAN HELMONT die herangewachsene Weide und die getrocknete Erde.

Material B ▶ Nachweis der Stärkebildung

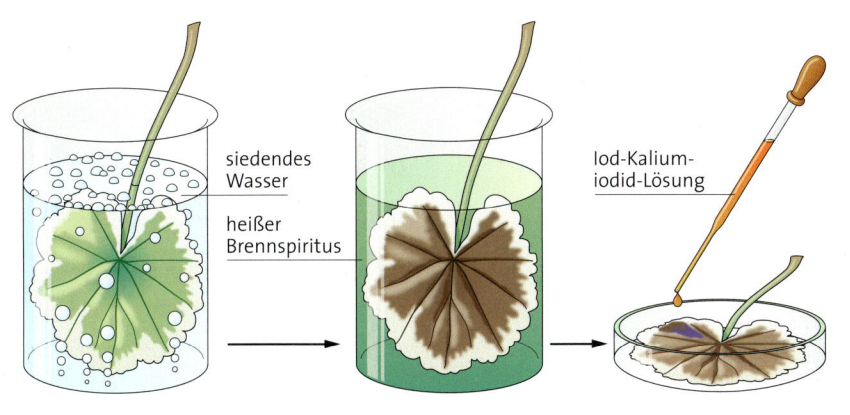

siedendes Wasser

heißer Brennspiritus

Iod-Kalium-iodid-Lösung

B1 Erstelle ein Versuchsprotokoll! Gehe von der Frage aus, in welchen Bereichen solcher Laubblätter Stärke nachgewiesen werden kann!

B2 Erkläre das Versuchsergebnis!

B3 Erkläre, weshalb die Pflanze vor dem Stärkenachweis belichtet wurde!

B4 Erkläre, weshalb die Pflanze zu Beginn des Versuchs im Dunkeln gehalten wurde!

Die Laubblätter mancher Pflanzen sind nicht durchgehend grün, sondern haben weiße Bereiche. Eine Pflanze mit solchen Blättern wird für mehrere Stunden mit einer Lampe bestrahlt. Vorab wurde sie für 24 Stunden im Dunkeln gehalten. Anschließend wird ein Stärkenachweis mit Iod-Kaliumiodid-Lösung durchgeführt.
Hinweis: *In Anwesenheit von Stärke färbt sich Iod-Kaliumiodid dunkelblau bis schwarz.*

Material C ▸ Fotosynthese und Licht

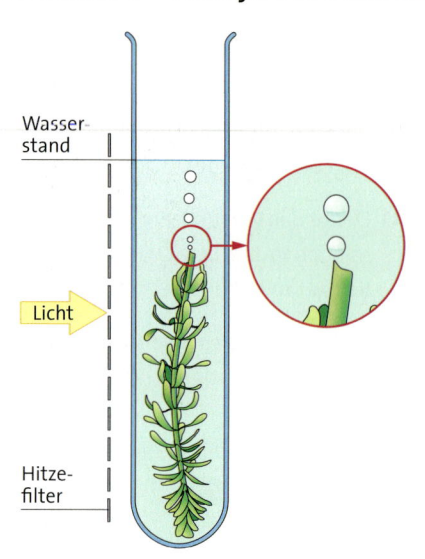

Wasser-
stand

Licht

Hitze-
filter

In einem Experiment werden sieben gleich große Reagenzgläser mit Leitungswasser gefüllt. Anschließend wird eine Sprossachse der *Wasserpest* so in jedes Reagenzglas eingesetzt, dass ihre Schnittfläche nach oben zeigt. Die verwendeten Sprossachsen haben in etwa die gleiche Länge und gleich viele Blätter. Jedes Reagenzglas wird mit einer anderen Beleuchtungsstärke belichtet.
Die Anzahl der Sauerstoffbläschen, die aus der Schnittstelle der Sprossachse aufsteigen, sind in der folgenden Tabelle notiert.

C1 Stelle das Versuchsergebnis in einem Liniendiagramm grafisch dar!

C2 Beschreibe den Kurvenverlauf!

C3 Deute das Versuchsergebnis!

C4 Zwischen der Lampe und dem Reagenzglas wurde im Experiment ein Hitzefilter aufgestellt, der Licht ungefiltert passieren lässt. Erläutere, weshalb dies erforderlich ist!

Reagenzglas	1	2	3	4	5	6	7
Beleuchtungsstärke in lux	200	1 000	4 000	8 000	16 000	24 000	32 000
Sauerstoffbläschen pro Minute	0	0	4	8	12	13	13

Material D ▸ Fotosynthese und Temperatur

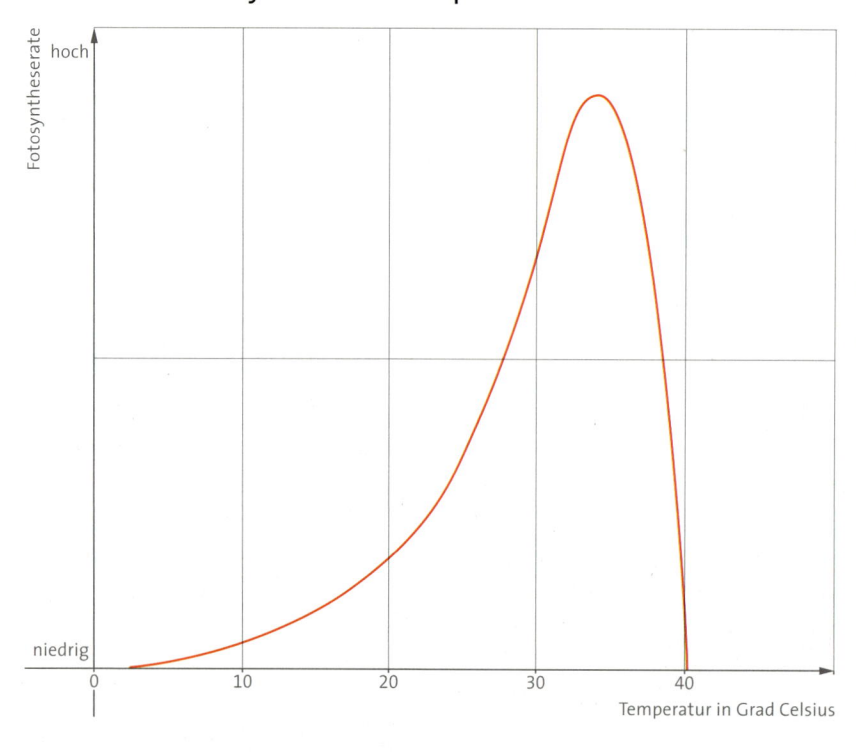

In einem Experiment wird die Wirkung der Temperatur auf die Fotosyntheserate untersucht.
Die Ergebnisse des Experiments sind in dem Liniendiagramm dargestellt.

D1 Beschreibe den Kurvenverlauf!

D2 Deute das Versuchsergebnis!

D3 Nenne eine Möglichkeit, was gemessen werden könnte, um die Fotosyntheserate zu bestimmen! Verwende dazu die Wortgleichung der Fotosynthese!

Material E ▸ Fotosynthese und Kohlenstoffdioxid

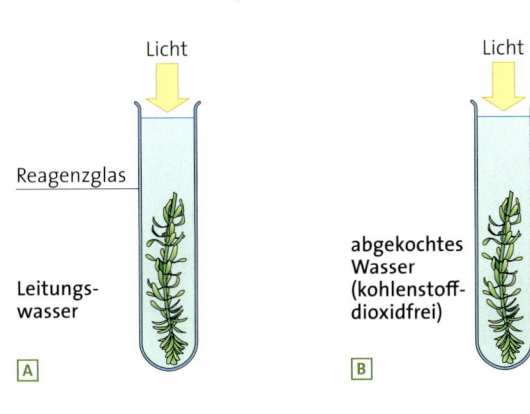

In einem Experiment werden vier Reagenzgläser mit Sprossachsen der Wasserpest belichtet, deren abgeschnittene Enden nach oben zeigen. Jedes Reagenzglas enthält Wasser mit einem unterschiedlichen Gehalt an Kohlenstoffdioxid. Anschließend wird für jedes Reagenzglas die Anzahl der Sauerstoff-bläschen gezählt, die pro Minute an den Schnittstellen aufsteigt.

E1 Nenne die Frage, die durch den Versuch beantwortet werden soll!

E2 Beschreibe die zu erwartenden Versuchsergebnisse bei den Teilversuchen A, B und C!

E3 Erläutere die Versuchsergebnisse!

E4 Erkläre das Versuchsergebnis in Teilversuch D!

E5 Erläutere, worauf man achten muss, um Fehler in der Versuchs-durchführung zu vermeiden!

Material F ▸ Messung der Glukosemenge

In einem Experiment ließ ein Wissenschaftler Weizenpflanzen auf einem Feld wachsen. Über einen Tag verteilt, nahm er immer die gleiche Menge an Pflanzen und ermittelte die Glukosemenge in den Blättern. Die Ergebnisse sind in der folgenden Tabelle dargestellt:

Uhrzeit	Glukosemenge in mg
4 Uhr	0,45
8 Uhr	0,6
12 Uhr	1,75
16 Uhr	2,0
20 Uhr	1,4
0 Uhr	0,5
4 Uhr	0,45

F1 Stelle das Versuchsergebnis in einem Liniendiagramm grafisch dar!

F2 Beschreibe den Kurvenverlauf!

F3 Gib an, welche Konzentration jeweils bei 10 Uhr und 14 Uhr zu erwarten ist!

F4 Erkläre die zeitlichen Schwankungen der Glukosemenge im Tagesverlauf!

Über einen längeren Zeitraum wird die durchschnittliche Gesamtfläche aller Blätter einer Zuckerrübenpflanze bestimmt. Von Mai bis August wird ein Durchschnittswert von 3284 cm², von September bis Oktober ein Durchschnittswert von 6567 cm² ermittelt.

Eine Zuckerrübenpflanze erzeugt pro Quadratmeter Blattoberfläche in einer Stunde ein Gramm Glukose.

F5 Berechne, wie viel Glukose pro Stunde die Pflanze in den beiden Zeiträumen produziert hat! Vergleiche die Ergebnisse miteinander!

F6 Stelle Vermutungen an, welche Unterschiede in den Bedingungen für die Fotosynthese dazu führen können, dass die bei F5 berechneten Werte von der tatsächlichen Fotosyntheserate in den beiden Zeiträumen abweichen!

01 Austreiben von Laubblättern aus einer Endknospe einer Rosskastanie

Fotosynthese und Zellatmung

Im Herbst legt die Rosskastanie an den Zweigspitzen Endknospen an, die Anlagen von neuen Blüten und Blättern enthalten. Im Frühjahr wachsen in den Knospen aus diesen Anlagen die Blüten und Blätter heran, bis sie die Knospenhülle aufsprengen. Es entfalten sich dann die ersten hellgrünen Blätter. Jetzt erst beginnen diese Laubblätter mithilfe der Fotosynthese energiereiche Glukose herzustellen. Woher nehmen aber zuvor die Blüten- und Blattanlagen in den Knospen die Energie für das Austreiben?

ZELLATMUNG BEI PFLANZEN · Die Pflanze speichert die mithilfe der Fotosynthese hergestellte Glukose als Stärke in den Blättern, aber auch in Knollen, Samen und Knospen. Die gespeicherte Glukose oder Stärke verwendet die Pflanze für ihre Lebensprozesse, zum Beispiel im Frühjahr für das Austreiben der Blätter und Blüten in den Knospen. Dazu wird die Stärke zunächst in Glukosebausteine zerlegt. In weiteren Schritten wird dann die energiereiche Glukose mithilfe von Sauerstoff zu den energiearmen Stoffen Kohlenstoffdioxid und Wasser umgewandelt. Einen Teil der dabei frei werdenden Energie nutzt die Pflanze für die Neubildung von Zellen. So wachsen die Knospen beim Austreiben im Frühjahr. Der gesamte Vorgang, bei dem Glukose abgebaut und Energie freigesetzt wird, findet in der Zelle statt. Man bezeichnet ihn als *Zellatmung*. Sobald die ersten Laubblätter entwickelt sind, kann eine Pflanze durch Fotosynthese neue Nährstoffe bilden und die Nährstoffspeicher wieder auffüllen.

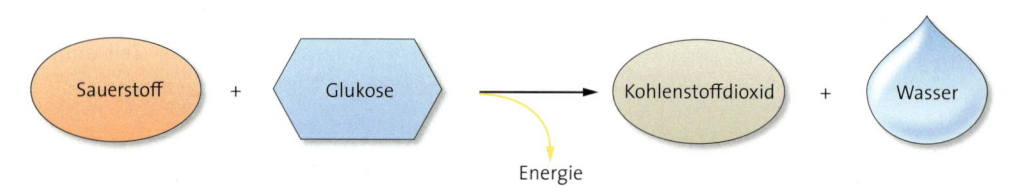

02 Wortgleichung der Zellatmung

Tiere und Menschen beziehen die für die Zellatmung notwendige Glukose aus Nährstoffen, wie zum Beispiel Zuckern oder Fetten. Pflanzen können durch Fotosynthese die Glukose selbst aufbauen. Solche „Selbsternährer" nennt man **autotroph**. Tiere und Menschen müssen diese Nährstoffe mit der Nahrung aufnehmen. Diese Nährstoffe wurden zuvor von autotrophen Lebewesen produziert. Man nennt alle Lebewesen, die ihre Nährstoffe nicht selbst bilden können, **heterotroph**.

Die Zellatmung, der Umwandlungsprozess von Glukose in Kohlenstoffdioxid und Wasser unter Energiefreisetzung, ist bei Tier und Pflanze gleich.

ENERGIEHAUSHALT DER PFLANZE · Während bei der Fotosynthese die Pflanze Kohlenstoffdioxid aufnimmt und Sauerstoff abgibt, ist dies bei der Zellatmung genau umgekehrt: Sauerstoff wird aufgenommen und Kohlenstoffdioxid abgegeben. Für die Fotosynthese ist Licht erforderlich.

Wie die Tiere und der Mensch kann aber auch die Pflanze die Energie, die sie für ihre Lebensvorgänge benötigt, nur aus der Zellatmung beziehen. Die Zellatmung muss daher ständig am Tag und in der Nacht ablaufen.

1 | Nenne die Wortgleichungen von Fotosynthese und Zellatmung!

2 | Erkläre die Begriffe autotroph und heterotroph!

3 | Ordne folgende Begriffe Tieren, Menschen und Pflanzen zu: Zellatmung, Fotosynthese, Mitochondrien, Chloroplasten, Kohlenstoffdioxidabgabe, Sauerstoffabgabe, Sauerstoffaufnahme!

4 | Begründe, weshalb die Pflanze bei Tag mehr Glukose bilden muss als durch die Zellatmung abgebaut wird!

griechisch autotroph = sich selbst ernährend

griechisch heterotroph = héteros: anders troph: ernährend

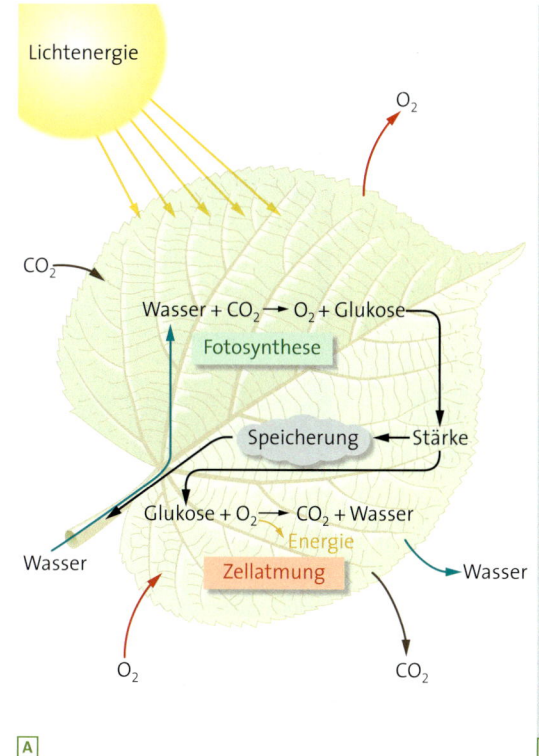

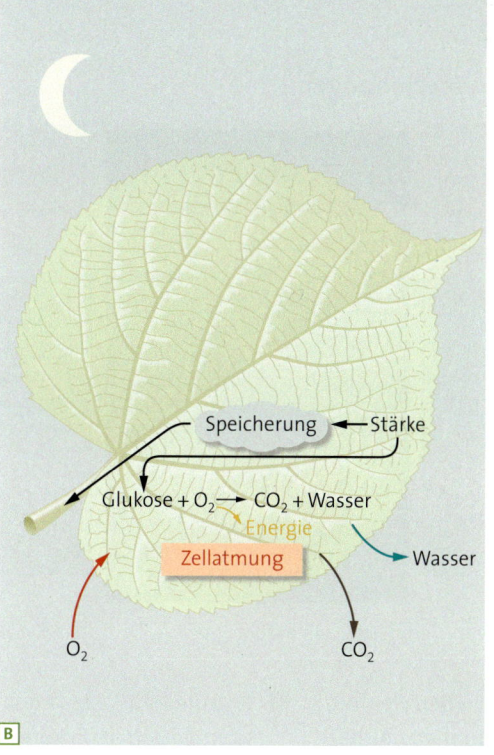

03 Energiehaushalt der Pflanze: **A** bei Tag, **B** bei Nacht

Material A ▶ Keimende Erbsen

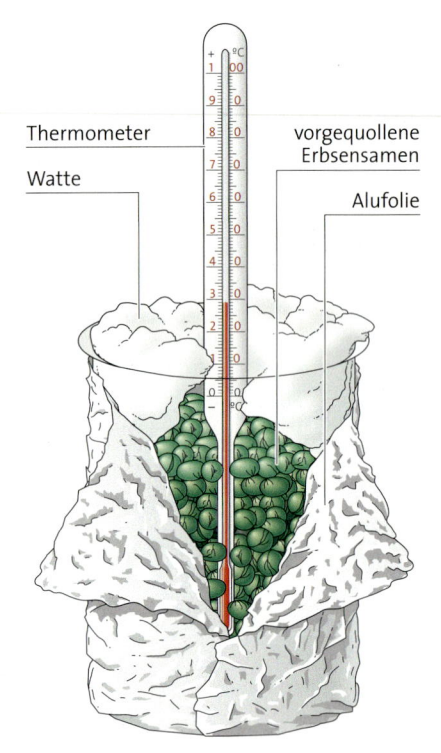

Thermometer

Watte

vorgequollene Erbsensamen

Alufolie

Zeit in Stunden	Temperatur in Grad Celsius
0	22
2	23,5
4	25,4
6	26
8	26,8
10	27,2
12	27,8
14	28,4

In einem Experiment wurden vorgequollene Erbsensamen in einen Glaszylinder gefüllt. Anschließend wurde ein Thermometer in den Glaszylinder gesteckt und mit einem feuchten Wattebausch verschlossen. Das Gefäß wurde zusätzlich mit Alufolie locker umwickelt. Alle zwei Minuten wurde die Temperatur am Thermometer abgelesen und in die unten stehende Tabelle eingetragen.

A1 Stelle das Versuchsergebnis in einem Liniendiagramm dar!

A2 Beschreibe das Liniendiagramm und den Kurvenverlauf!

A3 Nenne die Frage, die durch den Versuch beantwortet werden soll!

A4 Deute das Versuchsergebnis!

A5 Stelle Vermutungen an, weshalb die Erbsensamen vorgequollen wurden!

Material B ▶ Wechselbeziehungen

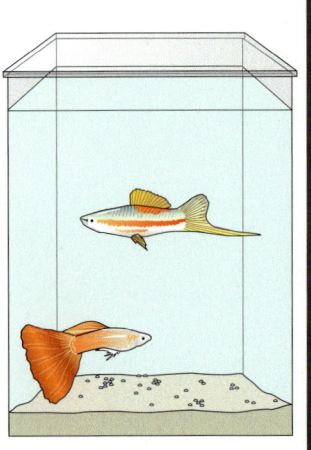 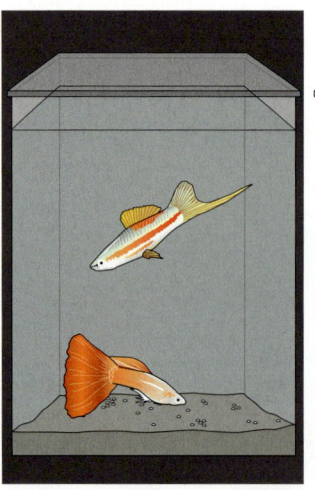 

A Tiere mit Licht **B** Tiere ohne Licht **C** Pflanzen und Tiere mit Licht **D** Pflanzen und Tiere ohne Licht

In einem Experiment werden vier luftdicht verschlossene Aquarien unterschiedlich besetzt und belichtet.

B1 Begründe für jedes Aquarium, wie sich der Gehalt an Kohlenstoffdioxid und Sauerstoff ändert!

B2 Erkläre, unter welchen Bedingungen offene Aquarien mit Sauerstoff versorgt werden müssen!

A ▸ Pflanzenzelle und Fotosynthese

Kann ich ...

1 ⌟ die Zellbestandteile einer Pflanzenzelle nennen und ihre Funktionen beschreiben? *(Seite 142 und 143)*

2 ⌟ beschreiben, wie man ein mikroskopisches Präparat herstellt? *(Seite 144)*

3 ⌟ die Stoffe nennen, welche die Pflanzen aufnehmen, um Fotosynthese betreiben zu können? *(Seite 146)*

4 ⌟ die Stoffe nennen, die durch die Fotosynthese gebildet werden? *(Seite 146)*

5 ⌟ die Stoff- und Energieumwandlung während der Fotosynthese erläutern? *(Seite 146 und 147)*

6 ⌟ den Querschnitt durch ein Laubblatt beschreiben? *(Seite 148)*

7 ⌟ die Funktionen der Gewebe eines Laubblatts im Zusammenhang mit ihrem Bau beschreiben? *(Seite 148)*

8 ⌟ die Funktion der Spaltöffnungen an der Laubblattunterseite nennen? *(Seite 148)*

9 ⌟ je ein Experiment erläutern, mit dem der Einfluss der Lichtstärke und des Kohlenstoffdioxidgehalts der Luft auf die Fotosyntheserate untersucht wird? *(Seite 150 und 151)*

B ▸ Zellatmung

Kann ich ...

1 ⌟ beispielhaft Lebensprozesse benennen, für die Pflanzen Energie benötigen? *(Seite 152)*

2 ⌟ beschreiben, wie Pflanzen, Menschen und Tiere mithilfe der Zellatmung lebensnotwendige Energie gewinnen? *(Seite 152 und 153)*

3 ⌟ den Energiehaushalt der Pflanzen beschreiben? *(Seite 153)*

4 ⌟ die Begriffe autotroph und heterotroph erläutern und jeweils ein Lebewesen als Beispiel nennen? *(Seite 153)*

Kann ich aus dem Kapitel „Licht ermöglicht Stoffaufbau" Beispiele nennen für das Basiskonzept:
- Energie?
- Struktur – Eigenschaft – Funktion?

Ökosysteme im Wandel

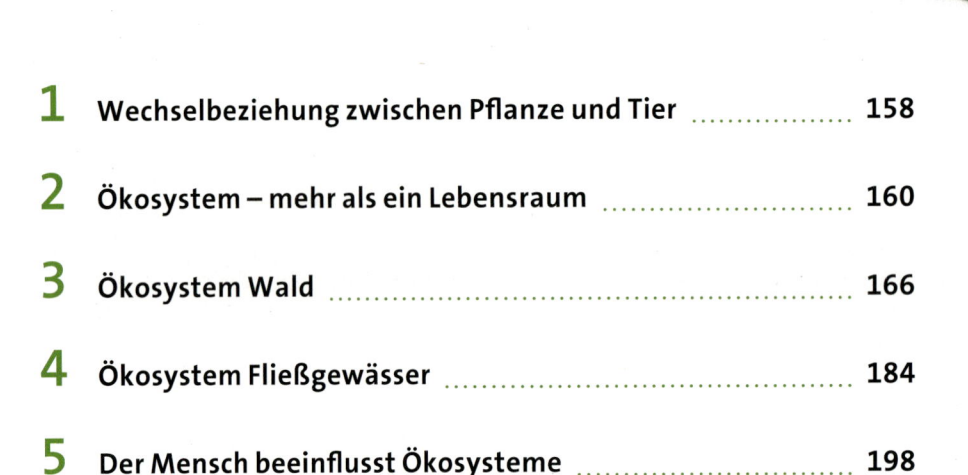

1   **Wechselbeziehung zwischen Pflanze und Tier** **158**

2   **Ökosystem – mehr als ein Lebensraum** **160**

3   **Ökosystem Wald** **166**

4   **Ökosystem Fließgewässer** **184**

5   **Der Mensch beeinflusst Ökosysteme** **198**

In diesem Kapitel beschäftigst du dich mit

- ▶ verschiedenen Ökosystemen. Du lernst Kennzeichen eines Ökosystems kennen und erfährst, wie man ein Ökosystem untersucht.

- ▶ dem Ökosystem Wald. Du lernst wesentliche Strukturen und Wechsel- wirkungen kennen. Dabei erfährst du, wie natürliche Faktoren und der Mensch die Zusammensetzung des Ökosystems beeinflussen. Du erfährst auch etwas über die Beziehungen zwischen Waldbewohnern sowie über Stoffkreisläufe und dem Energiefluss im Wald.

- Fließgewässern. Dabei lernst du verschiedene Lebensräume eines Fließgewässers kennen und erfährst etwas über die Lebensweise von Tieren in Flüssen und Bächen. Außerdem beschäftigst du dich mit den Veränderungen eines Fließgewässers durch den Menschen.

- dem besonderen Verhältnis von Mensch und Biosphäre. Du lernst, welche Schwierigkeiten es den Menschen bereitet, die Biosphäre für nachfolgende Generationen lebenswert zu hinterlassen. Dabei erfährst du, was du zum Schutz der Umwelt beitragen kannst.

01 Flaschengarten

Pflanzen und Tiere sind aufeinander angewiesen

Ein Flaschengarten besteht aus einem luftdicht verschlossenen Glasballon, der feuchte Erde, einige Pflanzen und kleine Tiere, zum Beispiel Heuschrecken, enthält. An einem gut belichteten Platz können die Pflanzen und Tiere darin lange leben, obwohl sie von der Umgebung vollständig abgeschlossen sind. Wie ist das möglich?

Joseph PRIESTLEY (1733 bis 1804), Theologe und Naturforscher

PFLANZEN UND TIERE · Bereits 1771 untersuchte der englische Naturforscher Joseph PRIESTLEY mit einer Art Flaschengarten, wie Pflanzen und Tiere sich gegenseitig beeinflussen. In einem ersten Versuch setzte er eine Maus unter eine luftdicht abgeschlossene Glasglocke. Sie wurde gleich ohnmächtig und starb. In einem weiteren Versuch stellte er nur eine Pfefferminzpflanze unter die Glocke. Zu seinem Erstaunen gedieh die Pflanze, auch über mehrere Tage. Anschließend brachte PRIESTLEY eine Maus unter die Glasglocke, unter der zuvor die Pflanze gestanden hatte. Die Maus konnte länger überleben als im ersten Versuch. Aus diesen Versuchen schloss er, dass die Maus die Luft in der Glasglocke „verschlechterte", die Pflanze sie aber „verbesserte". Um diese Vermutung zu bestätigen, setzte er in einem weiteren Versuch eine Pflanze und eine Maus zusammen unter die Glasglocke. Die Maus überlebte viele Tage und die Pflanze wuchs.

Zur damaligen Zeit war die Zusammensetzung der Luft noch nicht bekannt. Heute wissen wir, dass für die „Verschlechterung" der Luft das Kohlenstoffdioxid verantwortlich ist, das die Maus ausatmet. Die Pflanze nimmt durch die Fotosynthese Kohlenstoffdioxid auf und gibt Sauerstoff ab. Dadurch „verbessert" sie laut PRIESTLEY die Luft, sodass Sauerstoff für die Atmung der Maus zur Verfügung steht.

WECHSELBEZIEHUNGEN · Pflanzen betreiben mithilfe des Sonnenlichts Fotosynthese und bilden aus den energiearmen Stoffen Kohlenstoffdioxid und Wasser die energiereiche Glukose. Dabei wird Sauerstoff freigesetzt. Tiere und Pflanzen nehmen für die Zellatmung den Sauerstoff auf. Die „Verbesserung" der Luft, die PRIESTLEY annahm, kommt also durch die Fotosynthese zustande. Bei der Zellatmung wird mithilfe von Sauerstoff die energiereiche Glukose in die energiearmen Stoffe Kohlenstoffdioxid und Wasser umgewandelt. Kohlenstoffdioxid, das bei der Zellatmung entsteht, wird freigesetzt und steht anschließend den Pflanzen für die Fotosynthese zur Verfügung.

Da nur die Pflanzen in der Lage sind, Fotosynthese zu betreiben, können Menschen und Tiere ohne Pflanzen nicht überleben. Fast der gesamte Sauerstoff in der Luft ist durch die Fotosynthese entstanden. Umgekehrt brauchen Pflanzen das für die Fotosynthese notwendige Kohlenstoffdioxid, das größtenteils aus der Zellatmung aller Lebewesen stammt. Tiere und Pflanzen sind also aufeinander angewiesen. Aufgrund dieser **Wechselbeziehung** können Pflanzen und Tiere im Flaschengarten auch ohne Luftzufuhr überleben.

Alle diese Vorgänge finden nicht nur in einem künstlichen System wie einem Flaschengarten statt. Auch alle Pflanzen und Tiere in natürlichen Lebensräumen wie Wälder, Wiesen, Teiche oder Meere leben in Wechselbeziehungen miteinander.

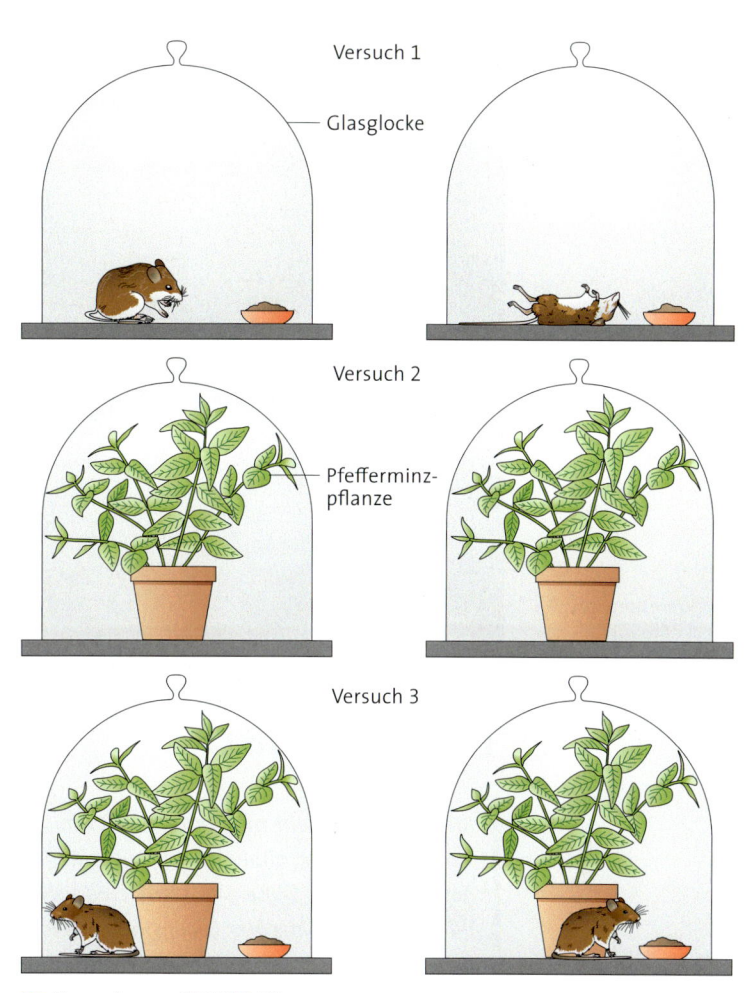

02 Versuche von PRIESTLEY

03 Wechselbeziehung zwischen Pflanze und Tier

1 ⌡ Beschreibe, wie PRIESTLEY zu seinen Erkenntnissen kam!

2 ⌡ Beschreibe die Bedeutung der Wechselbeziehung zwischen Pflanzen und Tieren in einem Flaschengarten!

01 Weinberg mit
Trockenmauern

Trockenmauer

In Weinbergen sieht man häufig Mauern aus Natursteinen, die ohne Mörtel aufeinandergeschichtet sind. Diese Mauern bieten vielen Pflanzen und Tieren einen Lebensraum. Welche Bedingungen herrschen in diesem Lebensraum?

LEBENSRAUM · Eine aus Natursteinen aufgeschichtete Weinbergmauer lässt bei Regen durch ihre Fugen das Wasser rasch vom Hang abfließen, verhindert aber das Wegschwemmen des Bodens. Da eine solche Mauer meistens nach Süden oder Westen gerichtet ist, trocknet sie nach kurzer Zeit wieder. Man bezeichnet sie daher auch als **Trockenmauer.** Die Mauerkrone sowie die Vorderseite der Trockenmauer sind Sonne, Wind und Regen unmittelbar ausgesetzt. Bei Sonnenschein können sich diese Bereiche bis auf 70 Grad Celsius erwärmen, sodass es hier meistens sehr trocken ist. Dagegen ist es am Mauerfuß, in den Mauerfugen und auf der Rückseite der Mauer schattiger, windgeschützter, kühler und feuchter. Physikalische Faktoren, wie Licht, Wind, Wärme, Feuchtigkeit oder die Oberflächenbeschaffenheit des Gesteins, und chemische Faktoren, wie der Mineralstoffgehalt und pH-Wert des Bodens, der sich in den Mauerfugen ansammelt, bezeichnet man als **abiotische Umweltfaktoren.** Trotz dieser zum Teil extremen Umweltbedingungen findet man an der Trockenmauer eine Vielfalt von Lebewesen. Sie stellt daher einen **Lebensraum,** einen **Biotop,** dar.

LEBENSGEMEINSCHAFT · Auf den ersten Blick fallen verschiedene Pflanzenarten auf, die in den Mauerfugen verankert sind. Dazu gehören Farnpflanzen, wie die *Mauerraute,* und Blütenpflanzen, wie das *Zimbelkraut* und der *Scharfe Mauerpfeffer.* Auf der Mauerkrone kann man das *Mauer-Drehzahnmoos* und auf der Mauerfläche *Mauerflechten* finden. Flechten bestehen aus Pilzen und Algen, die in einer sehr engen Beziehung mit gegenseitigem Nutzen zusammenleben. Alle Individuen einer Art, die zum Beispiel auf einer Trockenmauer vorkommen, nennt man eine **Population.** So bilden alle Pflanzen des Zimbelkrauts eine Zimbelkrautpopulation. Alle Pflanzenpopulationen der Trockenmauer bilden zusammen die charakteristische Pflanzengesellschaft oder **Flora** dieses Biotops. Auch die hier typischen Tierarten bilden Populationen, die man in ihrer Gesamtheit als Tiergesellschaft oder **Fauna** der Trockenmauer bezeichnet. Auf der Mauer kann man *Mauereidechsen* und *Weinbergschnecken* antreffen. Eine weitere Schneckenart, der *Steinpicker,* hält sich vorwiegend in den Mauerfugen auf. Dort leben auch verschiedene Spinnenarten, zum Beispiel die *Spaltenkreuzspinne,* Tausendfüßer, wie der *Steinläufer,* und die zu den Krebstieren gehörenden *Asseln.* Charakteristische Insektenarten der Trockenmauer sind Hautflügler, wie *Steinhummeln* und *Braune Mauerbienen,* Käfer, vor allem *Lauf-* und *Kurzflügelkäfer,* und flügellose Insekten, wie *Felsenspringer.* Mit bloßem Auge nicht zu erkennen sind Bakterien und Pilze, die vor allem im Bodenmaterial der Mauerfugen vorkommen.

Alle Lebewesen, die auf der Trockenmauer leben, bilden eine **Lebensgemeinschaft,** eine **Biozönose.** Die Lebewesen einer Biozönose stehen zum Beispiel durch Konkurrenz um die gleiche Nahrungsquelle oder durch Räuber-Beute-Beziehungen in einer engen Wechselbeziehung zueinander. Solche von den Lebewesen ausgehenden Bedingungen nennt man **biotische Umweltfaktoren.**

ÖKOSYSTEM · Die Biozönose der Trockenmauer ist an die abiotischen Umweltfaktoren ihres Biotops gut angepasst. Sie verändert sich, wenn sich diese Faktoren ändern. Umgekehrt beeinflusst aber auch die Biozönose das Biotop, zum Beispiel verändert der Pflanzenbewuchs die Maueroberfläche.

Biotop und Biozönose stehen also ebenfalls in einer Wechselbeziehung zueinander. Sie bilden zusammen eine Funktionseinheit, ein **Ökosystem.**

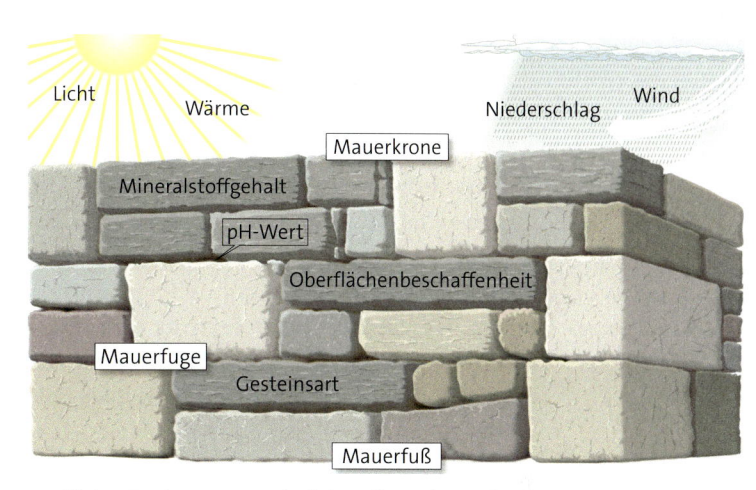

02 Biotop Trockenmauer mit einigen ihrer abiotischen Umweltfaktoren

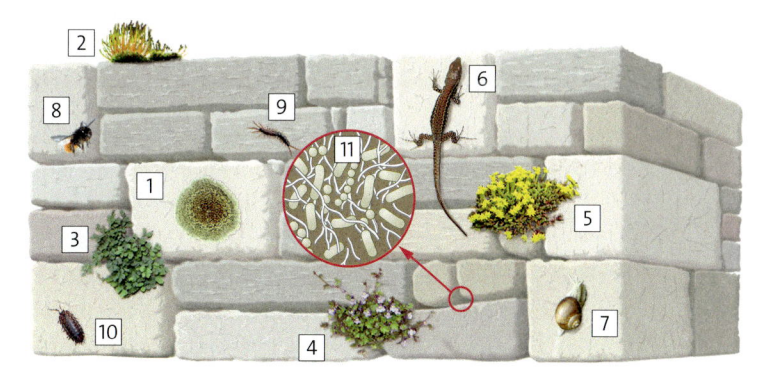

1 Mauerflechte, 2 Mauer-Drehzahnmoos, 3 Mauerraute, 4 Zimbelkraut, 5 Scharfer Mauerpfeffer, 6 Mauereidechse, 7 Weinbergschnecke, 8 Steinhummel, 9 Steinläufer, 10 Assel, 11 Bakterien und Pilze

03 Biozönose der Trockenmauer

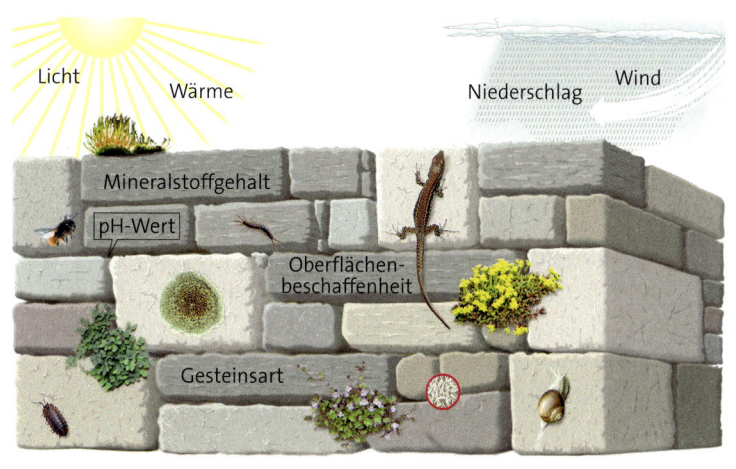

04 Ökosystem Trockenmauer

NAHRUNGSBEZIEHUNGEN IM ÖKOSYSTEM · Zwischen den Lebewesen einer Trockenmauer kann man Nahrungsbeziehungen beobachten. So ernähren sich Asseln beispielsweise von Mauerflechten. *Steinläufer* fressen Asseln und werden selbst von *Mauereidechsen* gefressen. Nahrungsbeziehungen, in denen ein Lebewesen jeweils Nahrungsgrundlage für ein folgendes ist, bezeichnet man als **Nahrungskette.** Asseln ernähren sich aber nicht nur von Mauerflechten, sondern auch von abgestorbenen Pflanzenteilen, und *Steinläufer* fressen neben Asseln auch Insektenlarven. Die einzelnen Nahrungsketten sind also wie Fäden eines Netzes zu **Nahrungsnetzen** miteinander verknüpft.

Die Grundlage aller Nahrungsnetze sind Pflanzen. Sie bauen durch Fotosynthese und andere Stoffwechselprozesse selbst Nährstoffe auf. Mineralstoffe und Wasser nehmen sie aus dem Boden der Mauerfugen oder direkt aus den Mauersteinen auf. Da die Pflanzen Nährstoffe produzieren, werden sie als **Produzenten** bezeichnet. Pflanzenfresser, wie die Asseln, die ausschließlich pflanzliche Nährstoffe konsumieren, nennt man **Konsumenten erster Ordnung.** Räuberische Tiere, wie die *Steinläufer*, die sich vorwiegend von pflanzenfressenden Tiere ernähren, werden als **Konsumenten**

lateinisch destruere = zerstören

zweiter Ordnung bezeichnet, und solche, die andere Räuber fressen, zum Beispiel die *Mauereidechse,* nennt man **Konsumenten dritter Ordnung.** Sowohl abgestorbene Pflanzenreste als auch tote Tiere und Tierkot bilden schließlich die Nahrungsgrundlage für Bakterien und Pilze. Diese bauen die Nährstoffe ab, sodass nur noch Mineralstoffe übrig bleiben. Sie sind daher die **Destruenten** oder **Mineralisierer** des Biotops.

EINTEILUNG VON ÖKOSYSTEMEN · Das kleine Ökosystem *Trockenmauer* ist ein Teil des größeren Ökosystems *Weinberg.* Dieses gehört zusammen mit beispielsweise den Ökosystemen *Wiese, Wald* und *Gebirge* zur Gruppe der **Landökosysteme.** Die Ökosysteme *Meer, See* und *Fluss,* die jeweils auch aus verschiedenen kleineren Ökosystemen bestehen, sind dagegen **Gewässerökosysteme.** Ökosysteme sind also keine geschlossenen Systeme, sondern stehen mit anderen Ökosystemen in Verbindung. Die Gesamtheit aller Ökosysteme unserer Erde bilden das größte Ökosystem, die **Biosphäre.**

1 ⌡ Erkläre den Begriff Ökosystem!

2 ⌡ Beschreibe die Nahrungsbeziehungen im Ökosystem Trockenmauer!

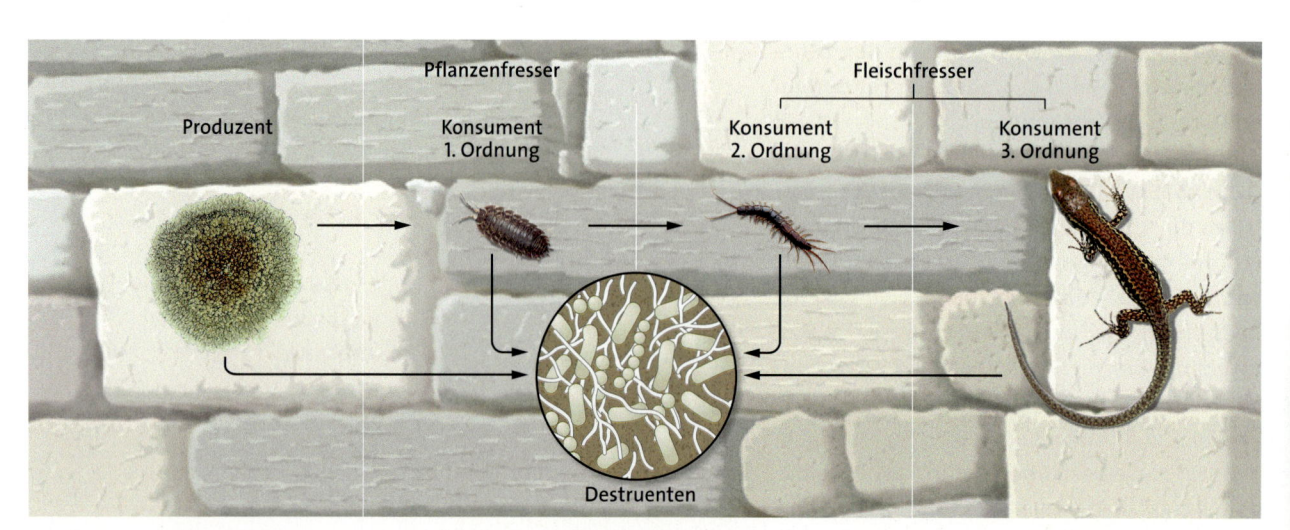

Pflanzenfresser — Fleischfresser

Produzent | Konsument 1. Ordnung | Konsument 2. Ordnung | Konsument 3. Ordnung

Destruenten

05 Ausschnitt der Nahrungsbeziehungen im Ökosystem Trockenmauer

Material A ▸ Trockenmauerbewohner

Zimbelkraut

Mauerflechte

Mauereidechse

Felsenspringer

Steinpicker

Spaltenkreuzspinne

A1 Erstelle für zwei der abgebildeten Trockenmauerbewohner Steckbriefe!

A2 Beschreibe die abiotischen Umweltfaktoren, denen die *Mauereidechse* und die *Spaltenkreuzspinne* ausgesetzt sind!

A3 Erläutere an den Beispielen *Felsenspringer* und *Spaltenkreuzspinne* das biologische Prinzip *Angepasstheit*!

A4 Trockenmauern sind künstlich vom Menschen angelegt und werden erst schrittweise besiedelt. Stelle Vermutungen an, in welchen natürlichen Biotopen diese Lebewesen vorkommen!

Material B ▸ Ökosysteme

Aquarium

Heißer Lavastrom

Quelle

Schulhof

Mond

Kuhfladen

B1 Begründe, ob es sich bei den Abbildungen jeweils um ein Ökosystem handelt!

B2 Erläutere, ob die Bezeichnung „Biotop" für einen im Garten selbst angelegten Teich zutreffend ist!

B3 Ordne in einem Schema folgende natürliche Ökosysteme so an, dass die Rangfolge deutlich erkennbar wird: Binnengewässer, Bach, Wüste, Tiefsee, Gewässerökosysteme, Buchenwald, Biosphäre, See, Regenwälder, Meer, Laubwälder, Fließgewässer, Landökosysteme, Fluss, Tümpel, Moor, Buchenlaubstreu, stehende Gewässer, Watt!

/// **METHODE** ///

Untersuchung eines Ökosystems

01 Untersuchungsgebiet

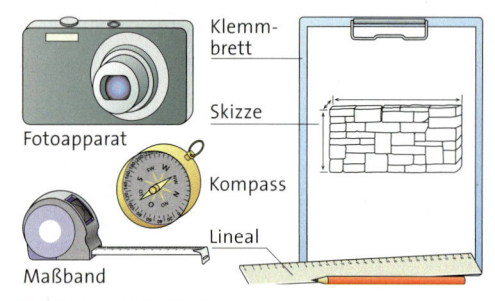

02 Material für die Kartierung

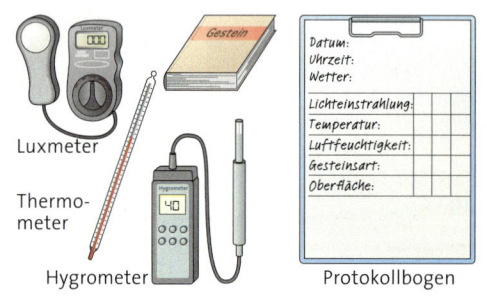

03 Material zur Erfassung abiotischer Faktoren

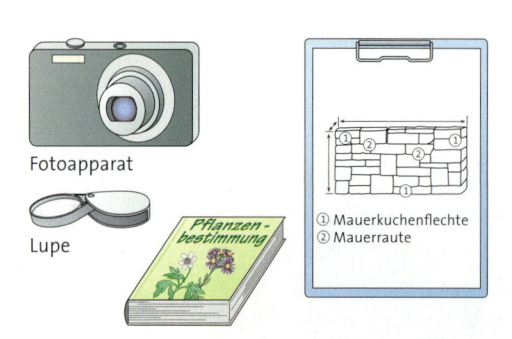

04 Material zur Erfassung der Pflanzengesellschaft

Um ein Ökosystem, zum Beispiel eine Trockenmauer, charakterisieren zu können, muss man eine Vielzahl von Daten durch Freilanduntersuchungen erfassen. Mit verschiedenen Methoden lassen sich sowohl die abiotischen Umweltfaktoren als auch die Zusammensetzung der Biozönose sehr genau untersuchen. Die Untersuchungsergebnisse werden in einem Protokoll festgehalten.

KARTIERUNG · *Fotografiere den zu bearbeitenden Mauerabschnitt. Ermittle mit dem Kompass die Ausrichtung der Mauer und notiere diese. Vermiss den Mauerabschnitt und notiere die Länge, Höhe und Tiefe. Fertige eine große, genaue Skizze des Mauerabschnitts an.*

ERFASSUNG ABIOTISCHER FAKTOREN · *Notiere Datum, Uhrzeit und Wetter. Miss mit dem Luxmeter die Lichtstärke an der Mauerkrone, der Mauermitte und am Mauerfuß, bei frei stehenden Mauern auch auf der lichtabgewandten Seite. Miss ebenso die Temperatur und Luftfeuchtigkeit an verschiedenen Mauerstellen. Berücksichtige auch die Temperatur der Steine sowie die Temperatur und Feuchtigkeit in den Mauerfugen und der Erde. Bestimme das Gestein, aus dem die Mauer besteht, und beschreibe seine Oberflächenbeschaffenheit. Notiere deine Ergebnisse in einer Tabelle.*

ERFASSUNG DER FLORA · *Bestimme mit Lupe und Pflanzenbestimmungsbuch die Pflanzen des Mauerabschnitts. Notiere die Namen der Pflanzenarten in der Reihenfolge Flechten, Moose, Farne, Blütenpflanzen. Fotografiere die verschiedenen Pflanzenarten. Trage mit Kennzahlen das Vorkommen der einzelnen Arten in die Mauerskizze ein. Mache dir auch Notizen zur Flächengröße, die von der jeweiligen Pflanze bedeckt wird.*

ERFASSUNG DER FAUNA · *Tiere sind aufgrund ihrer Beweglichkeit sehr viel schwerer zu erfassen als Pflanzen. Beobachte deshalb die Mauer vor der genaueren Untersuchung nach Tieren etwa fünf bis zehn Minuten ruhig und notiere deine Beobachtungen. Fange geflügelte Insekten und andere schnelle Gliederfüßer mit dem Insektenkescher und überführe sie mithilfe der Federstahlpinzette zur Bestimmung in eine Becherlupe. Langsamere Gliederfüßer und Würmer können direkt mit der Federstahlpinzette gefangen und mithilfe der Becherlupe bestimmt werden. Schnecken kann man mit der Hand auflesen. Sehr kleine Gliederfüßer werden mit einem speziellen Sauggerät, einem Exhauster, gefangen, in Sammelgefäße überführt und mithilfe der Stereolupe bestimmt. Erfasse mit diesen Methoden die Tiergesellschaft verschiedener Mauerbereiche. Notiere die Namen der gefundenen Tiere in der Reihenfolge Würmer Schnecken, Spinnentiere, Asseln, Tausendfüßer, Insekten und Insektenlarven, Wirbeltiere. Notiere auch jeweils den genauen Fundort auf der Mauer, und schätze die Häufigkeit der jeweiligen Tierart ab. Nimm mit dem Spatel mehrere Bodenproben aus den Mauerfugen zur genaueren Untersuchung mithilfe der Stereolupe.*

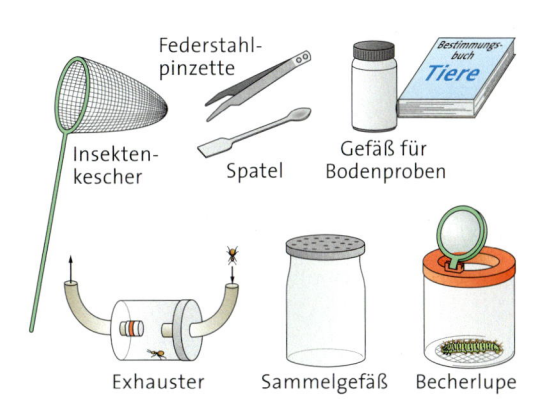

05 Material zur Erfassung der Fauna

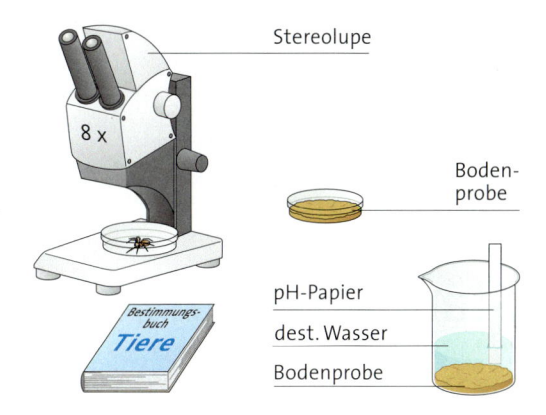

06 Material für Untersuchungen im Biologieraum

UNTERSUCHUNGEN IM BIOLOGIERAUM · *Überführe die gesammelten Gliederfüßer in kleine Petrischalen mit Deckel und bestimme sie mithilfe der Stereolupe. Gib jeweils zwei Spatellöffel der Bodenproben in größere Petrischalen und verteile die Probe zu einer dünnen Schicht. Durchsuche unter der Stereolupe die Probe systematisch nach kleinsten Tieren und bestimme diese, zum Beispiel mithilfe eines Bestimmungsschlüssels. Fülle fünf Spatellöffel der durchsuchten Bodenprobe in ein Becherglas, gib 50 Milliliter destilliertes Wasser dazu und miss den pH-Wert mit pH-Papier. Stelle fest, welche Tiere besonders häufig oder selten sind.*

AUSWERTUNG UND DOKUMENTATION · *Zur Auswertung werden die Aufzeichnungen und Ergebnisse der einzelnen Gruppen zusammengetragen und ein Gesamtbild der untersuchten Trockenmauer, der abiotischen Faktoren und der erfassten Pflanzen- und Tierarten erstellt. Informiere dich über die Ansprüche, Angepasstheiten und Lebensweisen der erfassten Pflanzen und Tiere, und vergleiche diese mit den von dir gemachten Beobachtungen. Stelle fest, welche der gefundenen Pflanzen und Tiere sehr gut an die speziellen Umweltbedingungen angepasst sind, und beschreibe diese Angepasstheiten. Dokumentiere deine Untersuchung mit Bildern, Grafiken, Tabellen und einem nach wissenschaftlichen Gesichtspunkten verfassten Text.*

01 Sonnenlicht im Wald

Standortansprüche von Pflanzen

In einem Wald leben zahlreiche Pflanzen auf engem Raum zusammen. Das kann Nachteile mit sich bringen. Vielleicht kennst du es aus eigener Erfahrung: Streit um den besten Platz, Streit um das meiste Essen. Auch Pflanzen in einem Wald stehen in einem Wettbewerb. Wie sieht dieser Wettbewerb aus und wer ist überlegen?

LICHT ZUM ÜBERLEBEN · Pflanzen benötigen Licht. Sie stellen ihre Nährstoffe selbst her, indem sie beispielsweise Wasser und Kohlenstoffdioxid mithilfe der Sonnenenergie in energiereiche Glukose und Sauerstoff umwandeln. Man nennt diesen Prozess *Fotosynthese.* Da sie ihre Nährstoffe selbst herstellen, bezeichnet man Pflanzen als *autotroph.* Nur wenn ihnen genügend Licht zur Verfügung steht, können sie ausreichend Nährstoffe bilden. Licht ist für Pflanzen also überlebenswichtig.

STOCKWERKE DES WALDES · Am Waldboden ist es im Sommer schattig. Nur ein kleiner Teil des Sonnenlichts erreicht den Boden, da die dichten Kronen der Bäume einen Großteil des Lichts aufnehmen. Sie bilden das oberste Stockwerk des Waldes. Unterhalb dieser 5 bis 40 Meter hohen **Baum**- oder **Kronenschicht** gibt es wegen der Beschattung nur noch Pflanzen, die weniger Licht zum Wachsen benötigen. In der **Strauchschicht,** die ein bis fünf Meter hoch ist, kommt ein Viertel des Sonnenlichts an. Es genügt den Sträuchern jedoch, um zu überleben. Zur **Krautschicht** dringen nur noch fünf Prozent des Sonnenlichts vor. Hier können nur Pflanzen mit wenig Lichtbedarf wachsen, beispielsweise Waldmeister und das Kleine Springkraut. Die Krautschicht kann bis zu einem Meter hoch werden. In der **Moosschicht,** die dem Boden direkt aufliegt, wachsen Moose, die sehr wenig Licht zum Überleben benötigen.

02 Lichtverhältnisse in den Stockwerken eines Mischwaldes

Das unterste Stockwerk des Waldes, die **Wurzelschicht,** wird von den unterirdischen Pflanzenorganen gebildet, die keine Fotosynthese betreiben.

Die Pflanzen der verschiedenen Stockwerke stehen im Wettbewerb um notwendiges, aber begrenztes Licht. Man spricht von **Konkurrenz.**

KONKURRENZ · Im Wald überleben solche Pflanzen, die sehr schnell und hoch wachsen, wodurch sie genügend Licht erreichen. Diese Pflanzen sind *konkurrenzstärker* gegenüber Pflanzen, die weniger schnell und hoch wachsen. Andere Pflanzen vermindern die Konkurrenz um Licht, indem sie an ein Leben mit wenig Licht angepasst sind. Sie können mit wenig Sonnenenergie ausreichend Nährstoffe herstellen. Ist nicht ausreichend Licht vorhanden, ist es unmöglich, dass in einem Waldstück zwei Pflanzenarten vorkommen, die beide eine sehr hohe Lichtstärke zum Wachsen benötigen. Die konkurrenzstärkere Art wird den Lebensraum besiedeln. Dieses Prinzip, dass Lebewesen zweier Arten mit denselben Umweltansprüchen

nicht gemeinsam in einem Lebensraum vorkommen, nennt man **Konkurrenzausschlussprinzip.** Alle Ansprüche, die eine Art an ihre Umwelt stellt, bezeichnet man als *ökologische Nische.* Wenn sich die Ansprüche an einen Faktor, zum Beispiel die Lichtintensität, bei zwei Arten unterscheiden, bilden diese unterschiedliche ökologische Nischen und können nebeneinander existieren.

1 ⌡ Erkläre den Zusammenhang zwischen den Lichtverhältnissen und dem Stockwerkbau des Waldes!

03 Pflanzen der Krautschicht: **A** Waldmeister, **B** Kleines Springkraut

UMWELTFAKTOR WASSER · Neben Licht benötigen Pflanzen zum Überleben und Wachsen weitere Stoffe und Bedingungen aus ihrer Umwelt. Umwelteinflüsse, welche auf Lebewesen einwirken, nennt man **Umweltfaktoren.**

Die Landpflanzen nehmen Wasser über ihr Wurzelsystem aus dem Boden auf und transportieren es über die Sprossachse zu den Blättern. Dort wird es umgewandelt oder in Form von Wasserdampf über die Spaltöffnungen an die Umgebung abgegeben. Eine ausgewachsene Rotbuche benötigt an einem sonnigen Sommertag etwa 400 Liter Wasser zur Aufrechterhaltung aller Lebensvorgänge. Wasser ist ebenso zur Herstellung von energiereicher Glukose notwendig.

Böden speichern je nach Bodenbeschaffenheit unterschiedlich viel Feuchtigkeit. So sind sandige Böden beispielsweise eher trocken, lehmige Böden hingegen feucht. Da Wasserquellen von Pflanzen nicht aktiv aufgesucht werden können, ist es wichtig, dass sie an die Bodenfeuchtigkeit ihres Standortes angepasst sind. Sumpfdotterblumen sind beispielsweise durch ihre großen Laubblätter mit zahlreichen Spaltöffnungen, über die viel Wasser verdunstet werden kann, an einen wässrigen Boden angepasst. Sie kommen an Ufern, auf sumpfigen Wiesen, in Gräben und Auenwäldern vor. Der Scharfe Mauerpfeffer hingegen ist auf sandigen, trockenen Böden, wie etwa in der Lüneburger Heide, an Wegrändern oder auf Trockenrasen zu finden. Sogar auf steinigem Untergrund wie Mauern, wo kein Wasser gespeichert wird, wächst er. Die kleinen Laubblätter, die eine geringe Oberfläche und somit eine geringe Anzahl an Spaltöffnungen besitzen, stellen eine Angepasstheit an solche trockenen Standorte dar, weil der Wasserverlust über die Laubblätter reduziert ist. Zudem sind diese fleischig verdickt, sodass darin größere Mengen Wasser gespeichert werden können.

UMWELTFAKTOR MINERALSTOFFE · Zu den Stoffen, die im Wasser gelöst sind und durch die Pflanze transportiert werden, gehören Mineralstoffe. Mineralstoffe sind Salze, die im Boden enthalten sind. Pflanzen nehmen die Mineralstoffe gemeinsam mit dem Wasser über die Wurzeln aus dem Boden auf. Beispiele für Mineralstoffe sind Eisen-, Phosphat, Kalzium-, Natrium- und Magnesiumsalze. Magnesiumsalze werden von den Pflanzen beispielsweise für die Herstellung von Chlorophyll benötigt, das für die Fotosynthese unerlässlich ist. Mineralstoffe sind daher ebenso wie Wasser überlebenswichtig für die Pflanzen. Der Mineralstoffgehalt eines Bodens unterscheidet sich je nach den unterirdischen Gesteinsschichten. Sumpfdotterblumen wachsen auf mineralstoffreichen Böden, während der Scharfe Mauerpfeffer mit geringem Mineralstoffangebot auskommt.

04 Pflanzen: **A** Sumpfdotterblume, **B** Scharfer Mauerpfeffer

Material A ▸ Der Rotbuchenwald

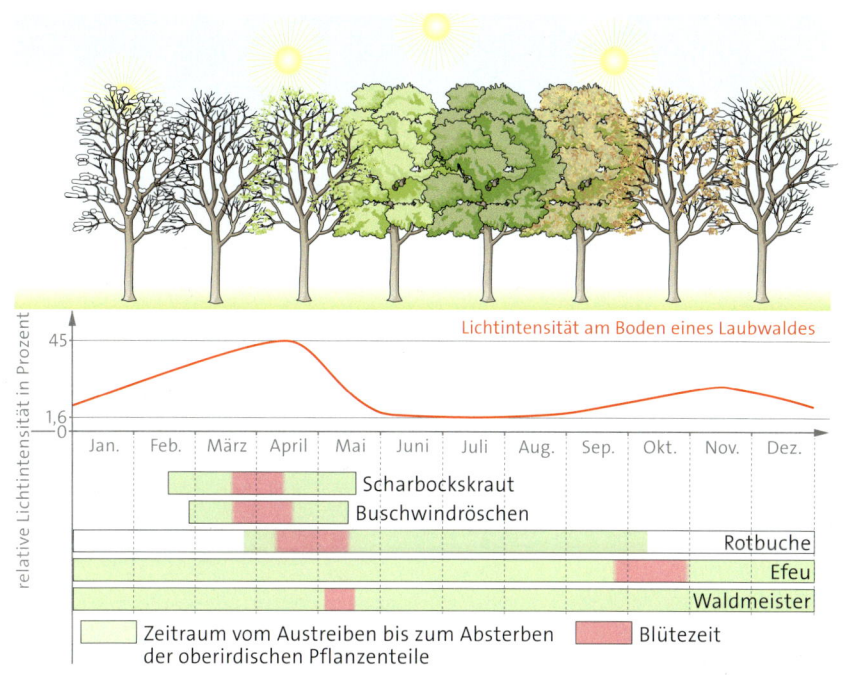

Lichtintensität am Boden eines Laubwaldes

relative Lichtintensität in Prozent

45

1,6
0

Jan. | Feb. | März | April | Mai | Juni | Juli | Aug. | Sep. | Okt. | Nov. | Dez.

Scharbockskraut
Buschwindröschen
Rotbuche
Efeu
Waldmeister

■ Zeitraum vom Austreiben bis zum Absterben der oberirdischen Pflanzenteile   ■ Blütezeit

Keimlinge verschiedener Baumarten	Minimaler Lichtbedarf in Prozent des vollen Sonnenlichts
Birke	12–15
Kiefer	9–12
Esche	3
Stieleiche	2–4
Rotbuche	1,2

A1 Beschreibe die Abbildung!

A2 Erkläre die Veränderungen in der Krautschicht eines Rotbuchenwaldes im Jahresverlauf!

A3 In einem Rotbuchenwald sind selten andere Baumarten zu finden. Erkläre diesen Sachverhalt mithilfe der Abbildung und der Tabelle!

Material B ▸ Abiotische Faktoren

Temperaturen in Grad Celsius		
Uhrzeit	Messpunkt 1	Messpunkt 2
15.30 Uhr	19,4	16,0
16.30 Uhr	18,2	15,3
17.30 Uhr	13,9	13,7
18.30 Uhr	12,9	13,0
19.30 Uhr	10,2	12,6

Relative Luftfeuchtigkeit in Prozent		
Uhrzeit	Messpunkt 1	Messpunkt 2
08.00 Uhr	61	91
12.00 Uhr	49	87
16.00 Uhr	44	83
20.00 Uhr	56	85
24.00 Uhr	60	89

B1 Stelle die Messwerte für Temperatur und Luftfeuchtigkeit jeweils in einem Liniendiagramm dar!

B2 Vergleiche in den Diagrammen jeweils die beiden Kurven!

B3 Ordne die Messpunkte 1 und 2 jeweils dem Wald oder der Wiese zu einem der beiden Orte zu und begründe!

Material C ▸ Wasser und Boden

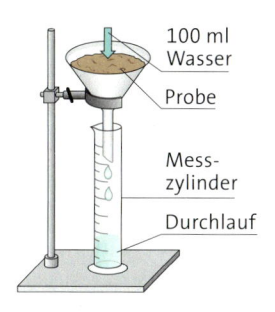

100 ml Wasser
Probe
Messzylinder
Durchlauf

Probenmaterial			
Durchlauf nach	Kies	Sand	Waldhumus
10 Sekunden	19 ml	0 ml	0 ml
20 Sekunden	42 ml	4 ml	0 ml
30 Sekunden	63 ml	15 ml	0 ml
40 Sekunden	82 ml	31 ml	2 ml
50 Sekunden	93 ml	55 ml	5 ml
60 Sekunden	95 ml	70 ml	9 ml

C1 Beschreibe die Durchführung des Versuchs!

C2 Stelle die Werte in einem Diagramm dar!

C3 Leite aus den Ergebnissen eine Funktion des Waldes ab!

01 Eine Kohlmeise
auf Nahrungssuche

Nahrungsbeziehungen im Wald

Auf einem Waldspaziergang kannst du viele verschiedene Pflanzen und Tiere entdecken. Es gibt zum Beispiel Bäume wie Eichen und Tiere wie die Raupe des Eichenwicklers, die Kohlmeise oder den Sperber. Doch wie ernähren sich diese verschiedenen Lebewesen im selben Lebensraum?

NAHRUNGSKETTE · Eichen bieten Lebensraum für eine große Zahl von Tieren. Ein Beispiel ist der Eichenwickler, der zu den Schmetterlingen gehört. Er legt seine Eier auf Blättern von Eichen ab. Daraus schlüpfen Raupen, die sich hauptsächlich von Eichenblättern ernähren. Nicht alle Eichenwicklerraupen können sich zu einem Falter entwickeln, denn sie werden beispielsweise von Kohlmeisen gefressen. Die Kohlmeise ist wiederum die Nahrungsgrundlage für größere Tiere wie den Sperber. Zwischen diesen Tieren besteht eine Nahrungsbeziehung, die sich als Kette beschreiben lässt. Sie wird *Nahrungskette* genannt. Betrachtet man verschiedene Nahrungsketten, so stellt man fest, dass sie Gemeinsamkeiten haben. Am Anfang steht immer eine Pflanze, es folgen ein Pflanzenfresser und ein oder mehrere Fleischfresser. Somit entsteht eine Nahrungskette aus drei oder mehr Kettengliedern.

NAHRUNGSNETZ · Kohlmeisen ernähren sich nicht ausschließlich von Eichenwicklerraupen,

02 Nahrungsnetz im Wald

sondern auch von anderen Insekten und von Spinnen. Auch Sperber fressen nicht nur Kohlmeisen, sondern auch andere Vögel vergleichbarer Größe. Da die meisten Tiere verschiedene Nahrungsquellen nutzen, lassen sich mehrere Nahrungsketten miteinander verknüpfen, sodass ein verzweigtes *Nahrungsnetz* entsteht.

PRODUZENTEN · Pflanzen betreiben Fotosynthese und wandeln dabei mithilfe des Sonnenlichts energiearme Stoffe in energiereiche Glukose um, die sie zum Leben benötigen. Deswegen werden sie als Erzeuger oder *Produzenten* bezeichnet.

KONSUMENTEN · Tiere ernähren sich von anderen Lebewesen, da sie energiereiche Stoffe für die Zellatmung aufnehmen müssen. Aus diesem Grund werden sie als Verbraucher oder *Konsumenten* bezeichnet. Die Konsumenten werden entsprechend der Reihenfolge in der Nahrungskette geordnet. Pflanzenfresser, wie die Eichenwicklerraupe, bezeichnet man als *Konsumenten 1. Ordnung.* Der darauffolgende Fleischfresser, wie die Kohlmeise, ist *Konsument 2. Ordnung.* Der Sperber ist ein *Konsument 3. Ordnung.* Darüber hinaus gibt es noch Tiere wie das Wildschwein, die sowohl pflanzliche als auch tierische Nahrung zu sich nehmen. Sie werden *Allesfresser* genannt.

Die Konsumenten wandeln einen Teil der aufgenommenen Nahrung in eigene Biomasse um. Ein weiterer Teil wird für die Zellatmung genutzt. Der Rest wird mit dem Kot wieder ausgeschieden und kann anderen Tieren, wie dem Regenwurm, als Nahrung dienen.

DESTRUENTEN · Im Wald gibt es neben dem Regenwurm weitere Lebewesen, die sich von den Überresten anderer Lebewesen ernähren. Sie zersetzen tote Pflanzen und Tiere sowie Kot und nutzen darin enthaltene Nährstoffe für die Zellatmung. Diese heterotrophen Lebewesen werden als Zersetzer oder *Destruenten* bezeichnet. Es gibt Destruenten, deren Kot noch viele energiereiche Nährstoffe enthält. Andere Destruenten, wie Bakterien und Pilze, bauen Nährstoffe zu Wasser, Kohlenstoffdioxid und Mineralstoffen ab. Man bezeichnet sie deshalb als *Mineralisierer.*

STOFFKREISLAUF · Die Mineralstoffe, die von den Destruenten abgegeben werden, und das entstandene Kohlenstoffdioxid können von den Produzenten wieder aufgenommen werden. Die von den Destruenten abgegebenen Stoffe düngen also den Waldboden, auf dem die Pflanzen wachsen. Auf diese Weise entsteht ein *Stoffkreislauf,* in dem Produzenten, Konsumenten und Destruenten voneinander abhängig sind.

Lichtenergie

Konsumenten 1. Ordnung

Konsumenten 2. Ordnung

Produzenten

Nahrung für

Nahrung für

Überreste Mineralstoffe Überreste Überreste

Destruenten

03 Stoffkreislauf des Waldes

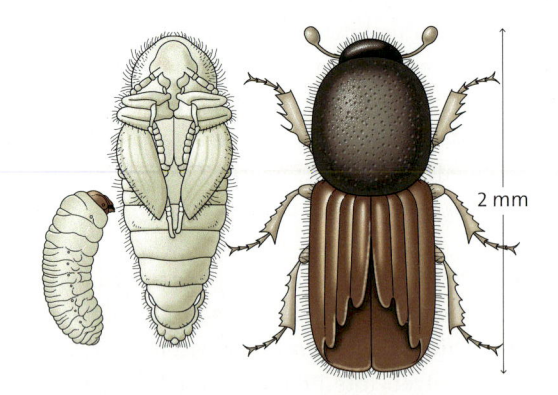

04 Borkenkäfer:
Larve, Puppe, Käfer

05 Fraßbild des
Borkenkäfers

06 Räuber-Beute-
Beziehung

−	+
Je weniger ..., desto mehr ...	Je mehr ..., desto mehr ...
Je mehr ..., desto weniger ...	Je weniger ..., desto weniger ...

BORKENKÄFER UND BUNTSPECHT · Borkenkäfer legen ihre Eier unter die Borke von Laub- und Nadelbäumen. Die Larven fressen dabei Gänge in die Bereiche des Stammes, in denen die Produkte der Fotosynthese transportiert werden. Hierdurch wird ein Baum bei zu starkem Borkenkäferbefall geschädigt.

Buntspechte können die Borke mit ihrem Schnabel aufhacken und mit ihrer langen, klebrigen Zunge die Larven und Käfer aus ihren Gängen holen. Borkenkäfer stellen die Hauptnahrungsquelle der Buntspechte dar. Da sich die Spechte von den Borkenkäfern ernähren, werden die Borkenkäfer als **Beute** und die Spechte als **Räuber** bezeichnet.

In manchen Jahren ist die Anzahl der Borkenkäfer höher als in anderen. Auch die Anzahl der Spechte ist nicht in jedem Jahr gleich. Wenn es in einem Jahr viele Borkenkäfer gibt, haben die Spechte ein großes Nahrungsangebot und viele Jungtiere können versorgt werden. Daraufhin steigt die Anzahl der Spechte an. Diese vielen Spechte benötigen viele Borkenkäfer als Nahrung, sodass die Anzahl der Borkenkäfer sinkt. Durch die sinkende Anzahl der Beutetiere können die Spechte nur wenige Jungtiere großziehen und nicht alle Spechte finden ausreichend Nahrung. Die Anzahl der Räuber sinkt. Da nun weniger Borkenkäfer gefressen werden, steigt ihre Anzahl wieder an. Die Größe einer Räuberpopulation wird also von der Größe der Population der Beutetiere begrenzt. Ebenso wird die Vermehrung der Beutetiere durch die Räuber eingeschränkt. Durch diese Wechselwirkung regulieren sich die Populationen gegenseitig.

1 Notiere mithilfe des Nahrungsnetzes auf Seite 170 zwei Nahrungsketten des Waldes, die man untereinander verknüpfen kann!

2 Formuliere vier Je-desto-Sätze zur Räuber-Beute-Beziehung von Buntspechten und Borkenkäfern!

Material A ▸ Bedeutung von Bodenlebewesen

Häufigkeit von Bodenlebewesen	
Gruppe der Lebewesen	Anzahl in 1 m² der obersten 10 cm Boden
Schnecken	50
Asseln	50
Spinnen	50
Regenwürmer	80
Fliegenlarven	100
Käfer und -larven	100
Tausendfüßler	300
Springschwänze	50 000
Milben	100 000
Bärtierchen	100 000
Fadenwürmer	1 000 000
Einzeller	Billionen
Bakterien	Billionen

Zone mit trockenem Laub

Tausendfüßler 40 mm

Gehäuseschnecke 10 mm

Käfer mit Larve 20 mm

Bodenspinne 10 mm

Zone mit zersetzten Blättern

Regenwurm 60 mm

Fliegenlarve 12–20 mm

Assel 10 mm

Milbe 1,5 mm

Einzeller 0,3 mm

Fadenwurm 10 mm

Bärtierchen 1 mm

Zone mit Erde

Bakterien 0,002 mm

Springschwanz 4 mm

In einer einzigen Handvoll Waldboden leben Tausende kleine Lebewesen, die eine große Bedeutung für das Ökosystem Wald haben.

A1 Fasse die in der Tabelle dargestellten Ergebnisse mit eigenen Worten zusammen!

A2 Erläutere, welche Folgen für das Ökosystem Wald eintreten würden, wenn ein Großteil der Bodenlebewesen durch Umweltverschmutzung absterben würde!

Material B ▸ Räuber-Beute-Beziehungen

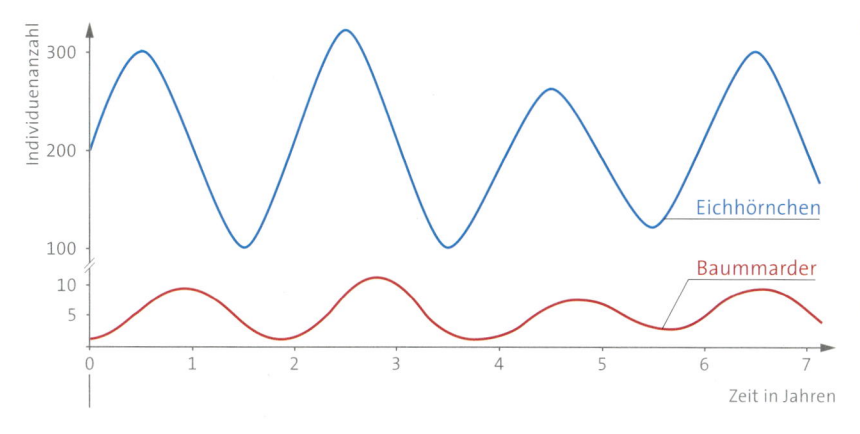

B1 Beschreibe die Entwicklung der im Diagramm dargestellten Individuenanzahl von Baummardern und Eichhörnchen!

B2 Erkläre, warum sich die Populationen auf diese Weise entwickeln!

B3 In einem natürlichen Wald folgt die Entwicklung einer Eichhörnchen- und einer Baummarderpopulation nicht dem dargestellten Kurvenverlauf.
Stelle eine begründete Vermutung auf, warum dies so ist!

Auf einer Versuchsfläche werden Eichhörnchen und Baummarder gehalten. Den Eichhörnchen wird eine konstante Menge Nahrung zur Verfügung gestellt. Baummarder fressen Eichhörnchen. In regelmäßigen Abständen werden die Tiere gezählt. Die Anzahl der Individuen wird in einem Kurvendiagramm dargestellt.

Zersetzung von Laub

Landwirte düngen ihre Felder regelmäßig mit Mineralstoffen, damit die angebauten Pflanzen gut wachsen und die Ernte gut ausfällt. Denn Pflanzen benötigen neben Wasser und Kohlenstoffdioxid auch Mineralstoffe für ihr Wachstum. Wer aber düngt den Wald?

Bei der Untersuchung des Waldbodens lässt sich erkennen, dass er aus verschiedenen Schichten besteht. Auf der Oberfläche liegen abgefallene, vertrocknete Blätter vom letzten Herbst. Man nennt diese Schicht **Laubstreu.** Entfernt man die oberen, noch recht intakten Blätter der Laubstreu, findet man darunter stärker zersetzte Blätter. Man spricht von der **Streuschicht.** Trägt man auch diese Blattreste vorsichtig ab, bleibt, bevor eine feste Bodenschicht kommt, dunkle Erde zurück. Es handelt sich um mikroskopisch kleine Abbauprodukte der einstigen Laubblätter, die man **Humus** nennt.

Nimmt man den Waldboden unter die Lupe, erkennt man, dass dieses zunächst so leblos erscheinende Stockwerk des Waldes der artenreichste Lebensraum im Ökosystem Wald ist. Ein Esslöffel Waldboden enthält mehr Lebewesen als Menschen auf der Erde sind. Es lassen sich verhältnismäßig große Tiere wie Schnecken, Regenwürmer, Ohrwürmer, Tausendfüßer und Asseln erkennen. Genauer hinschauen muss man, um auch Springschwänze und Hornmilben zu entdecken. Mit bloßem Auge nicht mehr sichtbar sind die zahlreichen Bakterien und Pilze, die den Waldboden besiedeln.

Der Abbau der Laubblätter erfolgt unter Verbrauch von Sauerstoff durch die benannten Bodenlebewesen, die Zersetzer oder *Destruenten.* Schnecken, Asseln und Würmer ernähren sich von den zu Boden gefallenen Blättern, wodurch diese zerkleinert werden. Zudem scheiden sie die Blattreste, vermischt mit Bodenteilchen, wieder aus. Die in diesem Kot enthaltenen Stoffe werden schließlich von Pilzen und Bakterien abgebaut. Dabei wird Kohlenstoffdioxid frei und es bleiben nur die nicht abbaubaren Mineralstoffe zurück. Man bezeichnet diesen Prozess daher als **Mineralisation.**

Die Mineralstoffe können erneut von den Pflanzen aus dem Boden über die Wurzeln aufgenommen werden. Der Wald hat also ein funktionierendes Recyclingsystem, was ein Düngen überflüssig macht: Die Mineralstoffe, die vorher in der Pflanze gespeichert waren, werden wieder freigesetzt, wenn die Blätter im Herbst zu Boden fallen und von den Destruenten zersetzt werden. Der Mineralstoffkreislauf ist geschlossen.

01 Zersetzung eines Laubblattes

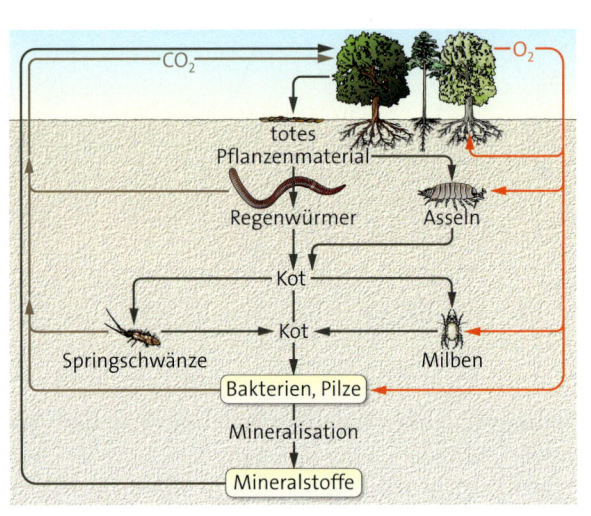

02 Mineralstoffkreislauf

Bestimmung von Bodenlebewesen

Bei einem Bestimmungsschlüssel wird unter einer Nummer ein Merkmalspaar betrachtet. Es ist wichtig, immer beide Beschreibungen zu lesen. Daraufhin muss eine Entscheidung getroffen und bei der entsprechenden Nummer fortgefahren *werden. So ergibt sich der Weg bis zum gesuchten Tier. Bei der Bestimmung von Tieren der Laubstreu achtet man zunächst darauf, ob bei einem Tier Beine vorhanden sind, und wenn ja, wie viele. Danach unterteilt man in Schnecken, Würmer, Insekten, Spinnentiere, Asseln und Tausendfüßer.*

1	Tiere ohne Beine	weiter bei 2
1*	Tiere mit Beinen	weiter bei 6
2	Tiere mit Kriechsohle	weiter bei 3
2*	Tiere mit wurmförmigem Körper	weiter bei 4
3	Tiere mit Gehäuse	**Gehäuseschnecken**
3*	Tiere ohne Gehäuse	**Nacktschnecken**
4	Tier mit Ringelung	weiter bei 5
4*	Tier ohne Ringelung, glatt, weißlich	**Fadenwürmer**
5	rötlich, am Hinterende abgeplattet, bis 200 mm	**Regenwürmer**
5*	weißlich, bis 35 mm, Rückenblutader nur am Vorderende	**Enchyträen**
6	Tiere mit 3 Beinpaaren	weiter bei 8
6*	Tiere mit mehr als 3 Beinpaaren	weiter bei 7
7	Tiere mit 4 Beinpaaren	weiter bei 15
7*	Tiere mit vielen Beinpaaren	weiter bei 18
8	Tiere ohne Flügel	weiter bei 9
8*	Tiere mit Flügeln	weiter bei 10
9	Hinterleib ohne Schwanzfäden, auf Bauchseite meist Sprunggabel	**Springschwänze**
9*	Hinterleib mit zwei Schwanzfäden	**Doppelschwänze**
10	Deckelflügel kurz, größter Teil des Hinterleibs nicht bedeckt	weiter bei 11
10*	Deckelflügel lang, Hinterleib mindestens zu zwei Dritteln bedeckt	weiter bei 13
11	ohne zangenförmigen Anhang	weiter bei 12
11*	mit zwei zangenförmigen Anhängen	**Ohrwürmer**
12	mit Sprungbeinen	**Waldgrille**
12*	ohne Sprungbeine	**Kurzflügelkäfer**
13	ein Flügelpaar	**Zweiflügler**
13*	zwei Flügelpaare	weiter bei 14
14	Vorderflügel hart oder derb als Deckflügel	**Käfer**
14*	Vorderflügel keine Deckflügel, Kopfunterseite mit Saugrüssel	**Wanzen**
15	Vorder- und Hinterleib durch dünnen Stiel verbunden	**Webspinnen**
15*	Vorder- und Hinterleib stoßen in ganzer Breite aneinander	weiter bei 16
16	Körper ungegliedert	weiter bei 17
16*	Hinterleib gegliedert, Taster mit Scheren, bis 4,5 mm	**Afterskorpione**
17	kurze Beine, klein, bis 1 mm	**Milben**
17*	sehr lange, dünne Beine, Körper eiförmig	**Weberknechte**
18	1 Beinpaar pro Segment	weiter bei 19
18*	2 Beinpaare pro Segment	weiter bei 20
19	gedrungener Körper, 14 Beinpaare	**Asseln**
19*	länglicher Körper, mehr als 14 Beine	**Hundertfüßer**
20	spiralig einrollend	**Schnurfüßer**
20*	kugelig einrollend	**Saftkugler**

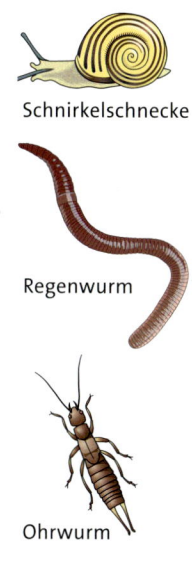

Schnirkelschnecke

Regenwurm

Ohrwurm

Kurzflügelkäfer

Laufkäfer

Wolfspinne

Assel

01 Grillplatz

Energiefluss und Stoffkreisläufe im Wald

Für ein Grillfeuer verwendet man Holz aus dem Wald. Beim Verbrennen des Holzes wird Energie in Form von Wärme frei. Wie ist diese Energie ins Holz gekommen?

ENERGIE IM WALD · Die Pflanzen des Waldes benötigen für die Fotosynthese *Licht*. In Mitteleuropa liefert die Sonne im Jahresdurchschnitt täglich etwa 120 000 Kilojoule Energie pro Quadratmeter. Davon können selbst die am stärksten bestrahlten Bäume höchstens fünf Prozent zur Fotosynthese nutzen. Mithilfe der aus dem Licht aufgenommenen Energie stellen diese Produzenten aus den energiearmen anorganischen Stoffen, Wasser und

Kohlenstoffdioxid, den energiereichen organischen Stoff Glukose her. Dabei wird die Energie des Lichtes auf Glukose übertragen und in chemischer Form gespeichert. Etwa 50 Prozent dieser Energie benötigen die Pflanzen für ihre Lebensvorgänge. Sie wird zum großen Teil als *Wärme* bei der Zellatmung abgegeben. Etwa zehn Prozent der Energie wird in den Aufbau anderer organischer Stoffe wie der *Zellulose* gesteckt. Zellulose dient Pflanzen als Baustoff und ist der Hauptbestandteil von Holz. Verbrennt man Holz, wird Zellulose wieder in energiearme anorganische Stoffe zerlegt, und die darin gebundene Energie wird als Wärme frei.

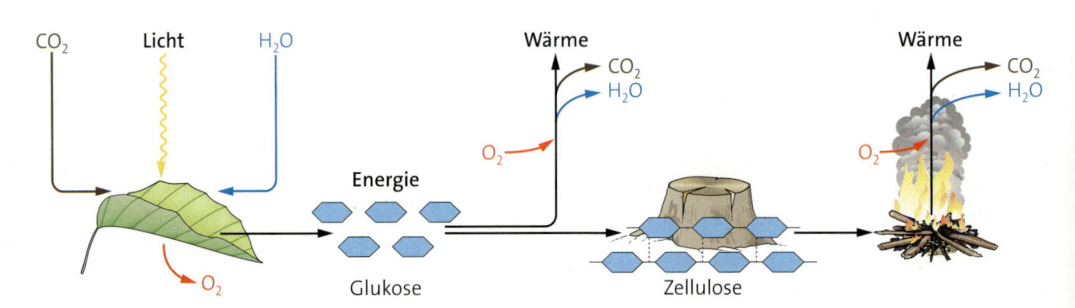

02 Energiewandlung

ENERGIEFLUSS · Nur maximal ein Prozent der von den Produzenten in energiereichen Stoffen gebundenen Energie nehmen Pflanzenfresser auf, die lebende Pflanzenteile fressen, wie Schmetterlingsraupen oder Rehe. Sie bilden als Konsumenten 1. Ordnung dieser *Weidegänger-Nahrungskette* die auf die Produzenten folgende nächsthöhere Ernährungsebene, auch *Trophiestufe* genannt. Auch sie benötigen den Großteil der aufgenommenen Energie für ihre Lebensvorgänge, sodass davon nur zehn Prozent, also 0,1 Prozent der Energie der Produzenten, an die Konsumenten 2. Ordnung weitergegeben werden. Die restliche Energie gelangt in Ausscheidungen und toten Tieren auf den Waldboden. Auch beim Übergang zur folgenden Ernährungsebene, den Konsumenten 3. Ordnung, wiederholt sich diese Energieaufteilung.

Die noch verbleibenden 39 Prozent der Energie der Produzenten gelangt gebunden in abgestorbenen Pflanzenteilen wie Falllaub auf den Waldboden. Diese Streuschicht ist die Nahrungsgrundlage für viele kleine und kleinste Lebewesen wie Asseln, Hornmilben und Würmer. Sie sind die Konsumenten 1. Ordnung der *Laubstreuzersetzer-Nahrungskette,* die für das Ökosystem Wald eine große Bedeutung hat.

Von diesen Konsumenten 1. Ordnung ernähren sich wiederum Hundertfüßer und Raubmilben, die ihrerseits die Beute von Laufkäfern sind. Diese Nahrungskette steht in enger Wechselwirkung mit den eigentlichen Destruenten, den Bakterien und Pilzen, und ist auch mit der Weidegänger-Nahrungskette zu einem Nahrungsnetz verknüpft. Von den etwa neun Prozent der Energie, die von den Konsumenten 1. Ordnung der Laubstreuzersetzer aufgenommen wird, gelangt wiederum nur ein Zehntel zur folgenden Ernährungsebene. Man spricht deshalb bei der Energieweitergabe in Nahrungsketten von der **Zehn-Prozent-Regel.** Der Rest der gebundenen Energie sowie die in toten Tieren und Ausscheidungen noch enthaltene Energie wird schließlich beim Abbau zu anorganischen Stoffen durch die Destruenten freigesetzt. Die von den Produzenten aufgenommene Energie verlässt also letztendlich das Ökosystem Wald in Form von Wärmeenergie. Da die Energie von Ernährungsebene zu Ernährungsebene weitergegeben wird und das Ökosystem sozusagen durchfließt, nennt man diesen Prozess **Energiefluss.**

1 Beschreibe die Zehn-Prozent-Regel des Energieflusses im Ökosystem Wald!

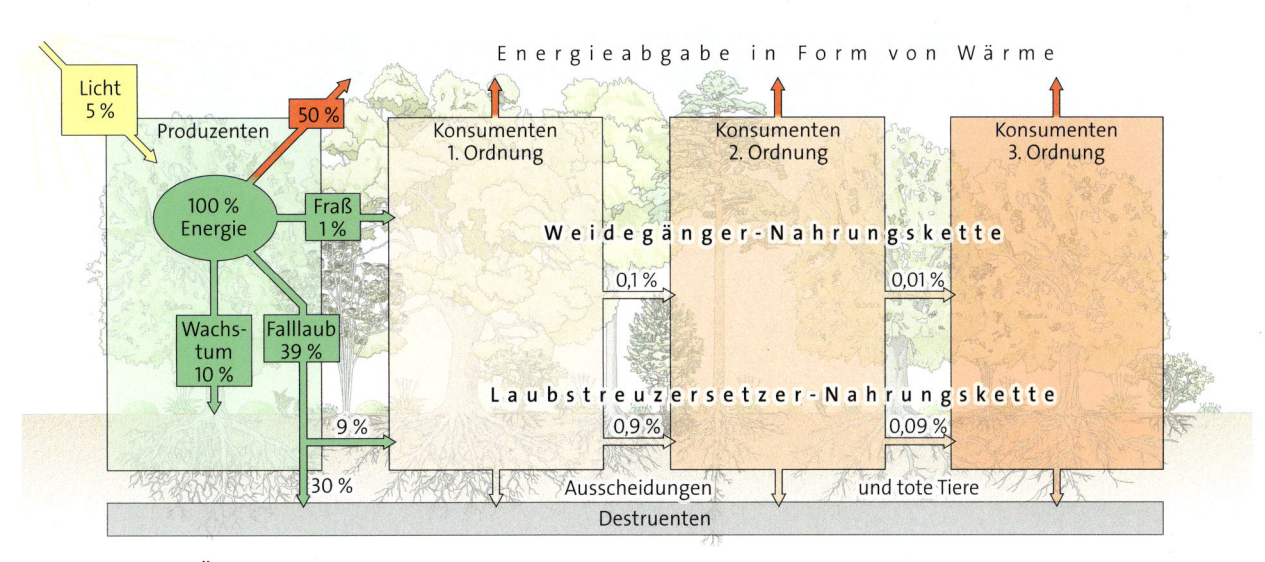

03 Energiefluss im Ökosystem Wald

STOFFKREISLÄUFE · Die Masse organischer Stoffe, die in Lebewesen gebunden ist, nennt man **Biomasse.** Sie besteht vor allem aus den Elementen *Kohlenstoff, Wasserstoff* und *Sauerstoff.* Bei der Fotosynthese bilden die Produzenten zunächst das Kohlenhydrat Glukose. Der dazu erforderliche Kohlenstoff und Sauerstoff wird mit dem Kohlenstoffdioxid der Luft aufgenommen. Wasserstoff wird bei der Fotosynthese aus Wasser gewonnen. Dabei wird Sauerstoff frei und entweicht in die Luft. Aus Glukose bauen die Produzenten weitere energiereiche organische Stoffe wie Stärke, Zellulose und Fette auf. Die Konsumenten nehmen diese mit ihrer Nahrung auf und bauen sie durch Zellatmung zu energieärmeren Stoffen ab. Dafür benötigen sie Sauerstoff aus der Luft und geben Kohlenstoffdioxid und Wasser ab. Auch die Destruenten, die totes organisches Material durch Zellatmung zu anorganischen Stoffen abbauen, benötigen Sauerstoff und geben Wasser und Kohlenstoffdioxid ab. Übrig bleiben noch Mineralstoffe, die die Produzenten wieder aufnehmen. Da alle Ausgangsstoffe, die zum Aufbau von Biomasse gebraucht werden, bei deren Abbau wieder frei werden, spricht man von **Stoffkreisläufen.**

STICKSTOFFKREISLAUF · Zum Aufbau organischer Stickstoffverbindungen kann der in der Luft reichlich vorhandene *elementare Stickstoff* von Pflanzen und Tieren nicht genutzt werden. Pflanzen, die Produzenten, sind auf die Aufnahme der anorganischen Verbindungen *Nitrat* und *Ammonium* angewiesen. Tiere, die Konsumenten, müssen organische N-Verbindungen, vor allem Proteine, mit ihrer Nahrung aufnehmen und diese in ihre körpereigenen Stoffe umbauen. Beim Abbau dieser Stoffe entstehen energieärmere organische N-Verbindungen wie *Harnstoff* oder *Harnsäure*, die ausgeschieden werden. Die Destruenten bauen die organischen N-Verbindungen des toten organischen Materials zu Ammonium ab. Dieses nehmen die Produzenten teilweise wieder auf. Der größere Teil wird aber von Bakterien zunächst zu *Nitrit* und dann zu *Nitrat* abgebaut, das den Produzenten zum erneuten Aufbau organischer N-Verbindungen dient. Bestimmte Bakterien entziehen dem Nitrat im Boden Sauerstoff, wodurch Luftstickstoff entsteht. Manche Pflanzen können aber den Luftstickstoff nutzen. Besondere Bakterien in ihren Wurzeln, die *Knöllchenbakterien,* binden den Luftstickstoff und überführen ihn in Ammonium.

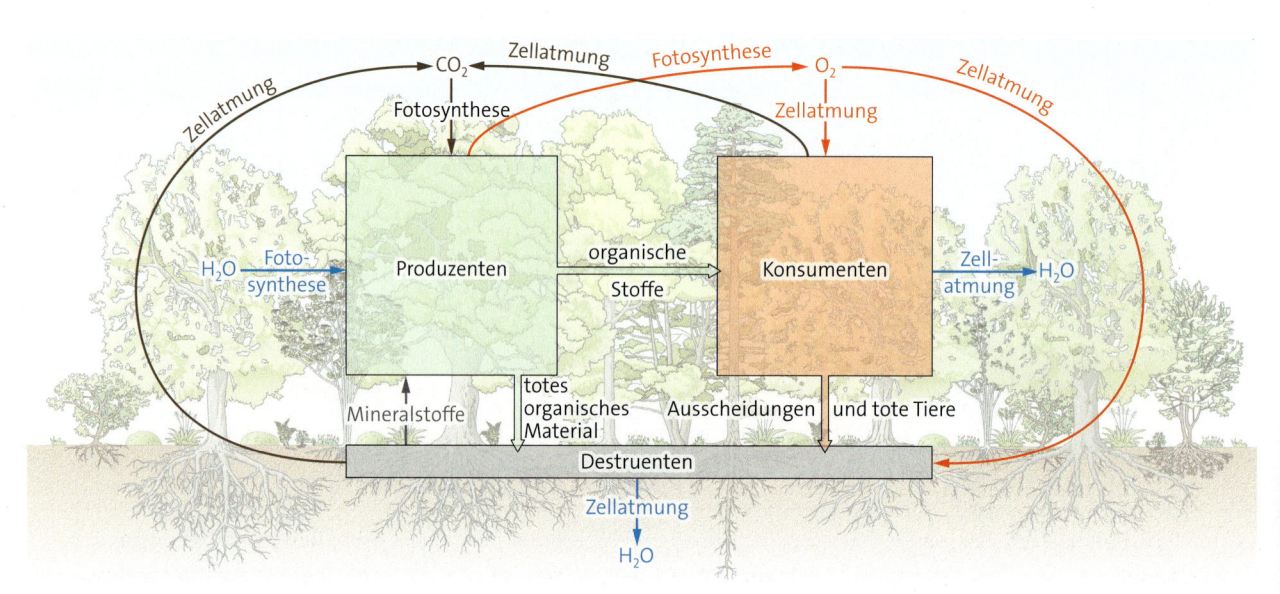

04 Kohlenstoff- und Sauerstoffkreislauf im Ökosystem Wald

Material A ▸ Biomasse und Energiefluss

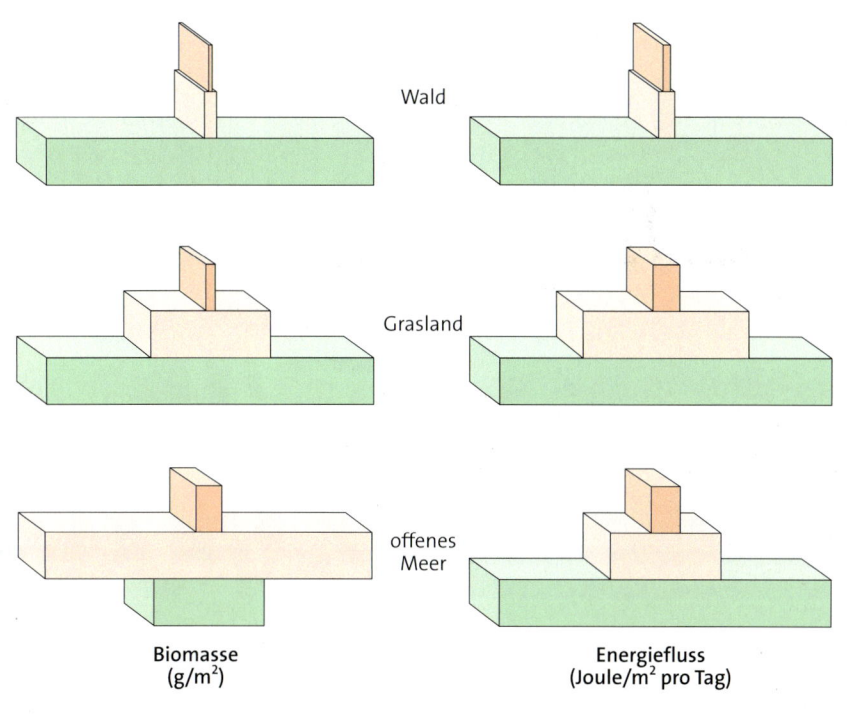

Wald

Grasland

offenes Meer

Biomasse (g/m^2)

Energiefluss (Joule/m^2 pro Tag)

A1 Beschreibe, was in den Biomassen- und Energieflusspyramiden dargestellt ist!

A2 Vergleiche die Biomassen von Wald und Grasland sowie deren Energieflusspyramiden!

A3 Stelle Vermutungen an, worauf die in A2 festgestellten Unterschiede zurückzuführen sind!

A4 Nenne wichtige Produzenten und Konsumenten 1. Ordnung im offenen Meer!

A5 Stelle Vermutungen über die Abweichungen der Biomassenpyramide der Lebewesen im offenen Meer an!

Material B ▸ Stickstoffkreislauf

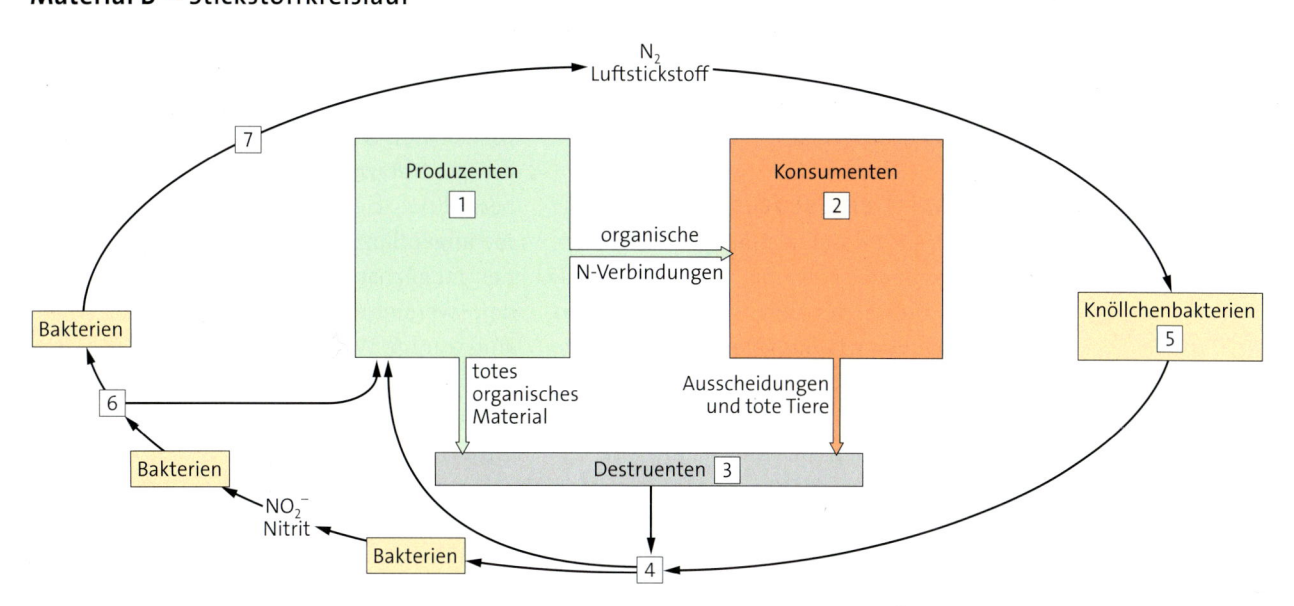

B1 Beschreibe die mit Zahlen markierten Stellen des Stickstoffkreislaufs!

B2 Nenne zwei organische Stoffe in Lebewesen, die Stickstoff enthalten und deren jeweilige Funktion!

B3 Erkläre, weshalb das Anpflanzen von Pflanzen mit Knöllchenbakterien das Wachstum anderer Pflanzen fördert!

01 Holzernte mit einem Harvester

Wald im Wandel

Ein Wald ist nicht nur Lebensraum für viele Pflanzen und Tiere. Ihm kommen weitere Bedeutungen zu. Wie nutzt zum Beispiel der Mensch den Wald und welche Folgen hat diese Nutzung für den Wald?

WIRTSCHAFTLICHE BEDEUTUNG · Das Holz des Waldes wird auf vielfältige Weise wirtschaftlich genutzt. Es werden zum Beispiel Balken oder Bretter für den Hausbau oder zur Möbelproduktion daraus gefertigt. Holz ist also ein wichtiger *Baustoff*.

Minderwertiges Holz wird für die *Papierherstellung* verwendet. Die Beimischung von Altpapier ermöglicht dabei einen schonenden Umgang mit dem wertvollen Rohstoff Holz. Eine weitere Einsatzmöglichkeit von Holz ist die Verbrennung und somit die Wärmeproduktion in großen Anlagen oder im heimischen Ofen. Da Holz ein nachwachsender Rohstoff ist, anders als beispielsweise Erdöl, gehört es zu den *erneuerbaren Energiequellen*.

Ab dem 19. Jahrhundert wurde die wirtschaftliche Nutzung des Waldes intensiviert, da technische Geräte, wie zum Beispiel Motorsägen, die Handsägen ablösten.

Die meisten Wälder in Deutschland sind heutzutage Nutzwälder und werden als **Forste** bezeichnet. In einem Forst werden gezielt Bäume angepflanzt, die schnell wachsen und einen möglichst hohen Ertrag bringen. Außerdem werden alte, morsche Bäume entfernt. Nur wenige Wälder werden nicht von Menschen genutzt. Dort werden keine Bäume gefällt und die Pflanzen breiten sich selbstständig aus.

ERHOLUNGSFUNKTION · Viele Menschen leben heutzutage in großen Städten. Sie genießen es jedoch, ihre Freizeit in der Natur zu verbringen, um zum Beispiel zu wandern, zu joggen, spazieren zu gehen oder Pilze zu sammeln. Dass wir den Wald als erholsam erleben, hat verschiedene Gründe. An heißen Tagen ist es im

Wald durch den Schatten, den die großen Bäume spenden, und durch die Verdunstung von Wasser über die große Blattfläche angenehm kühl. Die Verdunstung führt dazu, dass die Luftfeuchtigkeit ansteigt. Außerdem ist die Luft sehr sauber, da die Blätter Staub aus der Luft filtern. Durch den Schutz der Bäume wird starker Wind gebremst, und es ist angenehm still.

ÖKOLOGISCHE BEDEUTUNG · Eine 100-jährige Buche hat mehr als 600 000 Blätter. An einem Sonnentag nimmt dieser Baum etwa 9400 Liter beziehungsweise 18 Kilogramm Kohlenstoffdioxid aus der Luft auf. Dadurch wird der Kohlenstoffdioxidgehalt der Luft gesenkt. Aus diesem Grund werden Wälder auch als **Kohlenstoffdioxidsenken** bezeichnet. Da Kohlenstoffdioxid zu den Treibhausgasen gehört, wirkt die Fotosynthese dem Treibhauseffekt entgegen, sodass Wälder eine wichtige Rolle für den **Klimaschutz** spielen. Über die Fotosynthese gibt die 100-jährige Buche etwa 13 Kilogramm Sauerstoff pro Tag ab, was den Tagesbedarf von etwa zehn Menschen deckt.

Bei Regen fallen die Regentropfen auf die Blätter. Sie werden dabei in kleinere Tropfen zerteilt und fallen nur langsam auf den Boden. Dort wird das Wasser von der Moosschicht wie ein Schwamm aufgesaugt und kann langsam in dem lockeren Waldboden versickern und ins Grundwasser gelangen. Deshalb wirkt ein Wald als *Schutz vor Überschwemmungen*. Außerdem filtern Bäume und Waldboden das Regenwasser und es entsteht sauberes Grundwasser. Da das Regenwasser nicht oberflächlich abfließt und die Baumwurzeln den Boden festhalten, wird besonders in hügeligen Landschaften verhindert, dass Erde und Sand weggespült werden. Der Wald wirkt also als **Erosionsschutz**.
Umherfliegende Staubteilchen bleiben an den Blättern kleben und werden beim nächsten Regen abgespült. Das Blätterdach der Bäume *filtert* auf diese Weise Staub aus der Luft.

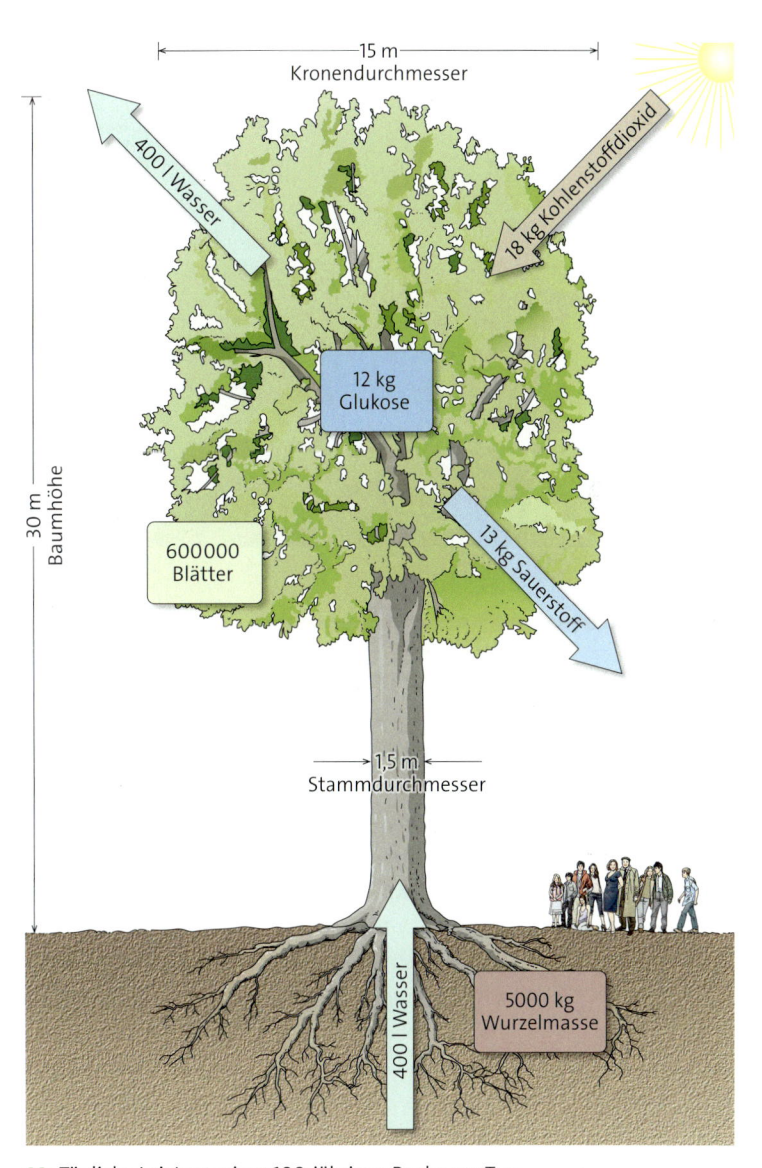

02 Tägliche Leistung einer 100-jährigen Buche pro Tag

Eine 100-jährige Buche nimmt an einem Tag etwa 400 Liter Wasser über die Wurzeln auf und verdunstet etwa die gleiche Menge wieder über die Blätter. Der Wald trägt durch die hohe Verdunstung in hohem Maße zur *Wolkenbildung* bei.

1 Erstelle ein Begriffsnetz zur Erholungsfunktion, wirtschaftlichen Bedeutung oder ökologischen Bedeutung des Waldes!

2 Erkläre, welche Bedeutung der Wald für dich und deine Familie und Freunde hat!

03 Luftaufnahme einer Fichtenmonokultur

griech. monos = einzig

MONOKULTUREN · In einem Forst wird hauptsächlich eine Baumart, die wirtschaftlich besonders ertragreich ist, angepflanzt. Wälder, in denen nur eine Baumart angebaut wird, werden als **Monokultur** bezeichnet. In Fichtenmonokulturen stehen die Bäume dicht an dicht und nur wenig Licht erreicht den Boden. Aus diesem Grund sind die unteren Äste oft abgestorben. Der Waldboden ist von einer dichten Nadelschicht bedeckt, da die Nadeln schlechter von Bodenlebewesen zersetzt werden können als Laubblätter. Die geringe Lichtmenge am Boden und die Nadelschicht verhindern, dass sich eine abwechslungsreiche Kraut- und Strauchschicht entwickelt.

Es gibt wesentlich weniger ökologische Nischen als in einem Mischwald, sodass auch nur wenige Tier- und Pflanzenarten in einer Monokultur vorkommen. Man spricht von geringer **Artenvielfalt** oder geringer *Biodiversität*.

Schädlinge, zum Beispiel der Borkenkäfer, können sich schnell ausbreiten, da sie in einer Fichtenmonokultur optimale Lebensbedingungen vorfinden. Spechte finden jedoch keine geeigneten Bruthöhlen und kommen in Fichtenmonokulturen nicht vor. Da es also kaum oder keine Fressfeinde gibt, kann es zu Massenvermehrungen von Borkenkäfern kommen und die Bekämpfung mit Borkenkäferfallen wird notwendig.

Da die Bäume der gleichen Art dicht an dicht stehen, können sich nicht nur Borkenkäfer, sondern auch Baumkrankheiten schnell ausbreiten. Durch die flachen Wurzeln der Fichten und den einheitlichen Bewuchs sind Fichtenmonokulturen wesentlich sturmanfälliger als Mischwälder.

MODERNE BEWIRTSCHAFTUNG DES WALDES · Bei der Bewirtschaftung des Waldes ist zu beachten, dass nicht nur der finanzielle Ertrag, sondern auch ökologische und gesellschaftliche Interessen berücksichtigt werden. Um Naherholung, wirtschaftliche Nutzung und Naturschutz miteinander zu verbinden, werden immer häufiger Mischwälder statt Monokulturen angelegt. In diesen Wäldern werden nur ausgewählte Bäume gefällt.

04 Schäden durch Borkenkäfer

05 Borkenkäferfalle

Material A ▸ Entfernung von Totholz

Der Buchenspinner ist ein Nachtfalter, der vor allem in Rotbuchenwäldern vorkommt. Er legt viele Eier, aus denen Raupen schlüpfen, die sich von den Laubblättern der Rotbuchen ernähren.

Der Abendsegler, die größte bei uns vorkommende Fledermausart, braucht zur Aufzucht seiner Jungtiere geräumige Baumhöhlen, die er meistens in alten Bäumen findet. Die Nahrung der Abendsegler besteht fast ausschließlich aus fliegenden Insekten.

A1 Erstelle zunächst ein Wirkungspfeilschema zur Wechselbeziehung Abendsegler und Buchenspinner und formuliere entsprechende Je-desto-Sätze!

A2 Erläutere, wie es sich auf den Bestand von Abendseglern und Buchenspinnern auswirkt, wenn die alten, morschen Bäume eines Waldes entfernt werden!

A3 Stelle eine begründete Vermutung auf, welche Auswirkungen die Entfernung von Totholz auf das gesamte Nahrungsnetz im Wald hat!

Material B ▸ Holz als erneuerbarer Energieträger

Bei der Verbrennung von Erdgas, Erdöl oder Holz entsteht Kohlenstoffdioxid, das den Treibhauseffekt verstärkt. Erdöl und Erdgas entstehen, wenn abgestorbene Tiere und Pflanzen unter Luftabschluss und hohem Druck sowie hohen Temperaturen zersetzt werden. Das Erdgas und Erdöl, das wir heute verwenden, entstand im Laufe vieler Millionen Jahre. Man kann Erdöl und Erdgas nicht herstellen, sondern nur aus Lagerstätten unter der Erde fördern. Aus diesem Grund werden sie als fossile Energieträger bezeichnet. Energiereiche Stoffe, die durch biologische Prozesse verhältnismäßig schnell neu gebildet werden können, zum Beispiel Holz, werden als erneuerbare Energieträger bezeichnet.

B1 Beschreibe die Abbildung A!

B2 Obwohl Holz ein erneuerbarer Energieträger ist, ist die Verbrennung von Holz in großem Maßstab umstritten. Finde mögliche Gründe, die gegen die Verwendung von Holz als Brennstoff sprechen!

B3 Stelle begründete Vermutungen auf, wie sich der Kohlenstoffdioxidkreislauf verändern würde, wenn zusätzlich zu Holz auch fossile Brennstoffe verbrannt werden würden!

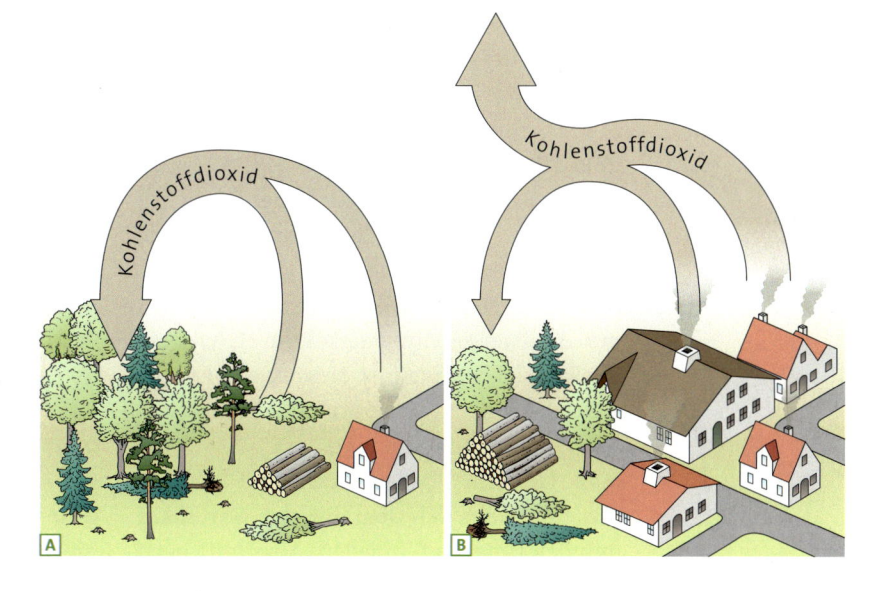

01 Ein Fluss schlängelt sich durch die Landschaft

Lebensräume entlang eines Fließgewässers

Verfolgt man einen Fluss von der Quelle bis zur Mündung, sieht er an verschiedenen Stellen unterschiedlich aus – schmal oder breit, steinig, sandig oder schlammig. Und man kann verschiedene Tiere und Pflanzen entdecken. Doch was kennzeichnet die unterschiedlichen Abschnitte entlang eines Fließgewässers?

VERLAUF EINES FLIESSGEWÄSSERS · Während im Bergbach das Wasser reißend über Felsen stürzt, nimmt das Gefälle stromabwärts nach und nach ab, bis der Fluss gemächlich als breiter Strom durch das Flachland zieht. Nicht nur die Fließgeschwindigkeit, auch weitere Umweltbedingungen im Fluss wie beispielsweise die Wassertemperatur ändern sich von der Quelle bis zur Mündung.

Man teilt ein Fließgewässer grob in drei Abschnitte ein: den **Oberlauf**, den **Mittellauf** und den **Unterlauf.** In jedem Abschnitt herr-

schen jeweils unterschiedliche Umweltbedingungen vor, sodass verschiedene *Lebensräume* entstehen, in denen bestimmte Pflanzen und Tiere zu finden sind. Diese Abschnitte sind aber nicht scharf voneinander abgegrenzt, sondern gehen fließend ineinander über.

QUELLE · Grundwasser tritt an manchen Stellen sprudelnd oder ganz gemächlich aus der Erde aus und bildet dort den Anfang eines Baches, die *Quelle*. Auch wenn sich Regen- oder Schmelzwasser im Gebirge sammelt, bilden mehrere zusammenfließende Rinnsale den Beginn eines Bachs. Meistens ist die Temperatur des Quellwassers sehr niedrig.

OBERLAUF · Der erste Abschnitt eines Fließgewässers, der *Oberlauf*, kann im Flachland ganz verschiedene Formen haben. Im Gebirge hingegen wird er von einem sprudelnden

Bergbach gebildet. Das Wasser fließt hier schnell und reißt Sand, Kies und manchmal auch Steine mit. Den Untergrund bilden deshalb Fels und große Steine.

Bei der hohen Fließgeschwindigkeit finden Wasserpflanzen keinen Halt. Dadurch gibt es im Oberlauf nur wenige *Produzenten*. Die hier lebenden Tiere, die *Konsumenten,* sind auf Nährstoffe angewiesen, die von außerhalb in den Bach gelangen. Zum Beispiel fällt Laub von den umstehenden Bäumen und Pflanzen in das Wasser. Die starke Strömung und das steinige Bachbett sorgen für Verwirbelungen, sodass Luft in das Wasser gelangt. Deshalb ist das Wasser im Oberlauf sauerstoffreich. Außerdem ist es klar und kalt, die Temperatur liegt unter zehn Grad Celsius.

MITTELLAUF · Im *Mittellauf* ist das Gefälle geringer. Die Fließgeschwindigkeit des Wassers nimmt daher ab, sodass sich Kies und Sand ablagern. Im Bereich des Mittellaufs schlängeln sich naturbelassene Flüsse in großen Kurven, den *Mäandern*, durch die Landschaft. Besonders auf der Innenseite der Kurven fließt das Wasser langsam und Sand lagert sich am Grund ab. Das Flussbett wird zunehmend breiter, wodurch die umstehenden Bäume nicht die gesamte Wasserfläche beschatten. Deshalb erwärmt sich das Wasser durch die höhere Sonneneinstrahlung, sodass es im Sommer Temperaturen von bis zu 15 Grad Celsius erreichen kann.

Aufgrund des Sandbodens und des Lichteinfalls können sich im Mittellauf Wasser- und Uferpflanzen wie das Flusslaichkraut, der Flutende Hahnenfuß und der Wasserdost ansiedeln. Diese bilden die Nahrungsgrundlage für die Konsumenten. Der Sauerstoffgehalt des Wassers ist über dem Grund eher gering. Die Pflanzen produzieren durch Fotosynthese zwar Sauerstoff in den oberen Wasserschichten, jedoch benötigen die Konsumenten auch viel Sauerstoff zur Zellatmung.

02 Oberlauf

03 Mittellauf

04 Unterlauf

UNTERLAUF · Im *Unterlauf* bildet das Gewässer einen breiten Strom, der langsam zur Mündung ins Meer fließt. Das Wasser wird durch die Sonneneinstrahlung im Sommer stark erwärmt und erreicht ähnlich wie in einem See Temperaturen über 20 Grad Celsius. Im Winter kann sich aufgrund der geringen Fließgeschwindigkeit eine Eisschicht bilden. Der Untergrund ist hier feinsandig bis schlammig, da sich kleinste Schwebteilchen ablagern.

Am Ufer und im flachen Wasser gibt es reichlich Pflanzenbewuchs, hier findet man zum Beispiel Pfeilkraut. Die Pflanzen liefern reichlich Nährstoffe für Konsumenten. Besonders bei höheren Temperaturen reichern die Pflanzen durch Fotosynthese das Wasser in den oberen lichtdurchfluteten Schichten mit Sauerstoff an. Über dem Grund ist der Sauerstoffgehalt des Wassers jedoch noch geringer als im Mittellauf.

05 Auenwald

MÜNDUNG · An der *Mündung* in das Meer trifft das Süßwasser des Flusses auf das Salzwasser des Meeres. Das Wasser vermischt sich, es entsteht **Brackwasser.** Mit Ebbe und Flut ändert sich regelmäßig der Salzgehalt des Wassers. Die hier lebenden Tier- und Pflanzenarten sind an den schwankenden Salzgehalt angepasst.

AUENWALD – EINE BESONDERE FLUSSLANDSCHAFT · Der Wasserstand von Fließgewässern schwankt durch starke Regenfälle oder Schneeschmelze. Bei Hochwasser tritt der Fluss über seine Ufer und überschwemmt den umliegenden Bereich. Besonders am Unterlauf reicht das Überschwemmungsgebiet weit in das Land hinein. Dabei lagert sich mitgeführtes Material ab, das viele Mineralstoffe enthält. Das Überschwemmungsgebiet ist deshalb sehr fruchtbar. Diesen besonderen Lebensraum nennt man **Flussaue.**
Der direkt an das Flussbett angrenzende Boden ist so nass, dass dort keine Bäume wachsen. Etwas weiter vom Ufer entfernt findet man auch Wald, den *Auenwald.* Dieser setzt sich aus Bäumen zusammen, die an Bodennässe angepasst sind. Beispielsweise sind Weiden und Erlen bei diesem feuchten Boden überlebensfähig.
Im flussfernen Teil des Auenwaldes, der nur bei starkem Hochwasser überschwemmt wird, wachsen auch Esche, Ulme und Stieleiche. Die Kronen der Auenwaldbäume bilden ein durchlässiges Blätterdach und lassen einen Teil des Sonnenlichts den Boden erreichen. Auf dem fruchtbaren Auenboden kann sich deshalb eine üppige Strauch- und Krautschicht bilden. Auffällig sind Rankpflanzen wie Waldrebe und Hopfen, die lianenartig an den Bäumen hochklettern.

1 ⌡ Stelle folgende Umweltbedingungen in Oberlauf, Mittellauf und Unterlauf in Form einer Tabelle dar: Fließgeschwindigkeit, Bodenbeschaffenheit, Wassertemperatur, Sauerstoffgehalt und Pflanzenvorkommen!

Material A ▸ Uferbeschaffenheit im Mittellauf

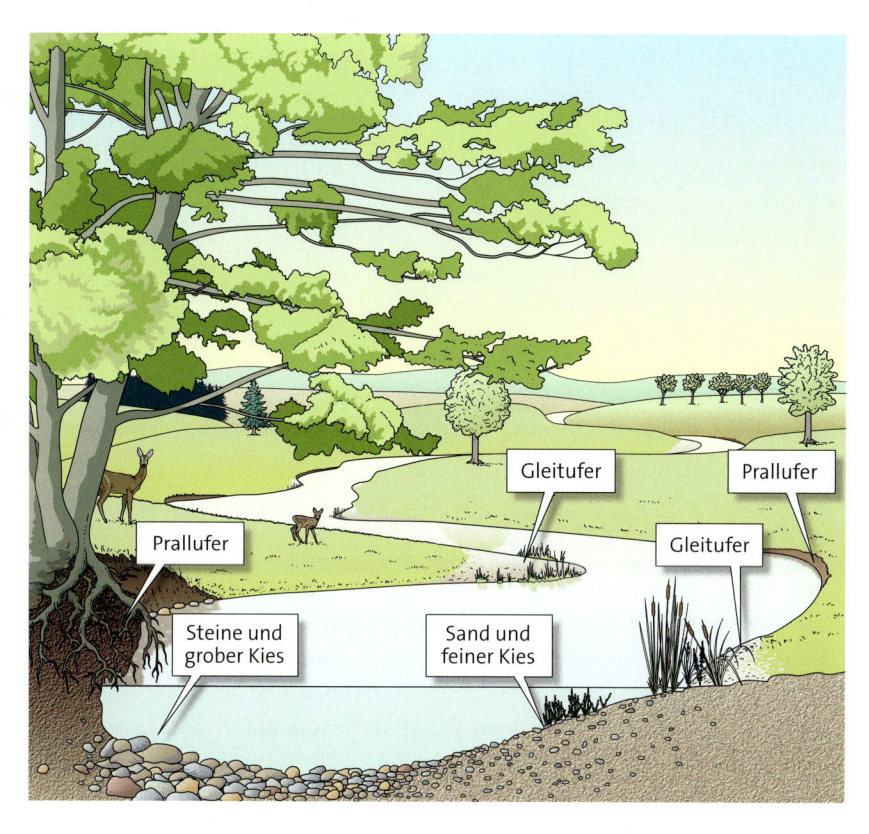

Besonders im Mittellauf bildet ein naturbelassener Fluss Mäander. In den Kurven entsteht an der Außenseite ein Prallufer, an der Innenseite ein Gleitufer.

A1 Beschreibe die Beschaffenheit der beiden Uferseiten des dargestellten Flussabschnitts!

A2 Der Hecht laicht an flachen, pflanzenreichen Uferstellen. Stelle eine Vermutung auf, welchen Uferbereich er zur Aufzucht seiner Jungtiere aufsucht, und begründe deine Vermutung!

A3 Verschiedene Lebewesen können in einem Flussabschnitt wie diesem dicht nebeneinander leben, obwohl sie sehr unterschiedliche Ansprüche an ihren Lebensraum stellen. Erläutere diesen Sachverhalt!

Material B ▸ Angepasstheit bei Schwarzerlen

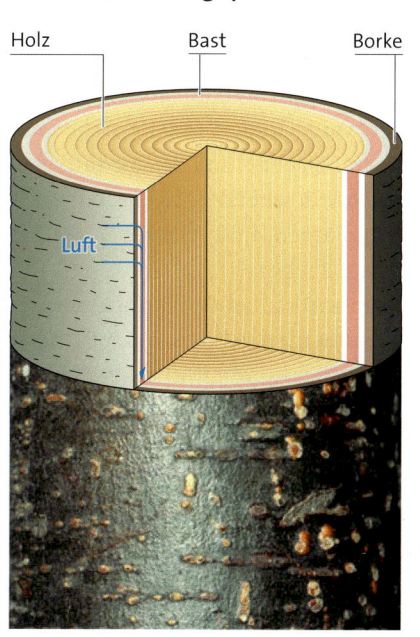

Keine einheimische Baumart ist besser in der Lage, auf nassem Boden zu wachsen, als die Schwarzerle.
Sie besitzt im unteren Bereich des Stammes auffallend große Öffnungen in der Borke. Diese Korkwarzen sind mit einem weitverzweigten Netz aus großen Zellzwischenräumen im Bast verbunden, das bis in die Wurzelspitzen reicht. So gelangt Luft durch die Korkwarzen und die Zellzwischenräume zu den Wurzelzellen, in denen der darin enthaltene Sauerstoff zur Zellatmung genutzt wird.

B1 Beschreibe die Struktur und Funktion der Korkwarzen und Zellzwischenräume bei Schwarzerlen!

B2 Erläutere den Zusammenhang zwischen der Struktur von Borke und Bast bei Schwarzerlen und dem Sauerstoffgehalt des Auenwaldbodens!

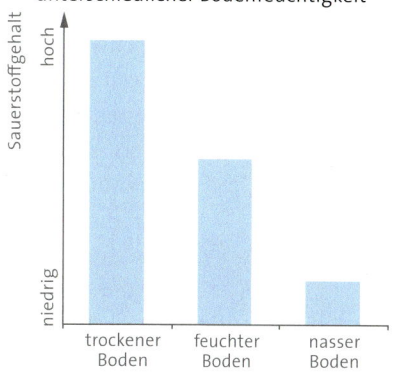

Sauerstoffgehalt in Böden mit unterschiedlicher Bodenfeuchtigkeit

01 Gebirgsbach

Leben in der Strömung

Fließgewässer weisen in ihren verschiedenen Flussabschnitten unterschiedliche Strömungsgeschwindigkeiten auf. Alle dort vorkommenden Lebewesen müssen mit der Strömung zurechtkommen. Wie schaffen sie das?

ANGEPASSTHEITEN AN DIE STRÖMUNG · Direkt in der Strömung kommen nur Tiere vor, die der Strömung standhalten können, zum Beispiel die stark sauerstoffbedürftige *Bachforelle*. Mit ihrem stromlinienförmigen Körperbau und ihren Schwimmbewegungen kann sie sich auch quer und entgegen der Strömung fortbewegen.

Die meisten Tiere leben in Grundnähe im Strömungsschatten unter, hinter oder zwischen Steinen, da dort geringere Strömungsgeschwindigkeiten herrschen. *Eintagsfliegenlarven* zum Beispiel haben einen abgeflachten Körper, der zum Vorderende hin breiter ist und nach hinten spitz zuläuft. Bei steigender Strömungsgeschwindigkeit pressen sie ihren Körper möglichst flach an die Steine, sodass sie der Strömung nur eine geringe Angriffsfläche bieten. *Köcherfliegenlarven* haben am Körperende zwei kräftige Haken, mit denen sie sich in ihrem Köcher oder auch am Boden festhaken. Sie bauen sich meistens ein Wohngehäuse aus Steinen oder Pflanzenteilen, das sie beschwert. Die Larven der Lidmücke halten sich mit Bauchsaugnäpfen am Untergrund fest. Tiere, die sich mithilfe von Saugnäpfen oder Haken am Untergrund festhalten können, nennt man *Anhefter* oder *Klammerer*.

Auch für ihren Nahrungserwerb verfolgen die Tiere der Fließgewässer unterschiedliche Strategien. Manche Arten wie die Larve der Eintagsfliege *Ecdyonurus* weiden Algen- oder Bakterienrasen von Steinen ab, sie heißen daher auch **Weidegänger**. Andere Arten wie die Larven von Libellen und Schlammfliegen ernähren sich von lebenden Tieren, zum Beispiel Mückenlarven und kleinen Krustentieren. Sie sind **Räuber**.

Weidegänger und Räuber sind **Konsumenten**. Zu den **Konsumenten** gehören auch *Filtrierer* wie die Zuckmückenlarven und *Zerkleinerer* wie der Bachflohkrebs, der sich von Falllaub oder anderen Grobresten von Lebewesen ernährt.

Köcherfliegenlarven bauen Netze, mit denen sie kleinste Nahrungspartikel aus der Strömung heraussieben. Der Bachflohkrebs ernährt sich hauptsächlich von Falllaub und anderen organischen Nahrungspartikeln, dem Detritus. Zusammen mit den Sedimentfressern, die Nahrungsteilchen aus dem Sediment herauslesen, und den richtigen Zersetzern wie Bakterien, die tote Lebewesen oder Teile davon zu Mineralstoffen abbauen, gehören sie als Detritusfresser zu der Gruppe der **Destruenten**.

In der Strömung kaum vertreten sind **Produzenten** wie Wasserpflanzen. Sie findet man in strömungsarmen Uferregionen oder im Unterlauf, wo sie wirbellosen Tieren als Besiedlungsfläche und Nahrung dienen. In strömungsstärkeren Regionen findet man Aufwuchsalgen und Moose, die an Steinen und anderen Sedimentteilen anhaften.

NAHRUNGSBEZIEHUNGEN UND ENERGIEFLUSS

Konsumenten und Destruenten sind gut an die Lebensbedingungen in der Strömung angepasst und kommen daher überall im Fließgewässer vor. Produzenten hingegen siedeln sich erst mit abnehmender Strömung an und sind am stärksten im Unterlauf vertreten. Da die Produzenten Sauerstoff und Nährstoffe im Ökosystem liefern, findet in der starken Strömung im Oberlauf kaum Nährstoffproduktion statt. Die Konsumenten in diese Region sind daher auf den Stoffeintrag aus der Umgebung angewiesen. Der Nährstoffeintrag erfolgt dort über totes tierisches und pflanzliches Material aus der Uferregion, der Sauerstoffeintrag durch Verwirbelungen, durch die Luft in das Wasser gelangt. Anschließend werden die Nährstoffe mit der Strömung flussabwärts transportiert und reichern sich in Fließrichtung an. Die beschriebenen Verhältnisse führen dazu, dass Nährstoffe zeitlich und räumlich entfernt umgesetzt werden. Daher spricht man bei Fließgewässern von *Stoffspiralen* und nicht von Stoffkreisläufen.

Der Energieeintrag findet ebenfalls von außen durch das Sonnenlicht und die Fotosyntheseaktivität der Produzenten oder durch den

02 Lebewesen in der Strömung: **A** Eintagsfliegenlarve *Ecdyonurus*, **B** Köcherfliegenlarve

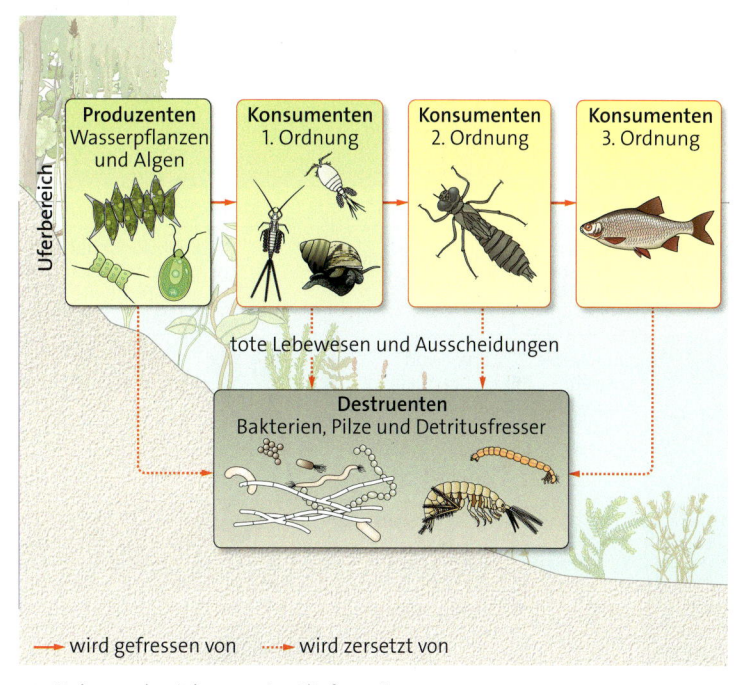

—▶ wird gefressen von ····▶ wird zersetzt von

03 Nahrungsbeziehungen im Fließgewässer

Abbau von eingetragenem, totem organischen Material statt. Durch Zellatmung und andere Stoffwechselprozesse verwerten die Konsumenten und Destruenten die mit der Nahrung aufgenommene Energie. Einen Teil der aufgenommenen Energie geben sie allerdings in Form von Wärme wieder an ihre Umgebung ab, einen weiteren über die Ausscheidungsprodukte. Ein Zehntel der in jeder Ernährungsebene aufgenommenen Energie wird so zur nächsthöheren weitergegeben, man spricht von der **Zehn-Prozent-Regel**.

04 Belasteter Fluss

SELBSTREINIGUNG · In jedem Fluss entstehen natürliche Verunreinigungen durch den Eintrag von abgestorbenem Material aus der Uferregion, Überschwemmungen, Ausscheidungen von Flussbewohnern, Pflanzenreste und tote Tiere. Diese werden in intakten Fließgewässern von deren Bewohnern verarbeitet und beseitigt. Man bezeichnet diese Vorgänge daher als *Selbstreinigung* des Fließgewässers.

Werden Fließgewässer zum Beispiel durch die Einleitung von Abwässern oder Düngemitteln durch den Menschen belastet, ändern sich die Lebensbedingungen und somit auch die Lebensgemeinschaften. Bei besonders stark belasteten Gewässern kann es dazu kommen, dass fast alle Lebewesen im Wasser absterben. Eine Selbstreinigung ist somit nicht mehr möglich. Man sagt, das Gewässer kippt um.

GEWÄSSERGÜTE · Um die Qualität und damit die Gewässergüte eines Fließgewässers beurteilen zu können, nutzt man das Vorkommen von *Zeigerarten*. Das sind Tierarten, die unterschiedlich gut mit Gewässerbelastungen zurechtkommen und daher Auskunft über die Wasserqualität geben. So sind Steinfliegenlarven oder Köcherfliegenlarven auf einen hohen Sauerstoffgehalt und reines Wasser angewiesen, während Zuckmückenlarven und Schlammröhrenwürmer auch in stark verschmutzten Gewässerregionen überleben können. Je stärker ein Gewässer belastet oder verschmutzt ist, desto weniger unterschiedliche Tierarten kommen dort vor.
Anhand der vorkommenden Zeigerarten werden Gewässer in bestimmte Güteklassen eingeteilt. Sie reichen von Güteklasse I, „unbelastet bis sehr gering belastet", bis hin zu Güteklasse IV, „übermäßig verschmutzt".

Güteklasse	Grad der organischen Belastung	Beispiele wichtiger Zeigerarten		Ökologischer Zustand nach EU-Richtlinie (2000)
I	unbelastet bis sehr gering belastet	Larven von Eintagsfliegen, Steinfliegen		1 (sehr gut)
I – II	gering belastet	Strudelwurm *Dugesia*, Eintagsfliegen – *Ecdyonurus*, Hakenkäfer		2 (gut)
II	mäßig belastet	Posthornschnecke, Flussnapfschnecke		
II – III	kritisch belastet	Eiförmige Schlammschnecke, Plattegel, Flussflohkrebs		3 (mäßig)
III	stark verschmutzt	Spitze Blasenschnecke, Rollegel, Wasserassel		4 (unbefriedigend)
III – IV	sehr stark verschmutzt	Zuckmückenlarve *Chironumus*		5 (schlecht)
IV	übermäßig verschmutzt	Schlammröhrenwurm *Tubifex*		

05 Gewässergüteklassen

1 ⌡ Erläutere verschiedene Angepasstheiten an starke Strömung!

Material A ▸ Bewohner von Fließgewässern

STECKBRIEF

Bachflohkrebs
(Gammarus fossarum)

Größe: bis 21 Millimeter
Vorkommen: Bäche
Lebensweise: Zerkleinerer, frisst abgestorbene Grobreste wie Falllaub

und tote Insekten. Kann mithilfe seines muskulösen Hinterleibs auch gegen die Strömung schwimmen. Stellt hohe Ansprüche an Sauerstoffgehalt und Wasserqualität.

STECKBRIEF

Groppe *(Cottus gobio)*

Größe: bis 15 Zentimeter
Vorkommen: Bäche
Lebensweise: nachtaktiver Räuber, frisst wirbellose Kleintiere. Besitzt

keine Schwimmblase und hält sich daher in Bodennähe auf. Lebt meistens zwischen Steinen und Wurzeln. Benötigt sauberes Wasser mit hohem Sauerstoffgehalt. Wichtiger Beutefisch für Forellen.

STECKBRIEF

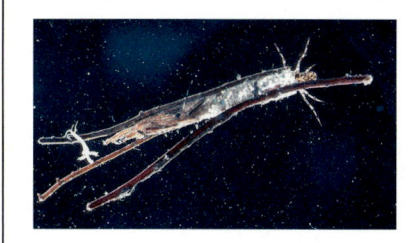

Köcherfliegenlarve
(Anabolia nervosa)

Größe: bis 23 Millimeter
Vorkommen: Flüsse und Seen
Lebensweise: Sedimentfresser. Baut einen bis zu 40 Millimeter langen

Köcher aus Sandkörnern und kleinen Ästen, in dem sie lebt. Verpuppt sich unter Steinen. Die geschlüpften Köcherfliegen leben nur wenige Tage und sterben nach der Eiablage.

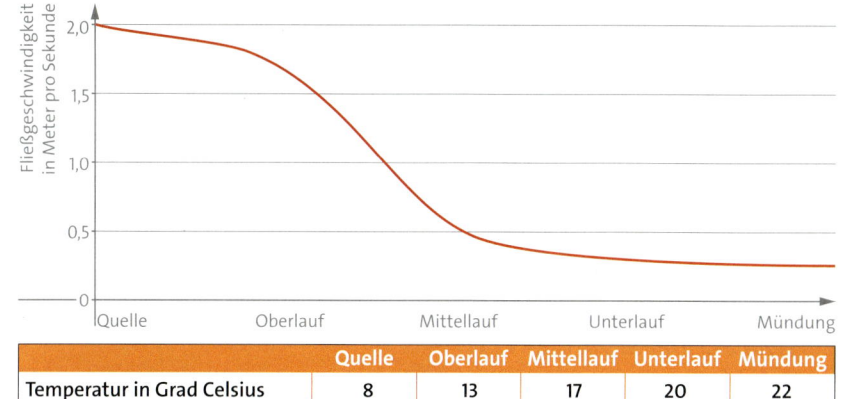

A1 Beschreibe anhand des Diagramms die Änderung der Fließgeschwindigkeit, des Sauerstoffgehalts und der Temperatur von der Quelle bis zur Mündung eines Fließgewässers!

A2 Ordne die in den Steckbriefen dargestellten Tiere einer Zone des Fließgewässer zu! Begründe deine Zuordnung!

	Quelle	Oberlauf	Mittellauf	Unterlauf	Mündung
Temperatur in Grad Celsius	8	13	17	20	22
Sauerstoffgehalt in Milligramm O_2 pro Liter	12	9	8	6	5

⧄ METHODE

Gewässeruntersuchung

Gewässergüte

Naturnahe Gewässer besitzen oft sauberes Wasser und ein kurvenreiches Ufer mit reichlich Pflanzenbewuchs. Durch störende Einflüsse, zum Beispiel die Verschmutzung durch den Menschen oder eine Uferbegradigung, sind viele Flüsse jedoch stark verändert worden. Ihr Wasser ist oft trüb oder stinkt und die Ufer sind betoniert. Hier kommen meistens nur wenige Tier- und Pflanzenarten vor, manche für natürliche Fließgewässer typische Lebewesen fehlen sogar ganz.

Um eine Verbesserung der Qualität von Oberflächengewässern und Grundwasser zu erreichen, muss überregional zusammengearbeitet werden. Da große Fließgewässer oft mehrere Landesgrenzen überschreiten, hat die EU im Jahr 2000 die Zusammenarbeit aller europäischen Länder in einer Wasserrahmenrichtlinie festgelegt. Ihre Ziele sind es, die weitere Verschmutzung des Wassers zu stoppen und einen sorgsamen und nachhaltigen Umgang mit der Ressource Wasser zu fördern. Das führt auch zum Schutz der Lebensräume am und im Wasser, zum Hochwasserschutz und zur Verbesserung der Meeresumwelt.

Um die Entwicklungen der Gewässer kontrollieren zu können, werden europaweit ausgewählte Gewässer untersucht, um den Zustand beziehungsweise die Qualität des Lebensraums, die **Gewässergüte,** *zu beurteilen. Man unterscheidet bei der Gewässergüte nach der Wasserrahmenrichtlinie fünf Abstufungen vom sehr guten Zustand, über den guten, mäßigen und unbefriedigenden bis hin zum schlechten Zustand.*

Zeigerarten

Für die Bestimmung der Gewässergüte von Fließgewässern führt man chemische, physikalische und biologische Untersuchungen durch. Zur Feststellung der biologischen Gewässergüte untersucht man die Lebewesen in einem Fließgewässer.

Bestimmte Arten sind an ganz bestimmte Umweltbedingungen beispielsweise bezüglich Nahrung oder Sauerstoffgehalt angepasst und tolerieren nur sehr geringe Abweichungen. Wenn die Umweltansprüche einer Art an einer bestimmten Stelle des Fließgewässers erfüllt sind, tritt diese Art dort gehäuft auf. Somit zeigt sie an, dass an dieser Stelle bestimmte Umweltbedingungen vorliegen. Solche Arten nennt man deshalb **Zeigerarten.** *Unter den wirbellosen Tieren in Fließgewässern eignen sich viele als Zeigerarten und sie sind relativ leicht zu untersuchen.*

Biologische Gewässeruntersuchung

Um die Gewässergüte an verschiedenen Stellen eines Fließgewässers zu bestimmen, gehst du folgendermaßen vor:

1) *Sammle eine viertel Stunde lang Wassertiere zwischen Pflanzen, unter Steinen und am Boden des Fließgewässers. Ziehe hierzu ein Sieb oder einen Käscher langsam durch die Pflanzen und durch den Sand oder Schlamm am Boden. Sammle Tiere von der Unterseite einiger handgroßer Steine.*

2) *Übertrage die Tiere vorsichtig in eine helle, mit etwas Flusswasser gefüllte Schale. Wenn sich die Tiere am Stein oder im Sieb festkrallen, kannst du sie vorsichtig mit einem Pinsel absammeln.*

3) *Bestimme die Tiere mithilfe von Bestimmungsbüchern und zähle, wie häufig die einzelnen Arten vorkommen. Recherchiere, bei welcher Gewässergüte sie vorkommen. Die nebenstehende Auswahl an Zeigerarten kann dir dabei helfen.*

4) *Setze zum Schluss alle Tiere wieder an der Sammelstelle aus.*

Zeigerarten in Fließgewässern

Sehr guter Zustand

Steinfliegenlarve

Steinfliegenlarven benötigen sauerstoffreiche, saubere Gewässer.

Mäßiger Zustand

Schlammschnecke

Schlammschnecken leben in mäßig belasteten Gewässern mit einem etwas niedrigeren Sauerstoffgehalt.

Schlechter Zustand

Rote Zuckmückenlarve

Schlammröhrenwurm

Mistbienenlarve

Rote Zuckmückenlarven und Schlammröhrenwürmer sind an stark belastete, trübe Gewässer angepasst. Sie ernähren sich vom Schlamm dieser Gewässer und kommen mit sehr geringem Sauerstoffgehalt des Wassers aus. Mistbienenlarven können sogar im faulenden, sauerstoffarmen Schlamm von Tümpelrändern und Jauchegruben überleben.

Guter Zustand

Köcherfliegenlarve

Flohkrebs

Köcherfliegenlarven und Flohkrebse zeigen gering belastete Gewässer an. Das Wasser ist noch relativ sauerstoffreich.

Unbefriedigender Zustand

Wasserassel

Rollegel

Wasserasseln und Rollegel benötigen nur einen geringen Sauerstoffgehalt des Wassers. Sie zeigen eine deutliche Verunreinigung des Gewässers an.

01 Begradigter Fluss

Fließgewässer im Wandel

Wenn du dir einen Fluss in deiner Nähe anschaust, kannst du viele Spuren von Baumaßnahmen des Menschen sehen. Viele Flüsse sind beispielsweise begradigt oder ihre Uferbereiche bebaut worden. Wie wirken sich diese Veränderungen auf das Ökosystem Fließgewässer aus?

GEWÄSSERNUTZUNG · Bei einem natürlichen Fließgewässer schlängelt sich der Fluss in einem breiten Tal dahin und ändert darin häufig seinen Verlauf. Es gibt tiefe, aber auch sehr flache Stellen im Flussverlauf. Bei Hochwasser breitet sich der Fluss im ganzen Tal aus und überflutet das Umland. Dadurch können Auenwälder entstehen.

Häufig überflutete Flächen sind sehr fruchtbar, sodass sich schon früher die Menschen nahe des Flusses ansiedelten, den Wald rodeten und die fruchtbaren Flächen als Grünland und später als Ackerboden nutzten.

Allerdings störten dabei die Überflutungen, die natürlicherweise in unregelmäßigen Abständen auftraten. Deshalb begann man, die Fließgewässer umzubauen, um die Bewässerung besser kontrollieren zu können. Man begradigte die Flüsse und legte so den Flussverlauf fest. Es wurden Wehre gebaut, um den Wasserstand zu kontrollieren.

Außerdem vertiefte man den Fluss, um ihn mit Schiffen befahren zu können. Dadurch sank auch der Grundwasserspiegel, sodass die angrenzenden Auenflächen entwässert wurden und für Ackerbau geeignet waren. Als Schutz vor der Überflutung bei Hochwasser baute man entlang des Flussufers Deiche.

1 Erstelle eine Tabelle, in der du die Baumaßnahmen des Menschen und die dabei verfolgten Ziele darstellst!

02 Renaturierung eines Fließgewässers: **A** Planung einer Renaturierung, **B** renaturierter Flussabschnitt nach drei Monaten

GEWÄSSERSCHUTZ · Um die Belastung von Fließgewässern zu verringern, können verschiedene Maßnahmen durchgeführt werden. Die Reinigung von Abwässern, die **Abwasserklärung,** ist dabei besonders wichtig. In einer Kläranlage werden Abwässer durch unterschiedliche Verfahren gereinigt. In der *mechanischen Stufe* werden grobe Verunreinigungen wie Abfall und Essensreste entfernt. Gelöste Stoffe wie Fäkalien werden anschließend in der *biologischen Stufe* vor allem durch Bakterien abgebaut. In einer dritten, der *chemischen Stufe* werden die Schadstoffe aus dem Abwasser entfernt, die von den Bakterien nicht beseitigt werden können. Dabei handelt es sich beispielsweise um Wasch- und Reinigungsmittel. Das geklärte Abwasser kann nun in das Fließgewässer eingeleitet werden. Von den 1960er bis zu den 1980er Jahren hat sich die Anzahl der Kläranlagen in Deutschland beinahe verdreifacht, sodass heute fast 100 Prozent der anfallenden Abwässer geklärt werden. Dadurch hat sich die Gewässergüte in Deutschland stark verbessert. Bäche und Flüsse sind heute wesentlich sauberer als noch Ende des 20. Jahrhunderts.

RENATURIERUNG · Auch die durch Begradigungen verursachten Belastungen von Fließgewässern werden heute teilweise korrigiert, indem man den Lauf eines begradigten Fließgewässers wieder in einen möglichst natürlichen Zustand mit Biegungen und Windungen versetzt. Durch eine solche **Renaturierung** können sich in einem Fließgewässer wieder viele Arten von Lebewesen ansiedeln, die im begradigten Gewässer nur wenig Lebensräume fanden. Die größere Artenanzahl und die vielfältige Aktivität der Lebewesen erhöht die Selbstreinigungskraft des renaturierten Fließgewässers. Auch Hochwassergefahren können durch Renaturierungsmaßnahmen reduziert werden. Die Fließgeschwindigkeit des Flusses wird reduziert und durch die hinzugewonnenen Biegungen steht mehr Raum für die Aufnahme von Hochwasser zur Verfügung.

2 Beschreibe die Folgen menschlicher Eingriffe auf das Ökosystem Fließgewässer!

3 Erläutere Maßnahmen, mit denen die Folgen dieser Eingriffe abgeschwächt werden können!

HOCHWASSERSCHUTZ · In den letzten Jahrzehnten traten häufiger große Hochwasser an großen Flüssen wie der Elbe auf, wobei der Wasserstand in vielen Orten immer wieder neue Höchststände erreicht. Bei diesen Hochwasserereignissen, die eigentlich ein natürliches Phänomen sind, entstehen große Schäden. Diese Probleme hat der Mensch zum großen Teil jedoch selbst verursacht. Durch die massiven Eingriffe des Menschen in die Natur, wie die Begradigung der Flüsse und die Vernichtung und Besiedlung der natürlichen Überflutungsflächen, hat sich die Gefahr für Hochwasserschäden stark erhöht.

Deshalb versucht man, durch neue Renaturierungsmaßnahmen die Entstehung von Hochwasserfluten zu vermeiden. So werden zum Beispiel in einigen Gebieten die Deiche weiter vom Uferrand wegversetzt, sodass größere Wassermassen Platz haben und der Druck auf die Deiche etwas verringert wird. Außerdem wird versucht, große *Überschwemmungsflächen* zu schaffen, sogenannte *Retentionsflächen*. Hier wird das Wasser zurückgehalten und der Wasserabfluss gebremst. So werden die stromabwärts liegenden Flussbereiche entlastet. Diese Funktion erfüllten früher die natürlichen Flussauen, die heute besiedelt sind oder für Landwirtschaft genutzt werden. Deshalb wird versucht, an einigen Stellen den ursprünglichen Zustand der Flussauen wieder naturnah herzustellen.

4 Erstelle eine Übersicht, in der du die Folgen einer Flussbegradigung für das Ökosystem und für den Menschen darstellst!

5 Erkläre die Bedeutung von Retentionsflächen für den Hochwasserschutz!

03 Hochwasser an der Elbe

Material A ▸ Abwassereinleitung in ein Fließgewässer

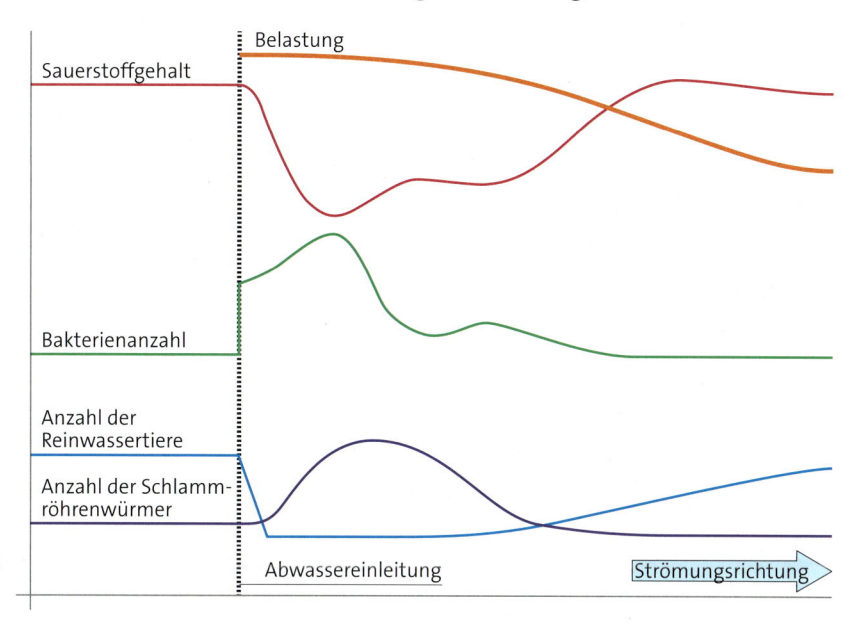

B1 Beschreibe den Verlauf aller Kurven!

B2 Stelle Vermutungen an, wie der Verlauf der Kurven zu erklären sein könnte!

B3 Stelle Vermutungen an, weshalb in manche Becken einer Kläranlage Luft eingeblasen wird!

Material B ▸ Hochwasserschutz am Oberrhein

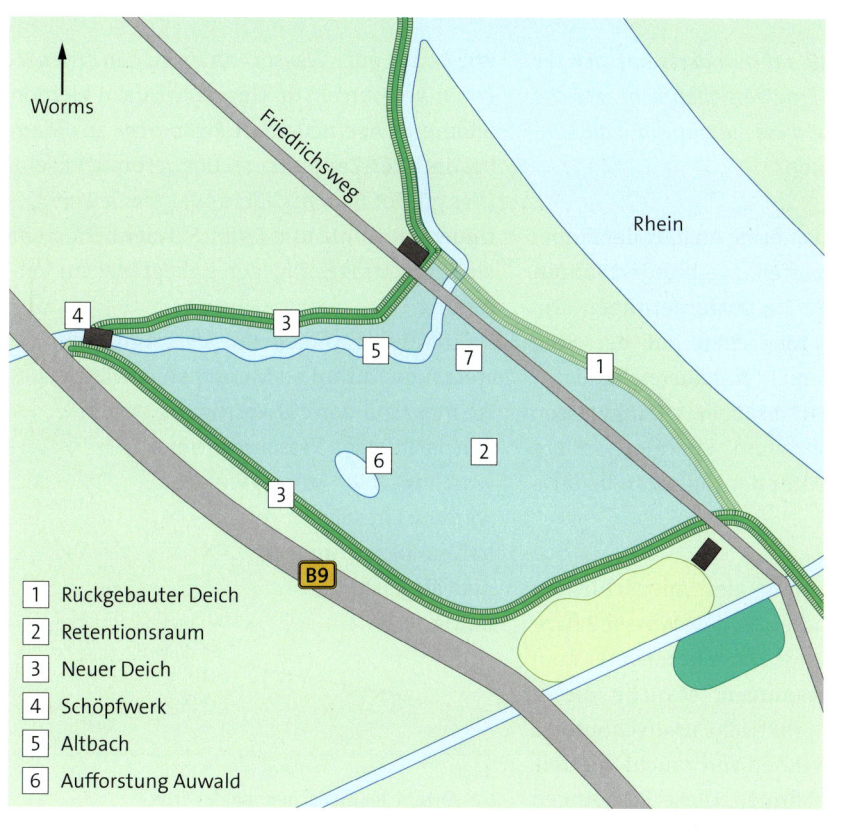

1 Rückgebauter Deich
2 Retentionsraum
3 Neuer Deich
4 Schöpfwerk
5 Altbach
6 Aufforstung Auwald

B1 Beschreibe die Maßnahmen und erkläre ihre Funktion!

Im Zuge dieser Hochwasserschutzmaßnahmen entstanden 14,2 ha extensives Grünland und 11,6 ha naturnaher Auewald. Der verlegte Auebach wurde nach den Kriterien der *Aktion Blau* neu gestaltet. Neben Amphibientümpeln wurden auch Tierrettungsinseln neu angelegt.

B2 Informiere dich im Internet über die Aktion Blau und beurteile inwiefern diese Maßnahmen zum Naturschutz beitragen!

01 Überbevölkerung

Der Mensch belastet die Umwelt

Seit Beginn des 19. Jahrhunderts hat sich die Bevölkerung der Erde versiebenfacht. Welche Auswirkungen hat diese Zunahme auf die Umwelt, in der wir leben?

RESSOURCEN · Der enorme Anstieg der Erdbevölkerung in den letzten zweihundert Jahren stellt uns vor große Herausforderungen. Die große Anzahl an Menschen auf der Erde braucht zum Leben nicht nur ausreichend unbelastete Nahrung und sauberes Trinkwasser, sondern auch Wohnraum, Energie, saubere Luft und weitere Güter des täglichen Bedarfs wie Kleidung.

Zur Aufrechterhaltung des menschlichen Lebens werden vor allem Boden, Wasser, Pflanzen und Tiere benötigt. Diese bezeichnet man als **natürliche Ressourcen.** Manche dieser Ressourcen sind praktisch unerschöpflich, wenn weniger von ihnen verbraucht werden, als neu entstehen können. Diese Ressourcen

wie Boden oder Wasser zählen zu den *erneuerbaren Ressourcen*. Im Gegensatz dazu werden andere, *nicht erneuerbare Ressourcen* zu einem bestimmten Zeitpunkt restlos verbraucht sein. Dies gilt für Bodenschätze oder *fossile Energieträger* wie Kohle und Erdöl. Sonnenlicht steht als Energieträger dagegen unbegrenzt zur Verfügung.

Damit eine grundlegende Versorgung für die steigende Anzahl an Menschen gewährleistet ist, muss mit den zur Verfügung stehenden natürlichen Ressourcen verantwortungsvoll umgegangen werden. Ein solches Verhalten bezeichnet man als **nachhaltig.**

2011
7 Mrd.

1999
6 Mrd.

1987
5 Mrd.

1974
4 Mrd.

1959
3 Mrd.

1927
2 Mrd.

1804
1 Mrd.

1800   1850   1900   1950   2000   Jahr

02 Anzahl der Menschen auf der Erde

Durch ihre Aktivitäten beeinflusst die wachsende Anzahl der Menschen die Umwelt, in der sie lebt, immer stärker. So werden beispielsweise für Landwirtschaft, Siedlungen und Energiegewinnung immer mehr natürliche Ressourcen verbraucht. Auch die industrielle Produktion von Waren und Gütern und die Mobilität des Menschen greift in die Umwelt ein. Diese Aktivitäten belasten die Umwelt auf unterschiedliche Art und Weise.

LUFTVERSCHMUTZUNG · Durch Rohstoffgewinnung, Energieumwandlung, industrielle und landwirtschaftliche Produktion sowie den Verkehr entstehen Stoffe wie Feinstaub, Schwefeldioxid, Stickstoffoxide, Kohlenstoffmonooxid und Kohlenwasserstoffe. Diese **Luftschadstoffe** wirken sich direkt auf die menschliche Gesundheit aus. Die Weltgesundheitsorganisation schätzt, dass weltweit rund zwei Millionen Menschen pro Jahr an durch Luftverschmutzung verursachten Erkrankungen sterben. Neben der Gesundheit des Menschen ist auch seine Umwelt von Luftverschmutzung betroffen. Viele Ökosysteme werden belastet oder geschädigt.

ABFÄLLE · Vor allem in den Industrieländern entstehen große Mengen an verschiedenen Abfallstoffen. In Deutschland fallen pro Einwohner im Jahr ungefähr 170 Kilogramm an Hausmüll an, bei einem US-Amerikaner sind es fast 700 Kilogramm pro Jahr. Im Gegensatz dazu produziert ein Einwohner eines weniger entwickelten Landes nur 20 bis 50 Kilogramm Müll pro Jahr.

Manche dieser Abfälle wie Papier oder organische Reste können durch Bodenlebewesen zersetzt werden, wenn sie in die Umwelt gelangen. Andere Abfälle wie Kunststoffe, Metall oder Glas sind dagegen in der Umwelt praktisch unzersetzbar.

Metalle, Glas und Papier können jedoch als Ausgangsstoffe für neue Produkte verwertet werden. Da sich diese Stoffe dann wieder in einem

03 Abgase

04 Müll

Stoffkreislauf befinden, nennt man diesen Prozess **Recycling.** Organische Abfälle können zu Kompost verarbeitet werden. Kunststoffe dagegen können nur schwer recycelt werden.

Abfälle werden häufig in großen **Mülldeponien** gelagert oder in Müllheizkraftwerken verbrannt. Mülldeponien müssen dabei besonders aufwendig gesichert werden, damit keine Schadstoffe in die Umwelt gelangen können. In Müllheizkraftwerken sind Filter eingebaut, welche die Luftverschmutzung durch Abgase verringern sollen. Dennoch gelangen sehr viele Abfälle und Schadstoffe unkontrolliert in die Umwelt und verschmutzen und vergiften Meer, Flüsse, Grundwasser und Boden.

05 Landschaftsveränderung

06 Bodenerosion

LANDSCHAFTSVERÄNDERUNG · In dicht besiedelten Ländern wie Deutschland werden große Flächen für Siedlungen, Verkehrswege und Landwirtschaft benötigt. Wenn unbebaute Flächen in Siedlungs- oder Verkehrsflächen umgewandelt werden und damit das natürliche Versickern von Regenwasser verhindert wird, spricht man von **Versiegelung.** Pro Tag werden in Deutschland rund 100 Hektar versiegelt, was der Fläche von ungefähr 100 Fußballfeldern entspricht.

Diese Versiegelung von Flächen führt zu einer Veränderung des Lokalklimas und zerstört den Boden. Durch die fehlende Speicherfunktion des Bodens fließen Niederschläge schnell und oberflächlich ab und erhöhen damit die Überschwemmungsgefahr. Versiegelung vernichtet auch viele Lebensräume von Tieren und Pflanzen.

Die zunehmende **Intensivierung** der Landwirtschaft trägt ebenfalls zum Lebensraumverlust bei. Riesige Äcker oder Weiden bieten nur wenig Lebensmöglichkeiten für Lebewesen wie den Insekten oder Vögeln. Diese negativen Auswirkungen der industriellen Landwirtschaft auf die Umwelt werden zusätzlich durch den Einsatz von Schädlingsbekämpfungsmitteln und Kunstdüngern verstärkt.

BELASTUNG DER BÖDEN · Der Boden ist die wichtigste Grundlage für die Nahrungsmittelproduktion. Intensive Landwirtschaft kann dazu führen, dass die oberen Bodenschichten durch den Einsatz schwerer Landmaschinen zusammengepresst werden. Diesen Vorgang nennt man **Verdichtung.** In einem zu stark verdichteten Boden ist ein natürliches und artenreiches Bodenleben, das für die Fruchtbarkeit des Bodens wichtig ist, nur schwer möglich.

Offene Ackerböden können leicht durch den Regen weggeschwemmt oder durch den Wind weggeblasen werden, man spricht von **Bodenerosion.** Dieser Verlust der fruchtbaren oberen Bodenschicht verringert die Bodenfruchtbarkeit. Die Regenerierung eines durch Erosion geschädigten Bodens dauert sehr lange, da die Bildung eines Bodens mehrere Tausend Jahre benötigt.

1 ⌡ Nenne Beispiele für „natürliche Ressourcen"!

2 ⌡ Nenne ein Beispiel für nachhaltiges Verhalten!

3 ⌡ Erläutere anhand von drei Beispielen, welche schädlichen Einflüsse menschliche Aktivitäten auf die Umwelt haben können!

Treibhauseffekt

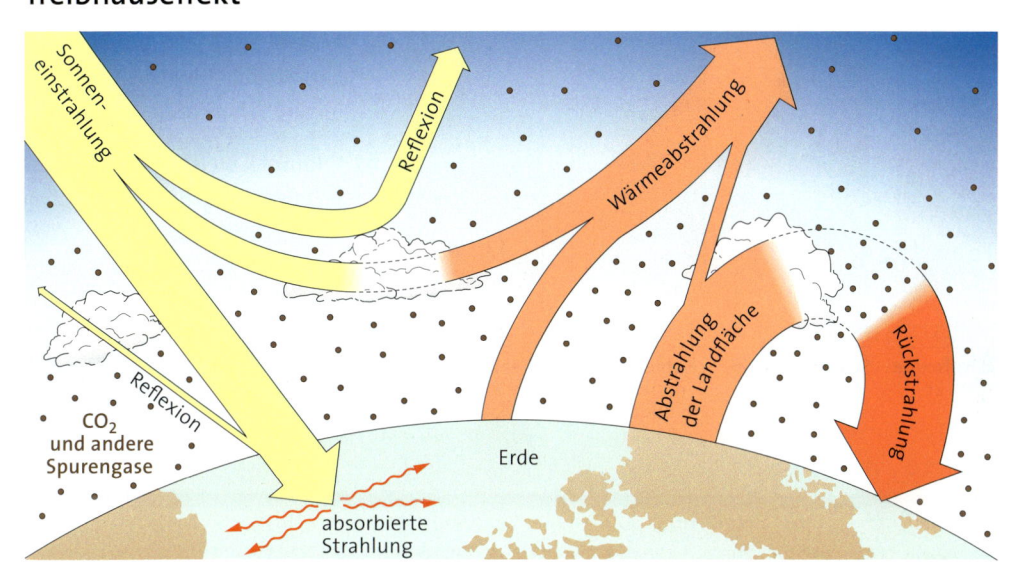

01 Treibhauseffekt

In ein Treibhaus fällt *energiereiche Sonnenstrahlung* ein. Dadurch erwärmen sich Luft und Boden im Inneren des Gewächshauses und geben *Wärmestrahlung* ab. Diese Abstrahlung kann das Glas des Gewächshauses jedoch nur langsam nach außen durchdringen. Als Resultat entstehen im Inneren eines Gewächshauses deutlich höhere Temperaturen als außerhalb.

Die Atmosphäre der Erde wirkt ähnlich wie das Glas eines Treibhauses. Der größte Teil der von der Sonne eintreffenden energiereichen Strahlung dringt durch die Atmosphäre und erwärmt die Erdoberfläche. Die Oberfläche gibt diese Energie als energieärmere Wärmestrahlung ab. Die in der Erdatmosphäre enthaltenen Gase Wasserdampf und Kohlenstoffdioxid bewirken, dass der Großteil der Wärmestrahlung zur Oberfläche reflektiert wird und nur ein kleiner Teil in das Weltall entweichen kann. Die Erdatmosphäre heizt sich auf, ähnlich wie in einem Treibhaus. Dieser Effekt wird deshalb **natürlicher Treib-**

hauseffekt genannt. Er bewirkt, dass die durchschnittliche Temperatur auf der Erdoberfläche rund 15 Grad Celsius beträgt. Ohne ihn läge diese Temperatur bei −18 Grad Celsius. Leben auf der Erde wäre nicht möglich.

Durch die wachsende Erdbevölkerung und ihre Nutzung von *fossilen Energieträgern* wie Erdöl und Kohle werden seit rund 150 Jahren große Mengen an Gasen wie Kohlenstoffdioxid oder Methan frei. Diese zusätzlichen Treibhausgase verstärken den natürlichen Treibhauseffekt und werden wahrscheinlich zu einer deutlichen **Klimaerwärmung** führen, die gravierende Auswirkungen auf die Menschen haben kann. Mögliche Folgen sind Meeresspiegelanstieg, Überschwemmungen, Stürme oder Dürren.

1) Erläutere den Zusammenhang zwischen der steigenden Kohlenstoffdioxidkonzentration in der Atmosphäre und dem Anstieg des Meeresspiegels!

Material A ▶ Luftverschmutzung in Deutschland (2006)

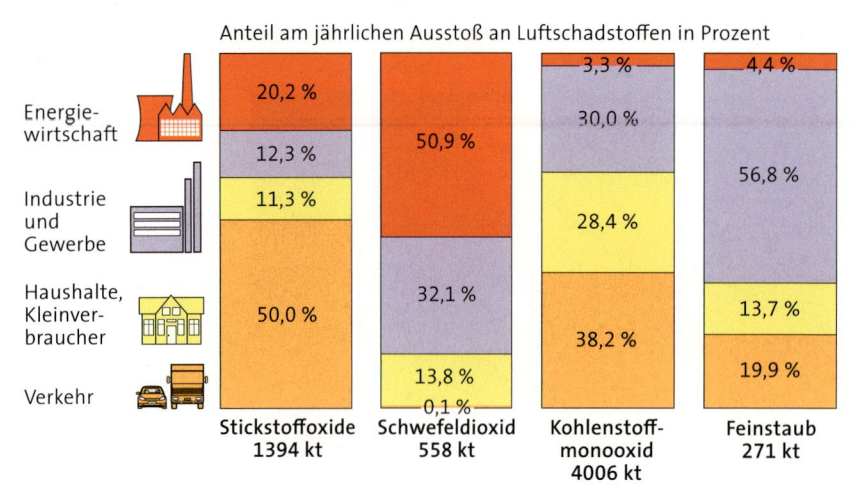

Anteil am jährlichen Ausstoß an Luftschadstoffen in Prozent

Energie-wirtschaft
Industrie und Gewerbe
Haushalte, Kleinver-braucher
Verkehr

	Stickstoffoxide 1394 kt	Schwefeldioxid 558 kt	Kohlenstoff-monooxid 4006 kt	Feinstaub 271 kt
Energiewirtschaft	20,2 %	50,9 %	3,3 %	4,4 %
Industrie und Gewerbe	12,3 %		30,0 %	56,8 %
	11,3 %		28,4 %	
Haushalte, Kleinverbraucher	50,0 %	32,1 %		13,7 %
			38,2 %	
Verkehr		13,8 %		19,9 %
		0,1 %		

A1 Berechne, wie viele Kilotonnen Luftschadstoffe jede Verursacher-gruppe insgesamt pro Jahr in die Luft abgibt! Trage die Ergebnisse in eine Tabelle ein!

A2 Erläutere, welche der Verursacher-gruppen die größte Masse an Luft-schadstoffen produziert!

A3 Stelle Vermutungen an, wie die Belastung mit Luftschadstoffen reduziert werden könnte!

Material B ▶ Bodenerosion

	Bodenbedeckung durch Bewuchs in Prozent	Bodenabtrag durch Wasser in Prozent	Abfluss des Niederschlags in Prozent
Buchenwald, Grünland	>70	<1	<30
Maisfeld	50	8	<30
Kartoffelacker	30	25	40
vegetationslose Offenlandfläche	0	100	45
asphaltierte Fläche	0	0	100

B1 Beschreibe den Zusammenhang zwischen Bodenbedeckung durch Bewuchs und Bodenerosion!

B2 Erkläre, weshalb in einem Buchen-wald deutlich weniger Nieder-schlag abfließt als von einem Kartoffelacker!

Material C ▶ Bevölkerungsentwicklung

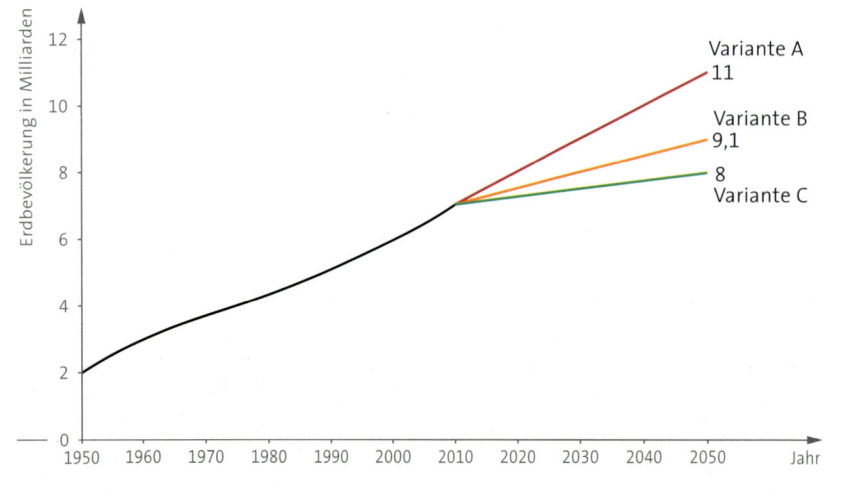

Erdbevölkerung in Milliarden

Variante A — 11
Variante B — 9,1
Variante C — 8

C1 Beschreibe die Kurven der Bevöl-kerungsentwicklung!

C2 Stelle Vermutungen an, weshalb die Weltbevölkerung seit 1950 stark angestiegen ist!

C3 Stelle Vermutungen an, welche Bedingungen zu den unterschied-lichen Kurvenverläufen geführt haben könnten!

Material D ▸ Ökologischer Fußabdruck

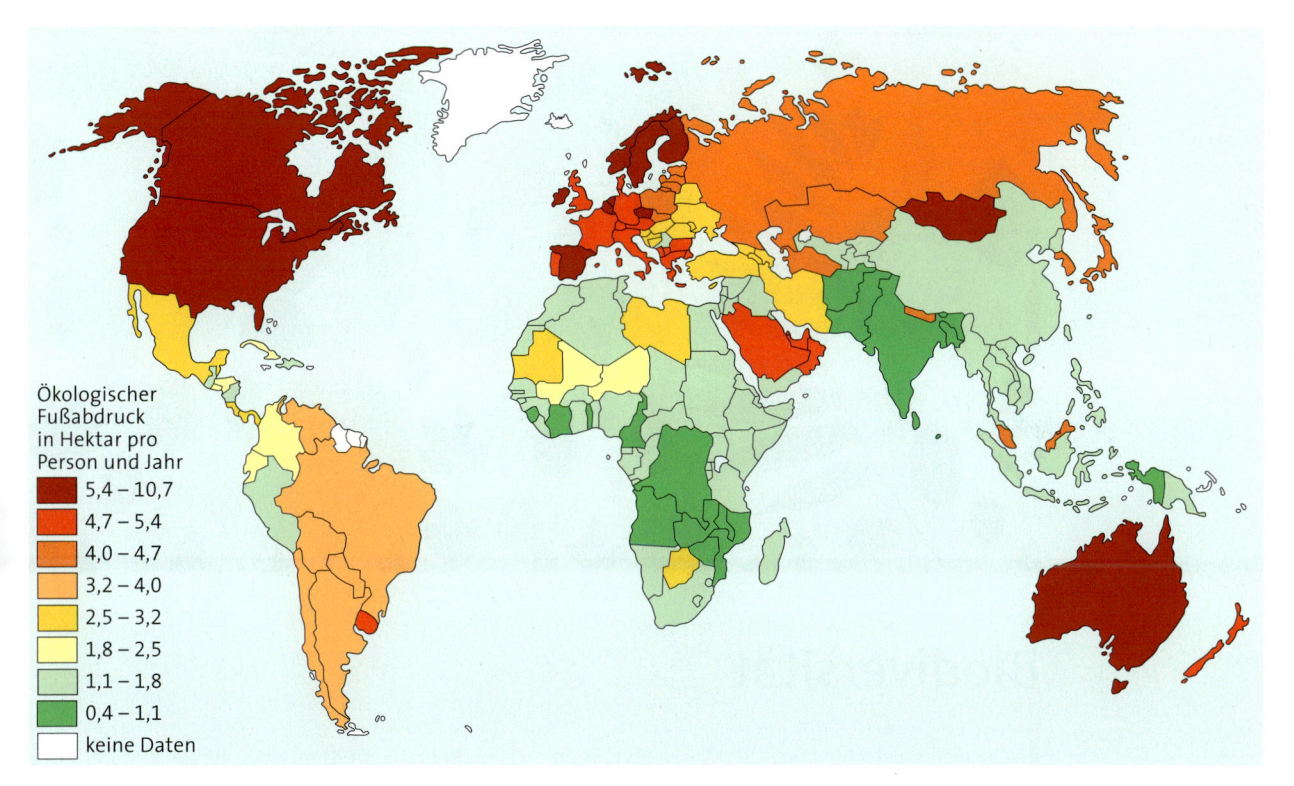

Ökologischer
Fußabdruck
in Hektar pro
Person und Jahr

- 5,4 – 10,7
- 4,7 – 5,4
- 4,0 – 4,7
- 3,2 – 4,0
- 2,5 – 3,2
- 1,8 – 2,5
- 1,1 – 1,8
- 0,4 – 1,1
- keine Daten

Der **ökologische Fußabdruck** ist ein Begriff, der Mitte der 1990er Jahre geprägt wurde. Der ökologische Fußabdruck eines Menschen umfasst die Fläche, die er zur Aufrechterhaltung seines Lebensstandards benötigt. Darin eingeschlossen sind beispielsweise Flächen, die zur Produktion seiner Nahrung, Kleidung und Wohnung benötigt werden, sowie Flächen für die Bereitstellung der dazu notwendigen Energie. Auch Flächen für die Entsorgung der dabei entstehenden Abfallstoffe und die Flächen, die zum Binden des durch seine Aktivitäten frei gewordenen Kohlenstoffdioxids nötig sind, werden miteinbezogen. Der ökologische Fußabdruck ist somit ein Maß für den Ressourcenverbrauch eines Menschen und wird in Hektar angegeben.

Der ökologische Fußabdruck eines Menschen in einem Industrieland ist weitaus größer als der eines Menschen in einem nur wenig entwickelten Land. So hat ein Deutscher einen fünfmal größeren ökologischen Fußabdruck als ein Inder. Das bedeutet, dass er pro Jahr die fünffache Menge an Ressourcen eines Inders benötigt. Vergleicht man den ökologischen Fußabdruck aller Menschen einer Region mit der Regenerationsfähigkeit der natürlichen Ressourcen in dieser Region, erhält man ein Maß für den menschlichen Nutzungsdruck auf diese Region. Wenn die Menschen einer Region mehr Ressourcen verbrauchen, als diese zur Verfügung stellen kann, ergibt sich ein **ökologisches Defizit.**

Bezogen auf die gesamte Menschheit wurde im Jahr 2013 das Anderthalbfache dessen verbraucht, was uns die Erde an Ressourcen zur Verfügung stellen kann. Man könnte auch sagen, dass die Erde anderthalb Jahre benötigt, um die Ressourcen zu regenerieren, welche die Menschheit in diesem Jahr verbraucht hat.

D1 Berechne deinen persönlichen Fußabdruck mithilfe eines Fußabdruckrechners im Internet!

D2 Vergleiche deinen persönlichen Fußabdruck mit dem deiner Freunde und mit dem Fußabdruck eines Menschen aus einem wenig entwickelten Land!

D3 Beschreibe mögliche Maßnahmen, mit der sich dein ökologischer Fußabdruck verkleinern ließe!

01 Artenvielfalt

Biodiversität

Die vielen verschiedenen Blätter zeigen einen Ausschnitt der Pflanzenvielfalt. Auf der Erde gibt es eine nahezu unüberschaubare Anzahl an Arten von Lebewesen. Welche Bedeutung hat diese Vielfalt für die Menschen?

ARTENVIELFALT · Heute kennen Wissenschaftler ungefähr 1,5 Millionen verschiedene Arten von Bakterien, Pilzen, Pflanzen und Tieren. Viele Arten sind jedoch noch nicht entdeckt worden, sodass man davon ausgeht, dass insgesamt mindestens drei Millionen verschiedene Arten an Lebewesen die Erde bevölkern. Manche Forscher rechnen sogar mit einer zweistelligen Millionenanzahl an Arten. Alleine der Anteil an Insektenarten könnte dabei bis zu acht Millionen betragen. Auch bei den sehr artenreichen Pilzen ist vermutlich nur ein kleiner Bruchteil der Arten bekannt.

lateinisch diversitas = Verschiedenheit

BIODIVERSITÄT · Die Vielfalt des Lebens bezeichnet man als **Biodiversität.** Häufig wird darunter nur die Artenvielfalt verstanden.

Der Begriff Biodiversität bezieht sich aber neben der Artenvielfalt auch auf die Vielfalt auf der Ebene der Erbinformation, auf die der Gemeinschaften von Lebewesen oder die Vielfalt von Lebensräumen. Biodiversität ist daher die *Vielfalt des Lebens auf allen Ebenen.*

NUTZEN DER BIODIVERSITÄT · Viele Lebewesen haben vor allem als *Nahrungsressource* einen direkt messbaren Nutzen für die Menschen. Aber auch Rohstoffe für Kleidung und viele weitere Güter wie Öle, Fette, Farbstoffe oder Harze stammen von Lebewesen. Neben diesem direkten Nutzen hat eine große Artenvielfalt jedoch auch einen indirekten Nutzen. Insekten tragen zum Beispiel als *Bestäuber* zur Ernährung des Menschen bei. Lebewesen sichern als *Schädlingsbekämpfer* die Ernten. Arzneistoffe aus der Natur helfen gegen Krankheiten. Ungefähr 40 Prozent aller *Arzneimittel* enthalten wirksame Inhaltsstoffe natürlichen Ursprungs. Einige *industrielle Anwendungen* gehen auf Vorbilder aus der Natur zurück, beispielsweise der Lotoseffekt oder die nach dem Vorbild der Haihaut zur Treibstoffeinsparung konstruierte Außenhülle moderner Flugzeuge oder Schiffe.

Artenvielfalt und intakte Natur haben weiterhin einen hohen *Erholungs-* und *Freizeitwert* für den Menschen, bieten aber auch Schutz vor Naturereignissen wie Überschwemmungen und Lawinen.

Nahrungsnetze und ökologische Beziehungen sind bei hoher Artenvielfalt dicht und führen damit zu *Stabilität*. Bei geringer Vielfalt kann das Aussterben nur einer Art die übrigen Arten einer Lebensgemeinschaft stark beeinträchtigen.

Nicht zuletzt sprechen *ethische Gründe* für den Erhalt der Biodiversität.

BEDROHUNG DER BIODIVERSITÄT · Die globale Vielfalt wird durch menschliche Aktivitäten entscheidend beeinflusst. Wenn pflanzliche oder tierische Populationen so stark durch den Menschen genutzt werden, dass sie sich nicht mehr erholen können und im Extremfall aussterben, spricht man von *Übernutzung*. Ein Beispiel hierfür ist die Überfischung der Meere. Durch Überbauung, Abholzung, intensive Agrarnutzung oder Verschmutzung werden *Lebensräume zerstört*, beispielsweise im tropischen Regenwald. So gingen der Erde seit dem Jahr 2000 rund 150 000 Quadratkilometer Wald pro Jahr verloren, was knapp der Hälfte der Fläche Deutschlands entspricht. Populationen von Lebewesen können durch Zerstörung ihres Lebensraums verkleinert oder vereinzelt werden. Dies erhöht das Aussterberisiko. Auch vom Menschen zufällig oder absichtlich *eingeführte Arten* verdrängen häufig einheimische Arten aus ihren Lebensräumen. Die aktuell stattfindende *Klimaveränderung* trägt ebenfalls zur Bedrohung der Artenvielfalt bei. Lebewesen, die Klimaveränderungen nicht ausweichen können, sind dabei besonders stark bedroht. Dies gilt beispielsweise für Pflanzen, aber auch für Korallen. Alle diese Faktoren werden durch die *wachsende Erdbevölkerung* und ihre Bedürfnisse weiter verstärkt.

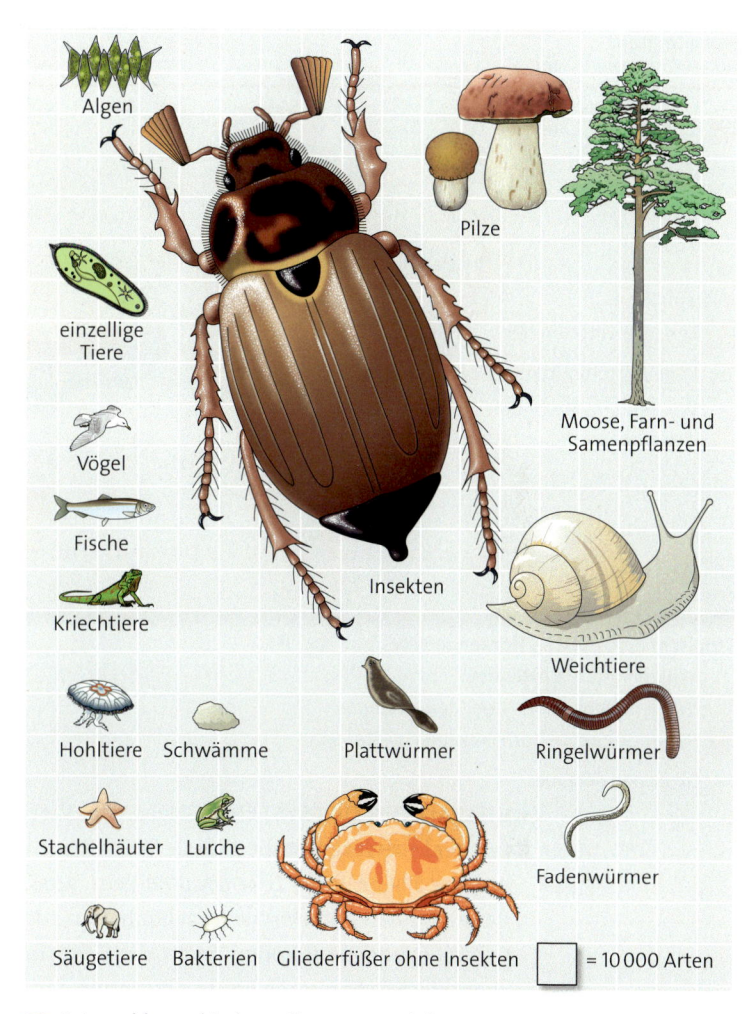

02 Artenzahl verschiedener Gruppen von Lebewesen

03 Lebensraumzerstörung in einem Regenwald

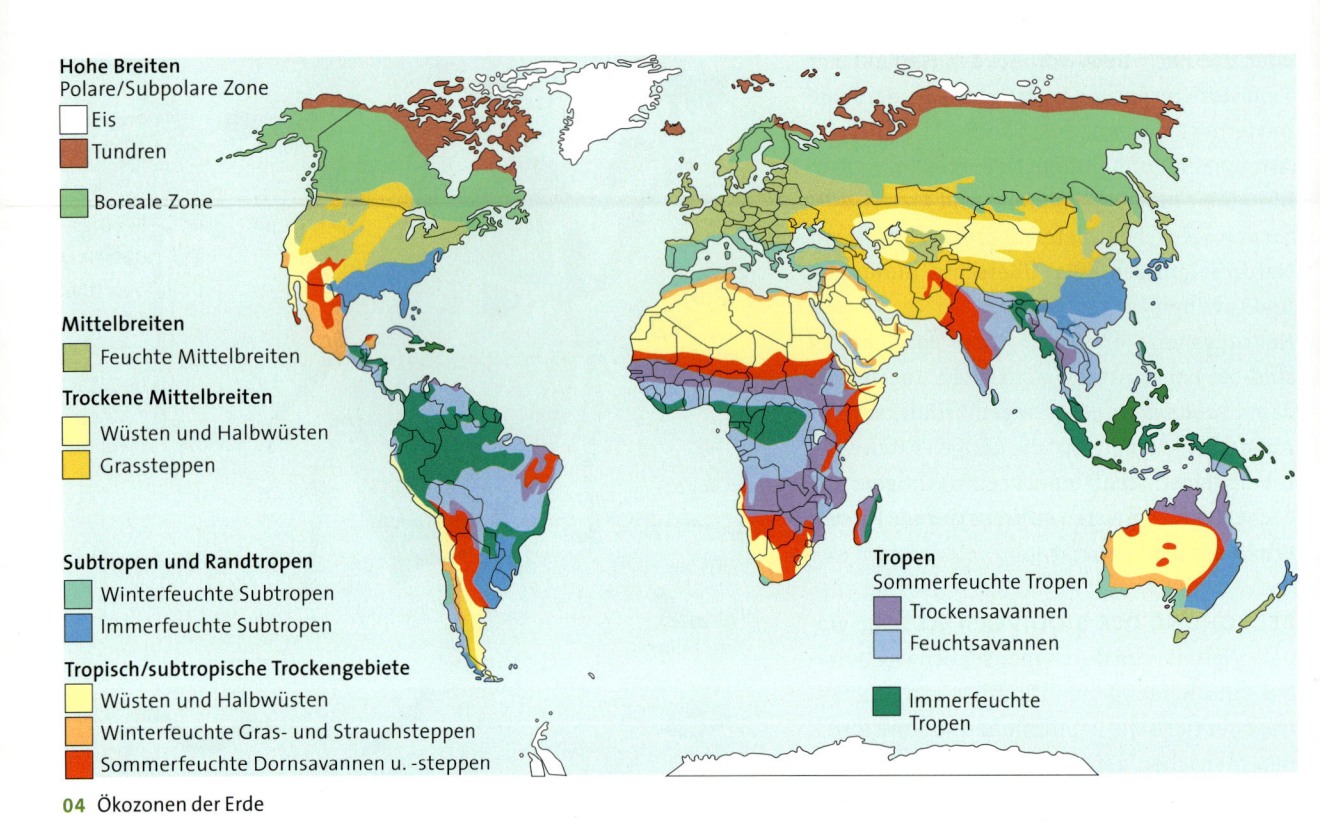

Hohe Breiten
Polare/Subpolare Zone
- Eis
- Tundren
- Boreale Zone

Mittelbreiten
- Feuchte Mittelbreiten

Trockene Mittelbreiten
- Wüsten und Halbwüsten
- Grassteppen

Subtropen und Randtropen
- Winterfeuchte Subtropen
- Immerfeuchte Subtropen

Tropisch/subtropische Trockengebiete
- Wüsten und Halbwüsten
- Winterfeuchte Gras- und Strauchsteppen
- Sommerfeuchte Dornsavannen u. -steppen

Tropen
Sommerfeuchte Tropen
- Trockensavannen
- Feuchtsavannen
- Immerfeuchte Tropen

04 Ökozonen der Erde

VIELFALT DER ÖKOSYSTEME · Neben der Vielfalt der Lebewesen ist die globale Vielfalt auch auf der Ebene ihrer *Lebensräume* sehr groß. Bedingt durch klimatische Gegebenheiten, die Gesteine und den Boden kann die Erde in charakteristische Bereiche, die **Ökozonen,** eingeteilt werden. Jeder Ökozone kann eine typische Vegetationsform zugeordnet werden. In den mittleren Breiten herrscht beispielsweise der *sommergrüne Laubwald* vor, während in den immerfeuchten Tropen der *immergrüne tropische Regenwald* wächst.

Die polaren Zonen und die boreale Zone nehmen dabei knapp ein Drittel der Landoberfläche der Erde ein, die mittleren Breiten, in denen wir leben, ungefähr 10 Prozent. Die Wüsten der Subtropen und Tropen bedecken knapp 21 Prozent der Landfläche und die sommer- und immerfeuchten Tropen ungefähr ein Viertel. Vor allem in den immerfeuchten Tropen ist die Artenvielfalt besonders hoch, ungefähr 70 Prozent aller bekannten Arten an Lebewesen kommen nur hier vor.

BEDROHUNG DER ÖKOSYSTEME · Lebensräume werden durch ähnliche Faktoren bedroht wie einzelne Arten. *Übernutzung* und *Klimaveränderung* sind dabei die entscheidenden Faktoren. Besonders stark durch Übernutzung bedrohte Lebensräume sind der tropische und subtropische Regenwald oder der mediterrane Hartlaubwald. Auch die Meere sind von Übernutzung, aber auch von *Verschmutzung* stark betroffen. Die tropischen Korallenriffe werden dagegen vor allem durch die Klimaveränderung bedroht. Auwälder und Feuchtgebiete in Europa werden durch *Flächenverbrauch* für Landwirtschaft, Verkehr und Siedlungen gefährdet.

1 | Erkläre den Begriff Biodiversität!

2 | Erläutere anhand von drei Beispielen den Nutzen der Biodiversität!

3 | Erläutere anhand von drei Beispielen, welche schädlichen Einflüsse menschliche Aktivitäten auf die Biodiversität haben können!

Material A ▸ Biodiversität von Pflanzen

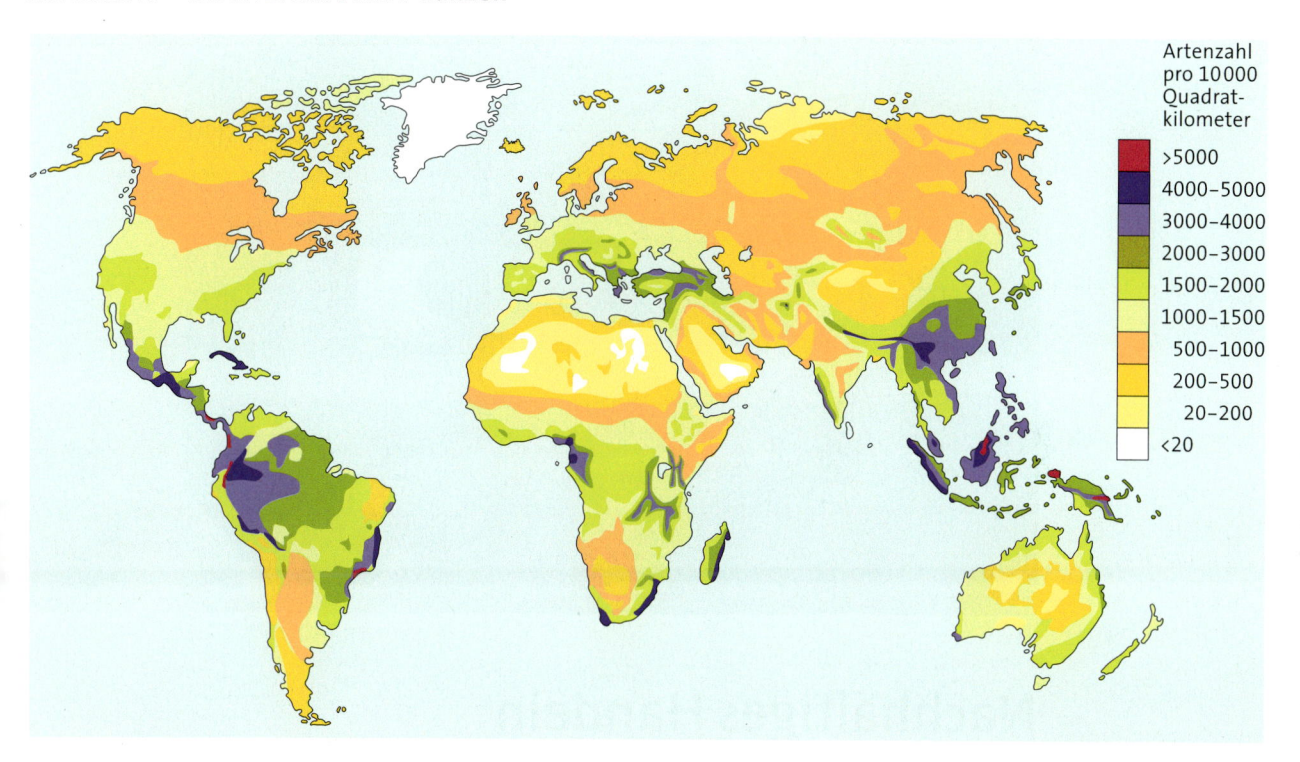

Artenzahl pro 10000 Quadratkilometer

- >5000
- 4000–5000
- 3000–4000
- 2000–3000
- 1500–2000
- 1000–1500
- 500–1000
- 200–500
- 20–200
- <20

A1 Beschreibe, in welchen Gebieten der Erde die Pflanzenvielfalt besonders hoch ist!

A2 Nenne die Ökozonen der in A1 genannten Gebiete!

A3 Stelle Vermutungen an, weshalb gerade in Gebieten mit hoher Pflanzenvielfalt der Schutz der Diversität häufig besonders schwierig ist!

Material B ▸ Artensterben

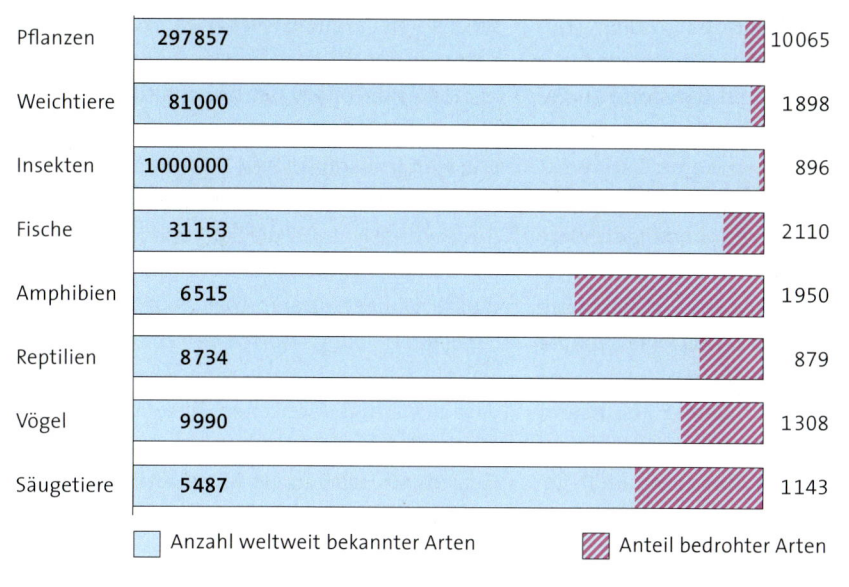

	Anzahl weltweit bekannter Arten	Anteil bedrohter Arten
Pflanzen	297857	10065
Weichtiere	81000	1898
Insekten	1000000	896
Fische	31153	2110
Amphibien	6515	1950
Reptilien	8734	879
Vögel	9990	1308
Säugetiere	5487	1143

B1 Berechne den Anteil bedrohter Arten jeder Gruppe in Prozent! Trage die Ergebnisse in eine Tabelle ein!

B2 Nenne die vier Tiergruppen, bei denen der Anteil bedrohter Arten besonders hoch ist!

B3 Stelle Vermutungen an, durch welche Bedrohungen diese hohen Anteile zustande kommen!

01 Ofen mit Holzfeuerung

Nachhaltiges Handeln

Umweltbewusste Menschen heizen ihre Wohnungen in zunehmendem Maße mit Holz. Nützt es wirklich der Umwelt, Holz als Brennstoff zu verwenden?

NACHHALTIGKEIT · Während des Mittelalters rodete man in Zentraleuropa Wälder, um Nahrung für die wachsende Bevölkerung anzubauen sowie um Brenn- und Baustoffe zu gewinnen. Zu Beginn der Neuzeit waren nur dort noch Waldreste übrig, wo keine Landwirtschaft möglich war. Man erkannte: Wenn es auch künftig Holz zum Bauen und Jagdreviere für den Adel geben sollte, durfte nur soviel Holz geschlagen werden, wie gleichzeitig nachwuchs. Hans Carl von CARLOWITZ prägte im Jahre 1713 für diese Wirtschaftsweise den Begriff **Nachhaltigkeit.** So werden in unserer Region seither Wälder bewirtschaftet. Heute wird der Begriff allgemein für ein Handeln gebraucht, das keine Ressourcen verwendet, die nicht wieder neu entstehen.

02 Hans Carl von CARLOWITZ (1645–1714), sächsischer Bergrat, zuständig für die Holzversorgung des kursächsischen Berg- und Hüttenwesens

Bei der Holzfeuerung wird Energie genutzt, die im Holz eines Baumes gespeichert ist. Wenn man nicht mehr Holz verbrennt als gleichzeitig nachwächst, ist die Wärmegewinnung und auch die Freisetzung klimaschädlicher Gase nachhaltig: Beim Verbrennen von Holz entsteht so viel Kohlenstoffdioxid, wie der Baum zuvor bei der Fotosynthese aufgenommen hat. In die Gesamtbilanz der Nachhaltigkeit gehen aber noch andere Faktoren ein. Zum Beispiel müssten Feinstaub sowie Schwefel- und Stickstoffoxide aus dem Rauchgas entfernt werden. Auch würde Holz für die Bau- und Möbelindustrie fehlen, wenn es ausschließlich verheizt würde. Daher sollten nur zu Pellets gepresste Sägespäne oder Holzreste zur Wärmeerzeugung verwendet werden. Hinzu kommt, dass nur einige Menschen diese Art der Wärmegewinnung nutzen können. Daher ist das Heizen mit Holz nur ein Mosaikstein in einem Gesamtkonzept zur nachhaltigen Energiegewinnung.

RESSOURCENSCHONUNG · Über Jahrtausende hielten Menschen die Ressourcen ihrer Umwelt für unerschöpflich. Deshalb nahm man sich, was man brauchte, ohne sich Gedanken darüber zu machen. Später wurden Rohstoffe, die schwer zugänglich waren, mithilfe immer leistungsfähigerer Techniken gewonnen. Nun rückt aber die Grenze der Verfügbarkeit vieler Stoffe näher und wird zusätzlich durch die rasante Bevölkerungsentwicklung befördert. Gleichzeitig heizt das auf Wachstum ausgerichtete Weltwirtschaftssystem den Verbrauch von Rohstoffen unvermindert an.

Am Beispiel von Phosphorverbindungen wird deutlich, welche Folgen der ungezügelte Verbrauch wichtiger Rohstoffe haben kann: Lebewesen brauchen das Element Phosphor zum Bau der DNA und für den Energiestoffwechsel. Phosphor ist nicht durch andere Stoffe ersetzbar. Nach verschiedenen Schätzungen reichen die in Gesteinen lagernden Phosphatvorräte noch 50 bis maximal 100 Jahre.

Die heutige intensive Landwirtschaft mit Tierzucht, Getreide- und Rapsanbau ist auf eine Zufuhr von Phosphat als Dünger angewiesen. Bei weiterhin hohem Phosphatverbrauch wird in überschaubarer Zeit das Pflanzenwachstum erheblich eingeschränkt sein. Die damit verbundenen existenziellen Konsequenzen können nur vermieden werden, wenn es in Zukunft gelingt, Phosphorverbindungen aus Abwasser und Klärschlamm zurückzugewinnen. Nur eine solche **Kreislaufwirtschaft** ist nachhaltig.

REGENWASSER · Auch der Weg des Wassers in der Biosphäre ist ein geschlossener Kreislauf: Der Regen sickert ins Grundwasser, Wasser sprudelt aus Quellen, fließt durch Bäche und Flüsse ins Meer, verdunstet, bildet Wolken und regnet wieder ab. Durch die Versiegelung vieler Flächen wie Hausdächer, Straßen und Plätze gelangt ein Teil des Regenwassers in die Kanalisation und von dort über ein Klärwerk

03 Phosphatabbau

04 Regenwasserversickerung auf einem Schulhof

direkt in einen Fluss. Das hat zur Folge, dass das Grundwasser sinkt und Bäche austrocknen. Der Kreislauf des Wassers ist verändert. Aber auch hier gibt es Handlungsmöglichkeiten: Man kann das Wasser von Dächern in einer Regentonne sammeln und zum Beispiel zum Gießen verwenden. Versiegelte Flächen kann man zumindest teilweise entsiegeln oder das Regenwasser im angrenzenden Rasen in einer wechselfeuchten Mulde versicken lassen. Dadurch können sogar Abwassergebühren gespart werden, da weniger Niederschlagswasser in die Kanalisation gelangt.

1 ⌡ Erkläre, weshalb letztlich nur eine Kreislaufwirtschaft nachhaltig ist!

KUNSTSTOFFMÜLL · Der Müll vieler Kunststoffprodukte belastet die Umwelt. Kunststoff wird in einem technischen Verfahren aus Erdöl hergestellt. Da dieses Material in der Natur nur sehr langsam abgebaut wird, reichert es sich an. Der Unfall eines Containerschiffes im Nordpazifik im Jahr 1992 zeigte, dass Verschmutzungen durch Kunststoff nicht örtlich begrenzt bleiben. Drei Container der Ladung gingen über Bord und öffneten sich. Sie waren gefüllt mit Badespielzeug. Einige Monate später strandeten Spielzeugtiere an Küsten von Alaska, Indonesien und Chile. Meeresforscher sammelten Fundmeldungen, um Kenntnisse über die Verdriftung von Müll in den Weltmeeren zu bekommen. Der Spielzeughersteller setzte einen Finderlohn auf das Strandgut aus, das anhand von Prägestempeln identifiziert werden konnte. So wurden weitere Funde gemeldet, schließlich noch im Jahr 2003 in der Nordsee an der englischen Ostküste.

Die mit den Badeenten bewiesene Verteilung von Kunststoffmüll in den Weltmeeren ist ein großes Problem: Defekte Fischernetze, Verpackungsmaterial oder Einweg-Getränkeflaschen werden, ähnlich wie die Spielzeugenten, weltweit verbreitet. Seevögel verfangen sich in Kunststoffleinen oder Getränkeverpackungen. Robben schnappen nach leeren Flaschen, die dann unverdaut in ihrem Magen bleiben.

Noch gefährlicher sind aber Kunststoffreste, die jahrelang im Meer schwimmen und dabei in immer kleinere Stücke zerbrechen. Erdölreste und Pestizide aus der Landwirtschaft lagern sich an. Sind diese Teile winzig klein, werden sie von Planktonfressern aufgenommen. Durch Nahrungsketten gelangen diese gesundheitsschädlichen Stoffe in Speisefischen auch auf unsere Teller.

Da viele Kunststoffprodukte alltägliche Konsumgüter sind, bieten sich für den Verbraucher Möglichkeiten, Kunststoffmüll zu vermeiden: Es gibt Alternativen aus anderem Material, man kann Produkte länger nutzen, bevor man sie wegwirft, und man sollte den Abfall sachgerecht entsorgen und nicht gedankenlos wegwerfen.

NACHHALTIGES HANDELN · Der Planet Erde und seine Biosphäre sind endlich. Das bedeutet, dass lebenswichtige Ressourcen in Zukunft nicht mehr vorhanden sein werden, wenn die Menschen nicht schonend damit umgehen. Deshalb müssen sie lernen, so zu wirtschaften, dass alle Stoffe, die sie verbrauchen, regeneriert werden. Der gesamte Abfall muss wiederverwertet werden, sodass eine Kreislaufwirtschaft entsteht. Nur so ist es möglich, nicht auf Kosten anderer Menschen zu konsumieren, vor allem nicht auf Kosten nachfolgender Generationen. Die Einsicht in Zusammenhänge ermöglicht ein Umdenken, das zu nachhaltigem Handeln führt. Dazu gehören die Aneignung von Kenntnissen und das Engagement des Einzelnen. Aber auch Politik und Gesellschaft müssen Rahmenbedingungen schaffen, die der Menschheit das Überleben sichern.

2 ⌡ Schlage drei Möglichkeiten vor, wie du Kunststoffmüll vermeiden kannst!

3 ⌡ Gib an, wie Kunststoffmüll aus deiner Heimat ins Meer gelangen kann!

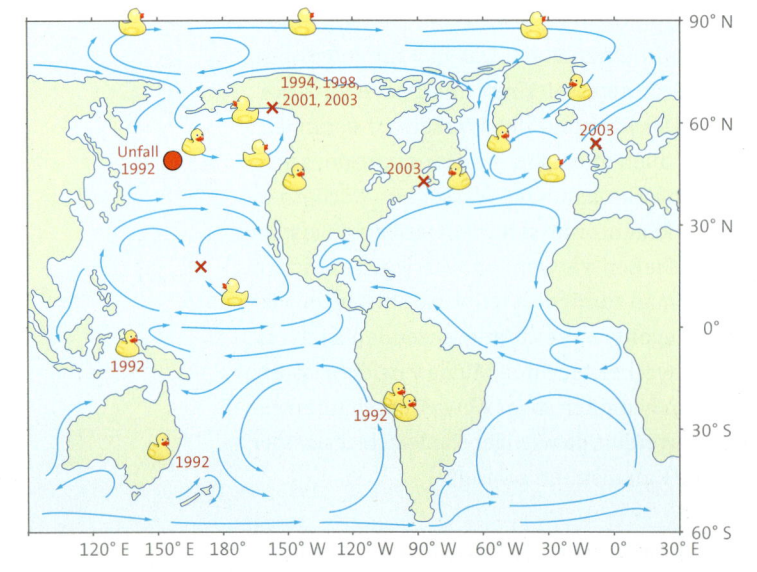

05 Verdriftung von Badeenten im Pazifik und Atlantik

Arten- und Biotopschutz

ARTEN- UND BIOTOPSCHUTZ · Vor allem durch dichte Besiedlung, starke Bebauung und intensive landwirtschaftliche Nutzung geht die Artenvielfalt in Deutschland seit Jahren kontinuierlich zurück. Um diesen Rückgang zu verlangsamen oder aufzuhalten, werden bedrohte Pflanzen- und Tierarten gesetzlich unter *Artenschutz* gestellt. Bei unter Schutz stehenden Pflanzen ist es beispielsweise verboten, sie zu pflücken. Unter Schutz stehende Tierarten dürfen weder gefangen noch getötet werden.

Artenschutz alleine kann aber nur begrenzt zum Schutz bedrohter Lebewesen beitragen. Viel wichtiger ist ein Schutz ihrer Lebensräume, der *Biotopschutz*. Der Naturschutz strebt daher eine Kombination aus Artenschutz und Biotopschutz an.

01 Streuobstwiese

SCHUTZKATEGORIEN · In Deutschland existieren verschiedene Schutzkategorien für Lebensräume. Wichtigste und zugleich strengste Schutzkategorien sind der *Nationalpark*, das *Naturschutzgebiet* und das *Biosphärenreservat*. In diesen Gebieten ist die menschliche Nutzung stark eingeschränkt oder untersagt und der Großteil der Flächen darf nicht betreten werden. Einzelne kleinflächige Besonderheiten wie alte Bäume oder Felsen können unter die Kategorie *Naturdenkmal* fallen und sind so vor schädlichen Veränderungen geschützt.

Die Kriterien für die Kategorien *Landschaftsschutzgebiet* und *Naturpark* sind deutlich weniger streng. Nutzung durch Landwirtschaft und Tourismus sind hier weiterhin möglich, beispielsweise bei Streuobstwiesen. Lediglich gravierende Eingriffe ins Landschaftsbild wie Straßenbau oder Wohnbebauung sind nicht gestattet.

1 Erläutere den Zusammenhang zwischen Artenschutz und Biotopschutz!

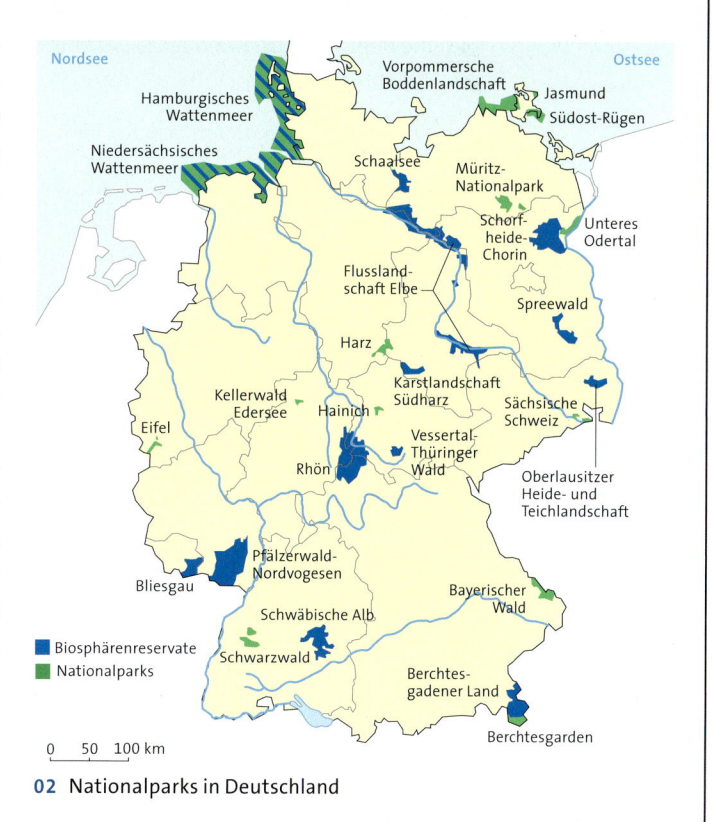

02 Nationalparks in Deutschland

A ► Ökosystem mehr als ein Lebensraum

Kann ich ...

1. beschreiben, was ein Biotop ist? *(Seite 161)*

2. fünf Beispiele für abiotische Umweltfaktoren nennen? *(Seite 160)*

3. beschreiben, was man unter einer Population versteht? *(Seite 160 und 161)*

4. die Begriffe Fauna und Flora definieren? *(Seite 161)*

5. anhand von Beispielen beschreiben, was man unter biotischen Umweltfaktoren versteht? *(Seite 161)*

6. die Begriffe Biotop, Biozönose und Ökosystem miteinander vergleichen? *(Seite 160 und 161)*

7. die Nahrungsbeziehungen in einem Ökosystem am Beispiel der Trockenmauer beschreiben? *(Seite 162)*

8. einen Zusammenhang zwischen den Begriffen Nahrungskette und Nahrungsnetz herstellen? *(Seite 162)*

9. die Begriffe Produzent, Konsument und Destruent mithilfe von Beispielen erläutern? *(Seite 162)*

10. beschreiben, wie man bei der Untersuchung eines Ökosystems vorgehen kann? *(Seite 164 und 165)*

B ► Ökosystem Wald

Kann ich ...

1. die fünf Stockwerke des Waldes und ihre jeweiligen Lichtverhältnisse beschreiben? *(Seite 166 und 167)*

2. Beispiele für abiotische Umweltfaktoren nennen? *(Seite 168)*

3. das Konkurrenzausschlussprinzip am Beispiel von Pflanzen im Wald erklären? *(Seite 167)*

4. das Konzept der ökologischen Nische erläutern und damit die Koexistenz der verschiedenen Arten im Wald erklären? *(Seite 167)*

5. eine Nahrungskette und ein Nahrungsnetz skizzieren? *(Seite 170 und 171)*

6. die Beziehung zwischen Räuber und Beute mithilfe von Je-desto-Sätzen darstellen? *(Seite 172)*

7. die Bedeutung von Produzenten, Konsumenten und Destruenten für den Stoffkreislauf des Waldes erklären? *(Seite 171)*

8. den Energiefluss an einem Beispiel erläutern? *(Seite 176 und 177)*

9. den Kohlenstoff- und den Stickstoffkreislauf im Wald mithilfe von Grafiken erklären? *(Seite 178 und 179)*

C ► Ökosystem Fließgewässer

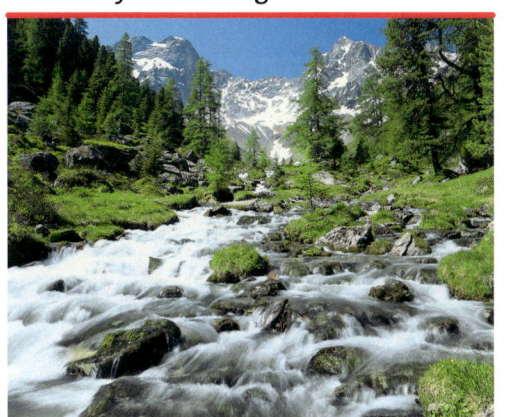

Kann ich …

1 ❙ die Lebensbedingungen in den verschiedenen Lebensräumen entlang eines Fließgewässers beschreiben? *(Seite 184 bis 186)*

2 ❙ die besonderen Merkmale eines Auenwaldes beschreiben? *(Seite 186)*

3 ❙ verschiedene Formen der Angepasstheit an das Leben in Fließgewässern erläutern? *(Seite 188 und 189)*

4 ❙ eine Nahrungskette und ein Nahrungsnetz skizzieren? *(Seite 188 und 189)*

5 ❙ die Besonderheiten des Stoffkreislaufs in einem Fließgewässer erklären? *(Seite 189)*

6 ❙ die Zehn-Prozent-Regel des Energieflusses erklären? *(Seite 189)*

7 ❙ die Gewässergüte eines Fließgewässers anhand des Vorkommens bestimmter Zeigerarten beurteilen? *(Seite 190 und 192)*

8 ❙ die Gefährdung von Fließgewässern beschreiben? *(Seite 194 bis 196)*

9 ❙ die Ursachen für ein großes Hochwasserrisiko an einem vom Menschen veränderten Fluss erläutern? *(Seite 196)*

D ► Mensch und Umwelt

Kann ich …

1 ❙ Ursachen für den steigenden Verbrauch an natürlichen Ressourcen erklären? *(Seite 198 und 199)*

2 ❙ vier Beispiele für Luftschadstoffe nennen? *(Seite 199)*

3 ❙ die Möglichkeiten der Abfallbeseitigung beschreiben? *(Seite 199)*

4 ❙ beschreiben, wodurch es zu einer Versiegelung der Landschaft kommen kann? *(Seite 200)*

5 ❙ den Nutzen der Biodiversität begründen? *(Seite 204 und 205)*

6 ❙ die verschiedenen Formen der Bedrohung der Vielfalt an Arten und Ökosystemen an Beispielen erläutern? *(Seite 205 und 206)*

7 ❙ drei Beispiele für nachhaltiges Handeln erläutern? *(Seite 208 bis 211)*

Kann ich aus dem Kapitel „Ökosysteme im Wandel" Beispiele nennen für das Basiskonzept:
- Energie?
- System?
- Entwicklung?

Erwachsen werden

1 **Pubertät** **216**

2 **Sexualität und Fortpflanzung** **222**

In diesem Kapitel beschäftigst du dich mit

- ▶ der Pubertät. Du lernst etwas über die Veränderungen des Körpers und des Verhaltens während der Zeit des Erwachsenwerdens. Hierbei erfährst du auch etwas über die Wirkung der Geschlechtshormone.

- ▶ der Fortpflanzung. Hierbei lernst du etwas über die weiblichen und männlichen Geschlechtsorgane und die Bildung von Geschlechtszellen.

- ▶ Liebe und Sexualität. Du lernst dabei etwas über Liebe, Partnerschaft und Sexualität. Hierbei erfährst du auch etwas über verschiedene Formen der Sexualität.

- ▶ Vorgängen während eines Menstruationszyklus und einer Schwangerschaft kennen. Außerdem erfährst du etwas über Möglichkeiten der Verhütung. Dabei lernst du verschiedene Verhütungsmethoden kennen.

01 Erwachsenwerden:
A Kindheit,
B Pubertät,
C Erwachsenenalter

Zeit des Erwachsenwerdens

Auf dem Weg vom Kind zum Erwachsenen, der Pubertät, durchleben Jungen und Mädchen zahlreiche körperliche Veränderungen. Auch ihr Verhalten ändert sich. Was ist die Ursache dieser Veränderungen?

lateinisch pubertas = Geschlechtsreife

KÖRPERLICHE VERÄNDERUNGEN · Jungen und Mädchen unterscheiden sich während der ersten Lebensjahre in ihrem Körperbau vor allem durch ihre **primären Geschlechtsmerkmale.** Äußerlich sind dies der Penis und der Hodensack beim Jungen und die Schamlippen beim Mädchen.

Die Pubertät beginnt meistens mit einem Wachstumsschub. Dieser erfolgt bei Mädchen etwa im Alter von zehn bis zwölf Jahren, bei Jungen etwa zwei Jahre später. Zusätzlich finden weitere körperliche Veränderungen statt, an denen man Frauen und Männer schließlich deutlich unterscheiden kann: Die **sekundären Geschlechtsmerkmale** entstehen. Beim Jungen beginnen *Schamhaare, Achselhaare* und

Barthaare zu wachsen. Auch die restliche Körperbehaarung wird oft stärker. Die Schultern werden breiter, die *Muskulatur* wird *kräftiger,* das Becken dagegen bleibt schmal. Der Kehlkopf mit den darin liegenden Stimmbändern vergrößert sich, wodurch die Stimme während des *Stimmbruchs* tiefer wird. Beim Mädchen entwickeln sich ebenfalls *Scham-* und *Achselhaare.* Die *Brüste* mit den Milchdrüsen wachsen, und durch die Einlagerung von *Fettpolstern* in die unteren Hautschichten wird die Körperform weicher. Vor allem das *Becken* wird *runder* und *breiter,* während die Schultern schmal bleiben.

Die bedeutendste Veränderung aber findet in den Geschlechtsorganen statt: Sie wachsen, und in den Hoden beginnen sich *reife Spermienzellen* zu bilden. Ab diesem Moment ist der Junge fähig, Kinder zu zeugen. Wenn sich viele reife Spermienzellen angesammelt haben, kann es im Schlaf zu einem ungewollten Samenerguss, der *Pollution,* kommen. Auch beim

Mädchen ist die wichtigste Veränderung von außen kaum sichtbar: In den reifenden Geschlechtsorganen wird die erste *reife Eizelle* gebildet. Danach setzt die erste Monatsblutung ein, die *Menstruation.* Das Mädchen kann ab jetzt schwanger werden. Die Pubertät führt also schrittweise zu der Fähigkeit, eigene Kinder zu bekommen, zur **Geschlechtsreife.**

Mit der Pubertät beginnen bei Jungen und Mädchen die *Schweißdrüsen* verstärkt zu arbeiten sowie Drüsen, die Haut und Haare fetten, die *Talgdrüsen.* Deshalb wird die tägliche Körperpflege wichtiger als je zuvor. Wenn die Talgdrüsen der einzelnen Härchen mehr Talg bilden, kann es zur Verstopfung der dünnen Ausfuhrkanäle kommen. Der Talg staut sich nun unter der Haut, ein *Mitesser* ist entstanden. Wenn der Mitesser sich durch das Eindringen von Bakterien entzündet, entsteht Eiter. Dadurch vergrößert sich der Mitesser weiter und wird zum *Pickel.* Treten solche Pickel gehäuft auf, spricht man von **Akne.** Sie kommt vor allem im Gesicht, aber auch an Hals und Rücken vor. Wer unter Akne leidet, sollte zu einem Hautarzt gehen. Mit dem Ende der Pubertät klingt die Akne meistens von selbst wieder ab.

GESCHLECHTSHORMONE · Ursache aller Veränderungen in der Pubertät sind körpereigene Botenstoffe, die bereits in winzigen Mengen wirken, die **Hormone.** Dabei bildet zunächst eine Drüse im Gehirn, die *Hypophyse,* bestimmte Hormone. Diese werden in den Blutkreislauf abgegeben und dadurch im ganzen Körper verteilt. Kommen sie in den Geschlechtsdrüsen, auch Keimdrüsen genannt, an, bewirken sie dort die Bildung von weiteren Hormonen, den **Geschlechtshormonen.** In den Hoden wird vor allem *Testosteron,* in den Eierstöcken *Östrogen* gebildet. Diese werden in die Blutbahn abgegeben und bewirken die Reifung der Geschlechtsorgane und die Ausbildung der sekundären Geschlechtsmerkmale. Beginn und Ende dieses Vorgangs sind individuell sehr unterschiedlich und durch den Willen nicht beeinflussbar.

Die Menge der Geschlechtshormone im Blut wird ständig im Gehirn kontrolliert: Wenn viele Geschlechtshormone im Blut vorhanden sind, bildet die Hypophyse weniger Hypophysenhormone. Daraufhin stellen die Geschlechtsdrüsen weniger Hormone her. Wenn die Menge der Geschlechtshormone im Blut abnimmt, werden wieder mehr Hypophysenhormone produziert.

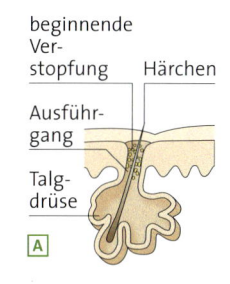

beginnende Verstopfung — Härchen
Ausführgang
Talgdrüse
A

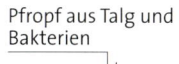

Pfropf aus Talg und Bakterien
B

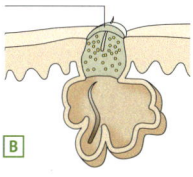

eitriger Pfropf aus Talg und Bakterien
entzündetes Gewebe
C

02 Aknebildung

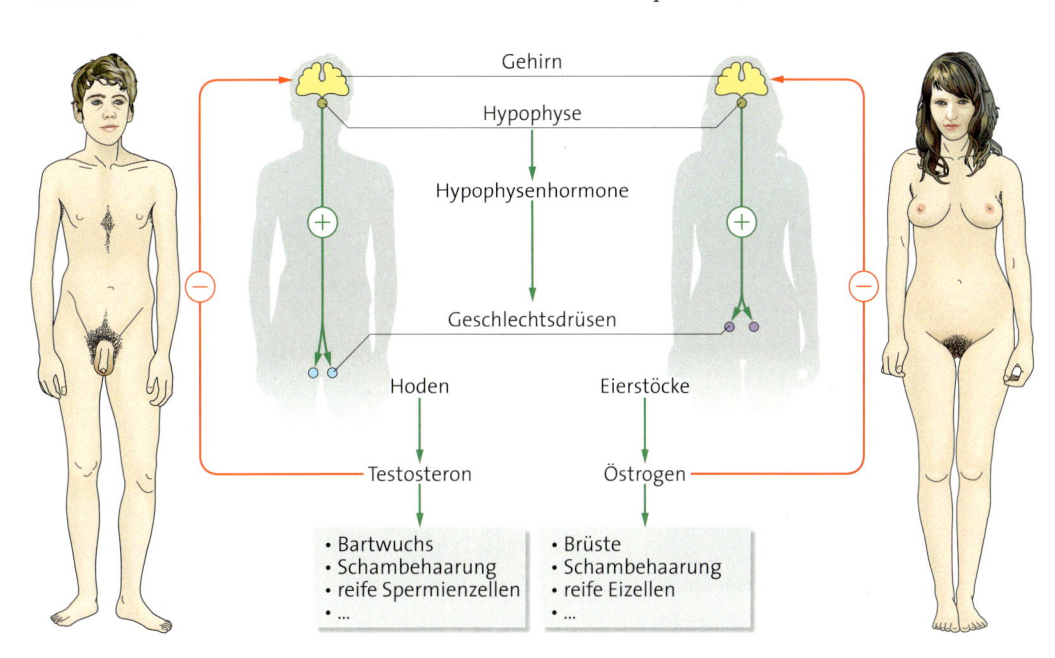

Gehirn
Hypophyse
Hypophysenhormone
Geschlechtsdrüsen
Hoden — Eierstöcke
Testosteron — Östrogen

- Bartwuchs
- Schambehaarung
- reife Spermienzellen
- …

- Brüste
- Schambehaarung
- reife Eizellen
- …

03 Hormonelle Steuerung der Pubertät

VERÄNDERUNGEN IM VERHALTEN · Nicht nur der Körper verändert sich während der Pubertät, sondern auch das Gefühlsleben. Aus Kindern werden Erwachsene, die ihre Umwelt und vor allem das andere Geschlecht mit ganz anderen Augen betrachten. Neue Gedanken und Gefühle, die mit der Sexualität zu tun haben, erwachen: Verliebtsein, Sehnsucht oder auch starke Abneigung gegen andere Menschen. Diese Gefühle sind oft irritierend und beunruhigend.

Es ist ganz natürlich, dass ein Jugendlicher in der Pubertät sich viel mit seinem Körper und dessen Veränderungen beschäftigt. So können bei Jungen wie Mädchen schon allein der Gedanke an einen attraktiven Partner des anderen Geschlechts oder andere sexuelle Fantasien zu sexueller Erregung führen. Auch können Jungen wie Mädchen durch Reizung der eigenen Geschlechtsorgane lustvolle Gefühle bis hin zum Orgasmus herbeiführen. Diese *Selbstbefriedigung,* auch **Masturbation** genannt, kann dem Vertrautwerden mit dem eigenen Körper dienen und ist kein unnormales oder gesundheitsschädliches Verhalten.

Die Entwicklung der sekundären Geschlechtsmerkmale zeigt die Geschlechtsreife an und führt dazu, dass man für das andere Geschlecht attraktiv wird. Auch das Hineinfinden in diese **Geschlechterrolle** ist nicht immer einfach. So muss man erst lernen, wie man durch Kleidung, Mimik und Gestik die Aufmerksamkeit eines möglichen Partners gewinnen kann. Wollen wir durch unser Verhalten Interesse an einem möglichen Partner signalisieren, dann *flirten* wir. Dabei verwenden wir oft unbewusst Signale, die vom anderen Geschlecht ebenso unbewusst verstanden werden, sogenannte **Flirtsignale.** Dazu gehören beispielsweise der *„Hair-Flip"* und der *„Head-Toss",* bei denen das Mädchen auf eine bestimmte Art die Haare zurückstreicht oder den Kopf nach hinten wirft.

Die neue Rolle hat auch problematische Seiten. Dazu gehören zum Beispiel das Abweisen eines unerwünschten Verehrers bis hin zur Abwehr einer möglichen sexuellen Belästigung, aber auch die Angst, selbst zurückgewiesen zu werden. Deshalb schließen sich Jungen und Mädchen in der Pubertät oft in Gruppen, den **Cliquen,** zusammen, in denen sie von Freunden oder Freundinnen umgeben sind und sich geborgen fühlen. Meistens sind es reine Jungen- oder Mädchencliquen.

1 Vergleiche die körperlichen Veränderungen von Jungen und Mädchen während der Pubertät in Form einer Tabelle!

2 Erläutere die Ursache der körperlichen und seelischen Veränderungen in der Pubertät!

04 Flirtsignale: **A** „Hair-Flip", **B** „Head-Toss"

Material A ► Sekundäre Geschlechtsmerkmale

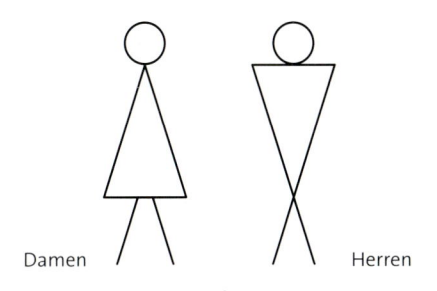

Damen   Herren

An öffentlichen Toiletten findet man oft Symbole für Männer und Frauen.

A1 Erläutere, wie die dargestellten Symbole mit den jeweiligen sekundären Geschlechtsmerkmalen zusammenhängen!

A2 Frauen und Männer betonen diese Geschlechtsmerkmale oft noch durch Kleidung. Nenne für jedes Geschlecht zwei solche Kleidungsstücke!

Material B ► Träume sind Schäume

Wie stark sich die sekundären Geschlechtsmerkmale in der Pubertät ausprägen, hängt von der Menge der gebildeten Geschlechtshormone ab.

B1 Interpretiere die Karikatur!

B2 Nimm Stellung zu der Aussage: „Die Ausprägung der sekundären Geschlechtsmerkmale kann man durch den Willen beeinflussen."!

B3 Beurteile, ob die dargestellten Formen von Mann und Frau erstrebenswert sind!

Material C ► Flirtsignale

C1 Nenne typische Verhaltensänderungen von pubertierenden Jungen und Mädchen!

C2 Beschreibe die Flirtsignale, die das Mädchen aussendet!

C3 Schreibe eine mögliche Unterhaltung auf, die das Mädchen und der Junge gerade führen könnten!

C4 Recherchiere, welche Flirtsignale typisch für Jungen sind!

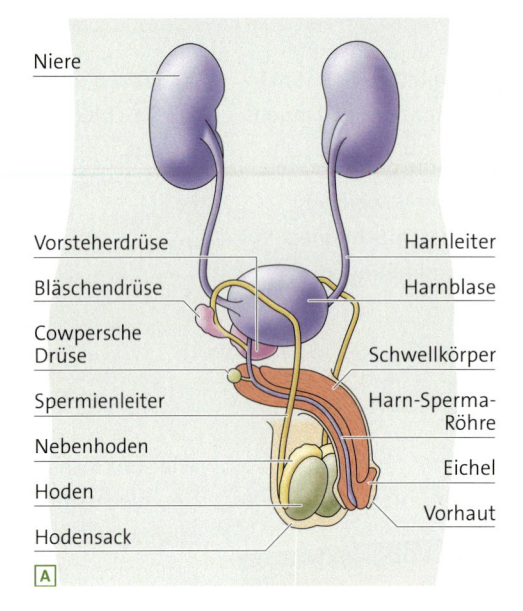

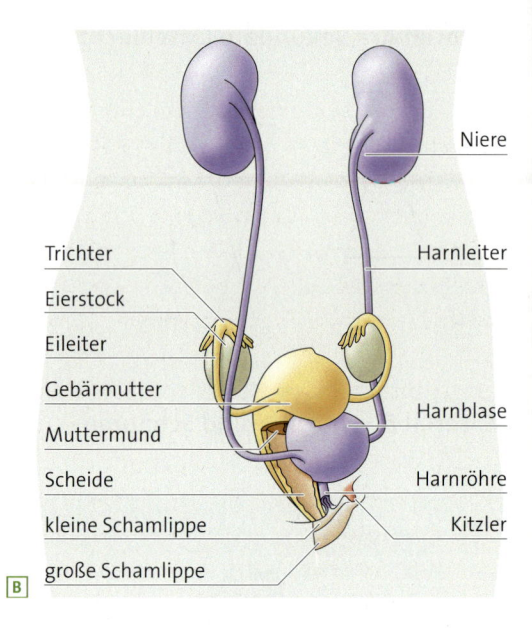

Niere

Vorsteherdrüse
Bläschendrüse
Cowpersche Drüse
Spermienleiter
Nebenhoden
Hoden
Hodensack

Harnleiter
Harnblase
Schwellkörper
Harn-Sperma-Röhre
Eichel
Vorhaut

A

Niere

Trichter
Eierstock
Eileiter
Gebärmutter
Muttermund
Scheide
kleine Schamlippe
große Schamlippe

Harnleiter
Harnblase
Harnröhre
Kitzler

B

01 Geschlechts-organe:
A des Mannes,
B der Frau

Geschlechtsorgane

Die Geschlechtszellen, aus denen ein neuer Mensch entsteht, und die Organe, in denen sie gebildet werden, sind bei Mann und Frau sehr unterschiedlich gebaut. Worin bestehen diese Unterschiede?

MÄNNLICHE GESCHLECHTSORGANE · Die äußerlich sichtbaren Geschlechtsorgane bestehen beim Jungen aus dem *Penis* und dem *Hodensack*. Der Hodensack enthält zwei eiförmige *Hoden*, auf denen je ein *Nebenhoden* sitzt. Die Hoden sind die männlichen Geschlechtsdrüsen, in denen ab der Pubertät reife männliche Geschlechtszellen, die **Spermienzellen,** gebildet werden. Sie werden in den Nebenhoden gespeichert. Da die Temperatur für die Reifung der Spermienzellen im Körperinneren zu hoch ist, liegen die Hoden außerhalb des Körpers.

Von den Nebenhoden führt jeweils ein Gang, der *Spermienleiter*, Richtung Penis. Die Spermienzellen können über diesen Gang nach außen transportiert werden. Dabei passieren sie die *Bläschendrüsen* und die *Vorsteherdrüse*, die *Prostata*. Diese Drüsen geben eine weißlich trübe Flüssigkeit ab, in der sich die Spermienzellen bewegen und einige Tage überleben können. Die Spermienzellen und die Flüssigkeit werden zusammen als **Sperma** bezeichnet. Kurz vor dem Penis vereinigen sich die Spermienleiter mit dem *Harnleiter,* der von der Harnblase kommt. Dieser gemeinsame Gang, die *Harn-Sperma-Röhre,* ist im Penis von *Schwellkörpern* umgeben. Das sind keine Muskeln, sondern Hohlräume. Bei sexueller Erregung füllen sie sich mit Blut. Dadurch wird der Penis dicker, länger und steif. Das etwas verdickte, vordere Ende des Penis, die *Eichel*, ist sehr berührungsempfindlich und durch die Vorhaut geschützt, die sich bei einer Versteifung des Penis zurückzieht.

BAU DER SPERMIENZELLE · Eine einzelne Spermienzelle ist sehr klein und besteht aus drei Teilen: einem ovalen Vorderteil, dem *Kopf*, der den Zellkern mit der Erbsubstanz enthält, einem *Mittelstück*, das die Energie für die Fortbewegung bereitstellt, und einem fadenförmigen *Schwanz*, zur Fortbewegung.

WEIBLICHE GESCHLECHTSORGANE · Im Unterschied zum Jungen befinden sich beim Mädchen die meisten Geschlechtsorgane im Inneren des Körpers. Die beiden weiblichen Geschlechtsdrüsen, die *Eierstöcke*, liegen in der Bauchhöhle und sind etwa so groß wie die Hoden des Mannes. Sie enthalten bis zu 400 000 unreife **Eizellen.**

Von jedem Eierstock führt ein Gang, der *Eileiter*, zur *Gebärmutter*, die man auch *Uterus* nennt. Der trichterförmige Beginn des Eileiters nimmt die reife Eizelle auf, und der Eileiter transportiert sie weiter in die Gebärmutter. Diese besteht aus einem Muskel und ist mit einer gut durchbluteten Schleimhaut ausgekleidet. Die *Gebärmutterschleimhaut* kann eine befruchtete Eizelle aufnehmen und versorgen. Der Ausgang der Gebärmutter, der *Muttermund*, ist eng und meistens durch einen Schleimpfropfen verschlossen.

Vom Muttermund führt ein muskulöser Gang, die *Scheide* oder *Vagina*, nach außen. Ihr Eingang ist von Geburt an von einer dünnen Haut, dem *Jungfernhäutchen*, verschlossen. Es reißt leicht, zum Beispiel beim ersten Geschlechtsverkehr. Über den Eingang legen sich zwei dünne und darüber zwei dickere Hautfalten, die *kleinen* und die *großen Schamlippen*. Schamlippen, Jungfernhäutchen und Schleimpfropfen verhindern das Eindringen von Krankheitserregern.

Zwischen den Schamlippen befinden sich neben der Öffnung der Vagina auch der Ausgang der *Harnröhre* sowie der *Kitzler*, der auch *Klitoris* heißt. Die Klitoris besteht aus einem kleinen *Schwellkörper* und einem von einer Hautkappe bedeckten *Kopf*, der sehr berührungsempfindlich ist. Kitzler und Schamlippen füllen sich bei sexueller Erregung mit Blut und vergrößern sich.

BAU DER EIZELLE · Eine weibliche Geschlechtszelle, die **Eizelle,** entsteht im Eierstock in einem mit Flüssigkeit gefüllten Bläschen, dem *Follikel*. Sie ist von einer *Eihülle* umgeben und

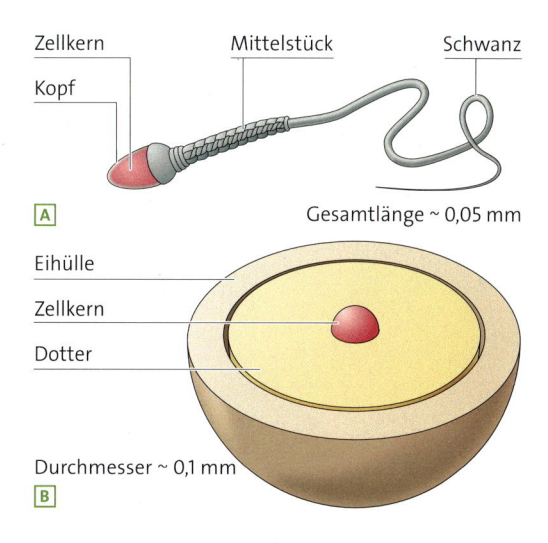

02 Geschlechtszellen:
A Spermienzelle,
B Eizelle

enthält einen *Zellkern* mit der Erbsubstanz. Während der Reifung wird sie mit Nährstoffen, dem *Dotter*, gefüllt und ist schließlich so groß, dass man sie mit bloßem Auge gerade noch sehen kann. Hat sie ihre endgültige Größe erreicht, platzt der Follikel. Dadurch gelangt die Eizelle in den Trichter des Eileiters. Diesen Vorgang nennt man Eisprung oder **Ovulation.** Der Eileiter transportiert die Eizelle, die sich nicht selbst bewegen kann, dann weiter in Richtung Gebärmutter.

BILDUNG DER GESCHLECHTSZELLEN · In den Hoden eines gesunden Mannes werden täglich bis zu 200 Millionen Spermienzellen gebildet. Sie sind nur etwa 0,05 Millimeter groß und noch unreif. Erst wenn sie in die Nebenhoden gelangen, reifen sie zu ihrer typischen Gestalt mit Mittelstück und Schwanz heran.

Nur einmal im Monat reift in einem Eierstock der Frau ein Follikel und darin eine etwa 0,1 Millimeter große Eizelle heran. Dieser Vorgang dauert etwa 14 Tage und endet mit dem Eisprung. In seltenen Fällen wird auch mehr als eine reife Eizelle gleichzeitig gebildet. So können aus zwei zur selben Zeit gereiften Eizellen zweieiige Zwillinge hervorgehen.

1 Vergleiche Größe und Bau von Spermienzelle und Eizelle!

01 Erste Liebe

Liebe und Sexualität

Liebe erfahren wir schon als Kind von unseren Eltern. Liebe kann aber auch zwischen Mann und Frau entstehen. Worin besteht der Unterschied?

LIEBE · Bereits direkt nach der Geburt entwickelt sich ein intensiver Kontakt zwischen der Mutter und dem Neugeborenen. Der Säugling ruft schreiend, strampelt und bewegt suchend den Mund. Die Mutter legt ihn an die Brust, wo er saugt und Milch trinkt. Diese und andere liebevolle Kontakte führen bald zu einer starken Bindung und absolutem Vertrauen zwischen dem Säugling und seinen Eltern, auch *Urvertrauen* genannt. Es verbindet sich später mit einem tiefen, warmen und zärtlichen Gefühl, das das Kind seiner Familie gegenüber empfindet, der **Liebe.** In der Pubertät beginnt man, Gefühle der Liebe auch anderen Menschen gegenüber zu entwickeln. Das Urvertrauen liefert die Grundlage für eine nun mögliche Beziehung, nämlich Selbstvertrauen und Vertrauen in andere.

02 Ausdrucksformen der Liebe:
A Mutter- und Vaterliebe,
B Verliebtsein

PARTNERSCHAFT · Die Veränderung der Gefühle beginnt meistens damit, dass man sich zu einem Jungen oder Mädchen hingezogen fühlt. Oft genügt schon der Gedanke an ihn oder sie für ein Kribbeln im Bauch, Herzklopfen oder weiche Knie. Man kann stundenlang davon träumen, wie es wäre, mit ihm oder ihr zusammen zu sein. Deswegen fällt es einem häufig schwer, sich auf andere Dinge wie den Unterricht zu konzentrieren. Man ist **verliebt.** Es erfordert viel Mut, dem anderen seine Gefühle zu offenbaren.

Wenn der Mensch, in den man verliebt ist, die Gefühle erwidert, „geht" man miteinander, hält Händchen und möchte sich auch körperlich nahe sein. Aus dem Verliebtsein entwickelt sich eine **Beziehung.** Wenn die Partner sich vertrauen und ihre Eigenarten und Wünsche gegenseitig respektieren, kann aus so einer Beziehung eine dauerhafte **Partnerschaft** entstehen. Deshalb ist es wichtig, viel miteinander zu reden und die Einstellungen und Erwartungen des anderen kennenzulernen. Auch Probleme müssen offen und ehrlich angesprochen werden.

SEXUALITÄT · Wer verliebt ist, möchte dem anderen auch körperlich nahe sein, ihn berühren, Zärtlichkeiten austauschen, ihn küssen. Vielleicht möchte er sogar mit ihm schlafen.

Wird der Mann sexuell erregt, vergrößert und versteift sich der Penis, richtet sich auf, und die Vorhaut zieht sich zurück. Der Mann hat eine *Erektion.* Drüsen, die in die Harn-Sperma-Röhre münden, die Cowperschen Drüsen, erzeugen ein Gleitmittel, das aus dem Penis aus-

tritt. Nun kann der Mann seinen Penis in die Vagina der Frau einführen. Es kommt zum *Geschlechtsverkehr.* Bei sexueller Erregung der Frau vergrößert sich ihr Kitzler, und auch die Schamlippen füllen sich mit Blut. Sie geben dadurch die Öffnung der Vagina frei. Drüsen in der Nähe der kleinen Schamlippen erzeugen ein Gleitmittel, das das Einführen des Penis erleichtert.

Der Mann bewegt seinen Penis in der Vagina hin und her. Dadurch reizt er sowohl seine Eichel als auch den Kitzler und die Vagina der Frau. Beide empfinden durch diese Reizungen große Lust. Wird dieses Lustempfinden bei der Frau sehr stark, können sich die Muskeln im Unterleib rhythmisch zusammenziehen: Es kommt zum *Orgasmus.*

Auch beim Mann kann es zum Orgasmus kommen. Dabei wird das Sperma durch rhythmische Kontraktionen der Muskeln der Samenleiter und der Harn-Sperma-Röhre aus dem Penis geschleudert. Diesen Vorgang nennt man Ejakulation. Ein Mann ejakuliert normalerweise zwei bis fünf Milliliter Sperma. Befindet sich eine reife Eizelle im Eileiter der Frau, kann diese nun von einer Spermienzelle befruchtet werden.

Sexualität ist also ein schöner und wichtiger Teil einer Partnerschaft. Dabei sollten beide dem anderen deutlich zu verstehen geben, was sie mögen oder nicht mögen, und die Einstellung des anderen auch respektieren. Außerdem sollten sich beide im Klaren sein, dass ein Mädchen schwanger werden kann, auch schon beim „ersten Mal". Deshalb sollten die Partner offen über gemeinsame *Verhütung* sprechen.

03 Ausdrucksformen der Sexualität:

A Küssen,

B miteinander schlafen

FORMEN DER SEXUALITÄT · Die meisten Frauen und Männer fühlen sich zu einem Partner hingezogen, der dem anderen Geschlecht angehört, sie sind **heterosexuell.** In einer heterosexuellen Partnerschaft ist es möglich, Kinder zu bekommen. Das wünschen sich die meisten Menschen, wenn sie reif genug sind und auch die finanziellen Mittel besitzen, um die Verantwortung für eine Familie zu übernehmen. Heterosexuelle dürfen ab einem gewissen Alter in jedem Land der Erde ihren Partner heiraten und genießen dann einen besonderen gesetzlichen Schutz. So heißt es zum Beispiel im Grundgesetz der Bundesrepublik Deutschland: „Ehe und Familie stehen unter dem besonderen Schutz der staatlichen Ordnung."

Manche Menschen fühlen sich zu Menschen des gleichen Geschlechts hingezogen, sie sind **homosexuell.** Frauen, die Zuneigung, Liebe und sexuelles Begehren gegenüber Frauen empfinden, nennt man *lesbisch,* Männer, die so gegenüber Männern empfinden, *schwul.* Homosexuelle werden bis heute in vielen Ländern der Erde verachtet oder sogar bestraft, sie werden **diskriminiert.** Das führt dazu, dass Homosexuelle häufig ihre Neigung vor ihren Mitmenschen verbergen, weil sie Angst vor Diskriminierung haben. Dabei sind nach wissenschaftlichen Studien bis zu zehn Prozent der Menschen homosexuell veranlagt oder haben zumindest schon einmal homosexuelle Erfahrungen gemacht. Viele homosexuelle Menschen sind sich nicht von Anfang an ihrer Neigung bewusst. Sie müssen sie sich erst selbst eingestehen, bevor sie dann ihrer Familie oder Freunden davon erzählen können. Diese Schritte, die **Coming-out** genannt werden, sind für sie oft sehr schwierig, weil sie Angst vor der Reaktion ihrer Mitmenschen haben. Ihnen können Beratungsstellen helfen.

Eine dritte Form der Sexualität ist die **Bisexualität.** Bisexuelle Menschen fühlen sich zu Partnern beider Geschlechter hingezogen. Sie haben in der heutigen Gesellschaft ähnliche Probleme wie Homosexuelle. Das war nicht immer so. So wurde zum Beispiel in der griechischen und römischen Antike die Neigung zu beiden Geschlechtern als völlig normal angesehen.

Nicht in allen Kulturen der Welt ist es der Normalfall, dass *ein* Mann und *eine* Frau das Idealpaar darstellen. So gibt es zum Beispiel im Himalaja-Gebiet Frauen, die mehrere Ehemänner haben dürfen, und in manchen Religionen ist es dem Mann erlaubt, gleichzeitig mehrere Ehefrauen zu haben.

Entscheidend für alle Formen der Sexualität ist jedoch, dass die Partner sich lieben. Deshalb sollten wir auf andere Formen der Sexualität nicht herabsehen, sondern ihnen mit Verständnis und **Toleranz** begegnen.

1) Nenne Gründe, weshalb eine Partnerschaft misslingen kann!

2) Erläutere, was man unter Sexualität versteht!

griechisch heteros = verschieden

lateinisch bi = zwei

griechisch homo = gleich

04 Formen der Sexualität: **A** schwules Paar, **B** heterosexuelles Paar, **C** lesbisches Paar

Material A ▸ Bekanntschaftsanzeigen

> Ich, 24/175, schlank, sportlich, attraktiv, mag die Natur, Bücher, Snowboardfahren, gemütliche Kneipen, Zärtlichkeit und vieles mehr. Suche passendes „Gegenstück"! Bitte nur Zuschriften mit Bild! Chiffre ... **A**

> Bin 22, blond und suche jemanden zum Verlieben. Du solltest an einer echten Beziehung interessiert sein. Eher ausgeflippt als Durchschnitt, selbstbewusst und offen für alles. Bild wäre toll. Chiffre ... **E**

> Wer ist selbstständig und energisch und möchte mit mir, 23, Steinbock, reden, lachen und träumen? Bin ein bisschen kompliziert, aber lieb ... Chiffre ... **B**

> Massagen und mehr von gepflegter, fairer und achtsamer Person! Zuschrift unter Chiffre ... **C**

> Ich, 25/165, koche, reise, wandere und kuschele gerne. Wer macht mit? Chiffre ... **D**

> Bin 23, dunkelhaarig, charmant, gebildet und mag verrückte Ideen, Kunst, Theater und Kinofilme. Bist du genauso unternehmungslustig und offen für alles, was Spaß macht? Dann melde dich unter Chiffre ... **F**

A1 Nenne die Eigenschaften der Personen, die in den einzelnen Anzeigen gesucht werden!

A2 Stelle Vermutungen an, welche Anzeigen von einer Frau oder von einem Mann stammen!

A3 Vergleiche die Eigenschaften, die Mädchen wichtig sind, mit denen, die Jungen für wichtig halten!

Material B ▸ Beziehungscheck

Check: Tut er/sie mir noch gut?
- Zeigt er/sie dir, dass er/sie dich liebt?
- Hört er/sie dir zu, wenn du etwas erzählst?
- Ist er/sie ehrlich zu dir?
- Kannst du dich auf ihn/sie verlassen, wenn es dir mal nicht so gut geht?
- Beachtet er/sie beim Sex die Grenzen, die du ziehst?
- ...

B1 Formuliere weitere Fragen, die dir über die Beziehung zu deinem Partner Aufschluss geben könnten!

B2 Nenne einen wichtigen Grund, aus dem du Schluss machen würdest!

B3 Nenne Formen, in denen man Schluss machen könnte, und bewerte sie!

Material C ▸ Formen des Zusammenlebens

C1 Beschreibe die Formen des Zusammenlebens, die auf den Fotos dargestellt sind!

C2 Nenne weitere Formen des Zusammenlebens!

C3 Nenne Voraussetzungen, die für glückliche Partnerschaften wichtig sind!

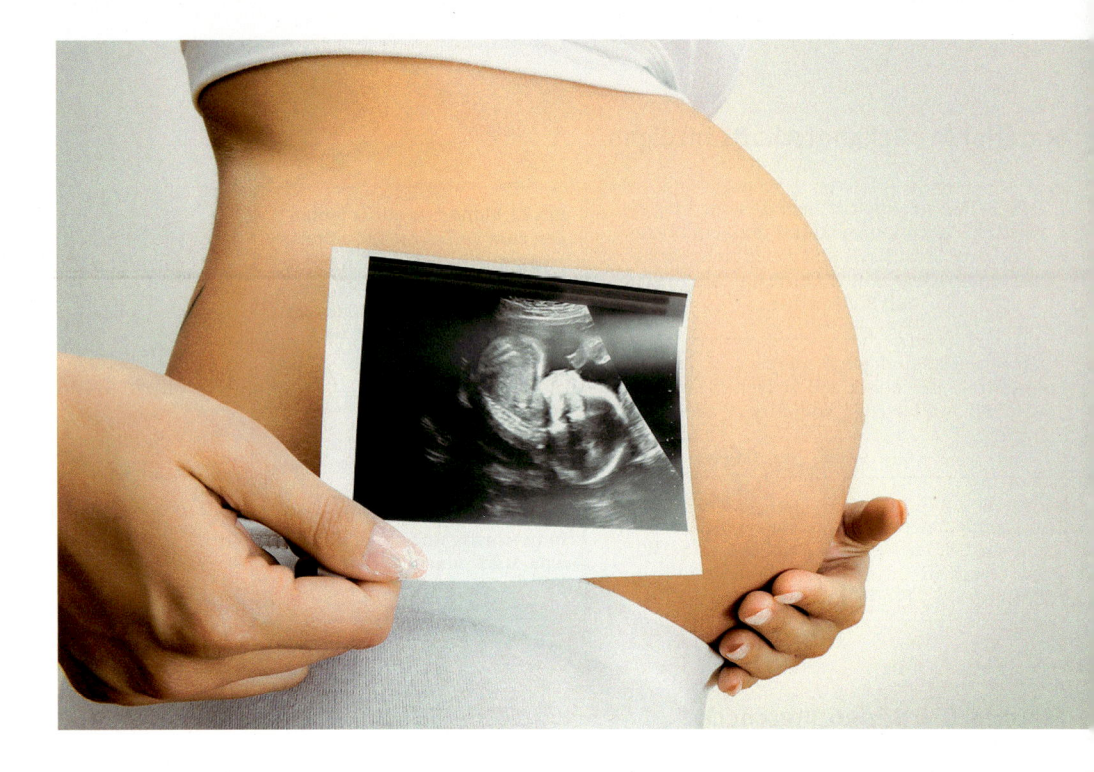

01 Ultraschallbild
eines Fetus

Menstruationszyklus und Schwangerschaft

In der Pubertät reifen die Geschlechtsorgane. Mädchen bekommen ihre erste Monatsblutung und können schwanger werden. Wie hängen diese Vorgänge zusammen?

MENSTRUATIONSZYKLUS · Ursache aller Veränderungen in der Pubertät sind körpereigene Botenstoffe, die bereits in winzigen Mengen wirken, die *Hormone*. Die meisten Hormone werden in Drüsen produziert und in die Blutbahn abgegeben. Mit dem Blut gelangen sie zu allen Organen, entfalten aber nur in bestimmten Zielorganen ihre Wirkung. Ab dem Beginn der Pubertät wird im Gehirn des Mädchens ein Hormon freigesetzt, das die *Hirnanhangsdrüse,* auch *Hypophyse* genannt, beeinflusst. Zwei verschiedene Hormone der Hypophyse bewirken daraufhin die Reifung der Eierstöcke. In den Eierstöcken entstehen infolgedessen weibliche Geschlechtshormone, die **Östrogene.** Diese bewirken ihrerseits die Reifung der

Geschlechtsorgane und die Ausbildung der sekundären Geschlechtsmerkmale des Mädchens.

Von nun an wird monatlich eine reife Eizelle freigesetzt. Das wird von dem ersten der beiden Hormone der Hypophyse ausgelöst: Dieses Hormon führt dazu, dass in einem der beiden Eierstöcke ein Follikel und darin eine Eizelle heranreifen. Die Hülle des reifenden Follikels bildet ein *Östrogen,* das seinerseits dazu führt, dass sich in der Gebärmutter die Schleimhaut verdickt. Das Östrogen regt außerdem die Hypophyse dazu an, das zweite Hormon zu produzieren. Dies löst am 14. Tag den Eisprung, die *Ovulation,* aus, bei dem die reife Eizelle in den Eileiter abgegeben wird. Der Follikel wird danach gelblich und deshalb nun *Gelbkörper* genannt. Der Gelbkörper bildet kein Östrogen mehr, sondern das **Gelbkörperhormon.** Dieses bewirkt, dass die verdickte Gebärmutterschleimhaut nun gut durchblutet wird und

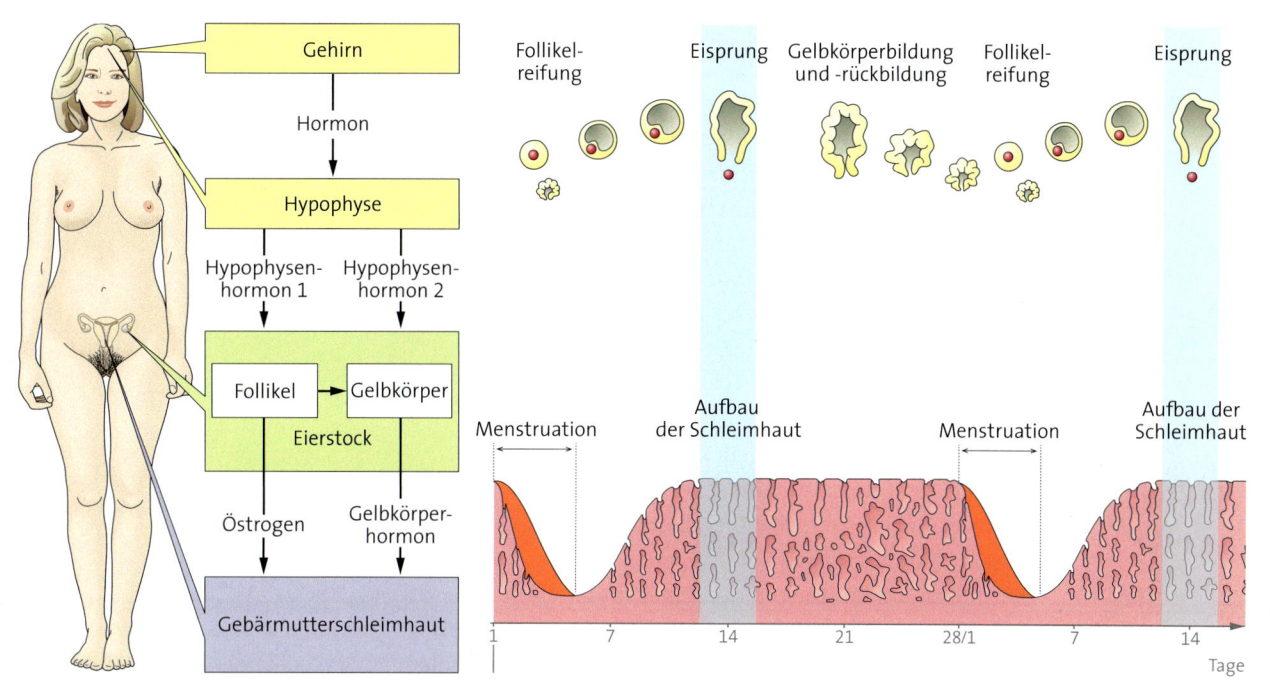

02 Steuerung und Vorgänge während des Menstruationszyklus

eine befruchtete Eizelle aufnehmen könnte. Daher kann ein Mädchen schon ab dem ersten Eisprung schwanger werden.

Wird die Eizelle nicht befruchtet, schrumpft der Gelbkörper zusammen und bildet immer weniger Gelbkörperhormon. Daraufhin löst sich der größte Teil der stark durchbluteten Gebärmutterschleimhaut ab und wird durch die Scheide nach außen abgegeben. Um das zu ermöglichen, wird auch der Schleimpfropf aufgelöst, der sonst den Muttermund verschließt. Diesen Vorgang nennt man *Monatsblutung, Periode, Regel, Tage* oder **Menstruation.** Sie dauert meistens vier bis fünf Tage, und die dabei abgegebene Blutmenge beträgt 50 bis 150 Milliliter.

Die abnehmende Menge des Gelbkörperhormons führt außerdem dazu, dass die Hypophyse wieder mehr von dem ersten Hormon produziert, woraufhin ein neuer Follikel in einem Eierstock zu reifen beginnt. Weil sich diese Vorgänge immer wiederholen, spricht man von einem *Zyklus.* Die Zeitspanne vom Beginn einer Blutung bis zum Beginn der nächsten Blutung bezeichnet man als *weiblichen Zyklus* oder **Menstruationszyklus.** Die erste Menstruation bekommt ein Mädchen meistens im Alter zwischen 11 und 14 Jahren. Die Länge des Zyklus ist anfangs sehr unterschiedlich. Mit der Zeit pendelt er sich auf eine Länge von etwa 26 bis 30 Tagen ein. Die Dauer des Zyklus kann sich auch noch bei erwachsenen Frauen durch seelische oder körperliche Belastungen stark verkürzen oder verlängern, zum Beispiel durch Stress, Krankheit oder Reisen.

Oft geht die Menstruation mit Übelkeit, Bauch-, Kopf- oder anderen Schmerzen einher. Bei ungewöhnlich starken Beschwerden sollte man einen Frauenarzt um Rat fragen. Auch ist während der Menstruation besonders auf die *Hygiene* der Geschlechtsorgane zu achten. Im Muttermund fehlt der schützende Schleimpfropf, sodass Krankheitserreger besonders leicht eindringen können. *Binden* oder *Tampons* fangen das austretende Blut auf.

Was geschieht aber, wenn die Eizelle nach dem Eisprung befruchtet wird?

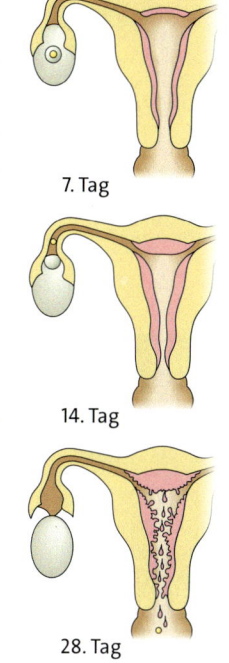

7. Tag

14. Tag

28. Tag

03 Phasen des Zyklus

lateinisch cyclus = Kreis, Kreislauf

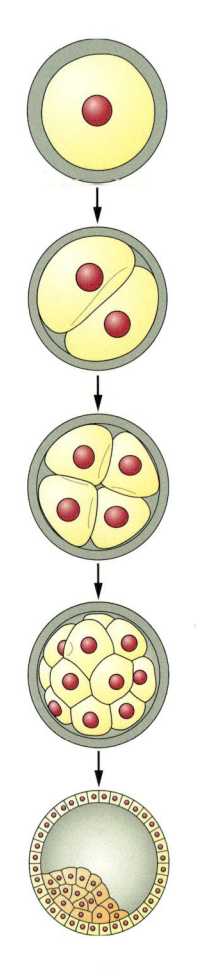

SCHWANGERSCHAFT · Die Eizelle hat nach dem Eisprung eine sehr kurze Lebensdauer von 12 bis 24 Stunden. Nur in dieser Zeit kann der Kopf einer Spermienzelle, die den Weg in den Eileiter geschafft hat, in die Eizelle eindringen. In der so befruchteten Eizelle, der **Zygote,** haben sich nun die Erbsubstanz des Vaters und der Mutter vereinigt. Die Zygote beginnt sich daraufhin zu teilen. Aus dieser einen Zelle werden zwei, aus den zwei Zellen vier, und so geht es weiter.

Die Flimmerhärchen im Eileiter transportieren das werdende Zellhäufchen in Richtung Gebärmutter. Es nimmt allmählich eine kugelige Form an und wird nun **Maulbeerkeim** genannt. Dieser kommt nach etwa vier Tagen in der Gebärmutter an. Im Inneren der Kugel sammelt sich Flüssigkeit, der Maulbeerkeim wird zum **Bläschenkeim.** Wenn dieser Kontakt zur Gebärmutterschleimhaut bekommt, wachsen seine äußeren Zellen in die Schleimhaut hinein, die **Einnistung** erfolgt. Die Zellen im Inneren des Bläschenkeims entwickeln sich zum **Embryo** weiter. Er wird von der Gebärmutterschleimhaut, in der sich ein fein verzweigtes Geflecht von Blutgefäßen der Mutter und des Embryos entwickelt, über die *Nabelschnur* mit Nährstoffen und Sauerstoff versorgt. Diese Versorgungsschicht wächst ebenfalls und wird zum *Mutterkuchen,* der **Plazenta.** Über Plazenta und

04 Entwicklung der Zygote vor der Einnistung

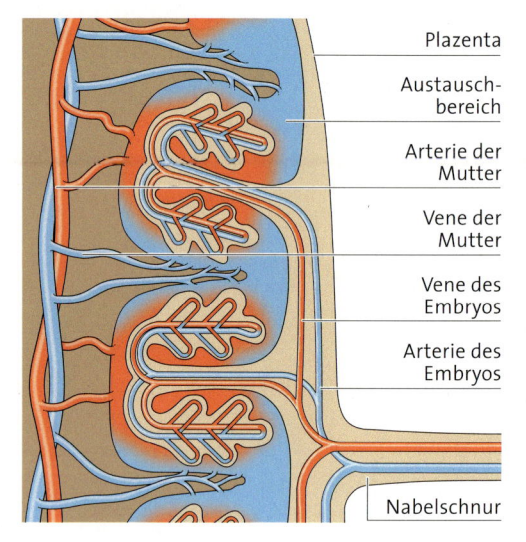

Plazenta
Austauschbereich
Arterie der Mutter
Vene der Mutter
Vene des Embryos
Arterie des Embryos
Nabelschnur

05 Schema der Plazenta

Nabelschnur können auch Giftstoffe wie Alkohol, Nikotin und Medikamente zum Embryo gelangen und ihn schwer schädigen. Etwa acht Wochen nach der Befruchtung hat der Embryo bereits alle inneren Organe angelegt. Er wird nun **Fetus** genannt. Bei der Geburt ist er meistens etwa 50 Zentimeter groß und drei bis vier Kilogramm schwer.

Einen Sonderfall stellen Zwillinge dar. Zerfällt das Zellhäufchen, das sich aus der Zygote entwickelt, zufällig in zwei Teile, entstehen *eineiige Zwillinge. Zweieiige Zwillinge* wachsen dagegen aus zwei verschiedenen Zygoten heran.

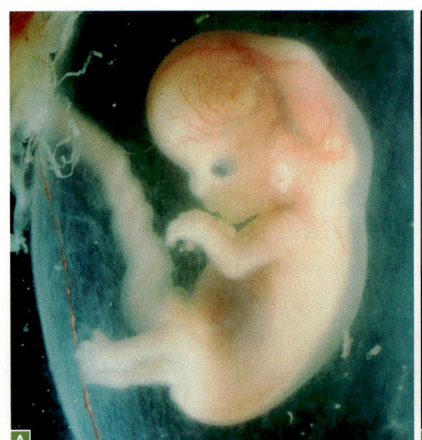
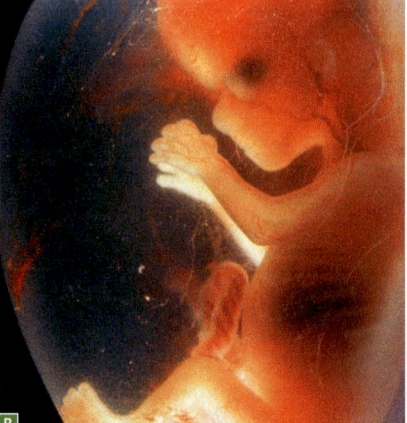

A B C

06 Entwicklung des Bläschenkeims nach der Einnistung: **A** 2. Monat, **B** 3. Monat, **C** 5. Monat

Material A ▸ Menstruationskalender

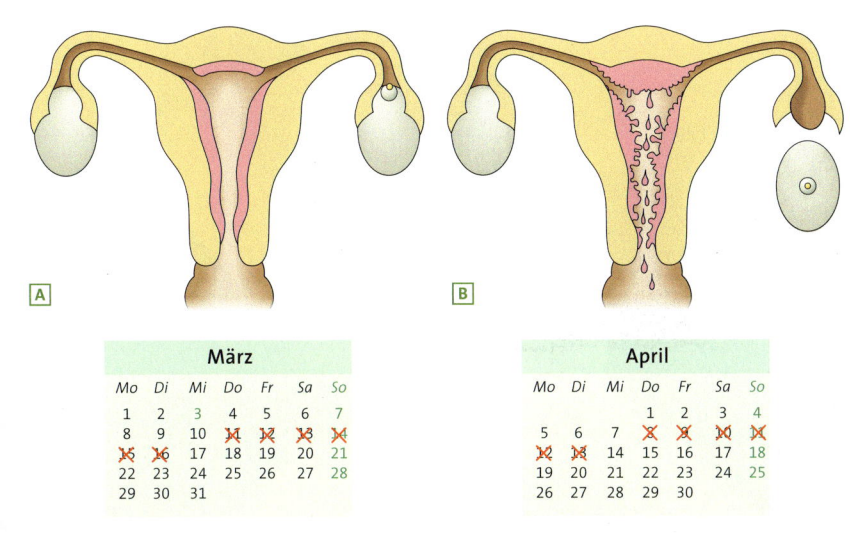

März						
Mo	Di	Mi	Do	Fr	Sa	So
1	2	3	4	5	6	7
8	9	10	11̶	12̶	13̶	14̶
15̶	16̶	17	18	19	20	21
22	23	24	25	26	27	28
29	30	31				

April						
Mo	Di	Mi	Do	Fr	Sa	So
			1	2	3	4
5	6	7	8̶	9̶	10̶	11̶
12̶	13̶	14	15	16	17	18
19	20	21	22	23	24	25
26	27	28	29	30		

Zur Kontrolle trägt eine Frau die Tage ihrer Monatsblutungen in einem Menstruationskalender ein.

A1 Ordne die beiden Abbildungen den entsprechenden Tagen des dargestellten Zyklus zu! Begründe deine Zuordnungen!

A2 Ermittle, an welchen Tagen ein Eisprung stattgefunden hat! Nenne die Zeiträume, in denen eine Befruchtung hätte stattfinden können!

Material B ▸ Veränderungen in der Schwangerschaft

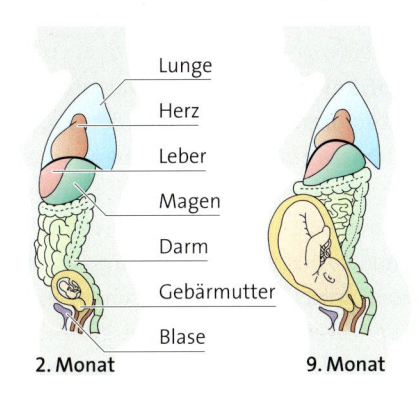

Lunge
Herz
Leber
Magen
Darm
Gebärmutter
Blase

2. Monat   9. Monat

Das werdende Kind beansprucht den Körper seiner Mutter in vielfältiger Weise.

B1 Beschreibe die sichtbaren körperlichen Veränderungen zwischen dem 2. und dem 9. Monat!

B2 Spätestens ab dem 7. Monat fällt der Mutter das Atmen immer schwerer. Stelle zwei Vermu-

tungen über mögliche Ursachen an!

B3 Das ungeborene Kind wiegt im 3. Monat etwa 15 Gramm und bei der Geburt 3 bis 4 Kilogramm. Die Mutter nimmt im gleichen Zeitraum um 10 bis 11 Kilogramm zu. Erkläre diesen Unterschied!

Material C ▸ Vierlinge

Katharina, Rebecca, Bastian und Hannes sind ganz besondere Geschwister, nämlich Vierlinge.

C1 Gib an, aus wie vielen Eizellen die Vierlinge vermutlich entstanden sind! Begründe deine Entscheidung!

C2 Stelle Vermutungen an, durch wie viele Plazenten die Vierlinge im Mutterleib ernährt wurden!

01 Wie wollen wir verhüten?

Verhütung

> *Viele Paare wünschen sich irgendwann Kinder. Sie möchten aber den Zeitpunkt selbst bestimmen. Wie kann man eine ungewollte Schwangerschaft verhindern?*

EMPFÄNGNISVERHÜTUNG · Wenn man jemanden liebt, möchte man ihm auch körperlich nahe sein, ihn berühren, streicheln, küssen, vielleicht auch mit ihm schlafen. Dabei kann es bereits beim „ersten Mal" zu einer Befruchtung kommen. Manchmal führt schon das gegenseitige Berühren und Streicheln, das sogenannte *Petting*, zu starken lustvollen Empfindungen, die einen *Orgasmus* auslösen können. Gelangen dabei freigesetzte Spermienzellen in die Vagina, ist auch so eine Befruchtung theoretisch möglich. Echte Liebe bedeutet deshalb auch, sich gemeinsam Gedanken darüber zu machen, wie man eine ungewollte Schwangerschaft verhindert. Eine solche **Empfängnisverhütung** ermöglicht einem Paar zu planen, ob und wann eine Spermienzelle auf eine Eizelle treffen kann. Dafür gibt es viele verschiedene Methoden.

NATÜRLICHE VERHÜTUNG · Eine Möglichkeit der Verhütung besteht darin, dass der Mann kurz vor dem Orgasmus den Penis aus der Vagina zieht, sodass der Samenerguss außerhalb der Scheide stattfindet. Dieses „Herausziehen", auch **Coitus interruptus** genannt, ist eine extrem unsichere Methode, da bereits lange vor dem eigentlichen Samenerguss einzelne Spermienzellen aus dem Penis austreten können. Bei einer anderen Methode protokolliert die Frau über mehrere Monate den Ablauf ihrer Menstruationszyklen und errechnet daraus, an welchen Tagen des Zyklus sie schwanger werden könnte. Diese Methode heißt **Kalendermethode.** Noch genauer lassen sich die fruchtbaren Tage bestimmen, wenn die Frau regelmäßig vor dem Aufstehen ihre Körpertemperatur misst. Diese **Temperaturmethode** erfordert wie die Kalendermethode regelmäßige Zyklen und viel Erfahrung. Solche Verhütungsmethoden sind deshalb unsicher und für Jugendliche nicht geeignet. Zusammen mit dem Coitus interruptus werden sie *natürliche Verhütungsmethoden* genannt.

lateinisch coitus = Beischlaf, lateinisch interruptus = unterbrochen

MECHANISCHE VERHÜTUNG · Eines der bekanntesten Verhütungsmittel ist eine hauchdünne, dehnbare Gummihaut, die vor dem Geschlechtsverkehr über den steifen Penis gezogen wird, das **Kondom.** Es fängt die Spermienzellen beim Samenerguss in einem *Reservoir* am vorderen Ende auf und ist das einzige Verhütungsmittel, das außerdem vor sexuell übertragbaren Krankheiten wie Aids schützt. Für die Frau gibt es eine Gummikappe mit einem biegsamen Rand, die vor dem Geschlechtsverkehr in die Vagina eingeführt wird und den Muttermund verschließt, das **Diaphragma** oder **Pessar.** Es muss vom Arzt angepasst werden und erfordert einige Übung im richtigen Einsetzen. Kondom und Diaphragma sind – richtig angewandt – recht sichere Verhütungsmittel.

Wegen möglicher Nebenwirkungen nicht für junge Frauen geeignet ist die **Spirale,** ein häufig T-förmiges, mit Kupfer umwickeltes Plastikstück, das vom Arzt in die Gebärmutter eingesetzt wird. Die Spirale hemmt die Beweglichkeit der Spermienzellen und verhindert die Einnistung eines Keimes in die Gebärmutterschleimhaut. Das Kondom, das Diaphragma und die Spirale bezeichnet man als *mechanische Verhütungsmittel.*

CHEMISCHE VERHÜTUNG · Zur Verhütung geeignet sind auch Substanzen, die die Spermienzellen abtöten und zusätzlich eine mechanische Barriere bilden. Am bekanntesten sind die **Schaumzäpfchen,** die einige Zeit vor dem Geschlechtsverkehr in die Vagina eingeführt werden und eine Schaumbarriere vor dem Muttermund bilden. Es gibt sie aber auch in anderen Formen wie **Salben, Gels** oder **Schaumsprays.** Diese *chemischen Verhütungsmittel* gelten als relativ unsicher. Allerdings erhöhen sie die Sicherheit der Verhütung, wenn sie in Kombination mit anderen Verhütungsmitteln angewandt werden. So wird zum Beispiel der Rand eines *Diaphragmas* vor dem Einführen in die Scheide mit einem solchen Gel bestrichen. Der Schaum des Gels kann dann verhindern, dass Spermienzellen lebend durch kleine Lücken zwischen dem Rand des Diaphragmas und der Scheidenwand gelangen. Die Kombination mit einem *Kondom* kann je nach Präparat die Sicherheit erhöhen, aber auch herabsetzen, da manche Schaumpräparate das Kondom porös machen.

1 Nenne Vor- und Nachteile von natürlichen, mechanischen und chemischen Verhütungsmethoden!

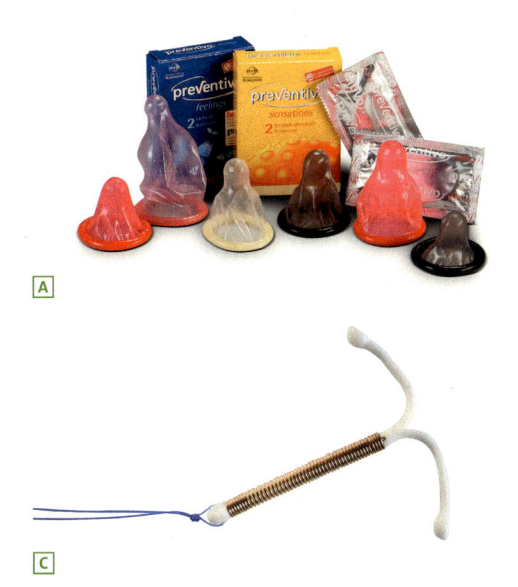

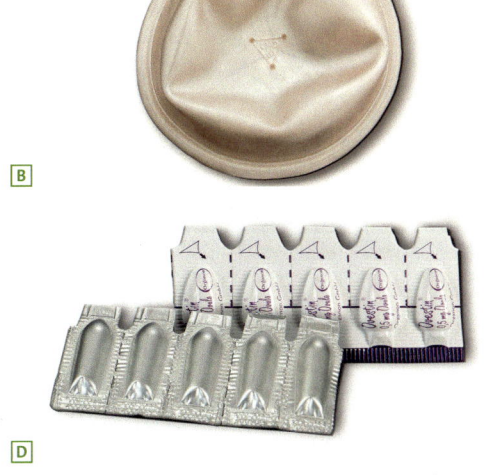

02 Verhütungsmittel:
A Kondome,
B Diaphragma,
C Spirale,
D Schaumzäpfchen

HORMONELLE VERHÜTUNG · Ein sehr häufig verwendetes Verhütungsmittel ist eine hormonhaltige Tablette, die **Pille.** Sie enthält eine Mischung weiblicher Sexualhormone, die eine Follikelreifung und damit auch den monatlichen Eisprung verhindern. Zudem verfestigt sich der Schleim im Gebärmutterhals, und auch die Gebärmutterschleimhaut wird nicht vollständig aufgebaut. Die Pille gibt es in vielen verschiedenen Formen, die sich in ihrer hormonellen Zusammensetzung unterscheiden. Sie ist ein Medikament und muss deshalb von einem Frauenarzt verschrieben werden. Bis zum Alter von 16 Jahren ist dafür normalerweise die Zustimmung der Eltern erforderlich. Die Pille wird meistens 21 Tage lang täglich eingenommen. Danach wird 7 Tage pausiert, und es kommt zu einer Blutung, die meistens schwächer ist als eine normale. **Mini-** und **Mikropillen** enthalten weniger Hormone als die Pille und müssen täglich auf die Stunde genau eingenommen werden, um wirksam zu sein.

Andere Verhütungsmittel geben regelmäßig kleine Hormonmengen ab. Dazu gehören zum Beispiel kleine Stäbchen, die unter die Haut eingepflanzt werden und monatelang wirken, die sogenannten **Verhütungsstäbchen.** Eine weitere Form ist ein dünner, flexibler Kunststoffring, der in die Vagina eingesetzt wird und dort Hormone freisetzt. Dieser **Verhütungsring** bleibt drei Wochen wirksam.

Um im Notfall eine mögliche Schwangerschaft nach einem ungeschützten Geschlechtsverkehr zu verhindern, gibt es rezeptfrei die **Pille danach.** Sie muss möglichst innerhalb der folgenden 12 bis 72 Stunden eingenommen werden und hat oft starke Nebenwirkungen wie Übelkeit, Kopf- und Bauchschmerzen sowie Zwischenblutungen.

Alle Verhütungsmittel, die Hormone enthalten, die *hormonellen Verhütungsmittel,* sind aufgrund ihrer Wirkungsweise sehr sicher. Sie sind auch für junge Frauen gut geeignet, und man muss nicht kurz vor oder während des Geschlechtsverkehrs daran denken, sie zu benutzen. Manchmal wird die Pille nur deshalb verschrieben, weil sie die Menstruationsbeschwerden lindern kann. Die Verwendung hormoneller Verhütungsmittel hat aber auch gewisse Nachteile: Die Einnahme der Hormone kann unerwünschte Nebenwirkungen wie zum Beispiel Gewichtszunahme haben. Bei Raucherinnen, die die Pille nehmen, besteht eine erhöhte Gefahr der Thrombose. Wird die Einnahme der Pille nur einmal vergessen, besteht in dem Monat kein sicherer Empfängnisschutz mehr. Das ist auch bei Erbrechen oder Durchfall nach Einnahme der Pille der Fall.

2 ﹚ Nenne Vor- und Nachteile der Pille!

03 Empfängnisverhütung mit der Pille

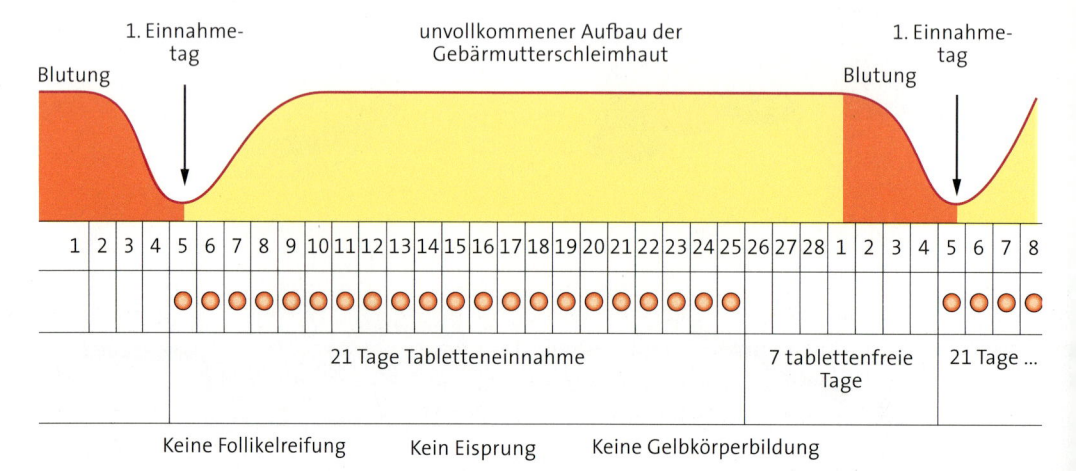

Material A ▸ Pearl-Index

Verhütungsmethode	Pearl-Index
Coitus interruptus	4–18
Kalendermethode	9
Temperaturmethode	0,8–3
Kondom	2–12
Diaphragma/Pessar	1–20
Spirale	0,9–3
Chemische Verhütungsmittel	3–21
Pille	0,1–0,9
Minipille	0,5–3
Verhütungsstäbchen	0–0,1
Verhütungsring	0,4–0,6

Der Pearl-Index gibt an, wie viele von hundert Frauen schwanger werden, wenn sie ein Jahr lang mit der entsprechenden Methode verhüten.

A1 Ordne die Verhütungsmittel nach dem Grad ihrer Sicherheit!

A2 Nenne die Verhütungsmethoden, die sich für Jugendliche weniger eignen! Begründe!

A3 Stelle Vermutungen an, weshalb im Pearl-Index oft keine genauen Werte angegeben werden!

Material B ▸ Kondom

B1 Nenne Vorteile des Kondoms gegenüber anderen Verhütungsmitteln!

B2 Erläutere, auf welchen Vorteil des Kondoms die Abbildung anspielt!

B3 Recherchiere auf der Internetseite der Bundeszentrale für gesundheitliche Aufklärung, welche Fehler man bei der Benutzung eines Kondoms machen kann!

Material C ▸ Temperaturmethode

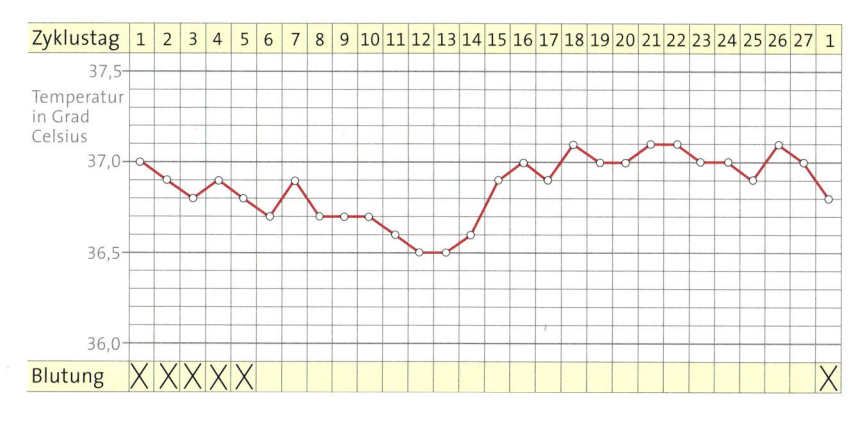

Nach dem Eisprung erhöht sich die Körpertemperatur bis gegen Ende des Zyklus um mindestens 0,2 Grad.

C1 Beschreibe den Kurvenverlauf!

C2 Begründe, an welchem Tag des Zyklus der Eisprung vermutlich stattgefunden hat!

C3 Nenne andere mögliche Ursachen für einen länger anhaltenden Anstieg der Temperaturkurve!

A ► Pubertät

Kann ich ...

1 ⌡ den Bau der männlichen Geschlechtsorgane beschreiben? *(Seite 220)*

2 ⌡ den Bau der weiblichen Geschlechtsorgane beschreiben? *(Seite 221)*

4 ⌡ die körperlichen Veränderungen eines
Jungen und eines Mädchens während
der Pubertät vergleichen?
(Seite 216 und 217)

5 ⌡ die Wirkung der Geschlechtshormone
während der Pubertät erläutern?
(Seite 217)

6 ⌡ jeweils Beispiele für die Veränderungen
im Verhalten von Jungen und Mädchen
während der Pubertät beschreiben?
(Seite 218)

7 ⌡ verschiedene Flirtsignale erläutern?
(Seite 218)

8 ⌡ beschreiben, wie sich Akne bilden kann?
(Seite 217)

9 ⌡ erläutern, was man unter Geschlechtsreife versteht? *(Seite 217)*

10 ⌡ den Bau und die Bildung von Spermienzellen beschreiben? *(Seite 220 und 221)*

11 ⌡ den Bau und die Bildung einer Eizelle
beschreiben? *(Seite 221)*

B ► Liebe und Sexualität

Kann ich ...

1 ⌡ verschiedene Ausdrucksformen der
Liebe beschreiben? *(Seite 222)*

2 ⌡ beschreiben, woran man erkennt, dass
man sich verliebt hat? *(Seite 223)*

3 ⌡ beschreiben, wie sich eine Partnerschaft
entwickeln kann? *(Seite 223)*

4 ⌡ wichtige Vorraussetzungen für eine
dauerhafte Partnerschaft nennen?
(Seite 223)

5 ⌡ erläutern, was man unter Erektion,
Orgasmus, Ejakulation und Geschlechtsverkehr versteht? *(Seite 223)*

6 ⌡ verschiedene Ausdrucksformen der
Sexualität beschreiben? *(Seite 223)*

7 ⌡ erläutern, was man unter den Begriffen
heterosexuell, homosexuell und
bisexuell versteht? *(Seite 224)*

8 ⌡ beschreiben, was ein Coming-out ist?
(Seite 224)

C ▸ Menstruationszyklus und Schwangerschaft

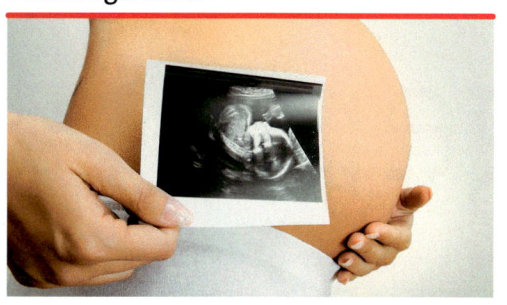

D ▸ Verhütung

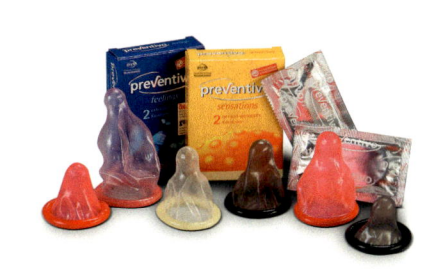

Kann ich …

1 ⌡ erläutern, was man unter Menstruation versteht? *(Seite 227)*

2 ⌡ die Vorgänge während des Menstruationszyklus anhand eines Schemas beschreiben? *(Seite 226 und 227)*

3 ⌡ Bedingungen nennen, unter denen der Monatszyklus von der normalen Dauer abweichen kann? *(Seite 227)*

4 ⌡ erklären, weshalb während der Menstruation besonders auf Hygiene geachtet werden muss? *(Seite 227)*

5 ⌡ erklären, weshalb nach einer Befruchtung keine Monatsblutungen mehr auftreten? *(Seite 226)*

6 ⌡ erklären, weshalb die Erbsubstanz in den Zellen eines Kindes sowohl vom Vater als auch von der Mutter stammt? *(Seite 228)*

7 ⌡ Vorgänge nennen, die von Geschlechtshormonen ausgelöst werden? *(Seite 216 und 217, 226 und 227)*

8 ⌡ beschreiben, wie sich die befruchtete Eizelle weiterentwickelt? *(Seite 228)*

9 ⌡ beschreiben, wie der Embryo im Mutterleib versorgt wird? *(Seite 228)*

10 ⌡ den Unterschied zwischen eineiigen und zweieiigen Zwillingen erklären? *(Seite 228)*

Kann ich …

1 ⌡ verschiedene Verhütungsmethoden beschreiben? *(Seiten 230 bis 232)*

2 ⌡ die Verhütungsmethoden nach dem Grad ihrer Zuverlässigkeit ordnen? *(Seite 233)*

3 ⌡ Verhütungsmethoden nennen, die sich auch für Jugendliche eignen? *(Seiten 230 bis 232)*

4 ⌡ die Wirkung hormoneller Verhütungsmethoden beschreiben? *(Seite 232)*

5 ⌡ beschreiben, worauf man bei der Verwendung der Pille achten muss? *(Seite 232)*

Kann ich aus dem Kapitel „Erwachsen werden" Beispiele nennen für das Basiskonzept:
- Entwicklung?

Informationen empfangen, verarbeiten, speichern

1   **Sinnesorgane des Menschen** **238**

2   **Informationsverarbeitung** **260**

In diesem Kapitel beschäftigst du dich mit

- ► den verschiedenen Sinnen des Menschen. Du lernst den Bau und die Funktion des menschlichen Auges kennen und erfährst an diesem Beispiel, wie Reize aus der Umwelt aufgenommen werden und wie Sinneseindrücke entstehen. Außerdem erfährst du etwas über den Geruchs- und Geschmackssinn und lernst dabei, wie verschiedene Sinne zusammenarbeiten.

- ► dem zentralen und dem peripheren Nervensystem. Du befasst dich mit einer Nervenzelle, der Weiterleitung von Erregungen und der Verarbeitung von Erregungen im Rückenmark und im Gehirn.

- ► dem Lernen und dem Gedächtnis. Du erfährst etwas über Lernprozesse und über die Struktur des Gedächtnisses.

- ► mit der Wirkung von Drogen. Du lernst, wie Drogen in die Erregungsleitung und Informationsverarbeitung eingreifen.

01 Livekonzert

Der Körper nimmt viele Reize wahr

Ein Livekonzert kann sehr aufregend sein. Der Körper ist dabei ununterbrochen vielen verschiedenen Einflüssen ausgesetzt. Wie kann er sie wahrnehmen?

REIZE · Bereits auf dem Weg zu einem Livekonzert ist die Vorfreude auf die Lieblingsband groß. Schon vor Betreten des Konzertsaals wirken auf den Körper unterschiedliche Einflüsse ein. In der Warteschlange, umringt von vielen Besuchern, ist der Körper sehr vielen verschiedenen Geräuschen, Gesprächen, Geruchsstoffen und Berührungen ausgesetzt.

Die ersten Blicke auf die Bühnengestaltung bei Betreten des Konzertsaals sind verbunden mit der Platzsuche, um eine gute Sicht auf die Bühne zu haben. Wenn immer mehr Fans in den Saal strömen, wird das Gedränge zwischen den Besuchern größer. Sie werden aneinandergedrückt und die Temperatur im Konzertsaal steigt. Bei einem Livekonzert wird nicht nur Musik gespielt. Auch Nebeleffekte, Lichtscheinwerfer mit verschiedenen Farben und Spezialeffekte werden eingesetzt. Dies führt zusammen mit der Bühnenperformance der Künstler zu einer facettenreichen Gesamtdarbietung. Der Besucher muss also ununterbrochen mit einer großen Fülle unterschiedlicher Einflüsse aus der nahen und fernen Umgebung zurechtkommen. Jeder Einfluss aus der Umwelt, der eine Wirkung auf den Körper hat, wird als **Reiz** bezeichnet.

Reize können sehr verschieden sein. Man teilt sie in chemische, physikalische und mechanische Reize ein. So sind Geräusche, Töne, Licht und Temperatur *physikalische Reize*. Geruchsstoffe und Geschmacksstoffe hingegen werden als *chemische Reize* bezeichnet. Druck, der zum Beispiel bei einer Berührung entsteht, stellt einen *mechanischen Reiz* dar.

Wie aber nimmt der Körper die Reize auf?

Schall-
wellen

→ Ohr

Gehör-
sinn

Be-
wegung

→ Innenohr

Gleich-
gewichts-
sinn

Auge ← Lichtstrahlen

Sehsinn

Nase ← Geruchsstoffe

Geruchssinn

Zunge ← Geschmacksstoffe

Geschmackssinn

Haut ← Druck, Temperatur

Tastsinn, Temperatursinn

→ Reize ——— Sinnesorgane ——— Sinne

02 Sinne und Sinnesorgane des Menschen

SINNE · Der Mensch hat verschiedene Organe, mit denen er Reize aufnehmen kann. Die Fähigkeit unseres Körpers, einen Reiz aufzunehmen, wird als ein **Sinn** bezeichnet. Der Körper des Menschen verfügt über mehrere Sinne: *Gehörsinn, Sehsinn, Geruchssinn, Geschmackssinn, Tastsinn, Temperatursinn* und *Gleichgewichtssinn.*

Reize werden über besondere Organe, die **Sinnesorgane,** aus der Umwelt aufgenommen. Sie sind auf bestimmte Reize spezialisiert. Das Auge zum Beispiel ist nur für Lichtstrahlen empfindlich, nicht aber für Geruchsstoffe oder Schallwellen.

Der Mensch verfügt über Sinnesorgane wie *Haut, Ohren, Augen, Nase* und *Zunge.*

Ein Sinnesorgan besitzt spezialisierte *Rezeptoren*, die **Sinneszellen.** Diese spezialisierten Zellen empfangen Reize. Sie sind jeweils nur für einen bestimmten Reiz empfindlich. So haben auf die Lichtsinneszellen des Auges nur Lichtstrahlen eine Wirkung, nicht aber zum Beispiel Geschmacksstoffe.

Passt der Reiz zu einer Sinneszelle, kann diese ihn aufnehmen. Er muss *adäquat* sein. Schallwellen sind beispielsweise adäquate Reize für die Sinneszellen der Ohren. Geruchsstoffe hingegen werden nur von den Sinneszellen der Nase aufgenommen. Geschmacksstoffe wiederum sind adäquate Reize für die Sinneszellen der Zunge. Die Haut, unser größtes Sinnesorgan, besitzt mehrere verschiedene Sinneszellen und kann deshalb unterschiedliche Reize aufnehmen. Wärme- und Kältesinneszellen in der Haut sind empfindlich für die Temperatur, die Tastsinneszellen hingegen für Druck wie Berührungen.

Die Sinnesorgane des Gleichgewichtssinns liegen im Innenohr. Sie sind zuständig für Reize, die sich je nach Bewegung und Lage des Körpers verändern.

lateinisch aequus = angemessen

lateinisch recipere = empfangen

1 ͺ Beschreibe den Unterschied zwischen einem Sinn und einer Sinneszelle!

2 ͺ Erkläre, was man unter einem adäquaten Reiz versteht!

WAHRNEHMUNG · Um die aufgenommenen Reize als Informationen aus der Umwelt wahrnehmen zu können, müssen diese verarbeitet werden. Die Sinneszellen wandeln die Reize, für die sie empfindlich sind, in elektrische Signale um. Hierbei wird auch berücksichtigt, welche Eigenschaften und Stärke ein Reiz hat. Bei einem Konzert werden so zum Beispiel verschieden hohe Töne und verschieden laute Musik, die in Form von Schallwellen auf das Ohr treffen, aufgenommen und in ein jeweils anderes Muster von elektrischen Signalen umgewandelt. Diese werden dann als *Erregung* über den Hörnerv zum Gehirn geleitet.

Im Gehirn gibt es spezifische Bereiche, in denen die Nervenbahnen jeweils münden. Jedes Sinnesorgan hat seinen eigenen Weg zu dem für ihn zuständigen Bereich im Gehirn. So werden Lichtreize, die wir mit den Augen aufnehmen, als elektrische Erregung über den Sehnerv zum Sehzentrum im hinteren Bereich des Großhirns weitergeleitet. Dort wird die eingetroffene Erregung verarbeitet, sodass wir Formen, Farben und Bewegungen wahrnehmen.

Für die **Wahrnehmung** der Umwelt müssen also Sinnesorgane, Nerven und Gehirn zusammenarbeiten. Die Sinnesorgane wandeln Reize in Erregung um, die Nerven leiten die Erregung weiter und das Gehirn verarbeitet und speichert sie.

Wenn man ein Lied zum ersten Mal hört, nimmt man Töne wahr, erkennt das Lied aber nicht. Erst beim zweiten Hören kann ein Mensch die bereits einmal gehörte und gespeicherte Melodie wiedererkennen. Wahrnehmen und Erkennen sind Leistungen des Gehirns.

Das Gehirn filtert aus den von den Sinnesorganen kommenden Signalen die weniger wichtigen heraus. Daher nehmen wir immer nur einen Ausschnitt aus unserer Umwelt wahr. Einige Eigenschaften unserer Umwelt können wir gar nicht wahrnehmen. Wir haben zum Beispiel keine Sinnesorgane für Magnetfelder oder UV-Strahlen. Um uns herum sind immer Magnetfelder, wir können sie aber nicht bemerken.

3 | Stelle in einem Pfeildiagramm den Weg von einem Reiz bis zur Wahrnehmung dar!

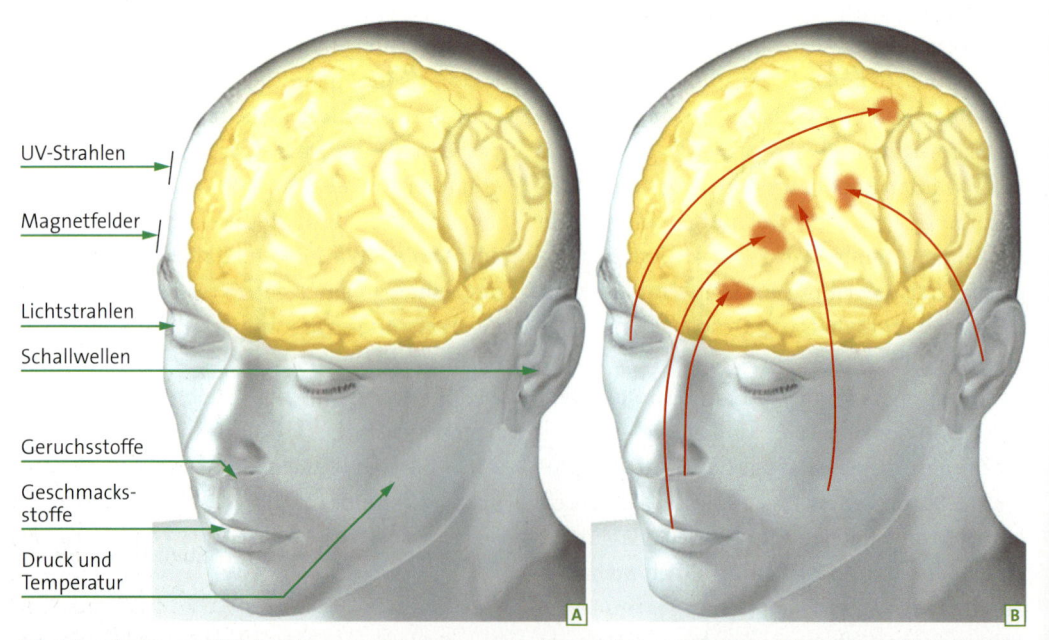

03 Reizaufnahme und Wahrnehmung: **A** Aufnahme und Umwandlung von Reizen in Erregung, **B** Weiterleitung der Erregung und Wahrnehmung

Material A ▸ Reize und Sinnesorgane

A1 Beschreibe die Situation der Personen!

A2 Nenne die Reize, die auf die Personen einwirken!

A3 Begründe, welche Sinnesorgane besonders aktiv sind!

Material B ▸ Wahrnehmung

Schallwellen

Wahrnehmung

Sinnesorgan

Großhirn

Erregung

Umwelt

Reiz

Körper

Ohren

UV-Strahlen

Augen

Nerven

B1 Erstelle mithilfe der vorgegebenen Begriffe ein Pfeildiagramm, das deutlich macht, wie Reize aus der Umwelt wahrgenommen werden!

B2 Ergänze das erstellte Pfeildiagramm durch mindestens vier Fachbegriffe!

01 Augen

Das Auge

> *Wenn man seine Augen im Spiegel betrachtet, sieht man nur einen kleinen Ausschnitt von ihnen. Ein sehr viel größerer Teil der Augen liegt geschützt in der Augenhöhle. Wie ist das menschliche Auge gebaut und wie funktioniert dieses Sinnesorgan?*

BAU UND FUNKTION DES AUGES · Von außen sind nur wenige Bereiche des kugelförmigen Auges hinter den schützenden *Augenlidern* sichtbar. Eine zähe weiße Außenhaut, die **Lederhaut,** verleiht dem Auge seine Festigkeit. An der Lederhaut setzen Muskeln an, die das Auge bewegen. Im vorderen Bereich ist die Lederhaut durchsichtig. Diese etwa einen halben Millimeter dicke Haut heißt **Hornhaut.** Fällt Licht auf das Auge, wird es durch die Hornhaut ein erstes Mal gebrochen und durchdringt anschließend die dahinterliegende, mit Flüssigkeit gefüllte **Augenkammer.** Die darauffolgende kreisförmige, farbige *Regenbogenhaut,* die **Iris,** hat in der Mitte eine Öffnung, die **Pupille.** Sie ist von außen als schwarzer Kreis sichtbar. Mithilfe der Muskeln der Iris wird die Weite der Pupille reguliert. Bei viel Licht wird die Pupille eng, bei wenig Licht weiter. Die Anpassung der Augen an die Lichtverhältnisse nennt man **Adaptation.**

Hinter der Pupille trifft das Licht auf die durchsichtige **Linse.** Sie ist elastisch und über Linsenbänder an einem **Ringmuskel** befestigt. Das Licht wird durch die Linse ein zweites Mal gebrochen und durchdringt anschließend den gelartigen, durchsichtigen **Glaskörper.** Dieser füllt nahezu den gesamten Innenraum des Auges aus. Er besteht fast ausschließlich aus Wasser und verleiht dem Auge zusätzlich Stabilität. Das Licht trifft schließlich am hinteren Ende des Auges auf die **Netzhaut,** auch *Retina* genannt. Dort liegen lichtempfindliche Zellen, die **Lichtsinneszellen.** Die hinter der Netzhaut liegende Pigmentschicht kann das Licht nicht durchdringen. Zwischen dieser **Pigmentschicht** und der Lederhaut befindet sich eine gut durchblutete Schicht, die **Aderhaut.**

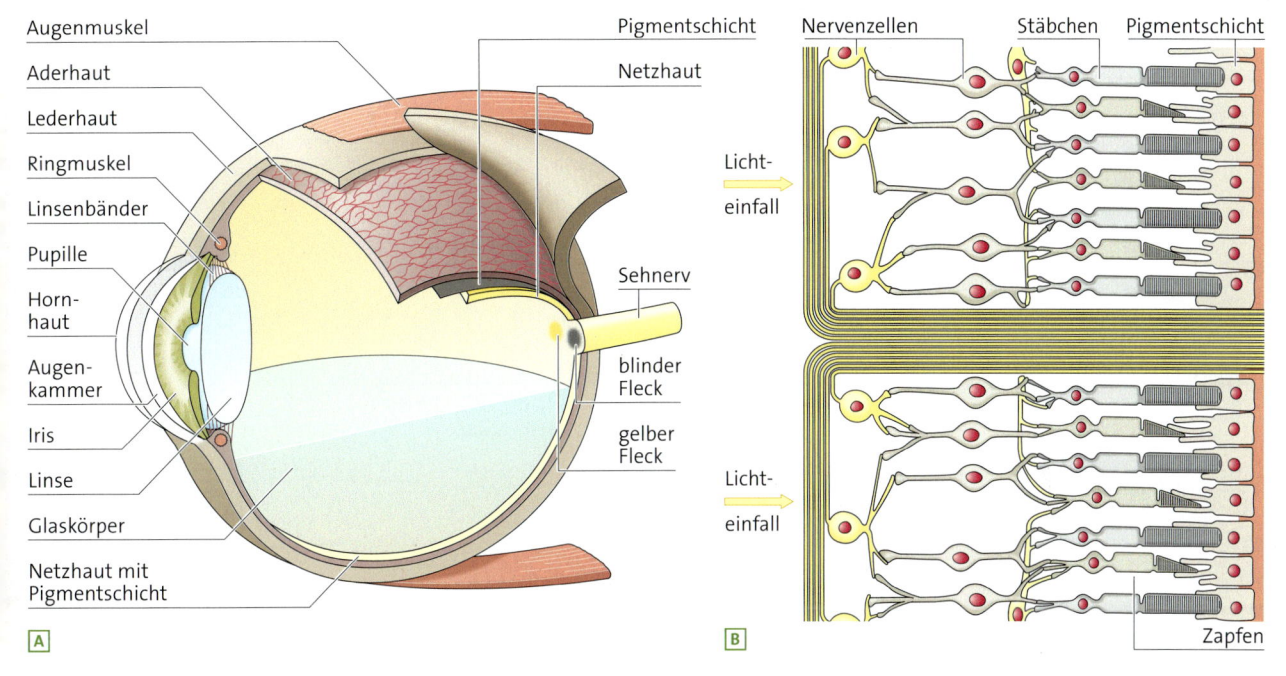

Augenmuskel

Aderhaut

Lederhaut

Ringmuskel

Linsenbänder

Pupille

Horn-
haut

Augen-
kammer

Iris

Linse

Glaskörper

Netzhaut mit
Pigmentschicht

Pigmentschicht

Netzhaut

Sehnerv

blinder
Fleck

gelber
Fleck

Nervenzellen   Stäbchen   Pigmentschicht

Licht-
einfall

Licht-
einfall

Zapfen

A

B

02 A Auge (Schema), **B** Ausschnitt Netzhaut (Schema)

BAU UND FUNKTION DER NETZHAUT · Bevor die Lichtstrahlen auf die Netzhaut treffen, durchdringen sie mehrere Schichten Nervenzellen, welche untereinander stark vernetzt sind. Sie stehen in Verbindung mit den dahinterliegenden lichtempfindlichen Zellen, den **Lichtsinneszellen.** Diese ragen in die lichtundurchlässige Pigmentschicht hinein.

Aufgrund ihres Baus und ihrer Funktion unterscheidet man zwei verschiedene Grundtypen von Lichtsinneszellen. Die länglichen **Stäbchen** sind für das Hell-Dunkel-Sehen verantwortlich. In der Netzhaut befinden sich etwa 120 Millionen Stäbchen, die bereits bei geringer Lichtintensität die Unterscheidung verschiedener Grautöne ermöglichen. Die etwas kleineren Lichtsinneszellen, die **Zapfen,** sind für das Farbensehen notwendig. Von ihnen gibt es etwa 6 Millionen.

Während es nur einen Stäbchentyp gibt, unterscheidet man drei verschiedene Zapfentypen, die auf unterschiedliche Wellenlängen des Lichts reagieren. Es gibt grün-, rot- und blauempfindliche Zapfen. Grünempfindliche Zap-

fen reagieren vor allem auf den Grünanteil des Lichts. Ein adäquater Reiz für die rotempfindlichen Zapfen ist vor allem der Rotanteil im Licht und für die blauempfindlichen der Blauanteil. Im mikroskopischen Bild erkennt man, dass alle Lichtsinneszellen die gleiche Farbe haben.

Trifft Licht der entsprechenden Wellenlänge auf eine Lichtsinneszelle, wird die in dem Licht enthaltene Energie in Form von elektrischen Impulsen auf die Nervenzellen übertragen. Danach werden sie über die Nervenfasern weitergeleitet. Diese treten gemeinsam als **Sehnerv** aus dem Auge aus. An der Austrittsstelle sind nur Nervenfasern, aber keine Lichtsinneszellen vorhanden. Man bezeichnet diesen Bereich als **blinden Fleck.** Der Bereich der Netzhaut, in dem ausschließlich Zapfen dicht beieinanderliegen, ist die Stelle des schärfsten Sehens, der **gelbe Fleck.**

Über den Sehnerv gelangen die Signale ins Sehzentrum des Gehirns, wo sie verrechnet und als Formen und Farben wahrgenommen werden.

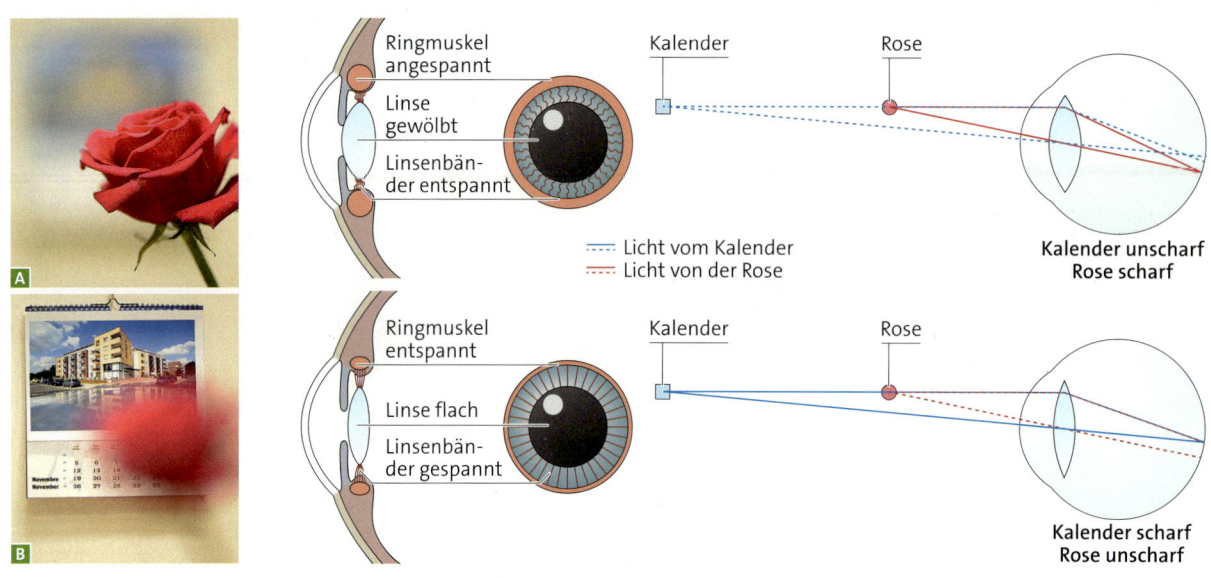

03 Anpassung des Auges an unterschiedlich weit entfernte Gegenstände: **A** Nahakkommodation, **B** Fernakkommodation

BILDENTSTEHUNG · Wenn man gleichzeitig eine nahe Rose und einen weiter entfernten Kalender betrachtet, kann man nur einen der beiden Gegenstände scharf sehen. Das Auge muss sich entweder auf den nahen oder den fernen Gegenstand einstellen. Diese Anpassung wird als **Akkommodation** bezeichnet. Welche Vorgänge laufen dabei im Auge ab?

Jeder Gegenstand reflektiert einen Teil des Lichts. Dabei gehen von jedem Punkt des Gegenstands viele Lichtstrahlen aus. Damit ein scharfes Bild dieses Punkts auf der Netzhaut entsteht, müssen sich alle seine Lichtstrahlen auch in einem Punkt auf der Netzhaut wiedertreffen. Vor allem die Hornhaut und die Linse sind dafür verantwortlich, dass das Licht gebrochen wird und punktgenau auf die Netzhaut fällt. Geschieht dies nicht, wird der Gegenstand unscharf abgebildet.

Die Linse ist ringsherum über die Linsenbänder mit dem Ringmuskel verbunden. Da die Linse nicht starr, sondern elastisch ist, kann ihre Form durch das Zusammenspiel von Linsenbändern und Ringmuskel verändert werden.

Wenn ein naher Gegenstand, zum Beispiel eine Rose, als scharfes Bild auf der Netzhaut abgebildet werden soll, dann müssen seine Lichtstrahlen stark gebrochen werden. Hierzu wird der Ringmuskel angespannt, dadurch wird er dicker und sein Abstand zur Linse geringer. Dies führt dazu, dass sich die Linsenbänder entspannen und weniger Zug auf die Linse ausüben. Durch ihre Eigenelastizität wölbt sie sich stärker, wodurch das Licht stärker gebrochen wird. Das Auge ist so auf nahe Gegenstände eingestellt, weit entfernte Gegenstände werden unscharf abgebildet. Dieser Vorgang wird als **Nahakkommodation** bezeichnet.

Um einen weit entfernten Kalender auf der Netzhaut scharf abzubilden, entspannt sich der Ringmuskel. Dadurch wird er dünner und sein Abstand zur Linse größer. So wird starker Zug auf alle Linsenbänder ausgeübt. Dies führt dazu, dass die Linse flacher gezogen wird und das einfallende Licht nicht so stark bricht. Dieser Vorgang wird als **Fernakkommodation** bezeichnet. Treffen alle Lichtstrahlen von allen Punkten eines Gegenstands genau auf die Netzhaut, so wird dieser Gegenstand durch die Lichtbrechung verkleinert, seitenverkehrt und auf dem Kopf stehend auf der Netzhaut scharf abgebildet. Erst das Gehirn verarbeitet die Signale zu einem korrekten Bild.

Material A ▸ Pupille

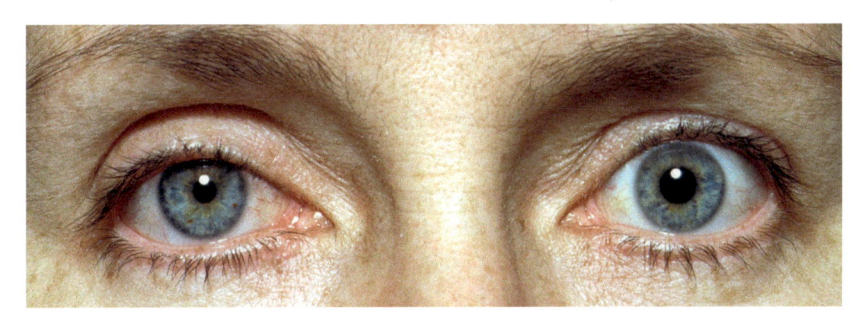

Die Pupille des linken Auges wurde für eine Augenuntersuchung durch ein Medikament erweitert. Das ist unabhängig von den Lichtverhältnissen möglich.

A1 Begründe, weshalb es sinnvoll ist, nach der Untersuchung eine Sonnenbrille zu tragen!

A2 Vergleiche das Bild mit dem Zustand der Augen bei der Durchfahrt durch einen Tunnel!

A3 Stelle eine Hypothese auf, wie die Veränderung der Pupille ausgelöst wird!

Material B ▸ Bildentstehung

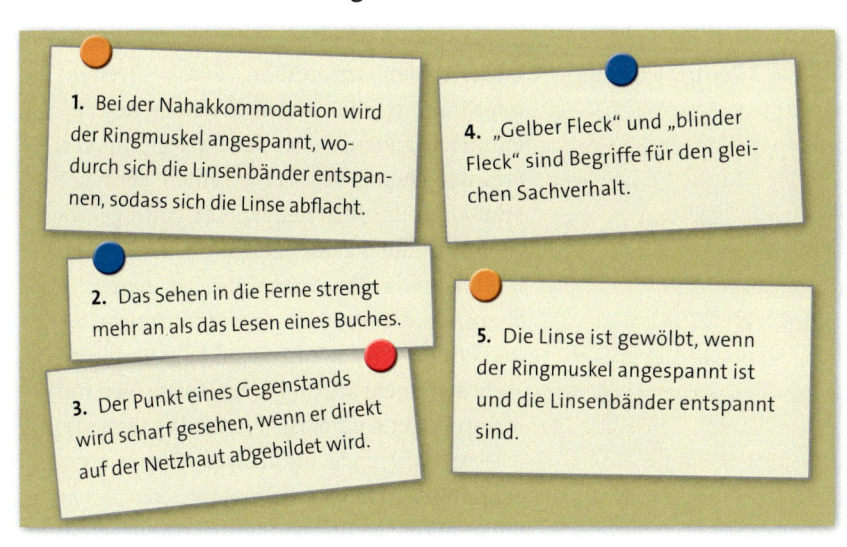

1. Bei der Nahakkommodation wird der Ringmuskel angespannt, wodurch sich die Linsenbänder entspannen, sodass sich die Linse abflacht.

2. Das Sehen in die Ferne strengt mehr an als das Lesen eines Buches.

3. Der Punkt eines Gegenstands wird scharf gesehen, wenn er direkt auf der Netzhaut abgebildet wird.

4. „Gelber Fleck" und „blinder Fleck" sind Begriffe für den gleichen Sachverhalt.

5. Die Linse ist gewölbt, wenn der Ringmuskel angespannt ist und die Linsenbänder entspannt sind.

B1 Begründe, welche Aussagen falsch sind!

B2 Formuliere die falschen Aussagen in einem Satz fachlich korrekt um!

B3 Beschreibe am Beispiel der Netzhaut das Basiskonzept *Struktur – Eigenschaft – Funktion!*

Material C ▸ Lichtsinneszellen

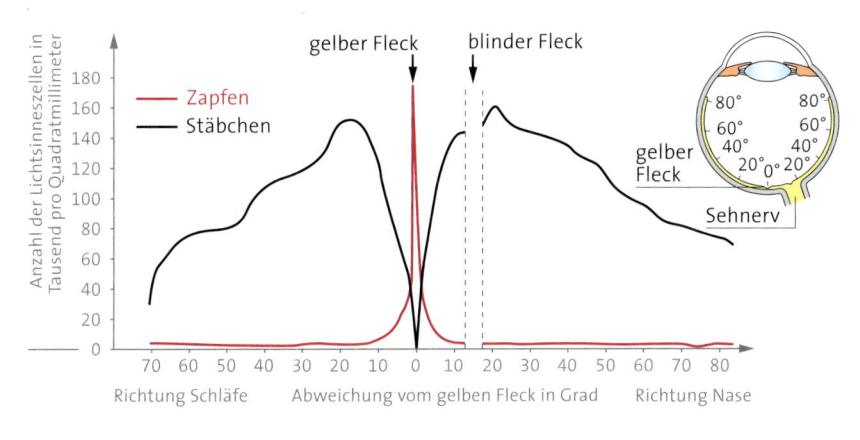

C1 Beschreibe die Verteilung der Stäbchen und Zapfen in der Netzhaut!

C2 Stelle eine Hypothese auf, die die unterschiedliche Verteilung von Stäbchen und Zapfen erklärt!

Strahlengänge

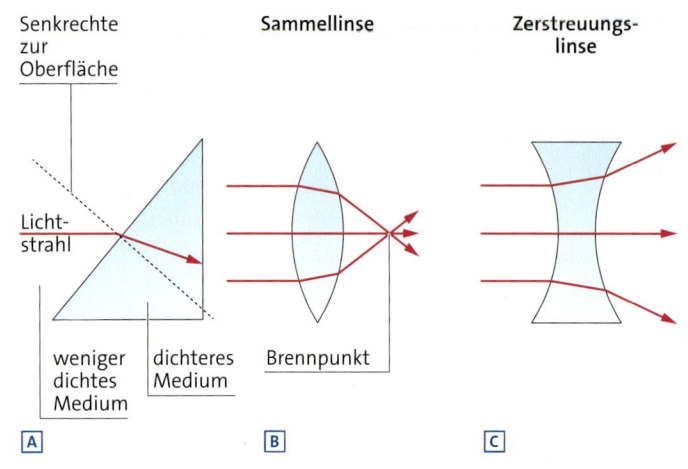

01 Lichtbrechung an: **A** Medium, **B** Sammellinse, **C** Zerstreuungslinse

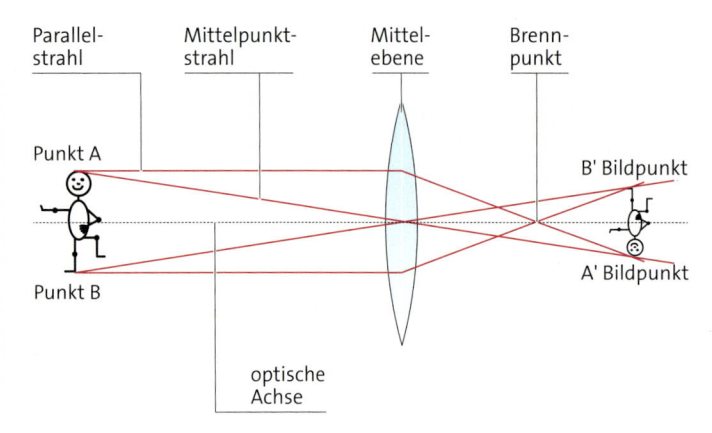

02 Strahlengänge durch eine leicht gekrümmte Sammellinse

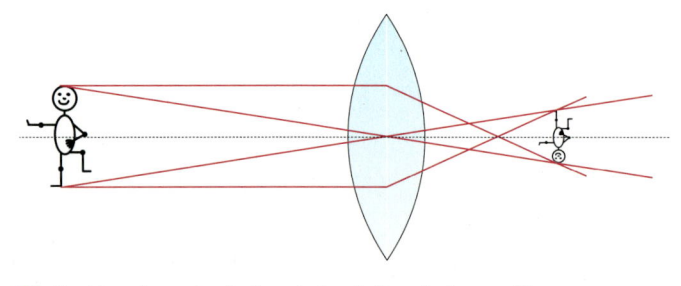

03 Strahlengänge durch eine stark gekrümmte Sammellinse

Das menschliche Auge ist ein Linsensystem, das ein scharfes, auf dem Kopf stehendes und verkleinertes Abbild von einem Gegenstand auf der Netzhaut erzeugt. Wie funktioniert das? Lichtquellen und angestrahlte Gegenstände senden Licht aus, das man sich als Lichtstrahlen vorstellen kann. Trifft ein Lichtstrahl auf ein lichtdurchlässiges Medium mit einer anderen optischen Dichte, beispielsweise eine Linse, dann wird seine Richtung geändert. Das Licht wird gebrochen. Beim Austritt aus der Linse wird der Lichtstrahl erneut gebrochen. *Sammellinsen* führen die Lichtstrahlen zusammen, durch *Zerstreuungslinsen* streben sie auseinander. Zur Vereinfachung werden bei der Darstellung von Strahlengängen die Lichtstrahlen aber nur einmal an der Mittelebene der Linse gebrochen. Um die Strahlengänge bei einer Sammellinse wie der Augenlinse zu verdeutlichen, ist die *optische Achse* hilfreich. Sie verläuft durch den Mittelpunkt der Linse und steht senkrecht zu ihrer Mittelebene. Von nur einem Punkt A eines Gegenstands gehen viele Lichtstrahlen aus, die durch die Linse gebrochen werden. Der parallel zur optischen Achse verlaufende Lichtstrahl wird *Parallelstrahl* genannt. Der Lichtstrahl, der durch den Mittelpunkt der Linse fällt, heißt *Mittelpunktstrahl*. Dort, wo sich alle Lichtstrahlen des Punkts A treffen, entsteht ein Bildpunkt A´. Alle Bildpunkte zusammen stellen den Gegenstand auf dem Kopf stehend, seitenverkehrt und verkleinert dar. Alle Parallelstrahlen des Gegenstands werden so gebrochen, dass sie sich hinter der Linse im *Brennpunkt* auf der optischen Achse treffen. Je stärker die Sammellinse gekrümmt ist, desto stärker werden die Lichtstrahlen gebrochen und desto näher liegt der Brennpunkt hinter der Linse.

Fehlsichtigkeit

Wird das Bild eines Gegenstands nicht scharf auf der Netzhaut abgebildet, spricht man von einer *Fehlsichtigkeit*. Die Ursache hierfür kann in der Größe des Augapfels liegen.

Ist der Augapfel im Vergleich zu einem normalen Auge leicht verkürzt, liegen bei der Betrachtung eines nahen Gegenstands die Bildpunkte trotz maximaler Linsenwölbung hinter der Netzhaut. Auf der Netzhaut entsteht so ein unscharfes Bild. Weit entfernte Gegenstände können hingegen scharf abgebildet werden, da die notwendige Lichtbrechung durch die Linse erreicht werden kann. Man spricht bei dieser Fehlsichtigkeit deshalb auch von **Weitsichtigkeit.** Mit einer Sehhilfe, wie einer Brille oder Kontaktlinsen, kann man die Weitsichtigkeit korrigieren. Hierfür ist eine Sammellinse notwendig, welche die Lichtstrahlen vor der Hornhaut bündelt.

Ist der Augapfel minimal länger als normal, liegen die Bildpunkte eines weit entfernt betrachteten Gegenstands, trotz maximal abgeflachter Linse, vor der Netzhaut. Der Gegenstand erscheint unscharf. Nahe Gegenstände werden hingegen scharf abgebildet, da die für den verlängerten Augapfel notwendige Lichtbrechung gut möglich ist. Da man in die Ferne schlecht, in die Nähe jedoch gut sehen kann, spricht man bei dieser Fehlsichtigkeit von **Kurzsichtigkeit.** Eine Korrektur der Kurzsichtigkeit lässt sich durch eine Zerstreuungslinse erreichen, welche die Lichtstrahlen vor der Hornhaut streut.
Da die Hornhaut wesentlich an der Lichtbrechung beteiligt ist, kann man ihre Brechkraft durch eine Laserbehandlung verringern. Hierdurch wird die Hornhaut dünner. So lässt sich eine Kurzsichtigkeit in bestimmtem Umfang korrigieren.

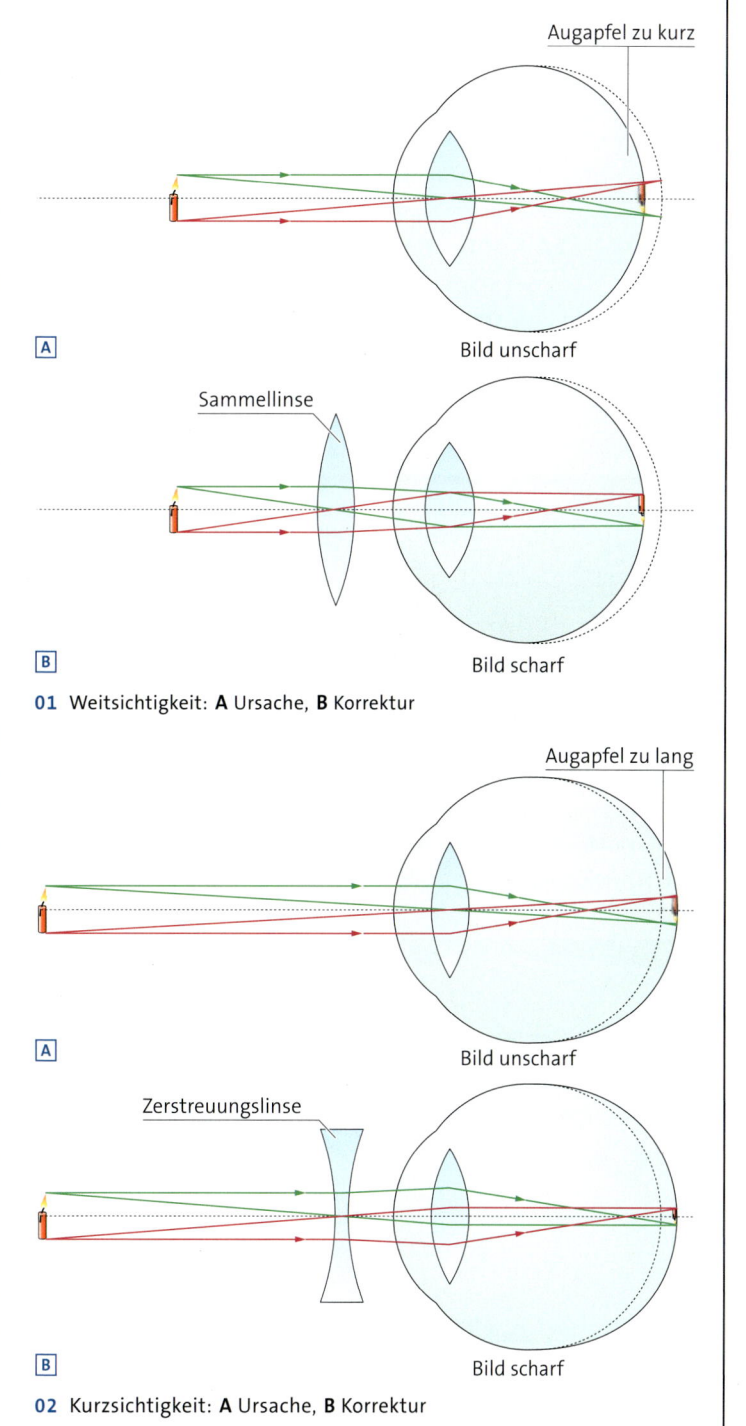

Augapfel zu kurz

A   Bild unscharf

Sammellinse

B   Bild scharf

01 Weitsichtigkeit: **A** Ursache, **B** Korrektur

Augapfel zu lang

A   Bild unscharf

Zerstreuungslinse

B   Bild scharf

02 Kurzsichtigkeit: **A** Ursache, **B** Korrektur

METHODE ///

Präparation eines Schweineauges

Material:

Einmalhandschuhe, Schweineauge, Präparierschale, Präparierschere, Pinzette, Skalpell, Zeitungspapier, Augenmodell und Abbildungen des menschlichen Auges

Durchführung:

Beim Präparieren wird das Schweineauge vorsichtig in seine Bestandteile zerlegt. Dabei können anatomische Strukturen genauer untersucht werden. Um Verletzungen zu vermeiden, muss der Umgang mit scharfen und spitzen Arbeitsmaterialien besonders vorsichtig erfolgen. Das Tragen von Einmalhandschuhen ist aus hygienischen Gründen wichtig. Lies dir zunächst jeden einzelnen Arbeitsschritt genau durch und beginne erst dann mit der Durchführung. Dokumentiere die Ergebnisse der einzelnen Arbeitsschritte.

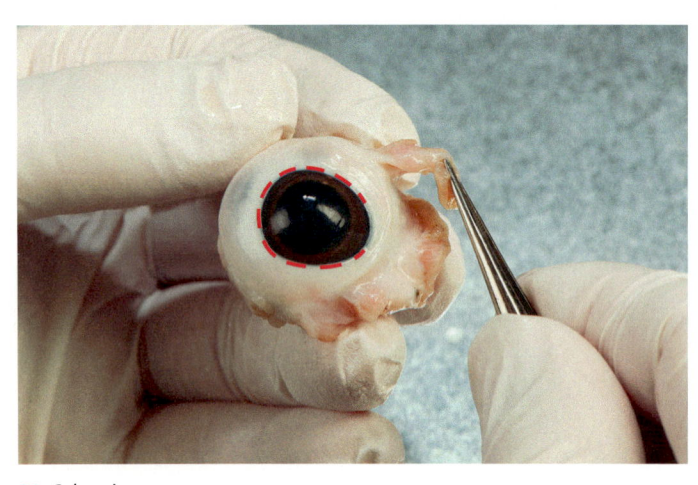

01 Schweineauge

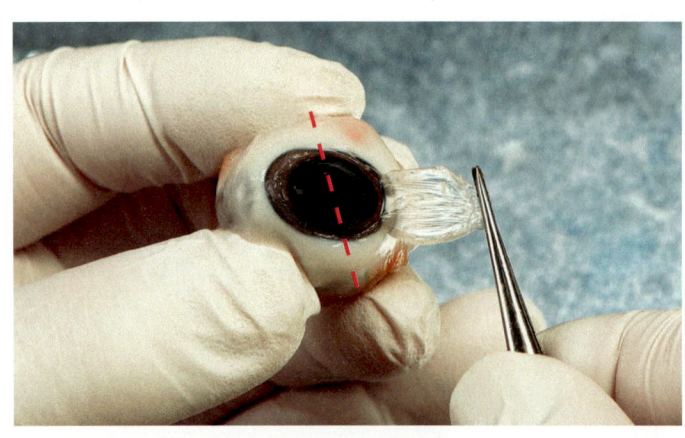

02 Schweineauge mit aufgeklappter Hornhaut

1. *Lege das Schweineauge in die Präparierschale. Betrachte den äußeren Bau und vergleiche ihn mit einem Modell oder einer Abbildung des menschlichen Auges. Identifiziere die Hornhaut, die Lederhaut, die Iris, die Pupille, die Ansätze für die Augenmuskeln und den Sehnerv. Beschreibe die Form und die Festigkeit des Augapfels.*

2. *Halte das Schweineauge mit Daumen und Zeigefinger fest und entferne vorsichtig mit der Pinzette und der Präparierschere das Muskel- und Fettgewebe. Achte darauf, die Lederhaut und den Sehnerv nicht zu beschädigen.*

3. *Öffne am Übergang von der Lederhaut zur Hornhaut das Auge mit einem kleinen Schnitt. Verwende dazu das Skalpell, ohne in das Auge zu stechen. Schneide nun mit der Schere die Hornhaut, wie in Abbildung 01 dargestellt, kreisförmig ab. Achte darauf, dass die Spitze der Schere nicht ins Innere des Auges sticht. Mit den Fingern darf nicht zu viel Druck auf das Auge ausgeübt werden, damit das Innere nicht nach außen gedrückt wird.*

4. *Blicke in das geöffnete Auge und beschreibe alle sichtbaren Strukturen. Nimm das Modell oder eine Abbildung des Auges zu Hilfe.*

5. Bei der weiteren Präparation wird das Auge in zwei Hälften geteilt. Schneide mit der Schere die Lederhaut kreisförmig auf. Beginne an der bereits geöffneten Seite, wie in Abbildung 02 dargestellt, und führe den Schnitt am Sehnerv vorbei wieder nach vorne. Achte darauf, dass du nicht ins Innere des Auges stichst, da sonst der Glaskörper beschädigt wird.

6. Vergleiche die Strukturen des geöffneten Auges mit der Abbildung 03. Identifiziere die Linse, den Glaskörper, die Iris, die Pupille, die Hornhaut, die Lederhaut, die Netzhaut und die Pigmentschicht.

7. Übernimm die Dokumentationsvorlage aus Abbildung 04 auf ein Blatt Papier. Lege entsprechende Teile des Auges zur Dokumentation in die freien Flächen und notiere jeweils die Kennzeichen, zum Beispiel die Farbe, die Beschaffenheit und die Besonderheiten. Lege die Linse auf ein Stück Zeitungspapier und ziehe sie mithilfe der Pinzette langsam über die Schrift. Beschreibe deine Beobachtungen. Zur Dokumentation kann auch ein Foto angefertigt werden, da die Bestandteile des Auges nicht aufgehoben werden können.

8. Nach der Präparation und Dokumentation werden alle Reste des Auges sachgerecht entsorgt. Die Arbeitsmaterialien und der Arbeitsplatz werden gründlich gereinigt.

Da ein Schwein ein Säugetier ist, sind viele Organe in Struktur und Funktion denen des Menschen sehr ähnlich. In der Medizin können deshalb die Organe von Schweinen als Forschungshilfen für die Humanmedizin dienen. Das menschliche Auge hat die gleichen Bestandteile wie ein Schweineauge. Auch die Funktionen der Bestandteile sind vergleichbar. Die Präparation eines Schweineauges bringt somit auch Erkenntnisse über das menschliche Auge.

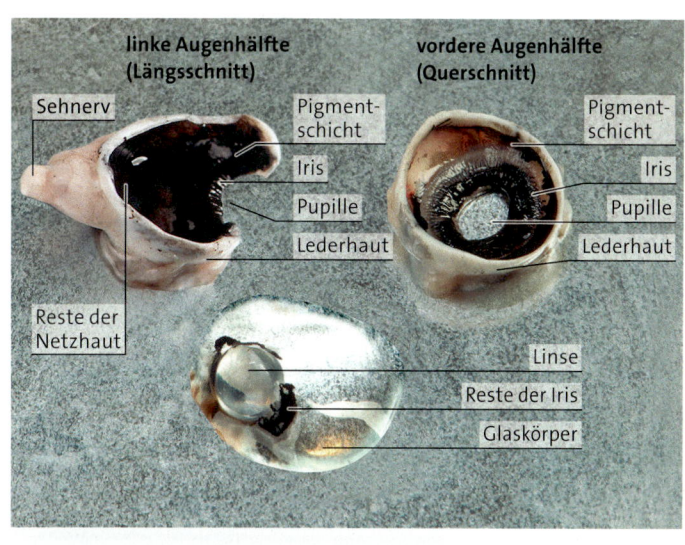

03 Bestandteile des Schweineauges

Glaskörper Kennzeichen:	Teil der Netzhaut mit Pigmentschicht Kennzeichen:
Teil der Hornhaut Kennzeichen:	Linse Kennzeichen:
Teil der Lederhaut Kennzeichen:	Teil der Regenbogenhaut Kennzeichen:

04 Dokumentationsvorlage

01 Fernsehen mit
dem Tablet

Sehen – mit Augen und Gehirn

Auf dem Display eines Tablets können bei der Betrachtung eines Fußballspiels Bilder und Bewegungen in sehr vielen verschiedenen Farbtönen gesehen werden. Wie lässt sich erklären, dass wir farbige Bilder und Bewegungen wahrnehmen können?

FARBWAHRNEHMUNG · Farbige Bilder eines Displays setzen sich meistens aus vielen roten, grünen und blauen Farbpunkten zusammen. Im Auge reagieren die drei Zapfentypen in der Netzhaut auf diese Farbpunkte. Treffen rotes, grünes und blaues Licht gleichzeitig auf die Netzhaut, werden alle drei Zapfentypen gleichzeitig gereizt. Im Gehirn werden diese Informationen zusammengefügt und ausgewertet. Das einfallende Licht wird als Weiß wahrgenommen.

Fällt kein Licht ein, werden keine Zapfen erregt und es entsteht der Eindruck Schwarz. Werden nur rot- und grünempfindliche Zapfen gleichzeitig erregt, entsteht der Farbeindruck Gelb. Da der Farbeindruck durch die Überlagerung und Verarbeitung von farbigem Licht entsteht, spricht man von **additiver Farbmischung.** Rotes, grünes und blaues Licht bilden dabei die **Grundfarben,** aus denen die anderen Farben durch Überlagerung gewonnen werden. Diese Überlagerung oder Mischung lässt sich an einem Farbkreis verdeutlichen.

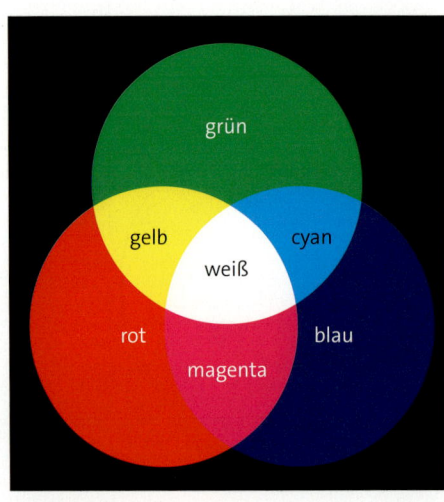

02 Farbwahrnehmung

03 Farbkreis

Die additive Farbmischung macht die Wahrnehmung vieler verschiedener Farbtöne möglich.

RÄUMLICHES SEHEN · Fixiert man einen Gegenstand, zum Beispiel einen Pokal, einmal mit dem rechten und einmal mit dem linken Auge, so ergeben sich zwei leicht unterschiedliche Bilder des Pokals. Betrachtet man ihn jedoch mit beiden Augen, so verrechnet das Gehirn beide Informationen zu einem einzigen einheitlichen Bild.

Wenn der Betrachter die vorderen Bereiche des Pokals von den hinten liegenden Bereichen unterscheiden kann, dann wird der Pokal als dreidimensionaler Gegenstand wahrgenommen. Ist er zusätzlich in der Lage, seine Entfernung von ihm aus abzuschätzen, so ist auch eine dreidimensionale Wahrnehmung des Raums möglich. Man spricht daher vom *räumlichen Sehen*. Wenn beide Augen Informationen an das Gehirn liefern, ist die Messung von Entfernungen und damit räumliches Sehen am besten möglich. Mit nur einem Auge ist das räumliche Sehen stark eingeschränkt.

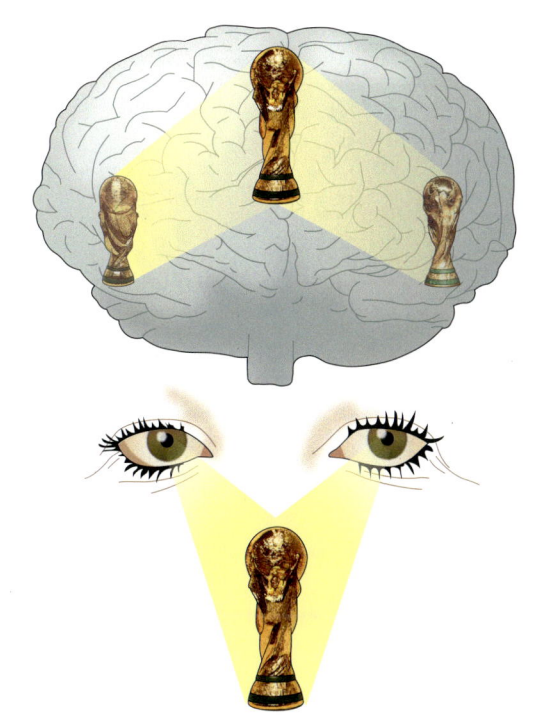

04 Räumliches Sehen

BEWEGUNGEN · Die schnellen Bewegungen eines Torhüters und des Balls bei einem Torschuss können wir als fließende Bewegungen auf dem Display eines Smartphones wahrnehmen. Wie ist das möglich?

Werden weniger als 16 Bilder innerhalb einer Sekunde auf dem Display gezeigt, dann nimmt der Mensch diese Bilder jeweils als ein Einzelbild wahr. Bei mehr als 16 Bildern pro Sekunde kann der Mensch die Einzelbilder nicht mehr einzeln wahrnehmen. Dadurch entsteht der Eindruck, dass die Bilder sich bewegen. Man spricht daher von bewegten Bildern. Sie setzen sich also aus einer schnellen Abfolge von vielen Einzelbildern zusammen. Das Gehirn nimmt die Einzelbilder dann als fließende Bewegung wahr. Die Wahrnehmung von Bewegungen und farbigen Bildern sowie das räumliche Sehen ist nur möglich, wenn die von den Augen aufgenommenen Informationen im

05 Bewegungen

Gehirn verarbeitet werden. Wir können nur sehen, wenn die Augen und das Gehirn zusammenarbeiten.

1 ⌡ Beschreibe die Vorgänge bei einer additiven Farbmischung!

2 ⌡ Beschreibe, was man unter dem räumlichen Sehen versteht!

A

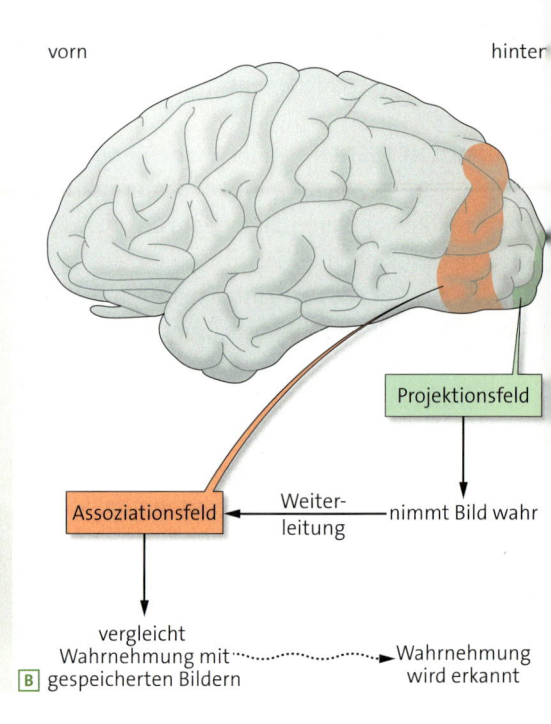

vorn

hinter

Projektionsfeld

Assoziationsfeld — Weiter-leitung — nimmt Bild wahr

vergleicht Wahrnehmung mit gespeicherten Bildern ········· Wahrnehmung wird erkannt

B

05 Wahrnehmung:
A unmögliche Anordnung von Würfeln,
B Projektionsfeld und Assoziationsfeld des Sehens

WAHRNEHMUNG · Würfel können aufeinander oder nebeneinander gelegt werden. In einer Zeichnung kann man Würfel so anordnen, dass der Eindruck erweckt wird, einige würden in der Luft schweben. Es entsteht das Bild eines *unmöglichen Objekts*. Die Art der Linienführung bei der Zeichnung eines solchen dreidimensionalen Objekts auf einer zweidimensionalen Fläche führt dazu, dass das Gehirn angeregt wird, das Objekt räumlich wahrzunehmen.

Die von den Augen aufgenommenen Informationen werden über den Sehnerv in einen speziellen Bereich des Gehirns weitergeleitet. Er ist für die Verrechnung dieser Informationen und das Erstellen eines Bilds verantwortlich. Dieses **Projektionsfeld des Sehens** befindet sich im hinteren Bereich des Großhirns. Hier wird das Bild wahrgenommen.

Die im Projektionsfeld des Sehens erstellten Eindrücke und Bilder werden dann mit bereits im Gehirn gespeicherten Erfahrungen und Bildern verglichen. Diese gespeicherten Informationen befinden sich in einem anderen spezialisierten Bereich des Großhirns, dem **Assoziationsfeld des Sehens.** Wird ein Bild im Projektionsfeld wahrgenommen und stimmt es mit einer gespeicherten Information im Assoziationsfeld überein, dann wird dieses Bild erkannt. Die Wahrnehmung und die Erkennung eines Bilds finden also in zwei verschiedenen Bereichen des Gehirns statt.

Vergleicht man das wahrgenommene Bild der unmöglichen Anordnung von Würfeln mit den Erfahrungen, dass Würfel nur nebeneinander oder aufeinander gelegt werden können, so gibt es keine eindeutige Übereinstimmung beim Abgleich der Informationen. Es kommt zu irreführenden oder falschen Ergebnissen des Verarbeitungsprozesses zwischen dem Projektionsfeld und dem Assoziationsfeld des Sehens im Großhirn. Eine solche Anordnung von Linien und Flächen in räumlichen Bildern scheint nicht möglich zu sein. Der Eindruck eines unmöglichen Objekts entsteht. Solche und ähnliche Phänomene, bei denen im Gehirn falsche, irreführende oder nicht eindeutige Sehwahrnehmungen entstehen, fasst man als **optische Täuschungen** zusammen.

3) Nenne die Aufgaben des Assoziationsfelds!

Material A ▸ Farbwahrnehmung

Die Farben in einem Malkasten nehmen wir unterschiedlich wahr, da jede Farbe einen Teil des Lichtspektrums absorbiert und einen anderen Teil reflektiert. So reflektiert die rote Farbe hauptsächlich rotes Licht, während die grüne Farbe hauptsächlich grünes Licht reflektiert. Der Rest des Lichtspektrums wird jeweils absorbiert. Mischt man Rot mit Grün, so reflektiert die Mischfarbe weniger Licht als die Einzelfarben, gleichzeitig werden mehr Teile des Lichtspektrums absorbiert als jeweils bei den einzelnen Farben. Die Mischfarbe nehmen wir deshalb dunkler wahr als die Einzelfarben. Es werden Wellenlängen des Lichts herausgefiltert. Dies gilt allgemein, wenn man zwei Farben mischt. Man nennt dies **subtraktive Farbmischung.** Diese Farbmischung erfolgt, bevor die Lichtreize auf die Netzhaut eines Auges auftreffen.

A1 Beschreibe die subtraktive Farbmischung am Beispiel der Farben Gelb und Blau!

A2 Beschreibe mithilfe der Vorgänge bei der additiven Farbmischung, wie es zur Wahrnehmung der Farbe Gelb auf einem Display kommt!

A3 Beschreibe Unterschiede zwischen der subtraktiven und der additiven Farbmischung!

Material B ▸ Farbsehvermögen

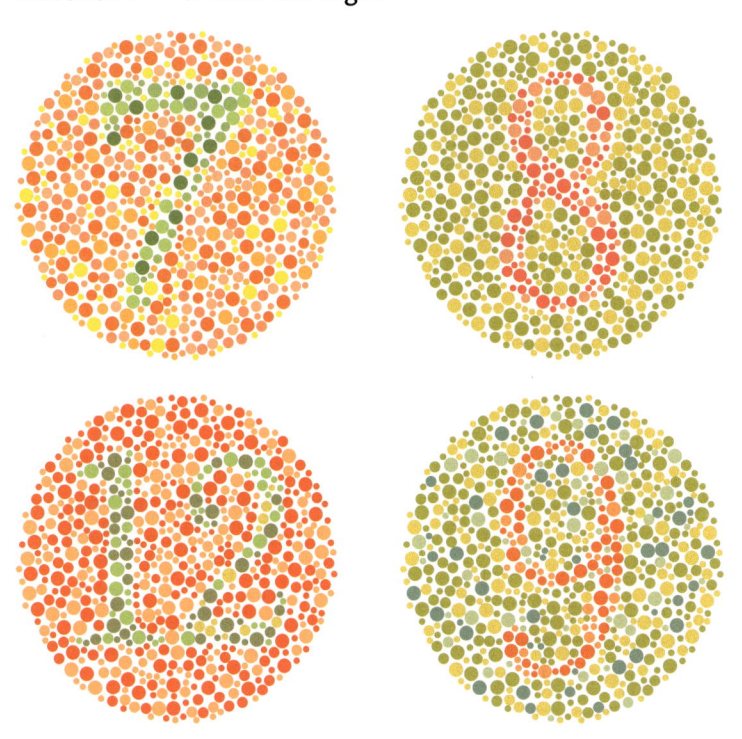

Eine Störung des Farbsehvermögens ist die Rot-Grün-Sehschwäche. Die Betroffenen können hierbei die Farben Rot und Grün schlechter als Normalsichtige unterscheiden. Diese Sehschwäche kann mithilfe spezieller Testbilder herausgefunden werden.

B1 Beschreibe die Gemeinsamkeiten der vier Testbilder!

B2 Stelle Vermutungen an, weshalb mithilfe dieser Testbilder eine Rot-Grün-Schwäche erkannt werden kann!

B3 Stelle Vermutungen an, welche Bedeutung die unterschiedliche Farbintensität der Farbabbildungen haben könnte!

VERSUCH C ▸ Augen und Gehirn

Material: Abbildung

> gelb rot violett schwarz orange grün gelb
> blau gelb rot grün gelb schwarz orange lila
> grün rot weiß pink orange schwarz weiß
> gelb blau gelb grün schwarz violett pink
> rosa blau gelb orange weiß schwarz

C1 Beschreibe die Erfahrungen bei der Durchführung des Versuchs!

C2 Vergleiche die beiden Ergebnisse miteinander!

C3 Interpretiere die Ergebnisse!

Durchführung:

Die Farben der Wörter werden von einer Person zügig nacheinander aufgesagt. Eine zweite Person dokumentiert die Anzahl der Fehler. In einem zweiten Durchlauf werden die Aufgaben getauscht.

VERSUCH D ▸ Sehen mit zwei Augen

Material: Papierblatt DIN A4

Durchführung:

Person. Führe dann die linke, flache Hand von links neben das letzte Drittel der Papierröhre.

D1 Beschreibe deine Beobachtungen!

D2 Stelle Vermutungen an, wie das Versuchsergebnis zustande kommt!

Rolle das Blatt Papier zu einer Röhre und halte sie mit der rechten Hand vor das rechte Auge. Schaue mit dem rechten Auge durch die Röhre, ohne das linke Auge zu schließen. Betrachte nun eine etwa zwei Meter entfernte

VERSUCH E ▸ Sehen mit einem Auge

Material: Abbildung

Durchführung:

Halte das rechte Auge mit einer Hand zu und schaue in einer Entfernung von etwa 30 Zentimetern mit dem linken Auge auf den schwarzen Kreis. Nähere dich immer weiter der Abbildung und fixiere weiterhin den Kreis.

E1 Beschreibe deine Beobachtung bei der Wahrnehmung des Sterns!

E2 Erkläre deine Beobachtungen!

Material F ▸ Wahrnehmung und Erkennung

A

B

C

F1 Beschreibe jeweils die Wahrnehmungen bei der Betrachtung der Bilder!

F2 Erläutere die Vorgänge im Gehirn bei der Erkennung der Bilder!

F3 Erkläre mithilfe einer Abbildung den Unterschied zwischen Wahrnehmung und Erkennung!

Material G ▸ Optische Phänomene

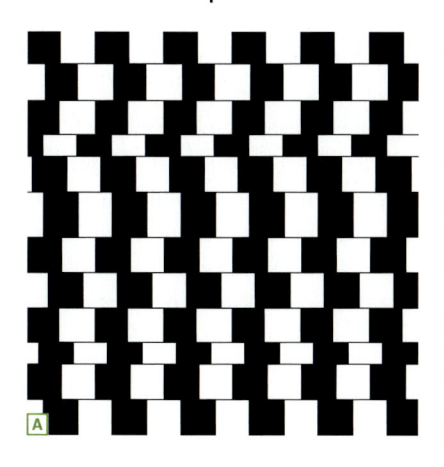

A

B

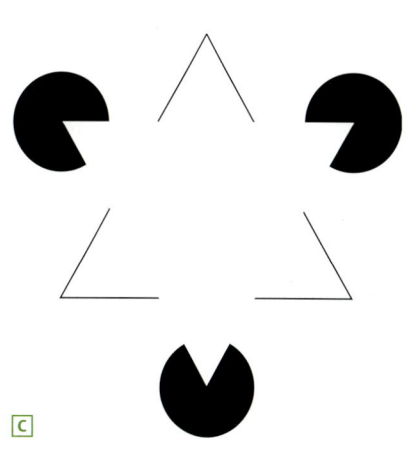

C

G1 Beschreibe die Wahrnehmung bei der Betrachtung der Abbildung A!

G2 Überprüfe deine Wahrnehmung mithilfe eines Geodreiecks!

G3 Beschreibe die Wahrnehmung bei der Betrachtung der Abbildung B!

G4 Drehe das Buch um 180 Grad und beschreibe die Wahrnehmung der Abbildung B erneut!

G5 Beschreibe die Abbildung C!

G6 Beschreibe die Wahrnehmung bei der Betrachtung der Abbildung C!

G7 Stelle Vermutungen an, welche Rolle das Gehirn bei der Wahrnehmung aller drei Phänomene spielt!

01 Mann isst Pizza

Riechen und Schmecken

Beim Essen nimmt man den typischen Geruch einer Speise wahr und man schmeckt, ob das Essen salzig, süß, bitter oder sauer ist. Wie nehmen wir Gerüche und Geschmäcker wahr?

GERUCHSSINN · Bei der Zubereitung von Speisen verdampfen chemische Stoffe, die wir mit der eingeatmeten Luft über unsere Nase aufnehmen. Die chemischen Stoffe gelangen in die **Nasenhöhle**. Sie ist mit einer etwa fünf Quadratzentimeter großen **Riechschleimhaut** ausgekleidet. Hier befinden sich die für den Geruchssinn zuständigen **Riechsinneszellen**. Jeder Mensch besitzt etwa 1000 unterschiedliche Riechsinneszellen. Jede Riechsinneszelle hat eine bestimmte geformte Anheftungsregion, zu der ein bestimmter Geruchsstoff passt wie ein Schlüssel in ein Schloss. Jede Riechsinneszelle reagiert also auf einen bestimmten Geruchsstoff. Sinneszellen, die auf chemische Reize wie Geruchsstoffe reagieren, nennt man **Chemorezeptoren**.

Da Gerüche meistens aus vielen unterschiedlichen Geruchsstoffen bestehen, reagieren bei einem Geruch oft mehrere Typen von Riechsinneszellen gemeinsam. Von den Riechsinneszellen wird die Erregung zum zuständigen Großhirnbereich, dem **Riechhirn**, weitergeleitet. In einer Ausstülpung des Riechhirns, dem **Riechkolben**, werden die Signale der Riechsinneszellen, die die gleichen Anheftungsregionen tragen, in derselben Region des Riechkolbens gebündelt. Die im Riechkolben erfassten Informationen werden anschließend im Riechhirn weiterverarbeitet. Hier werden diese miteinander kombiniert und lassen uns einen bestimmten Geruch wahrnehmen. So kann ein Mensch etwa 10 000 verschiedene Gerüche wahrnehmen.

GESCHMACKSSINN · Beim Essen lassen sich fünf Geschmacksqualitäten unterscheiden: süß, sauer, salzig, bitter und umami. Die Geschmacksrichtung umami wurde von Japanern entdeckt und bedeutet so viel wie herzhaft-würzig.

Die Sinnesorgane für Geschmack liegen beim Menschen auf der Zunge. Die Oberseite der Zunge trägt warzenförmige Erhebungen, die **Geschmackspapillen**. In den Wandbereichen der Papillen befinden sich tulpenförmige **Geschmacksknospen**. Diese enthalten die Sinneszellen für die Geschmackswahrnehmungen, die **Geschmackssinneszellen**. An den Sinneszellen befinden sich Anheftungsregionen, an welche die Geschmacksstoffe binden. Der Geschmack wird als Reiz von den Sinneszellen aufgenommen und anschließend als Erregung an das Gehirn weitergeleitet und dort verarbeitet. Alle Geschmacksrichtungen werden überall auf der Zunge empfunden, allerdings unterschiedlich intensiv.

Der Geschmack von Nahrungsmitteln wird nicht allein über diese Geschmackssinneszellen vermittelt, sondern auch über Riech-, Schmerz- und Mechanosinneszellen. Diese liefern Informationen über Geruch, Schärfe und Konsistenz der Nahrungsmittel.

GERUCHS- UND GESCHMACKSSINN ARBEITEN ZUSAMMEN · Bei starkem Schnupfen hat das Essen oft wenig Geschmack. Die starke Schleimabsonderung verhindert, dass die chemischen Stoffe aus der Nahrung an die Riechsinneszellen in der Nase andocken können. Daher können auch keine Erregungen für die Geruchswahrnehmung weitergeleitet werden. Dem Gehirn fehlen dann diese Informationen für die Auswertung des Gesamteindrucks.

Chemische Stoffe tragen nicht nur zum Geschmackserlebnis bei, sondern rufen auch häufig Erinnerungen wach. Der Geruch von Zimt erinnert uns zum Beispiel an Weihnachten. Geschmacks- und Geruchssinn arbeiten

also auch mit anderen Gehirnregionen zusammen.

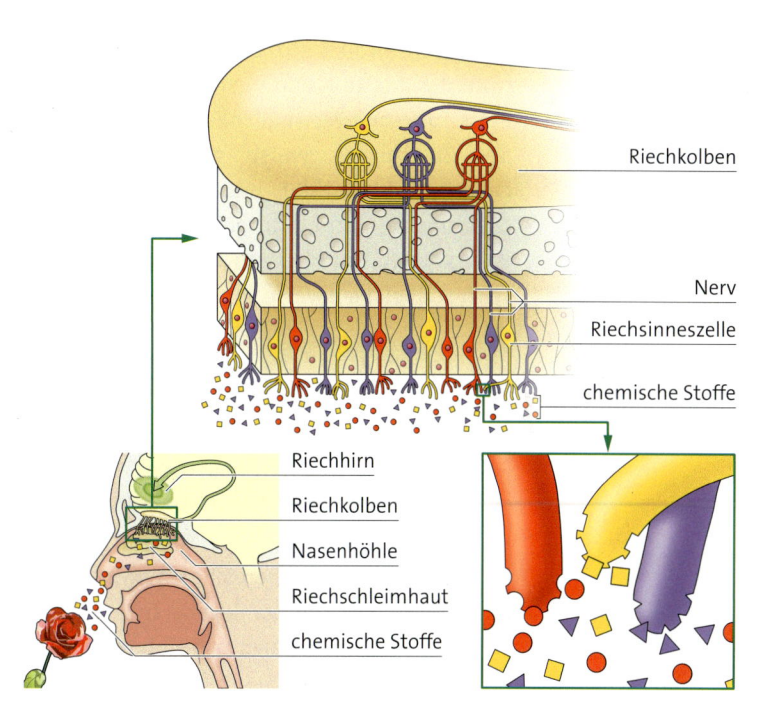

Riechkolben
Nerv
Riechsinneszelle
chemische Stoffe

Riechhirn
Riechkolben
Nasenhöhle
Riechschleimhaut
chemische Stoffe

02 Geruchswahrnehmung über die Nase

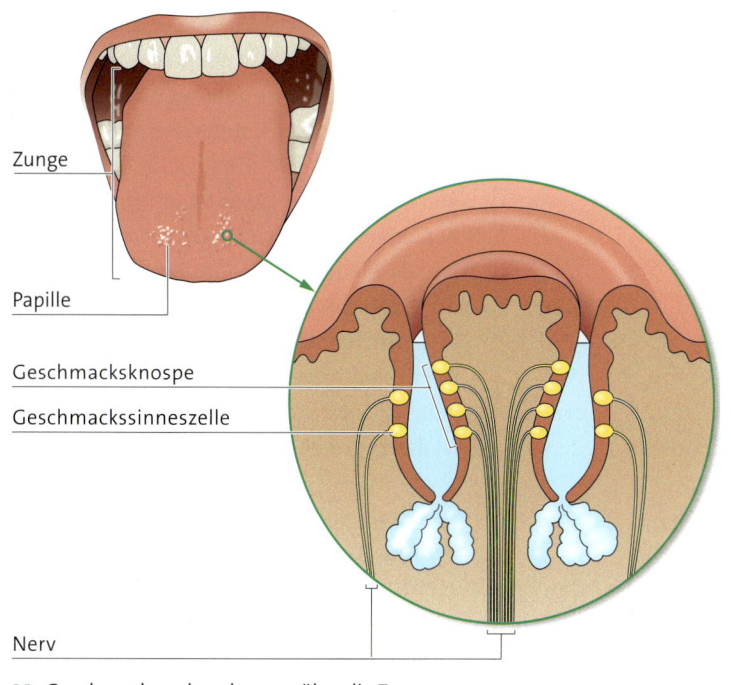

Zunge
Papille
Geschmacksknospe
Geschmackssinneszelle
Nerv

03 Geschmackswahrnehmung über die Zunge

BEDEUTUNG · Die Wahrnehmung von Gerüchen und Geschmäckern hat schon unseren Vorfahren geholfen, sich zu orientieren und vor Gefahren zu schützen. So lassen sich mithilfe der Zunge Nahrungsmittel auf ihre Inhaltsstoffe und Verträglichkeit prüfen. Der süße Geschmack weist auf zuckerreiche Lebensmittel hin. Ein unangenehm bitterer Geschmack warnt vor giftigen oder unbekömmlichen Nahrungsmitteln, der saure Geschmack beispielsweise vor unreifen Früchten.

Der Geruchssinn ermöglicht es, Gerüche zu erkennen und sie zu verfolgen. So kann man zum Beispiel anhand des Würstchendufts eine Würstchenbude finden. Aufgrund ihres unangenehmen Geruchs lassen sich auch Gefahrenquellen wie Waldbrände oder verdorbenes Essen erkennen.

1 Erkläre, weshalb das Essen bei starkem Schnupfen fad schmeckt!

⁄⁄⁄ IM BLICKPUNKT ZOOLOGIE ⁄⁄⁄⁄⁄⁄⁄⁄⁄⁄⁄⁄⁄⁄⁄⁄⁄⁄⁄⁄⁄⁄⁄⁄⁄⁄⁄⁄⁄

Geruchssinn bei Hunden

Der Mensch nutzt die Sinnesleistungen von Hunden in vielen Bereichen, wie zum Beispiel als Suchhund für Gegenstände und Personen. Weshalb eignen sich Hunde dafür?

Hunde können im Gegensatz zum Menschen auch ganz feine Riecheindrücke wahrnehmen. Diese besondere Funktion der Nase ist mit der Struktur der Riechschleimhaut zu erklären. Die Oberfläche der Riechschleimhaut des Hundes ist stark gefaltet und beträgt etwa 85 Quadratzentimeter. Beim Menschen hat die Riechschleimhaut eine Oberfläche von nur etwa vier Quadratzentimetern. Daher haben Hunde viel mehr Riechsinneszellen als Menschen, sodass bei einem Hund die Wahrscheinlichkeit groß ist, dass einzelne Geruchsstoffteilchen mit Riechsinneszellen in Berührung kommen und diese erregen. Die Riechsinnesleistung eines Hundes ist daher viel besser als die eines Menschen.

Der Hund ist ein „Nasentier" und somit in der Lage, zum Beispiel im Schnee nach Verschütteten zu suchen. Diese Riechleistung ist dem Hund angeboren. Er muss allerdings lernen, diese Wahrnehmung und damit den Fund durch Kratzen oder Bellen anzuzeigen.

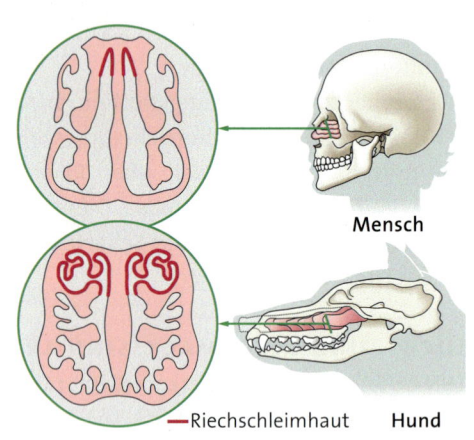

04 Riechschleimhaut: **A** Mensch, **B** Hund

Mensch

Riechschleimhaut   Hund

05 Lawinenhund

Material A ► Modell zur Geruchswahrnehmung

Viele Jahrmärkte bieten als Gewinn-spiel Pfeilwerfen auf Luftballons an. Das Ziel ist, kleine Luftballons mit Dartpfeilen zu treffen. Für jeden getroffenen und damit geplatzten Luftballon erhält der Werfer einen Gewinn.

A1 Ordne den folgenden Teilen des Luftballonwerfens passende Ana-logien der Geruchswahrnehmung zu: verschiedenfarbige Luftbal-lons, Dartpfeile, Platzen des Luft-ballons, Gewinn!

A2 Erläutere die Vorgänge der Ge-ruchswahrnehmung anhand die-ses Alltagsbeispiels!

A3 Begründe, welche Aspekte der Geruchswahrnehmung das Luft-ballonwerfen verdeutlicht und welche nicht!

Material B ► Zungenkarte

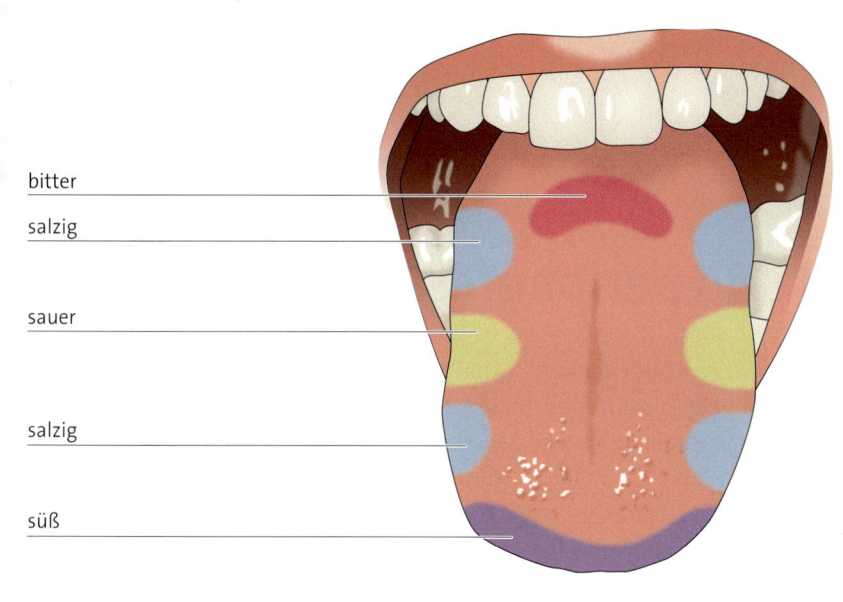

bitter

salzig

sauer

salzig

süß

Lange Zeit nahm man an, dass es vier Geschmacksrichtungen gibt und diese in bestimmten Bereichen der Zunge verortet sind. Diese Bereiche wurden in den 1940-er Jahren als Zungenkarte veröffentlicht.

B1 Nenne Argumente, mit denen du diesen Mythos widerlegen kannst!

B2 Plane einen Versuch zur Bestäti-gung deiner Argumentation!

Material C ► Wahrnehmungs- und Erkennungsschwelle

Die Leistungen des Geruchssinns wer-den über Geruchsschwellen beschrie-ben. Einen spezifischen Geruch kön-nen wir erst identifizieren, wenn eine bestimmte Menge an Geruchsstoffen an die Riechsinneszellen gebunden hat. Diese Menge beziehungsweise Konzentration heißt *Erkennungs-schwelle*. Liegen die Geruchsstoffe niedrigerer konzentriert vor, nehmen wir ab einer bestimmten Konzentrati-on zwar einen Geruch wahr, können ihn aber nicht zuordnen. Dabei han-delt es sich um die *Wahrnehmungs-schwelle*.

C1 Plane einen Versuch, mit dem du die beiden Geruchsschwellen her-ausfinden kannst! Folgende Mate-rialien stehen dir zur Verfügung: Duftöle, Bechergläser mit Wasser, Pipetten.

C2 Führe den Versuch durch und pro-tokolliere ihn!

01 Volleyball-spielerin

Zentrales und peripheres Nervensystem

> Die Volleyballspielerin sieht den Ball, läuft auf ihn zu und spielt ihn innerhalb kürzester Zeit zielgerichtet zurück. Welche Vorgänge laufen dabei in ihrem Körper ab?

griechisch peripheros = außen liegend

BAU DES NERVENSYSTEMS · Die Volleyballspielerin bewegt sich, dazu müssen sich viele Muskeln kontrahieren. Die Information darüber, welche Muskeln sich kontrahieren müssen, kommt vom Gehirn und vom Rückenmark. Hier liegen sehr viele Nervenzellen dicht zusammen. Gehirn und Rückenmark bilden das **Zentralnervensystem,** das *ZNS*.

lateinisch vegetare = beleben

Das ZNS erhält Informationen von den Sinnesorganen. Die Verbindung zwischen Sinnesorganen und Zentralnervensystem sowie zwischen Zentralnervensystem und den Muskeln stellen **Nervenzellen** her, die lange Fortsätze haben.

Alle außerhalb des ZNS liegenden Teile des Nervensystems werden als **peripheres Nervensystem,** *PNS,* bezeichnet. Das PNS verbindet alle Körperregionen mit dem ZNS.

Das Nervensystem regelt nicht nur das Zusammenwirken von Sinnesorganen und Muskeln, sondern auch die Funktion der inneren Organe. Fortwährend empfängt es Informationen, die die inneren Zustände des Körpers betreffen. Es verarbeitet diese Informationen zum Teil und leitet sie weiter.

Da dieser Teil des Nervensystems vor allem für Organe zuständig ist, die den Körper am Leben erhalten, bezeichnet man es als **vegetatives Nervensystem.**

ARBEITSWEISE DES NERVENSYSTEMS · Die Volleyballspielerin sieht den herannahenden Ball. Dieser Reiz wird in den Lichtsinneszellen der Augen in elektrische Signale umgewandelt. Die Signale laufen als Erregung über lange Fortsätze der Nervenzellen, die **Nervenfasern,** zum Gehirn. Das Gehirn verarbeitet die eintreffenden Informationen, sodass die Spielerin den herannahenden Ball erkennt. Alle Nervenfasern, die von den Sinneszellen ausgehen und zum ZNS führen, nennt man **sensorische Nervenfasern.**

Die Volleyballspielerin hat schon häufig Bälle zurückgeschlagen, sodass ihr Gehirn über gespeicherte Bewegungsmuster verfügt. Diese sendet das Gehirn in Form von elektrischen Signalen an die entsprechenden Muskeln. Dies geschieht über **motorische Nervenfasern.** Die Muskeln arbeiten dadurch fein aufeinander abgestimmt, sodass sich der Körper der Volleyballspielerin bewegen kann. Dieses Zusammenspiel von Nervensystem und Muskulatur, das zu einer zielgerichteten Bewegung führt, nennt man **Steuerung.**

Jede Muskelaktivität verändert die Position der Spielerin zum Ball. Von den Sinnesorganen erhält das Gehirn laufend Rückmeldungen darüber, wie vorangegangene Bewegungen die Körperstellung verändert haben. Es vergleicht ständig die gegenwärtige Position mit der erforderlichen und ermittelt daraus, welche Muskelgruppen sich als Nächstes kontrahieren oder gedehnt werden müssen. Durch solche Vorgänge, die man als **Regelung** bezeichnet, kann die Spielerin die gewünschte Stellung zum Ball erreichen und ihn letztlich zielgerichtet schlagen. Die Vorgänge vom Eintreffen eines Reizes über die Verarbeitung bis zur Reaktion laufen in ähnlicher Weise ab. Man spricht von einem **Reiz-Reaktions-Schema.**

1) Nenne die Aufgaben des Zentralnervensystems und die des peripheren Nervensystems!

2) Beschreibe die Vorgänge, durch die sich Steuerung und Regelung voneinander unterscheiden!

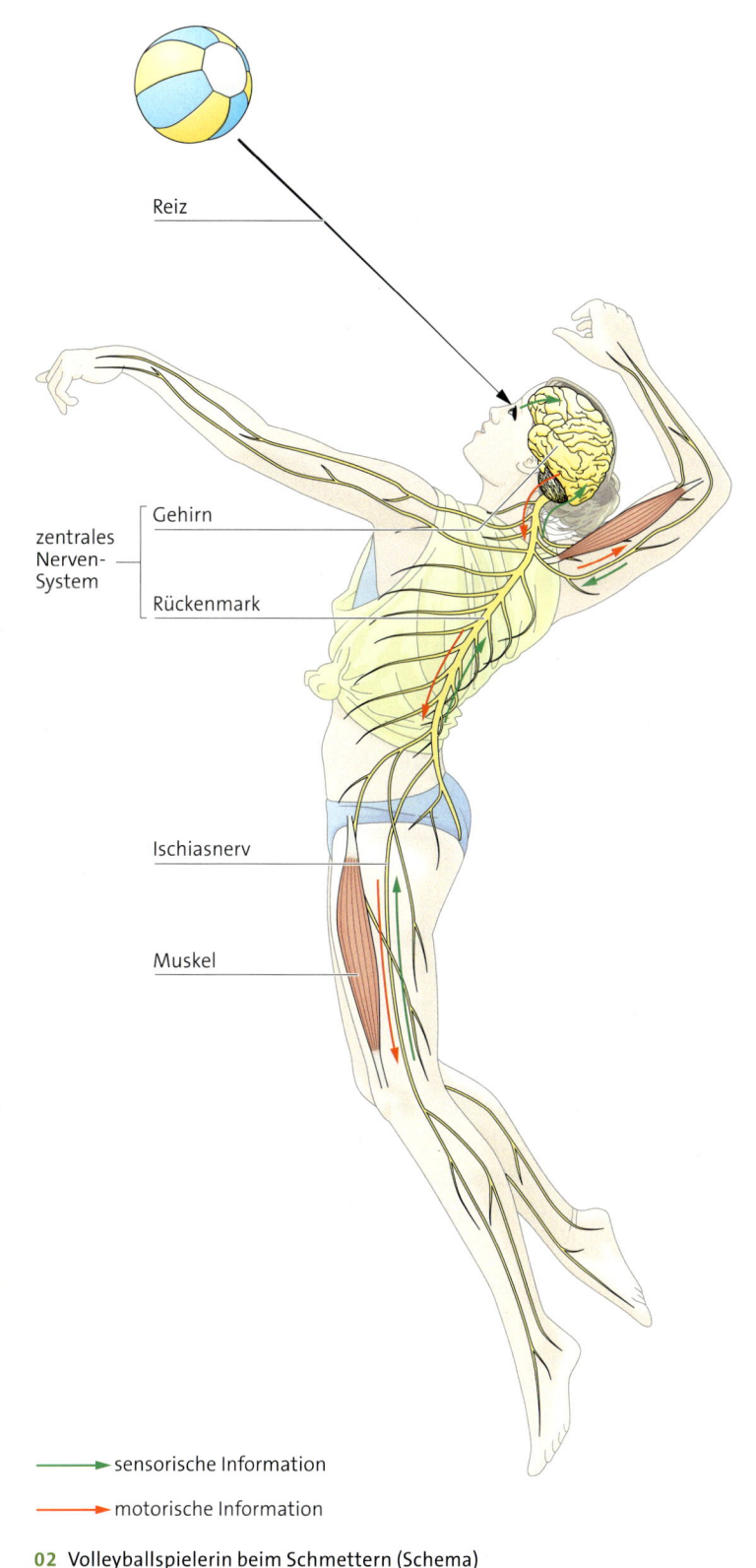

Reiz

zentrales Nerven-System — Gehirn

Rückenmark

Ischiasnerv

Muskel

→ sensorische Information

→ motorische Information

02 Volleyballspielerin beim Schmettern (Schema)

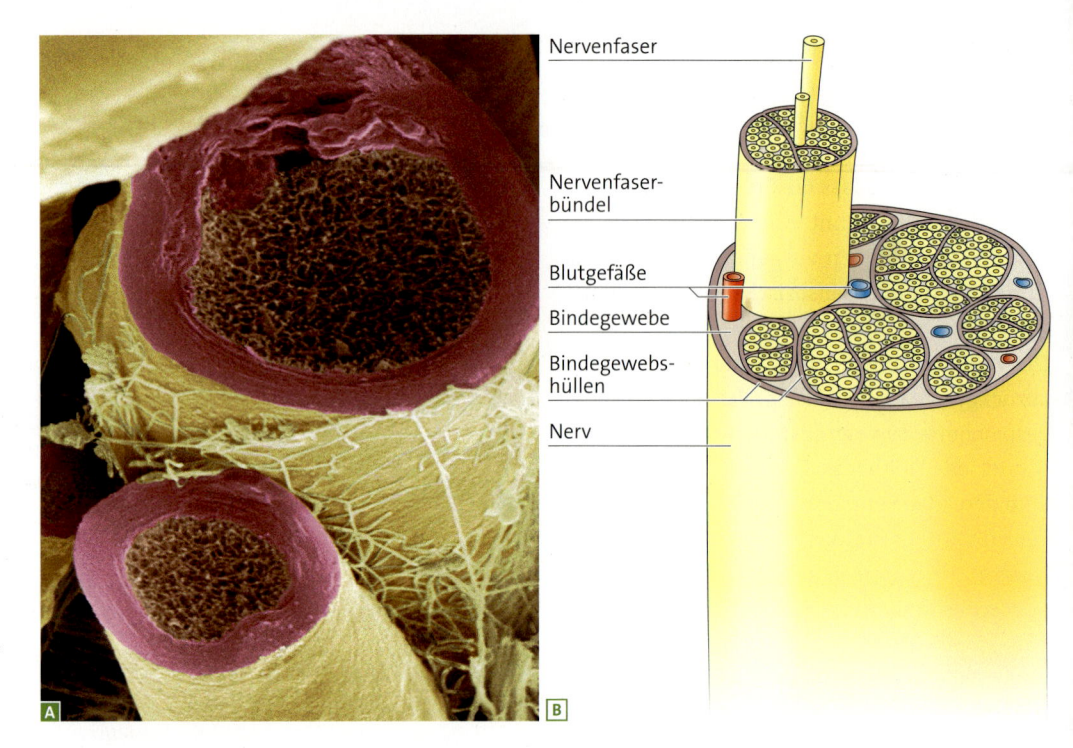

Nervenfaser

Nervenfaser-
bündel

Blutgefäße

Bindegewebe

Bindegewebs-
hüllen

Nerv

03 Bau eines Nervs:
A *REM*-Aufnahme,
B Schema

BAU EINES NERVS · Ein Nerv ist ähnlich gebaut wie ein Kabel. Den Leitungen des Kabels entsprechen lange Fortsätze von Nervenzellen, den **Nervenfasern.** Die Nervenfasern sind zu Bündeln zusammengefasst, den **Nervenfaserbündeln.** Diese sind von einer **Bindegewebshülle** umgeben. Mehrere Nervenfaserbündel sind wiederum zusammengefasst. Sie bilden den **Nerv,** der ebenfalls von einer Bindegewebshülle zusammengehalten wird.

Die Bindegewebshüllen verleihen dem Nerv eine hohe Elastizität und schützen ihn vor Druck, sodass er bei Bewegungen des Körpers keinen Schaden nimmt. Zwischen den Nervenfaserbündeln laufen Blutgefäße. Sie versorgen die Nervenzellen mit Sauerstoff und Nährstoffen.

Die Bündelung der Nervenfasern zu einem Nerven ist vorteilhaft. So reichen zum Beispiel wenige Blutgefäße aus, um viele Nervenfasern zu versorgen und eine einzige Bindegewebshülle kann viele Nervenfasern schützen.

In den meisten Nerven verlaufen sowohl *sensorische* als auch *motorische* Nervenfasern.

Im gleichen Nerv kann also Information vom ZNS in den Körper übermittelt werden und gleichzeitig aus dem Körper in Richtung ZNS. Unter den Nervenzellen findet man die längsten Zellen des Körpers. Der längste Nerv im Körper des Menschen ist der Ischiasnerv. Er verläuft vom Rückenmark ausgehend zum Gesäß und weiter entlang des hinteren Oberschenkels bis zum Fuß. Die Nervenzellen des Ischiasnervs sind bis zu einen Meter lang. Seine Aufgabe ist es, Meldungen von den Sinneszellen des Beins an das ZNS zu leiten und Befehle des ZNS an die Beinmuskulatur zu senden. Die Volleyballspielerin erhält zum Beispiel über die Ischiasnerven Informationen darüber, welche Stellung ihre Beine haben. Über dieselben Nerven schickt ihr Gehirn über das Rückenmark Erregungsmuster, die ihre Beinmuskeln dazu bringen, sich zusammenzuziehen oder gedehnt zu werden.

3) Nenne die Bestandteile eines Nervs von außen nach innen!

VERSUCH A ▸ Reaktionszeit

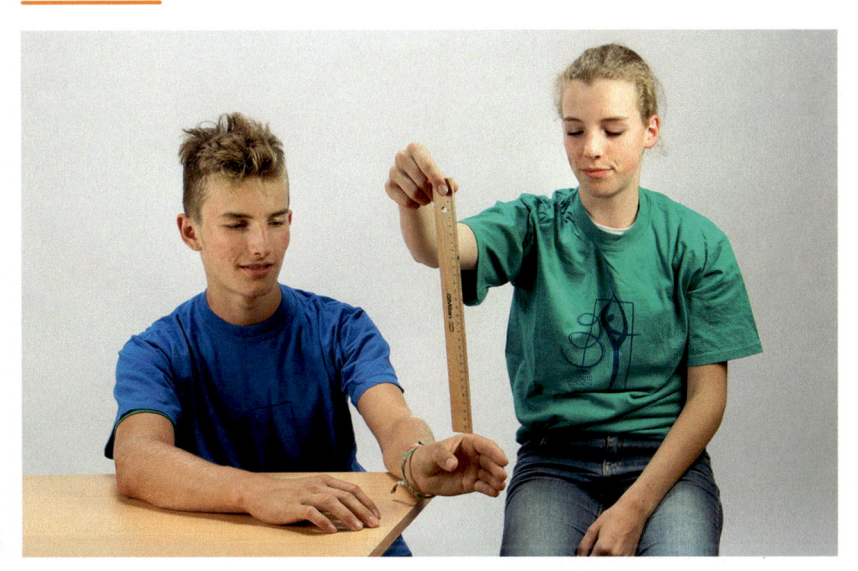

Hinweis:
Die Fallstrecke in Zentimetern dient als Maß für die Reaktionszeit.

A1 Führe den Versuch fünfmal mit der linken und fünfmal mit der rechten Hand durch und notiere deine Messwerte in einer geeigneten Tabelle!

A2 Stelle Vermutungen darüber an, wie sich Unterschiede in den Messwerten erklären lassen könnten!

A3 Berechne deine durchschnittliche Fallstrecke!

A4 Vergleiche deine durchschnittliche Fallstrecke mit der deiner Mitschüler!

A5 Erläutere mögliche Gründe, wie es zu unterschiedlichen Werten kommen kann!

Material:
Lineal (30 cm)

Durchführung:
Lege deinen Arm so auf den Tisch, dass die Hand über seinen Rand hinausragt. Deine Partnerin hält das Lineal und lässt es mit dem unteren Ende über deiner leicht geöffneten Hand zwischen Daumen und Zeigefinger hängen.
Dann lässt sie es ohne Vorankündigung los. Greife das fallende Lineal, ohne die Stellung der Hand zu verändern, mit Daumen und Zeigerfinger.

Material B ▸ Reiz und Reaktion

B1 Stelle die Vorgänge, die im Körper des Torwarts ablaufen, in Form eines Pfeildiagramms dar!

B2 Begründe, weshalb ein Elfmeter schwerer zu halten ist als ein Fernschuss auf das Tor!

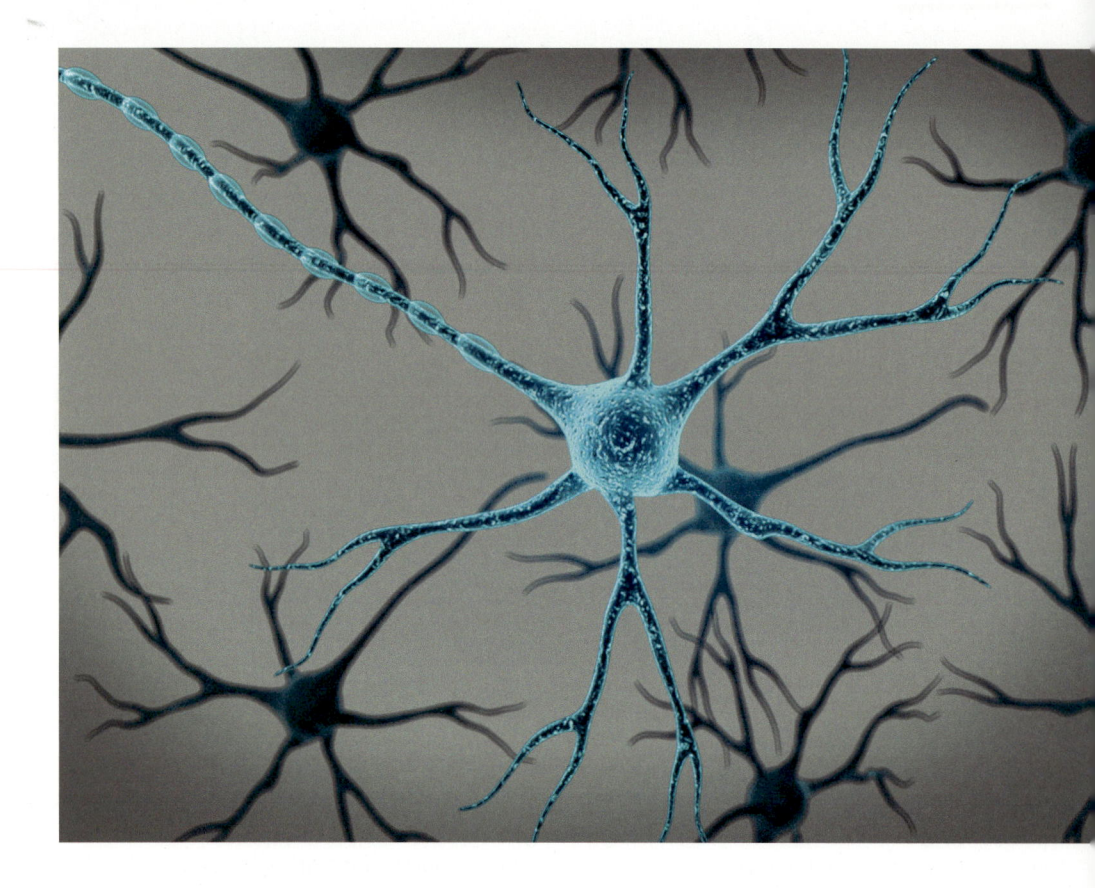

01 Nervenzellen

Die Nervenzelle

Nervengewebe besteht aus Millionen von Nervenzellen. Diese verzweigen sich und stehen untereinander in Verbindung. Dadurch bilden sie ein dichtes Netz. Welche Strukturen weist eine Nervenzelle auf und welche Vorgänge laufen dort ab?

BAU EINER NERVENZELLE · In ihrem Grundbauplan gliedert sich eine Nervenzelle, auch **Neuron** genannt, in mehrere Abschnitte.

Der dickste Bereich einer Nervenzelle hat einen Durchmesser von etwa 0,01 Millimetern bis zu 0,1 Millimetern. In diesem **Zellkörper** liegen der Zellkern und sehr viele Mitochondrien. Die große Anzahl der Mitochondrien ist mit dem hohen Energiebedarf der Nervenzellen zu erklären. Am Zellkörper fallen zahlreiche dünne Fortsätze mit einer Länge von 0,2 Millimetern bis 0,3 Millimetern auf. Wegen ihrer baumartigen Verzweigung werden diese Fortsätze **Dendriten** genannt. Dendriten nehmen Informationen in Form von elektrischen Signalen von benachbarten Nerven- oder Sinneszellen auf und leiten sie entlang ihrer Zellmembran an den Zellkörper weiter. Auf der Zellmembran des Zellkörpers laufen die elektrischen Signale dann zu einem besonderen Fortsatz. Dieser kann bis zu einem Meter lang sein. Er wird als **Axon** bezeichnet.

Die meisten Axone sind von Hüllzellen umgeben, die zusammen die *Markscheide* bilden. Diese enthält fettartige Substanzen, die das Axon elektrisch isolieren. Die Zwischenräume zwischen den Hüllzellen bezeichnet man als **Schnürringe.** Am Ende bildet das Axon Verzweigungen aus, die in Verdickungen münden, den **Endknöpfchen.** Hier werden die elektrischen Signale auf benachbarte Nervenzellen, auf Muskel- oder Drüsenzellen übertragen. Diese Kontaktstellen heißen **Synapsen.**

ERREGUNGSLEITUNG · Wenn eine Nervenzelle von anderen Nervenzellen oder einer Sinneszelle elektrische Signale erhält, dann ändert sich die elektrische Spannung an ihrer Membran. Diese Veränderung bezeichnet man als **Erregung.** Ist die Erregung stark genug, kommt es am Beginn des Axons zu einer kurzzeitigen stärkeren Spannungsänderung. Diese Form der Erregung, das **Aktionspotenzial**, setzt sich an der Membran des Axons in Richtung Endknöpfchen fort. Die Weiterleitung der Erregung geschieht dadurch, dass immer wieder neue Aktionspotenziale an den Schnürringen gebildet werden. Dadurch werden an der Membran des Axons Geschwindigkeiten der Erregungsleitung von bis zu 120 Metern pro Sekunde erreicht.

Wenn ein starker Reiz eine Erregung auslöst, entstehen viele Aktionspotenziale pro Sekunde. Löst ein schwacher Reiz eine Erregung aus, entstehen nur wenige Aktionspotenziale pro Sekunde. Die Information darüber, ob ein schwacher oder ein starker Reiz die Erregung ausgelöst hat, wird also über die Anzahl der Aktionspotenziale pro Sekunde bestimmt. Die Form der Aktionspotenziale bleibt immer gleich, unabhängig von der Reizstärke.

Um welche Art von Reiz es sich handelt, lässt sich auch nicht durch die Aktionspotenziale erkennen, da diese alle gleich sind. Die Information über die Reizart erhält das Gehirn dadurch, dass die Erregung auf jeweils anderen Axonen im jeweils anderen Bereich des zentralen Nervensystems einläuft. Das Gehirn erkennt Meldungen aus den Augen daran, dass die von den Lichtreizen ausgelöste Erregung über den Sehnerv einläuft, während die auf Schallwellen zurückgehende Erregung über den Hörnerv ins Gehirn gelangt.

1 」 Beschreibe die Erregungsleitung an einer Nervenzelle!

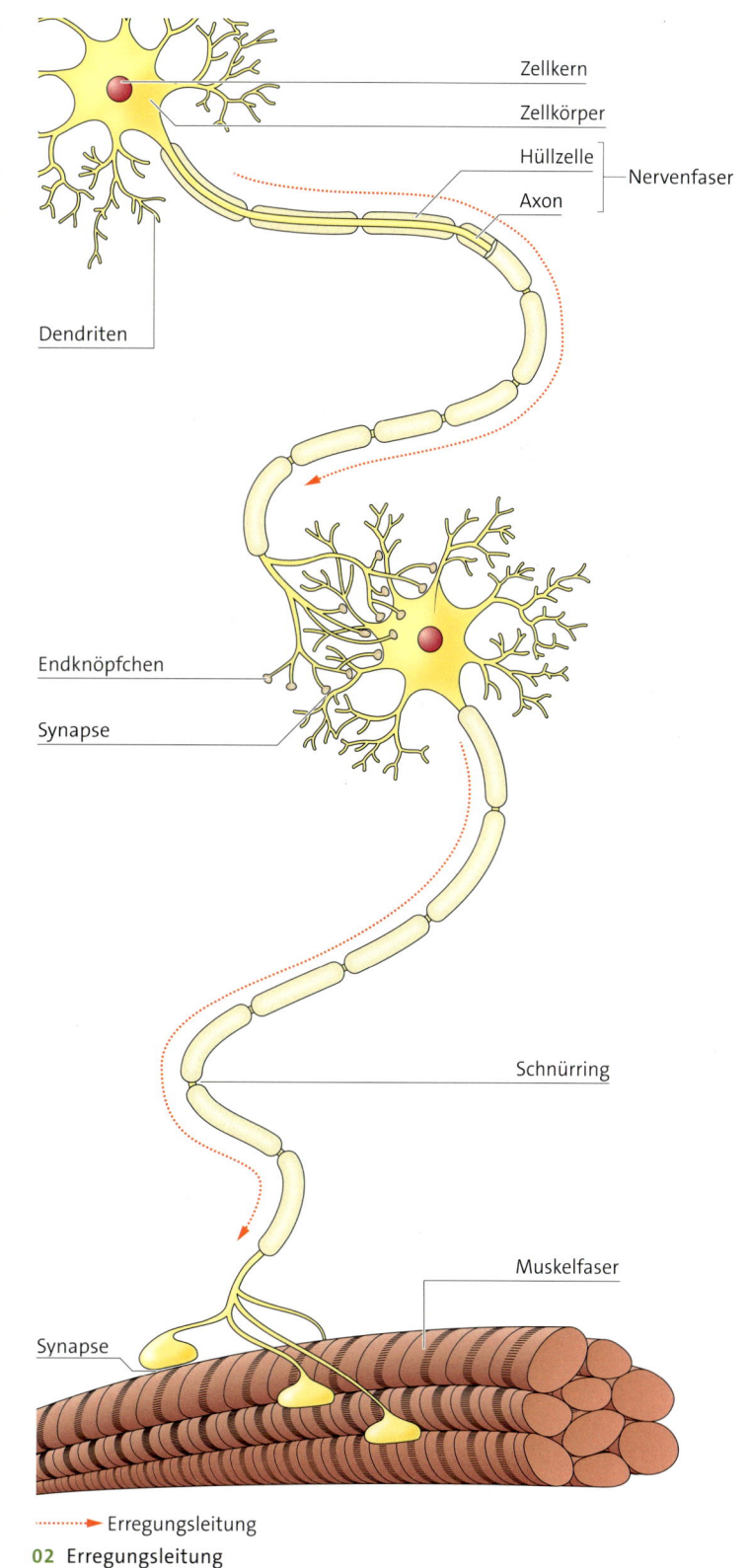

Zellkern
Zellkörper
Hüllzelle
Nervenfaser
Axon
Dendriten
Endknöpfchen
Synapse
Schnürring
Muskelfaser
Synapse

········► Erregungsleitung

02 Erregungsleitung

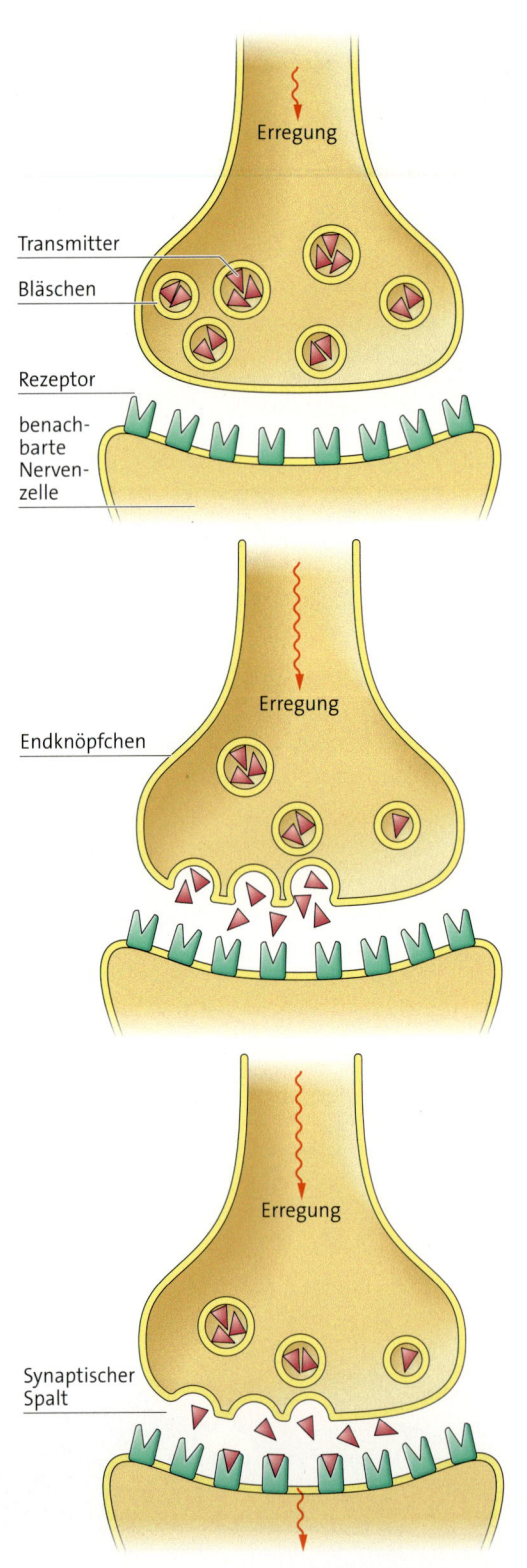

SYNAPSE · Der spanische Mediziner Santiago Ramón Y CAJAL entdeckte Ende des 19. Jahrhunderts, dass zwischen dem Endknöpfchen und der angrenzenden Zelle ein sehr schmaler Spalt liegt, der **synaptische Spalt.** Wie kann die Erregung diesen Spalt überwinden?

Im Endknöpfchen liegen zahlreiche von einer Membran umgebene Bläschen. Eine im Endknöpfchen einer Nervenzelle eintreffende Erregung bewirkt, dass einige dieser Bläschen mit der Zellmembran des Endknöpfchens verschmelzen. Dadurch entleeren sie ihren Inhalt, eine chemische Substanz, in den synaptischen Spalt. Diese durchquert den synaptischen Spalt. Sie wird daher als *Überträgerstoff* oder **Transmitter** bezeichnet. Da der synaptische Spalt sehr schmal ist, nur etwa 0,000 02 Millimeter breit, läuft dieser Vorgang sehr schnell ab. Die Transmittermoleküle binden auf der anderen Seite an spezielle Rezeptoren der Membran der angrenzenden Zelle. Nach dem *Schlüssel-Schloss-Prinzip* passen die Transmitter und die Rezeptoren genau zueinander. Infolge dieser Bindung wird die Membran der Zelle erregt. Ist die Empfängerzelle eine Muskelzelle, so löst die Erregung eine Kontraktion aus. Die Transmittermoleküle werden nun von Enzymen zerlegt und damit unwirksam gemacht. Die dadurch entstandenen Teilstücke werden in das Endknöpfchen aufgenommen, dort wieder zu Transmittermolekülen zusammengesetzt und erneut in Bläschen gespeichert. Die Erregungsleitung verläuft also über den synaptischen Spalt hinweg auf chemischem Weg. Viele Medikamente, die auf das Nervensystem wirken, greifen in die Erregungsübertragung an Synapsen ein.

Bildbeschriftungen:
- Erregung
- Transmitter
- Bläschen
- Rezeptor
- benachbarte Nervenzelle
- Endknöpfchen
- Synaptischer Spalt

03 Erregungsübertragung an einer Synapse

2⌡ Erstelle ein Pfeildiagramm, das die Erregungsübertragung an der Synapse darstellt!

Material A ▸ Nervenzellen im Gehirn

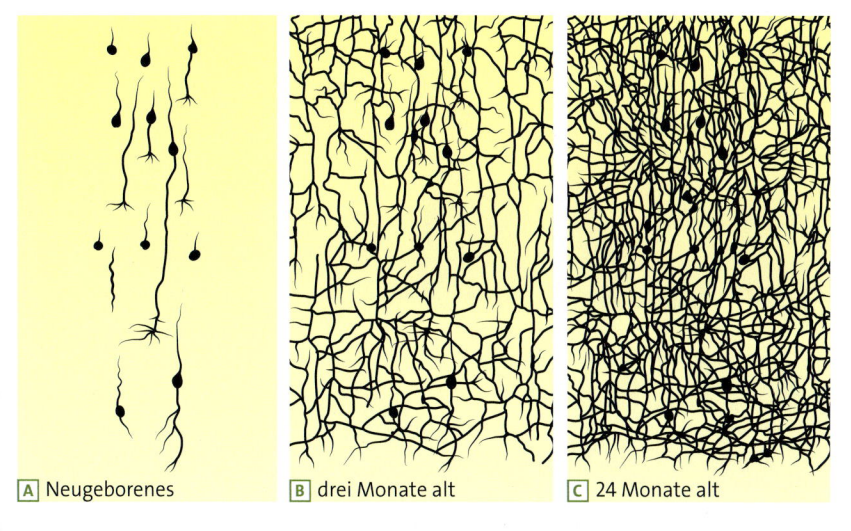

A Neugeborenes

B drei Monate alt

C 24 Monate alt

In der Abbildung dargestellt sind Nervenzellen des gleichen Gehirnbereichs in unterschiedlichem Alter eines Kindes.

A1 Beschreibe die Entwicklung des dargestellten Gehirnbereichs im Laufe der zwei Jahre!

A2 Fertige je eine beschriftete Schemazeichnung von drei Nervenzellen der Stadien A und B an, die die Veränderungen deutlich machen!

A3 Stelle Vermutungen an über die Veränderungen der Leistungsfähigkeit des dargestellten Gehirnbereichs!

Material B ▸ Synapsenfunktion

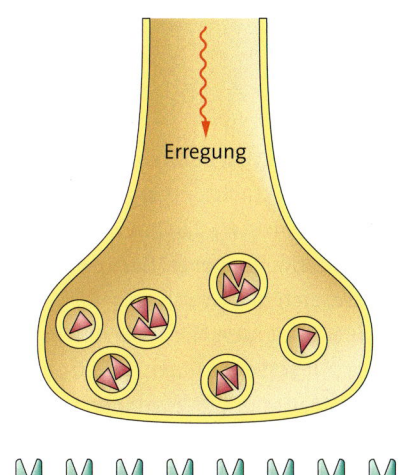

Erregung

Muskelfaser

A

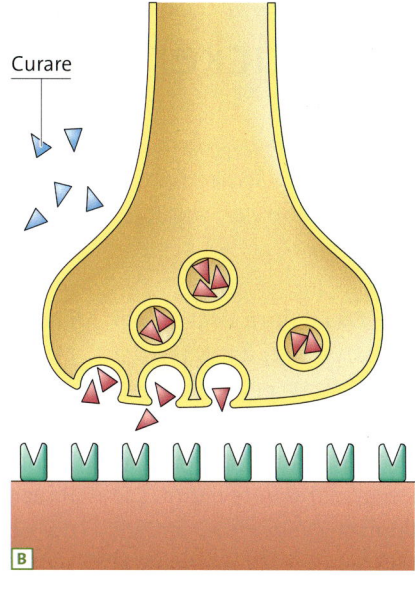

Curare

B

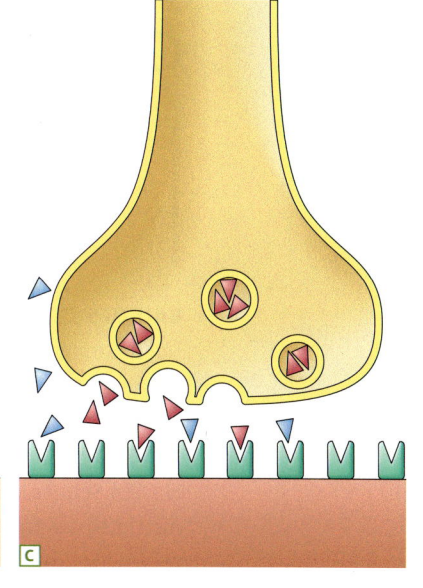

C

Curare, ein Gemisch aus verschiedenen Pflanzengiften, wird von den Indios Südamerikas als Pfeilgift genutzt, um Tiere zu töten. Früher wurde Curare auch bei Operationen zur Muskelentspannung eingesetzt.

B1 Beschreibe, wie die Erregung den synaptischen Spalt überwindet!

B2 Beschreibe die Wirkungsweise von Curare anhand der Abbildungen!

B3 Erläutere, weshalb die Verwendung bei Operationen erst möglich war, nachdem Patienten künstlich beatmet werden konnten!

B4 Nikotin, ein pflanzlicher Giftstoff in den Blättern der Tabakpflanze, bewirkt an der Synapse eine Dauererregung.
Stelle Vermutungen an, welche Wirkungen Nikotin an der Synapse haben könnte!

01 Startender Sprinter

Gehirn und Rückenmark

Sobald ein Läufer den Startschuss gehört hat, drückt seine Muskulatur den Körper aus den Startblöcken. Welche Rolle spielen dabei das Gehirn und das Rückenmark?

BAU DES GEHIRNS · Das Gehirn liegt an der höchsten Stelle des Körpers, in der Nähe der Sinnesorgane, sodass die Wege von Augen, Ohren, Zunge und Nase sehr kurz sind. Außer den Schädelknochen bieten auch drei weiche Hüllen Schutz, die man *Hirnhäute* nennt. Die mittlere ist schwammartig gebaut und enthält eine Flüssigkeit, die wie ein Wassermantel Erschütterungen dämpft. Außerdem wird von den Hirnhäuten aus das Gehirn mit Blut versorgt.

Das Gehirn besteht aus mehreren Teilen. Den größten Raum des Schädels füllt ein Gehirnbereich aus, der aus einer linken und einer rechten Hälfte besteht. Durch einen dicken Nervenstrang, den *Balken*, stehen die beiden Hälften miteinander in Kontakt. Dieser Gehirnab-

schnitt wird als **Großhirn** bezeichnet. Furchen in seinen äußeren Schichten sorgen für eine große Oberfläche von etwa 2,5 Quadratmetern. Durch diese Oberflächenvergrößerung haben im äußeren Bereich des Großhirns, der *Großhirnrinde*, viele Milliarden Nervenzellen Platz. Man spricht auch von der *grauen Substanz* des Gehirns. In der weiter innen liegenden *weißen Substanz* verlaufen Nervenfasern. Wie ein Computer arbeitet das Großhirn nach dem Prinzip: Eingang – Verarbeitung – Ausgang. Für die ein- und ausgehende Erregung sind die Nervenfasern in der weißen Substanz zuständig. Die Verarbeitung von Erregung geschieht in der grauen Substanz an den Zellkörpern und Dendriten der Großhirnrinde. Ein Läufer nimmt den Startschuss in seinem Großhirn wahr. Diese Wahrnehmung wird weiterverarbeitet, sodass er auch die Bedeutung der Wahrnehmung erkennt. Auch später beim Lauf muss der Läufer die Markierungen der Bahn nicht nur wahrnehmen, sondern auch erkennen, damit er sich danach richten kann. Die für die Wahrnehmung und Erkennung zuständigen Bereiche der Großhirnrinde nennt man *sensorische Felder*. Hören findet in Hörfeldern statt, Sehen in Sehfeldern. Außer solchen sensorischen Feldern hat das Großhirn auch Bereiche, aus denen Erregungen in den Körper laufen, die die Muskelarbeit koordinieren. Ein Läufer erhält beim Start den ersten Befehl an die Muskulatur aus solchen *motorischen Feldern*. In sensorische Felder laufen also Erregungen ein, von motorischen Feldern gehen Erregungen aus.

Weitere Bereiche der Großhirnrinde sind nicht auf bestimmte Aufgaben festgelegt. Sie sind zuständig für das Denken und Planen. Beim Menschen sind sie besonders groß. Vor allem mit ihrer Hilfe sind wir in der Lage, das zu leisten, was man mit den intellektuellen und moralischen Fähigkeiten des Menschen umschreibt.

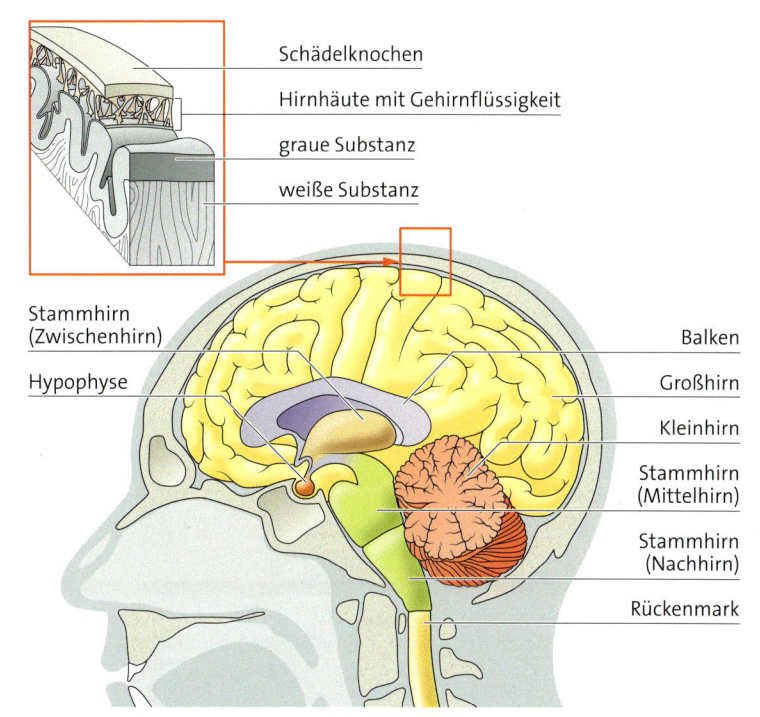

02 Bestandteile des Gehirns

Der Befehl zum Laufen kommt nur als grobes Programm aus dem Großhirn. Die Feinabstimmung, die fein koordinierte, harmonische Bewegungen möglich macht, geschieht in einem anderen Gehirnteil. Er liegt im unteren Bereich des Hinterkopfs und ist ebenfalls gefurcht und in zwei Hälften geteilt. Hier im **Kleinhirn** sind Programme gespeichert, die ganze Bewegungsabläufe umfassen. So wird das Großhirn von der Aufgabe befreit, die gesamte Bewegungssteuerung zu übernehmen. Durch diese Entlastung kann es sich während der Bewegung anderen Aufgaben widmen, zum Beispiel beim Laufen taktische Überlegungen anstellen.

Unter dem Großhirn liegt das **Stammhirn.** In seinem vorderen Teil, dem *Zwischenhirn*, werden Meldungen aus den Sinnesorganen bewertet, bevor sie ins Großhirn einlaufen. Hier wird nach wichtig und unwichtig unterschieden. Auch Gefühle wie Hunger, Angst oder Wut entstehen hier, ebenso die Freude eines Läu-

fers, wenn er gewonnen hat. Außerdem ist das Zwischenhirn für die Erhaltung der Lebensvorgänge von grundlegender Bedeutung, zum Beispiel für die Körpertemperatur und den Mineralstoffgehalt des Körpers. Unten ist das Zwischenhirn durch einen kurzen Stiel mit einem etwa erbsengroßen Gebilde, der *Hypophyse,* verbunden. Über diese Hormondrüse kann das Zwischenhirn Vorgänge im Hormonsystem steuern.

Die übrigen Bereiche des Stammhirns sind das *Mittelhirn* und das weiter hinten liegende *Nachhirn*, das in das Rückenmark übergeht. Im Mittelhirn liegen Umschaltstellen zwischen den Sinnesorganen und dem Zwischen- und Großhirn. Das Nachhirn ist für lebenswichtige Vorgänge zuständig, die wir mit unserem Willen nicht beeinflussen können, zum Beispiel für die Atembewegungen.

1 Nenne die Aufgaben der verschiedenen Teile des Gehirns!

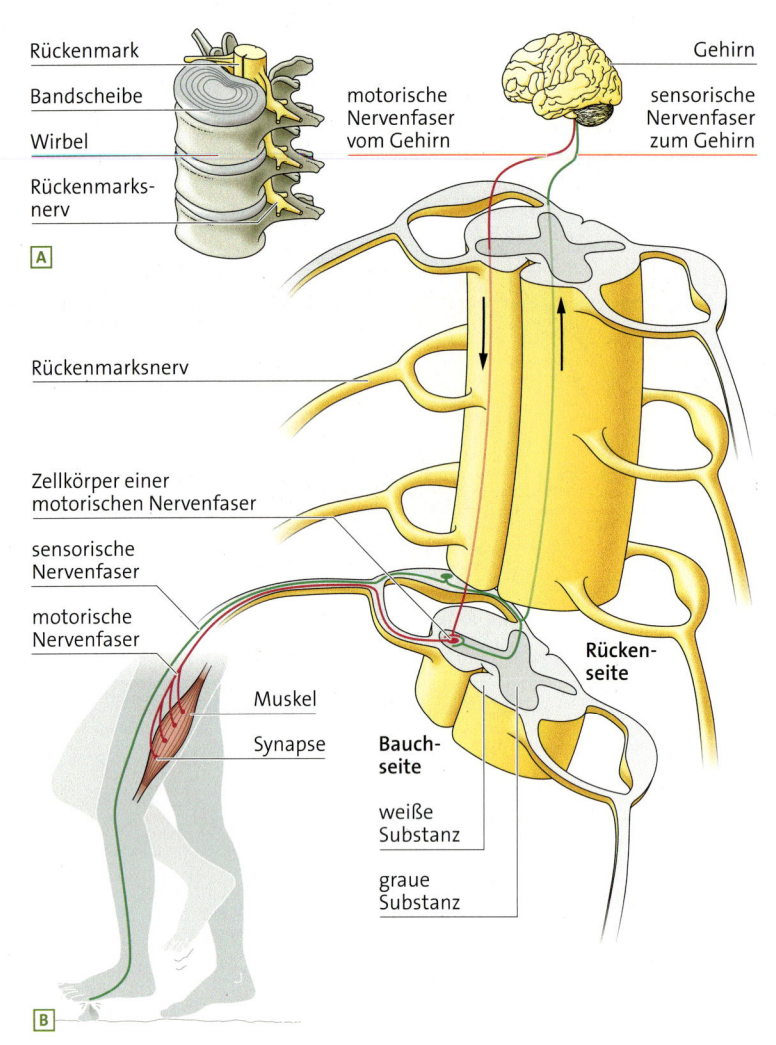

Rückenmark
Bandscheibe
Wirbel
Rückenmarks-nerv

A

motorische Nervenfaser vom Gehirn

Gehirn

sensorische Nervenfaser zum Gehirn

Rückenmarksnerv

Zellkörper einer motorischen Nervenfaser

sensorische Nervenfaser

motorische Nervenfaser

Muskel

Synapse

Rücken-seite

Bauch-seite

weiße Substanz

graue Substanz

B

03 Schmerzreaktion: **A** Lage des Rückenmarks, **B** Erregungsleitung und Verschaltung

RÜCKENMARK · Neben dem Gehirn gehört auch das Rückenmark zum ZNS. Die Zellkörper seiner Nervenzellen liegen in der schmetterlingsförmigen *grauen Substanz* im Inneren des Rückenmarks. Der Außenbereich, die *weiße Substanz,* besteht aus Nervenfasern. Pro Wirbel geht rechts und links je ein Nerv ab, die *Rückenmarksnerven*. Wenn man auf einen spitzen Stein tritt, zieht man das Bein zurück, bevor man den Schmerz spürt. Wie ist das zu erklären? Durch den Tritt auf den spitzen Stein entsteht in den Sinneszellen der Haut Erregung. Sie läuft durch die *Rückenmarksnerven* bis in die graue Substanz des Rückenmarks. Dort geht die Erregung direkt auf andere Nervenzellen, die *motorischen Nervenzellen,* über ohne ins Gehirn weitergeleitet zu werden. Die Erregung wird dadurch schneller zu den Muskeln an der Unterseite des Oberschenkels geleitet, sodass das Bein zurückgezogen wird. Eine solche Reaktion auf einen Reiz hin bezeichnet man als **Reflex**, die zugrunde liegende Verschaltung der Nervenzellen als **Reflexbogen.** Reflexe enden immer in einer festgelegten, nicht veränderbaren Reaktion. Durch die kurzen Leitungswege der *sensorischen* und *motorischen Nervenfasern* von den Sinneszellen bis zum Erfolgsorgan ist die Reaktion sehr schnell. Auch Schlucken, Niesen, Einstellen der Pupillenweite, Lidschluss und Speichelbildung sind Reflexe.

Den Tritt auf einen spitzen Stein spüren wir als Schmerz. Die von den Schmerzsinneszellen ausgehende Erregung muss also das Gehirn erreichen. Dafür sorgen Abzweigungen der sensorischen Nervenfasern, die durch die weiße Substanz zum Gehirn laufen. Weil der Weg dieser *sensorischen Bahnen* zum Gehirn lang ist, empfinden wir den Schmerz aber erst, nachdem der Reflex bereits abgelaufen ist. In der weißen Substanz verlaufen auch Nervenfasern, die von den Hirnbereichen ausgehen, die für Bewegungen zuständig sind. Die Axone dieser *motorischen Bahnen* bilden Synapsen mit den motorischen Zellen des Rückenmarks. So können Bewegungen ausgelöst werden, zu denen wir uns entschlossen haben, zum Beispiel die, mit der wir den beim Reflex zurückgezogenen Fuß wieder auf den Boden setzen. Vom Rückenmark aus läuft die Erregung dieser *willkürlichen Bewegung* auf denselben Nervenbahnen zur Muskulatur, die auch Bestandteil des Reflexbogens sind. Das Rückenmark erfüllt also zwei Funktionen. Es verschaltet und es leitet die Erregungen.

2] Stelle die Vorgänge, die bei Reflexen ablaufen, als Pfeildiagramm dar!

Material A ▸ Felder der Großhirnrinde

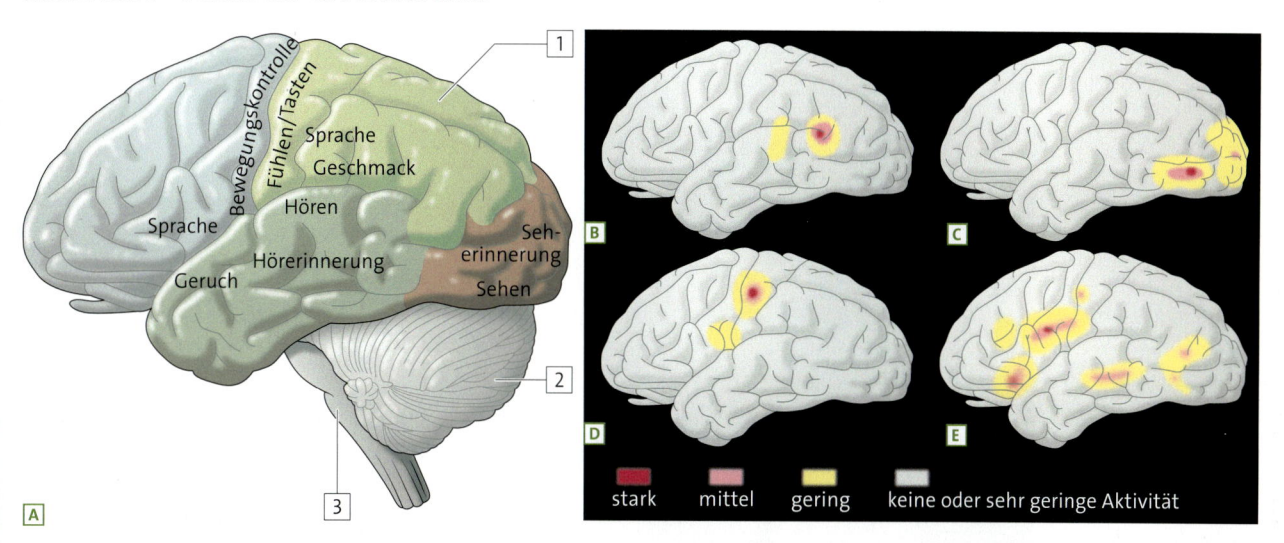

A

| stark | mittel | gering | keine oder sehr geringe Aktivität |

Mit einer besonderen Technik lassen sich die Bereiche der Großhirnrinde, die gerade besonders aktiv sind, durch eine gelbe, orangefarbene und rote Färbung sichtbar machen.

A1 Ordne den Zahlen die entsprechenden Fachbegriffe zu!

A2 Ordne den Abbildungen B bis E folgende Leistungen zu: 1) Worte sehen, 2) Worte sprechen, 3) Worte hören, 4) an Worte denken!

A3 Stelle Vermutungen an, weshalb in der Abbildung C zwei Bereiche der Großhirnrinde aktiv sind!

A4 Stelle Vermutungen an, weshalb in der Abbildung E viele Felder aktiv sind!

Material B ▸ Reflex

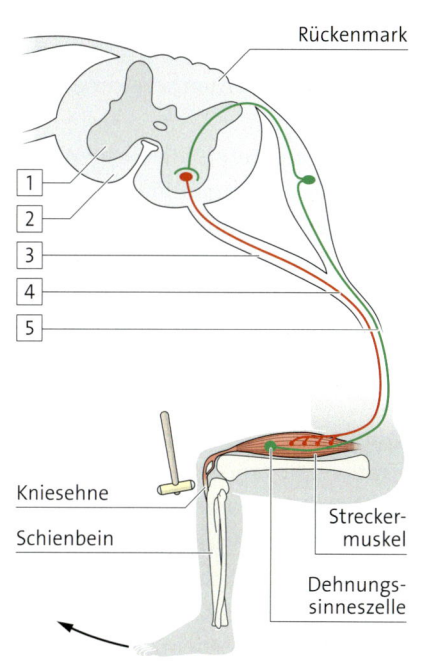

Bei einem leichten Schlag auf die Kniesehne wird der Streckermuskel gedehnt. Dadurch entsteht in Dehnungssinneszellen des Muskels elektrische Erregung. Infolgedessen hebt sich der Unterschenkel mit einem kleinen Ruck. Diese Reaktion auf den Reiz nennt man *Kniesehnenreflex*.

B1 Ordne folgende Begriffe den mit Zahlen gekennzeichneten Bereichen der Abbildung zu: motorische Nervenfaser, weiße Substanz, Rückenmarksnerv, sensorische Nervenfaser, graue Substanz, motorische Nervenzelle!

B2 Begründe, weshalb man die Bewegungssteuerung, die in der Abbildung dargestellt ist, als Reflex bezeichnen darf!

B3 Stelle Vermutungen an, weshalb ein Arzt bei einer Untersuchung diesen Reflex prüft!

B4 Stelle Vermutungen an, durch welche im Schema nicht eingetragenen Strukturen es möglich ist, auch mit geschlossenen Augen festzustellen, dass der Reflex ablief!

01 Geige
spielendes Kind

Lernen und Gedächtnis

Ein Kind schaut auf die Noten eines Musikstücks. Es greift mit der linken Hand die Saiten am Griffbrett, mit der rechten Hand führt es den Bogen über die Saiten der Geige. Nach einer gewissen Zeit gelingt es ihm sogar, das Stück ohne Noten aus dem Gedächtnis zu spielen. Wie ist das möglich?

LERNEN · Die Aufnahme von Informationen aus der Umwelt erfolgt über die Sinnesorgane. Das Kind sieht die Noten und hört die Töne. Weitergeleitet werden die Informationen in Form von Erregung über sensorische Nervenfasern zum zentralen Nervensystem. Im Großhirn sind es die sensorischen Felder der Großhirnrinde, in die die Erregung einläuft und in denen sie verarbeitet wird. Damit wird die Erregung wahrgenommen.

Der Befehl, durch den die Finger die Saiten des Griffbretts greifen sowie der Arm den Bogen über die Saiten streicht, kommt in Form eines groben Programms vom Großhirn. Für die Feinabstimmung der koordinierten Bewegungen ist vor allem das Kleinhirn zuständig. So

können die Noten des Blattes in eine präzise Tonfolge umgesetzt werden. Das Kind hat ein Notenbild mit bestimmten Bewegungen verknüpft und gespeichert.

Ein Prozess, bei dem ein Mensch Informationen aus seiner Umwelt aufnimmt, verarbeitet, diese speichert und sie zu einem späteren Zeitpunkt wieder abruft, wird als **Lernen** bezeichnet.

Menschen lernen auf unterschiedliche Weise. Es gibt Menschen, die Informationen aus ihrer Umwelt am besten aufnehmen können, indem sie diese hören. Andere können dies am erfolgreichsten, wenn sie Informationen über ihre Augen aufnehmen, und nochmals anderen gelingt das Aufnehmen von Informationen dann besonders gut, wenn sie die Möglichkeit haben, eine Handlung selbst auszuführen. Auch die Kommunikation mit dem Gegenüber kann für den Lernerfolg entscheidend sein. Grundsätzlich unterscheidet man verschiedene **Lerntypen,** die mit unterschiedlichen Lerntechniken am besten lernen können. Allerdings ist der Lernerfolg am höchsten, wenn der Mensch

Informationen über möglichst viele seiner Sinnesorgane gleichzeitig aufnimmt. Man spricht von einem **mehrkanaligen Lernen.**

Lernen wird durch mehrere Faktoren begünstigt. Diese können die Motivation sein, etwas lernen zu wollen, eine mögliche Belohnung sowie positive Gefühle, die zum Beispiel dann auftreten, wenn mit anderen, angenehmen Menschen zusammen gelernt wird.

Wir lernen ständig und unser Gehirn verändert sich dabei fortwährend. So zeigen Synapsen, in denen häufig Aktionspotenziale einlaufen, eine Verbesserung der Erregungsübertragung. Durch häufiges Wiederholen von Tätigkeiten können sich auch neue Synapsen ausbilden. Andere, wenig oder nicht genutzte werden sogar wieder abgebaut.

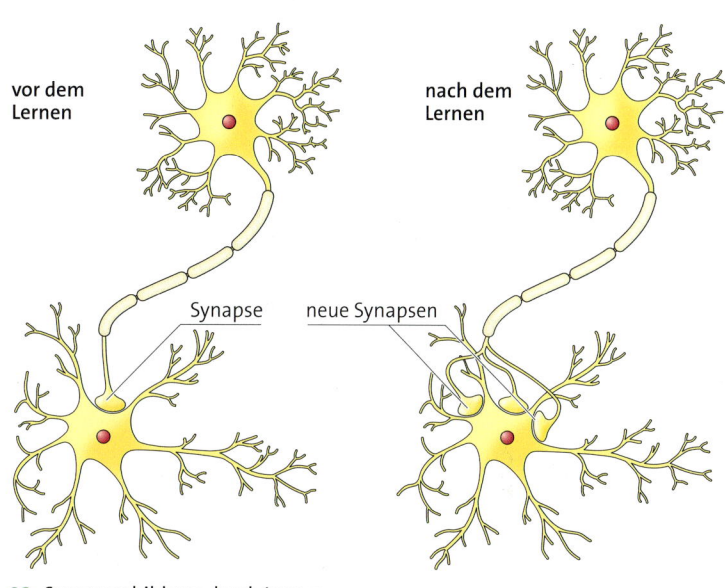

02 Synapsenbildung durch Lernen

GEDÄCHTNIS · Unser Gehirn erhält über unsere Sinnesorgane permanent eine Fülle an Informationen aus der Umwelt. Diese Reize werden für Millisekunden gespeichert und durchgemustert. Bedeutende Informationen werden herausgefiltert und gelangen in unser Bewusstsein, die anderen gehen verloren. Diese bewusst aufgenommenen Informationen werden im **Arbeitsgedächtnis** erfasst und weiterverarbeitet. Wenn die Informationen dauerhaft gespeichert werden sollen, müssen sie mit bereits vorhandenem Wissen verknüpft werden. Besonders gut behalten wir auffällige Informationen, die unsere Aufmerksamkeit erregen sowie Informationen, die sowohl visuell über die Augen als auch akustisch-sprachlich über die Ohren gleichzeitig aufgenommen werden. Auf diese beiden Bereiche ist das Arbeitsgedächtnis speziell ausgerichtet.

Das eigentliche Gedächtnis bildet das **Langzeitgedächtnis,** in dem alle im Laufe unseres Lebens gemachten Erfahrungen gespeichert sind. Auf diesen Speicher greift das Arbeitsgedächtnis zurück und kann so Informationen einordnen oder verwerfen. Der Informationsfluss läuft somit zwischen Arbeits- und Langzeitgedächtnis ständig hin und her. Die Nervenzellen

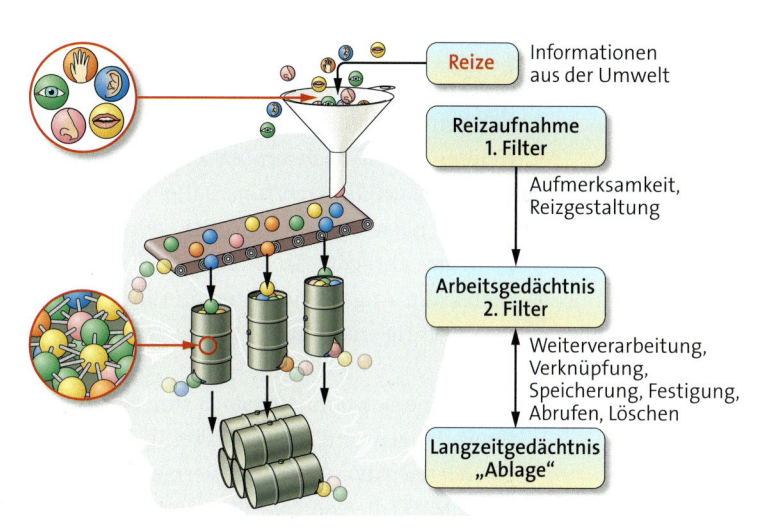

03 Gedächtnismodell

des Gehirns arbeiten somit zum einen an der Verarbeitung von Informationen mit und zum anderen an der Speicherung. Sie sind variabel einsetzbar. Der Informationsfluss und die Informationsspeicherung können weder räumlich noch zeitlich getrennt oder genau festgelegt werden. Beide Vorgänge gehen fließend ineinander über. Die Nervenzellen bilden ein Netzwerk, in dem gleichzeitig ohne feste Zuordnung beide Vorgänge ablaufen. Man spricht daher heute vom **neuronalen Netz-Modell.**

/// **IM BLICKPUNKT MEDIZIN** ///

Sucht und Drogen

01 Süchtig?

Oft hört man, dass Menschen nach bestimmten Dingen oder Tätigkeiten, zum Beispiel Zigaretten, Alkohol oder Spielen, süchtig sind. Echte Süchte stellen eine große Gefahr für die Gesundheit dar.

Glücksgefühle wie Zuneigung oder Anerkennung sind für jeden Menschen wichtig. Sie aktivieren einen bestimmten Bereich unseres Gehirns, das *Glückszentrum*. Daher sucht unser Gehirn nach Situationen, die sein Glückszentrum anregen. So entstehen bei jedem Menschen Angewohnheiten, die ihm besonders wichtig erscheinen.

Wenn eine Gewohnheit jedoch zum zwanghaften Verlangen wird, um Glücksgefühle zu erzeugen oder negative Gefühle zu vermeiden, und so zunehmend die Kontrolle über den Betroffenen gewinnt, hat sie sich zur **Sucht** entwickelt. Um das gewünschte Gefühl hervorzurufen, muss mit der Zeit die Dosis erhöht werden – ein Alarmzeichen, an dem die Abhängigkeit erkannt werden kann. Wenn der Süchtige um „jeden Preis" das Suchtmittel besorgen will oder muss, sein Verhalten darauf ausrichtet und das Interesse an anderen Menschen verliert, spricht man von *seelischer* oder *psychischer Abhängigkeit*. Wenn der Körper des Süchtigen auf die dauernde Einnahme des Suchtmittels reagiert und seinen Stoffwechsel darauf einstellt,

spricht man von *körperlicher* oder *physischer Abhängigkeit*. Wird dem Körper das Suchtmittel entzogen, reagiert er mit Entzugserscheinungen wie Unruhe, Schwitzen, Nervosität, Übelkeit oder Schmerzen. Sie lassen erst nach, wenn das Suchtmittel zugeführt wird.

Glücksgefühle werden in unserem Gehirn vom Belohnungssystem erzeugt, wenn wir beispielsweise Grundbedürfnisse wie Hunger, Durst oder Schlaf befriedigen. Der Anblick oder Duft eines leckeren Stücks Schokotorte erzeugt zum Beispiel in unserem Gehirn den Drang, das bewusste Verlangen danach zu stillen. Gehirnzellen schütten den Transmitter Dopamin, ein „Glückshormon", vermehrt aus und lenken so die Aufmerksamkeit auf den Reiz und markieren ihn als wichtig für das Wohlbefinden. Auch beim Lernen oder bei anderen Handlungen, die eine Belohnung oder Erfolg versprechen, ist Dopamin beteiligt und sorgt für die nötige Motivation.

Alkohol und Tabak sowie Cannabis und Heroin gelangen über die Blutbahn in unser Gehirn und erhöhen die Dopaminausschüttung. Dadurch wird die von Nervenzelle zu Nervenzelle weitergeleitete Erregung massiv verstärkt und das Belohnungssystem wird fehlgeleitet. Substanzen, die das zentrale Nervensystem, das Verhalten und die Psyche beeinflussen, werden als **Drogen** oder *psychoaktive Substanzen* bezeichnet.

Illegale Drogen wie Cannabis und Heroin sind per Betäubungsmittelgesetz verboten. Der Gebrauch von legalen Drogen wie Alkohol, Nikotin und Medikamenten ist allgemein üblich und gesellschaftlich akzeptiert, unterliegt aber auch gewissen Vorschriften.

Kokain

Kokain wird aus den Blättern des Koka-strauchs gewonnen. Es wirkt aktivitäts-steigernd, euphorisierend und enthem-mend. Nach diesem „Hoch" folgt ein „Tief", man ist müde und missmutig. Kokain sorgt für eine erhöhte Dopaminausschüt-tung und verhindert an der Synapse die Wiederaufnahme des Transmitters in das Endknöpfchen. Dadurch werden Nerven-zellen örtlich betäubt, weshalb es ur-sprünglich als lokales Betäubungsmittel verwendet wurde.

Heroin, Schnee

Heroin wird aus dem Saft der Schlafmohnkapsel gewonnen und gehört zu den Opiaten, welche eine schmerzstillende, eu-phorisierende und schlaffördernde Wirkung haben. Negative Gefühle werden überdeckt. Schon der kurze Konsum kann zu psychischer und physischer Abhängigkeit führen. Der Körper stellt mitunter auch körpereigene Opiate her, die Endorphine, für die Nervenzellen spezielle Bindungsstellen aufweisen. Man vermutet, dass diese von Heroin ebenfalls besetzt werden und Reaktionen auslösen.

Cannabis, Marihuana, Haschisch

Cannabis ist der Gattungsname der Hanf-pflanze, ihre getrockneten Blüten und Blätter werden als Marihuana und das Harz als Haschisch in Umlauf gebracht. Der Hauptwirkstoff ist THC, das Sinnes-eindrücke und Gefühle verstärkt und entspannend wirkt. Der Einsatz als Medi-kament wird heute stark diskutiert, da auch eine schmerzlindernde, entzün-dungshemmende und appetitanregende Wirkung nachweisbar ist und Behand-lungserfolge bei bestimmten Erkrankun-gen erzielt wurden, andererseits aber eine hirnschädigende Wirkung bei Jugendlichen auftritt.

Ecstasy

Ecstasy ist eine synthe-tisch hergestellte Droge, deren Wirkung zwischen der von LSD und Amphet-aminen liegt. Bei niedriger Dosierung wirkt es auf-putschend, bei hoher hal-luzinogen. Ecstasy führt ebenfalls zur erhöhten Se-rotoninausschüttung und verhindert dessen Wieder-aufnahme.

Alkohol

Alkohol entsteht bei der Vergärung von Frucht- und Getreidesorten und wird über den Verdauungstrakt aufgenommen. In kleinen Mengen wirkt er enthemmend und auflockernd, in großen erhöht er die Risiko-bereitschaft, teilweise die Aggressivität und wirkt schlafanregend und schmerz-lindernd. Schädigungen durch Alkoholkon-sum treten nicht nur im zentralen Nerven-system, sondern auch an vielen Organen in unterschiedlicher Weise auf.

LSD

LSD wird halbsynthetisch aus dem Mut-terkornpilz hergestellt. Es erzeugt schon in geringen Mengen Sinnestäuschungen und Wahnvorstellungen, die schlecht steuer-bar sind. Der Rauschzustand kann daher in einem sogenannten „Horrortrip" enden, der zum Selbstmord führen kann. Bereits bei der ersten Einnahme können psychi-sche Erkrankungen ausgelöst werden. Man geht davon aus, dass LSD aufgrund seiner strukturellen Ähnlichkeit zum Transmitter Serotonin in die chemische Übertragung an den entsprechenden Syn-apsen eingreift.

Amphetamine, Speed

Amphetamine wie Speed sind in vorwiegend privaten Labors synthetisch hergestellte Aufputschmittel. Sie stei-gern vorübergehend die körperliche Leistungsfähigkeit, wirken euphorisierend und appetitzügelnd und erhöhen die Risikobereitschaft. Daher wurden sie eine Zeit lang als Appetitzügler verwendet. Werden sie auf Dauer ein-genommen, führen sie auch im nüchternen Zustand zu Rast- und Schlaflosigkeit und Herz-Kreislauf-Problemen.

A ▸ Reizbarkeit

Kann ich ...

1 ⌡ beschreiben, was ein Reiz und eine Erregung ist? *(Seite 238 und 240)*

2 ⌡ verschiedenen Sinneszellen jeweils einen adäquaten Reiz zuordnen? *(Seite 238 und 239)*

3 ⌡ beschreiben, wie es zur Wahrnehmung eines Reizes kommt? *(Seite 240)*

4 ⌡ erklären, was man unter einem adäquaten Reiz versteht und Beispiele nennen? *(Seite 239)*

B ▸ Sehen

Kann ich ...

1 ⌡ den Strukturen eines Auges jeweils eine Funktion zuordnen? *(Seite 242 und 243)*

2 ⌡ den Bau der Netzhaut beschreiben? *(Seite 243)*

3 ⌡ die verschiedenen Sinneszellen der Netzhaut miteinander vergleichen? *(Seite 243)*

4 ⌡ die Vorgänge bei einer Akkommodation des Auges erläutern? *(Seite 244)*

5 ⌡ die additive Farbmischung mit der subtraktiven Farbmischung vergleichen? *(Seite 250 bis 252)*

6 ⌡ die Bedeutung des Gehirns bei der Wahrnehmung von räumlichen und bewegten Bildern beschreiben? *(Seite 251 und 252)*

7 ⌡ die Ursachen für zwei Formen der Fehlsichtigkeit nennen und jeweils die Auswirkungen erklären? *(Seite 247)*

8 ⌡ beschreiben, was man unter einer optischen Täuschung versteht? *(Seite 252)*

C ▸ Riechen und Schmecken

Kann ich ...

1 ⌡ die Strukturen der Nase und der Zunge beschreiben, über die Reize aufgenommen werden und die Art der Reize benennen? *(Seite 256 und 257)*

2 ⌡ beschreiben, wo die Geruchs- beziehungsweise Geschmackswahrnehmung erfolgt? *(Seite 256 und 257)*

3 ⌡ erklären, weshalb wir kaum etwas schmecken, wenn wir Schnupfen haben? *(Seite 274)*

4 ⌡ die Bedeutung von Riechen und Schmecken für das Überleben unserer Vorfahren begründen? *(Seite 258)*

D ▶ Informationsverarbeitung

Kann ich ...

1 ⌡ den Bau und die Funktion des zentralen und peripheren Nervensystems beschreiben? *(Seite 260 und 261)*

2 ⌡ die Vorgänge bei einer Steuerung und einer Regelung voneinander unterschei-den? *(Seite 261)*

3 ⌡ den Bau eines Nervs beschreiben? *(Seite 262)*

4 ⌡ das Schema einer Nervenzelle zeichnen und beschriften? *(Seite 265)*

5 ⌡ die Erregungsleitung an einer Nerven-zelle und einer Synapse beschreiben? *(Seite 265 und 266)*

6 ⌡ die Aufgaben der verschiedenen Gehirnteile nennen? *(Seite 268 und 269)*

7 ⌡ einen Reflexbogen zeichnen und seine Rolle bei der nervösen Steuerung beschreiben? *(Seite 270)*

8 ⌡ die Bedingungen für Lernen und Gedächtnis beschreiben? *(Seite 272 und 273)*

9 ⌡ die verschiedenen Formen des Gedächtnisses miteinander vergleichen? *(Seite 273)*

10 ⌡ begründen, wie man erfolgreich lernt? *(Seite 272 und 273)*

11 ⌡ Den Begriff Sucht erläutern? *(Seite 274)*

12 ⌡ beschreiben, welche Bedeutung Glücksgefühle für eine Suchtentstehung haben? *(Seite 274)*

13 ⌡ die Wirkung von Drogen auf die Erregungsleitung und -verarbeitung beschreiben? *(Seite 274)*

14 ⌡ den Zusammenhang von Drogen und Süchten erläutern? *(Seite 274 und 275)*

Kann ich aus dem Kapitel „Informationen empfangen, verarbeiten und speichern" Beispiele nennen für das Basiskonzept:

- Struktur – Eigenschaft – Funktion?
- System?

Sport und Ernährung

1   **Gesunderhaltung des Körpers** **280**

2   **Bewegung** **292**

In diesem Kapitel beschäftigst du dich mit

► gesunder Ernährung. Du lernst die Inhaltsstoffe von Nahrungsmitteln kennen und erfährst etwas über ihre Bedeutung für unseren Körper. Du lernst, wie du deine Ernährung ausgewogen gestalten kannst.

► der Regelung des Blutzuckergehalts. Du erfährst, wie der Blutzuckergehalt durch das Zusammenspiel von Hormonen reguliert wird und was passiert, wenn diese Regulation gestört ist.

► dem vegetativen Nervensystem. Du lernst, wie es aufgebaut ist und welche Funktionen es in unserem Körper erfüllt.

► der Muskulatur. Du lernst Bau und Funktion eines Muskels kennen und erfährst, wie verschiedene Muskeln bei der Bewegung zusammenwirken.

► Fitness. Du erfährst, wie Ernährung und Bewegung zur Gesundheit und zum Wohlbefinden beitragen, und erfährst, warum regelmäßiger Sport die Leistungsfähigkeit des Körpers erhöht.

01 Kind beißt in einen Apfel

Gesunde Ernährung

„An apple a day keeps the doctor away", besagt: Wenn man jeden Tag einen Apfel isst, bleibt man gesund. Äpfel sind zwar sehr gesund, reichen jedoch für unsere Ernährung nicht aus. Wie aber kann man sich gesund ernähren?

ENERGIEBEDARF · Selbst wenn wir entspannt im Bett liegen, benötigt unser Körper ständig Energie, vor allem für die Atmung, die Herztätigkeit, die Verdauung, die Nerventätigkeit und für die Erzeugung der Körperwärme. Die innerhalb von 24 Stunden bei völliger Ruhe verbrauchte Energiemenge bezeichnet man als **Grundumsatz.**

Früher wurde die Energiemenge in *Kalorien* angegeben. Heute verwendet man die Maßeinheit *Joule*. Ein Joule Energie benötigt man zum Beispiel, um eine Tafel Schokolade mit 100 Gramm Masse einen Meter hochzuheben. 1000 Joule sind ein Kilojoule. Der Grundumsatz im Körper liegt im Durchschnitt bei 4,2 Kilojoule pro Kilogramm Körpermasse und Stunde. Für einen Mann, der 70 Kilogramm wiegt, sind das 7056 Kilojoule pro Tag. Die Höhe des Grundumsatzes hängt auch von Geschlecht, Alter und Gesundheitszustand ab.

Frauen haben einen etwas niedrigeren Grundumsatz, bei alten Menschen ist er ebenfalls niedriger und bei Kranken etwas höher. Die höchsten Anteile am Grundumsatz beanspruchen die Leber und die Muskulatur.

Sobald wir uns bewegen oder denken, benötigen wir mehr Energie. Diese zusätzlich erforderliche Energiemenge bezeichnet man als **Leistungsumsatz.** Dieser beträgt zum Beispiel beim Spazierengehen etwa 450 Kilojoule pro Stunde, beim Skilanglaufen dagegen 3 200 Kilojoule pro Stunde. Die Summe von Grund- und Leistungsumsatz ist der **Gesamtumsatz.** Die täglich aufgenommene Energiemenge sollte den Gesamtumsatz decken, also den tatsächlichen Energiebedarf eines Tages. Die Differenz zwischen aufgenommener Energiemenge und dem Energiebedarf bezeichnet man als **Energiebilanz.** Ist die zugeführte Energiemenge größer als der Energiebedarf, ist die Energiebilanz positiv und die Energie wird in Form von Körperfett gespeichert. Nimmt man weniger Energie auf als vom Körper benötigt, ist die Energiebilanz negativ. Das kann zu einer Gewichtsabnahme führen.

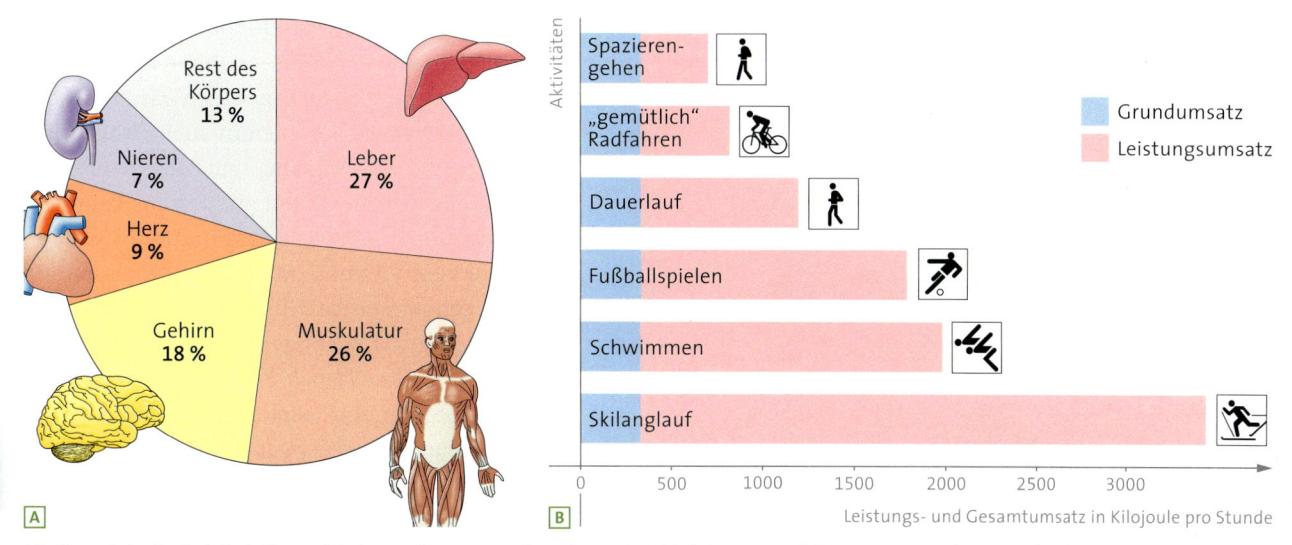

02 Energiebedarf: A Anteil verschiedener Organe am Grundumsatz, **B** Leistungs- und Gesamtumsatz bei verschiedenen Tätigkeiten

NÄHRSTOFFBEDARF · Die benötigte Energie wird vor allem aus Kohlenhydraten und Fetten gewonnen. Ein Gramm Kohlenhydrate liefert 17 Kilojoule und ein Gramm Fett 40 Kilojoule Energie. Die in Kohlenhydraten enthaltene Energie kann schneller freigesetzt werden. Deshalb kann man mit einem Stück Traubenzucker dem Körper sehr rasch Energie zuführen. Je nach Gesamtumsatz beträgt der tägliche Bedarf an Kohlenhydraten etwa 320 Gramm und an Fetten etwa 90 Gramm. Kohlenhydrate sind nur begrenzt in der Leber und den Muskeln speicherbar. Überschüssige Kohlenhydrate werden zu Fetten umgebaut. Diese können langfristig als Fettgewebe gespeichert werden und stellen so eine Energiereserve dar. Da beide Nährstoffe wichtige Energielieferanten sind, dienen sie vor allem als *Betriebsstoffe*.

Ein Gramm Protein liefert 17 Kilojoule Energie. Proteine sind aber nicht wegen ihres Energiegehalts bedeutsam, sondern vor allem wegen ihrer Bausteine, der Aminosäuren. Diese werden zum Beispiel für den Aufbau von Zellen, etwa in Muskeln, aber auch für Haare und Nägel benötigt. Sie dienen daher vor allem als *Baustoffe*. Weil Jugendliche noch wachsen, benötigen sie mehr Baustoffe als Erwachsene. Der tägliche Proteinbedarf von Jugendlichen beträgt ungefähr 1,2 Gramm pro Kilogramm Körpermasse. Erwachsene benötigen etwa 0,8 Gramm pro Kilogramm Körpermasse am Tag, da ständig Zellen erneuert und Gewebe umgebaut werden. Äpfel enthalten nur sehr wenig Protein. Zur Deckung des täglichen Bedarfs wären 30 Kilogramm Äpfel erforderlich.

VITAMINE, MINERALSTOFFE UND BALLAST-STOFFE · Damit die Nährstoffe als Energie- und Baustofflieferanten richtig genutzt werden können, sind zusätzlich eine Reihe von Vitaminen und Mineralstoffen notwendig. Sie werden zwar nur in winzigen Mengen benötigt, müssen aber mit der Nahrung aufgenommen werden. Vitamine sorgen für einen geregelten Ablauf vieler Vorgänge im Körper. Mineralstoffe sind beispielsweise für die Blut- und Knochenbildung sowie die Nerven- und Muskeltätigkeit notwendig. Man sollte auch auf eine reichliche Aufnahme von Ballaststoffen achten. Sie sind für die Darmtätigkeit sehr wichtig. Ein Apfel pro Tag trägt zu einer gesunden Ernährung vor allem dadurch bei, dass er viele Vitamine, Mineral- und Ballaststoffe enthält.

1 Erkläre, was man unter Energiebedarf versteht!

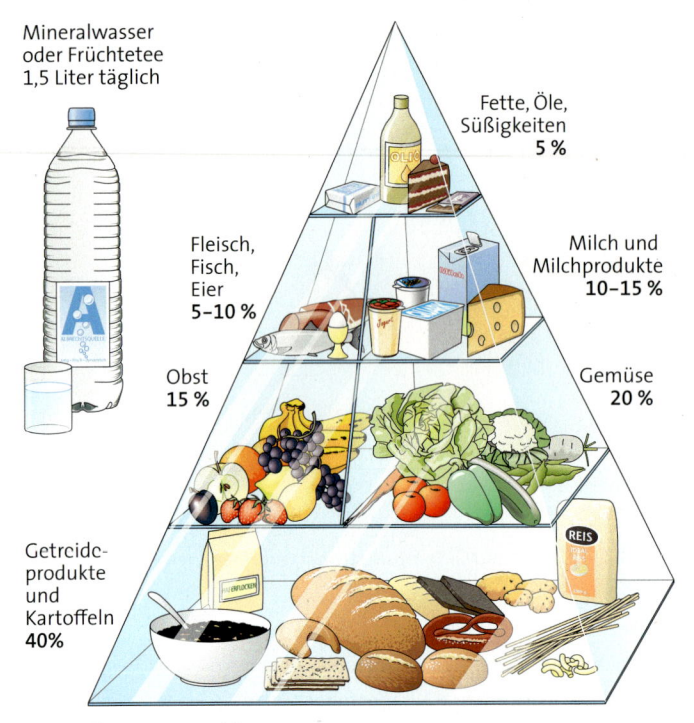

03 Ernährungspyramide

Kartoffeln mit etwa 40 Prozent der täglichen Nahrung die Basis. Die in ihnen enthaltenen Kohlenhydrate decken einen Großteil des Energiebedarfs und liefern auch einige Vitamine und viele Mineral- und Ballaststoffe. Die Anteile an *Obst* sollten mindestens 15 und an *Gemüse* 20 Prozent betragen. Damit werden sehr viele Vitamine, Mineral- und Ballaststoffe aufgenommen, bei Hülsenfrüchten außerdem Proteine. Als wichtige Protein- und Fettlieferanten sollten *Fleisch, Fisch* und *Eier* etwa 5 bis 10 Prozent und *Milchprodukte* 10 bis 15 Prozent betragen. Damit wird auch der Bedarf an Vitaminen, die nur zusammen mit Fett aufgenommen werden können, und an weiteren Mineralstoffen gedeckt. Fette, wie *Butter* und *Öl*, sowie *Süßigkeiten* mit einem hohen Gehalt an Zucker und Fett sollten höchstens 5 Prozent unserer täglichen Nahrung ausmachen.

AUSGEWOGENE ERNÄHRUNG · Alle Lebensvorgänge laufen in Körperflüssigkeiten ab. Unser Körper besteht zu 70 Prozent aus Wasser. Die Aufnahme einer ausreichenden Menge von Wasser ist daher grundlegend für die Ernährung. Man sollte täglich zusätzlich zur Nahrung mindestens 1,5 Liter Wasser zu sich nehmen. Kohlenhydrate, Fette, Proteine, Vitamine, Mineralstoffe, Ballaststoffe und Wasser stellen die sieben Säulen der Ernährung dar. In Lebensmitteln sind diese Stoffe in unterschiedlichen Mengenanteilen enthalten. Für die verschiedenen Mahlzeiten sollten die Lebensmittel so zusammengestellt werden, dass der tägliche Bedarf an allen Stoffen gedeckt wird. So kann man eine **ausgewogene Ernährung** erreichen. Die für eine ausgewogene und deshalb gesunde Ernährung empfohlenen Anteile verschiedener Lebensmittel veranschaulicht eine *Ernährungspyramide*. Neben dem Wasser, das in Form von Mineralwasser, Kräutertees oder Saftschorle getrunken werden sollte, bilden *Getreideprodukte* und

GESUNDE LEBENSMITTEL · Voraussetzung für eine gesunde Ernährung sind Lebensmittel, die keine Schadstoffe enthalten. Reste von Pflanzenschutzmitteln und Tiermedikamenten in Lebensmitteln können den Menschen krank machen. Pflanzen, die auf schadstofffreien Böden ohne Insektengifte angebaut wurden, sowie Fleisch, das nicht von Tieren aus Massentierhaltung stammt, sind in der Regel unbelastet und deshalb gesünder. Einige Stoffe, die Lebensmittel haltbar machen, sogenannte Konservierungsstoffe, sowie die vor allem in Fertigprodukten enthaltenen Geschmacksverstärker können für einige Menschen schädlich sein. Frische Lebensmittel sind meistens gesünder. Lebensmittel, die in der nahen Umgebung erzeugt werden, erhält man auf Wochenmärkten meistens frisch. Damit die Inhaltsstoffe nicht bereits vor dem Verzehr zerstört werden und keine Schadstoffe entstehen, sollten die Lebensmittel rasch und schonend zubereitet werden.

2 Beschreibe, worauf man achten sollte, wenn man sich gesund ernähren möchte!

Material A ▸ Energiebedarf

Aktivität	Leistungsumsatz pro 30 Minuten in Kilojoule
Schlafen	0
Liegen	42
Sitzen, Essen, Lesen, Fernsehen	54
Stehen	92
Sitzend schreiben, Teilnahme am Unterricht	130
Zu Fuß gehen 5 km/h	393
Radfahren 10 km/h	352
Radfahren 20 km/h	976
Fußballtraining	971
Dauerlauf 15 km/h	1 616

Der Grundumsatz pro Stunde errechnet sich aus dem Wert der Körpermasse in Kilogramm multipliziert mit 4,2 Kilojoule (kJ).

Ein 50 Kilogramm schwerer Schüler hat folgenden Tagesablauf: 9 Stunden Schlaf, 6 Stunden Schule, 30 Minuten Radfahren zur Schule mit 10 km/h, 15 Minuten Heimfahrt mit 20 km/h, 2 Stunden Hausaufgaben, 2 Stunden Fußballtraining, die übrige Zeit Essen, Lesen und Fernsehen.

A1 Stelle mithilfe der Tabelle den jeweiligen Leistungsumsatz dieser Aktivitäten in einem Säulendiagramm dar!

A2 Berechne den täglichen Gesamtumsatz dieses Schülers!

Material B ▸ Ausgewogene Ernährung

A

B

Nährwerttabelle – Die Angaben gelten für 100 g Lebensmittel

Lebensmittel	Energie (kJ)	Kohlenhydrate (g)	Fett (g)	Proteine (g)	Vitamine (mg)	Mineralstoffe (mg)	Ballaststoffe (g)
Hackfleisch	1 243	-	24,5	18,8	2,74	644	-
Bratwurst	1 436	-	36	12,7	3,7	666	-
Spaghetti	1 520	75,2	1,2	13	62,3	193,6	0,3
Pommes frites	1 351	36,0	15,5	4,3	23,77	1 272,2	1,5
Mayonnaise	3 058	3	80	2,0	6,3	109,2	
Tomatensoße	1 428	67,5	4,0	8,5	-	-	-
Ketchup	436	24		2,0	-	-	-
Kopfsalat	71	2,2	0,2	1,4	11,09	270	0,8
Karotten	172	8,7	0,2	1,1		477	12,4
Cola	185	11	-	-	-	25	-
Apfelsaft	197	11,7	-	0,1	1,25	130,4	0,1
Eiskrem	815	21	11,1	4,5	-	-	-
Frische Erdbeeren	155	7,3	0,5	0,8	63	223	1,3

Eine ausgewogene Ernährung sollte ein Nährstoffverhältnis von etwa 55 Prozent Kohlenhydrate, 30 Prozent Fette und 15 Prozent Protein haben. *Gericht A* enthält 120 g Spaghetti, 60 g Hackfleisch und 30 g Tomatensoße. *Gericht B* besteht aus 120 g Bratwurst, 70 g Pommes frites und 20 g Ketchup.

B1 Stelle die Menge der Inhaltsstoffe der beiden Gerichte in einer Tabelle dar! Berechne die Nährstoffverhältnisse, und trage sie ebenfalls in die Tabelle ein!

B2 Vergleiche die in B1 dargestellten Werte mit den Empfehlungen für ein ausgewogenes Nährstoffverhältnis!

B3 Ergänze die beiden Gerichte sinnvoll durch einen Salat oder Nachtisch! Begründe!

Essstörungen

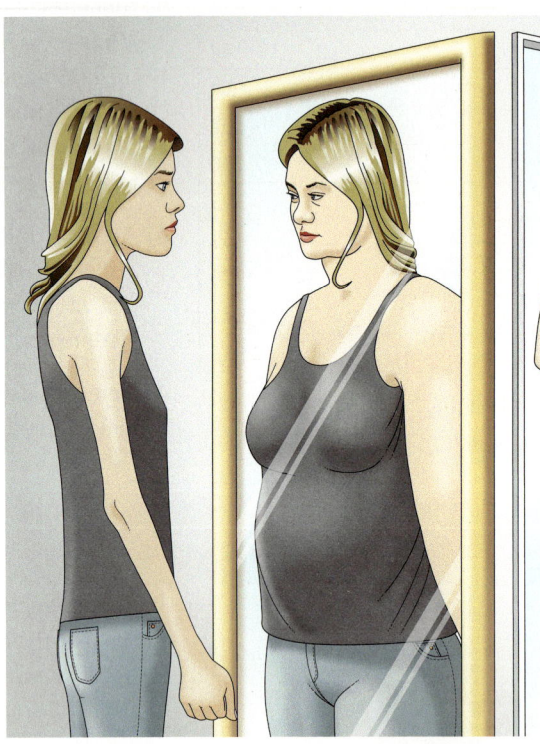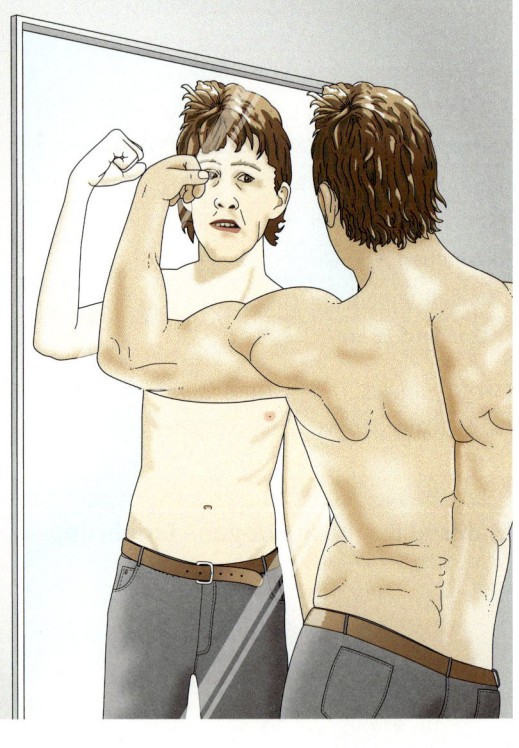

01 Gestörte Körperwahrnehmung

Wer etwas essen muss, hat Hunger, wer etwas essen möchte, hat Appetit. Wenn man genug gegessen hat, ist man satt.

Diese natürlichen Signale können jedoch durch Essgewohnheiten überdeckt oder durch seelische Belastungen unterdrückt sein. Wenn der dringende Wunsch nach einem perfekten Körper oder die Angst, zu dick zu werden, das Essverhalten bestimmen, kann es zu **Essstörungen** kommen. Essstörungen sind seelische Erkrankungen, bei denen das Essverhalten nicht den körperlichen Bedürfnissen entspricht.

MAGERSUCHT · Das Schönheitsideal wird in unserer Gesellschaft von sehr schlanken Models verkörpert. Manche Kinder und Jugendliche orientieren sich ausschließlich daran. Hungern und verstärkte sportliche Aktivitäten sollen dann Gewichtszunahmen verhindern. Wenn ständige Gewichts- und Ernährungskontrollen in den Lebensmittelpunkt treten, besteht die Gefahr, an einer Essstörung zu erkranken. Die Vorstellung, perfekt zu sein und den eigenen Körper vollständig kontrollieren zu können, stärkt anscheinend das Selbstwertgefühl. Schon die geringste Gewichtszunahme löst panische Ängste aus und es wird noch weniger gegessen. Da der Körper dadurch weiter abmagert, nennt man diese Essstörung **Magersucht.** Dieser verhängnisvolle Teufelskreis kann nur mit ärztlicher Hilfe durchbrochen werden. Folgen des starken Untergewichts sind Muskel- und Kreislaufschwäche sowie Entwicklungsstörungen.

MUSKELSUCHT · Das männliche Schönheitsideal ist ein muskulöser Körper mit Waschbrettbauch. Um diesem zu entsprechen, betreiben einige Männer in Fitnessstudios Kraftsport oder fördern durch Diäten mit besonders hohem Eiweißanteil den Muskelaufbau. Trotzdem empfinden sie häufig ihren Körper als zu wenig muskulös. Dem wird mit übertriebenen sportlichen Aktivitäten oder durch Einnahme von muskelaufbauenden Medikamenten begegnet. Auch hierbei kann sich eine Essstörung einstellen, die zu einer immer stärkeren Kontrolle der Ernährung führt und die man **Muskelsucht** nennt. Die krankhafte Sorge um den Körper kann zu Gefühlsschwankungen und Vereinsamung führen. Die Medikamente können hohen Blutdruck und Unfruchtbarkeit bewirken.

ESSSUCHT · Beim gemeinsamen Essen, zum Beispiel in der Familie, werden auch Kontakte gepflegt. Außerdem kann man sich mit Essen verwöhnen oder Stress abbauen. Wenn dauerhaft nicht aus Hunger, sondern vor allem zum Ausgleich von Stress oder unangenehmen Gefühlen gegessen wird, kann man an **Esssucht** erkranken. Esssucht ist durch Heißhungerattacken gekennzeichnet, bei denen mehrmals täglich bis zum Fünffachen der normalen Nahrungsmengen eingenommen werden kann.

Häufig werden diese riesigen Nahrungsmengen durch Erbrechen oder mithilfe von Abführmitteln aus dem Körper entfernt. Man spricht dann von **Ess-Brech-Sucht** oder **Bulimie.** Folgen können Verdauungsstörungen und Schädigungen von Speiseröhre und Magen sein. Der Teufelskreis der Bulimie kann nur durch die Lösung der seelischen Probleme durchbrochen werden.

02 Heutige Schönheitsideale: **A** bei Frauen, **B** bei Männern

FETTLEIBIGKEIT · Unter den Lebensbedingungen industrialisierter Länder mit wenig körperlicher Arbeit und Nahrungsüberfluss findet man viele übergewichtige Menschen. Wer dauernd mehr isst, als sein Körper für den Gesamtumsatz benötigt, muss mit einer Gewichtszunahme rechnen. Dann kann **Fettleibigkeit,** die man auch **Adipositas** nennt, Folge sein. Diese Essstörung zeigt sich durch eine über das normale Maß hinausgehende Vermehrung des Körperfetts. Außer falscher Ernährung und Bewegungsmangel können aber auch Krankheiten Ursache für Fettleibigkeit sein.

lateinisch adeps = Fett

Menschen mit dieser Essstörung essen über den ganzen Tag verteilt zu viel. Folgen sind oft Bluthochdruck, Diabetes und Wirbelsäulenprobleme. Schuldgefühle wegen des Übergewichts können zu Depressionen führen, die wiederum Anlass sind, sich mit noch mehr Essen zu trösten. Ein solcher Teufelskreis wird meist auch durch Diäten nicht auf Dauer unterbunden.

griechisch bulimos = Stierhunger

1 ♩ Erläutere den Begriff Essstörung!

01 Haushaltszucker

Der Blutzuckergehalt wird geregelt

Haushaltszucker besteht zum Teil aus Glukose. Diese benötigen unsere Zellen für die Zellatmung. Je nach Aktivität des Körpers ist eine unterschiedliche Menge an Glukose erforderlich. Wie wird geregelt, dass die Zellen die passende Menge an Glukose erhalten?

HORMONE · Die Glukose der Nahrung gelangt aus dem Dünndarm ins Blut. Die Zellen beziehen sie aus dem Blut. Wie hoch der Glukosegehalt im Blut, der *Blutzuckerspiegel*, ist und wie viel Glukose aus dem Blut in die Zellen gelangt, wird durch bestimmte Wirkstoffe geregelt. Auch die Regelung vieler anderer Prozesse geschieht durch spezielle Wirkstoffe. Allen gemeinsam ist, dass sie von besonderen Drüsen an das Blut abgegeben werden und dass sie schon in sehr geringen Mengen wirken. Man nennt solche Wirkstoffe **Hormone**. Ein bestimmtes Hormon wirkt nur auf die Zellen, die auf der Oberfläche ihrer Membran Empfängerstellen, die *Rezeptoren,* tragen. In die passt das jeweilige Hormon wie ein Schlüssel ins Schloss.

Das Hormonsystem ist neben dem Nervensystem ein zweites Informationssystem des Körpers. Da Hormone mit dem Blut transportiert werden, ist die Informationsleitung aber viel langsamer als die des Nervensystems. Dafür hält die Wirkung einer empfangenen Information in den Zielzellen länger an. Außerdem kann ein einmal an das Blut abgegebenes Hormon an mehreren Stellen des Körpers gleichzeitig wirken, nämlich überall dort, wo Zellen die passenden Rezeptoren haben. Für die Hormone, die den Blutzuckerspiegel regeln, haben alle Zellen des Körpers passende Rezeptoren.

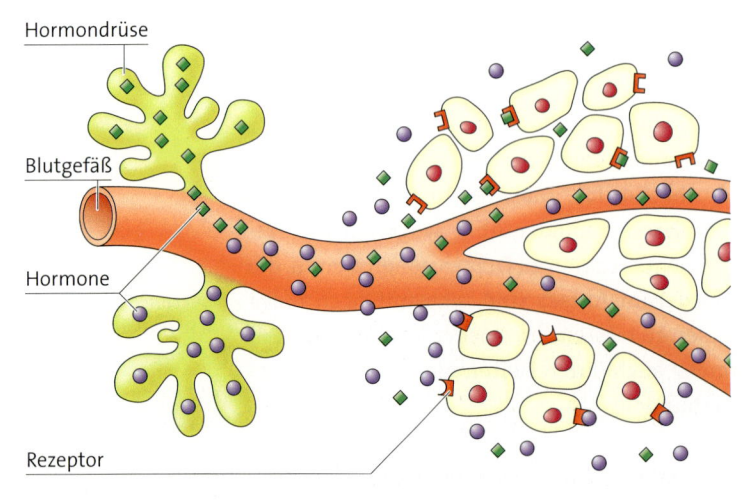

Hormondrüse

Blutgefäß

Hormone

Rezeptor

02 Informationsübertragung im Hormonsystem

INSULIN UND GLUKAGON · Die meisten Kohlenhydrate in der Nahrung enthalten Glukose, zum Beispiel Haushaltszucker, oder die aus langen Ketten von Glukoseteilchen bestehende *Stärke* in Brot, Kartoffeln oder Reis. Nach der Verdauung einer Mahlzeit steigt daher in der Regel der Blutzuckerspiegel an. Wie viel Glukose dem Blut entzogen wird und in die Zellen gelangt, steuert ein bestimmtes Hormon. Es verändert die Membranen der Zellen so, dass sie die Glukose aus dem Blut in ihr Zellplasma aufnehmen können. Dadurch sinkt der Blutzuckerspiegel. Dieses Hormon, das **Insulin**, wird in der Bauchspeicheldrüse gebildet und ins Blut abgegeben, wenn der Blutzuckerspiegel ansteigt. Die hormonbildenden Zellen liegen verteilt im Gewebe der Bauchspeicheldrüse, das auch Verdauungssaft bildet.

Glukose, die nicht sofort in der Zellatmung abgebaut wird, wird in Leber- und Muskelzellen gespeichert. Dazu wird sie zu Fett umgewandelt oder zu langen, verzweigten Ketten, zu *Glykogen*, verbunden.

Durch die Ausschüttung von Insulin kann der Blutzuckerspiegel stark sinken. Auch ohne Nachschub von Glukose durch Aufnahme aus dem Dünndarm lässt sich der Blutzuckerspiegel wieder erhöhen, wenn das in der Leber und den Muskeln gespeicherte Glykogen oder das Körperfett zu Glukose abgebaut wird. Wie stark der Abbau von Glykogen in der Leber verläuft, wird durch ein weiteres Hormon, das **Glukagon,** gesteuert. Es wird ebenfalls in der Bauchspeicheldrüse gebildet, allerdings in anderen Zellen als das Insulin. Die Bauchspeicheldrüse bildet also Verdauungssaft und die Hormone Insulin und Glukagon.

Insulin senkt den Blutzuckerspiegel, Glukagon hebt ihn. Man nennt solche in entgegengesetzter Richtung wirkende Faktoren *Antagonisten*. Sie regeln den Blutzuckerspiegel. Bei einem gesunden Menschen pendelt er normalerweise in einem Bereich zwischen 0,7 und 1,1 Gramm Glukose pro Liter Blut. Wenn in den Zellen durch die Zellatmung viel Glukose

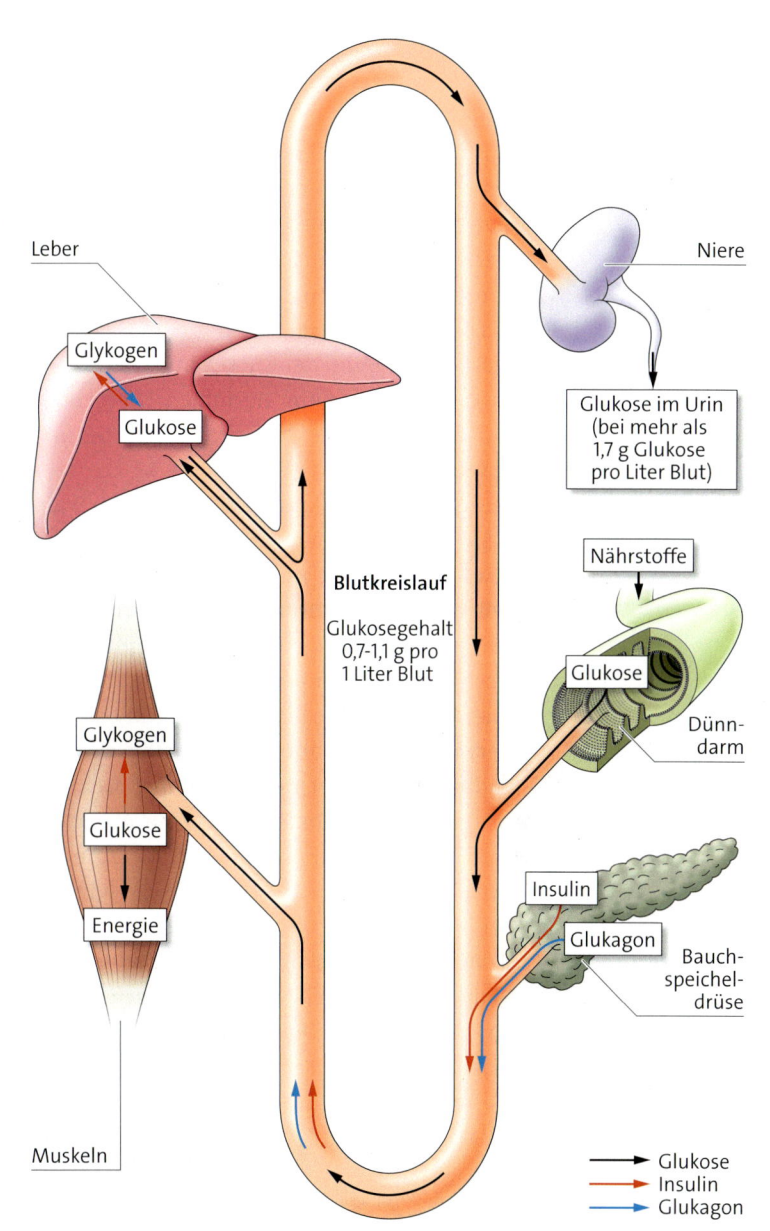

03 Regelung des Blutzuckerspiegels durch Insulin und Glukagon

abgebaut wird, zum Beispiel bei körperlicher Tätigkeit oder bei intensiver Denkarbeit, sinkt er in den unteren Bereich ab, nach einer kohlenhydratreichen Mahlzeit liegt er im oberen Bereich.

1 Beschreibe die Merkmale von Hormonen!

2 Erläutere die antagonistische Wirkung von Insulin und Glukagon!

DIABETES · Wenn die Bauchspeicheldrüse kein oder zu wenig Insulin bildet, können die Zellen keine oder zu wenig Glukose aus dem Blut aufnehmen. Das Blut erhält aber weiterhin Glukose aus dem Darm. Dadurch steigt der Blutzuckerspiegel auf einen zu hohen Wert. Bei mehr als 1,7 Gramm Glukose pro Liter Blut, wird die überschüssige Glukose in der Niere aus dem Blut entfernt und mit dem Harn ausgeschieden. Wenn der Zucker im Harn dauerhaft weit über dem normalen Wert liegt, spricht man von der *Zuckerkrankheit* oder von **Diabetes mellitus.**

Bei Diabetikern gelangt die Glukose der Nahrung zwar bis ins Blut, von dort aber wegen des Insulinmangels in zu geringem Maße in die Zellen. Ihre Zellatmung kann daher nur schwach ablaufen, sodass nur wenig Stoffwechselenergie zur Verfügung steht, zum Beispiel für die Tätigkeit der Muskulatur oder des Nervensystems. Daher können sie sich matt und kraftlos fühlen. Der hohe Blutzuckerspiegel führt zu großem Durst und zur Ausscheidung großer Urinmengen. Weil auch die Bildung von Glykogen und Fett herabgesetzt ist, nehmen Diabetiker häufig rasch und stark an Gewicht ab. Diese Form des Diabetes wird als Diabetes Typ 1 bezeichnet. Weil sie schon früh im Leben auftreten kann, nennt man sie auch *Jugenddiabetes.*

Den Mangel an Insulin können Diabetiker vom Typ I nur ausgleichen, indem sie das Hormon unter die Haut in ihre Blutbahn spritzen. Die erforderliche Menge an Insulin hängt von der jeweiligen Situation ab. Ein Diabetiker misst daher den Blutzuckerspiegel in einem kleinen Tropfen Blut. Er berechnet den Glukosegehalt der Nahrung und schätzt ab, welche Glukosemenge er für die Tätigkeit in den nächsten Stunden benötigt. Wenn er zu viel Insulin spritzt oder wenn er durch eine unvorhergesehene anstrengende Tätigkeit zu viel Glukose verbraucht, sinkt der Blutzuckerspiegel zu stark ab. Unter einem Wert von etwa 0,2 Gramm Glukose pro Liter Blut ist die Energieversorgung seines Nervensystems gefährdet. Er beginnt zu zittern, ist leicht benommen und kann bewusstlos werden. Diabetiker nehmen in solchen Fällen rasch Traubenzucker, also Glukose, zu sich und heben dadurch den Blutzuckerspiegel. Durch moderne Medikamente und die gute medizinische Versorgung können Diabetiker heute ohne große Beeinträchtigungen leben. Auch das heute gentechnisch hergestellte Insulin hat ihre Situation verbessert.

Viel häufiger als dieser Jugenddiabetes ist der Diabetes Typ 2. Dieser Diabetes beruht auf einer Störung der Insulinrezeptoren. Vor allem ältere Menschen mit Übergewicht bilden eine Risikogruppe für diesen Diabetes, den *Altersdiabetes.*

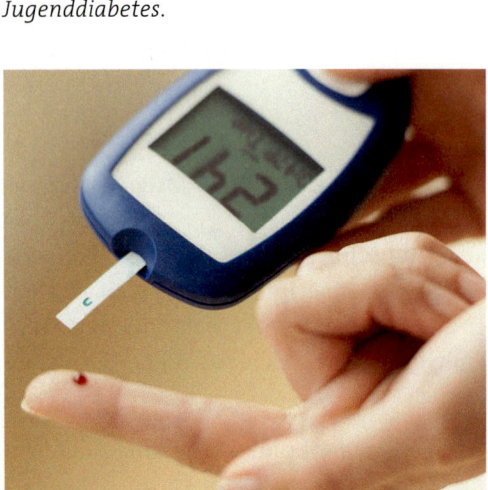

04 Messen des Blutzuckerspiegels

05 Einspritzen von Insulin

Material A ▸ Blutzuckerspiegel

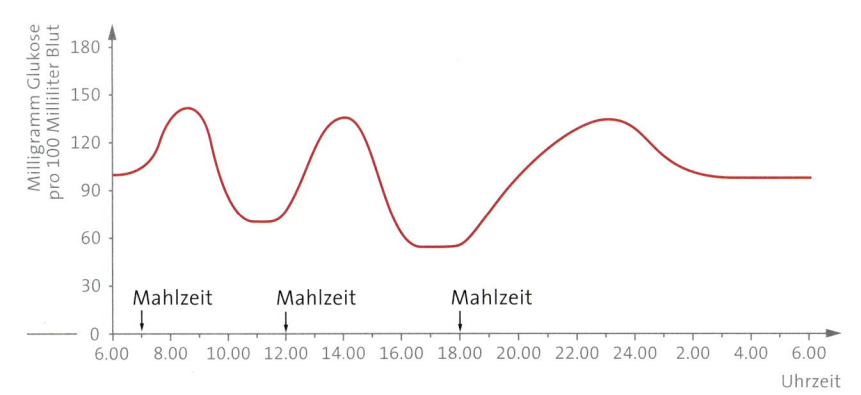

A1 Erkläre den Kurvenverlauf!

A2 Begründe, weshalb Fachleute statt drei großer Mahlzeiten pro Tag mehrere kleine empfehlen!

A3 Begründe, weshalb eine Kurve des Insulingehalts ähnlich wie die Glukosekurve, aber zeitlich versetzt verlaufen würde!

Material B ▸ Zuckerbelastungstest

Ergebnisse des Zuckerbelastungstest

Blutzuckergehalt des Blutes in Milligramm pro 100 ml		
Zeit	**Person A**	**Person B**
→ Trinken der Zuckerlösung		
8 Uhr	150	90
9 Uhr	260	130
10 Uhr	290	100
11 Uhr	250	90

Bei einem Zuckerbelastungstest tranken zwei nüchterne Personen eine Glukoselösung. Danach wurde in regelmäßigen Zeitabständen die Höhe des Blutzuckerspiegels gemessen. Die Werte für die beiden Personen sind aus der Tabelle zu entnehmen.

B1 Stelle die Testergebnisse in einem geeigneten Diagramm dar!

B2 Vergleiche die Testergebnisse der beiden Testpersonen!

B3 Begründe, weshalb eine der beiden Personen unter Diabetes leidet!

B4 Stelle Vermutungen an, wie sich der Blutzuckerspiegel der Person B ändern würde, wenn ihr um 11 Uhr Glukagon gespritzt wird! Begründe!

Material C ▸ Diabetes und Übergewicht

"Obesity is a serious worldwide problem and is associated with the risk of developing diabetes. Today, more than 1.1 billion adults worldwide are overweight, and 312 million of them are obese*. In the past 20 years, the rates of obesity have tripled in devoloping countries that have adopted a Western lifestyle, with the Middle East, Pacific Islands, Southeast Asia, India, and China facing the greatest increase. Consequently, the number of people with diabetes in these countries is expected to increase from 84 million in 2000 to 228 million by 2030."

*obese: fettleibig
Quelle: Marion J. Franz: The Dilemma of Weight Loss in Diabetes, in Diabetes Spectrum July 2007 vol. 20 no. 3, 133 – 136

C1 Gib den Inhalt des Textes in eigenen Worten wieder!

C2 Schlage auf der Basis des Textes Maßnahmen zur Verminderung der Anzahl der Diabetiker vor!

C3 Stelle Vermutungen an, wie sich Zeiten von Nahrungsknappheit auf die Anzahl der Diabetiker auswirken!

01 Yogaübung

Entspannung und Anspannung

Eine junge Frau sitzt am Strand und macht Entspannungsübungen. Der Wechsel zwischen Entspannung und Anspannung dient der Gesunderhaltung des Körpers. Welche Vorgänge laufen dabei im Körper ab und wie werden diese geregelt?

VEGETATIVES NERVENSYSTEM – BAU · Bei Entspannungsübungen sind die Augen häufig geschlossen, die Gesichtsmuskulatur ist entspannt, die Atmung ist tief und gleichmäßig. Der Herzschlag ist ebenfalls gleichmäßig und langsam. Im Lotussitz sind die Arme locker auf den Beinen abgelegt. Der gesamte Körper und das Gehirn befinden sich in einem Zustand der Entspannung. Dafür verantwortlich ist ein bestimmter Teil des Nervensystems, das *vegetative Nervensystem*. Der Teil des vegetativen Nervensystems, der für die Entspannung des Körpers zuständig ist, ist der **Parasympathikus.**

Dieser Nerv entspringt auf beiden Seiten direkt dem Gehirn. Außerdem gehören paarige Nerven zum Parasympathikus, die im Beckenbereich auf beiden Seiten vom Rückenmark austreten. Diese Nerven führen zu fast allen Organen.

Der Teil des vegetativen Nervensystems, der für die Anspannung und die Aktivierung des Körpers verantwortlich ist, bezeichnet man als **Sympathikus.** Sympathikusnerven treten aus dem Rückenmark aus und münden in Ansammlungen von Nervenzellen, den *Ganglien*. Die Ganglienketten des Sympathikus verlaufen beiderseits der Wirbelsäule. Sie werden als *sympathische Grenzstränge* bezeichnet. Von hier aus ziehen die Nerven des Sympathikus zu allen inneren Organen des Körpers.

VEGETATIVES NERVENSYSTEM – FUNKTION · Während eines Wettkampfs ist der Körper

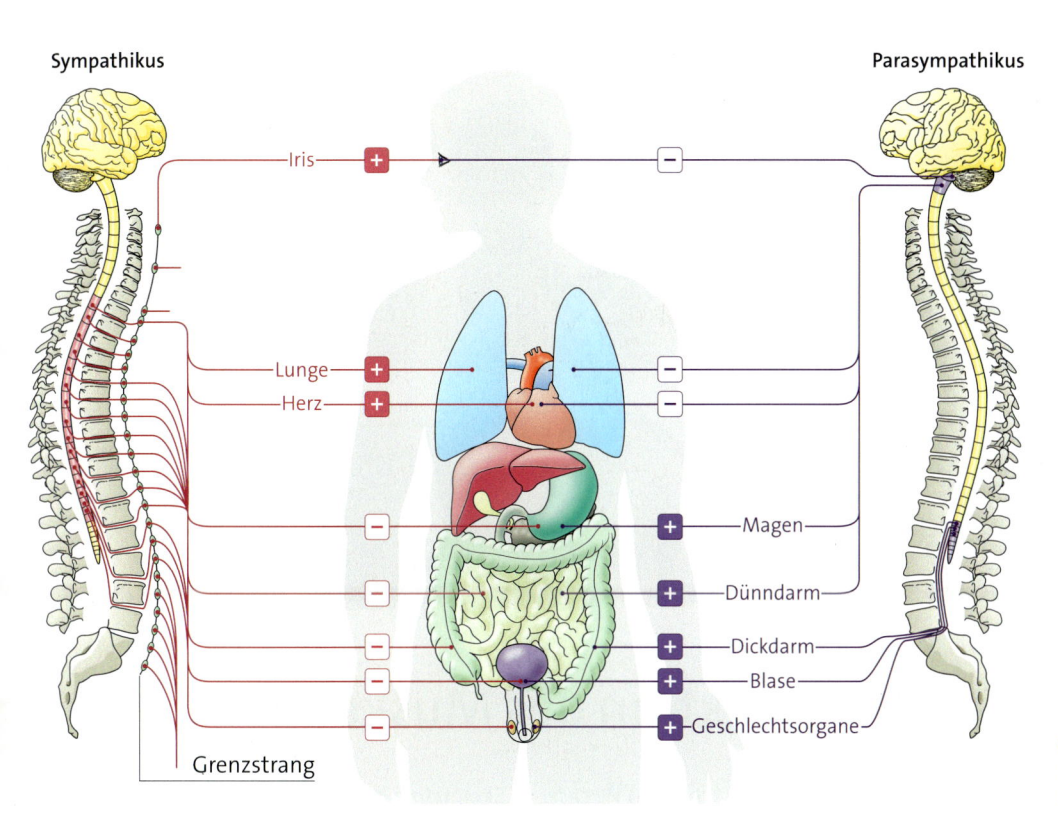

Sympathikus

Parasympathikus

Iris

Lunge

Herz

Magen

Dünndarm

Dickdarm

Blase

Geschlechtsorgane

Grenzstrang

02 Wirkungen von Sympathikus und Parasympathikus

eines Sportlers auf Leistung eingestellt. Seine Atmung ist vertieft, sein Herzschlag beschleunigt. So gelangt viel Sauerstoff zu den Muskelzellen. In der Leber wird vermehrt Glukose abgegeben, die über das Blut zu den Muskelzellen transportiert wird. Die Schweißdrüsen geben Schweiß ab, damit die durch die Muskelaktivität entstehende Wärme abgeführt werden kann. Weiterhin werden die Bewegungen von Magen und Darm verringert. Der Sympathikus steuert die Organe, die notwendig sind, wenn die körperliche Leistung gesteigert werden muss. Nach dem Wettkampf fördert der Parasympathikus die Entspannung und Regeneration sowie den Aufbau von Energiereserven. Er hemmt die Aktivität von Lunge, Herz sowie Schweißdrüsen und fördert die Leistung der Verdauungsorgane, der Ausscheidungsorgane und der Geschlechtsdrüsen. Die Regelung der vielen unterschiedlichen Organfunktionen im Körper läuft über den Sympathikus und den Para-

sympathikus ab. So wirken beide beispielsweise auf das Herz ein, der eine anregend, der andere hemmend. Deshalb bezeichnet man sie als Gegenspieler, als *Antagonisten*. So ist eine schnelle und präzise Einstellung körperlicher Funktionen möglich.

Dabei arbeiten Sympathikus und Parasympathikus weitestgehend selbstständig, ihre anregende beziehungsweise hemmende Funktion ist willentlich nicht beeinflussbar. Deshalb wird das vegetative Nervensystem auch als **autonomes Nervensystem** bezeichnet. Allerdings können zum Beispiel durch Yoga oder autogenes Training die Funktionen des vegetativen Nervensystems positiv unterstützt werden.

1 Beschreibe den Bau des vegetativen Nervensystems!

2 Der Sympathikus wird auch als „Leistungsnerv" bezeichnet, der Parasympathikus als „Ruhenerv". Erläutere diese Bezeichnungen!

01 Jonglieren

Bau und Funktion des Muskels

Beim Jonglieren werden im schnellen Wechsel mehrere Gegenstände in die Luft geworfen und wieder aufgefangen. Die Arme müssen hierzu abwechselnd angewinkelt und wieder gestreckt werden. Wie werden diese Bewegungen ermöglicht?

MUSKELN · Im menschlichen Körper befinden sich über 600 Muskeln. Mehr als 400 setzen an Knochen an. Man bezeichnet sie daher als **Skelettmuskulatur.** Ohne diese *Muskulatur* wäre ein Mensch nicht in der Lage, sich selbstständig zu bewegen.

BAU EINES SKELETTMUSKELS · Alle Skelettmuskeln unseres Körpers sind trotz unterschiedlicher Größe ähnlich gebaut.
Ein Skelettmuskel ist über **Sehnen** an Knochen befestigt. Eine Sehne ist eine reißfeste und elastische Verbindung zwischen einem Knochen und einem Muskel. Sie geht aus einer festen Haut hervor, die den gesamten Muskel umhüllt und ihn in seiner Form hält. Sie wird als **Muskelhaut** bezeichnet. Das Innere eines Skelettmuskels setzt sich wie bei einem Tau aus vielen einzelnen, parallel verlaufenden Strukturen, den **Muskelfaserbündeln,** zusammen. Diese liegen in einem Gewebe, dem **Bindegewebe.** Es ist von Blutgefäßen und Nerven durchzogen. Der Muskel wird über die Blutgefäße mit Sauerstoff und Nährstoffen versorgt. Ein Muskelfaserbündel besteht wiederum aus mehreren länglichen Strukturen, den **Muskelfasern.** Jede von ihnen ist aus vielen miteinander verschmolzenen Muskelzellen entstanden und hat deshalb viele Zellkerne.

Eine Muskelfaser setzt sich aus Hunderten von sehr feinen, langgestreckten Proteinfäden zusammen. Diese **Muskelfibrillen** sind ungefähr einen Mikrometer dick. Eine Muskelfibrille besteht aus parallel in der Mitte angeordneten dicken Proteinfasern, den **Myosinfilamenten.** Zwischen die Myosinfilamente ragen dünnere Proteinfasern, die **Aktinfilamente.** Die Myosin- und die Aktinfilamente sind durch kleine Fortsätze, die *Myosinköpfe,* miteinander verbunden. Die Myosinköpfe können umgeknickt werden und sorgen dafür, dass sich der Muskel zusammenzieht.

Die parallele Anordnung der Aktin- und Myosinfilamente in den Muskelfibrillen bewirkt die *Querstreifung,* die für die Skelettmuskulatur typisch ist.

FUNKTION EINES SKELETTMUSKELS · Eine Muskelfaser kann sich zusammenziehen. Wenn dies bei vielen Muskelfasern gleichzeitig geschieht, zieht sich der gesamte Muskel zusammen, verkürzt sich und wird dadurch dicker. Er ist dann *kontrahiert.* Bei dieser Kontraktion gleiten die Myosin- und Aktinfilamente in entgegengesetzter Richtung aneinander vorbei, ohne dabei ihre Länge zu verändern.

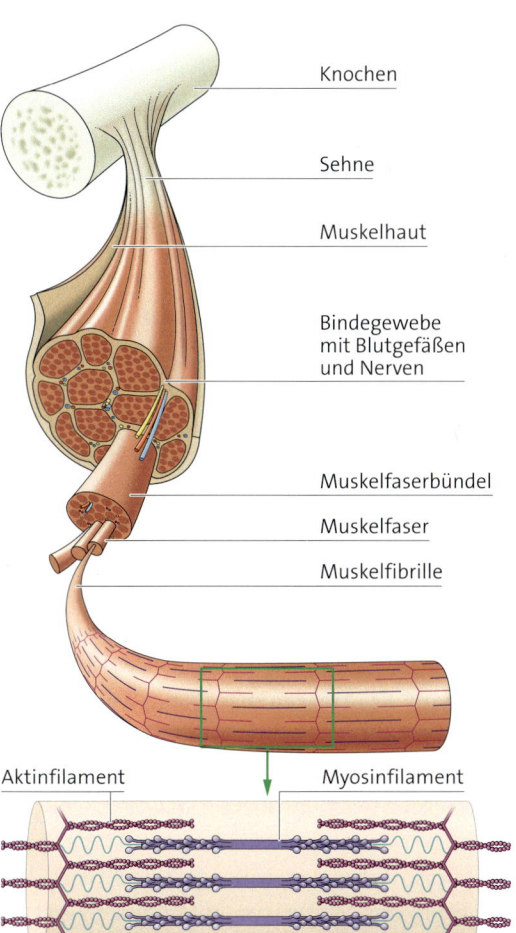

- Knochen
- Sehne
- Muskelhaut
- Bindegewebe mit Blutgefäßen und Nerven
- Muskelfaserbündel
- Muskelfaser
- Muskelfibrille

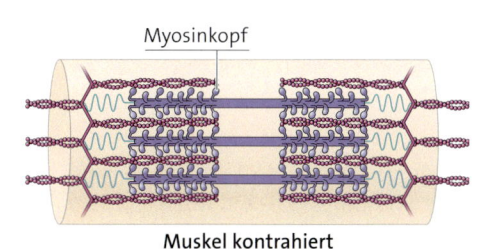

Aktinfilament · Myosinfilament

Muskel erschlafft

Myosinkopf

Muskel kontrahiert

Dabei verbinden sich die Myosinköpfe kurzzeitig mit dem Aktin und ermöglichen so die Bewegung.

Über eine Sehne wird die erzeugte Kraft vom Muskel auf einen Knochen übertragen. Infolgedessen bewegt sich der Knochen. Die Richtung der Bewegung ist abhängig vom Gelenk. Muskeln können Knochen nur ziehen, nicht drücken.

ENERGIEVERSORGUNG EINES SKELETTMUSKELS · Für seine Bewegung benötigt der Muskel Energie. Sie wird durch die Zellatmung zur Verfügung gestellt. Bei der Zellatmung wird im Muskel unter Sauerstoffverbrauch die in den Bindungen des Glukosemoleküls gespeicherte Energie auf einen mobilen Energieträger der Zelle, das **ATP,** übertragen. Diese Energie des ATPs kann nun für die Muskelarbeit genutzt werden. Ein Teil der Energie wird als Wärme abgegeben.

ATP = Adenosintriphosphat

Wenn zu wenig Sauerstoff für die Zellatmung zur Verfügung steht, kommt es zu einem ATP-Mangel. Eine gute Sauerstoffversorgung, zum Beispiel durch Aufwärmen oder durch Training, beugt somit Verletzungen des Muskels vor.

ANDERE MUSKELN · Auch für die Funktion von inneren Organen, den *Eingeweiden,* sind Muskeln wichtig. So benötigen beispielsweise der Magen und der Darm Muskeln. Diese **Eingeweidemuskeln** arbeiten nur langsam und sind nicht bewusst durch unseren Willen steuerbar. Der **Herzmuskel** ist ein spezieller Muskel mit einem besonderen Bau. Auch er ist nicht dem Willen unterworfen, sondern arbeitet selbstständig.

02 Bau eines Skelettmuskels

/// **BASISKONZEPT** //

Energie

Lebewesen brauchen zur Erhaltung ihrer Lebensvorgänge Energie. Der Mensch nimmt mit der Nahrung Nährstoffe auf, die zum Beispiel den Energieträger Glukose enthalten. Damit die in der Glukose enthaltene Energie für den Körper verfügbar wird, müssen die Zellen Zellatmung durchführen.

*In der Zellatmung wird die energiereiche Glukose mithilfe von Sauerstoff zu den energiearmen Produkten Kohlenstoffdioxid und Wasser abgebaut. Die dabei freiwerdende Energie der Glukose wird zum Aufbau des Energieträgers **A**denosin**tri**phosphat, kurz **ATP**, genutzt. ATP speichert die Energie der Glukose und transportiert sie zu den Orten, wo sie benötigt wird, zum Beispiel zu den Muskelzellen. Gibt ATP seine Energie ab, zum Beispiel für die Muskelarbeit, zerfällt es unter anderem in den energieärmeren Stoff **A**denosin**di**phos**p**hat, kurz*

ADP, welches in den Mitochondrien wiederhergestellt werden kann.

Bei diesem Wechsel des Energieträgers kann auch Wärme freigesetzt werden. Diese nutzt der Körper zur Aufrechterhaltung der Körpertemperatur und steht den Zellen nicht mehr zur Verfügung. Energie kann niemals neu entstehen oder verschwinden.

Woher kommt die Energie der Glukose? In grünen Pflanzen läuft die Fotosynthese ab, bei der Glukose hergestellt wird. Aus den energiearmen Stoffen Kohlenstoffdioxid und Wasser wird mithilfe des Lichtes die energiereiche Glukose produziert, und es entsteht noch Sauerstoff.

*Da alle Lebewesen Energie aus ihrer Umgebung aufnehmen, speichern und wieder abgeben, spricht man vom **Basiskonzept Energie.***

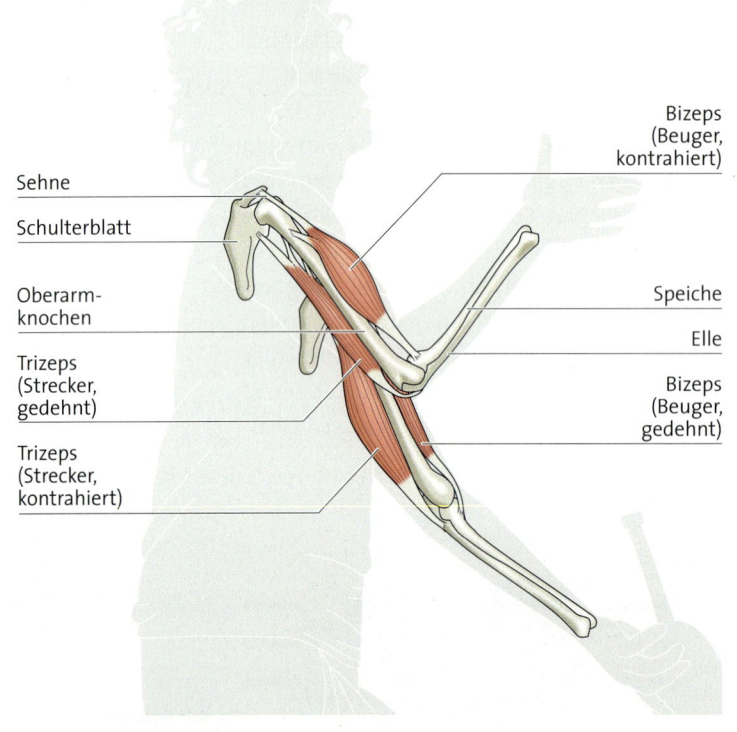

Sehne

Schulterblatt

Oberarmknochen

Trizeps (Strecker, gedehnt)

Trizeps (Strecker, kontrahiert)

Bizeps (Beuger, kontrahiert)

Speiche

Elle

Bizeps (Beuger, gedehnt)

03 Gegenspielerprinzip

GEGENSPIELERPRINZIP · Beim Jonglieren müssen die Arme im schnellen Wechsel angewinkelt und wieder gestreckt werden. Für diese Bewegungen ist in jedem Arm ein Zusammenspiel von zwei Muskeln notwendig. Zieht sich der große Oberarmmuskel, der *Bizeps,* zusammen, so wird der Unterarm am Ellenbogengelenk angewinkelt. Weil dieser Muskel den Arm beugt, wird er **Beuger** genannt. Da sich ein Muskel aus eigener Kraft nur zusammenziehen, nicht aber wieder dehnen kann, ist ein weiterer Muskel erforderlich. In diesem Fall ist das der *Trizeps* an der Unterseite des Oberarms. Er wird als **Strecker** bezeichnet, weil sich bei seiner Kontraktion der Unterarm senkt und der Arm streckt. Durch die Kontraktion des Streckers wird der Beuger *gedehnt.* Um den Strecker wieder zu dehnen, muss sich der Beuger zusammenziehen. Beuger und Strecker bewegen den Unterarm in entgegengesetzte Richtung. Man spricht deshalb auch vom **Gegenspielerprinzip.**

Material A ▸ Modelle der Muskelkontraktion

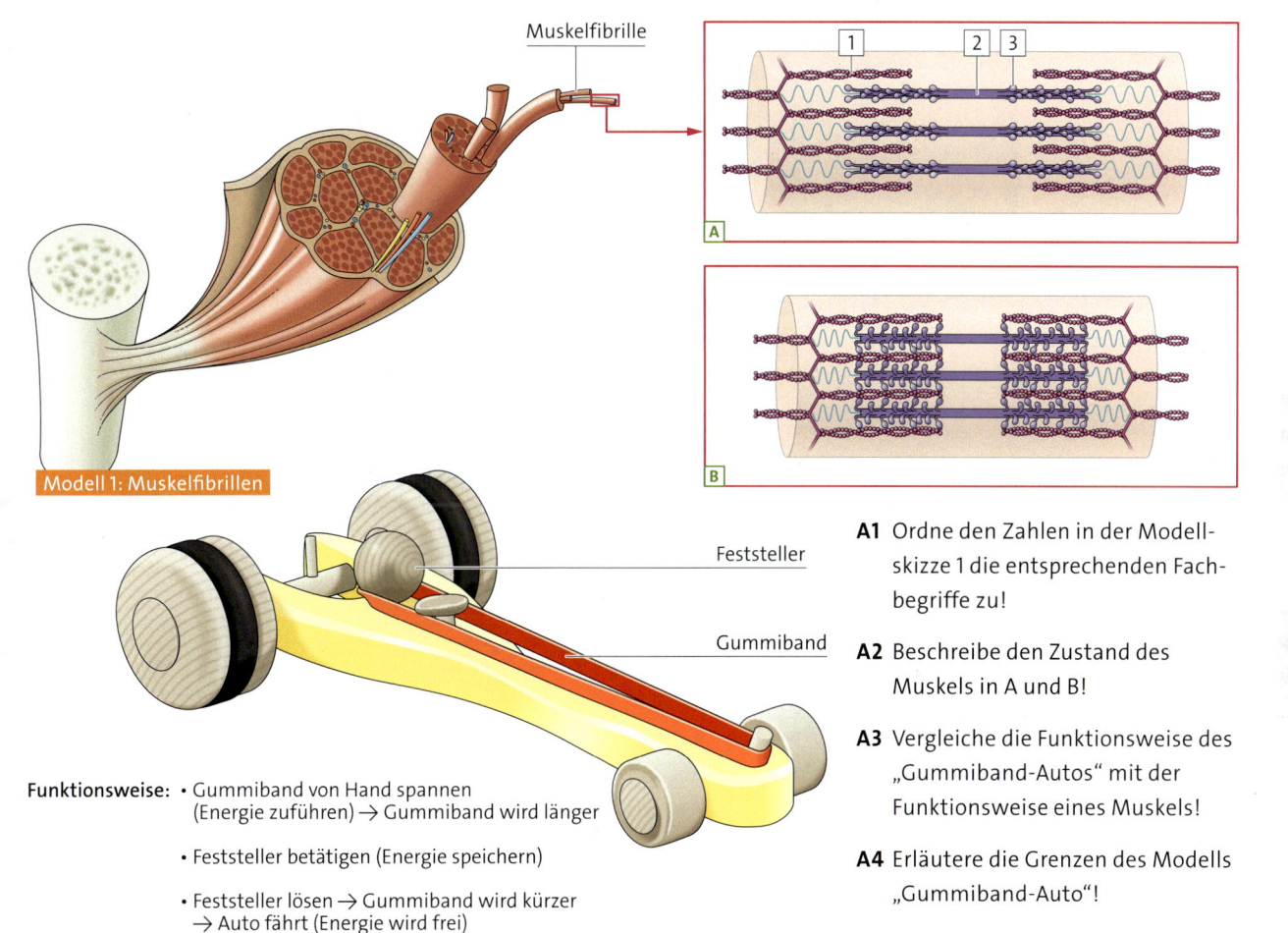

Muskelfibrille

Modell 1: Muskelfibrillen

Feststeller

Gummiband

Funktionsweise: • Gummiband von Hand spannen
(Energie zuführen) → Gummiband wird länger

• Feststeller betätigen (Energie speichern)

• Feststeller lösen → Gummiband wird kürzer
→ Auto fährt (Energie wird frei)

Modell 2: Auto mit Gummiband-Antrieb

A1 Ordne den Zahlen in der Modell-skizze 1 die entsprechenden Fach-begriffe zu!

A2 Beschreibe den Zustand des Muskels in A und B!

A3 Vergleiche die Funktionsweise des „Gummiband-Autos" mit der Funktionsweise eines Muskels!

A4 Erläutere die Grenzen des Modells „Gummiband-Auto"!

Material B ▸ Das Gegenspielerprinzip

Symbole:
o verkürzt
~ verlängert

A1 Übertrage die Skizzen in dein Bio-logieheft! Kennzeichne mithilfe der Symbole die Muskeln, die bei der Bewegung von Unterarm und Unterschenkel jeweils verkürzt oder verlängert sind!

Hinweis: *Führe die Bewegungen selbst aus und ertaste dabei deine Muskeln.*

01 Laufwettbewerb

Bewegung und Fitness

Häufig finden an Schulen Laufwettbewerbe statt. „Hoffnungsläufe" für soziale Projekte oder „24-Stunden-Läufe" für einen guten Zweck erfordern nicht nur ein soziales Engagement, sondern auch eine große körperliche Leistung von den Schülerinnen und Schülern. Wie aber kann die Leistungsfähigkeit eines Körpers beeinflusst werden?

BEWEGUNG · Schnelles Laufen erfordert eine gute Koordination des gesamten Körpers, vor allem aber der Beine und der Arme. Muskeln spielen hierbei eine besonders wichtige Rolle. Damit sie ihre Funktion ausüben können, benötigen sie Energie. Diese bezieht der Körper aus den Nährstoffen. Das Herz-Kreislauf-System transportiert sie durch den gesamten Körper. Mithilfe des eingeatmeten Sauerstoffs kann durch die Zellatmung aus den Nährstoffen auch die Energie für die Tätigkeit der Muskeln gewonnen werden. Das Zusammenspiel von Herz-Kreislauf-System, Atmungssystem, Muskeln, Knochen und Gelenken ermöglicht dem Körper, langsame, schnelle und auch kraftvolle Bewegungen auszuführen. Das Gehirn und die Nervenbahnen steuern die Bewegungen und stimmen sie aufeinander ab.

FITNESS · Neben der Beweglichkeit des Körpers spielen beim Sport auch Kraft und Ausdauer eine wichtige Rolle. Die Kraft ist von den Muskeln abhängig. Diese können unterschiedlich stark ausgebildet sein und somit eine unterschiedliche Leistung erbringen. Für die Ausdauer benötigt man nicht nur Muskelkraft, sondern auch eine gute Durchblutung. Sie ist für den schnellen Transport von Sauerstoff, Nährstoffen und Abfallprodukten notwendig. Die Durchblutung und damit die Sauerstoffversorgung des Körpers sind von der Leistung des Herzens sowie des gesamten Herz-Kreislauf- und Atmungssystems abhängig. Die Leistung vieler Organe und Organsysteme ist erforderlich, um eine insgesamt hohe körperliche *Leistungsfähigkeit* zu erreichen.

Der Gesamtzustand, der die Leistungsfähigkeit eines Körpers beschreibt, wird im Sport als *Fitness* bezeichnet. Die Fitness kann von Mensch zu Mensch sehr unterschiedlich sein, je nach Leistung der beteiligten Organe.

Sport verbessert die Beweglichkeit des Körpers. Er beansprucht Muskulatur, Knochen und Gelenke, aber auch das Nervensystem, den Blutkreislauf und die meisten anderen Organsysteme. Zusammen mit einer gesunden Ernährung entsteht daraus häufig ein allgemeines körperliches Wohlbefinden, das sich auch in einer geistigen Ausgeglichenheit widerspiegeln kann. *Bewegungsmangel* kann dazu führen, dass sich die Fitness zunehmend verschlechtert. Wenn die körperliche Leistungsfähigkeit stärker abnimmt, als es dem Lebensalter entspricht, hat das ungünstige Folgen für fast alle Organsysteme des Körpers. Der Mensch gerät in eine immer schlechter werdende körperliche Verfassung.

TRAINING · Menschen, die regelmäßig Sport treiben, zeigen dauerhafte körperliche Veränderungen. Solche Menschen bezeichnet man als *trainiert*. Jemand, der regelmäßig läuft, kann schneller und länger laufen als ein untrainierter Mensch.

Untersucht man trainierte Menschen, so stellt man fest, dass sie ein vergrößertes Lungenvolumen haben. Bei untrainierten Erwachsenen beträgt das Lungenvolumen durchschnittlich fünf Liter. Bei Hochleistungsschwimmern sind bis zu acht Liter Lungenvolumen gemessen worden.

Die gesamte Lungenoberfläche, über die Sauerstoff und Kohlenstoffdioxid mit dem Blut getauscht werden, ist vergrößert. Im Vergleich zum Untrainierten gelangt pro Atemzug mehr Luft in die Lunge und ein größeres Volumen an Atemgasen kann getauscht werden. Atmet ein Trainierter mit derselben Frequenz wie ein Untrainierter, so nimmt der Trainierte in derselben Zeit mehr Sauerstoff auf. Gleichzeitig kann er mehr Kohlenstoffdioxid abgeben. Gelangt

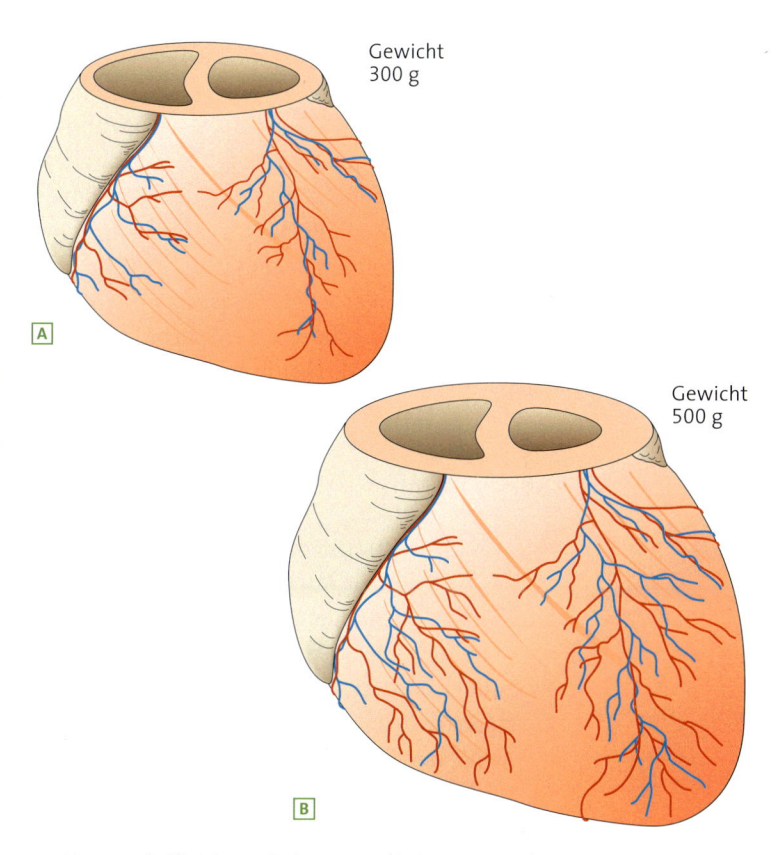

Gewicht 300 g

Gewicht 500 g

02 Herzmuskel im Querschnitt: **A** untrainierter Mensch, **B** trainierter Mensch

mehr Sauerstoff in den Körper, können durch Zellatmung auch größere Mengen an Glukose umgewandelt werden. So steht mehr Energie für Bewegung zur Verfügung.

Je nach Sportart lassen sich noch weitere körperliche Veränderungen durch Training feststellen: Das Herz ist vergrößert, sodass es pro Kontraktion mehr Blut pumpt. Zudem ist der Herzmuskel dicker. Auch die beim Training beanspruchten Skelettmuskeln haben an Größe gewonnen. Diese **Anpassungen,** wie ein vergrößertes Herz oder dickere Muskeln, führen zu einer verbesserten Leistungsfähigkeit. Allerdings bleiben sie dem Körper nur für die Zeit erhalten, in der man trainiert. Wird das Training verringert oder gar ganz eingestellt, so bilden sich diese Anpassungen zurück.

1) Beschreibe, wie die körperliche Leistungsfähigkeit beeinflusst werden kann!

SPORTVERLETZUNGEN · Bei allen Bewegungen ist der Körper Belastungen ausgesetzt. Vor allem beim Sport werden ganz bestimmte Körperbereiche stärker belastet als bei normalen körperlichen Tätigkeiten. Muskeln können auf eine stärkere Belastung vorbereitet werden. Durch Training werden sie aufgebaut und leistungsfähiger. Ist die Belastung im Training oder bei der Ausübung einer Sportart jedoch zu groß, können Muskelfasern innerhalb eines Muskels reißen. Man spricht von einem **Muskelfaserriss.** Die Funktion des Muskels ist dann bis zur Ausheilung der Verletzung stark eingeschränkt.

Sehnen übertragen die Kraft von den Muskeln auf die Knochen. Auch hier besteht die Gefahr, dass diese zu hohen Belastungen beim Sport nicht gewachsen sind. Sie können sich entzünden oder sogar reißen. Das ist auch bei der stärksten Sehne des menschlichen Körpers, der *Achillessehne,* möglich. Diese Endsehne der Wadenmuskeln setzt am Fersenbein an und bewegt den Fuß beim Gehen. Bei Lauf- und Sprungsportarten wird sie besonders stark belastet und kann sogar reißen. Nach einem **Achillessehnenriss** kann man mit dem betroffenen Fuß nicht mehr laufen. Wenn die Knochen eines Gelenks zu stark in eine Richtung belastet werden, für die das Gelenk nicht ausgerichtet ist, kann der Gelenkkopf aus der Gelenkpfanne springen. Das Gelenk ist dann „ausgekugelt". Rutscht der Gelenkkopf zurück, spricht man von einer **Verstauchung.** Bleibt das Gelenk ausgekugelt, handelt es sich um eine **Verrenkung.** Die Gelenkkapsel und -bänder stützen und schützen ein Gelenk, wie beispielsweise das Knie- oder Sprunggelenk. Wird die Belastung beim Sport zu groß, können die Bänder sich dehnen und reißen schließlich. Ein solcher **Bänderriss** ist wie viele Sportverletzungen oft sehr schmerzhaft. Wenn auch das umliegende Gewebe verletzt wird, kann es durch den Eintritt von Blut zu *Schwellungen* kommen. Dadurch entstehen oft weitere Beschwerden, die behandelt werden müssen.

2 ⌡ Beschreibe die Ursachen von zwei verschiedenen Sportverletzungen!

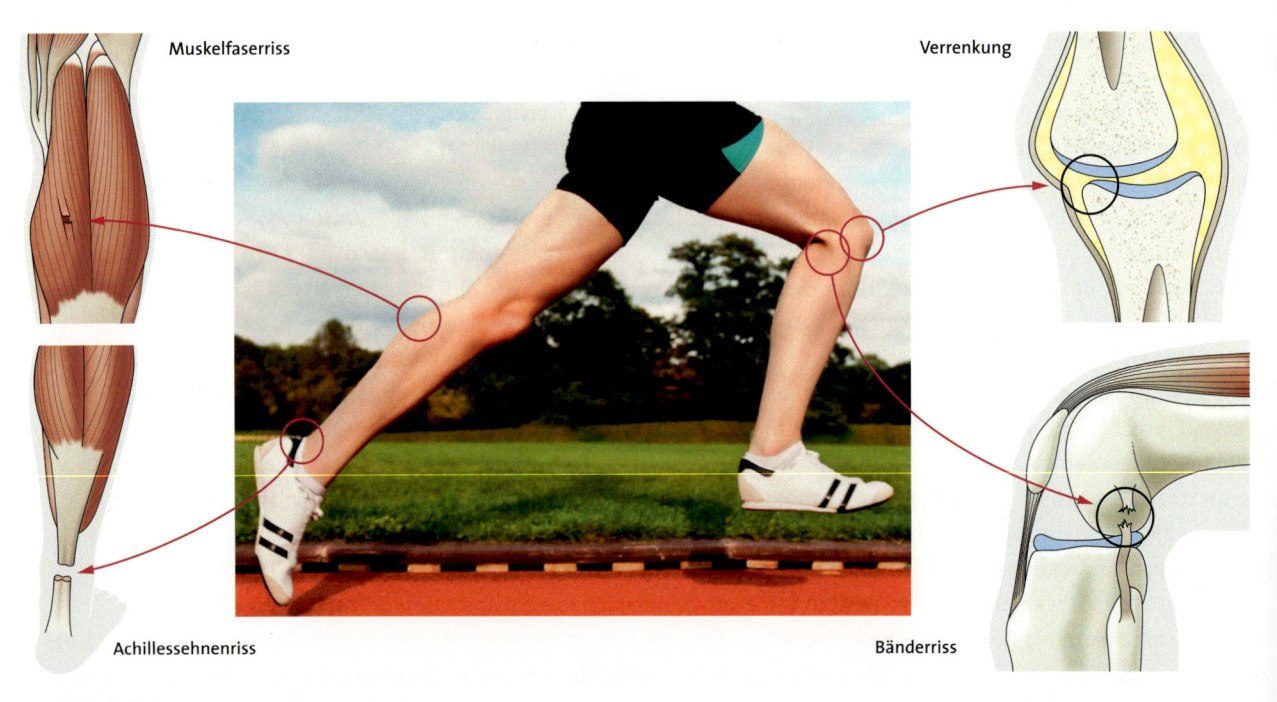

Muskelfaserriss

Verrenkung

Achillessehnenriss

Bänderriss

Material A ▸ Fitness

Zeit in Minuten	Herzschläge pro Minute		
	Jugendlicher 1	Jugendlicher 2	Jugendlicher 3
Zeitpunkt „0" (Ruhepuls)	75	56	85
nach 3 min Belastung (Belastungspuls)	120	100	140
nach 3 min Pause (Erholungspuls)	95	65	120

Bei Steigerung der körperlichen Aktivität schlägt das Herz schneller. Dies lässt sich feststellen, wenn man den Puls fühlt. Die Anzahl der Herzschläge pro Minute wird als *Herzfrequenz* bezeichnet. Bei körperlichem Ruhezustand spricht man von *Ruhepuls,* während einer körperlichen Belastung von *Belastungspuls.* Nach Beendigung einer körperlichen Belastung sinkt die Herzfrequenz wieder. Sie wird als *Erholungspuls* bezeichnet. Die Differenz zwischen dem Belastungspuls und dem Erholungspuls gibt an, wie schnell sich das Herz von der Belastung wieder erholt. Dazu misst man den Erholungspuls zu einer bestimmten Zeit nach Ende der Belastung. Je größer die Differenz ist, desto besser ist das Herz-Kreislauf-System an körperliche Belastungen angepasst und desto besser ist die Fitness.

A1 Stelle die Messwerte der Jugendlichen mit unterschiedlichen Farben in einem Liniendiagramm dar!

A2 Beschreibe das Diagramm und die Kurvenverläufe!

A3 Begründe, welche der Kurven für einen trainierten und welche für einen untrainierten Jugendlichen gilt!

A4 Miss deinen Ruhepuls und mache dann in schneller Folge drei Minuten lang Kniebeugen! Miss unmittelbar danach deinen Belastungspuls und nach drei Minuten Pause deinen Erholungspuls! Trage deine Daten in das Diagramm von Aufgabe A1 ein und beurteile deinen Trainingszustand!

Material B ▸ Verletzungen vorbeugen

Beim Sport kann man sich leicht verletzen. Um dies zu verhindern, gibt es verschiedene Vorbeugemaßnahmen.

B1 Beschreibe die Vorbeugemaßnahmen, die vor, während und nach sportlichen Aktivitäten ausgeführt werden können!

B2 Erkläre die Bedeutung der jeweiligen Vorbeugemaßnahme! Stelle hierbei auch jeweils einen Zusammenhang zu einer Gefährdung des Körpers her!

A ▸ Gesunde Ernährung

Kann ich ...

1 einige Lebensvorgänge nennen, für die unser Körper Energie benötigt? *(Seite 280 und 281)*

2 erläutern, was Grundumsatz, Leistungsumsatz und Gesamtumsatz ist? *(Seite 280)*

3 Nährstoffgruppen nennen, die in unserer Nahrung enthalten sein müssen, und ihre Funktion beschreiben? *(Seite 281)*

4 die Funktion von Vitaminen, Mineralstoffen und Ballaststoffen nennen? *(Seite 281)*

5 erläutern, wie man sich ausgewogen ernährt? *(Seite 282)*

B ▸ Regelung des Blutzuckerspiegels

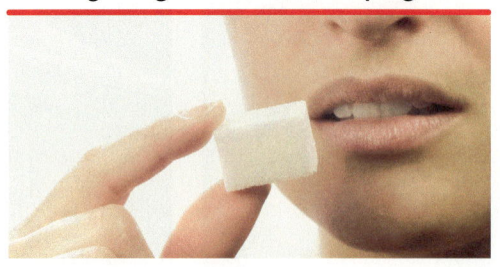

Kann ich ...

1 beschreiben, wie Informationen im Hormonsystem übertragen werden? *(Seite 286)*

2 Faktoren nennen, die den Blutzuckerspiegel beeinflussen, und ihre Wirkung erläutern? *(Seite 286 und 287)*

3 die Regulation des Blutzuckerspiegels mithilfe von Hormonen beschreiben? *(Seite 286 und 287)*

4 das Krankheitsbild von Diabetes mellitus erläutern? *(Seite 288)*

5 die Ursachen von Diabetes Typ 1 und Diabetes Typ 2 nennen? *(Seite 288)*

6 erklären, worauf Diabetiker bei ihrer Ernährung besonders achten müssen? *(Seite 288)*

7 erklären, weshalb eine ausgewogene Ernährung das Risiko mindert, an Altersdiabetes zu erkranken? *(Seite 288 und 289)*

C ▸ Vegetatives Nervensystem

Kann ich ...

1 den Bau des vegetativen Nervensystems beschreiben? *(Seite 290)*

2 die Wirkungsweise des vegetativen Nervensystems am Beispiel eines Wettkampfs erläutern? *(Seite 291)*

3 begründen, weshalb Sympathikus und Parasympathikus als Antagonisten bezeichnet werden? *(Seite 291)*

D ▸ Muskeln und Bewegung

Kann ich ...

1 ♪ den Bau eines Skelettmuskels beschreiben? *(Seite 292)*

2 ♪ die Funktionsweise eines Muskels beschreiben? *(Seite 293)*

3 ♪ beschreiben, wie die Muskeln für ihre Tätigkeit mit Energie versorgt werden? *(Seite 293)*

4 ♪ Beispiele für unterschiedliche Muskeln nennen? *(Seite 292 und 293)*

5 ♪ erklären, weshalb einem warm wird, wenn man sich bewegt? *(Seite 293 und 294)*

6 ♪ beschreiben, wie das Beugen und Strecken eines Arms oder eines Beins durch Muskeln ermöglicht wird? *(Seite 294)*

7 ♪ erklären, was man unter dem Gegenspielerprinzip versteht? *(Seite 294)*

8 ♪ die Energiewandlung von der Aufnahme der Nahrung bis zur Muskeltätigkeit beschreiben? *(Seite 294)*

E ▸ Fitness

Kann ich ...

1 ♪ das Zusammenwirken verschiedener Organsysteme und Organe bei der Bewegung beschreiben? *(Seite 296)*

2 ♪ erklären, von welchen Faktoren die körperliche Leistungsfähigkeit abhängt? *(Seite 296 und 297)*

3 ♪ den Begriff Fitness erläutern? *(Seite 297)*

4 ♪ begründen, weshalb durch sportliches Training die körperliche Leistungsfähigkeit ansteigt? *(Seite 297)*

5 ♪ den Zusammenhang zwischen ausgewogener Ernährung, Bewegung und Wohlbefinden erläutern? *(Seite 297)*

6 ♪ Sportverletzungen nennen und ihre jeweilige Ursache beschreiben? *(Seite 298)*

Kann ich aus dem Kapitel „Sport und Ernährung" Beispiele nennen für das Basiskonzept:
- Energie?
- Struktur – Eigenschaft – Funktion?

Krankheitserreger erkennen und abwehren

1 **Krankheitserreger** **304**

2 **Immunsystem** **314**

In diesem Kapitel beschäftigst du dich mit

- ► Bakterien. Du lernst etwas über ihren Bau, ihre Lebensbedingungen, ihre Verbreitung und Vermehrung. Außerdem erfährst du etwas über Infektionskrankheiten und über die Entstehung von Epidemien.

- ► Viren. Du erfährst an einem Beispiel etwas über den Bau und die Vermehrung von Viren. Du lernst verschiedene Virenerkrankungen kennen. Dabei erfährst du auch, welche Ansteckungsgefahren es gibt und wie man sich davor schützen kann.

- ► Krankheitserregern, die als Parasiten im Körper des Menschen leben. Außerdem erfährst du etwas über Zecken, Flöhe und Läuse und die Krankheiten, die diese Parasiten übertragen.

- ► der Immunabwehr. Du erfährst etwas über Organe und Zellen des Immunsystems und lernst Vorgänge kennen, durch die der Körper Krankheitserreger bekämpfen kann.

- ► der Immunisierung. Du erfährst, wie Impfungen vor Infektionskrankheiten schützen können und wie man Impfstoffe zur Behandlung von Infektionskrankheiten einsetzen kann.

01 Kinder füllen Trinkwasser ab

Bakterien

In Ländern mit unzureichenden hygienischen Bedingungen und schlechter Wasserversorgung leiden Menschen oftmals an einer lebensbedrohlichen Durchfallerkrankung, der Cholera. Was ist die Ursache dieser Krankheit?

KRANK MACHENDE BAKTERIEN · Wenn kein sauberes Trinkwasser zur Verfügung steht, ist die Gefahr, an Cholera zu erkranken, besonders hoch. Die Cholera wird von einer bestimmten Bakterienart, *Vibrio Cholera,* hervorgerufen, die in verschmutztem Wasser enthalten sein kann. Wenn sich Cholerabakterien im Körper des Menschen stark vermehren, sind schwere und lang andauernde Durchfälle die Folge. Dadurch kann es zu einem so starken Verlust an Wasser und Mineralstoffen kommen, dass die erkrankten Menschen sterben.

Das Eindringen von Bakterien in den Körper bezeichnet man als Ansteckung oder **Infektion.** Außer Wasser können auch Lebensmittel mit Bakterien verseucht sein. Andere Bakterien, wie die Erreger von Scharlach oder Lungenentzündung, werden durch den Kontakt mit infizierten Menschen übertragen. Die Übertragung kann zum Beispiel über die beim Niesen herausgeschleuderten Flüssigkeitströpfchen erfolgen. Diesen Vorgang nennt man *Tröpfcheninfektion.*

Krankheitserscheinungen wie beispielsweise Fieber, Erbrechen, Durchfall oder Schmerzen heißen *Symptome.* Eine wichtige Ursache für Symptome bei bakteriellen Erkrankungen sind giftige Stoffe, die von den Bakterien abgegeben werden. Symptome treten erst auf, wenn sich die Erreger im Körper stark vermehrt haben. Die Zeit, die zwischen dem Eindringen der Erreger in den Körper und dem Auftreten von ersten Symptomen vergeht, ist die *Inkubationszeit.* Je nach Erreger liegt diese Zeit zwischen mehreren Stunden und einigen Tagen. Erkranken viele Menschen in einem Gebiet an der gleichen Infektionskrankheit, spricht man von einer *Epidemie.*

lateinisch inficere = anstecken, vergiften, hineintun

BAU EINES BAKTERIUMS · Bakterien sind winzige, einzellige Lebewesen, die nur wenige Tausendstel Millimeter groß sind. Pflanzenzellen sind ungefähr fünfzig Mal größer. Die Bakterienzelle ist von einer *Bakterienzellwand* begrenzt, die ganz anders aufgebaut ist als die Zellwand einer Pflanzenzelle. Bei vielen Bakterien befindet sich außen auf der Zellwand noch eine schützende schleimhaltige *Kapsel.* An der Innenseite der Zellwand liegt die *Zellmembran* des Bakteriums. Eine Bakterienzelle besitzt im Gegensatz zu pflanzlichen oder tierischen Zellen keinen Zellkern. Die Erbsubstanz liegt frei im *Zellplasma.* Mitochondrien und Chloroplasten fehlen. Viele Bakterien haben einen oder mehrere dünne Fäden, die *Geißeln,* die zur Fortbewegung dienen. Bakterienarten kommen in vielfältigen Formen vor. So sind *Kokken* kugelig, *Stäbchen* lang gestreckt und *Spirochäten* schraubenförmig.

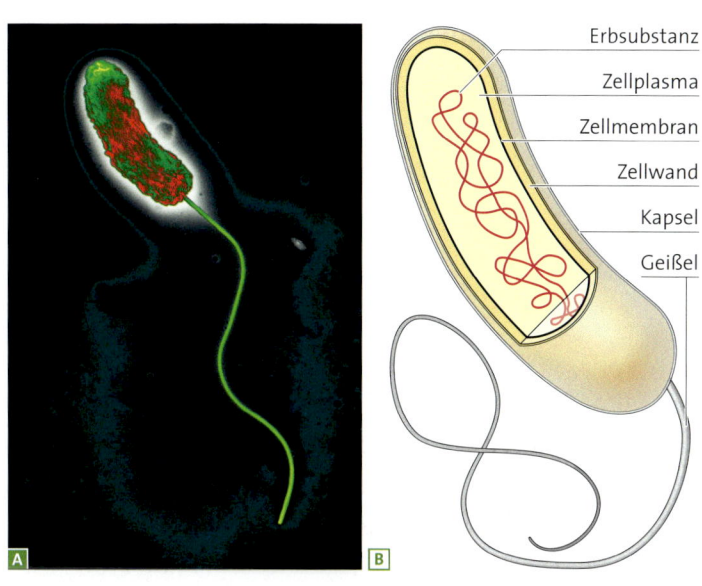

02 Bau einer Bakterienzelle: **A** mikroskopische Aufnahme, **B** Schema

Erbsubstanz
Zellplasma
Zellmembran
Zellwand
Kapsel
Geißel

VERMEHRUNG · Alle Bakterien vermehren sich durch *Teilung.* Einige Arten können sich alle 20 Minuten teilen und sich so sehr schnell vermehren. Günstige Bedingungen für die Vermehrung der Bakterien sind vor allem Wärme, Feuchtigkeit und ein ausreichendes Nahrungsangebot. Im Körper des Menschen, im Darm oder auch im Blut, finden Bakterien daher ideale Bedingungen vor.

Wenn die Lebensbedingungen ungünstiger werden, können viele Bakterienarten sehr widerstandsfähige Überdauerungsformen bilden. Diese *Bakteriensporen* sind in der Lage, extreme Hitze, Kälte oder Trockenheit lange Zeit zu überstehen. Sie können auch in der Luft über weite Strecken transportiert werden.

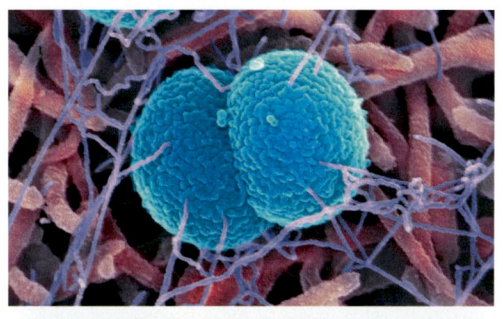

03 Erreger der Hirnhautentzündung

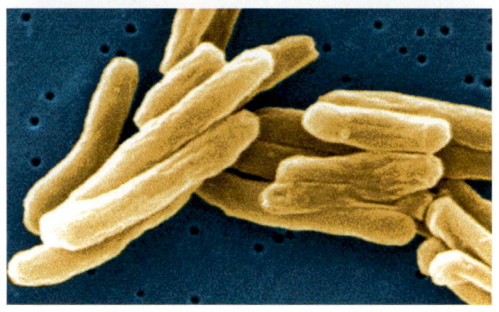

04 Erreger der Tuberkulose

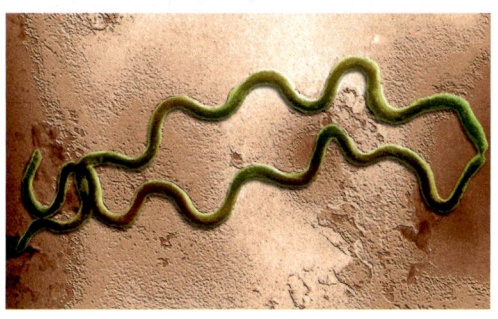

05 Erreger der Syphilis

1 Nenne die Bedingungen im Körper des Menschen, die eine starke Vermehrung von Bakterien begünstigen können!

2 Nenne drei Unterschiede im Bau von Bakterien- und Pflanzenzelle. Nimm dazu die Abbildung auf Seite 143 zu Hilfe!

BEDEUTUNG VON BAKTERIEN · In nahezu allen Lebensräumen der Erde findet man Bakterien. Sie kommen im Boden, im Salz- und Süßwasser vor, aber auch in der Luft. Sie leben am Grund des Meeres in großen Tiefen wie auch in kochend heißen Quellen oder auf eiskalten Gletschern. Jede Pflanze, jedes Tier und jeder Mensch ist von unzähligen Bakterien besiedelt. Bakterien kommen meistens in großer Anzahl vor und spielen eine wichtige Rolle in der Natur, beispielsweise als Zersetzer von toten Pflanzen und Tieren. Von den vermutlich mehreren Millionen Bakterienarten der Erde sind nur wenige Hundert für den Menschen bedrohlich.

Von Nutzen sind einige Bakterienarten bei der Herstellung von Lebensmitteln. Milchsäurebakterien werden zum Beispiel für die Herstellung von Joghurt, Quark, Salami oder Sauerkraut benötigt. Essigsäurebakterien stellen Essig aus Wein oder Apfelmost her.

BEKÄMPFUNG VON BAKTERIEN · Bis zum Ende des 19. Jahrhunderts waren die Ursachen und Ansteckungswege für viele bakterielle Infektionskrankheiten wie Tuberkulose, Typhus, Cholera, Keuchhusten oder Wundstarrkrampf unbekannt. Nachdem Robert KOCH in Deutschland und Louis PASTEUR in Frankreich entdeckten, wie bakterielle Infektionen entstehen, konnte die Übertragung vieler dieser Krankheiten vor allem durch verbesserte *Hygiene* eingeschränkt werden.

Seit Beginn des 20. Jahrhunderts werden zudem ständig Antibiotika eingesetzt, um Bakterien zu töten oder ihre Vermehrung zu hemmen. Allerdings schaffen es manche Bakterienarten Schutzmechanismen zu erwerben, die sie widerstandsfähig gegen Antibiotika machen und ihnen helfen zu überleben. Man nennt sie *resistent*. So sind die Erreger der sexuell übertragbaren Krankheit Gonorrhoe, die Gonokokken, heute resistent gegen das Antibiotikum Penicillin.

/// IM BLICKPUNKT GESCHICHTE ////////////////////////////////

Alexander FLEMING entdeckt das Penicillin

06 Fleming in seinem Labor

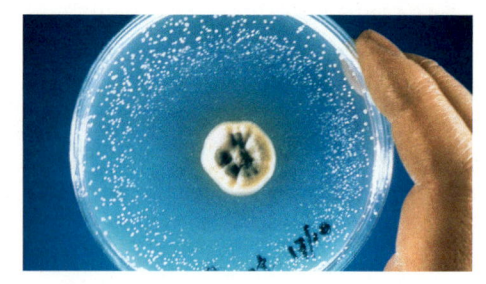

07 Schale mit Bakterien und Schimmelpilzen

Dem schottischen Bakterienforscher Alexander FLEMING (1881 bis 1955) fiel beim Aufräumen seines Labors eine Glasschale in die Hände, in der er Bakterien auf einem Nährboden gezüchtet hatte. Er wollte die Schale schon wegwerfen, da sich Schimmelpilze darin angesiedelt hatten. Dabei bemerkte er, dass in der Nähe der Schimmelpilze keine Bakterien wuchsen. Sollte der Schimmelpilz etwa die Vermehrung der Bakter-

*ien gehemmt haben? FLEMING führte Versuche zur Bestätigung seiner Vermutung durch und konnte zeigen, dass der Schimmelpilz **Penicillium** einen Stoff erzeugt, der die Vermehrung vieler Bakterienarten hemmt. Diesen Stoff nannte er **Penicillin**. Für die Entdeckung des Penicillins, des ersten **Antibiotikums,** erhielt FLEMING 1945 den Nobelpreis für Medizin.*

Material A ▸ Vermehrung von Bakterien

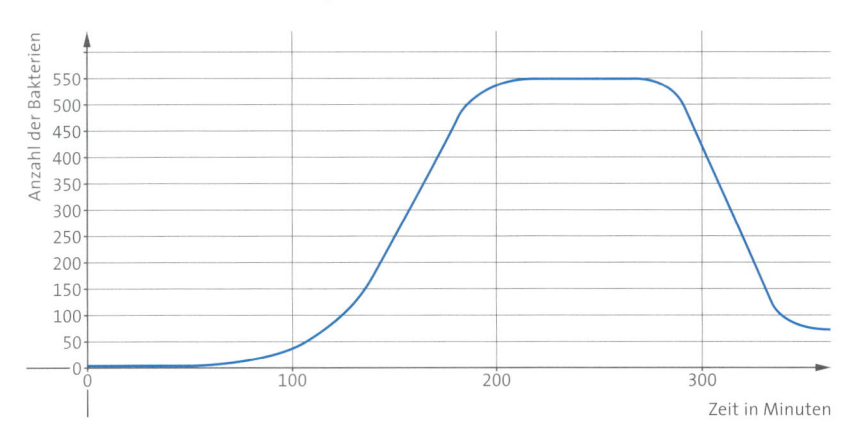

Im Diagramm ist dargestellt, wie sich die Anzahl der Bakterien in einem Kulturgefäß im Lauf der Zeit ändert.

A1 Beschreibe das abgebildete Liniendiagramm und den Kurvenverlauf!

A2 Ermittle, wie viele Bakterien nach drei Stunden aus einer Bakterienzelle entstanden sind, wenn alle 20 Minuten eine Teilung stattfindet! Stelle die errechneten Werte als Liniendiagramm dar!

A3 Vergleiche die von dir erstellte Kurve mit der abgebildeten Kurve!

A4 Stelle Vermutungen an, wie sich die Unterschiede zwischen den beiden Kurven erklären lassen!

Material B ▸ Infektionen und Vorbeugung

Pest

Im Mittelalter erlagen dieser Krankheit in Europa viele Millionen Menschen. Die Pest ist heute nahezu ausgerottet. Eine Form, die Beulenpest, äußert sich mit Kopf- und Gliederschmerzen sowie beulenartigen Schwellungen am Körper. Unbehandelt endet die Beulenpest nach wenigen Tagen häufig tödlich. Die Beulenpesterreger werden durch den Stich eines infizierten Rattenflohs oder durch den Kontakt mit infizierten Nagetieren übertragen. Man nennt diese infizierten Tiere deshalb *Überträger*.

Gonorrhoe (Tripper)

Der Gonorrhoe ist eine der häufigsten durch Geschlechtsverkehr übertragbaren Krankheiten. Die Inkubationszeit beträgt zwei bis drei Tage. Bei infizierten Männern treten schmerzhafte Entzündungen der Harnröhre auf, bei Frauen eitrige Ausflüsse aus der Scheide. Die Krankheit kann von infizierten Schwangeren bei der Geburt auf das Kind übertragen werden.

Scharlach

Diese Infektionskrankheit von Gaumen und Rachen tritt häufig bei Kindern auf. Symptome sind Halsschmerzen, eine scharlachrote Zunge, Schluckbeschwerden und Fieber. Hustet oder niest ein Scharlachpatient, gelangen feinste Flüssigkeitströpfchen mit Bakterien in die Umgebung.

B1 Vergleiche die Übertragungswege der genannten, durch Bakterien verursachten Krankheiten!

B2 Beschreibe Maßnahmen, mit denen man sich vor der Infektion mit den beschriebenen Krankheiten schützen kann!

B3 Stelle Vermutungen an, weshalb im Mittelalter so viele Menschen an der Pest erkrankten!

Nach Naturkatastrophen, zum Beispiel nach einem Erdbeben, treten häufig in großen Gebieten Choleraepidemien auf. Scharlachepidemien

dagegen bleiben meistens örtlich begrenzt.

B4 Stelle Vermutungen an, wie dieser Unterschied erklärt werden könnte!

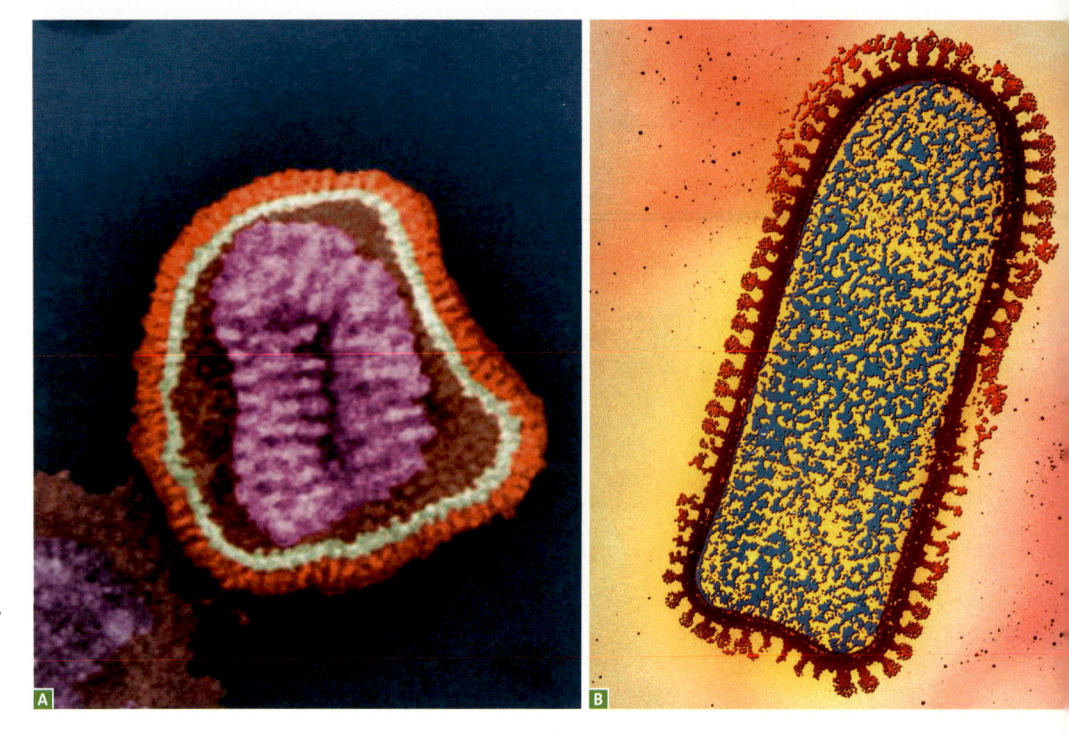

01 Viren im Elektronenmikroskop, gefärbt:
A Grippevirus,
B Tollwutvirus

Viren

> *Früher glaubte man, dass viele Krankheiten, für die man keine Erreger nachweisen konnte, durch Giftstoffe verursacht wurden. Diese Stoffe bezeichnete man daher als Virus – dem lateinischen Wort für Gift. Erst mit dem Elektronenmikroskop konnte man Viren sichtbar machen und ihre Vielfalt aufzeigen. Was sind Viren?*

BAU VON VIREN · Um 1900 fand man heraus, dass Viren noch kleiner sein müssen als Bakterien. Ließ man nämlich eine Flüssigkeit mit Vi-

ren durch einen Filter laufen, der Bakterien zurückhält, konnte man die Viren damit nicht auffangen. Heute ist bekannt, dass Viren nur etwa ein zehntausendstel Millimeter Durchmesser haben und deshalb nur im Elektronenmikroskop sichtbar sind.

Viren bestehen lediglich aus einer **Proteinhülle** und einer **Erbsubstanz.** Die Proteinhülle besitzt zahlreiche kleine *Proteinfortsätze* und umgibt die Erbsubstanz wie eine Kapsel. Es gibt eine Vielzahl verschiedener Viren, die sich in der Größe, dem Bau der Proteinhülle sowie der Art und Menge der Erbsubstanz unterscheiden.

VERMEHRUNG · Viren besitzen keinen eigenen Stoffwechsel, wachsen nicht und können sich nicht selbst bewegen und vermehren. Viren sind daher keine Lebewesen. Zur Vermehrung sind sie auf lebende Zellen angewiesen, auf die *Wirtszellen*. Kommt ein Virus in Kontakt mit einer Wirtszelle, bleibt es mit seinen Fortsätzen an der Zellmembran haften.

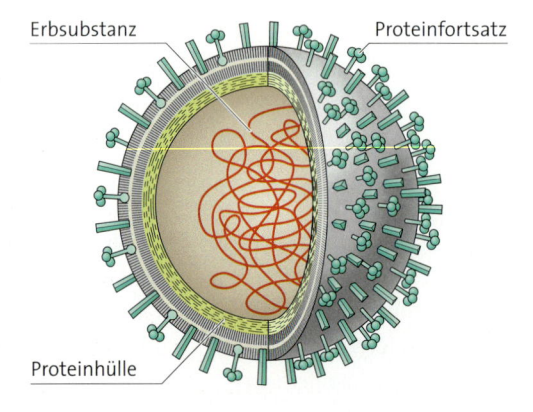

Erbsubstanz · · · · · · · · · · · · Proteinfortsatz

Proteinhülle

02 Bau eines Virus

Meistens wird es von der Membran umschlossen und in einem Membranbläschen in die Zelle aufgenommen. Dort bricht die Proteinhülle auf, und die Erbsubstanz des Virus gelangt in die Wirtszelle. Diese Erbsubstanz stellt den Stoffwechsel der Wirtszelle so um, dass nun Virusbausteine hergestellt werden können. Die Bausteine fügen sich zu zahlreichen neuen Viren zusammen. Dann platzt die Wirtszelle und setzt damit eine große Anzahl von Viren frei, die weitere Zellen befallen können. Jeder Virustyp vermehrt sich nur in ganz bestimmten Wirtszellen. So befallen zum Beispiel Viren, die Kinderlähmung verursachen, Nervenzellen, die Bewegungen kontrollieren.

VIRUSERKRANKUNGEN · Viren können viele Krankheiten verursachen. Beim Menschen sind das zum Beispiel Grippe, Herpes, Masern, Pocken, Windpocken, Röteln, Mumps, Kinderlähmung und Tollwut. Die Unterschiede der Krankheiten sind darauf zurückzuführen, dass jeweils unterschiedliche Wirtszellen zerstört werden. Bei Grippe sind vor allem die Schleimhautzellen der Atemwege betroffen. Nach einer Infektion treten zunächst Symptome wie Niesen und Husten auf. Dadurch werden die Grippeviren, in feinste Schleimtröpfchen verpackt, in die Luft geschleudert und können andere Personen beim Einatmen infizieren. Man nennt diese Übertragungsweise eine *Tröpfcheninfektion*. Krankheitssymptome treten ein bis drei Tage später auf. Die Zeitspanne zwischen Infektion und Ausbruch der Krankheit nennt man *Inkubationszeit*. Tollwut wird direkt, zum Beispiel durch den Biss eines infizierten Fuchses, übertragen. Diese Übertragungsweise heißt *Kontaktinfektion*. Die Inkubationszeit beträgt in diesem Fall ein bis sechs Monate. Das Tollwutvirus schädigt Nervenzellen. Eine Erkrankung an Tollwut endet ohne Behandlung meistens tödlich.

1 〕 Beschreibe Bau und Vermehrung eines Grippevirus!

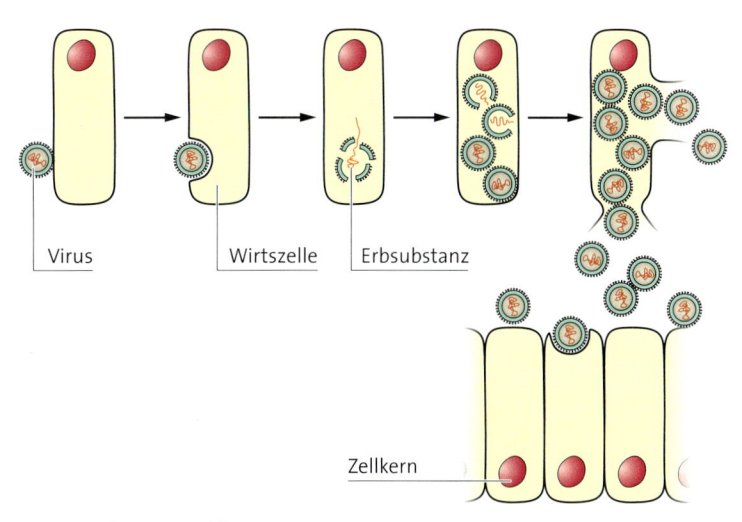

03 Vermehrung von Viren

Virus   Wirtszelle   Erbsubstanz

Zellkern

///. **STECKBRIEF** /////////////////////////////////////

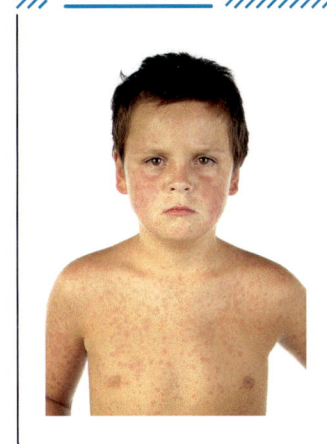

Masern
Übertragung: Tröpfcheninfektion
Inkubationszeit: 8–14 Tage
Symptome: Schnupfen, Husten und Fieber; nach vier Tagen rote Flecken am Körper, der Masernausschlag; Rückgang des Fiebers am 7. bis 8. Tag. Seltene Folge kann eine Hirnhautentzündung sein.
Behandlung: Schutzimpfung; bei Erkrankung: fiebersenkende Maßnahmen.

///. **STECKBRIEF** /////////////////////////////////////

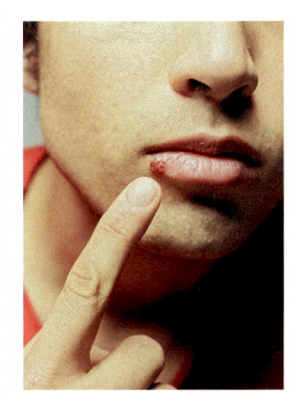

Herpes
Übertragung: Tröpfchen- oder Kontaktinfektion
Inkubationszeit: 2–12 Tage, Viren verbleiben lebenslänglich im Körper, erneuter Ausbruch jederzeit möglich
Symptome: Rötung, Entzündung, Juckreiz, schmerzhafte Bläschen mit eitrigen, krustigen Belägen.
Behandlung: virenhemmende Medikamente, Schmerzmittel

01 *Anopheles-*
Mückenweibchen

Weitere Krankheitserreger

Ein Mückenstich ist lästig, macht uns aber normalerweise nicht krank. In vielen tropischen Ländern jedoch können Mücken Krankheitserreger übertragen, die schwere Krankheiten wie Malaria verursachen. Wie ist das möglich?

EINZELLIGE KRANKHEITSERREGER · Nur die Mückenweibchen ernähren sich von Blut. Sie suchen vor allem in der Dämmerung ihre Opfer auf. Die Mücken selbst sind für Menschen ungefährlich. In den Tropen tragen Stechmücken der Gattung *Anopheles* aber häufig Krankheitserreger in sich, die weder Bakterien noch Viren sind. Es sind bestimmte **Einzeller.** Man nennt sie Sporentierchen oder *Plasmodien*. Hat eine Mücke ihren Stechrüssel in die Haut eines Menschen eingestochen, gibt sie zunächst etwas Speichelflüssigkeit in die Wunde ab, damit das Blut beim Einsaugen nicht gerinnt. Dadurch gelangen die Plasmodien in das menschliche Blut.

Durch den Blutkreislauf werden sie rasch zur Leber transportiert. In den Leberzellen vermehren sie sich sehr stark. Innerhalb einer Woche entstehen in jeder befallenen Leberzelle zwischen 10 000 und 30 000 neue Erreger. Die Leberzellen werden dabei zerstört. Die freigesetzten Plasmodien dringen dann in rote Blutzellen, die Erythrozyten, ein, in denen sie sich erneut vermehren. Nach der Vermehrung platzen alle Blutzellen meistens gleichzeitig. Dadurch gelangen eine außerordentlich große Anzahl von Erregern und ihre ausgeschiedenen Giftstoffe schlagartig ins Blut und lösen heftiges Fieber aus. Man nennt die *Anopheles-Mücke* daher auch *Fiebermücke.* Erneut dringen dann die Krankheitserreger in weitere rote Blutzellen ein und vermehren sich dort. Je nach Plasmodienart erfolgt die Vermehrung in den roteb Blutzellen unregelmäßig oder dauert zwei oder drei Tage, sodass die Fieberanfälle in

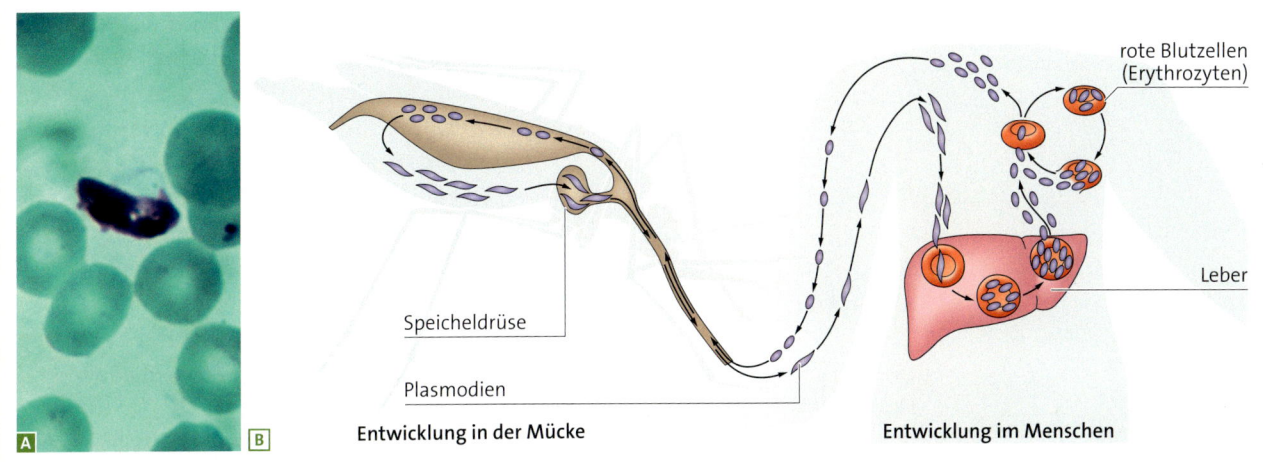

rote Blutzellen
(Erythrozyten)

Leber

Speicheldrüse

Plasmodien

Entwicklung in der Mücke

Entwicklung im Menschen

A B

02 Malariaerreger: **A** lichtmikroskopisches Bild, **B** Entwicklung

diesen Abständen auftreten. Man nennt die Krankheit daher auch *Wechselfieber.* Sie ist seit über 2 000 Jahren unter dem Namen **Malaria** bekannt. Saugt eine Fiebermücke bei einem infizierten Menschen Blut, nimmt sie Erreger auf. Diese entwickeln und vermehren sich in der Mücke weiter. Da der Malariaerreger für seine Entwicklung und Verbreitung zwei verschiedene Wirte benötigt, die Mücke und den Menschen, zwischen denen er wechselt, spricht man von einer Entwicklung mit *Wirtswechsel.*

Etwa 300 Millionen Menschen leiden unter Malaria, von denen etwa 2 Millionen Menschen jährlich daran sterben. Vor Reisen in Malariagebiete sollte man sich deshalb über geeignete Schutzmaßnahmen informieren. Weil Medikamente keinen vollständigen Schutz vor Malaria bieten können, muss man die Übertragung des Malariaerregers verhindern, unter anderem mit Mückennetzen.

RINDERBANDWURM · Im Körper von Wirbeltieren können sich Krankheitserreger befinden, die aus einem kugeligen Kopf mit Saugnäpfen und vielen gleichartigen, flachen Körpergliedern bestehen, die zu einem langen Band aneinandergereiht sind. Man nennt sie daher **Bandwürmer.** Sie benötigen für ihre Entwicklung und Verbreitung einen Wirtswech-

sel. Rind und Mensch sind Wirte, zwischen denen der **Rinderbandwurm** wechselt. Menschen infizieren sich durch den Verzehr von rohem Rindfleisch, das abgekapselte Entwicklungsstadien des Rinderbandwurms enthält, die *Finnen.* Die aufgenommenen Finnen entwickeln sich im menschlichen Dünndarm zu Bandwürmern. Diese zeigen eine Reihe von Angepasstheiten an ihre Lebensweise im Darm. Weil sie gelöste Nährstoffe über ihre Körperoberfläche aufnehmen, haben sie weder Mund noch Darm noch After. Mit den Saugnäpfen am Kopf halten sie sich im Darm des Menschen fest. Bandwürmer wachsen, indem sie hinter ihrem Kopf ständig neue Körperglieder bilden. Ein Rinderbandwurm kann so 1 000 bis 2 000 Glieder bilden und bis zu zehn Meter lang werden. Befallene Menschen leiden unter Übelkeit, Durchfall und Hungergefühl. Da die Bandwürmer innerhalb ihres Wirtes leben und ihm Nährstoffe entziehen, bezeichnet man sie als Innenparasiten oder **Endoparasiten.** Bandwürmer sind Zwitter und können sich selbst befruchten. In den hintersten Körpergliedern des Bandwurms werden bis zu 80 000 Eier je Glied gebildet. Diese Glieder lösen sich ab und werden mit dem Kot ausgeschieden. Nehmen Rinder die Eier mit der Nahrung auf, schlüpfen daraus Larven, die über das Blut in die Skelettmuskulatur gelangen und dort neue Finnen bilden.

A

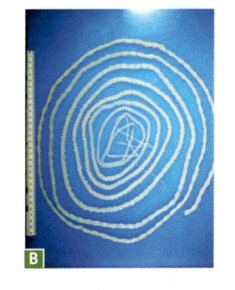

B

03 Rinderbandwurm:
A Kopf,
B Bandwurm

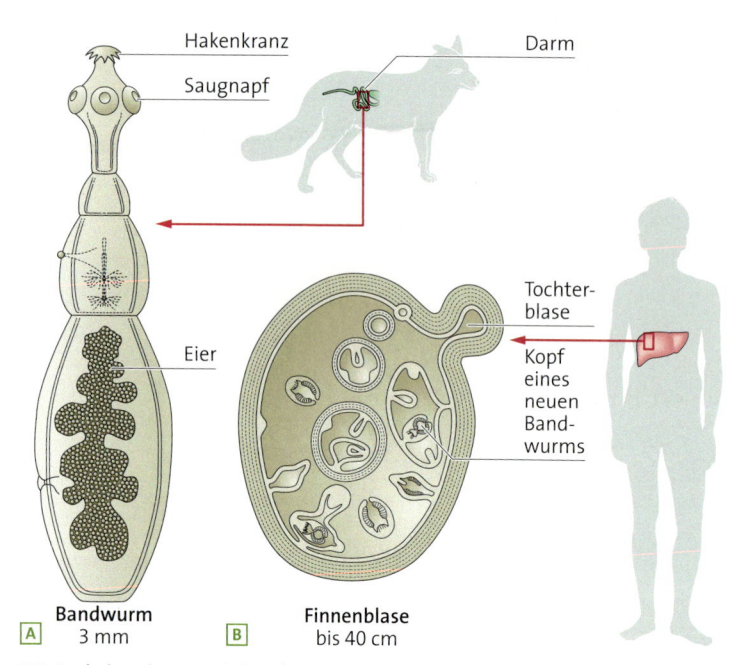

Hakenkranz
Saugnapf
Darm
Eier
Tochterblase
Kopf eines neuen Bandwurms

A Bandwurm
3 mm

B Finnenblase
bis 40 cm

04 Fuchsbandwurm: **A** Bandwurm, **B** Finnenblase

FUCHSBANDWURM · Füchse beherbergen in ihrem Darm oft einen nur aus drei Körpergliedern bestehenden Bandwurm, den **Fuchsbandwurm.** Mit dem Kot scheidet der Fuchs die Bandwurmeier aus, die häufig von Mäusen aufgenommen werden. In den Mäusen schlüpfen aus den Eiern Larven, die *Finnen*. Die Larven wandern vor allem in die Leber und bilden dort große *Finnenblasen* aus. Diese können *Tochterblasen* abschnüren, die sich wieder in der Leber festsetzen und sie so schwer schädigen, dass die Maus stirbt. Durch den Verzehr infizierter Mäuse gelangen die Larven wieder in den Darm des Fuchses und entwickeln sich zu einem Bandwurm. Nehmen Menschen, zum

Beispiel mit ungewaschenen Waldbeeren, die Eier des Fuchsbandwurms auf, können sie das gleiche Schicksal erleiden wie die infizierten Mäuse. Die bis zu kindskopfgroßen Finnenblasen in der menschlichen Leber sind nur durch schwierige Operationen zu entfernen. Häufig sterben Menschen an dieser Infektion. Da dieser Bandwurm nicht nur in Füchsen, sondern auch in Hunden und Katzen leben kann, erhöht sich die Gefahr für die Menschen in den Verbreitungsgebieten des Fuchsbandwurms.

EKTOPARASITEN ALS ÜBERTRÄGER · Ebenso wie Mückenweibchen ernähren sich auch Zecken, Flöhe und Läuse von Blut. Da sie außen an ihrem Wirt leben, spricht man von Außenparasiten oder **Ektoparasiten.** Auch sie sind für Menschen eigentlich harmlos, können aber gefährliche Krankheitserreger übertragen. Zecken können Überträger von zwei verschiedenen Erregern sein: eines Virus, das eine gefährliche Hirnhautentzündung verursacht, und eines Bakteriums, das schwerwiegende Gelenk- und Kopfschmerzen bewirken kann. Flöhe können sehr weit springen und damit auch leicht von Wirt zu Wirt gelangen. Rattenflöhe können so den Erreger der Pest auf den Menschen übertragen. Im Unterschied zu Zecken und Flöhen bewohnen Läuse ihren Wirt dauerhaft. Oft wird ein Befall mit Kopfläusen erst aufgrund ihrer Eier, der *Nissen*, festgestellt. Man sieht sie als kleine weiße Punkte an den Haaren kleben. Während Kopfläuse meistens nur einen kräftigen Juckreiz verursachen, waren Kleiderläuse früher als Krankheitsüberträger gefürchtet.

05 Außenparasiten: **A** Zecke, **B** Floh, **C** Kopfläuse

Material A ▸ Malaria

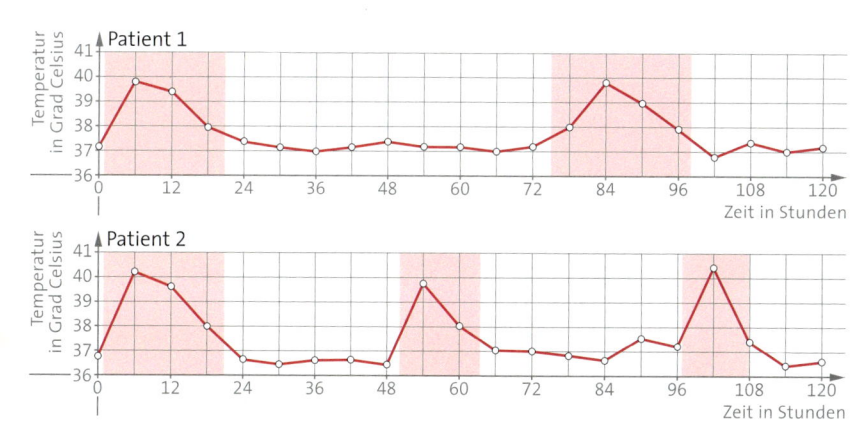

In der Abbildung sind typische Fieberkurven von zwei Patienten zu sehen, die sich mit unterschiedlichen Malariaerregern infiziert haben.

A1 Vergleiche die unterschiedlichen Malariaerreger anhand der Kurvenverläufe!

A2 Stelle eine Vermutung an, welcher der beiden Erreger gefährlicher ist, und begründe!

A3 Informiere dich im Internet über Vorkommen, Ausmaß und Ursachen der Malariaerkrankungen in Deutschland! Beurteile, ob Malaria heute wieder in Deutschland ausbrechen könnte!

A4 Informiere dich im Internet über die Verbreitung von Malaria! Nenne jeweils drei Länder mit einem geringen, hohen und sehr hohen Malariarisiko!

Material B ▸ Bandwürmer

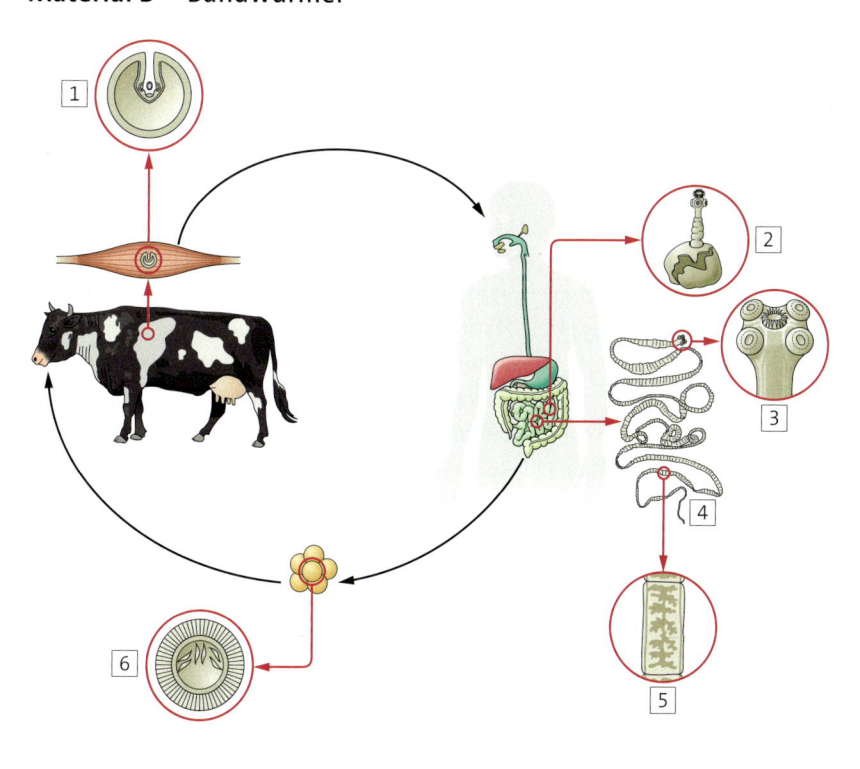

B1 Formuliere eine passende Überschrift für die Abbildung!

B2 Ordne den Zahlen die passenden Fachbegriffe zu!

B3 Erkläre, wie der Rinderbandwurm an seine Lebensweise angepasst ist!

B4 Vergleiche die Ursachen der Erkrankungen beim Rinder- und 3!

B5 Begründe, weshalb man in Regionen, in denen der Fuchsbandwurm vorkommt, nach dem Streicheln eines Hundes oder einer Katze dringend die Hände waschen sollte!

01 Krank im Bett

Immunabwehr

Bei jeder Gelegenheit kommen wir in Kontakt mit Bakterien und Viren. Unter ihnen befinden sich zahlreiche Krankheitserreger, die vor allem über unsere Mund- und Nasenöffnung in den Körper eindringen können. Dennoch werden wir nur selten krank. Wie wehrt sich unser Körper gegen die ungebetenen Eindringlinge?

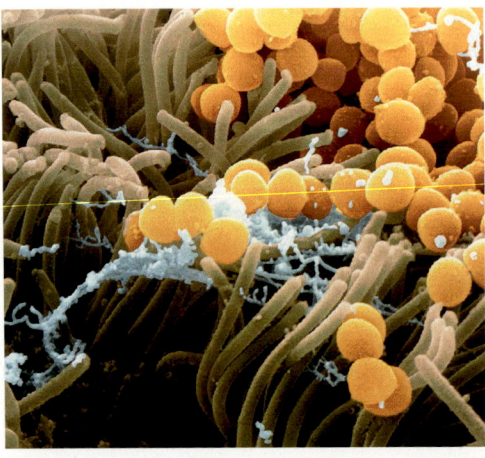

02 Schleimhaut mit Flimmerhärchen und Bakterien

SCHUTZBARRIEREN · In unserer Haut liegen die Zellen eng beieinander und erschweren den Krankheitserregern das Eindringen. Zudem scheiden Drüsen in der Haut ständig Stoffe aus, die einen natürlichen und für viele Erreger lebensfeindlichen *Säureschutzmantel* bilden. Die Haut ist also eine **Schutzbarriere.** Unsere Körperöffnungen, vor allem Mund, Nase und die Geschlechtsöffnungen, bieten einen leichteren Zugang für die Eindringlinge. Diese offenen Körperbereiche sind durch ein Abschlussgewebe, die *Schleimhäute*, ausgekleidet. Sie sind zwar dünn und leicht verletzbar, produzieren aber eine feuchte Schutzschicht, die Abwehrstoffe enthält. Zum Beispiel können der Speichel, der Nasenschleim oder der feuchte Belag der Vagina viele Krankheitserreger vernichten. Bakterien, die über die Speiseröhre in den Magen gelangen, werden normalerweise von der Magensäure abgetötet. Was geschieht jedoch in unserem Körper, wenn die Haut durch Verletzungen für Bakterien oder Viren durchlässig wird oder andere Schutzbarrieren überwunden werden?

FRESSZELLEN · Unter den weißen Blutzellen gibt es Zellen, die sich kriechend fortbewegen können. Sie schieben dazu Teile ihres Zellplasmas als kleine Ausstülpungen vor. Durch diese Art der Fortbewegung können sie auch eingedrungene Krankheitserreger oder Fremdkörper umfließen und so in ihren Zellinnenraum aufnehmen und zerstören. Man nennt diese Zellen **Fresszellen** oder Makrophagen. Sie gehören zu den Abwehrmechanismen, die bereits in den Körper eingedrungene Erreger unschädlich machen. Alle Abwehrmechanismen zusammen bezeichnet man als **Immunsystem,** seine Zellen als **Immunzellen.** Weil die Fresszellen nicht auf bestimmte Erreger spezialisiert sind, bezeichnet man ihre Form der Abwehr als **unspezifische Immunabwehr.**

In die verletzte Haut oder in die Schleimhäute eingedrungene Krankheitserreger führen fast immer dazu, dass die dort liegenden Blutgefäße für Fresszellen stärker durchlässig werden. Fresszellen können so leichter in das umliegende Gewebe gelangen und den Kampf gegen die Erreger aufnehmen. Verletzte Stellen werden durch erweiterte Blutgefäße besser mit Blut versorgt. Sie schwellen an, röten und erwärmen sich. Häufig schmerzen sie auch.

Aus abgestorbenen Fresszellen, zerstörten körpereigenen Zellen und den Krankheitserregern kann sich eine gelbliche Flüssigkeit bilden, der *Eiter*. Wenn sich Krankheitserreger in unserem Körper stark vermehrt haben, reagiert er häufig mit einer länger andauernden Erhöhung der Körpertemperatur, dem *Fieber*. Die hohe Temperatur beschleunigt den Stoffwechsel in den Zellen und führt so dazu, dass die Immunabwehr stärker verläuft.

LYMPHGEFÄSSSYSTEM · Außer im Blut und im Gewebe findet man die Immunzellen vor allem in einem System von kleinen Röhren, das wie das Blutgefäßsystem den gesamten Körper durchzieht. Dieses **Lymphgefäßsystem** ist mit einer Flüssigkeit gefüllt, der *Lymphe*, die an frischen Schürfwunden austritt. Im oberen Brustbereich sind Blut- und Lymphgefäßsystem miteinander verbunden. In besonderen Bereichen des Lymphgefäßsystems, den **Lymphknoten,** gibt es sehr viele Immunzellen. Bei einer Infektion schwellen die Lymphknoten im Halsbereich, unter den Achseln und in der Leistengegend an und schmerzen dann häufig. Wenn ein Arzt die Schwellung der Lymphknoten feststellt, weiß er, dass der Patient an einer Infektion leidet.

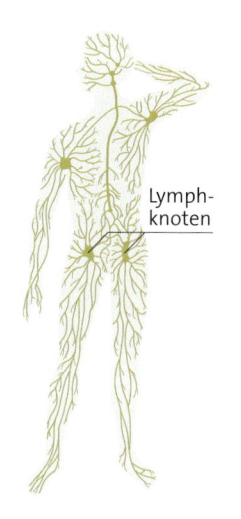

03 Lymphgefäßsystem

1 ⌡ Beschreibe die unspezifische Immunabwehr!

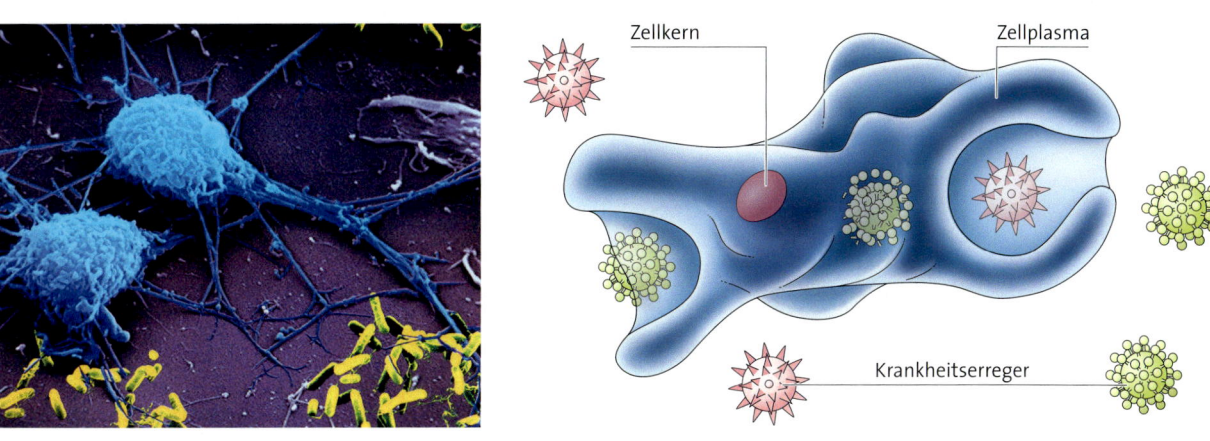

04 Fresszellen greifen Bakterien an

05 Fresszelle vernichtet Krankheitserreger

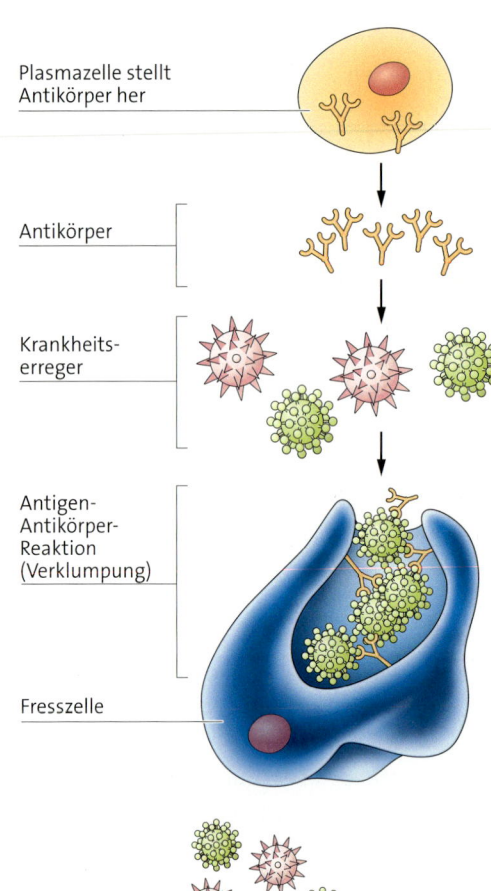

Plasmazelle stellt
Antikörper her

Antikörper

Krankheits-
erreger

Antigen-
Antikörper-
Reaktion
(Verklumpung)

Fresszelle

06 Spezifische
Immunabwehr
durch Antikörper

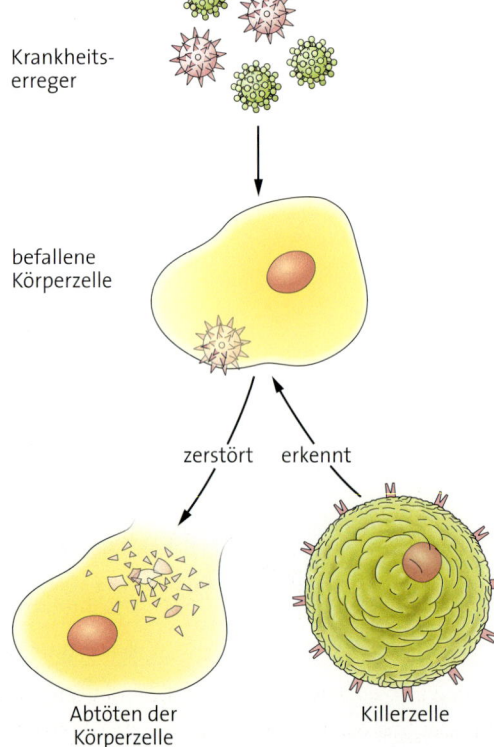

Krankheits-
erreger

befallene
Körperzelle

zerstört   erkennt

07 Spezifische
Immunabwehr
durch Killerzellen

Abtöten der
Körperzelle

Killerzelle

SPEZIFISCHE IMMUNABWEHR · Manchmal reicht die unspezifische Immunabwehr nicht aus, um die eingedrungenen Erreger daran zu hindern, sich stark zu vermehren. Dann setzt eine gezielte Bekämpfung der jeweiligen Krankheitserreger ein.

Jeder Krankheitserreger besitzt auf seiner Oberfläche charakteristische Strukturen, die **Antigene.** Er unterscheidet sich dadurch von allen anderen Krankheitserregern. Wenn Erreger, zum Beispiel Grippeviren, ins Blut eingedrungen sind, beginnen bestimmte weiße Blutzellen, die **Plasmazellen,** mit der Produktion spezifischer Abwehrstoffe, der **Antikörper.** Diese Antikörper passen in einem solchen Fall jedoch nur zu den Antigenen dieser Grippeviren wie ein *„Schlüssel zu seinem Schloss".* Jeder Antikörper hat mindestens zwei Bindungsstellen für die Antigene. So kann er zwei Grippeviren miteinander verbinden. Mithilfe mehrerer Antikörper werden viele Grippeviren zu größeren Klumpen verbunden, den **Antigen-Antikörper-Komplexen.** So können Fresszellen durch einen einzigen Fressvorgang viele Erreger vernichten. Grippeviren, die durch Antikörper und Fresszellen nicht vernichtet wurden, dringen in Körperzellen ein und lassen sich dort vermehren. Wie werden Viren bekämpft, die sich in den Zellen befinden? Dazu dienen weitere weiße Blutzellen. Sie können von Viren befallene Körperzellen erkennen und töten. Man nennt diese Zellen daher **Killerzellen.** In toten Zellen ist die Vermehrung von Viren nicht mehr möglich.

Weil die gebildeten Antikörper und die Killerzellen nur gezielt eine bestimmte Form von Krankheitserregern abwehren können, bezeichnet man diese Immunantwort als **spezifische Immunabwehr.** Erst wenn durch die Immunabwehr alle Erreger zerstört wurden, kann der Körper wieder gesund werden.

2 Beschreibe den Teil der spezifischen Immunabwehr, der in Abbildung 06 dargestellt ist!

Material A ▶ Übertragungswege von Krankheitserregern

A1 Beschreibe die in den Abbildungen dargestellten Übertragungswege von Krankheitserregern!

A2 Nenne weitere Möglichkeiten der Übertragung von Krankheitserregern aus deinem Schulalltag!

A3 Beschreibe, wie man sich vor Infektionen mit Krankheitserregern schützen kann!

Material B ▶ Antikörper

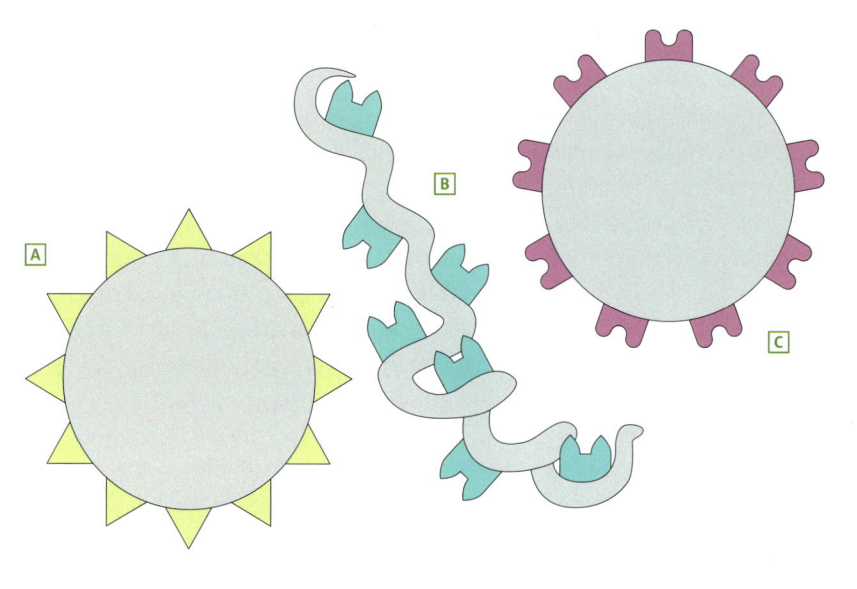

Material C ▶ Fieber

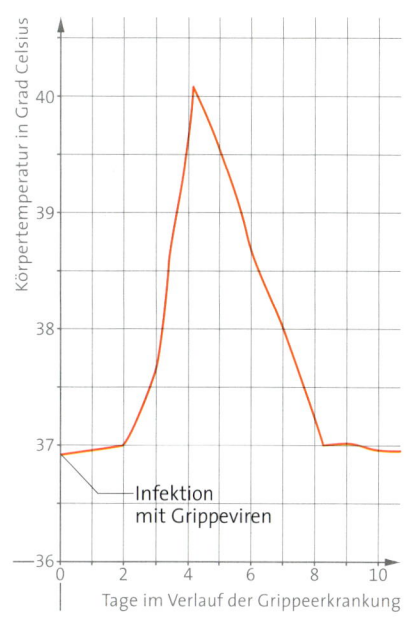

B1 Zeichne zu den drei abgebildeten Erregern die spezifischen Antikörper!

B2 Erläutere anhand dieser Beispiele das Schlüssel-Schloss-Prinzip!

B3 Erläutere die Vorteile der Bekämpfung von Krankheitserregern durch Antikörper!

B4 Nenne ein weiteres Beispiel für das Schlüssel-Schloss-Prinzip!

C1 Beschreibe das Diagramm und den Kurvenverlauf!

C2 Erläutere, weshalb das Fieber ab dem vierten Tag zurückgeht!

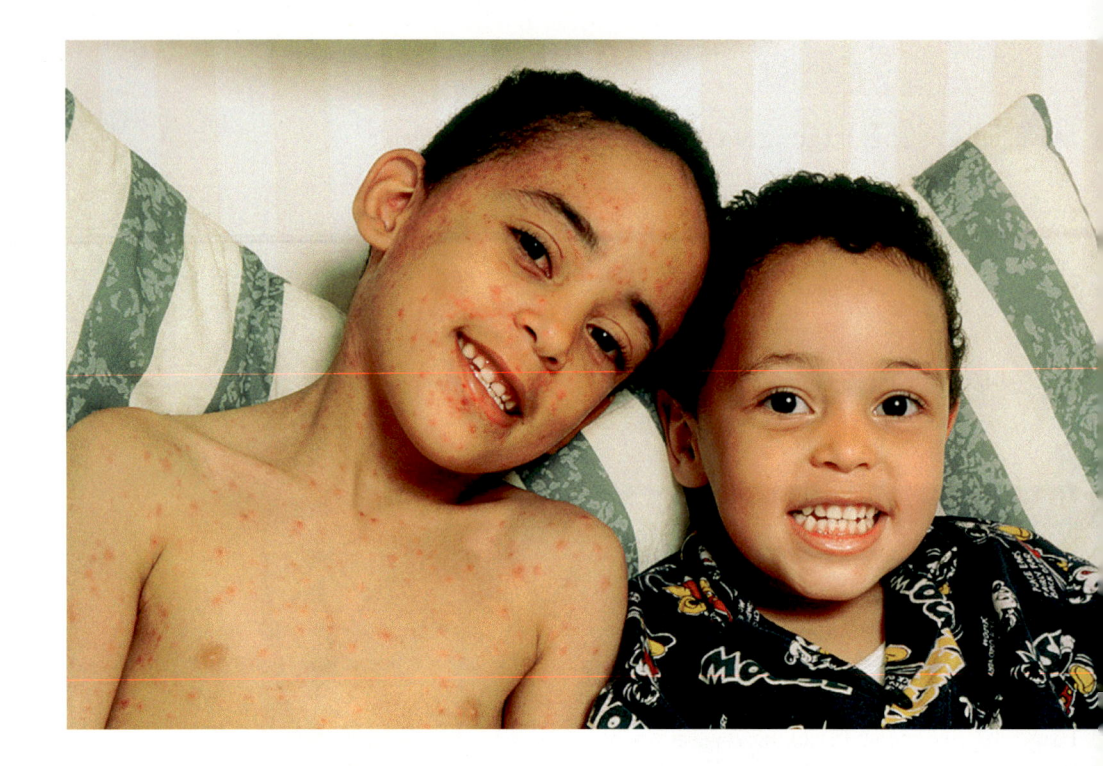

01 Junge mit Windpocken

Immunisierung

Ein Junge leidet unter Windpocken, die auf seiner Haut einen Juckreiz verursachen. Der Name Windpocken leitet sich von der hohen Ansteckungswahrscheinlichkeit ab, da die Viren mehrere Meter über die Luft verbreitet werden und somit auch ohne direkten Kontakt übertragen werden können. Dennoch erkrankt der Bruder des Jungen nicht, obwohl sich beide häufig in denselben Räumen aufhalten. Wie ist das zu erklären?

IMMUNITÄT · Wenn die Windpockenviren zum ersten Mal in den Körper eindringen, nehmen die Immunzellen ihre Tätigkeit auf. Fresszellen vernichten die Erreger und antikörperproduzierende Zellen werden aktiviert. Sie vermehren sich und bilden Antikörper gegen die Antigene der Windpockenviren. Allmählich werden dadurch immer mehr Windpockenviren verklumpt und vernichtet. Die Windpockenviren, die durch die Antikörper nicht abgefangen werden, können bestimmte Körperzellen befallen. Hier greifen jedoch die Killerzellen an. Sie zerstören die befallenen Zellen und verhindern so die Vermehrung der Windpockenviren. Bei dieser **Erstinfektion** läuft die Immunabwehr nicht schnell genug ab, sodass sich die Windpockenerreger trotzdem stark vermehren können. Wie bei dem Jungen kann das Immunsystem daher den Ausbruch der Windpocken nicht verhindern. Vor einigen Jahren ging es seinem Bruder genauso. Weshalb erkrankt der Bruder aber nicht erneut an dieser Kinderkrankheit?

Bei der Erstinfektion wird noch ein weiterer Vorgang eingeleitet: Es bilden sich nicht nur die Plasmazellen, die sofort viele Antikörper produzieren, sondern auch Zellen, die die Information speichern, dass es sich um Windpocken-Antigene handelt. Sie heißen daher **Gedächtniszellen.** Wenn Jahre später bei einer **Zweitinfektion** die Windpockenviren wieder in den Körper eindringen, sorgen die zahlreich vorhandenen Gedächtniszellen dafür, dass in kürzester Zeit eine große Anzahl an Antikörpern entsteht. Die Windpockenviren werden dadurch schnell bekämpft, bevor sie sich stark vermehren können. Der Körper ist gegen diesen Krankheitserreger **immun** geworden. Der Bruder des Jungen ist also nach der Erstinfektion vor Windpocken geschützt.

AKTIVE IMMUNISIERUNG · Neben den vergleichsweise harmlosen Symptomen können bei einer Windpockenerkrankung aber auch schwere Krankheitserscheinungen auftreten, zum Beispiel eine Hirnhautentzündung mit bleibenden Ausfällen von Gehirnfunktionen. Ärzte empfehlen daher schon für das frühe Kleinkindesalter eine vorbeugende Behandlung, die vor Windpocken schützt. Wie kann eine solche Maßnahme aussehen?

Der Arzt spritzt einem Kleinkind abgeschwächte Windpockenviren in den Oberarm, er **impft** das Kind. Bei anderen gefährlichen Infektionskrankheiten kommen auch abgetötete Erreger oder sogar nur Bruchstücke des Erregers als Impfstoff zum Einsatz. Wie bei einer Erstinfektion bildet das Immunsystem des Kindes nun nicht nur spezifische Antikörper gegen die Antigene der geimpften Erreger, sondern auch die entsprechenden Gedächtniszellen. Die Krankheit bricht nicht aus, weil die Krankheitserreger abgeschwächt oder unvollständig sind, sodass sie sich nicht vermehren können. Gelangen Jahre später vermehrungsfähige, krank machende Erreger in den Körper, können die Gedächtniszellen sofort und in kürzester Zeit dafür sorgen, dass eine große Anzahl von Antikörpern bereitsteht. Diese verhindern den Ausbruch der Krankheit. Nach einer Windpockenimpfung ist das Kind gegen die Windpockenviren immun. Da der Körper bei dieser Impfung selbst einen Schutz gegen eine bestimmte Infektionskrankheit aufbaut, spricht man von **aktiver Immunisierung.** Bei Kleinkindern verwendet man bei solchen *Schutzimpfungen* in der Regel Mehrfachimpfstoffe, die gegen verschiedene Krankheiten vorbeugen. So lässt sich bei der Vielfalt der möglichen

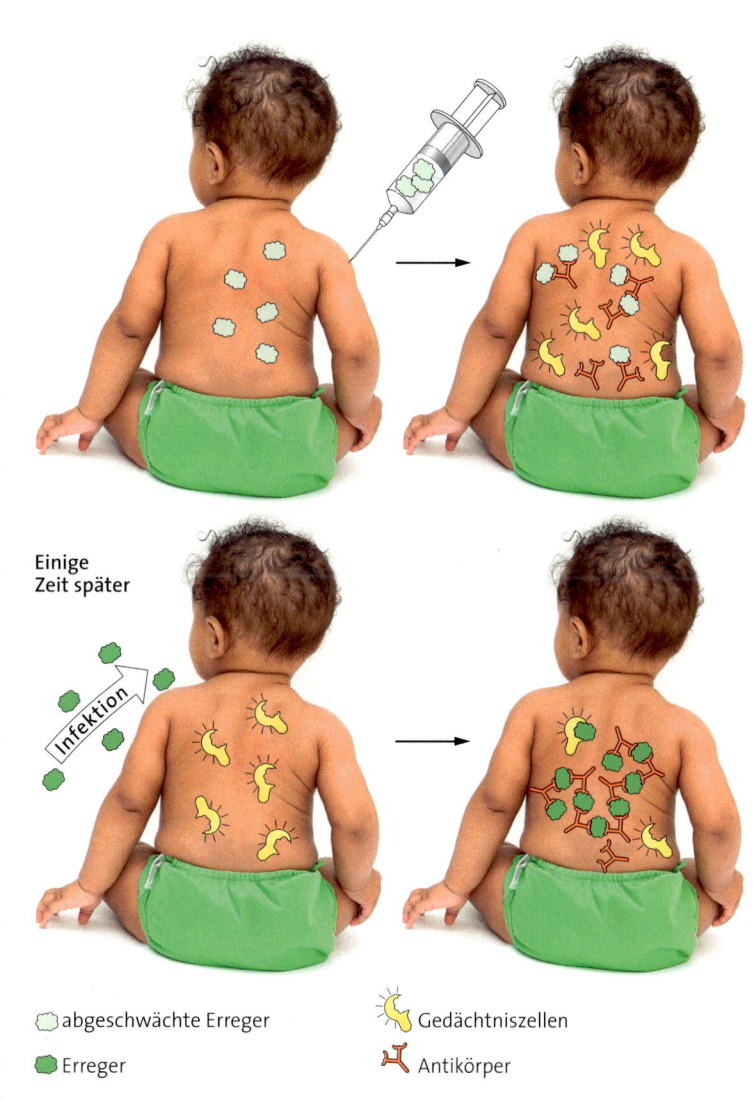

Einige Zeit später

Infektion

abgeschwächte Erreger

Erreger

Gedächtniszellen

Antikörper

02 Aktive Immunisierung

Krankheitserreger die Anzahl der erforderlichen Impfungen verringern.

Die Immunität geht jedoch häufig nach einigen Jahren verloren, weil die bei der aktiven Immunisierung gebildeten Gedächtniszellen nicht lebenslang erhalten bleiben. In solchen Fällen muss der Impfstoff durch eine *Auffrischungsimpfung* erneut gespritzt werden.

Die Impfstoffe für die aktive Immunisierung werden gewonnen, indem man Bakterien oder Viren vermehrt und diese so behandelt, dass sie ihre Fähigkeit zur Vermehrung verlieren.

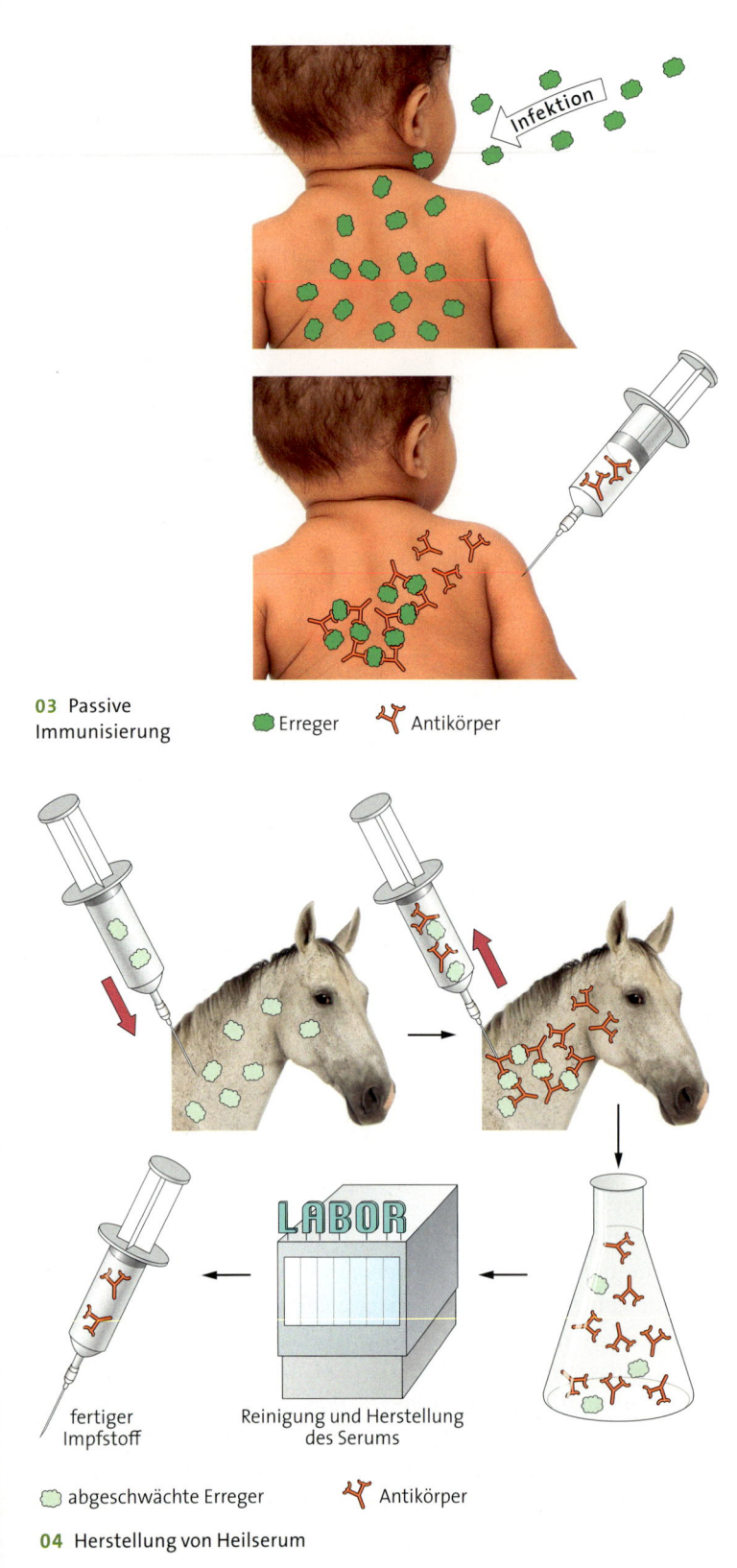

03 Passive Immunisierung

🟢 Erreger ⚕ Antikörper

fertiger Impfstoff

Reinigung und Herstellung des Serums

🟢 abgeschwächte Erreger ⚕ Antikörper

04 Herstellung von Heilserum

PASSIVE IMMUNISIERUNG · Wenn die Windpockenviren sich stark vermehrt haben, bricht die Krankheit aus. In einem solchen Fall kann man spezifische Antikörper gegen Windpockenviren spritzen. Diese Impfung verkürzt deutlich den Heilungsprozess einer bereits erkrankten Person und wird daher als *Heilimpfung* bezeichnet. Da die eingespritzten Antikörper nach einiger Zeit verbraucht oder abgebaut sind, erlischt der vorübergehende Impfschutz. Der Körper ist nicht dauerhaft immun, da die eigene spezifische Immunabwehr durch die schnelle Heilung nicht oder zumindest nicht ausreichend aktiviert wurde. Bei einer Zweitinfektion fehlen die notwendigen Gedächtniszellen für die schnelle Bekämpfung der Windpockenviren. Da der Körper die Krankheitserreger nicht selbst abwehrt, sondern die Heilwirkung auf den gespritzten spezifischen Antikörpern beruht, bezeichnet man diese Art der Impfung als **passive Immunisierung.**

Diese Impfmethode entwickelte 1890 der deutsche Arzt Emil VON BEHRING. Um den Impfstoff zu erhalten, spritzt man Säugetieren, wie zum Beispiel Pferden oder Schafen, abgeschwächte Krankheitserreger. Die Tiere bilden spezifische Antikörper gegen den jeweiligen Krankheitserreger. Diese Antikörper werden anschließend aus dem Blut gewonnen und zur Herstellung von sogenanntem *Heilserum* zur Behandlung erkrankter Personen verwendet.

1 ⌡ Erkläre, weshalb die aktive Immunisierung als Schutzimpfung bezeichnet wird!

2 ⌡ Nenne die Unterschiede zwischen aktiver und passiver Immunisierung! Fertige dazu eine Tabelle an!

3 ⌡ Erläutere, weshalb die aktive Immunisierung auch als „erworbene Immunität" bezeichnet werden kann!

Material A ▸ Experiment mit Blut

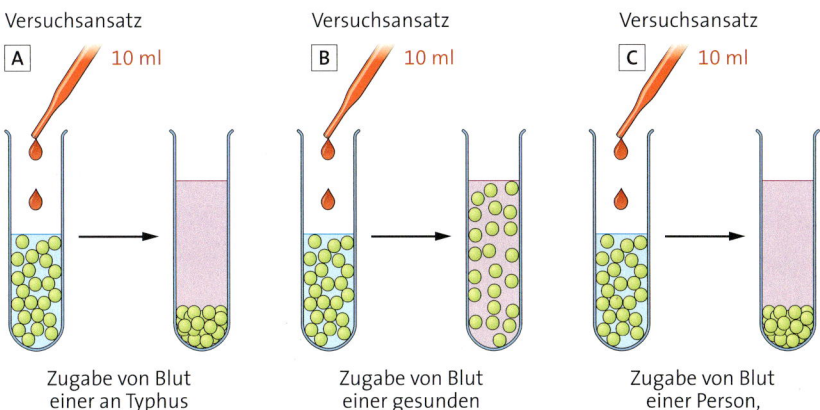

Versuchsansatz A — 10 ml — Zugabe von Blut einer an Typhus erkrankten Person

Versuchsansatz B — 10 ml — Zugabe von Blut einer gesunden Person

Versuchsansatz C — 10 ml — Zugabe von Blut einer Person, die zwei Wochen zuvor gegen Typhus aktiv immunisiert wurde

○ Typhuserreger in Flüssigkeit

A1 Beschreibe die Durchführung des Experiments!

A2 Formuliere eine Fragestellung, die mit dem Experiment beantwortet werden kann!

A3 Deute die Ergebnisse!

A4 Wenn man in Ansatz C Blut einer Person verwendet, die mehrere Jahre zuvor gegen Typhus aktiv immunisiert wurde, erhält man das gleiche Ergebnis wie in Ansatz B. Erkläre!

Material B ▸ Impfbuch

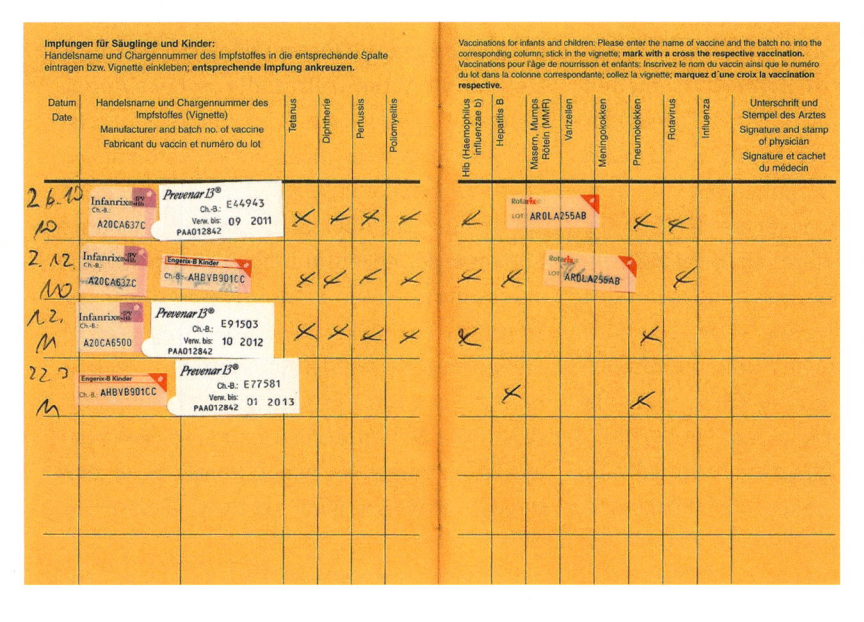

B1 Nenne fünf Krankheitserreger oder Krankheiten, gegen die das einjährige Kleinkind bereits geimpft wurde! Informiere dich dazu in Nachschlagewerken oder im Internet!

B2 Erläutere, weshalb Auffrischungsimpfungen erforderlich sind!

B3 „Impflücken", wie zum Beispiel bei Diphtherie, entstehen, wenn man die Auffrischungsimpfungen unterlässt. Die Diphterie kann sich dann in der Bevölkerung wieder stark ausbreiten. Erkläre diesen Sachverhalt!

Material C ▸ Historisches Experiment

Der englische Arzt Edward JENNER wagte 1796 ein Experiment: Er infizierte einen Jungen zuerst mit harmlosen Kuhpockenviren. Einige Wochen später spritzte er dem Jungen die gefährlichen echten Pockenviren.

C1 Stelle eine Vermutung an, weshalb der Junge durch die Infektion mit den Kuhpockenviren auch gegen die gefährlichen Pockenviren geschützt war!

C2 Nenne die Methode, die Edward JENNER erfunden hat!

HI-Virus und Aids

01 Plakat zum Welt-Aids-Tag

Am Welt-Aids-Tag wird in jedem Jahr an die Krankheit **Aids** erinnert. Dabei handelt es sich um eine erworbene Immunschwächekrankheit, die 1981 erstmals in den USA entdeckt wurde. Erreger der Krankheit ist das menschliche Immunschwächevirus, kurz **HIV.** Das HI-Virus wird über infizierte Körperflüssigkeiten wie Blut, Spermien- und Scheidenflüssigkeit übertragen. Geschlechtsverkehr ohne Kondom gilt als häufigster Übertragungsweg.

Wie alle Viren benötigt auch das HI-Virus für seine Vermehrung Wirtszellen. Es befällt die Helferzellen, die eine Schlüsselrolle in der Immunabwehr einnehmen: Sie aktivieren zum einen die Plasmazellen, die Antikörper produzieren, und zum anderen die Killerzellen, die von Erregern befallene Körperzellen vernichten. Das Virus heftet sich an die Zellmembran der Helferzelle und entlässt seine Erbsubstanz in die Zelle. Die in der Erbsubstanz enthaltene

englisch acquired immunodeficiency syndrome = erworbenes Immunschwächesyndrom

englisch human immunodeficiency virus = menschliches Immunschwächevirus

Erbinformation stellt die normalen Vorgänge in der Helferzelle so um, dass diese nun neue HIV-Bausteine herstellt und zu neuen HI-Viren zusammensetzt. Werden die neuen HI-Viren freigesetzt, stirbt die Wirtszelle ab und weitere Helferzellen werden befallen.

Etwa zwei bis sechs Wochen nach einer HIV-Infektion treten grippeähnliche Symptome wie Fieber und Gelenkschmerzen sowie Hautausschläge auf, die nach etwa zwei Wochen wieder abklingen. In dieser *akuten Phase* werden Antikörper gegen die Viren produziert. Diese Antikörper sind etwa zwölf Wochen nach der Infektion im Aids-Test nachweisbar. Sind HIV-Antikörper vorhanden, spricht man von HIV-positiv, fehlen sie, von HIV-negativ. Die gebildeten Antikörper reichen jedoch nicht aus, um die Viren vollständig zu bekämpfen. Danach können viele Jahre ohne deutliche Symptome vergehen. In dieser *verborgenen* Phase steigt die Anzahl an HI-Viren weiter und die Anzahl an Helferzellen sinkt. Die weitere Abnahme der Anzahl an Helferzellen schwächt das Immunsystem so stark, dass selbst gewöhnlich harmlose Krankheitserreger nicht mehr bekämpft werden und unterschiedliche Krankheiten wie Pilzinfektionen, Lungenentzündung oder Hautkrebs durchbrechen können. Aidskranke sterben schließlich an den Folgen dieser nicht mehr heilbaren Erkrankungen.

Da Aids noch nicht heilbar ist, ist es umso wichtiger, sich davor zu schützen, zum Beispiel durch die Benutzung von Kondomen beim Geschlechtsverkehr oder das Tragen von Handschuhen bei Erste-Hilfe-Maßnahmen. Da HI-Viren nur über Körperflüssigkeiten und nicht über die Haut übertragen werden, besteht bei Berührungen und im Umgang mit HIV-Infizierten keine Gefahr, sich anzustecken.

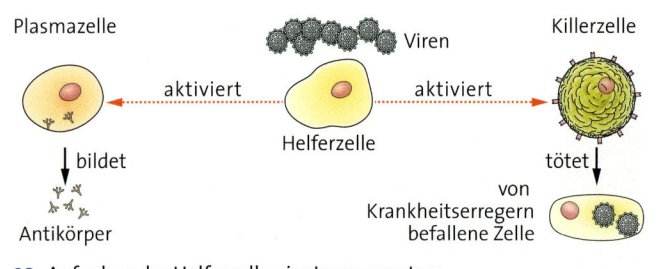

02 Aufgaben der Helferzellen im Immunsystem

Allergien

Sobald manche Menschen in Kontakt mit Katzenhaaren kommen, tränen ihre Augen und ihre Nase läuft. Auch Kopfschmerzen und Atembeschwerden können auftreten. Die Katzenhaare tragen Antigene, die bei den meisten Menschen keine Beschwerden verursachen. Bei manchen jedoch lösen sie eine unangemessene Immunantwort aus, eine **Allergie.** Antigene, die eine Allergie auslösen, werden als **Allergene** bezeichnet.

Am häufigsten tragen die Pollen von Blütenpflanzen Allergene. Diese Allergene können beispielsweise *Heuschnupfen* auslösen. Die Nasenschleimhaut schwillt an und bildet sehr viel Schleim. Die Augen jucken, tränen und die Atemwege verengen sich. Bei besonders heftigen Allergien tritt schwere Atemnot, das allergische Asthma, auf. Solche allergischen Symptome können auch durch den Kot von Hausstaubmilben hervorgerufen werden. Allergische Hautausschläge entstehen oft durch den Kontakt mit bestimmten Metallen,

zum Beispiel Nickel im Schmuck. Weitere Allergene können auch in Nahrungsmitteln, der Kleidung, Kosmetika, Medikamenten, Insektengiften, Reinigungs- und Waschmitteln vorkommen. Bei manchen Allergenen setzt die allergische Reaktion sofort nach dem Kontakt mit der Haut oder der Schleimhaut ein, bei anderen erst nach Tagen oder Wochen.

Um herauszufinden, welche Allergene für eine allergische Reaktion infrage kommen, führt der Arzt einen *Allergietest* durch. Dazu tropft der Arzt verschiedene Testsubstanzen mit jeweils einem anderen Allergen auf die Haut. Danach sticht er mit einer Nadel durch die Tropfen hindurch in die Haut. Durch eine Rötung und Schwellung der Haut lässt sich das auslösende Allergen erkennen. Zur Milderung der allergischen Symptome kann man Medikamente einsetzen. Allerdings wirken sie nur kurze Zeit. Ganz ohne Beschwerden bleiben Allergiker nur, wenn sie den Kontakt mit dem Allergen vermeiden.

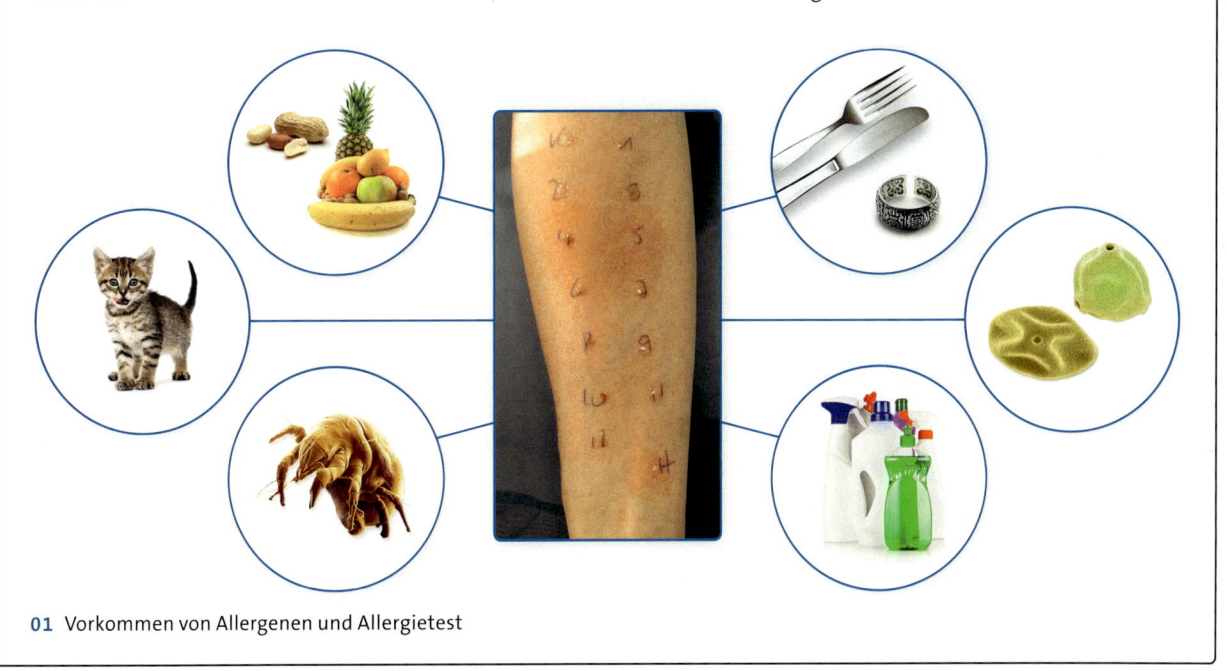

01 Vorkommen von Allergenen und Allergietest

A ► Bakterien

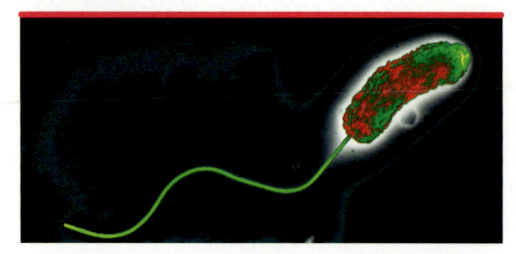

Kann ich ...

1 ⌡ den Bau und die Vermehrung von Bakterien beschreiben? *(Seite 305)*

2 ⌡ die Lebensbedingungen und die Möglichkeiten der Bekämpfung von Bakterien erläutern? *(Seite 305 und 306)*

3 ⌡ die Kennzeichen und den Verlauf einer bakteriellen Infektionskrankheit am Beispiel der Cholera beschreiben? *(Seite 304)*

4 ⌡ verschiedene bakterielle Infektionskrankheiten nennen? *(Seite 304)*

5 ⌡ die Begriffe „Antibiotikum" und „Resistenz" erläutern? *(Seite 306)*

B ► Viren

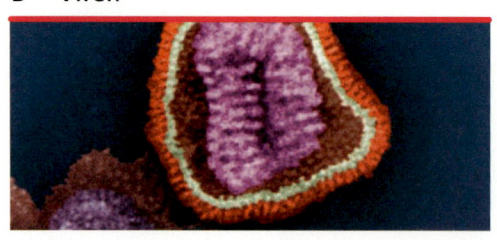

Kann ich ...

1 ⌡ den Bau und die Vermehrung von Viren beschreiben? *(Seite 308)*

2 ⌡ Beispiele für Viruserkrankungen und Möglichkeiten der Übertragung von Viren nennen? *(Seite 309)*

3 ⌡ die Infektion und die Symptome der Grippe und der Tollwut beschreiben? *(Seite 309)*

C ► Weitere Krankheitserreger

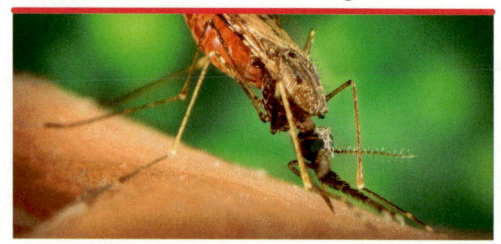

Kann ich ...

1 ⌡ die Lebensweise der Malariaerreger beschreiben und ihre schädigende Wirkung erläutern sowie Schutzmaßnahmen ableiten? *(Seite 310 und 311)*

2 ⌡ den Bau und die Lebensweise des Rinderbandwurms beschreiben und erklären, wie er den Menschen schädigt? *(Seite 311)*

3 ⌡ den Bau und die Lebensweise des Fuchsbandwurms beschreiben und erklären, wie er den Menschen schädigt? *(Seite 312)*

4 ⌡ Beispiele für Außenparasiten des Menschen nennen und ihnen Infektionskrankheiten zuordnen, die sie übertragen? *(Seite 312)*

D ▸ Immunabwehr

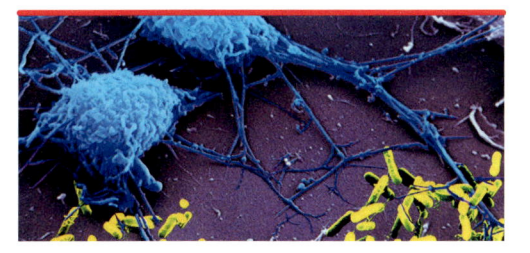

Kann ich …

1 ❩ beschreiben, wie sich der Körper gegen das Eindringen von Krankheitserregern schützt? *(Seite 314)*

2 ❩ den Bau und die Lage des Lymphgefäßsystems beschreiben? *(Seite 315)*

3 ❩ erläutern, wie sich eine Hautstelle nach einer Verletzung durch eine Entzündung verändert? *(Seite 315)*

4 ❩ die Vorgänge bei der unspezifischen Immunabwehr beschreiben? *(Seite 314 und 315)*

5 ❩ die Vorgänge bei der spezifischen Immunabwehr beschreiben? *(Seite 316)*

6 ❩ das Schlüssel-Schloss-Prinzip am Beispiel der spezifischen Immunabwehr als Schemazeichnung darstellen und erläutern? *(Seite 316)*

7 ❩ die Aufgabe von Killerzellen beschreiben? *(Seite 316)*

E ▸ Immunisierung

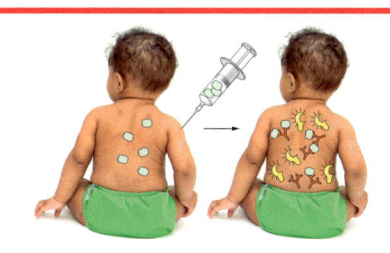

Kann ich …

1 ❩ die Vorgänge beschreiben, die bei einer Windpockeninfektion ablaufen? *(Seite 318)*

2 ❩ beschreiben, wie es zur Bildung von Gedächtniszellen kommt, und erklären, weshalb sie vor Infektionskrankheiten schützen? *(Seite 318)*

3 ❩ beschreiben, wie eine aktive Immunisierung verläuft, und erklären, weshalb sie vor Infektionskrankheiten schützt? *(Seite 319)*

4 ❩ die aktive und die passive Immunisierung vergleichen, hinsichtlich ihrer Impfstoffe, ihrer Einsatzmöglichkeiten und ihrer Wirkungsdauer? *(Seite 319 und 320)*

Kann ich aus dem Kapitel „Krankheitserreger erkennen und abwehren" Beispiele nennen für das Basiskonzept:
- Struktur-Eigenschaft-Funktion?

Individualität und Entwicklung

1 **Erbinformation** **328**

2 **Vererbung beim Menschen** **352**

In diesem Kapitel beschäftigst du dich mit

- ► dem Wachstum von Lebewesen. Du lernst, wie sich die Zellen eines Organismus teilen. Du erfährst, in welcher Form die Erbinformationen im Zellkern vorliegen und welche Vorgänge bei der Teilung ablaufen.

- ► dem Zusammenhang zwischen den Erbanlagen eines Lebewesens und seinen Merkmalen. Dabei lernst du, weshalb es Ähnlichkeiten, aber auch Unterschiede im Aussehen von Kindern und ihren Eltern gibt.

- ► der Weitergabe von Erbanlagen an die Nachkommen. Hierbei lernst du, dass es Regeln bei der Vererbung gibt und wie sie entdeckt wurden.

- ► der Bildung der Geschlechtszellen. Du erfährst, welche Vorgänge dabei im Zellkern ablaufen und welche Bedeutung sie für die Verschiedenheit und Individualität der Lebewesen einer Art haben. Außerdem lernst du, welche Fehler bei diesen Vorgängen auftreten können und welche Folgen diese haben.

- ► Forschungsmethoden der Humangenetik. Du erfährst, mit welchen Methoden die Erbgänge beim Menschen untersucht werden können.

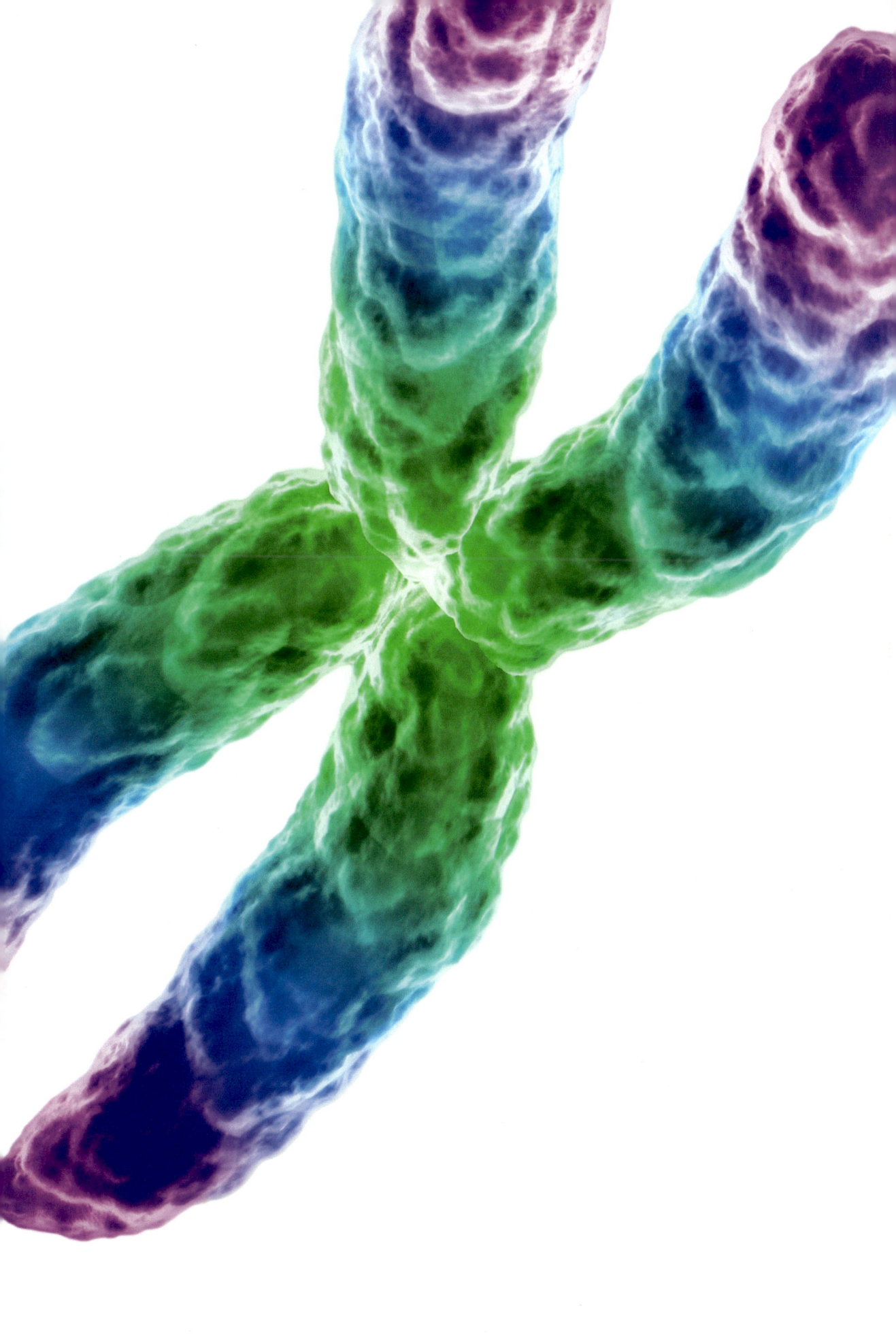

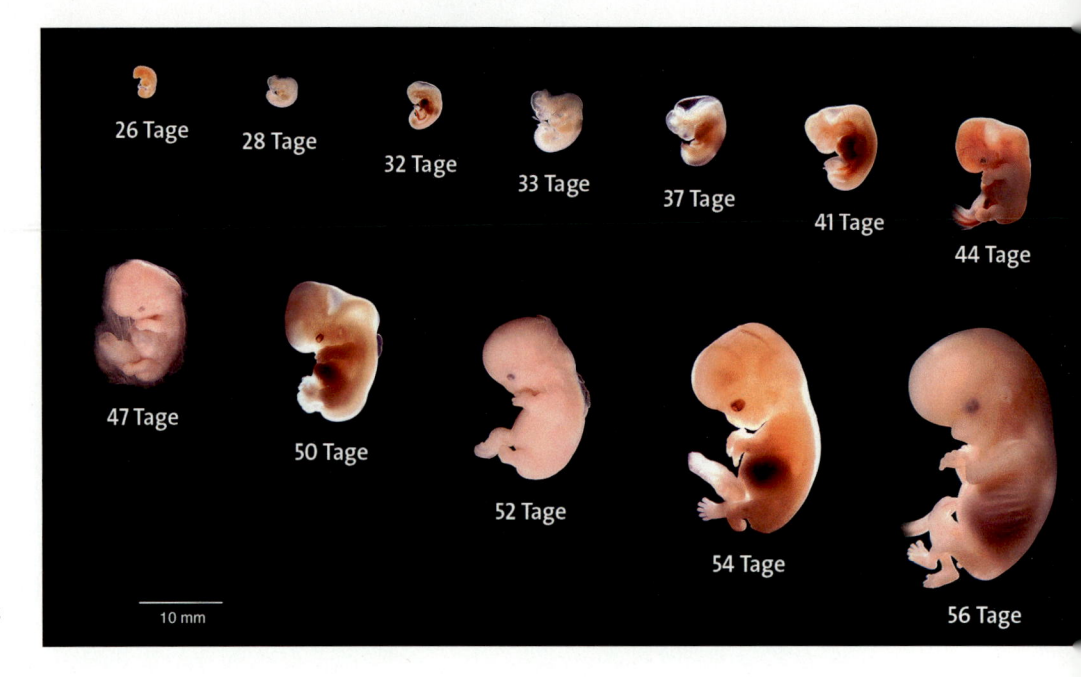

01 Wachstum eines Embryos

Teilung und Wachstum

Die Entwicklung eines menschlichen Embryos beginnt mit einer einzigen kleinen Zelle, der befruchteten Eizelle. Bis zur Geburt eines ungefähr 50 Zentimeter großen Säuglings entstehen aus dieser einen Zelle Milliarden von Zellen. Wie erfolgt dieses Wachstum durch Zellvermehrung?

WACHSTUM · Lebewesen wachsen, indem sich ihre Zellen vermehren. Ihre zusätzlichen Zellen entstehen hierbei jedoch niemals ganz neu. Sie gehen stets aus Verdopplungen bereits vorhandener Zellen hervor. Diese Verdopplung nennt man **Zellteilung,** bei der aus einer vorhandenen Zelle zwei **Tochterzellen** entstehen. Die Tochterzellen sind nach der Teilung jeweils etwa halb so groß wie die ursprüngliche Zelle. Durch die Zellteilung allein findet somit noch kein Wachstum statt. Nach der Zellteilung vergrößern sich jedoch die Tochterzellen meist jeweils auf die Größe der ursprünglichen Zelle. Erst hierdurch kommt es zum eigentlichen Wachstum. Danach können sich die Tochterzellen erneut teilen, sodass 8, 16, 32, 64 und viele weitere Zellen entstehen können.

MITOSE · Alle Zellen, die durch Zellteilung aus einer Zygote hervorgehen, haben einen Zellkern mit entsprechenden Erbinformationen. Diese Erbinformationen sind von großer Bedeutung, da sie die Prozesse in jeder Zelle steuern. Auch die aus einer Zellteilung hervorgegangenen Tochterzellen enthalten jeweils die vollständigen Erbinformationen der ursprünglichen Zelle. Dies ist möglich, da sich die Erbinformationen vor der Zellteilung zunächst verdoppeln. Dann werden sie gleichmäßig auf die Tochterzellen verteilt. Diese Aufteilung der Erbinformation, bei der sich der ursprüngliche Zellkern auflöst und zwei neue Zellkerne entstehen, nennt man Kernteilung oder **Mitose.**

CHROMOSOMEN · Die Erbinformationen einer Zelle sind in Form langer, fädiger Strukturen im Zellkern gespeichert. Jeder Einzelfaden wird als **Chromosom** bezeichnet. Die Anzahl dieser Chromosomen ist von Art zu Art unterschiedlich. In menschlichen Zellen gibt es stets 46 Chromosomen. Liegen diese Chromosomen als lange, fädige Strukturen vor, sind sie aktiv und steuern die Vorgänge der Zelle.

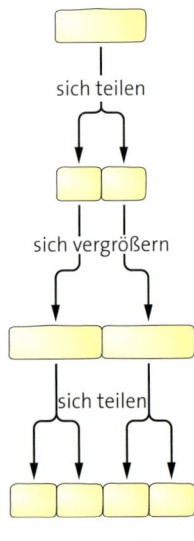

02 Teilung und Wachstum (Schema)

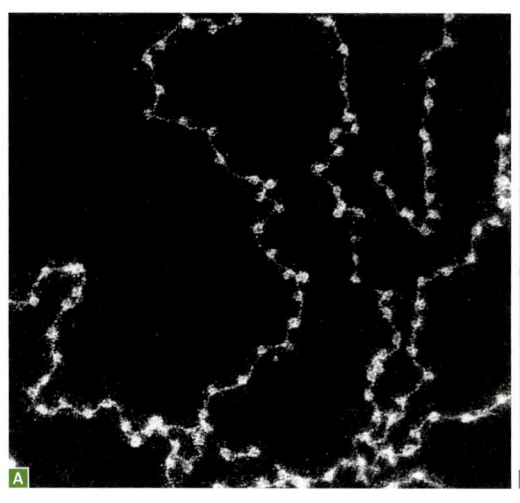

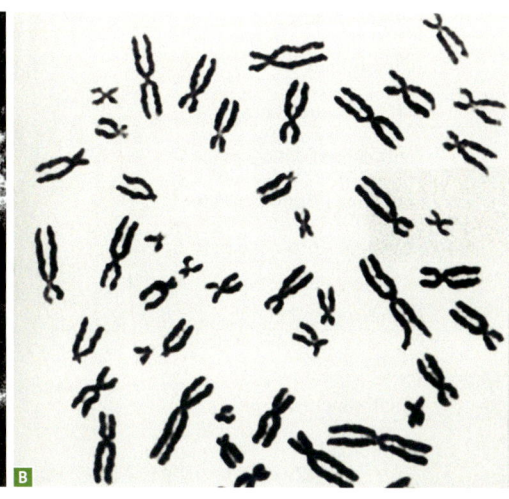

03 Chromosomen:
A Arbeitsform,
B Transportform

Daher bezeichnet man diesen Zustand der Chromosomen als **Arbeitsform.** Vollzieht eine Zelle jedoch eine Mitose, so liegen die Chromosomen als stark verkürzte, X-förmige Strukturen vor. Diese **Transportform** der Chromosomen entsteht durch starke Verkürzung der Chromosomenfäden, indem sich diese spiralig aufwickeln. Die X-Form der Chromosomen bildet sich durch eine Verdopplung der einfädigen Chromosomen vor der Mitose. Die identischen fädigen Chromosomen bleiben durch das **Zentromer** miteinander verbunden, sodass die X-Form entsteht. Jeder Einzelfaden wird hierbei als **Chromatid** bezeichnet. Vor der Verdopplung bezeichnet man daher Chromosomen als **Ein-Chromatid-Chromosomen,** nach der Verdopplung als **Zwei-Chromatiden-Chromosomen.** Dabei sind die Erbinformationen der beiden Chromatiden eines Zwei-Chromatiden-Chromosoms jeweils gleich.

Während der Mitose werden die beiden Chromatiden eines jeden Zwei-Chromatiden-Chromosoms voneinander getrennt und jeweils auf die Tochterzellen verteilt. So erhalten die Tochterzellen von jedem Chromosomen der ursprünglichen Zelle eine Kopie in Form eines Ein-Chromatid-Chromosoms. Durch diese gleichartige Verteilung der Erbinformationen entstehen bei einer Mitose *identische Tochterzellen.*

ZELLZYKLUS · Die Häufigkeit, mit der sich Zellen teilen, hängt vom Zelltyp ab. Zellen eines Embryos können schon wenige Stunden nach einer Zellteilung erneut in einen Teilungsprozess eintreten. Vollzieht eine Zelle keine Mitose, so befindet sie sich in der **Interphase.** Je länger diese Interphase andauert, desto länger ist die Zeitspanne zwischen den Zellteilungen. Die Abfolge aus Mitose und Interphase bezeichnet man insgesamt als *Zellzyklus.* In der Interphase liegen die Chromosomen in ihrer Arbeitsform vor. Die Interphase wird unterbrochen durch eine Phase, in der sich die Chromatiden verdoppeln, sodass Zwei-Chromatiden-Chromosomen entstehen.

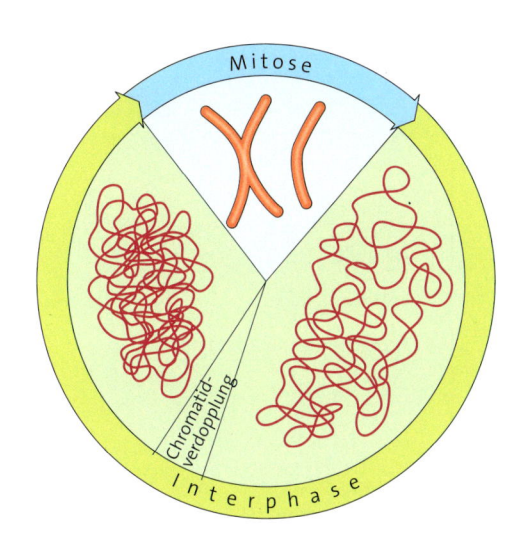

04 Zellzyklus am Beispiel eines Chromosoms in seiner Arbeits- und Transportform sowie als Ein-Chromatid- und Zwei-Chromatiden-Chromosom

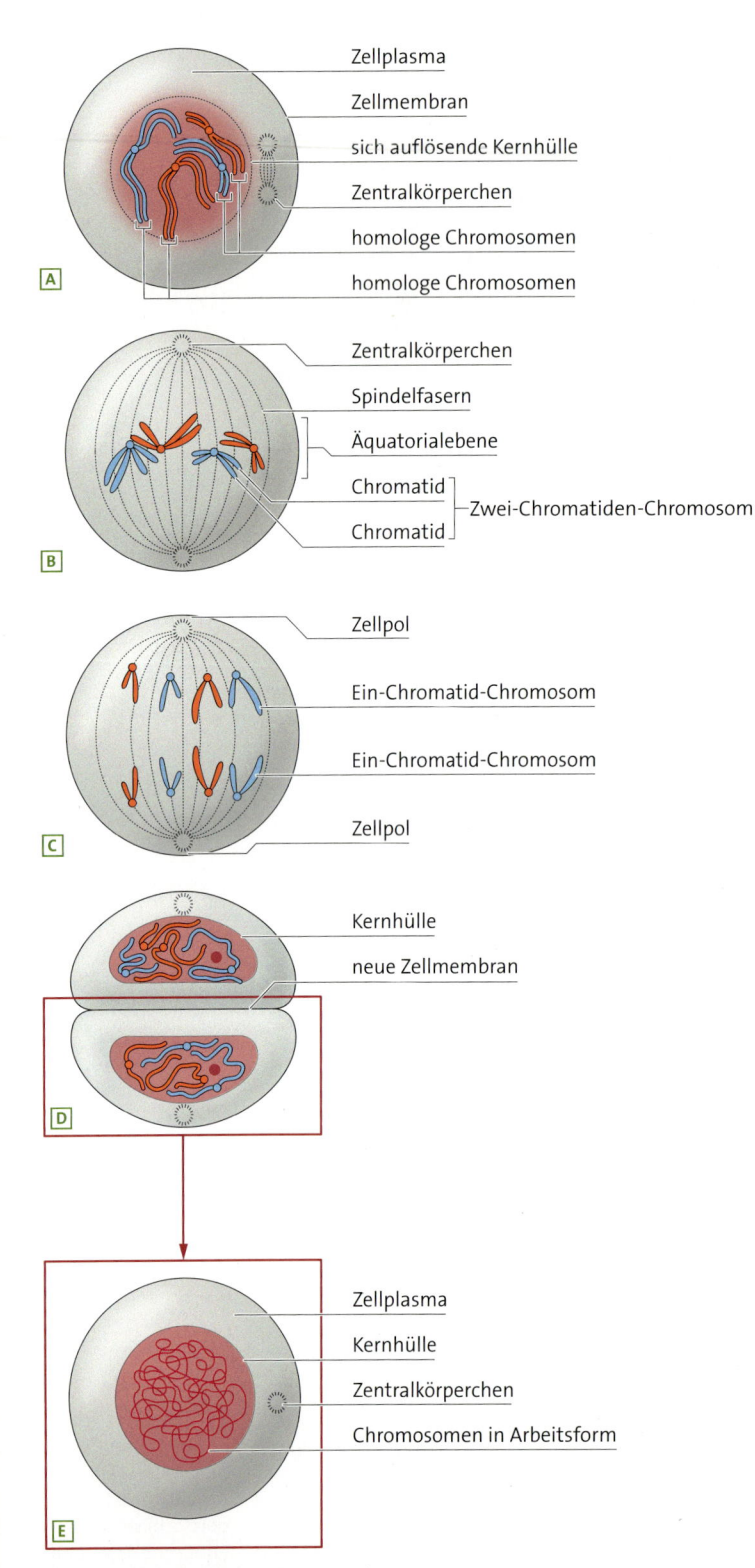

ABLAUF DER MITOSE · Die Bildung genetisch identischer Tochterzellen erfolgt nach einem immer gleich ablaufenden Muster, das in folgende Phasen unterteilt wird:

Prophase: Zu Beginn der Mitose erfolgt die Verkürzung der Chromosomen in ihre Transportform. Gleichzeitig beginnt die Auflösung der Zellkernhülle.

Metaphase: In dieser Phase ordnen sich die Chromosomen auf einer Ebene in der Mitte der Zelle an, der **Äquatorialebene.** In Vorbereitung dieser Anordnung wandern zwei Zentralkörperchen, die sich in der Vorbereitungsphase gebildet haben, an gegenüberliegende Seiten der Zelle. Von diesen Zentralkörperchen aus bilden sich Spindelfasern, an denen sich die Chromosomen in der Äquatorialebene anordnen.

Anaphase: Nach der Anordnung aller Zwei-Chromatiden-Chromosomen in der Äquatorialebene werden die Chromatiden voneinander getrennt. Die jeweils identischen Ein-Chromatid-Chromosomen werden entlang der Spindelfasern zu jeweils einem der gegenüberliegenden Zentralkörperchen transportiert.

Telophase: In der letzten Phase der Mitose bilden sich zwei neue Kernhüllen, die jeweils eine der beiden Chromosomengruppen umschließen. Bei menschlichen Zellen befinden sich nun jeweils 46 Ein-Chromatid-Chromosomen in beiden Zellkernen. Gleichzeitig schnürt sich die Zelle in der Mitte ein, sodass zwei Tochterzellen mit jeweils einem Zellkern entstehen. Die Chromosomen in den Zellkernen entspiralisieren sich und gehen in ihre Arbeitsform über.

INTERPHASE · Im Anschluss an die Mitose gehen die Zellen in die Interphase über. Erst dann kommt es zur Vergrößerung der Zellen, die im Wechsel mit den Zellteilungen das Wachstum von Lebewesen ermöglicht.

05 Zellzyklus einer Tierzelle: **A** Prophase, **B** Metaphase, **C** Anaphase, **D** Telophase, **E** Interphase

Material A ▸ Phasen der Mitose in einer Pflanzenzelle

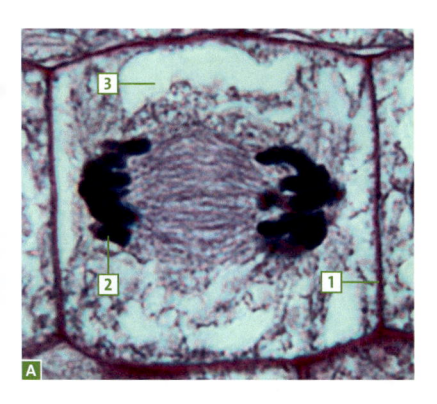

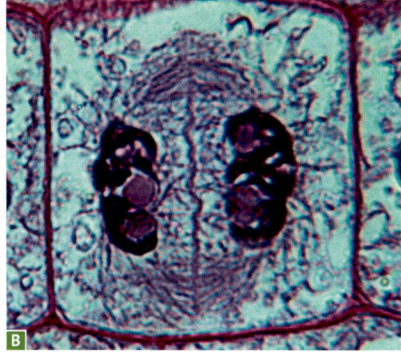

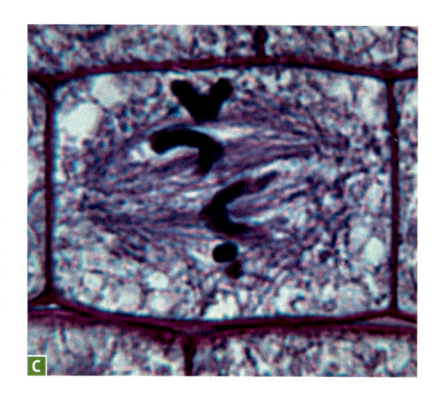

Die lichtmikroskopischen Fotos zeigen drei von vier Phasen der Mitose einer Pflanzenzelle in ungeordneter Reihenfolge.

A1 Benenne die mit Zahlen gekenn-zeichneten Strukturen und Berei-che der Zelle!

A2 Ordne die Abbildungen A bis C den passenden Phasen der Mitose zu!

A3 Beschreibe die Vorgänge während der Phase der Mitose, die in den Abbildungen nicht gezeigt wird! Erläutere, welche Funktion diese Vorgänge jeweils für den gesam-ten Ablauf der Mitose haben!

A4 Abbildung B zeigt im Ablauf der Zellteilung pflanzlicher Zellen einen Unterschied zu tierischen Zellen. Beschreibe diesen Unterschied! *Hinweis: Achte auf die Linie, die sich in der Äquatorialebene bildet.*

Material B ▸ Anzahl und Masse der Chromosomen während der Zellzyklusphasen

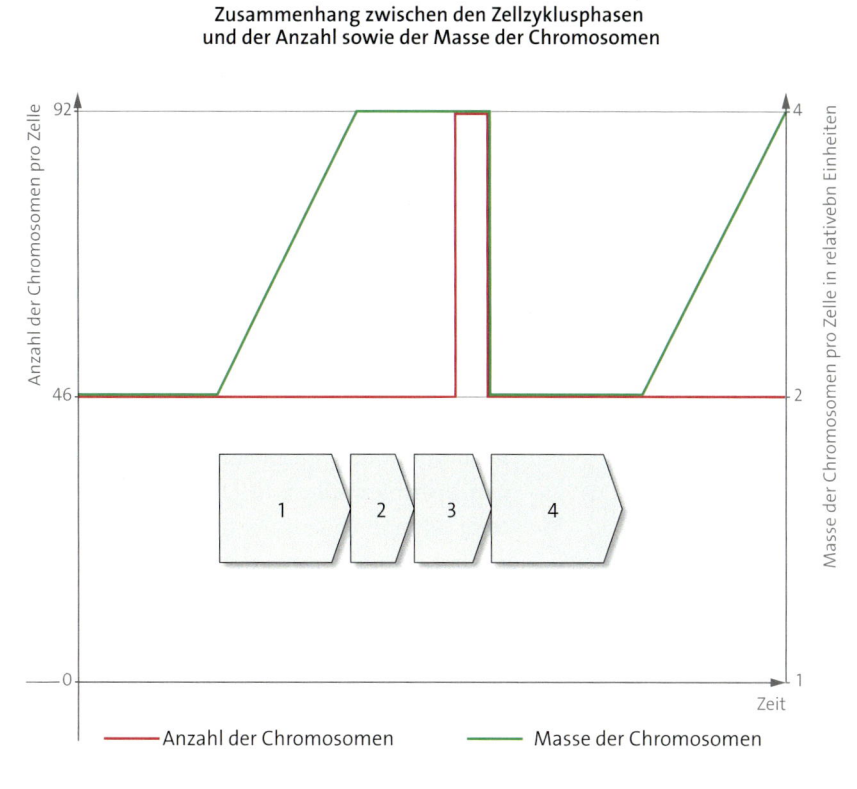

Zusammenhang zwischen den Zellzyklusphasen und der Anzahl sowie der Masse der Chromosomen

— Anzahl der Chromosomen   — Masse der Chromosomen

B1 Die Pfeile mit den Zahlen 1 bis 4 markieren Phasen des Zellzyklus. Ordne den Ziffern die entspre-chenden Phasen zu und begründe deine Zuordnungen!

B2 Erkläre, wie es im Laufe einer Pha-se des Zellzyklus zum Anstieg der Chromosomenanzahl auf 92 kom-men kann!

B3 Erläutere die Bedeutung der Ver-dopplung der Chromosomenmas-se für die Mitose!

01 Familienfoto

Kinder sehen ihren Eltern ähnlich

Kindern sind ihren Eltern teilweise ähnlich, unterscheiden sich aber auch von ihnen. Am Beispiel der Haarfarbe wird deutlich, dass Merkmale der Eltern bei manchen, aber nicht bei allen Nachkommen wieder auftreten. Wie ist dies zu erklären?

griechisch phän
= Erscheinung,
griechisch typos
= Abbild

MERKMALE · Kinder und Eltern ähneln sich häufig in verschiedenen Merkmalen wie Augenfarbe oder Gesichtsform. Solche ausgeprägten und sichtbaren Merkmale fasst man als **Phänotyp** zusammen. Der Begriff Phänotyp umfasst auch die nicht sichtbaren Merkmale eines Lebewesens, zum Beispiel die Blutgruppe. Ähnlichkeiten zwischen Kindern und ihren Eltern weisen darauf hin, dass ein Zusammenhang zwischen dem Phänotyp der Kinder und den *Erbanlagen* der Eltern besteht.

ERBANLAGEN · Die Entwicklung eines Kindes beginnt mit der Verschmelzung der Zellkerne von Spermienzelle und Eizelle, der *Befruchtung*. Welche Bedeutung der Zellkern für die spätere Ausbildung von Merkmalen hat, ist schon früh an Krallenfröschen untersucht worden. Hierzu entfernte man den Zellkern aus einer Eizelle eines Froschweibchens mit normaler Hautfärbung. Dann entnahm man einem Albino-Frosch den Zellkern einer Kör-

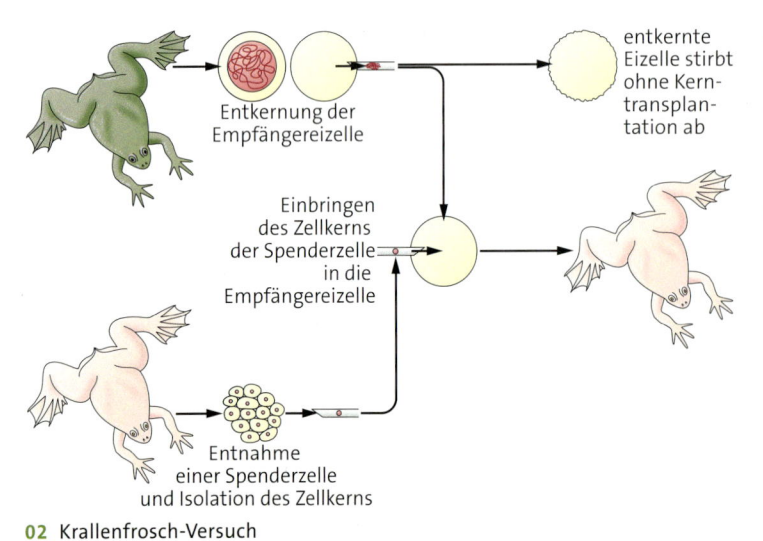

entkernte Eizelle stirbt ohne Kerntransplantation ab

Entkernung der Empfängereizelle

Einbringen des Zellkerns der Spenderzelle in die Empfängereizelle

Entnahme einer Spenderzelle und Isolation des Zellkerns

02 Krallenfrosch-Versuch

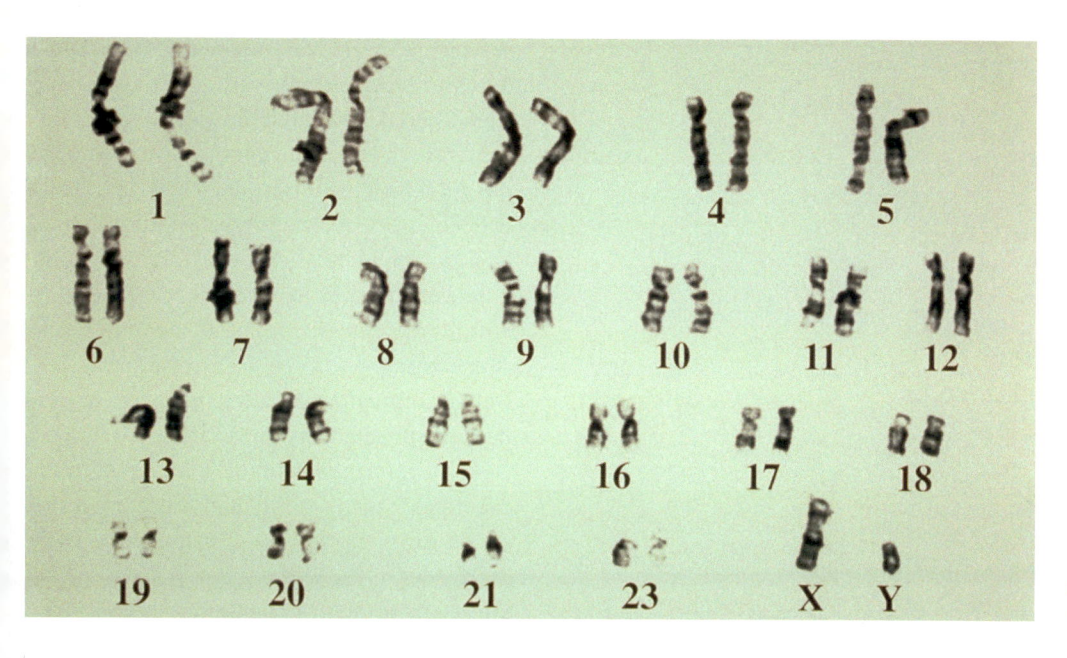

03 Karyogramm des Menschen

perzelle und übertrug diesen in die zuvor entkernte Eizelle. Aus dieser kombinierten Zelle entwickelte sich ein Albino-Frosch. Die Erbanlagen zur Ausprägung eines Merkmals liegen somit im Zellkern. Erbanlagen werden auch als Erbinformationen bezeichnet, da sie Informationen für die Ausbildung von Merkmalen liefern. Die Gesamtheit aller Erbinformationen eines Lebewesens bezeichnet man als **Genotyp.**

CHROMOSOMEN DES MENSCHEN · Die Erbanlagen im Zellkern liegen in Form der fädigen **Chromosomen** vor. Jede unserer Körperzellen, egal ob Haut-, Muskel-, oder Nervenzelle, hat jeweils 46 Chromosomen. Immer zwei dieser Chromosomen sind in ihrer Größe und Gestalt gleich, sie sind **homolog.** Diese homologen Chromosomen bezeichnet man als Chromosomenpaare. Das 23. Chromosomenpaar legt das Geschlecht fest. Frauen besitzen zwei homologe *X-Chromosomen.* Männer haben ein ungleiches Chromosomenpaar. Es besteht aus einem X- und einem kleinen *Y-Chromosom.* Ordnet man diese 23 Chromosomenpaare einer Zelle, erhält man ein **Karyogramm.** Die 23 verschiedenen Chromosomenpaare bezeichnet man als Chromosomensatz. Körperzellen haben also

einen doppelten, einen **diploiden** Chromosomensatz. Bei der Bildung von Eizellen und Spermienzellen wird die Anzahl der Chromosomen auf 23 reduziert. Diese Zellen sind **haploid.** Damit geben Eltern nur einen ihrer beiden Chromosomensätze, also jeweils nur die Hälfte ihrer Erbinformationen, an ihre Kinder weiter. Die Aufteilung der homologen Chromosomen bei der Geschlechtszellenbildung erfolgt zufällig. Ob bestimmte Erbinformationen an Nachkommen weitergegeben werden, ist also eine Frage des Zufalls. Bereits hierdurch wird nachvollziehbar, weshalb Kinder innerhalb einer Familie sich unterscheiden: Sie erhalten von ihren Eltern unterschiedliche Erbinformationen und bilden somit verschiedene Phänotypen aus. Die hierdurch entstehende Vielfalt von Phänotypen bezeichnet man als **Variabilität.**

lateinisch generes = entstehen

griechisch chroma = Farbe, griechisch soma = Körper

E = Erbinformation

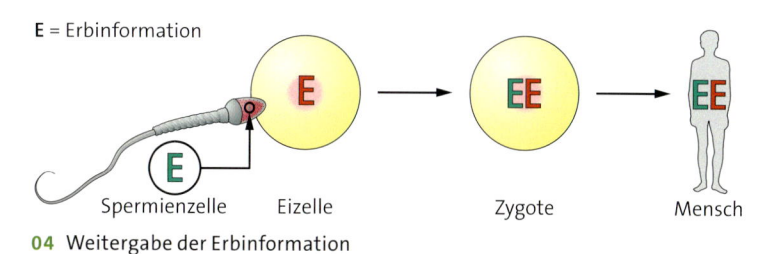

Spermienzelle   Eizelle   Zygote   Mensch

04 Weitergabe der Erbinformation

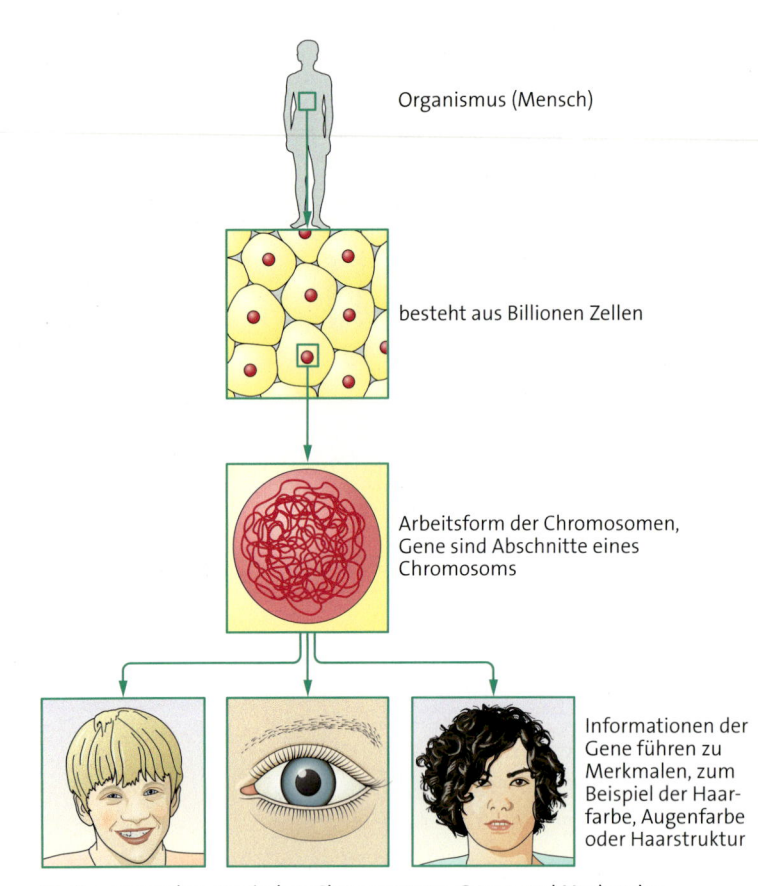

Organismus (Mensch)

besteht aus Billionen Zellen

Arbeitsform der Chromosomen, Gene sind Abschnitte eines Chromosoms

Informationen der Gene führen zu Merkmalen, zum Beispiel der Haarfarbe, Augenfarbe oder Haarstruktur

05 Zusammenhang zwischen Chromosomen, Genen und Merkmalen

CHROMOSOMENABSCHNITTE · Chromosomen sind in ihrer Arbeitsform lange fädige Strukturen und lassen sich in Abschnitte unterteilen. Vereinfacht gesagt, enspricht ein Chromosomenabschnitt der Erbinformation für ein bestimmtes Merkmal. Dieser wird als **Gen** bezeichnet. Man geht heute davon aus, dass es beim Menschen etwa 22 000 Gene gibt, die auf die unterschiedlichen Chromosomen verteilt sind. Mithilfe von Versuchen lässt sich zuordnen, welche Erbinformationen auf welchen Chromosomen zu finden sind.

Homologe Chromosomen haben im gleichen Abschnitt jeweils dieselbe Art von Erbinformation. Die Erbinformationen für die Blutgruppe findet man zum Beispiel auf den Chromosomen 9. Welche Blutgruppe ein Mensch dann ausprägt, hängt davon ab, in welchem Zustand die entsprechenden Chromosomenabschnitte vorliegen. Diese Zustände nennt man **Allele.** So kann beispielsweise eines der Chromosomen 9 das Allel für die Blutgruppe A aufweisen, während auf dem homologen Chromosom das Allel für die Blutgruppe B liegt. In diesem Fall bildet sich als Phänotyp die Blutgruppe AB aus, da hier beide Allele die Merkmalsausprägung beeinflussen. Bei anderen Merkmalen bestimmt nur eines der Allele die phänotypische Ausprägung.

Der Zusammenhang zwischen einem Gen und dem entsprechenden Merkmal liegt darin, dass Gene die Information für die Bildung bestimmter Stoffe tragen. Im Fall der Blutgruppen sind es die Antigene auf den Erythrozyten. Diese Stoffe, deren Ausbildung durch die Gene bestimmt wird, nennt man **Genprodukte.**

UMWELT · Neben dem Genotyp beeinflusst auch die Umwelt unseren Phänotyp. So führt UV-Strahlung der Sonne zur verstärkten Bildung von Hautpigmenten in den Hautzellen. Unser Phänotyp ist also nicht immer exakt durch unseren Genotyp bestimmt. Vielmehr legt der Genotyp einen Spielraum fest, in dem sich der Phänotyp abhängig von Umwelteinflüssen ausprägt. Auch hierdurch entsteht *Variabilität.*

Vergleichbar ist dies mit einem Rezept für einen Kuchen. Es legt nur die Art des Kuchens fest. Die Form des Kuchens und der Bräunungsgrad werden durch den Backvorgang bestimmt. Unser Genotyp ist somit eine Art Rezept für unseren Phänotyp. Hautfarbe oder Körpermasse lassen sich durch Umwelteinflüsse wie Sonneneinstrahlung oder Ernährung verändern. Manche Merkmale wie die Augenfarbe werden allerdings durch die Umwelt nicht beeinflusst.

1 Definiere die Begriffe Phänotyp und Genotyp!

2 Erkläre, weshalb jeder Mensch einen einzigartigen Genotyp hat!

Material A ▸ Familienähnlichkeit

Geschwister Luisa und Sebastian

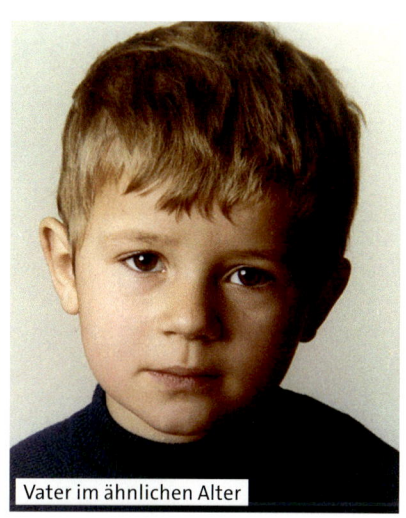

Vater im ähnlichen Alter

A1 Beschreibe Unterschiede und Ähnlichkeiten der Geschwisterkinder mit ihrem Vater im ähnlichen Alter!

A2 Erkläre, wie trotz gemeinsamen Vaters die Unterschiede der Geschwister entstehen können!

A3 Beschreibe anhand dieser Familienähnlichkeit die Variabilität!

Material B ▸ Zwillinge

B1 Vergleiche jeweils den Phänotyp der Geschwister bei den Zwillingspaaren!

B2 Beurteile die Ähnlichkeiten der jeweiligen Zwillingspaare!

B3 Ordne die Begriffe eineiige und zweieiige Zwillinge den Abbildungen A bis D zu! Begründe mithilfe der Grafik, ob auch das Zwillingspaar A unterschiedlichen Geschlechts sein kann!

B4 Auch eineiige Zwillinge unterscheiden sich in manchen Merkmalen. Stelle Vermutungen über die Ursachen an!

Entdeckung der Vererbungsregeln

01 A Johann Gregor MENDEL, **B** Erbsenpflanze

Die Ähnlichkeit zwischen Eltern und Kindern war schon immer ein deutlicher Hinweis auf Vererbung. Doch durch das unregelmäßige Auftreten dieser Ähnlichkeiten gab es lange Zeit keine genauen Vorstellungen davon, wie Vererbung funktioniert. Mitte des 19. Jahrhunderts gelang es dem Mönch Johann Gregor MENDEL durch jahrelange Forschungen, Regeln der Vererbung nachzuweisen.

Johann Gregor MENDEL 1822–1884

VERSUCHSOBJEKT · Als Versuchsobjekt wählte MENDEL Erbsenpflanzen aus, weil er diese gezielt bestäuben und einfach vermehren konnte und Merkmale wie die Blütenfarbe, Samenfarbe oder Samenform leicht zu erkennen und zu unterscheiden sind. Er nutzte für seine Kreuzungen nur Erbsenpflanzen, deren Merkmale über mehrere Generationen konstant ausgeprägt waren. Er ging davon aus, dass diese Pflanzen besonders „reine" Erbanlagen enthielten und bezeichnete sie daher als **reinerbig** oder homozygot.

MENDELS 1. REGEL · MENDEL beobachtete bei seinen Experimenten zunächst nur ein einziges Merkmal, zum Beispiel die Blütenfarbe. Diese kann in zwei Ausprägungen vorkommen, violett oder weiß. Er kreuzte reinerbig violett blühende Pflanzen mit reinerbig weiß blühenden Pflanzen. Die beiden Ausgangspflanzen nannte er Eltern- oder **Parentalgeneration**, kurz P-Generation. Die Pflanzen der ersten Tochter- oder **Filialgeneration**, kurz F_1-Generation, hatten alle violette Blüten. Sie waren gleich, uniform. Sein Ergebnis hielt MENDEL in der **1. MENDELschen Regel** oder **Uniformitätsregel** fest: *Kreuzt man zwei Individuen einer Art, die sich in einem Merkmal reinerbig unterscheiden, dann zeigen alle Nachkommen der F_1-Generation einheitlich eine der beiden Merkmalsausprägungen, sie sind in Bezug auf dieses Merkmal uniform.*

MENDELS 2. REGEL · Als MENDEL die Nachkommen der F_1-Generation untereinander kreuzte, entdeckte er, dass drei Viertel aller Pflanzen der F_2-Generation violette Blüten und ein Viertel weiße Blüten hatten. Die weiße Blütenfarbe, die in der F_1-Generation nicht ausgeprägt wurde, konnte demnach in der F_2-Generation wieder auftreten. MENDEL schlussfolgerte daraus, dass auch die violett blühenden Pflanzen der F_1-Generation die Erbanlage für das Merkmal weiße Blütenfarbe in sich trugen.

Diese Pflanzen sind also **mischerbig** oder heterozygot bezüglich des Merkmals Blütenfarbe. Die Blüten der F_1-Generation sind alle violett, weil sich die Erbanlage für Violett durchsetzt. Die Erbanlage für violette Blütenfarbe ist **dominant** über die Erbanlage für weiße Blütenfarbe. Diese wird unterdrückt und ist damit **rezessiv**.

MENDEL überprüfte solche *dominant-rezessiven Erbgänge* an verschiedenen Merkmalen. Das Zahlenverhältnis 3:1 blieb als statistischer Wert erhalten. Diese Beobachtung wurde später als **2. MENDELsche Regel** oder **Spaltungsregel** formuliert: *Kreuzt man die mischerbigen Individuen der F_1-Generation untereinander, so spalten die Nachkommen in der F_2-Generation bezüglich der Merkmalsausprägungen in einem bestimmten Zahlenverhältnis auf.*

ERBGÄNGE · MENDEL erkannte, dass Lebewesen zu jedem Merkmal zwei Erbanlagen in sich tragen. Indem er systematisch die Ausbildung der Phänotypen analysierte, schlussfolgerte er also auf ihre Genotypen. Erst sehr viel später wurde seine Annahme der zwei Erbanalgen durch die Entdeckung homologer Chromosomen und ihrer Aufteilung bei der Geschlechtszellenbildung bestätigt.

MENDELS 3. REGEL · MENDEL hat nicht nur die Weitergabe von einem Merkmal, **monohybride Erbgänge**, betrachtet, sondern auch die gleichzeitige Weitergabe von zwei Merkmalen, sogenannte **dihybride Erbgänge**. Er kreuzte dazu Erbsenpflanzen, die sich in der Samenfarbe und der Samenform unterscheiden.

Als P-Generation wählte MENDEL Pflanzen mit gelben runden Samen und solche mit grünen kantigen Samen. In der F_1-Generation sind wieder alle Nachkommen uniform und besitzen gelbe runde Samen. Bei der Kreuzung der

F_1-Generationen untereinander machte MENDEL jedoch eine wichtige Entdeckung. Er fand Nachkommen in der F_2-Generation, die grüne runde Samen beziehungsweise gelbe kantige Samen bildeten, also die Merkmale der P-Generation neu kombinierten. Die Erbanlagen für die Merkmale wurden somit unabhängig voneinander an die Nachkommen weitergegeben. Dieses Ergebnis formulierte er in der **3. MENDELschen Regel** oder **Neukombinationsregel**: *Kreuzt man zwei Individuen einer Art, die sich in mehreren Merkmalen reinerbig unterscheiden, können in der F_2-Generation neue Merkmalskombinationen auftreten.*

Heute weiß man, dass die Gene für die Ausbildung der Farbe und der Form der Erbsensamen auf verschiedenen Chromosomen liegen. Dadurch können die Gene für diese beiden Merkmale unabhängig voneinander an die Nachkommen weitergegeben und Allele neu kombiniert werden.

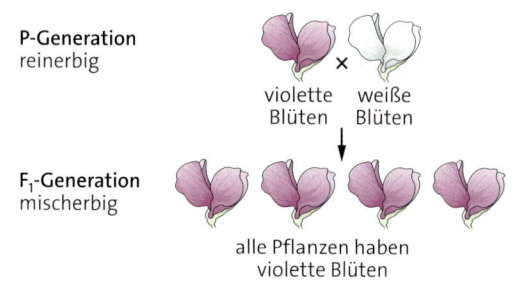

P-Generation reinerbig

violette Blüten × weiße Blüten

F_1-Generation mischerbig

alle Pflanzen haben violette Blüten

02 Kreuzungsversuche mit reinerbigen Erbsenpflanzen in der P-Generation

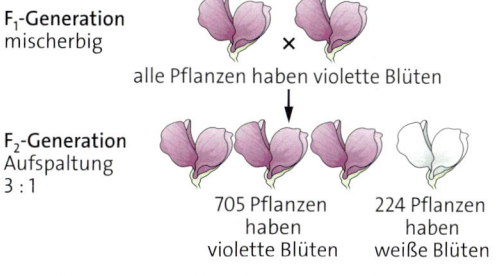

F_1-Generation mischerbig

alle Pflanzen haben violette Blüten

F_2-Generation Aufspaltung 3 : 1

705 Pflanzen haben violette Blüten

224 Pflanzen haben weiße Blüten

03 Kreuzungsversuch zur Spaltungsregel

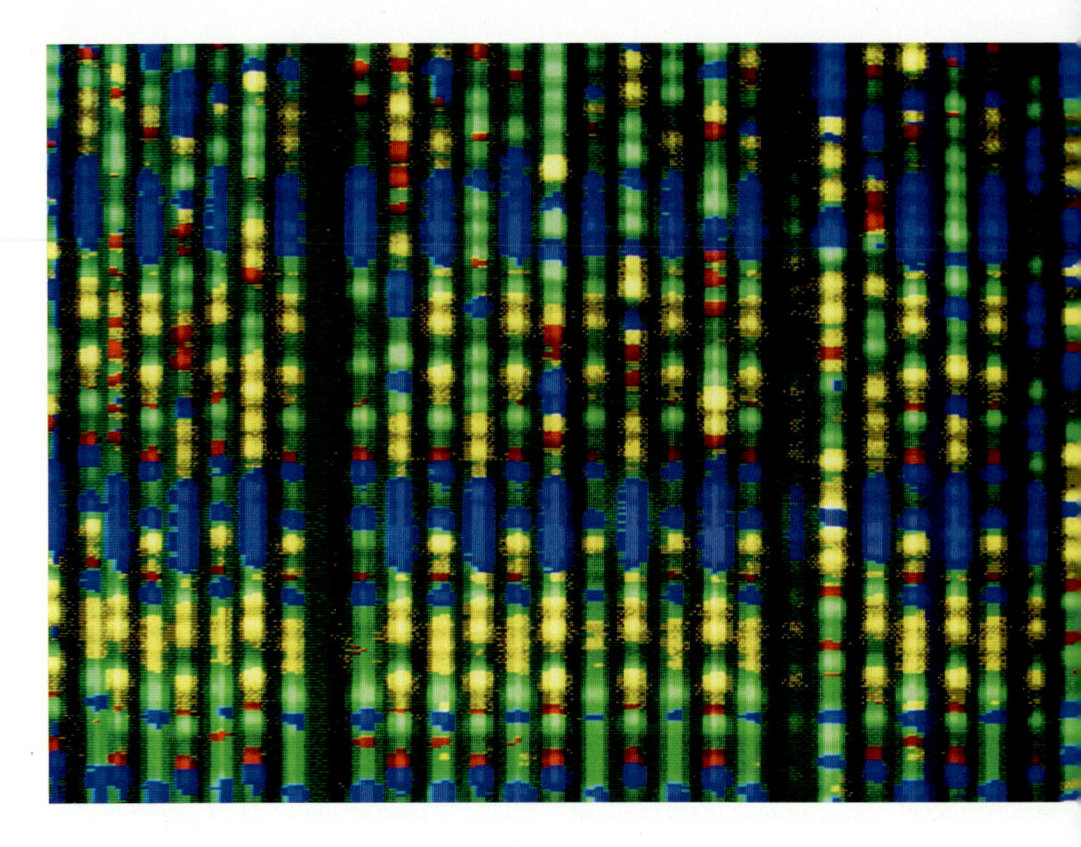

01 Darstellung der menschlichen Erbinformation als farbige Banden

Chromosomen – Träger der Erbinformation

Das Humangenomprojekt hatte das Ziel, die menschliche Erbinformation zu entschlüsseln und zu kartieren. Sie lässt sich als Abfolge von farbigen Banden darstellen. Träger der Erbinformation sind die Chromosomen. Wie sind Chromosomen gebaut und wie ist die Erbinformation in ihnen gespeichert?

englisch DNA = deoxyribonucleic acid

ERFORSCHUNG DER ERBINFORMATION · Bereits Ende des 19. Jahrhunderts entdeckte der Arzt Friedrich MIESCHER in Zellen bisher unbekannte Substanzen, die chemisch zu den Säuren gehören. Da sie sich im Zellkern, dem *Nukleus,* befanden, gab er ihnen den Namen *Nukleinsäuren.* Ihre Funktion in der Zelle war damals aber noch nicht bekannt.

Zu Beginn des 20. Jahrhunderts erkannte man, dass Chromosomen Nukleinsäuren enthalten. Diese Nukleinsäuren der Chromosomen beste-

hen aus vier verschiedenen Basen, dem Zucker Desoxyribose und Phosphatresten. Nach dem vorhandenen Zucker, der Desoxyribose, bezeichnete man sie als **Desoxyribonukleinsäure,** kurz DNS oder englisch **DNA.**

Mitte des 20. Jahrhunderts identifizierte Oswald AVERY durch Experimente mit Bakterien die DNA als Träger der Erbinformation.

James WATSON und Francis CRICK gelang es, den räumlichen Bau der DNA zu entschlüsseln. Sie analysierten Röntgenbeugungsmuster von Rosalind FRANKLIN und bauten mithilfe dieser Daten ein Molekülmodell. 1953 veröffentlichten sie dieses in der Fachzeitschrift „Nature" und erhielten dafür 1962 den Nobelpreis für Medizin. Diese Raumstruktur der DNA nennt man *Watson-Crick-Modell.* Das Modell war die Grundlage zur Entschlüsselung der menschlichen Erbinformation.

BAU DER CHROMOSOMEN · Jedes der 46 Chromosomen des Menschen besteht aus einem einzigen langen DNA-Molekül. Diese sehr dünne, fadenförmige DNA ist mehrfach gewunden wie eine Spirale und zusätzlich ist sie um Proteine gewickelt, welche Stützfunktionen übernehmen. Ein DNA-Molekül bildet zusammen mit den Proteinen den **Chromatinfaden.**

Die DNA ähnelt in ihrem Bau einer Strickleiter, die um ihre eigene Achse gewunden ist. Die beiden Holme der Strickleiter bestehen aus dem Zucker Desoxyribose und den Phosphatresten. Die Sprossen bilden die Basenpaare. Von den vier vorhandenen Basen Adenin, Thymin, Guanin und Cytosin passen je zwei wie Schlüssel und Schloss zueinander. Sie sind zueinander **komplementär.** Über zwei Wasserstoffbrückenbindungen sind die Basen Adenin und Thymin gebunden, über drei Guanin und Cytosin. Jeweils eine der vier Basen, ein Zucker und ein Phosphatrest bilden zusammen den Grundbaustein der DNA, ein **Nukleotid.**

Beim DNA-Molekül handelt es sich also um zwei Einzelstränge aus miteinander verknüpften Nukleotiden. Die beiden Stränge sind über Wasserstoffbrückenbindungen zwischen den komplementären Basen zu einem Doppelstrang verbunden. Der Doppelstrang weist eine um die eigene Achse gewundene Struktur auf, man spricht deshalb von einer **Doppelhelix.** Ein Gen ist ein DNA-Abschnitt aus etwa 100 bis über 10 000 Basenpaaren mit einer bestimmten Basenabfolge, auch *Basensequenz* genannt. In der Abfolge der Basen der DNA ist die Erbinformation verschlüsselt.

Im Humangenomprojekt wurde die Basensequenz der Erbinformation des Menschen fast vollständig aufgeklärt. Diese Sequenz lässt sich als Folge farbiger Banden darstellen.

1 ⌋ Beschreibe den Bau eines Einzelstrangs der DNA!

2 ⌋ Beschreibe den Feinbau eines Chromosoms!

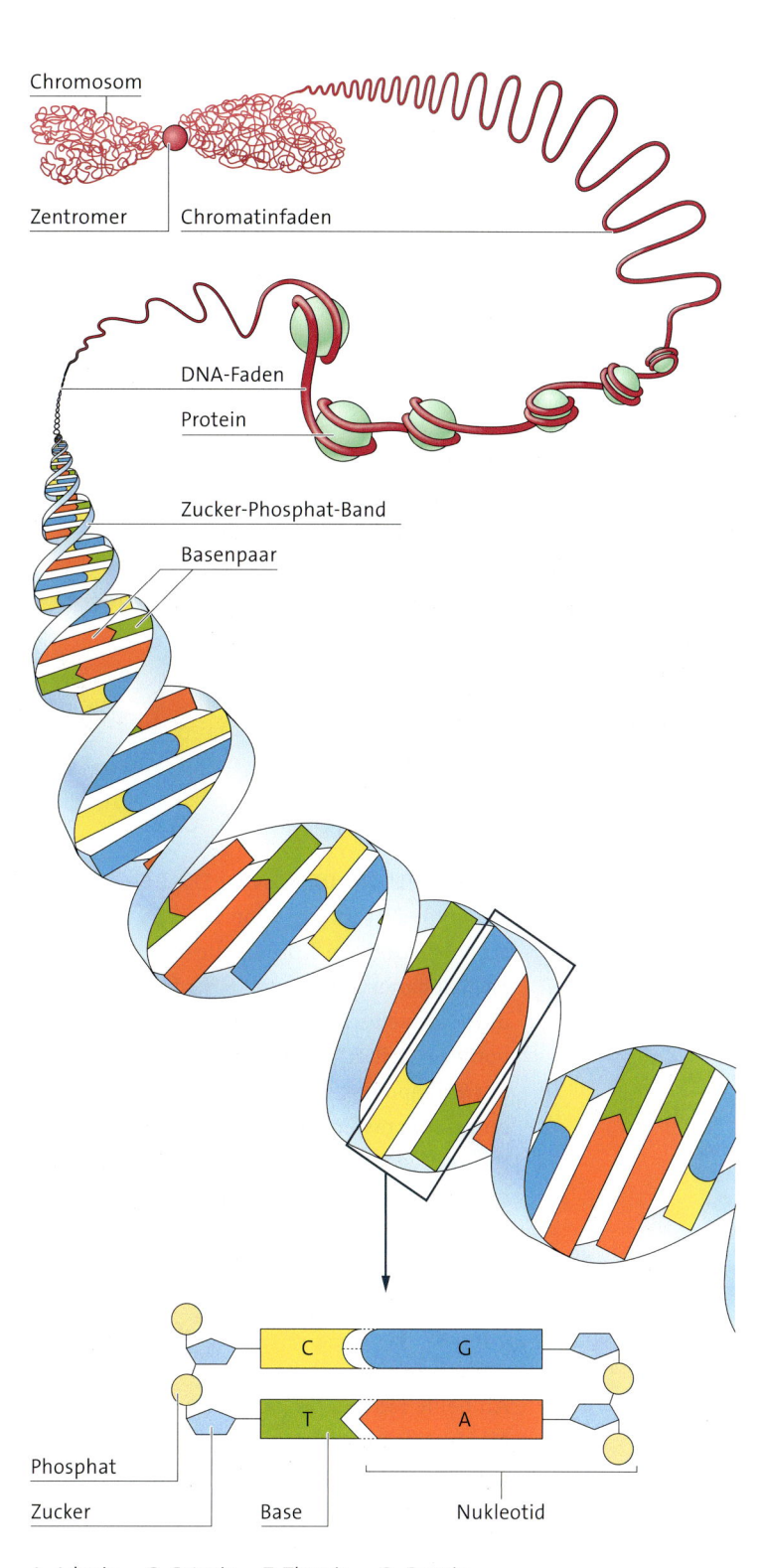

Chromosom

Zentromer   Chromatinfaden

DNA-Faden

Protein

Zucker-Phosphat-Band

Basenpaar

Phosphat

Zucker   Base   Nukleotid

A: Adenin   C: Cytosin   T: Thymin   G: Guanin

02 Feinbau eines Chromosoms

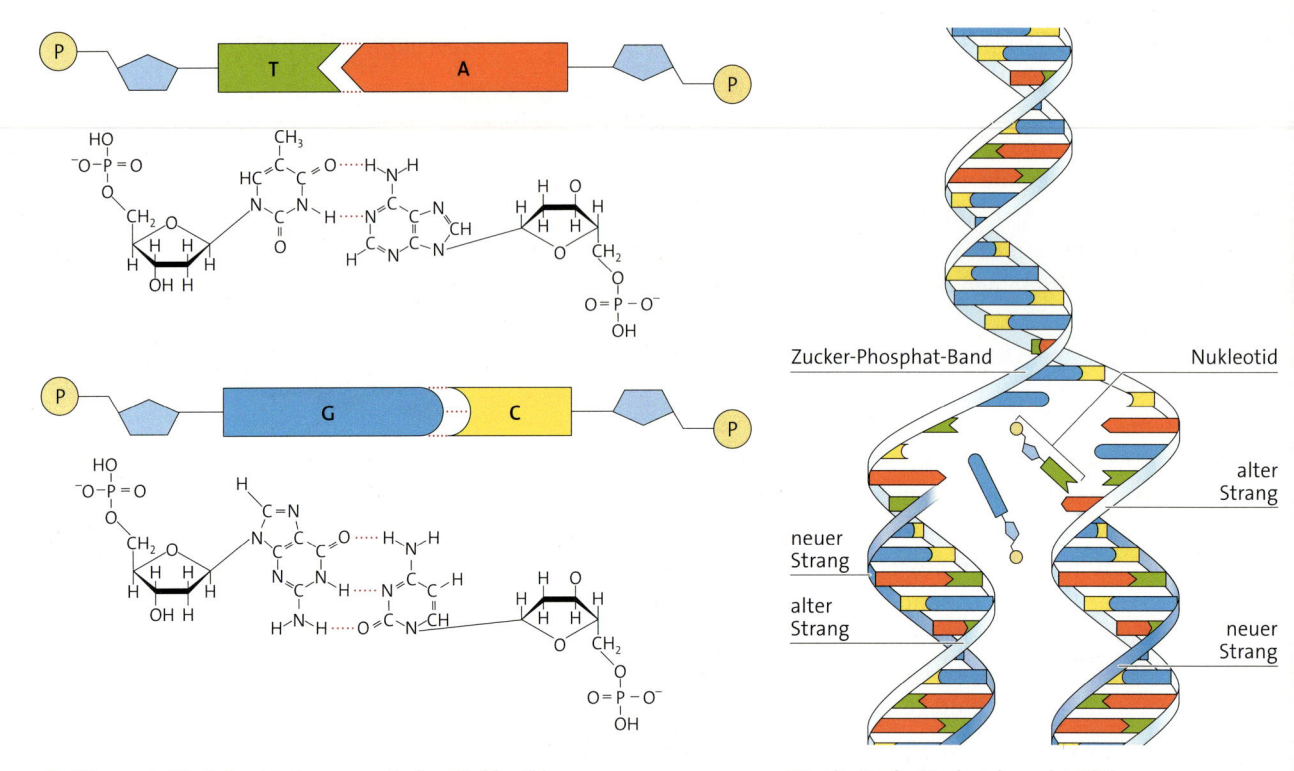

03 Wasserstoffbrückenbindungen zwischen Nukleotiden

04 Identische Verdopplung der DNA

VERDOPPLUNG DER DNA · Die DNA liegt als Träger der Erbinformation in jeder Zelle vollständig vor. Jede Körperzelle des Menschen enthält daher die gesamte Erbinformation. Um die DNA weitergeben zu können, muss sie sich vor jeder Zellteilung verdoppeln.

Zur Verdopplung wird die Doppelhelix mithilfe eines Enzyms entwunden. Der Doppelstrang trennt sich durch Aufbrechen der Wasserstoffbrückenbindungen zwischen den Basen in zwei Einzelstränge. Dies ist leicht möglich, da sich die Wasserstoffbrückenbindungen mit geringem Energieaufwand lösen lassen. Dieser Vorgang ist vergleichbar mit einem Reißverschluss, den man aufzieht.

An beide Einzelstränge lagern sich nun neue Nukleotide an und es enstehen neue komplementäre Basenpaare. Die Nukleotide werden über weitere Enzyme zu einem Strang verknüpft, der komplementär zum ursprünglichen Strang ist. Jeder Einzelstrang dient so als Kopiervorlage für den neuen Gegenstrang.

lateinisch mutare = ändern

Diesen Kopiervorgang der DNA nennt man **Replikation.**

Bei der Replikation entstehen zwei Doppelstränge, die aus je einem neuen und einem alten Einzelstrang zusammengesetzt sind. Vor jeder Zellteilung wird so die DNA aller 46 Chromosomen verdoppelt, damit bei der Zellteilung jede der beiden Tochterzellen alle 46 Chromosomen erhält.

Der Vorgang der Replikation muss fehlerfrei erfolgen, damit zwei identische DNA-Moleküle entstehen. Reparaturenzyme erkennen bei der Replikation fehlerhafte Basenpaarungen und korrigieren diese. Dennoch können in seltenen Fällen Fehler auftreten. Bei einer Milliarde angelagerter Nukleotide ist im Durchschnitt eine Basenpaarung falsch. Fehler bei der Replikation sind eine der Ursachen für die dauerhafte Veränderung der Erbinformation, für **Mutationen.**

3 Stelle die Vorgänge der Replikation als Pfeildiagramm dar!

Material A ▸ Bau der DNA

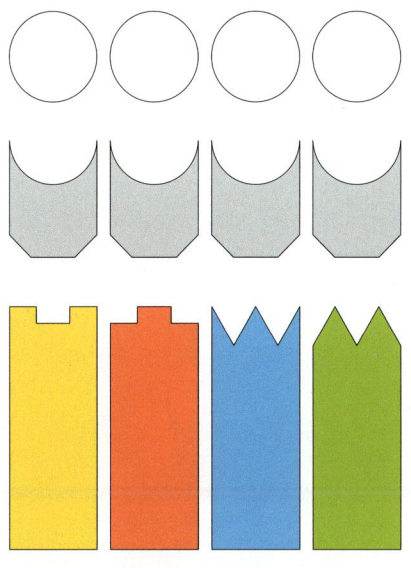

Symbole der Einzelbausteine der DNA

In der Abbildung sind Symbole vorgeschlagen, mit denen sich das Modell eines DNA-Moleküls zeichnen lässt.

A1 Erstelle eine Legende in deinem Heft, in der du die Symbole den Einzelbausteinen der DNA zuordnest!

A2 Zeichne ein Nukleotid in dein Heft! Verwende hierfür die in der Abbildung angegebenen Symbole!

A3 Zeichne einen DNA-Einzelstrang aus sieben Nukleotiden!

A4 Ergänze zeichnerisch den Einzelstrang, sodass ein Doppelstrang entsteht!

A5 Vergleiche die Basenabfolge deines DNA-Moleküls mit der Zeichnung deiner Mitschüler! Erkläre, welche Bedeutung die unterschiedlichen Basenabfolgen für die Erbinformation haben!

A6 Erläutere das Baumerkmal der DNA, welches für die identische Verdopplung von großer Bedeutung ist!

Material B ▸ Basenzusammensetzung der DNA

Organismus	Adenin	Thymin	Cytosin	Guanin
Mensch	31 %	31 %	19 %	19 %
Schaf	30 %	30 %	20 %	20 %
Seeigel	33 %	33 %	17 %	17 %
Weizen	27 %	27 %	23 %	23 %
Hefe	31 %	31 %	19 %	19 %
E. coli (Bakterium)	24 %	24 %	26 %	26 %

Die Tabelle zeigt den jeweils prozentualen Anteil einer Base in der DNA für verschiedene Lebewesen.

B1 Vergleiche die Anteile der verschiedenen Basen der DNA des Menschen!

B2 Vergleiche die Basenzusammensetzung des Menschen mit der des Weizens und der Hefe!

B3 Erkläre die Unterschiede und Gemeinsamkeiten, die bei B2 beschrieben wurden!

B4 Interpretiere die Daten der Tabelle im Hinblick auf den Bau der DNA!

Material C ▸ Wasserstoffbrücken

> ① -T-A-C-C-G-G-C-A-T-C-G-G-
>
> ② -A-A-T-C-T-T-T-A-T-T-G-T-

In der Abbildung sind die Basenfolgen von Ausschnitten aus zwei Einzelsträngen der DNA dargestellt. Wasserstoffbrücken lassen sich durch Erwärmen lösen.

C1 Übernimm die Einzelstränge in dein Heft und ergänze sie zu Doppelsträngen!

C2 Begründe, weshalb sich der Doppelstrang 2 bei Erwärmung eher in Einzelstränge trennt als der Doppelstrang 1!

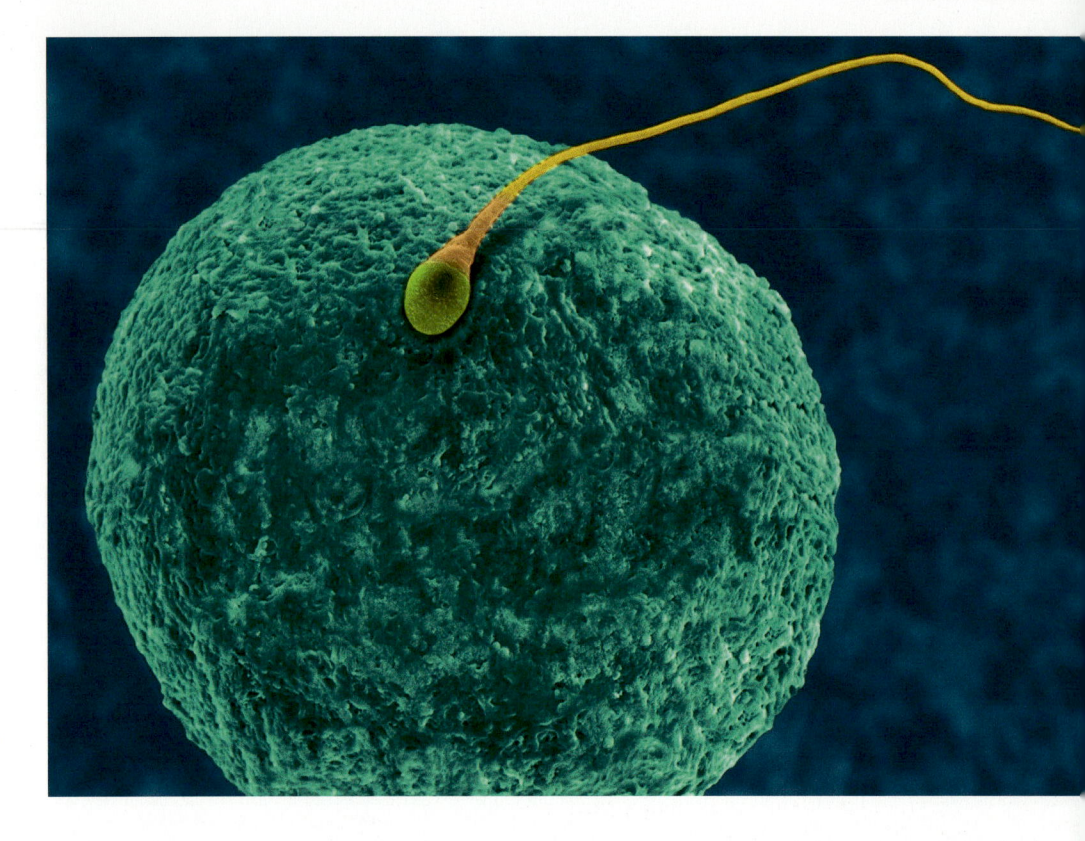

01 Befruchtung einer menschlichen Eizelle durch eine Spermienzelle

Bildung der Geschlechtszellen und Meiose

Eine befruchtete Eizelle enthält die Erbinformation beider Elternteile. Diese wird mit den Trägern der Erbinformation, den Chromosomen, an die Kinder weitergegeben. Beim Vater geschieht dies mithilfe der Spermienzelle und bei der Mutter mit der Eizelle. Wie werden die Spermienzelle und die Eizelle, die sogenannten Geschlechtszellen, gebildet?

GESCHLECHTSZELLEN · Die Körperzellen eines Menschen enthalten 46 Chromosomen. Je zwei Chromosomen sind in Form und Größe gleich, sie sind *homolog*. Daher sind 23 homologe Chromosomenpaare vorhanden. Alle Körperzellen gehen durch Zellteilungen aus einer befruchteten Eizelle hervor. Bei der Befruchtung verschmelzen die Zellkerne von Eizelle und Spermienzelle und es entsteht eine befruchtete Eizelle mit der genetischen Information beider Elternteile. Sie enthält die vollständige Erbinformation eines Menschen. Wenn eine Zelle zwei Chromosomensätze hat, einen von der Eizelle der Mutter und einen von der Spermienzelle des Vaters, so spricht man vom doppelten oder **diploiden** Chromosomensatz.

Damit die befruchtete Eizelle 46 Chromosomen erhält, dürfen Spermienzelle und Eizelle vor der Befruchtung nur 23 Chromosomen besitzen, das heißt ein Chromosom von jedem Paar. Bei der Bildung der Geschlechtszellen aus *diploiden* Vorläuferzellen muss deshalb die Chromosomenzahl von 46 auf 23 halbiert werden. Ohne diese Halbierung würde sich die Chromosomenzahl bei jeder weiteren Befruchtung verdoppeln. Die Geschlechtszellen haben somit einen einfachen oder **haploiden** Chromosomensatz. Die Bildung der Geschlechtszellen wird **Meiose** genannt. Sie findet in den Hoden des Mannes und in den Eierstöcken der Frau statt.

1 Vergleiche Körper- und Geschlechtszellen hinsichtlich ihrer Chromosomen!

MEIOSE · Der Vorgang der Geschlechtszellen-bildung lässt sich in zwei Zellteilungsschritte, die **erste** und **zweite Reifeteilung**, gliedern. Die *erste Reifeteilung* beginnt mit einer diploiden Vorläuferzelle. In ihrem Zellkern sind 46 *Zwei-Chromatiden-Chromosomen*, von denen jeweils ein Chromosom eines jeden homologen Paares mütterlicher und eines väterlicher Herkunft ist. Während der **Prophase I** werden die Zwei-Chromatiden-Chromosomen aufgewunden und damit sichtbar. In der **Metaphase I** ordnen sich alle 23 homologen Chromosomenpaare paarweise in der *Äquatorialebene* an. In der folgenden **Anaphase I** werden die homologen Chromosomen mithilfe der *Spindelfasern* zu entgegengesetzten Zellpolen transportiert. Die homologen Chromosomen werden somit von-einander getrennt. Welche der ursprünglich mütterlichen oder väterlichen Chromosomen eines jeden Paares zu welchem Zellpol gelangen, erfolgt dabei zufällig. In der **Telophase I** teilt sich die Zelle. In beiden Tochterzellen liegt nun ein einfacher, *haploider Chromosomensatz* aus 23 Zwei-Chromatiden-Chromosomen vor. Da der doppelte auf den einfachen Chromosomensatz halbiert wird, bezeichnet man die erste Reifeteilung auch als **Reduktionsteilung.** Die Tochterzellen besitzen nicht die gleiche Erbinformation, da die mütterlichen und väterlichen Chromosomen durch die zufällige Verteilung neu kombiniert werden.

In der anschließenden *zweiten Reifeteilung* trennen sich die Zwei-Chromatiden-Chromosomen in ihre beiden Ein-Chromatid-Chromosomen. Je eines gelangt zu einem Zellpol. So entstehen vier haploide Zellen mit Ein-Chromatid-Chromosomen. Beim Mann bilden sich aus der Vorläuferzelle vier Spermienzellen. Bei der Frau entstehen eine sehr große Zelle, die Eizelle, und drei sehr kleine Zellen, die Polkörperchen. Diese werden nicht befruchtet.

2) Beschreibe die erste Reifeteilung!

3) Vergleiche die Anaphase I und II!

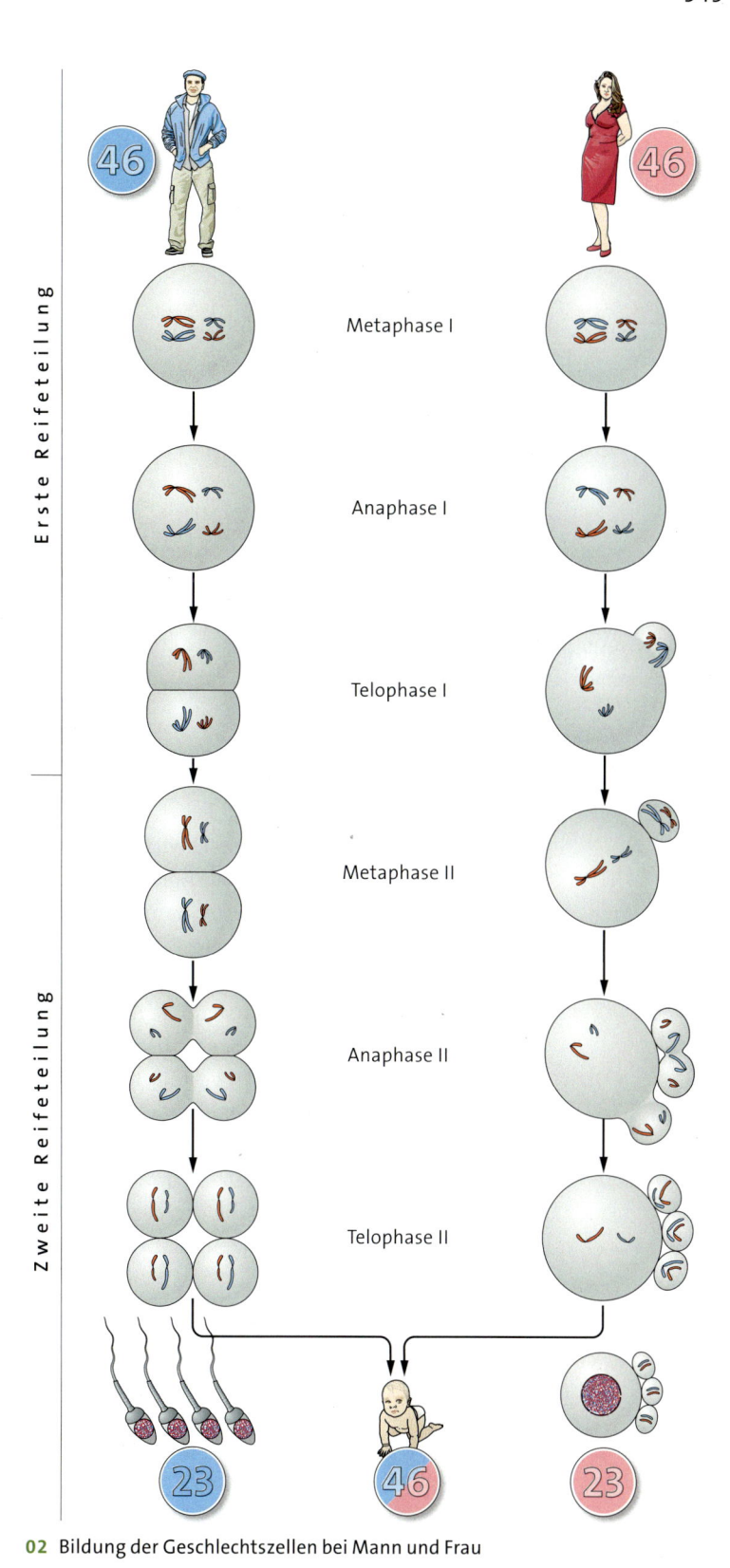

Erste Reifeteilung · Metaphase I · Anaphase I · Telophase I

Zweite Reifeteilung · Metaphase II · Anaphase II · Telophase II

02 Bildung der Geschlechtszellen bei Mann und Frau

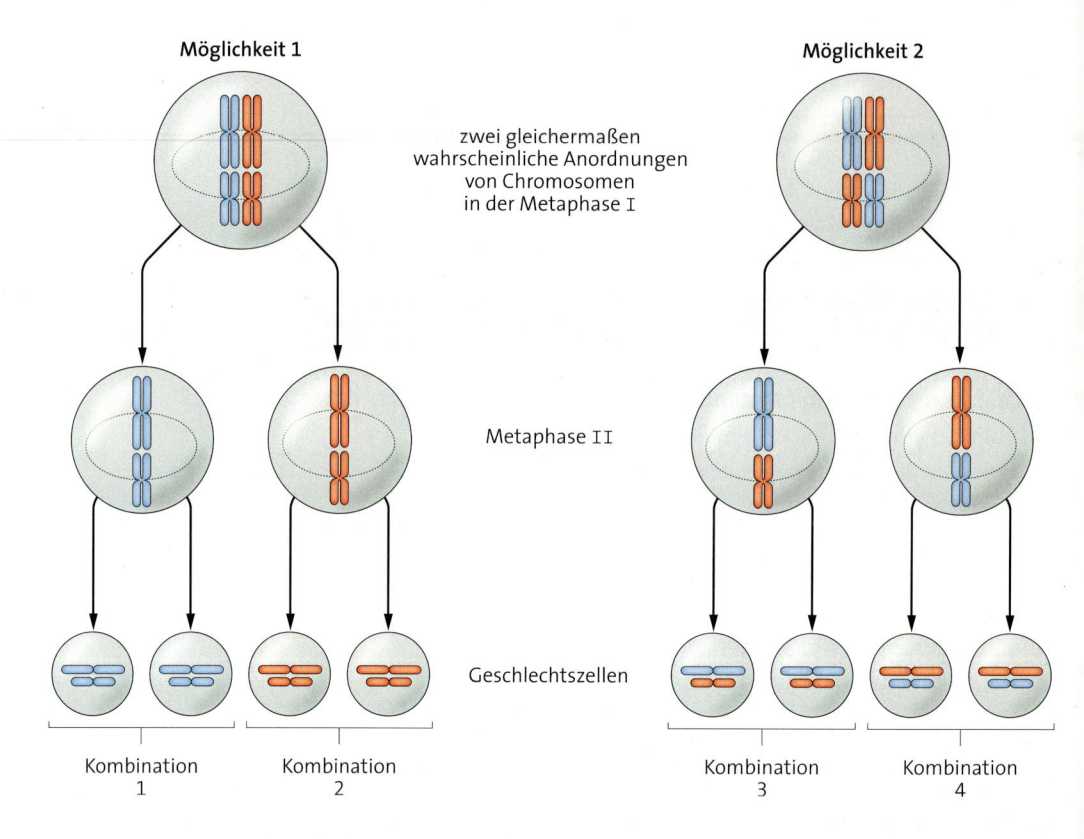

03 Kombinations-möglichkeiten der Chromosomen in den Geschlechts-zellen bei zwei Chromosomen-paaren

Möglichkeit 1

Möglichkeit 2

zwei gleichermaßen wahrscheinliche Anordnungen von Chromosomen in der Metaphase I

Metaphase II

Geschlechtszellen

Kombination 1

Kombination 2

Kombination 3

Kombination 4

VARIABILITÄT · Obwohl Geschwister dieselben Eltern haben und je 23 Chromosomen von Vater und Mutter erben, sind sie dennoch unterschiedlich. Wie kommen diese Unterschiede zustande?

Während der *Reduktionsteilung* der Meiose trennen sich die homologen Chromosomenpaare voneinander. Die Verteilung auf die Tochterzellen erfolgt dabei zufällig. Für die Anordnung der homologen Chromosomenpaare in der Äquatorialebene und ihre nachfolgende Verteilung auf die Tochterzellen gibt es verschiedene Möglichkeiten. Diese sind alle gleich wahrscheinlich.

Betrachtet man nur $n = 2$ homologe Chromosomenpaare, so ergeben sich 2^n, also hier $2^2 = 4$, Kombinationsmöglichkeiten für die Geschlechtszellen. Tatsächlich sind es beim Menschen 23 Chromosomenpaare, somit ergeben sich 2^{23} Möglichkeiten. Dies bedeutet, dass die Geschlechtszellen mit hoher Wahrscheinlichkeit unterschiedliche Chromosomenkombinationen

haben. Bei jeder Befruchtung verschmelzen die Kerne einer Spermienzelle und einer Eizelle mit einer individuellen Kombination an Chromosomen miteinander.

Eine *Neukombination* der Chromosomen erfolgt deshalb außer bei der Bildung der Geschlechtszellen auch noch zusätzlich bei der Befruchtung.

Die biologische Bedeutung der *Meiose* wie auch der Befruchtung ist die Durchmischung der Erbinformation in jeder Generation. Dies führt zu einer großen Vielfalt, der **genetischen Variabilität.** Sie ist der Grund dafür, dass Geschwister trotz gleicher Eltern individuelle Erbinformationen und damit individuelle Merkmale aufweisen. So ist jeder Mensch einzigartig.

4) Nenne die Vorgänge, durch die Chromosomen neu kombiniert werden können!

5) Erläutere die Bedeutung der Meiose für die Variabilität!

Material A ▸ Vergleich von Meiosestadien

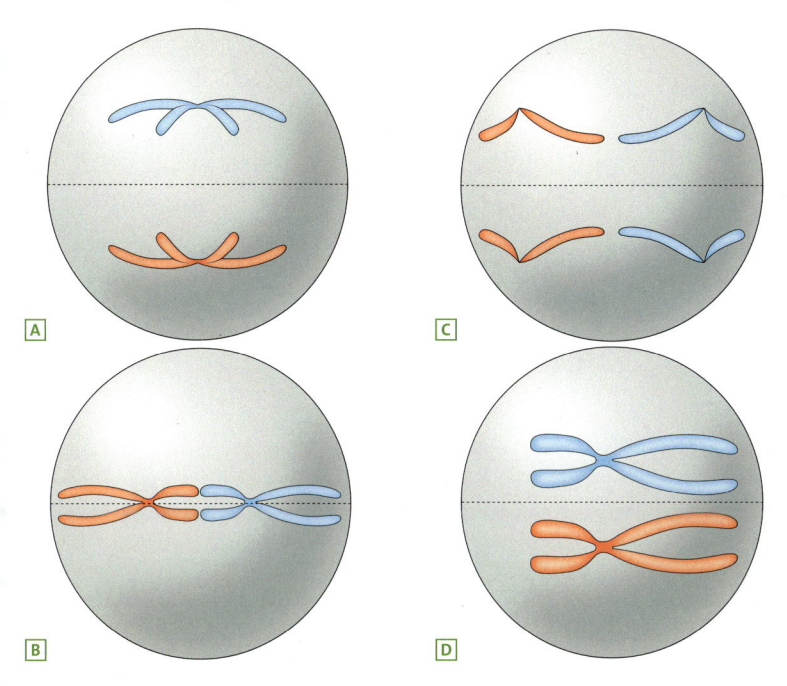

Die Abbildungen A bis D zeigen Zellteilungsstadien der Meiose. Zur besseren Übersicht ist in allen Zellen jeweils nur ein homologes Chromosomenpaar abgebildet.

A1 Ordne alle Zellen dem jeweiligen Stadium der Meiose zu!

A2 Zeichne jeweils das Zellstadium, das auf Abbildung A und C folgt!

A3 Vergleiche Mitose und Meiose tabellarisch! Berücksichtige dabei die Anzahl der Teilungen, die Chromosomenanzahl und die Bedeutung für die Vielfalt.

Material B ▸ Variabilität

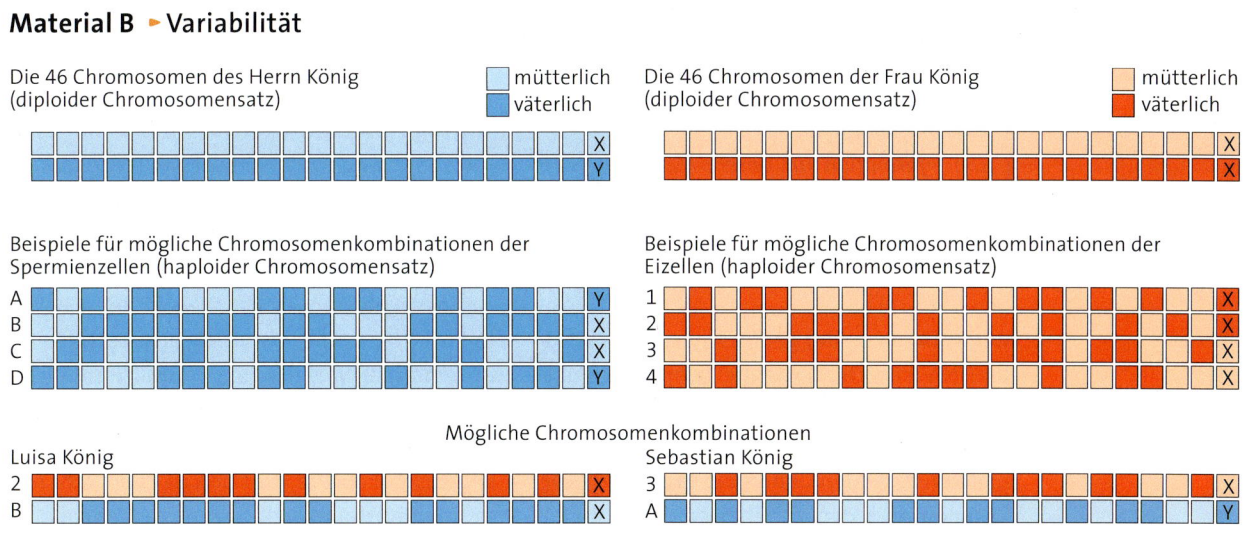

B1 Vergleiche die Chromosomenkombination der Geschwister Luisa und Sebastian König!

B2 Erkläre, ob Luisa und Sebastian eineiige oder zweieiige Zwillinge sein könnten!

B3 Frau König ist erneut schwanger mit einem Mädchen. Nenne alle möglichen Chromosomenkombinationen für das dritte Kind und ihre Wahrscheinlichkeiten!

B4 Zeichne zwei mögliche Chromosomensätze von Luisas Eizellen!

B5 Erkläre, in welchem Stadium der Meiose die möglichen Chromosomensätze in Luisas Eizellen zustande kommen!

01 Jugendliche mit verschiedenen Merkmalen

Gene bestimmen Merkmale

Die Gesichter der jungen Menschen unterscheiden sich. Jedes Gesicht hat individuelle Merkmalsausprägungen.
Die Information für unsere Merkmale ist in Form von Genen auf unseren Chromosomen im Zellkern gespeichert. Wie wird die Erbinformation in unsere Merkmale umgesetzt?

MERKMALE · In der genetischen Information der DNA ist nicht direkt die Information über Merkmale enthalten, sondern nur die Information für die Bildung von Proteinen. Das Bindeglied zwischen den Genen, die den *Genotyp* bestimmen, und den zugehörigen Merkmalen, dem *Phänotyp,* sind also **Proteine.** Wie kann die DNA Informationen für den Aufbau von Proteinen enthalten?
Wir besitzen viele Tausend verschiedene Proteine in unseren Zellen. Diese sind durch ihre unterschiedlichen Funktionen für die Ausbildung verschiedener Merkmale erforderlich. Wichtige Proteine sind die Enzyme, da sie Stoffwechselprozesse katalysieren. Außerdem gibt es Strukturproteine wie die der Haare, Transportproteine für Sauerstoff und Rezeptorproteine an Synapsen der Nervenzellen.

Die Grundbausteine der Proteine sind **Aminosäuren.** Beim Menschen sind 20 verschiedene Aminosäuren am Aufbau aller Proteine beteiligt. Die Proteine bestehen aus Ketten von miteinander verknüpften Aminosäuren. Die Abfolge der unterschiedlichen Aminosäuren, die **Aminosäuresequenz,** ist für jedes Protein spezifisch. Für ihre Funktion ist aber nicht nur ihre Aminosäuresequenz ausschlaggebend, sondern auch die räumliche Anordnung der Aminosäurekette, die *räumliche Struktur* des Proteins.
Die Basenabfolge der Gene wird in eine Aminosäureabfolge der Proteine übersetzt. Anhand dieser Proteine werden über Stoffwechselvorgänge die einzigartigen Merkmale einer Person ausgebildet.

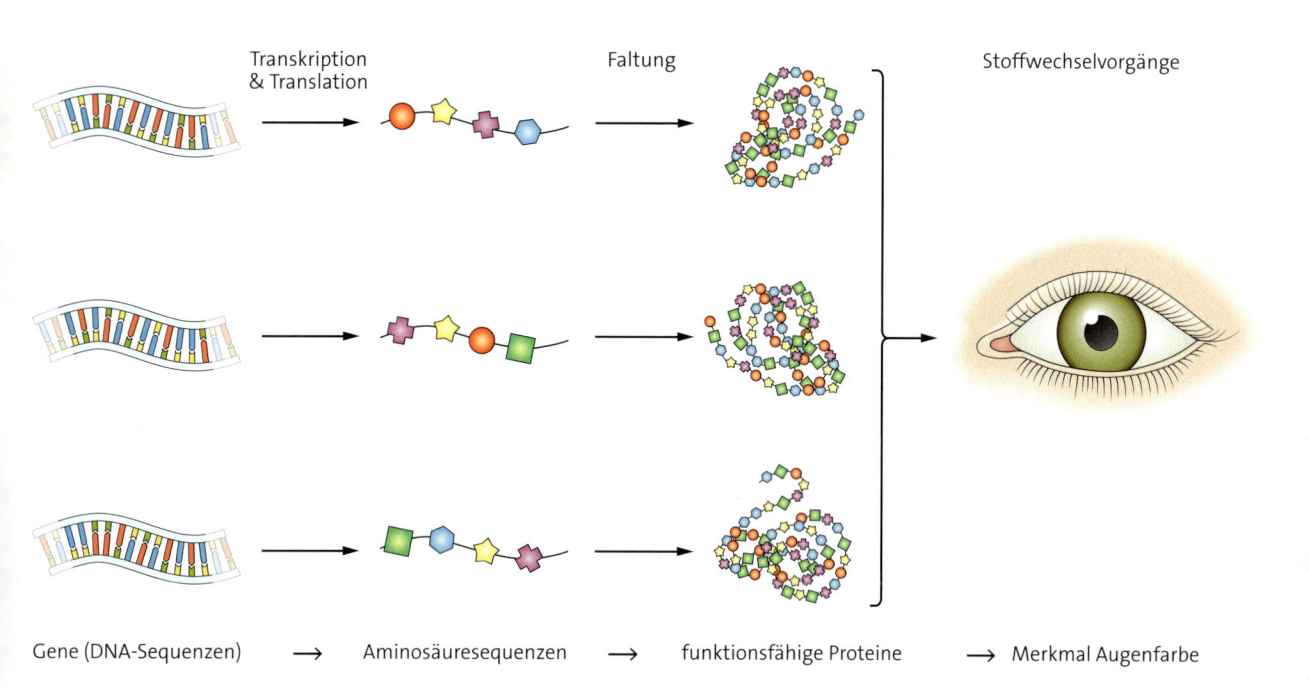

Transkription & Translation → Faltung → Stoffwechselvorgänge

Gene (DNA-Sequenzen) → Aminosäuresequenzen → funktionsfähige Proteine → Merkmal Augenfarbe

DER GENETISCHE CODE

DER GENETISCHE CODE · Ein Code dient dazu, eine Information mithilfe festgelegter Zeichen zu speichern und zu übermitteln. Bei der Umsetzung der codierten Information muss diese zunächst entschlüsselt werden. So müssen wir die Zeichen unseres Schriftcodes, die Buchstaben, lesen, um die Information in Worte umzusetzen. Genauso werden beim Morsecode Kombinationen mehrerer langer und kurzer Töne in Buchstaben umgesetzt.

Der genetische Code besteht aus vier Zeichen, den vier verschiedenen Basen der Nukleinsäuren. In ihrer Abfolge, der *Basensequenz,* ist die genetische Information gespeichert. Ein Abschnitt der DNA mit bestimmter Basensequenz entspricht einem Gen. Diese Sequenz muss in die *Aminosäuresequenz* eines Proteins umgesetzt werden. Für die Bildung der Proteine in der Zelle stehen 20 verschiedene Aminosäuren zur Verfügung. Um mit vier verschiedenen Basen die Information für 20 verschiedene Aminosäuren codieren zu können, muss eine bestimmte Abfolge von drei aufeinanderfolgenden Basen einer bestimmten Aminosäure entsprechen. So existieren genügend Variationsmöglichkeiten, nämlich

$4^3 = 64$, um alle 20 Aminosäuren der Proteine zu codieren. Ein solches *Basentriplett* wird **Codon** genannt. Würde nur eine Base für eine Aminosäure codieren, könnte lediglich die Information für vier Aminosäuren in der DNA gespeichert werden.

Alle Lebewesen verwenden denselben genetischen Code, das heißt, ein bestimmtes Codon wird bei allen Lebewesen in dieselbe Aminosäure übersetzt. Daher bezeichnet man den genetischen Code als **universell.** Der Prozess der Übersetzung der genetischen Information in Proteine wird **Proteinbiosynthese** genannt. Dieser läuft in zwei Schritten ab: Der erste findet im Zellkern statt, der zweite im Zellplasma. Die unterschiedlichen Merkmale in den Gesichtern der Jugendlichen kommen dadurch zustande, dass die genetische Information mithilfe der Proteine in Merkmale umgesetzt wird.

1 ⌡ Beschreibe den Zusammenhang zwischen Genen und Merkmalen!

2 ⌡ Erkläre, wie viele unterschiedliche Aminosäuren mit einem 2er-Codon verschlüsselt werden könnten!

02 Gene bestimmen Merkmale.

Blindenschrift

a	b	c	d	e	f	g	h	i	j

k	l	m	n	o	p	q	r	s	t

u	v	w	x	y	z	ß	ü	ä	ö

Morsecode

A ·—   N —·
B —···   O ———
C —·—·   P ·——·
D —··   Q ——·—
E ·   R ·—·
F ··—·   S ···
G ——·   T —
H ····   U ··—
I ··   V ···—
J ·———   W ·——
K —·—   X —··—
L ·—··   Y —·——
M ——   Z ——··

QR-Code

03 Verschlüsselte Informationen

TRANSKRIPTION · Die DNA liegt im Zellkern, die Proteine werden aber im Zellplasma gebildet. Wie gelangt die Information der DNA ins Zellplasma?

Zunächst wird die doppelsträngige DNA mithilfe eines Enzyms aufgetrennt. An einen der beiden DNA-Stränge lagern sich komplementäre Nukleotide an, die im Aufbau den DNA-Nukleotiden ähneln. Sie enthalten aber den Zucker Ribose statt Desoxyribose und die Base Uracil statt Thymin. Die Nukleotide werden zu einem Einzelstrang, der **Ribonukleinsäure**, kurz RNA, verknüpft. Es entsteht dabei die RNA-Kopie eines Gens. Die RNA gelangt durch die Kernporen ins Zellplasma und bringt so die Information des Gens zum Ribosom. Sie heißt daher Boten- oder messenger-RNA, kurz **mRNA.** Den Vorgang des Abschreibens nennt man **Transkription.** Im Zellplasma lagert sich die mRNA an ein Ribosom an. Wie erfolgt nun die Übersetzung der in der mRNA gespeicherten Information in ein Protein?

TRANSLATION · Jede der 20 am Aufbau der Proteine beteiligten Aminosäuren wird an eine weitere RNA, die tansfer-RNA oder **tRNA,** gebunden. Ein spezifisches Basentriplett, das Anticodon, entscheidet, welche Aminosäure die jeweilige tRNA bindet. An der Anbindungsstelle des Ribosoms bindet an jedem Basentriplett der mRNA, dem *Codon*, genau jene tRNA mit komplementärem Basentriplett, dem *Anticodon*. Jedem Codon der mRNA ist so eine bestimmte Aminosäure zugeordnet. Rückt die mRNA mit der komplementären t-RNA an die Verknüpfungsstelle des Ribosoms, wird die an der tRNA gebundene Aminosäure mit der bereits entstandenen Aminosäurenkette verknüpft. Die entladene tRNA verlässt das Ribosom. Dieser Vorgang wiederholt sich, bis das Protein fertiggestellt ist. Die Übersetzung der Basensequenz der mRNA in eine Aminosäuresequenz eines Proteins nennt man **Translation.** Den gesamten Vorgang von Transkription und Translation bezeichnet man auch als **Proteinbiosynthese.**

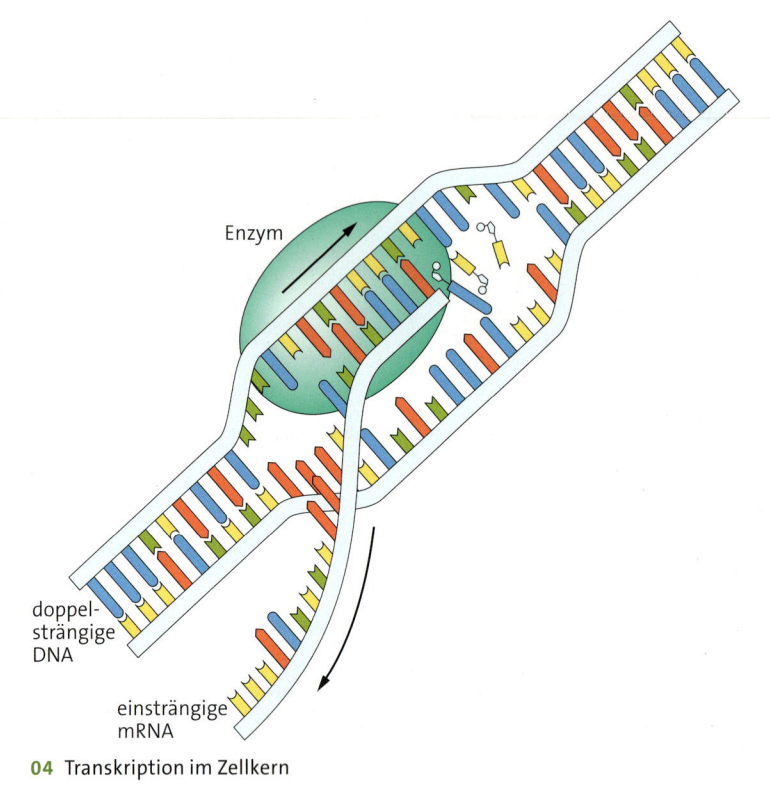

04 Transkription im Zellkern

Labels: Enzym, doppelsträngige DNA, einsträngige mRNA

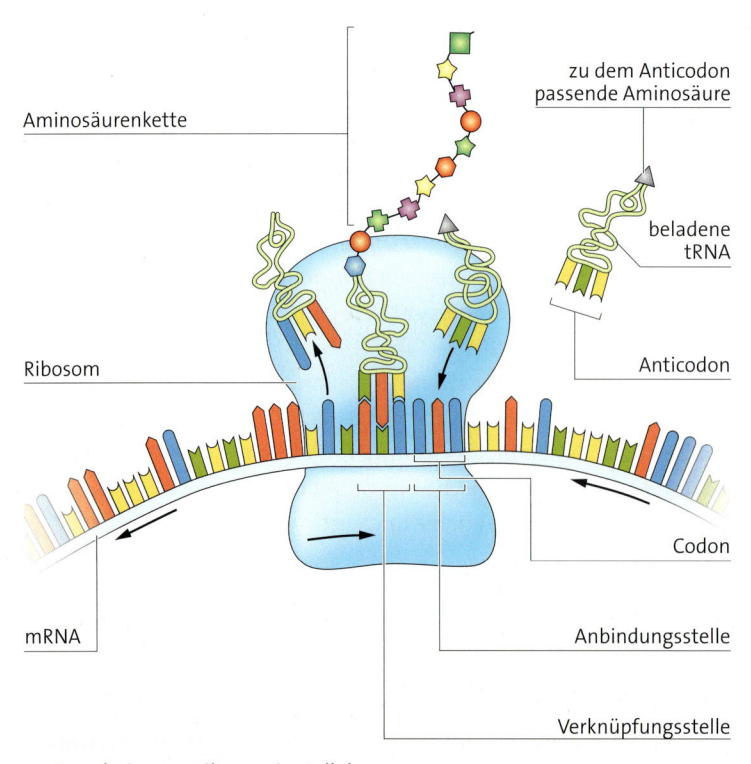

05 Translation am Ribosom im Zellplasma

Labels: Aminosäurenkette, Ribosom, mRNA, zu dem Anticodon passende Aminosäure, beladene tRNA, Anticodon, Codon, Anbindungsstelle, Verknüpfungsstelle

Material A ▸ Das genetische Alphabet

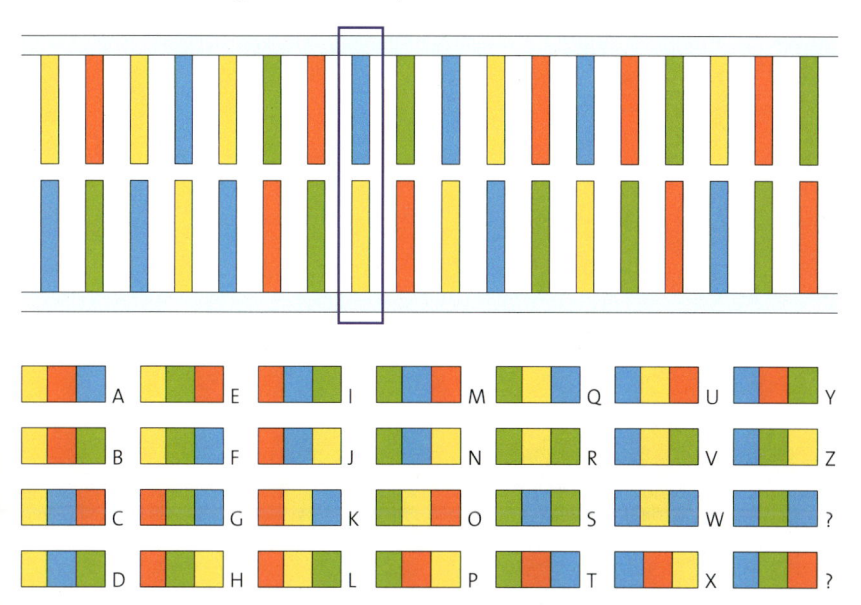

A1 Übersetze die als DNA codierte Information! Beginne mit den ersten drei Basen des unteren Strangs!

A2 Zwei Tripletts zeigen keine Zuordnung (?) zu einem Buchstaben. Stelle Vermutungen an, welche Funktion diese besitzen könnten!

A3 Nenne die Strukturen, die bei der Proteinbiosynthese den Buchstaben und dem ganzen Wort entsprechen!

A4 Beschreibe die Folgen, wenn der umrahmte Teil der DNA verloren geht! Übersetze auch diese Information!

A5 Zeichne ein weiteres denkbares Farbentriplett für den Buchstaben E!

Die Art der Codierung durch Nukleinsäuren lässt sich modellhaft auch auf die Buchstabenschrift anwenden.

Material B ▸ Die Codesonne

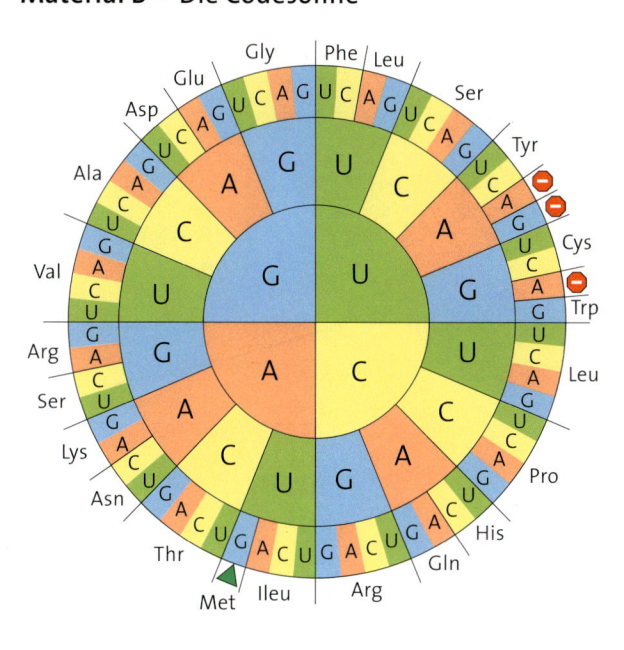

▶ Start

⊖ Stopp

Aminosäuren

Gly	=	Glycin
Val	=	Valin
Ileu	=	Isoleucin
Phe	=	Phenylalanin
Cys	=	Cystein
Ser	=	Serin
Asn	=	Asparagin
Tyr	=	Tyrosin
Asp	=	Asparaginsäure
Glu	=	Glutaminsäure
Lys	=	Lysin
His	=	Histidin
Ala	=	Alanin
Leu	=	Leucin
Pro	=	Prolin
Met	=	Methionin
Thr	=	Threonin
Gln	=	Glutamin
Trp	=	Tryptophan
Arg	=	Arginin

In der Codesonne ist angegeben, welches Basentriplett der m-RNA welche Aminosäure codiert. Die Leserichtung ist immer von innen nach außen. Das Basentriplett AUG codiert demnach die Aminosäure Methionin.

B1 Nenne alle möglichen Basentripletts der RNA für die Aminosäure Leucin!

B2 Übersetze die mRNA-Sequenz AUG GUA AAG CCA AGA CAC UGA sowohl in die DNA- als auch in die Aminosäuresequenz!

Proteinbiosynthese im Überblick

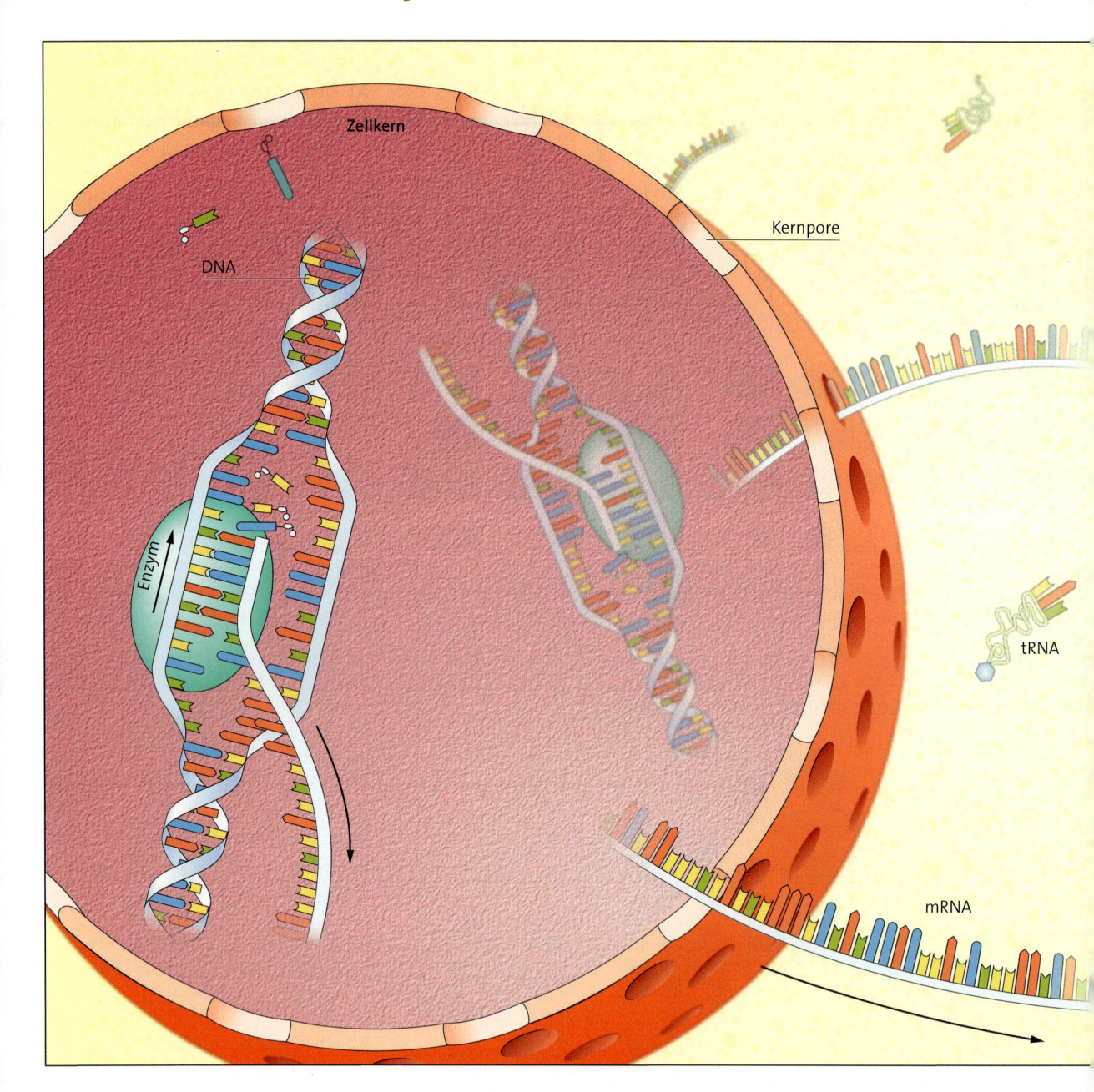

DNA

➡️

mRNA

Nukleotidsequenz:
doppelsträngig

Die Informationen für die
Ausprägung von Merkmalen
sind in den Genen im Zellkern gespeichert.

Transkription
Die DNA-Nukleotidsequenz
wird in eine RNA-Nukleotid-
sequenz umgeschrieben.

Nukleotidsequenz:
einsträngig

Die mRNA verlässt den Zellkern
und lagert sich im Zellplasma
an ein Ribosom an.

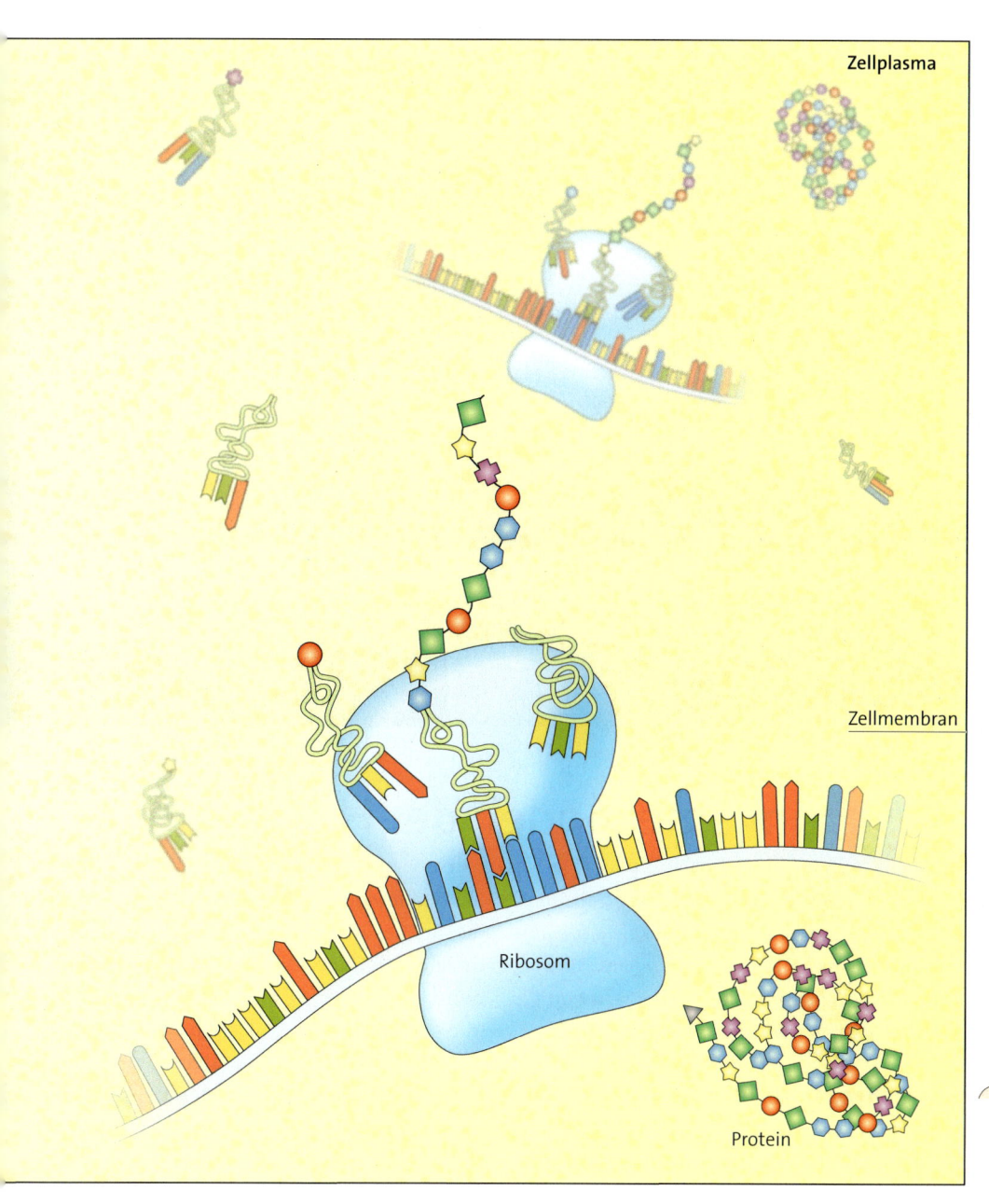

Zellplasma

Zellmembran

Ribosom

Protein

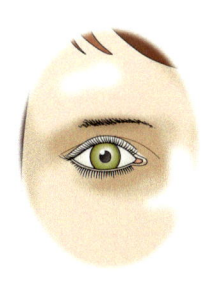

Protein   **Merkmal**

Translation
Die Nukleotidsequenz
der mRNA wird in eine
Aminosäuresequenz
übersetzt.

Aminosäuresequenz

Die Aminosäuresequenz
bestimmt die räumliche
Struktur eines Proteins
und damit seine Funktion.

Stoffwechsel
Durch bestimmte Proteine,
die Enzyme, kommt es zu
Stoffwechselvorgängen, die
für die Ausprägung eines
Merkmals notwendig sind.

Beispiele:
Augenfarbe
Haarfarbe

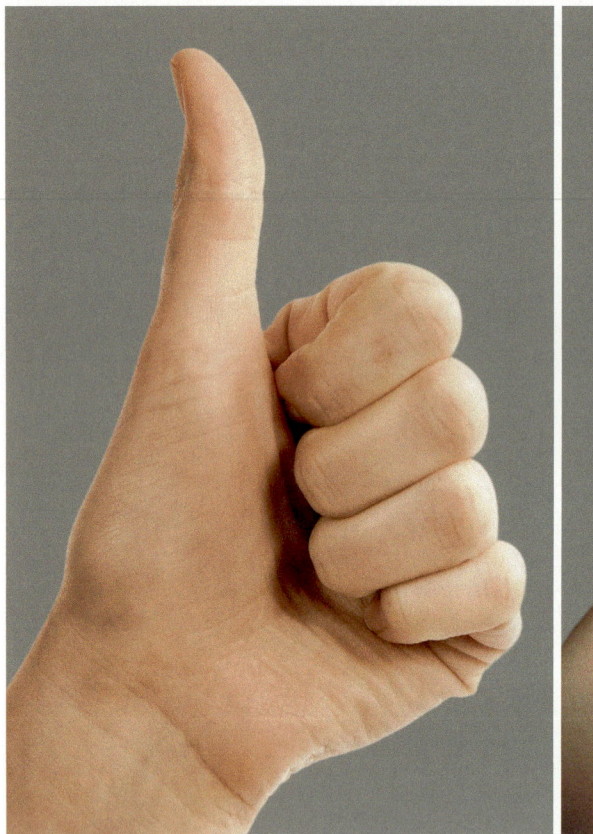
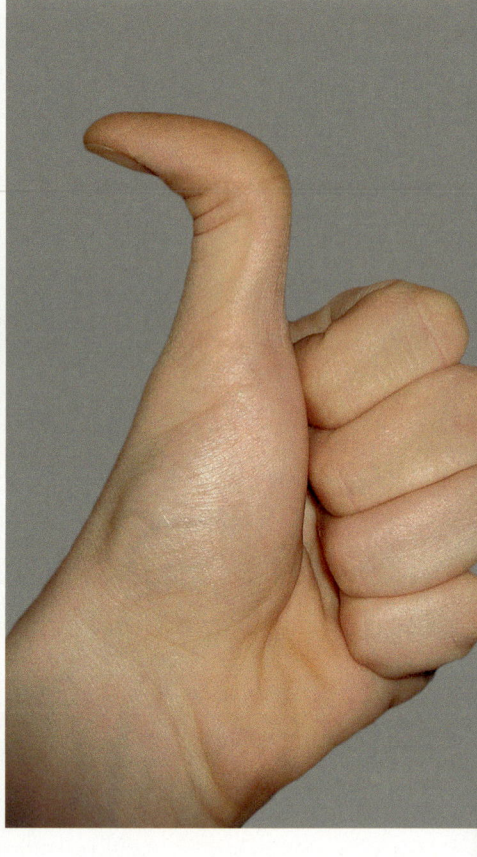

01 Merkmal
zurückbiegbares
Daumenendglied

Forschungsmethoden der Humangenetik

Manche Menschen können genetisch bedingt ihr Daumenendglied weit zurückbiegen, einige wiederum nicht. Wie kann man herausfinden, ob dieses Gen dominant oder rezessiv an die Nachkommen vererbt wird?

FAMILIENFORSCHUNG · Die Vererbung des Gens für ein Merkmal folgt wie bei allen Lebewesen den MENDEL'schen Regeln. Die Untersuchung der Erbgänge von bestimmten Merkmalen beim Menschen ist jedoch viel schwieriger als bei Pflanzen, da Kreuzungsversuche schon aus ethischen Gründen nicht vertretbar sind. Zudem würde die geringe Anzahl der Nachkommen und die zu lange Generationenfolge eine Auswertung erschweren. Daher müssen andere Methoden zur Ermittlung der Erbgänge beim Menschen herangezogen werden. Eine wichtige Methode in der *Humangenetik* ist die **Familienforschung,** bei der das Auftreten eines bestimmten Merkmals über Generationen hinweg beobachtet wird. Da in einer solchen **Stammbaumanalyse** die Beziehungen zwischen den Personen erfasst werden, können Aussagen über den Erbgang des betrachteten Merkmals getroffen werden. Wird ein Merkmal, zum Beispiel das zurückbiegbare Daumenendglied, rezessiv vererbt, sind alle Personen mit dieser Fähigkeit, die **Merkmalsträger,** homozygot. Sie können nur den Genotyp *aa* haben. Bei dominanter Vererbung können die Merkmalsträger homozygot oder heterozygot sein, also den Genotyp *AA* oder *Aa* haben. Sind die Eltern aber Nichtmerkmalsträger und haben sie Kinder, die die Fähigkeit des Daumenbiegens besitzen, dann kann ein dominanter Erbgang ausgeschlossen werden. Der Genotyp der Eltern kann in diesem

Fall nur homozygot mit den Allelen aa vorliegen. Das Allel A kann somit nicht weitergegeben werden. Bei einem rezessiven Erbgang ist dies jedoch möglich. Hier können die Eltern als Nichtmerkmalsträger auch heterozygot veranlagt sein, sodass sie das rezessive Allel a an die Nachkommen vererben können. Wenn man mithilfe eines Stammbaums herausgefunden hat, ob ein Merkmal rezessiv oder dominant vererbt wird, kann man auch die Wahrscheinlichkeit berechnen, mit der ein Merkmal bei den Kindern auftritt. Sind beispielsweise beide Eltern bezüglich des Daumenbiegens heterozygot veranlagt, treten Nichtmerkmalsträger und Merkmalsträger nach der ersten MENDEL'schen Regel mit einer Wahrscheinlichkeit von 3 : 1 auf. Heterozygote Eltern, die ihr Daumenendglied nicht biegen können, haben also mit einer Wahrscheinlichkeit von 25 Prozent Kinder, die den Daumen biegen können.

Es gibt einige Merkmale beim Menschen, die durch das Zusammenwirken mehrerer Gene ausgebildet werden, zum Beispiel die Hautfarbe, die Augenfarbe oder die Haarfarbe. In solchen Fällen ist dann die Stammbaumanalyse wenig aussagekräftig.

ZWILLINGSFORSCHUNG · Nur wenige Merkmale des Menschen bleiben von Geburt an in der gleichen Ausprägung vorhanden. Die meisten verändern sich im Laufe des Lebens, zum Beispiel die Körpergröße, die Kopfform, die Muskelausstattung oder die Leistungsfähigkeit des Gehirns. Inwieweit wird die Ausprägung solcher Merkmale durch die Gene beziehungsweise durch die Umwelt beeinflusst? Die Zwillingsforschung geht dieser Frage nach, indem sie **eineiige Zwillinge** untersucht. Sie sind genetisch identisch, da sie sich aus nur einer befruchteten Eizelle durch vollständige Teilung der Tochterzellen entwickeln. Für diese Untersuchung besonders geeignet sind solche eineiigen Zwillinge, die schon in früher Kindheit getrennt wurden und dadurch im Vergleich zu gemeinsam

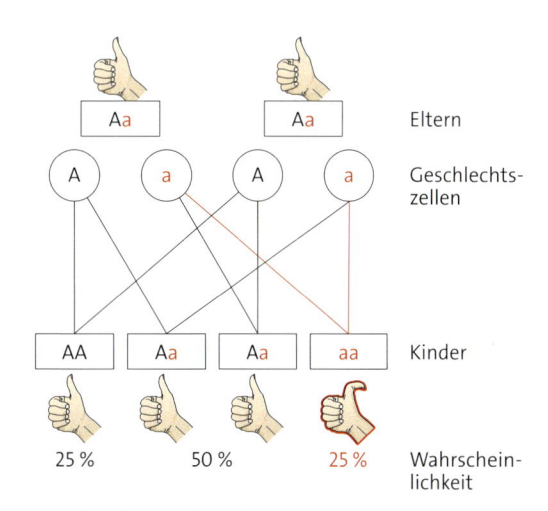

a = Allel für zurückbiegbares Daumenglied
A = Allel für nicht zurückbiegbares Daumenglied
aa = Merkmalsträger

02 Erbgang eines rezessiven Merkmals

aufgewachsenen eineiigen Zwillingen verschiedenen Lebensbedingungen ausgesetzt waren. Je größer die durchschnittlichen Merkmalsunterschiede sind, desto höher ist der Einfluss der Umwelt bei der Merkmalsausprägung. Wie stark jedoch Umwelt und Gene für eine bestimmte Merkmalsausprägung verantwortlich sind, lässt sich aufgrund der geringen Datenmenge nicht statistisch eindeutig formulieren.

03 Dominante Merkmale:
A Zungenrollen,
B spitzer Haaransatz,
C freies Ohrläppchen,
D behaartes Fingerglied

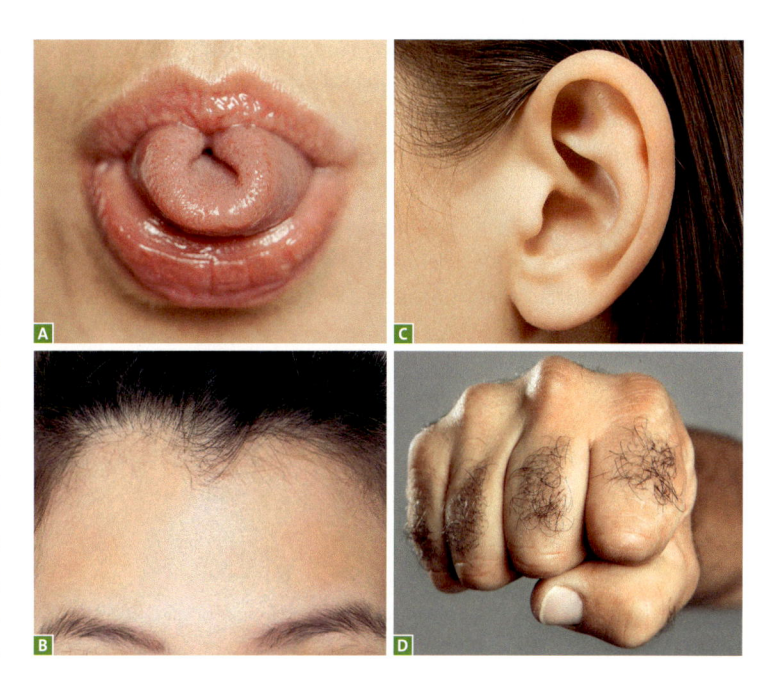

Stammbäume lesen und auswerten

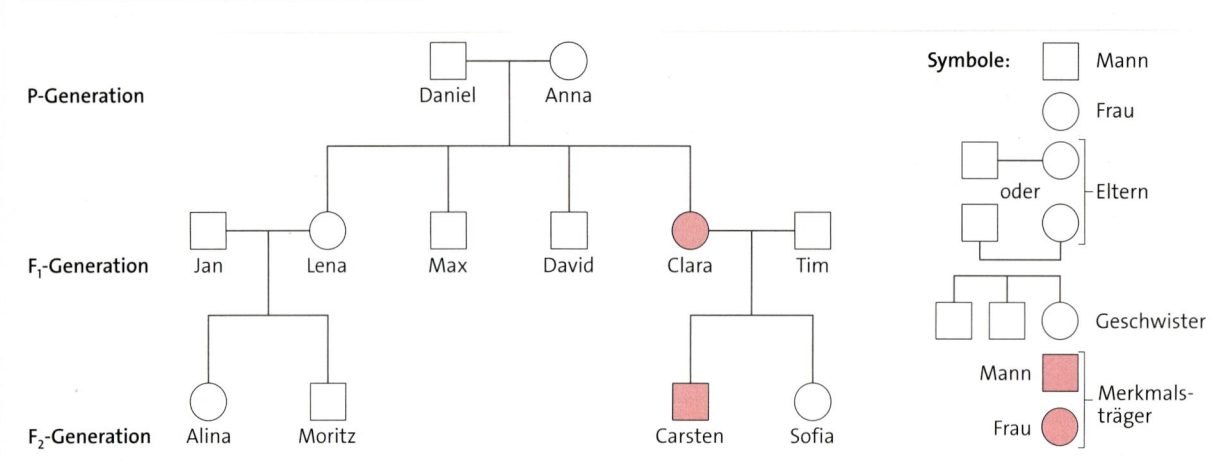

04 Stammbaum Daumenbiegen und Stammbaumsymbole

1. Zunächst überprüft man, ob es sich um einen dominanten oder rezessiven Erbgang handelt. In dem Stammbaum Daumenbiegen sind die Eltern Anna und Daniel keine Merkmalsträger. Ihr Kind Clara kann aber den Daumen zurückbiegen. Ein dominanter Erbgang kann hier ausgeschlossen werden, denn sonst müsste einer der Eltern das dominante Allel ebenfalls besitzen, um es weitergeben zu können. Es handelt sich um einen **rezessiven Erbgang.** *Wenn beide Eltern Merkmalsträger sind und Kinder als Nichtmerkmalsträger haben, lässt das einen* **dominanten Erbgang** *vermuten.*

2. Man prüft, wie häufig das Merkmal bei beiden Geschlechtern vorkommt. Tritt das Merkmal bei Männern und Frauen etwa gleich häufig auf, liegt das entsprechende Allel vermutlich auf einem Autosom. Es handelt sich um einen **autosomalen Erbgang.** *Zeigt sich das untersuchte Merkmal gehäuft oder ausschließlich bei einem der beiden Geschlechter, liegt das Allel auf einem Gonosom. Man spricht von einem*

gonosomalen Erbgang. Bei Männern kommt dieses Allel nur einmal vor, entweder auf dem X- oder Y-Chromosom, das heißt, auch ein rezessiv vererbtes Merkmal wird ausgeprägt. Frauen, die das rezessive Allel an ihre Söhne weitergeben, selbst aber heterozygot veranlagt sind, nennt man **Konduktorinnen.** *Um welchen Erbgang es sich hier handelt, lässt sich eindeutig an Vater Daniel und seiner Tochter Clara festmachen. Würde hier ein gonosomaler Erbgang vorliegen, müsste Daniel Merkmalsträger sein. Rezessiv ist der Erbgang, weil Daniel und Anna Nichtmerkmalsträger sind, ihr Kind Clara aber das Merkmal trägt. Somit beruht die Merkmalsausprägung Daumenbiegen auf einem* **autosomal-rezessiven Erbgang.**

Lässt sich der Erbgang auf diese Weise nicht ermitteln, muss man die Genotypen für die möglichen Erbgänge angeben und anhand der Phänotypen im Stammbaum widerlegt oder bestätigt werden.

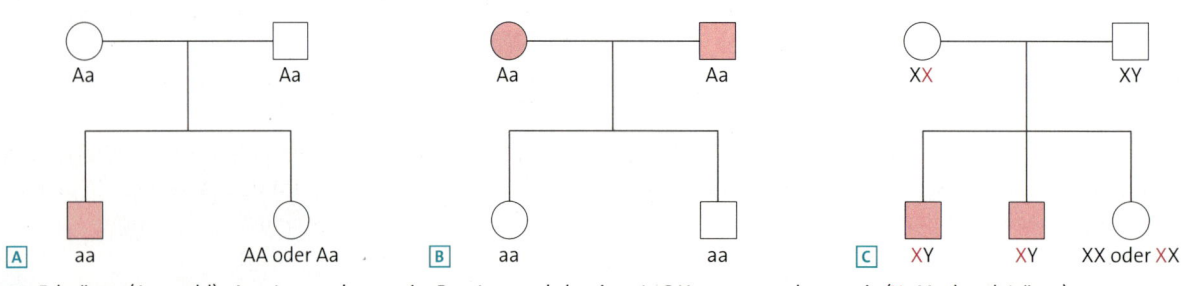

05 Erbgänge (Auswahl): A autosomal-rezessiv, B autosomal-dominant, C X-gonosomal-rezessiv (X=Merkmalsträger)

Material A ▸ Stammbaumanalyse

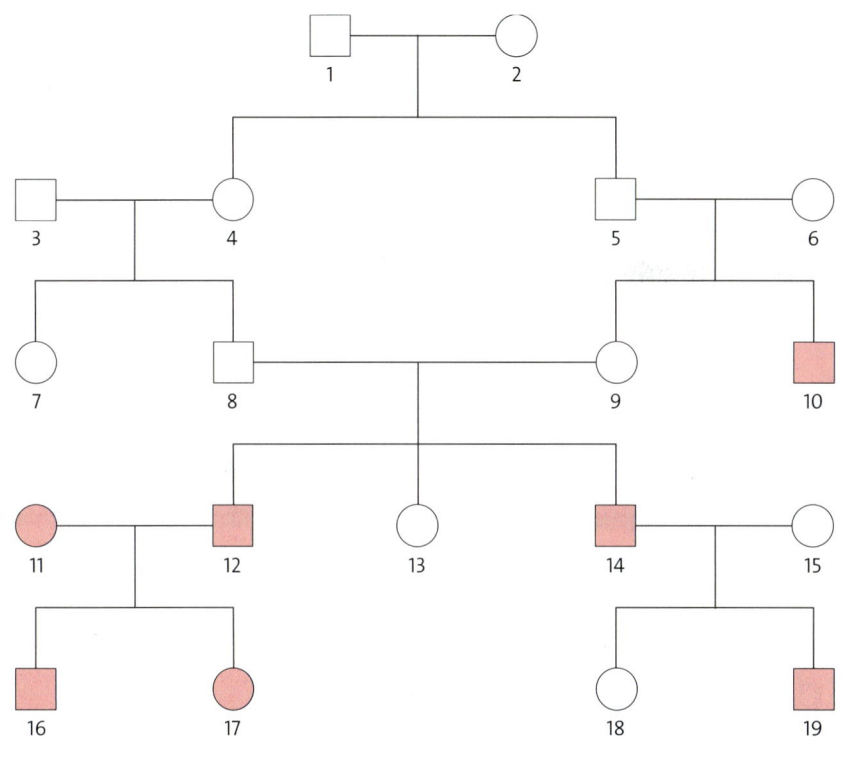

A1 Übertrage den Stammbaum in dein Heft! Begründe mit Beispielen aus dem Stammbaum, ob es sich hier um einen autosomal-rezessiven oder autosomal-dominanten Erbgang handelt!

A2 Nenne die möglichen Genotypen der Personen 1, 2, 4, 5, 8, 9, 12, 15 und 18!

A3 Begründe, mit welcher Wahrscheinlichkeit ein Kind der Personen 16 und 18 Merkmalsträger ist!

A4 Erkläre, weshalb die Merkmalsträger nach der dritten Generation gehäuft auftreten!

A5 Erstelle ein Glossar mit folgenden Begriffen: reinerbig, dominant, rezessiv, F_1-Generation, Gen, Allel, Genotyp, Phänotyp!

Material B ▸ Stammbaumanalyse

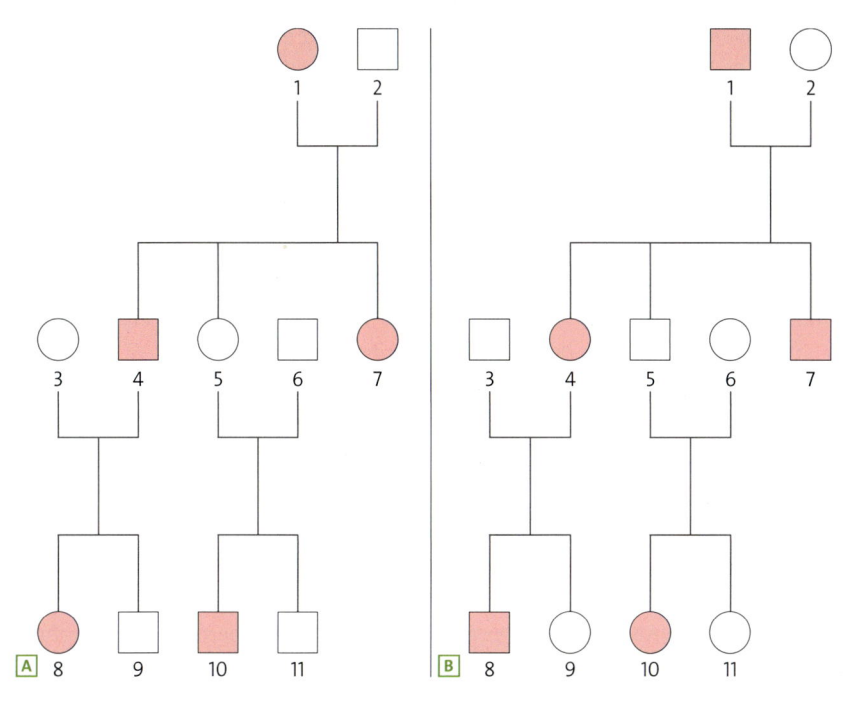

B1 Begründe, ob der Stammbaum A einen dominanten oder rezessiven, autosomalen oder gonosomalen Erbgang abbildet!

B2 Nenne zu allen Personen des Stammbaums A die möglichen Genotypen!

B3 Im Rahmen theoretischer Überlegungen wurde durch Vertauschen der Geschlechter aus Stammbaum A der Stammbaum B erstellt.
Begründe, ob deine Analyse von Stammbaum A auch für den Stammbaum B zutrifft!

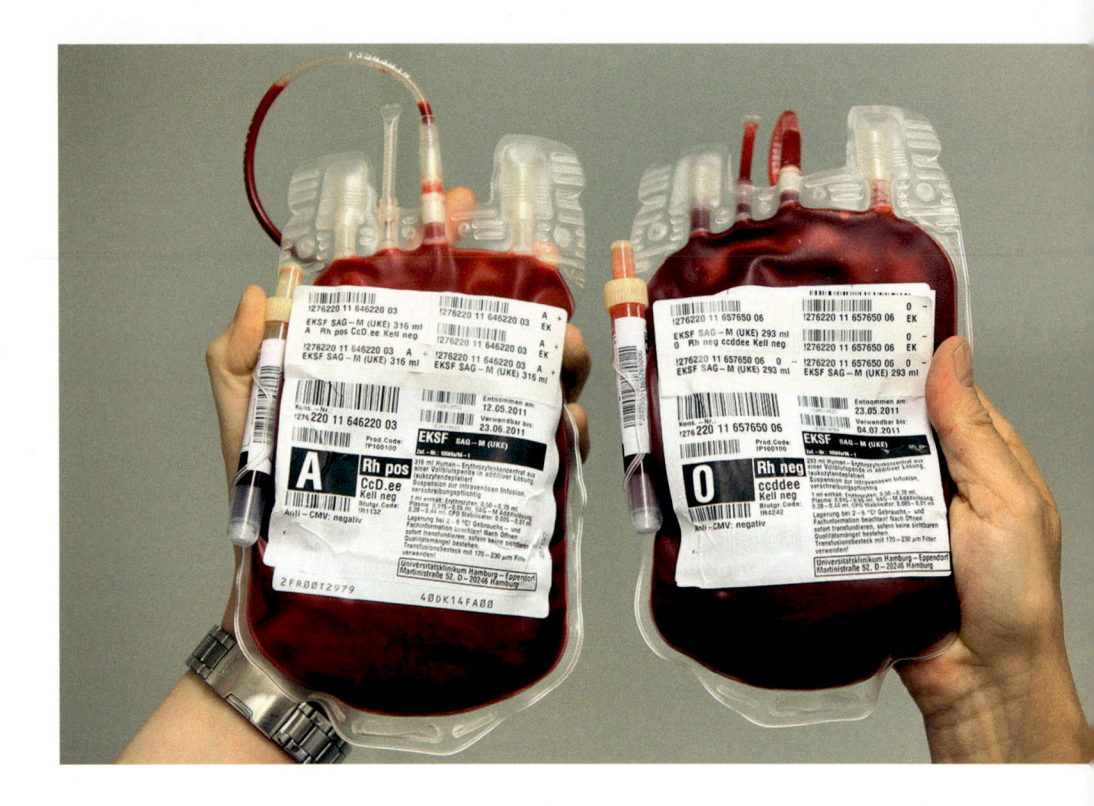

01 Blutbeutel

Genetik der Blutgruppen

Verlieren Kinder bei einem Unfall oder einer schweren Operation viel Blut, fehlen die roten Blutzellen für den Transport des lebensnotwendigen Sauerstoffs. Bei großem Blutverlust wird deshalb Blut übertragen. Dabei wird dem Kind immer Blut seiner eigenen Blutgruppe übertragen. Warum kommen die Eltern oder die Geschwister nicht immer als Spender infrage?

ABO-SYSTEM · Man kennt beim Menschen inzwischen über 25 Blutgruppensysteme. Sie unterscheiden sich durch die Oberfläche der roten Blutzellen, der Erythrozyten. Im Fall der vier Blutgruppen A, B, AB und 0 handelt es sich um unterschiedliche Kohlenhydratgruppen, die aus der Membran der Erythrozyten herausragen. Die Information für den Aufbau der jeweiligen Kohlenhydratgruppe ist auf der DNA in drei Allelen gespeichert. Es sind die Allele A, B und 0. Daher wird dieses Blutgruppensystem als *ABO-System* bezeichnet. Da hier von einem Gen mehr als zwei Allele vorliegen,

spricht man von *multipler Allelie*. Bei der Befruchtung der Eizelle erfolgt die Kombination der Allele nach dem Zufallsprinzip. Je nach Kombination wird eine der vier Blutgruppen A, B, AB oder 0 phänotypisch ausgebildet. Nach welchen Regeln werden die Blutgruppen vererbt?

Durch die Auswertung von Familienstammbäumen wurde ermittelt, dass die Allele A und B gegenüber dem Allel 0 dominant sind. Demnach gibt es für die Blutgruppen A und B jeweils zwei mögliche Genotypen. Die Blutgruppe A kann den Genotyp AA oder A0 besitzen. Entsprechend verhält es sich bei der Blutgruppe B, auch hier können die Allele entweder homozygot als BB oder heterozygot als B0 vorliegen. Die Blutgruppe AB kommt dadurch zustande, dass die Allele A und B gleichermaßen dominant wirken. Dadurch werden beide Kohlenhydratgruppen phänotypisch ausgeprägt. Erbgänge, die zu einem solchen Ergebnis führen, bezeichnet man als **kodominant.**

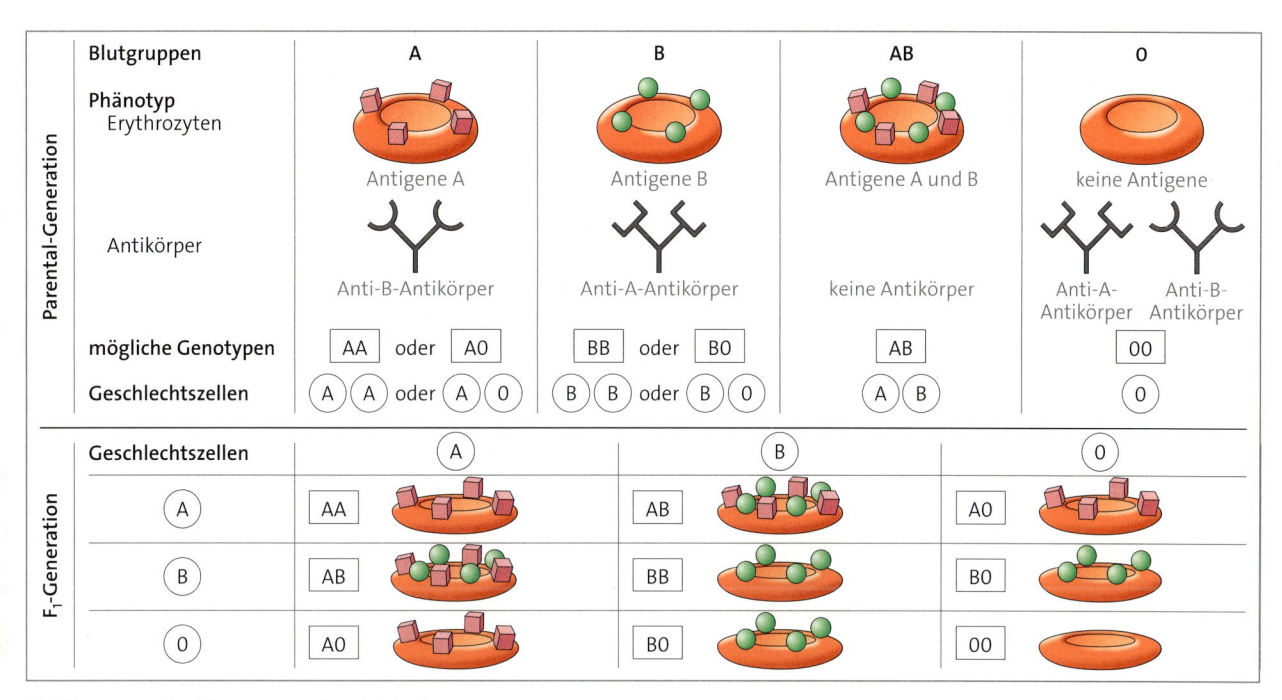

02 Vererbung der Blutgruppen des AB0-Systems

Die Blutgruppe 0 kann dagegen nur in Erscheinung treten, wenn die beiden rezessiven Allele homozygot vorliegen. Die Ursache für die unterschiedlichen Blutgruppen beim Menschen ist also genetisch bedingt. Die betreffenden Allele werden nach den MENDEL'schen Regeln vererbt.

Die Blutgruppe einer Person bleibt ein Leben lang unverändert, da sie nicht durch die Umwelt beeinflussbar ist. Die Häufigkeit der Blutgruppen in der Bevölkerung ist je nach Region auf der Erde unterschiedlich.

BEDEUTUNG DES AB0-SYSTEMS · Die Oberflächenstrukturen auf den Membranen der Erythrozyten werden auch als *Antigene* bezeichnet. Im Blutserum der Blutgruppe A befinden sich zum Beispiel spezifische Antikörper gegen die Antigene der Blutgruppe B. Das Blutserum der Blutgruppe B enthält dagegen Antikörper gegen das Antigen der Blutgruppe A. Das Blutserum der Blutgruppe 0 enthält Antikörper gegen die Antigene A und B, während sich im Blutserum der Blutgruppe AB keine Antikörper

gegen die Antigene A und B befinden. Vor der Entdeckung des AB0-Systems verliefen viele Bluttransfusionen tödlich. Bei der Vermischung unterschiedlicher Blutgruppen konnte es zu heftigen *Antigen-Antikörper-Reaktionen* kommen und damit zu einer Verklumpung der Erythrozyten im Körper der Patienten. Die verklumpten Erythrozyten können Gefäße verstopfen und transportieren keinen Sauerstoff mehr. Vor jeder Blutübertragung muss daher heute erst die Blutgruppe bestimmt werden.

Neben der Bedeutung für Bluttransfusionen kann das AB0-System auch bei Verwandtschaftsuntersuchungen herangezogen werden. Hat ein Kind die Blutgruppe AB, kann es zum Beispiel keinen Vater mit der Blutgruppe 0 haben, da er nur das rezessive Allel 0 weitervererben kann, das Kind jedoch die Allele A und B besitzt. Mithilfe des AB0-Systems kann man eine Vaterschaft nur ausschließen, nicht aber nachweisen.

Blutgruppen	
A	43 %
B	11 %
AB	5 %
0	41 %

03 Häufigkeit der Blutgruppen in Deutschland

1 ⌑ Nenne die möglichen Genotypen der Blutgruppen A, B, AB und 0!

RHESUSSYSTEM · Auch nachdem das ABO-System bereits bekannt war, kam es immer wieder zu Verklumpungen bei Bluttransfusionen. 1940 entdeckte man an der Erythrozytenmembran von Rhesusaffen ein Protein, welches auch beim Menschen für die Verklumpung verantwortlich war. Dieses Protein wurde daher als *Rhesusfaktor* bezeichnet. Heute weiß man, dass mehrere Gene die Rhesusfaktor-Eigenschaften verursachen. Das entscheidende Gen bezeichnet man als Allel D. Da der Rhesusfaktor dominant vererbt wird, sind die meisten Europäer rhesuspositiv, abgekürzt Rh$^+$. Der Genotyp kann daher entweder homozygot, DD, oder heterozygot, Dd, sein. Nur etwa 15 Prozent der Europäer haben die rhesusnegative Blutgruppe, abgekürzt rh$^-$. Diese Menschen bilden das Protein nicht aus, da sie den homozygot-rezessiven Genotyp dd besitzen.

Auswertungen von Stammbäumen haben gezeigt, dass die Gene des ABO-Systems und des Rhesussystems unabhängig voneinander vererbt werden wie in einem dihybriden Erbgang. Somit können die Gene nicht auf einem Chromosom liegen und bei den Nachkommen können daher auch neue Merkmalskombinationen auftreten. Hat ein Vater zum Beispiel den Genotyp AODd und die Mutter BBDd, kann der Mann die vier Geschlechtszellen AD, OD, Ad und Od bilden und die Frau BD und Bd. Bei der Befruchtung können zufällig die Allele Ad und Bd aufeinandertreffen. Dieses Kind hat mit seiner Blutgruppe AB rhesusnegativ eine neue Merkmalskombination, eine andere Blutgruppe. Denn seine Eltern sind beide rhesuspositiv und haben die Blutgruppe A beziehungsweise B. Sie kommen daher für ihr Kind als Blutspender nicht infrage.

Im Unterschied zum ABO-System enthält das Blutserum des Rhesussystems keine Anti-D-Antikörper. Wieso kann es dann aber trotzdem bei Bluttransfusionen zur Verklumpung kommen? Beim Rhesussystem werden die Antikörper gegen das Antigen D erst gebildet, wenn ein Mensch mit rhesusnegativem Blut in Kontakt mit dem Rhesusfaktor kommt. Erhält diese Person bei einer zweiten Bluttransfusion wieder rhesuspositives Blut, reagiert das Immunsystem sofort, sodass die Anti-D-Antikörper an die Proteine der Membran binden und so die Erythrozyten verklumpen. Das kann für die Betroffenen lebensbedrohend werden. Aus diesem Grund sind das Rhesussystem und auch das ABO-System die wichtigsten Blutgruppensysteme. Vor einer Bluttransfusion muss daher immer die Blutgruppenverträglichkeit untersucht werden.

04 Vererbung des Rhesusfaktors

05 Dihybrider Erbgang bei ABO-System und Rhesussystem

2) Nenne Gemeinsamkeiten und Unterschiede des ABO- und des Rhesussystems!

Material A ▸ Familienzusammenführung

Eltern		Blutgruppe
I	Vater	A / rh⁻
	Mutter	B / rh⁻
II	Vater	AB / Rh⁺
	Mutter	B / Rh⁺
III	Vater	0 / rh⁻
	Mutter	0 / Rh⁺

Kinder	Blutgruppe
Darya	0 / Rh⁺
Mabou	B / rh⁻
Chukwudi	AB / Rh⁺
Aayana	B / Rh⁺
Latifa	A / rh⁻
Khem	0 / rh⁻

In einem Flüchtlingslager suchen drei Elternpaare ihre Kinder und sechs Kinder ihre Eltern. Bei der Zuordnung kann die Analyse der Blutgruppen helfen.

A1 Begründe mithilfe von Kreuzungsschemata, welche Kinder sich welchen Eltern zuordnen lassen!

A2 Nenne die Kinder, die nur einem Elternpaar zugeordnet werden können!

Material B ▸ Stammbaumanalyse

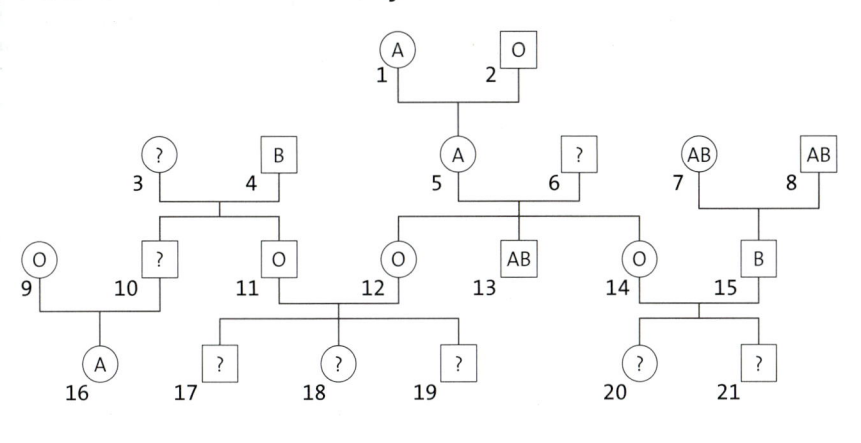

B1 Nenne die im Stammbaum fehlenden Blutgruppen!

B2 Begründe mithilfe eines Kreuzungsschemas, mit welcher Wahrscheinlichkeit ein zweites Kind der Eltern 7 und 8 die Blutgruppe B erben könnte!

Material C ▸ Rhesusunverträglichkeit

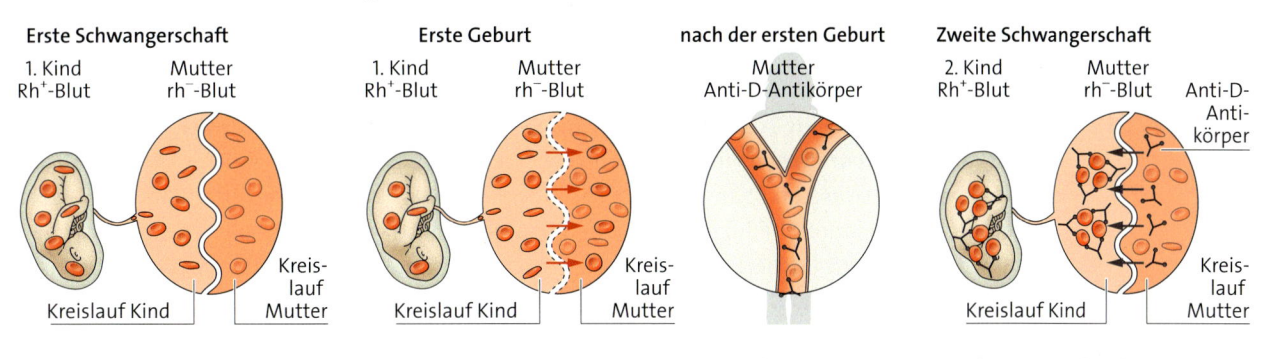

Erste Schwangerschaft
1. Kind Rh⁺-Blut — Mutter rh⁻-Blut — Kreislauf Kind — Kreislauf Mutter

Erste Geburt
1. Kind Rh⁺-Blut — Mutter rh⁻-Blut — Kreislauf Kind — Kreislauf Mutter

nach der ersten Geburt
Mutter Anti-D-Antikörper

Zweite Schwangerschaft
2. Kind Rh⁺-Blut — Mutter rh⁻-Blut — Anti-D-Antikörper — Kreislauf Kind — Kreislauf Mutter

Menschen mit rhesusnegativem Blut bilden Anti-D-Antikörper, wenn sie in Verbindung mit rhesuspositivem Blut kommen. Diese als Rhesusunverträglichkeit bezeichnete Reaktion kann bei Bluttransfusionen, Organtransplantationen und bei Schwangerschaften auftreten.

C1 Beschreibe, wie es bei einer Schwangerschaft zur Rhesusunverträglichkeit kommen kann!

C2 Nenne die Folgen für das Kind!

C3 Erläutere, weshalb einer rhesusnegativen Mutter nach der Geburt eines rhesuspositiven Kindes Anti-D-Antikörper gespritzt werden!

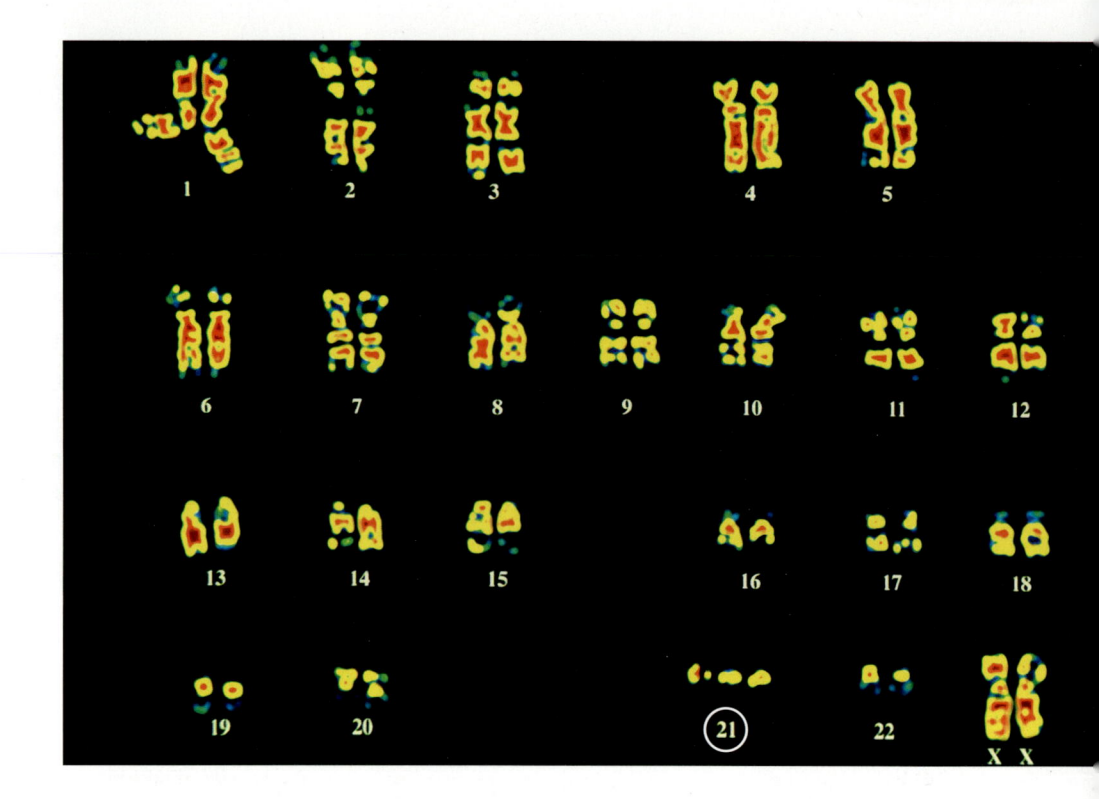

01 Karyogramm
Trisomie 21

Genetisch bedingte Erkrankungen

> *Es gibt Menschen, die das Chromsom 21 drei-*
> *fach besitzen. Im Karyogramm wird das sicht-*
> *bar. Wie entsteht diese Veränderung und wie*
> *wirkt sie sich auf den Menschen aus?*

TRISOMIE 21 · Menschen mit drei Chromosomen 21 unterscheiden sich vom äußeren Erscheinungsbild nur wenig gegenüber Menschen mit einem normalen Chromosomensatz. Kennzeichen dieser als Trisomie 21 bezeichneten genetischen Krankheit sind eine geringere Körpergröße, etwas herabhängende obere Augenlider, die dadurch bedingten schmaleren Augenspalten, eine flachere Nasenwurzel und ein rundliches Gesicht. Jedoch kommt es häufig aufgrund des überzähligen Chromosoms 21 auch zu Fehlentwicklungen der inneren Organe. Herzfehler, Atemwegserkrankungen, Funktionsstörungen der Schilddrüse, Verdauungsstörungen und ein schwächeres Immunsystem sind häufige Symptome. Ein Kennzeichen ist auch die unterschiedlich ausgeprägte Minde

rung der geistigen Fähigkeit, die aber durch früh einsetzende Förderung weitgehend ausgeglichen werden kann. Der englische Kinderarzt John LANGDON-DOWN beschrieb 1860 als Erster das Krankheitsbild der Trisomie 21. Deshalb wird diese Erkrankung auch als *Down-Syndrom* bezeichnet.

Da die Fehlbildungen der Organe heute gut behandelt werden können, konnte die Lebenserwartung bei Trisomie 21 deutlich erhöht werden. Anders verhält es sich bei den Trisomien 13 und 18, bei denen die Chromosomen 13 oder 18 dreifach vorhanden sind. In diesen Fällen werden die Neugeborenen nur wenige Monate alt, da die Missbildungen der Organe zu schwerwiegend sind. Weitere Trisomien bei den autosomalen Chromosomen sind nicht bekannt. Man vermutet, dass vor allem bei größeren Chromosomen die Entwicklung der Embryonen durch die zusätzlichen Gene so stark gestört ist, dass es schon zu einem sehr frühen Zeitpunkt zu Fehlgeburten kommt.

GENOMMUTATION · Die Ursache für die Trisomie 21 ist eine ungleichmäßige Verteilung der Chromosomen bei der Bildung der Geschlechtszellen. Wenn sich zum Beispiel während der ersten Reifeteilung der Eizelle die beiden homologen Chromosomen 21 nicht trennen, entsteht eine Geschlechtszelle, die zwei Chromosomen 21 enthält. Bei der zweiten Reifeteilung kann die fehlerhafte Verteilung nicht korrigiert werden. In dieser Phase werden die Zwei-Chromatiden-Chromosomen in Ein-Chromatid-Chromosomen aufgetrennt. Die Zahl der Chromosomen bleibt in der zweiten Reifeteilung gleich. Bei einer späteren Befruchtung gelangt durch die haploide Spermienzelle das dritte Chromosom 21 in die Eizelle. Die Gesamtzahl der Chromosomen, das *Genom*, verändert sich dadurch. Deshalb spricht man auch von einer **Genommutation.**

Genommutationen können bei der Meiose entstehen und sind daher bei Spermienzellen und Eizellen gleichermaßen möglich. Dennoch steigt das Risiko einer Fehlverteilung der Chromosomen vor allem mit zunehmendem Alter der Mutter an. Das liegt daran, dass die Bildung der späteren Eizelle schon während der Embryonalentwicklung beginnt. Mit steigendem Alter der Frau altern also auch ihre Eizellen und daher erhöht sich die Wahrscheinlichkeit einer fehlerhaft ablaufenden Meiose.

GONOSOMALE GENOMMUTATION · Auch die Geschlechtschromosomen, die *Gonosomen*, können ungleich verteilt sein. Beim Genotyp X0 haben die Frauen eine verminderte Körpergröße, besitzen keine funktionsfähigen Eierstöcke und wenig ausgebildete sekundäre Geschlechtsmerkmale. Man spricht von *Turner-Frauen*. Die phänotypische Beeinträchtigung kann jedoch individuell so unauffällig sein, dass erst mit Ausbleiben der Menstruation eine genetische Untersuchung vorgenommen wird. Männer mit dem Genotyp Y0 gibt es nicht. Der Embryo kann sich nämlich nicht entwickeln. Ihm fehlen die zahlreichen Gene, die auf dem X-Chromosom

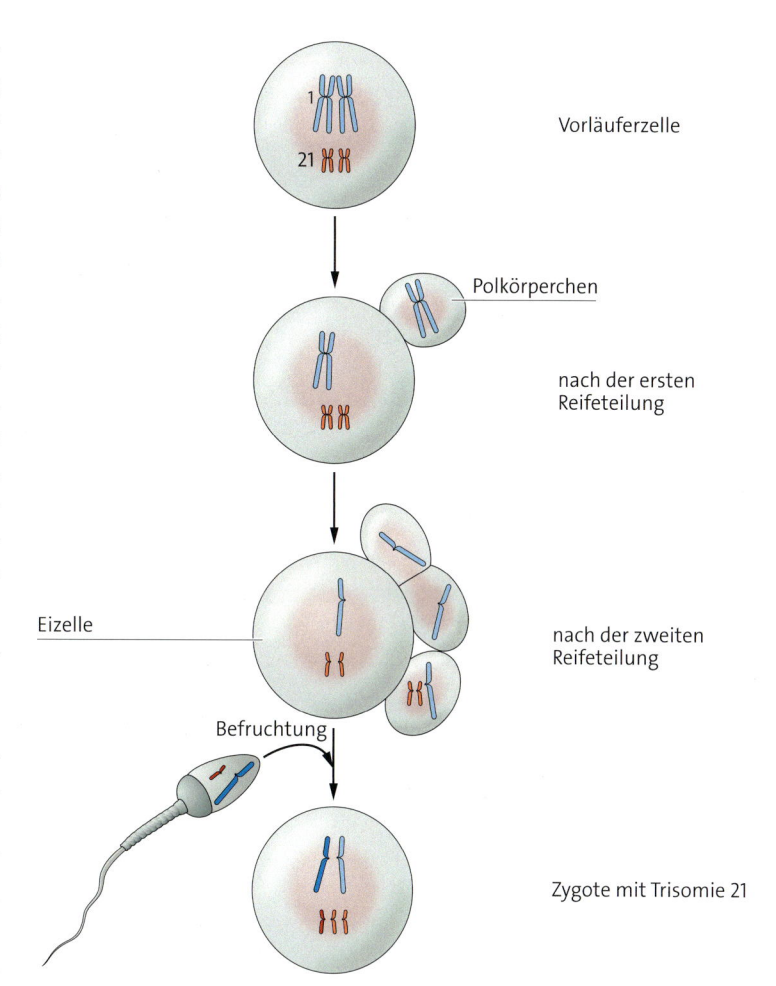

Vorläuferzelle

Polkörperchen

nach der ersten Reifeteilung

Eizelle

nach der zweiten Reifeteilung

Befruchtung

Zygote mit Trisomie 21

02 Entstehung von Trisomie 21

liegen. Dagegen kommen Trisomien bei beiden Geschlechtern vor. Frauen mit drei X-Chromosomen sind in ihrem Körperbau meist unauffällig und fruchtbar. Bei den Männern gibt es dagegen zwei mögliche Varianten von Trisomien: Entweder liegt das X-Chromosom oder das Y-Chromosom zweifach vor. Die *Klinefelter-Männer* besitzen den Genotyp XXY. Sie haben lange Arme und Beine. Die Hoden bilden keine Spermien. Auffallend sind auch eine hohe Stimme und ein geringer Bartwuchs. Männer mit zwei Y-Chromosomen sind in ihrem Aussehen eher unauffällig. Ihre Körpergröße liegt nur geringfügig über dem Durchschnitt und sie sind nicht steril.

1 ʃ Definiere den Begriff Genommutation!

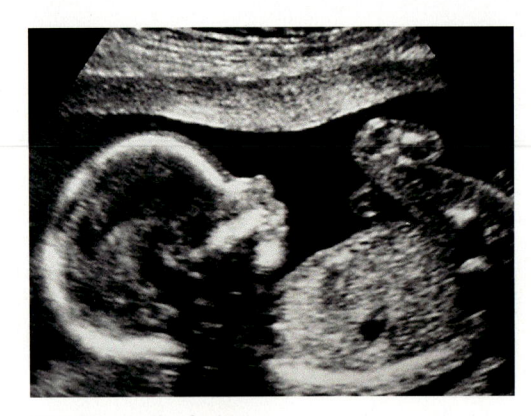

03 Ultraschallaufnahme

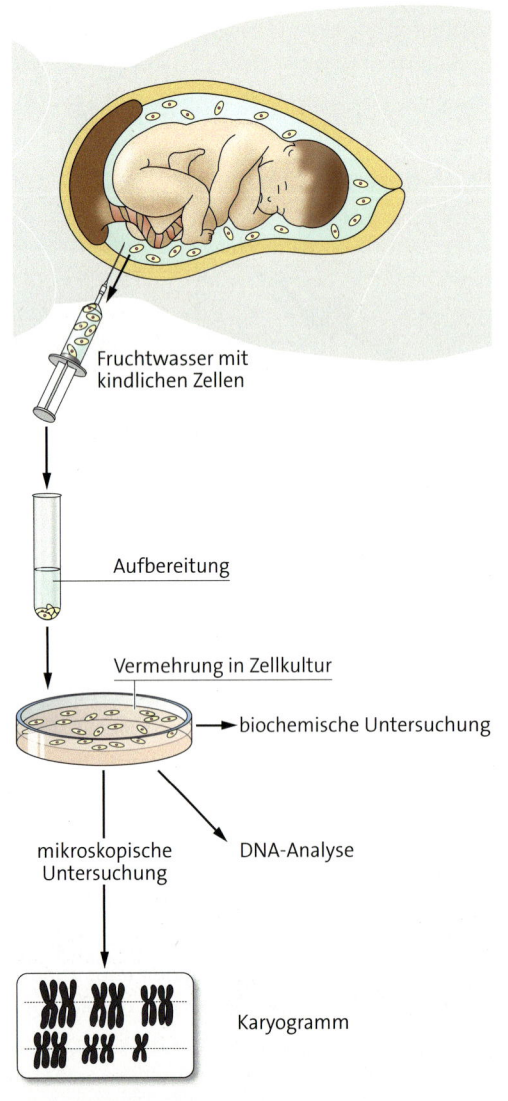

Fruchtwasser mit kindlichen Zellen

Aufbereitung

Vermehrung in Zellkultur

→ biochemische Untersuchung

mikroskopische Untersuchung

DNA-Analyse

Karyogramm

04 Fruchtwasseruntersuchung

PRÄNATALE DIAGNOSTIK · Wenn bei einer Familie gehäuft Erbkrankheiten aufgetreten sind, wendet diese sich häufig an eine genetische Beratungsstelle. Hier kann dann über Familienstammbäume das Vererbungsrisiko ermittelt werden. Ältere Paare nehmen häufig die genetische Beratung in Anspruch. Bei ihnen ist aufgrund des höheren Alters mit einer größeren Wahrscheinlichkeit von Genommutationen bei ihren Kindern zu rechnen. In beiden Fällen werden die Ratsuchenden über vorgeburtliche Untersuchungsmethoden, **pränatale Diagnostik,** und über die Bedeutung und die Konsequenzen eines Testergebnisses informiert. Das Ziel einer genetischen Beratung ist, den Paaren zu helfen, eine eigenverantwortliche Entscheidung zu treffen.

Eine wichtige Vorsorgeuntersuchung ist die **Ultraschalluntersuchung.** Durch diese Methode können schon ab der 10. Schwangerschaftswoche Fehlbildungen des Embryos festgestellt werden. Ebenso kann man auch die Lage, das Wachstum und die Herztöne des Kindes beobachten. Blutuntersuchungen der Schwangeren geben ebenfalls Auskunft über bestimmte Fehlbildungen. Um erbbedingte Stoffwechselkrankheiten oder Chromosomenveränderungen zu erkennen, benötigt man Zellen des Kindes. Daher muss man in den Körper der Schwangeren eindringen. Bei der **Fruchtwasseruntersuchung** gewinnt man die Zellen des Kindes, indem man mit einer dünnen Nadel durch Bauchdecke und Gebärmutter hindurch in die Fruchtblase sticht. Diese müssen dann mehrere Tage in einem Nährmedium vermehrt werden, bevor sie mikroskopisch nach Chromosomenveränderungen und biochemisch auf Stoffwechselkrankheiten untersucht werden können. Mit den *invasiven Methoden* wie der Fruchtwasseruntersuchung ist allerdings ein Risiko einer Fehlgeburt verbunden. Besteht bei dem ungeborenen Kind ein erhöhtes Risiko einer durch eine Genmutation bedingten Erbkrankheit, können zur Diagnose auch DNA-Analysen durchgeführt werden.

Material A ▸ Down-Syndrom

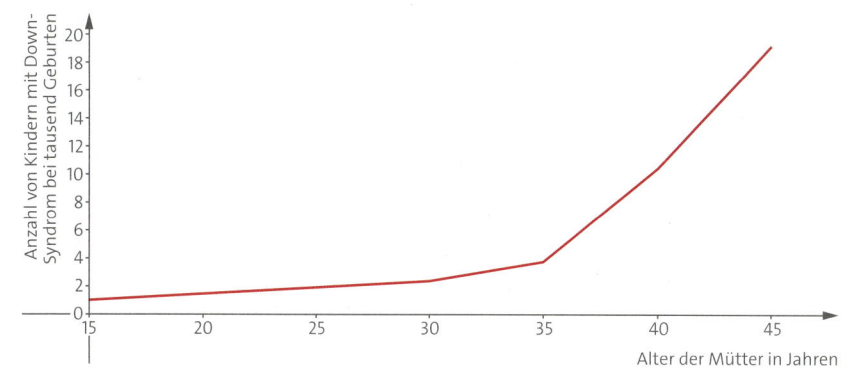

A1 Beschreibe das Kurvendiagramm und werte es aus!

A2 Begründe, weshalb das Alter der Mutter für den Kurvenverlauf verantwortlich ist!

A3 Begründe, weshalb eine Fruchtwasseruntersuchung geeignet ist, um das Down-Syndrom feststellen!

Material B ▸ Genommutation

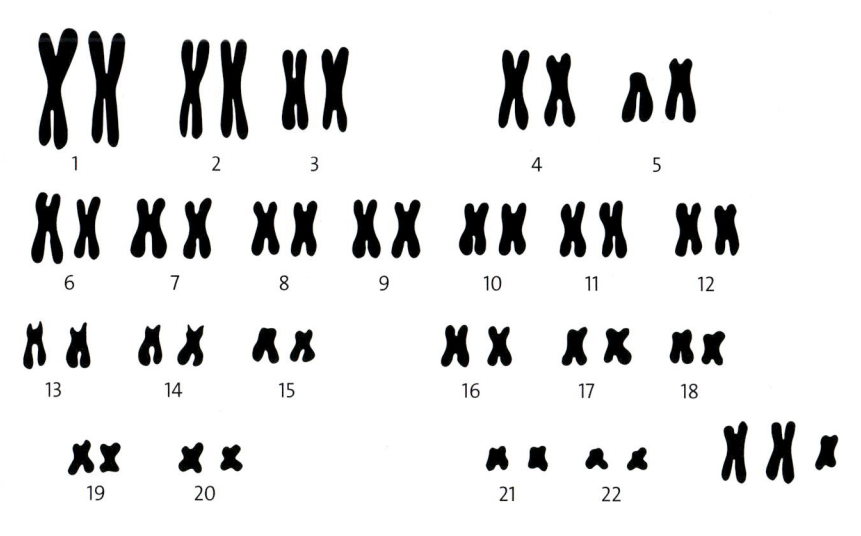

B1 Nenne die Bezeichnung dieses Genotyps und seine phänotypischen Auswirkungen!

B2 Beurteile, ob bei der vorliegenden Genommutation die Ultraschalluntersuchung für die pränatale Diagnose geeignet ist!

B3 Stelle die Entstehung dieser Genommutation mithilfe von Schemazeichnungen dar!

Material C ▸ Katzenschreisyndrom

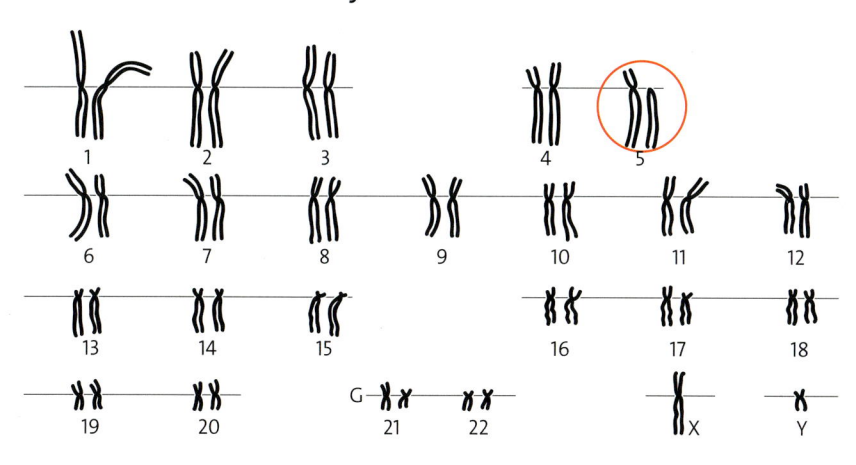

Bei diesem Genotyp ist ein Stück eines Chromosoms verloren gegangen. Betroffene sind körperlich und geistig zurückgeblieben. Auffallend sind die Laute der Kinder, die an Katzengeschrei erinnern.

C1 Begründe, weshalb es zu Fehlentwicklungen kommt!

C2 Nenne Unterschiede in der genetischen Ursache von Katzenschreisyndrom und Trisomie 21!

A ▸ Teilung und Wachstum

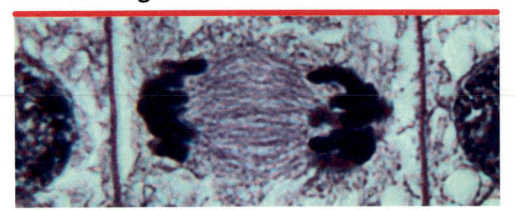

Kann ich ...

1 ⌡ Chromosomen als Träger der Erbinformationen beschreiben? *(Seite 328)*

2 ⌡ verschiedene Zustandsformen der Chromosomen nennen und erklären? *(Seite 328 und 329)*

3 ⌡ Interphase und Mitose als Phasen des Zellzyklus unterscheiden? *(Seite 329)*

4 ⌡ die vier Phasen der Mitose nennen und ihren Ablauf beschreiben? *(Seite 330)*

5 ⌡ die Zellteilung und Zellvergrößerung als Grundlage für das Wachstum eines Lebewesens beschreiben? *(Seite 328 bis 330)*

B ▸ Erbinformation

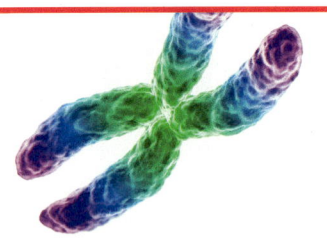

Kann ich ...

1 ⌡ den Bau der DNA beschreiben? *(Seite 339)*

2 ⌡ die Replikation der DNA beschreiben? *(Seite 340)*

3 ⌡ den genetischen Code erläutern? *(Seite 347)*

4 ⌡ die Transkription und die Translation beschreiben? *(Seite 348)*

5 ⌡ den Weg vom Gen zum Merkmal erklären *(Seite 346, 350 und 351)*

C ▸ Merkmale und Vererbung

Kann ich ...

1 ⌡ den Genotyp vom Phänotyp unterscheiden? *(Seite 332 und 333)*

2 ⌡ den Einfluss des Genotyps und der Umwelt auf den Phänotyp beschreiben? *(Seite 334)*

3 ⌡ erklären, weshalb Kinder derselben Eltern sich in ihren Merkmalen unterscheiden? *(Seite 332 und 333)*

4 ⌡ das Karyogramm eines genetisch gesunden Menschen beschreiben? *(Seite 333)*

5 ⌡ die Begriffe Gen und Allel definieren? *(Seite 334)*

6 ⌡ die Bedeutung von Genen und Allelen bei der Ausbildung eines Merkmals beschreiben? *(Seite 334)*

7 ⌡ die Vorgänge während der Meiose beschreiben? *(Seite 342 und 343)*

8 ⌡ die Bedeutung der Meiose und der Befruchtung für die Individualität der Lebewesen erklären? *(Seite 344)*

D ▶ Vererbung beim Menschen

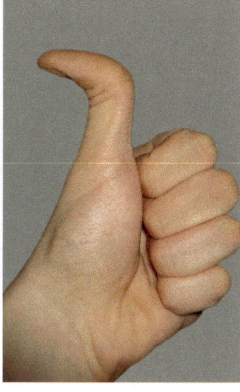

Kann ich aus dem Kapitel „Individualität und Entwicklung" Beispiele nennen für das Basiskonzept:

- Struktur – Eigenschaft – Funktion?
- Entwicklung?

Kann ich ...

1 beschreiben, woran im Stammbaum einer Familie zu erkennen ist, ob ein Merkmal dominant oder rezessiv sowie autosomal oder gonosomal vererbt wird? *(Seite 343 bis 354)*

2 die Bedeutung der Zwillingsforschung für die Humangenetik erläutern? *(Seite 353)*

3 den Begriff kodominant definieren? *(Seite 356)*

4 die Vererbung der Allele für die Blutgruppen des AB0- und des Rhesussystems beschreiben? *(Seite 356 bis 358)*

5 Beispiele für autosomale und gonosomale Genommutationen nennen und ihre Auswirkungen beschreiben? *(Seite 360 und 361)*

6 die Ursache für die Entstehung einer Genommutation beschreiben? *(Seite 361)*

7 Möglichkeiten der Untersuchung von Ungeborenen nennen? *(Seite 362)*

Biowissenschaften und Gesellschaft

1   **Angewandte Biologie** **368**

In diesem Kapitel beschäftigst du dich mit

- ▶ Methoden der Tier- und Pflanzenzucht. Du lernst unterschiedliche Verfahren der Züchtung kennen und erfährst, wie Kenntnisse über die Regeln der Vererbung zur Steigerung der Produktion angewendet werden.

- ▶ der Gentechnik. Du lernst, wie Bakterien durch moderne Verfahren so verändert werden können, dass sie dringend benötigte Stoffe produzieren, oder wie Mais mithilfe der Gentechnik widerstandfähiger gegen Schädlinge wird. Du erfährst, welche Möglichkeiten der Anwendung von Gentechnik beim Menschen existieren

- ▶ dem genetischen Fingerabdruck. Du lernst, wie die individuelle Anordnung der Nukleotide auf der DNA genutzt werden kann, um eine Probe einer bestimmten Person zuzuordnen oder die Abstammung einer Person nachzuweisen.

- ▶ dem Klonen. Du lernst mögliche Anwendungsgebiete kennen und erfährst etwas über den Embryonenschutz in Deutschland.

01 Wildschwein mit Frischlingen

Tier- und Pflanzenzucht

Schon vor vielen Tausend Jahren begann der Mensch, Wildschweine für seinen Nahrungsbedarf zu halten. Aus dem Wildschwein entstanden unsere heutigen Hausschweinrassen. Wie wurde aus dem Wildtier ein Nutztier?

AUSLESEZÜCHTUNG · Unsere heutigen Hausschweine unterscheiden sich deutlich vom Wildschwein. Der Mensch war daran interessiert, für ihn günstige Merkmale der Tiere zu verstärken und ungünstige zu verringern. Das kann durch Verfahren erreicht werden, die man als **Zucht** bezeichnet. Schweine sollten zum Beispiel schnell an Gewicht zunehmen, viele Nachkommen haben, weniger aggressiv und weniger anfällig für Krankheiten, Parasiten und Stresssituationen sein. Solche Merkmale nennt man **Zuchtziele.** Diese lassen sich unter anderem erreichen, indem man für die Fortpflanzung nur die Tiere auswählt, die ein erwünschtes Merkmal am stärksten zeigen. Durch eine solche **Auslesezüchtung** kann man in kleinen Veränderungsschritten über viele Generationen hinweg dem Zuchtziel immer näherkommen.

02 Rassen des Hausschweins:

A Schwäbisch-Hällisches Landschwein,

B Deutsches Edelschwein

In der Pflanzenzucht konnte man durch Auslesezüchtung ebenfalls Zuchtziele erreichen. In der Getreidezucht sind das zum Beispiel die höhere Anzahl und der festere Halt der Körner in den Ähren. Getreidepflanzen mit standfesten Halmen sind günstig, weil sie verhindern, dass die Körner bei Kontakt mit dem Boden bereits vor der Reife auskeimen. Auch der geringere Bedarf an Dünger und eine geringere Anfälligkeit für Krankheiten sind Zuchtziele.

KOMBINATIONSZÜCHTUNG · Lupinen haben eiweißreiche Samen, die sich als Tierfutter eignen. Ursprüngliche Lupinensorten haben aber ungünstige Merkmale, die ihre Verwendung als Futterpflanzen unmöglich machen. Die Süßlupine hat zwar keine giftigen Bitterstoffe, ihre Hülsen platzen aber beim Ernten auf, sodass die Samen herausfallen und verloren gehen.

Man kreuzte daher die Süßlupine mit einer Rasse, die zwar Bitterstoffe enthält, aber platzfeste Hülsen hat. Beide Sorten waren bezüglich dieser Merkmale homozygot. Die F₁-Generation bestand nur aus Pflanzen mit Bitterstoffen und platzenden Hülsen. In der F₂-Generation aber traten auch bitterstofffreie Lupinen mit platzfesten Hülsen auf. Sie wurden ausgewählt und vermehrt. Weil die Merkmale also kombiniert wurden, spricht man von **Kombinationszüchtung.**

Bei dieser Züchtungsmethode nutzt man die Erkenntnisse Gregor MENDELs. Alle Individuen der F₁-Generation sind entsprechend der *Uniformitätsregel* untereinander identisch. In der F₂-Generation können entsprechend der *Unabhängigkeitsregel* die Allele neu kombiniert werden. Dabei treten auch Nachkommen auf, die phänotypisch die verschiedenen Merkmale ihrer Eltern in sich vereinen.

Alle Nutztierrassen und Nutzpflanzensorten entstanden durch Züchtung. Ohne sie wäre die Ernährung der Weltbevölkerung nicht möglich.

1 Vergleiche Auslese- und Kombinationszüchtung miteinander!

03 Lupine: **A** Blüten, **B** Hülsen, **C** Kombinationszüchtung

HETEROSISEFFEKT · Nahe verwandte Individuen sind untereinander genetisch sehr ähnlich. Wenn man sie miteinander kreuzt, treffen daher bei der Befruchtung häufig Geschlechtszellen aufeinander, die gleiche Allele enthalten. Man kann deshalb mit einer solchen **Inzuchtzüchtung** die Wahrscheinlichkeit erhöhen, dass homozygote Nachkommen auftreten. Wenn man diese vermehrt, entstehen *Inzuchtlinien.* Aus der Kreuzung verschiedener Inzuchtlinien gehen häufig Nachkommen hervor, die leistungsfähiger sind als ihre Eltern. Häufig wachsen sie schneller oder sind widerstandfähiger gegen Krankheiten und Parasiten. Diese höhere Leistungsfähigkeit kann dann auftreten, wenn Gene, durch die Merkmale bestimmt werden, heterozygot vorliegen. Man bezeichnet dieses Phänomen daher als **Heterosiseffekt.** Diesen Effekt macht man sich zum Beispiel zunutze, um widerstandsfähige und ertragreiche Maissorten zu erhalten.

HYBRIDZÜCHTUNG · Die Maispflanzen der Inzuchtlinie, die homozygot-dominant sind, werden mit Pollen der Inzuchtlinie bestäubt, die homozygot-rezessiv sind. Ebenso werden Pollen von der homozygot-dominanten Inzuchtlinie auf die homozygot-rezessive über-

tragen. Um zu gewährleisten, dass die Pflanzen nur mit fremden Pollen bestäubt werden, entfernt man die männlichen Blütenstände schon im unreifen Zustand. Die durch diese Fremdbestäubung entstehenden Samen sind bezüglich der betrachteten Merkmale heterozygot, sie sind *Hybride*. Man nennt diese Züchtungsmethode daher **Hybridzüchtung.**

Die Hybridsamen werden zur Aussaat verwendet. Aus ihnen entstehen die Pflanzen, die aufgrund des Heterosiseffekts sehr leistungsfähig sind. Diese Pflanzen werden zur Ernährung oder als Futter genutzt. Die Pflanzen, die als Pollenspender dienen, bestäuben sich auch selbst. Dadurch entstehen Samen, die je nach Inzuchtlinie homozygot-dominant oder rezessiv sind. Diese Samen werden ausgesät, damit für die nächste Herstellung von Hybridsamen wieder homozygote Pflanzen zur Verfügung stehen. Die homozygoten Pflanzen dienen also nur zur Zucht, nicht als Nahrungs- oder Futterlieferanten. Die Zuchtbetriebe müssen sie auf Feldern, die von Pollen anderer Maissorten nicht erreicht werden können, immer wieder vermehren.

Mit der Hybridzüchtung sind Nachteile verbunden. Die Pflanzen der F_1-Generation, die Hybridpflanzen, bestäuben sich gegenseitig. Entsprechend der Spaltungsregel MENDELs sind deshalb nur 50 Prozent ihrer Samen heterozygot. Die Samen der F_1-Generation eignen sich daher nicht für die Aussaat. Aus diesem Grund muss man die Hybriden immer wieder neu aus den homozygoten Linien herstellen. Da die homozygoten Pflanzen durch Inzucht entstehen, treten bei ihnen häufig ungünstige Merkmale auf, vielfach sind sie anfällig für Krankheiten. Die Hybridzüchtung ist heute in der Landwirtschaft weit verbreitet. Viele unserer Gemüsesorten, alle heimischen Maissorten, viele Zierpflanzen, aber auch Nutztiere, vor allem Schweine und Hühner, sind Hybride.

Inzuchtlinie I   Inzuchtlinie II

AA   aa

P-Generation

AA   AA   aa   aa

F_1-Generation

AA   Aa   aa
homozygotes   Hybrid-Saatgut   homozygotes
Saatgut   Saatgut

F_1-Generation

F_2-Generation

04 Hybridzüchtung beim Mais

AA   AA Aa aa   aa
100 %   25 % 50 % 25 %   100 %

2 Nenne Vor- und Nachteile der Hybridzüchtung!

Material A ▸ Hühnerzucht

P-Generation

AAbb × aaBB

F₁-Generation

AaBb   AaBb   AaBb   AaBb   AaBb

Legehennen

Im Schema ist vereinfacht eine Kreuzung dargestellt, mit der Geflügelzüchter besonders leistungsfähige Legehennen erzeugt haben.

A1 Nenne die Bezeichnung der dargestellten Züchtungsart!

A2 Nenne die Genotypen der Tiere, die aus Inzuchtlinien stammen!

A3 Erkläre, welche weiteren Kreuzungen die Geflügelzüchter durchführen müssen, um für die Zukunft zu gewährleisten, dass sie Legehennen mit dem Genotyp AaBb erzeugen können!

A4 Begründe, weshalb die Züchter die Tiere mit dem Genotyp AaBb nicht untereinander kreuzen, um sie zu vermehren!

A5 Nenne die Tiere, unter denen die männlichen Küken aussortiert und getötet werden. Begründe!

Material B ▸ Erdbeeren

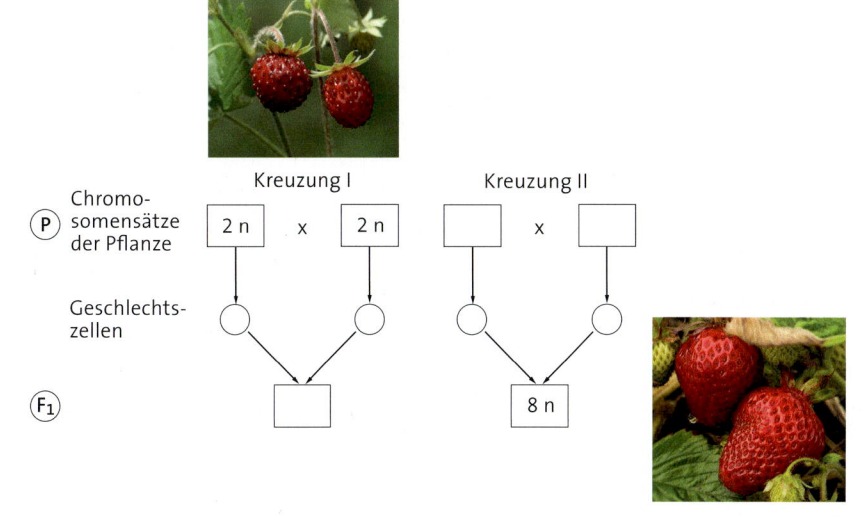

Chromosomensätze der Pflanze   Ⓟ

Kreuzung I   Kreuzung II

2 n × 2 n   ☐ × ☐

Geschlechtszellen

F₁   Ⓕ₁

☐   8 n

Die Zellen der Gartenerdbeere haben mehr als zwei Chromosomensätze. Sie sind nicht diploid = 2n wie ihre Stammform, die Walderdbeere, sondern polyploid. Polyploide Pflanzen entstehen durch Geschlechtszellen, die in Folge einer fehlerhaften Meiose dieselbe Anzahl an Chromosomen haben wie die Körperzellen.

B1 Vergleiche den Genotyp der Walderdbeere mit dem der Gartenerdbeere!

B2 Übernimm das Schema der Kreuzungen, durch die die Gartenerdbeere entstanden ist, und vervollständige es!

B3 Beschreibe die Stellen des Schemas, an denen eine fehlerhafte Meiose abgelaufen ist!

B4 Stelle Vermutungen an, weshalb polyploide Pflanzen leistungsfähiger sind als diploide!

B5 Stelle Vermutungen an, weshalb bei triploiden Pflanzen, das sind Pflanzen, die drei Chromosomensätze haben, Schwierigkeiten bei der Meiose auftreten!

01 Wissenschaftler im Labor

Gentechnik

Die genetische Information von Viren, Bakterien, Pflanzen und Tieren lässt sich durch moderne technische Verfahren gezielt verändern. Wie geht man dabei vor und welche Chancen und Risiken sind damit verbunden?

EINGRIFF IN DIE ERBINFORMATION · Die genetische Information eines Lebewesens kann so verändert werden, dass sie ganz bestimmte gewünschte Eigenschaften zeigt. Häufig überträgt man dazu Abschnitte der DNA eines Lebewesens auf die DNA eines anderen. Möglich wird dies dadurch, dass alle Lebewesen denselben genetischen Code aufweisen. In allen Zellen aller heutigen Lebewesen stehen die gleichen Basentripletts für die gleichen Aminosäuren. Das fremde Gen kann also in der Proteinbiosynthese abgelesen werden, sodass die veränderte Zelle ein fremdes Protein bildet. Man bezeichnet die Verfahren, mit denen die genetische Information durch Eingriffe in die DNA verändert wird, als **Gentechnik.** Die Vorteile der gentechnischen Verfahren lassen sich dabei gut am Beispiel der Produktion von Insulin aufzeigen. Früher wurde das Insulin, das den Patienten in die Blutbahn gespritzt wird, aus der Bauchspeicheldrüse geschlachteter Rinder und Schweine isoliert. Die Verwendung des Insulins dieser Tiere ist möglich, weil es dem menschlichen Insulin, dem *Humaninsulin,* sehr ähnlich ist. Allerdings unterscheidet sich die chemische Struktur des Rinderinsulins von der des menschlichen Insulins an drei Stellen der Aminosäurekette, das Schweineinsulin an zwei Stellen. Heute steht den Patienten gentechnisch hergestelltes Insulin zur Verfügung, das identisch ist mit dem des Menschen.

Wie läuft nun das gentechnische Verfahren ab, durch das man die genetische Information eines Lebewesens so verändern kann, dass bei der Proteinbiosynthese Humaninsulin hergestellt wird?

HERSTELLUNG VON INSULIN · Zur Herstellung von Humaninsulin wird zunächst DNA aus menschlichen Spenderzellen gewonnen. Anschließend wird der DNA-Abschnitt isoliert, der das *Insulingen* enthält. Die Werkzeuge, die dazu nötig sind, sind Enzyme, die den gewünschten Abschnitt sozusagen ausschneiden. Diese Enzyme werden deshalb als **Schneideenzyme** bezeichnet. Weiterhin wird DNA aus Bakterienzellen isoliert. DNA ist in Bakterienzellen in Form eines Chromosoms im Zellplasma zu finden, bei vielen Bakterien zusätzlich in Form eines Ringes, dem **Plasmid.** Ein solches Plasmid wird in einem nächsten Schritt ebenfalls von Schneideenzymen aufgeschnitten. In das geöffnete Plasmid wird nun das menschliche Gen eingesetzt, das die genetische Information zur Insulinbildung trägt. Zusammengefügt werden Plasmid und Insulingen ebenfalls mit einem Enzym, einem **Bindeenzym.** Die Plasmide, die das fremde menschliche DNA-Stück enthalten, werden nun in Bakterien eingeschleust. Durch die gezielte gentechnische Veränderung der genetischen Information der Bakterien sind diese in der Lage, Humaninsulin zu produzieren. Um viel Humaninsulin gewinnen zu können, werden sie vermehrt. Anschließend wird aus ihnen das Insulin isoliert und gereinigt. Bakterien, deren genetische Ausstattung nach gentechnischer Veränderung einen Abschnitt eines anderen Lebewesens enthalten, bezeichnet man als **transgene Bakterien.** Beim Spritzen von gentechnisch hergestelltem Humaninsulin tritt keine Reaktion des Immunsystems auf, da dieses Hormon identisch ist mit dem, das die menschliche Bauchspeicheldrüse bildet. Weiterhin hat es eine höhere Wirksamkeit als tierisches Insulin, da es perfekt in die Rezeptoren der Zielzellen passt.

1 ⌡ Beschreibe die Funktion von Enzymen bei der Herstellung transgener Bakterien!

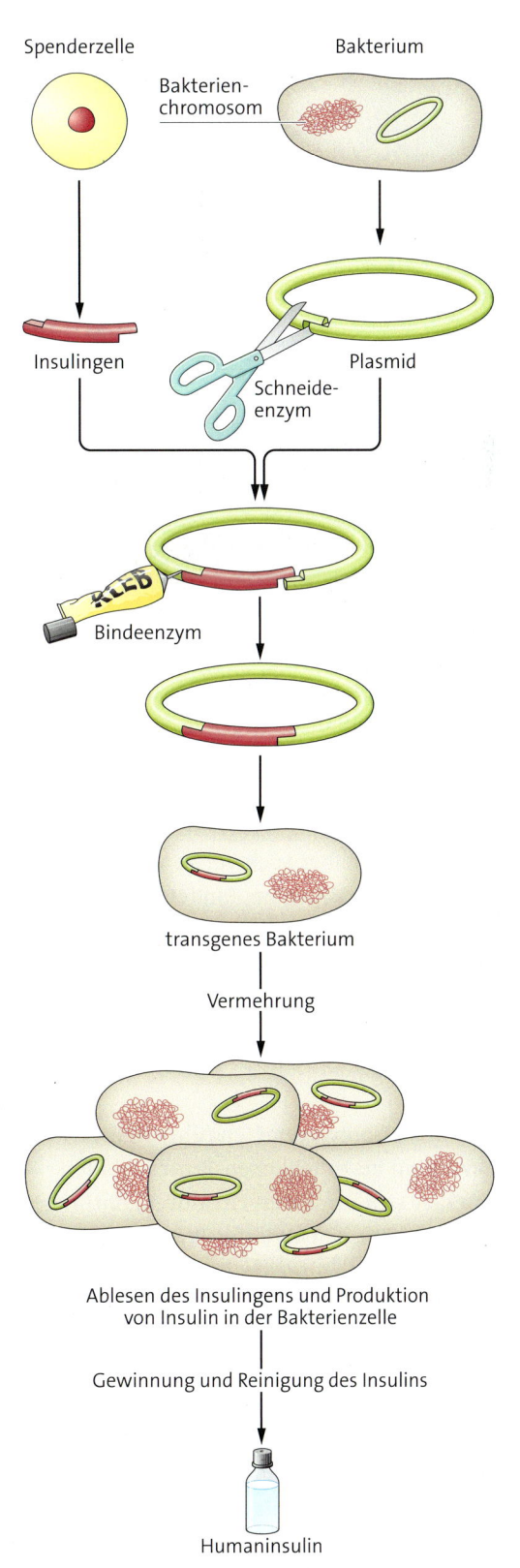

Spenderzelle

Bakterium

Bakterienchromosom

Insulingen

Plasmid

Schneideenzym

Bindeenzym

transgenes Bakterium

Vermehrung

Ablesen des Insulingens und Produktion von Insulin in der Bakterienzelle

Gewinnung und Reinigung des Insulins

Humaninsulin

02 Gentechnische Herstellung von Humaninsulin

03 Gesunde Maispflanze

04 Von Zünslerlarve befallene Maispflanze

TRANSGENER MAIS · Mais ist eine der wichtigsten Nutzpflanzen der Erde. Er wird in vielen Ländern angebaut, vor allem in Nord- und Südamerika sowie in Afrika. Mais dient einerseits der Ernährung des Menschen, andererseits findet er aber auch Verwendung als Futtermittel für Schweine, Rinder und Hühner. Ebenso wird er als Rohstoff für die Energieerzeugung und als Ausgangsstoff für Kunststoffe eingesetzt, die auf der Basis von nachwachsenden Rohstoffen erzeugt werden, den Biokunststoffen.

In den Maisanbaugebieten führt weltweit ein Schädling zu erheblichen Ernteausfällen. Es handelt sich um einen circa drei Zentimeter großen Falter, den **Maiszünsler.** In Mitteleuropa fliegen die Falter im Juni in junge Maisbestände, wo die Weibchen auf der Unterseite der Maisblätter ihre Eier ablegen. Nach dem Schlüpfen fressen sich die Schmetterlingslarven im Inneren des Stängels der jungen Maispflanze nach unten. Infolgedessen wächst die Maispflanze weniger stark, weil durch die Fraßschäden der Transport von Wasser- und Mineralstoffen in ihrem Stängel eingeschränkt

wird. Im weiteren Verlauf fressen sich die Zünslerlarven immer tiefer in die Maispflanze hinein, bis diese im wahrsten Sinne des Wortes nicht mehr standhalten kann. Die Stängel knicken ein. Die Folge davon ist, dass die Maiskolben nicht mehr ausreifen oder bei der Ernte nicht mehr erfasst werden können. Der Maiszünsler ist der wirtschaftlich bedeutendste Maisschädling, der im Jahr Schäden in Höhe von mehreren Millionen Euro verursacht. Heute steht eine gentechnisch veränderte Maispflanze zur Verfügung, die nicht vom Maiszünsler geschädigt wird. In diese Maispflanze wurde ein Gen aus dem Bodenbakterium *Bacillus thuringensis,* abgekürzt Bt, übertragen. Es handelt sich also um eine transgene Maissorte, den **Bt-Mais.** Das Bakteriengen wird bei der Proteinbiosynthese von Bt-Mais abgelesen, sodass ein bestimmtes Protein entsteht. Für die Maispflanze, aber auch für Mensch und Wirbeltiere ist dieses Bt-Protein ungiftig. Frisst allerdings die Zünslerlarve an der Maispflanze, wird das Bt-Protein im Insektenkörper aufgespalten, sodass eine giftige Verbindung entsteht, die die Darmwand des Insekts durchlöchert. Die Maiszünslerlarve stirbt.

Material A ▸ Bt-Mais

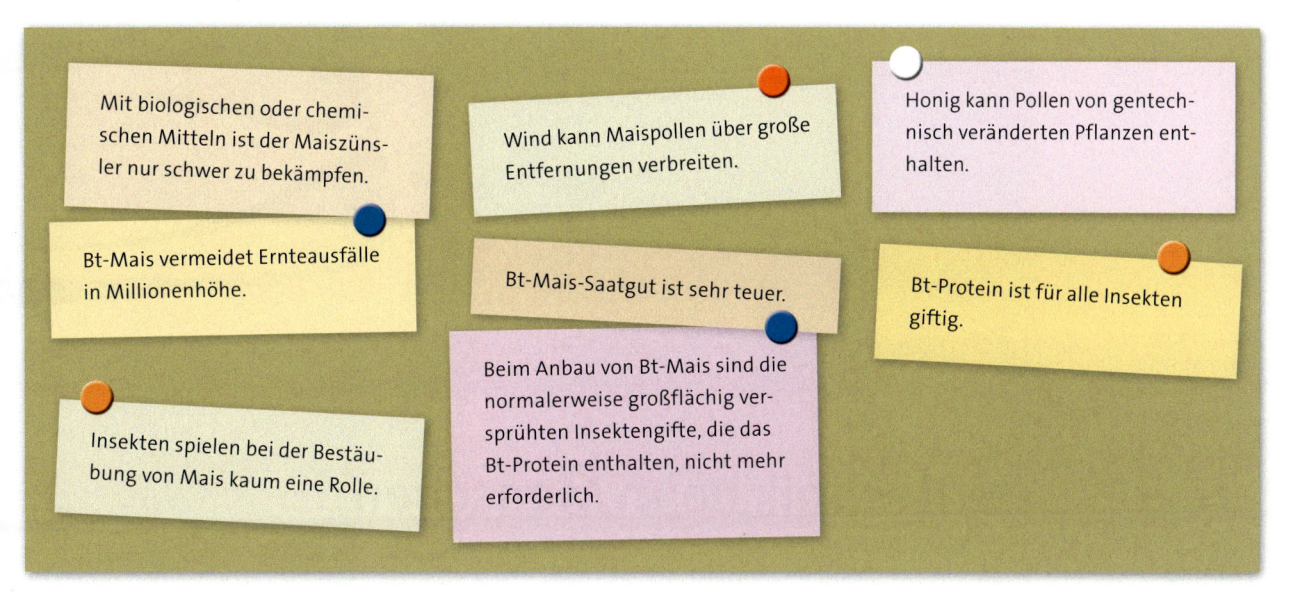

Mit biologischen oder chemischen Mitteln ist der Maiszünsler nur schwer zu bekämpfen.

Wind kann Maispollen über große Entfernungen verbreiten.

Honig kann Pollen von gentechnisch veränderten Pflanzen enthalten.

Bt-Mais vermeidet Ernteausfälle in Millionenhöhe.

Bt-Mais-Saatgut ist sehr teuer.

Bt-Protein ist für alle Insekten giftig.

Beim Anbau von Bt-Mais sind die normalerweise großflächig versprühten Insektengifte, die das Bt-Protein enthalten, nicht mehr erforderlich.

Insekten spielen bei der Bestäubung von Mais kaum eine Rolle.

A1 Ordne die Aussagen dem Pro und Kontra des Anbaus von gentechnisch verändertem Mais zu!

A2 Formuliere eine begründete Stellungnahme zum Anbau von Bt-Mais in Deutschland!

Material B ▸ Transgene Tiere

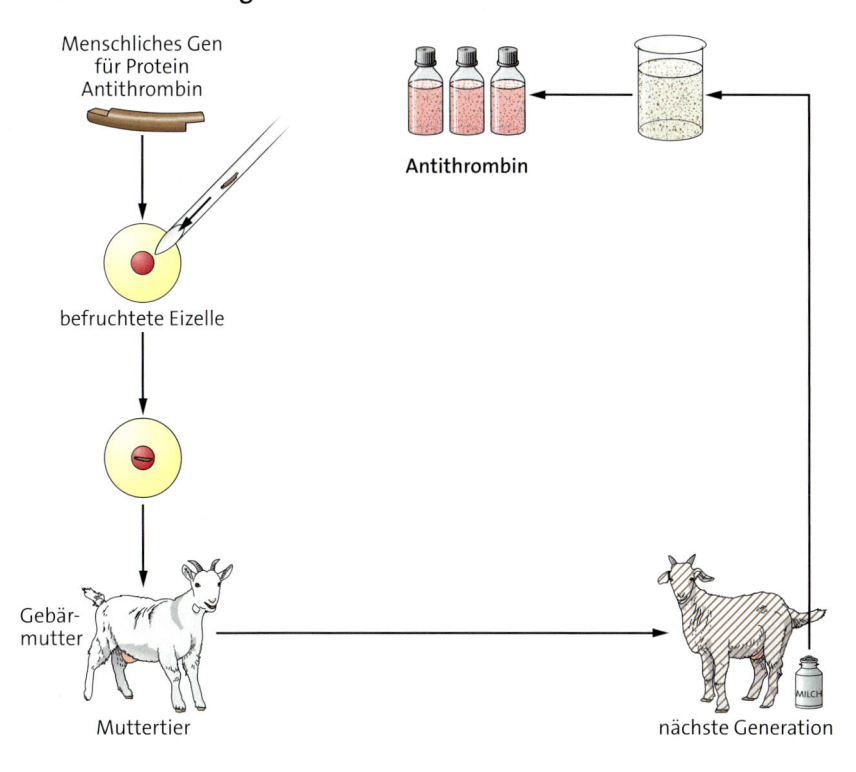

Menschliches Gen für Protein Antithrombin

befruchtete Eizelle

Antithrombin

Gebärmutter

Muttertier

nächste Generation

MILCH

Antithrombin ist ein Protein, das in der menschlichen Leber synthetisiert wird und im Körper die Blutgerinnung hemmt. Es kann auch mithilfe von transgenen Tieren hergestellt werden.

B1 Beschreibe die Herstellung von Antithrombin mithilfe von transgenen Ziegen!

B2 Nenne Chancen und Risiken der gentechnischen Herstellung von Antithrombin!

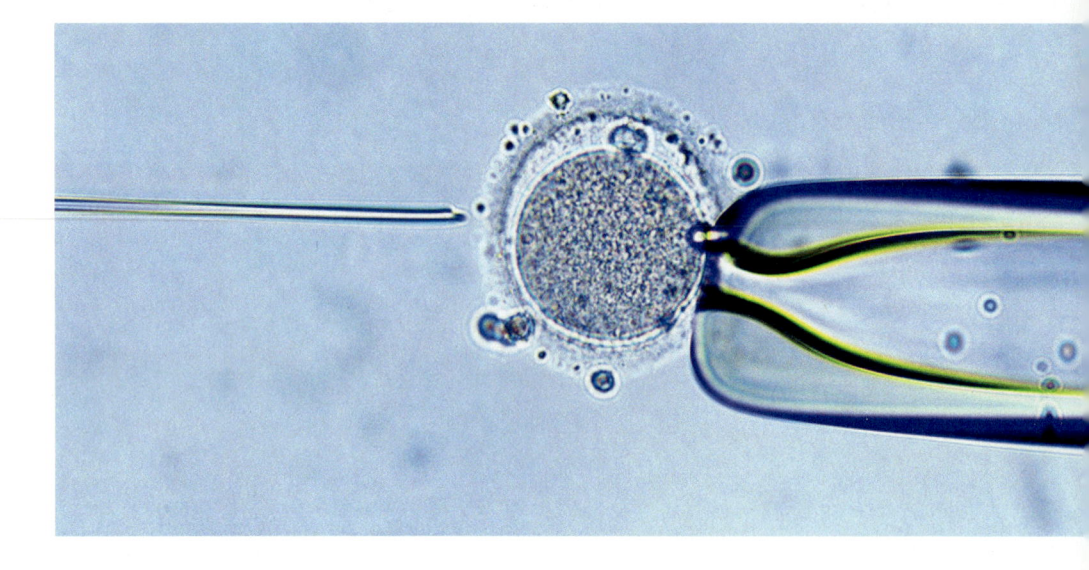

01 Intrazyto-
plasmatische
Spermieninjektion

Gentechnik beim Menschen

Viele Paare bleiben ungewollt kinderlos. In einigen Fällen können Ärzte solchen Paaren helfen. Dieser Bereich der Medizin wird als Reproduktionsmedizin bezeichnet. Mit welchen medizinischen Methoden kann der Wunsch nach einem Kind heutzutage erfüllt werden?

KÜNSTLICHE BESAMUNG · Bildet der Mann zu wenig Spermienzellen oder ist deren Beweglichkeit vermindert, können Spermienzellen zur Zeit des Eisprungs mit einer Spritze direkt in die Gebärmutter eingebracht werden. Da die Befruchtung in der Regel im Eileiter geschieht, kann so die Wahrscheinlichkeit einer Befruchtung erhöht werden. Diese Methode wird als *künstliche Besamung* bezeichnet.

IN-VITRO-FERTILISATION · Wenn die beiden Eileiter der Frau nicht durchlässig sind, erhält die Frau Hormone. Diese bewirken das gleichzeitige Heranreifen mehrerer Eizellen. Kurz vor dem Eisprung werden die Eizellen unter Ultraschallbeobachtung mit einer dünnen Nadel aus dem Eierstock entnommen und in einem Reagenzglas mit den Spermienzellen zusammengebracht. Diese Methode der Befruchtung im Reagenzglas bezeichnet man als *In-vitro-Fertilisation*. In einem Brutschrank bei 37 Grad Celsius beginnen sich die befruchteten Eizellen zu teilen. Heute ist es auch möglich, unter dem Mikroskop eine Spermienzelle mit einer sehr feinen Injektionsnadel direkt in eine Eizelle einzusetzen, ohne dass die Eizelle ihre Teilungsfähigkeit verliert. Man bezeichnet diese Methode als *intrazytoplasmatische Spermieninjektion* oder kurz ICSI.

Haben die Embryonen das Achtzellstadium erreicht, werden sie in die Gebärmutter übertragen. Die Einnistung in die Gebärmutterschleimhaut wird durch weitere Hormongaben unterstützt. Da dennoch häufig nicht alle Embryonen zu einem Kind heranwachsen, pflanzt man in der Regel drei Embryonen ein. Dadurch kann es in einzelnen Fällen auch zu Mehrlingsgeburten kommen. Die weiteren, überschüssigen Embryonen werden eingefroren. Wenn die Embryonenübertragung misslungen ist, werden diese Embryonen aufgetaut und für einen neuen Versuch verwendet.

Nach einer festgesetzten Zeit müssen die überschüssigen Embryonen laut deutschem **Embryonenschutzgesetz** vernichtet werden. In einigen anderen europäischen Ländern dagegen können diese Embryonen zu Forschungszwecken genutzt werden. Die Embryonen dürfen allerdings nur wenige Tage alt sein.

PRÄIMPLANTATIONSDIAGNOSTIK · 2008 kam in England ein Mädchen zur Welt, dessen Genotyp gezielt verändert wurde. Ihr wurde ein Gen entnommen, welches für Brustkrebs mitverantwortlich ist, da in der Familie in drei vorhergehenden Generationen Frauen an Brustkrebs gestorben waren. Wie ist dies möglich?

Nach einer In-vitro-Fertilisation werden so erzeugten Embryonen Zellen entnommen und auf Mutationen untersucht. Diese Untersuchung bezeichnet man als **Präimplantationsdiagnostik,** kurz **PID.** Embryonen mit dem mutierten Gen werden aussortiert und ein Embryo mit dem intakten Gen in die Gebärmutter eingesetzt. Seit den 1990er-Jahren wird die PID in verschiedenen Ländern angewandt. Durch sie lassen sich bestimmte genetisch bedingte Erkrankungen wie Trisomien erkennen. Es ist aber auch möglich, gezielt ein Baby zu zeugen, das als Stammzellspender für ein erkranktes Kind dient. In Deutschland ist eine PID nur stark eingeschränkt erlaubt.

GENTHERAPIE · Bringt man genetisches Material in den Körper eines Patienten ein, um eine Krankheit zu heilen, die auf der Fehlfunktion eines oder mehrerer Gene beruht, spricht man von **Gentherapie.** Werden dabei nur die Körperzellen des Patienten behandelt, spricht man von einer **somatische Gentherapie.** Die Veranlagung wird trotzdem an die Nachkommen weitervererbt. Der Gentransfer in Geschlechtszellen, die **Keimbahntherapie,** schließt eine Weitergabe an die Nachkommen aus. Sie ist in Deutschland aufgrund des Embryonenschutzgesetzes verboten.

GENDOPING · Mit der für die Gentherapie entwickelten Methodik können auch Leistungfördernde Gene, die zum Beispiel das Muskelwachstum verbessern, direkt in die Muskelzellen von Sportlern eingeschleust werden. Heutzutage ist dieses **Gendoping** nachweisbar, da sich künstliche und natürliche Gene in ihrem Bau unterscheiden.

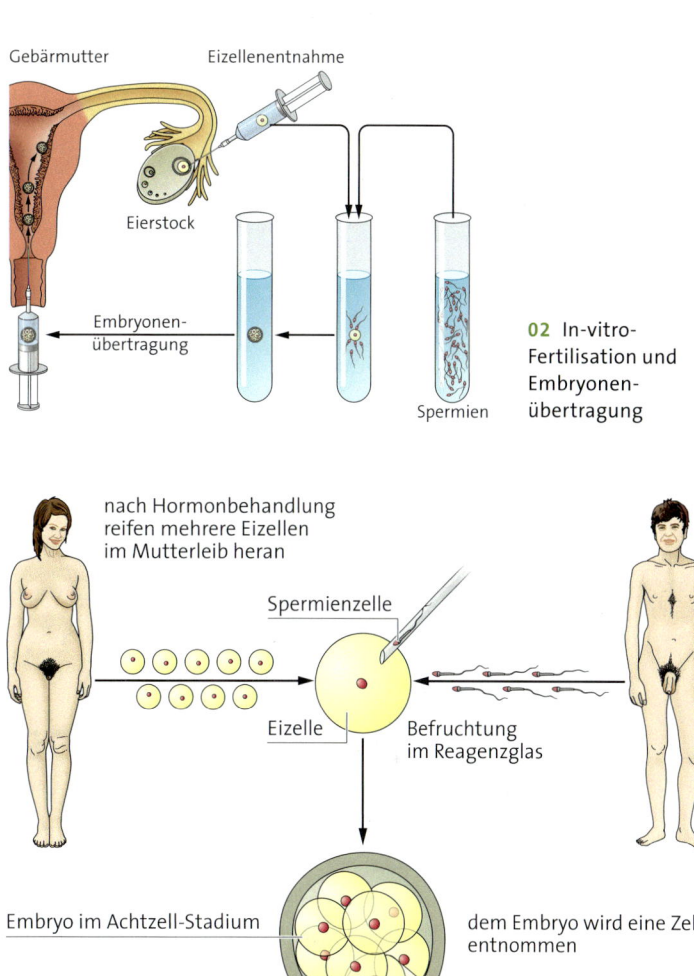

02 In-vitro-Fertilisation und Embryonenübertragung

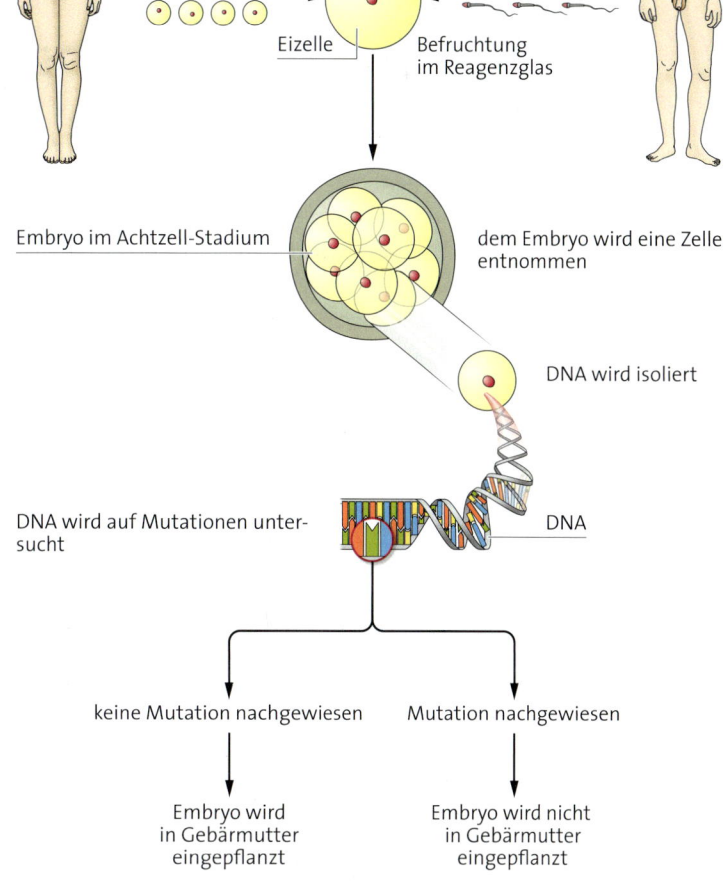

03 Ablauf der Präimplantationsdiagnostik

01 Herstellung eines genetischen Fingerabdrucks im Labor

Der genetische Fingerabdruck

Im April 1985 sollte ein Junge Großbritannien verlassen, wenn eine genetische Verwandtschaft zwischen dem Jungen und den mutmaßlichen Eltern aus Ghana nicht nachgewiesen werden konnte. Der Genetiker Alec Jeffrey wurde von der Anwältin der Familie um Hilfe gebeten. Er konnte zweifelsfrei beweisen, dass es die leiblichen Eltern des Jungen waren. Die Wissenschaft hatte den Jungen in seine Familie zurück geholfen. Wie gelang Alec Jeffrey dieser Beweis?

02 Genetischer Fingerabdruck auf angefärbtem Gel als Strichcode

GENETISCHER FINGERABDRUCK · Die genetische Information ist in allen Zellen des menschlichen Körpers identisch, auch wenn die Zellen unterschiedliche Funktionen ausüben. Somit kann die DNA einzelner Zellen für eine eindeutige Zuordnung zu einem Individuum benutzt werden. Dies ist möglich, da jeder Mensch durch seine individuelle Anordnung der drei Milliarden Nukleotide der DNA auf 23 Chromosomen eine einzigartige genetische Identität hat. Nur eineiige Zwillinge bilden eine Ausnahme.

Mithilfe spezieller Untersuchungsmethoden ergibt sich somit für einen bestimmten DNA-Abschnitt ein für jeden Menschen einzigartiges Muster. Dieses Strichmuster ähnelt dem Strichcode auf Supermarktpackungen und wird daher **genetischer Fingerabdruck** oder **DNA-Fingerprinting** genannt.

Gleichzeitig lassen sich auch mittels Vergleich der Strichcodes von Kindern und deren Eltern Familienverhältnisse ablesen, wie im Beispiel des Jungen aus Ghana.

HERSTELLUNG · Ausgangspunkt für die Herstellung eines genetischen Fingerabdrucks ist die Erbinformation eines Menschen, die DNA. Der größte Teil der DNA ist bei allen Menschen gleich und verschlüsselt Informationen, die zum Beispiel zur Bildung von Enzymen benötigt werden. Es gibt jedoch in wenigen DNA-Abschnitten individuelle Unterschiede, die für einen genetischen Fingerabdruck genutzt werden. In diesen Bereichen können sich Mutationen über Generationen anhäufen, ohne dabei Nachteile für das Individuum zu zeigen.

Für eine DNA-Analyse genügen schon geringste Spuren von beispielsweise Hautschuppen, Blut, Haaren, Speichel, Schweiß oder Sperma, die menschliche Zellen enthalten. Meistens müssen die DNA-Reste erst vervielfältigt werden bevor man sie analysieren kann.

Zunächst wird die DNA mithilfe von Enzymen zerlegt. Dadurch entstehen unterschiedlich lange DNA-Abschnitte, die sich nach ihrer Größe in einem Gel im elektrischen Feld auftrennen lassen. Durch Farbstoffsonden oder radioaktive Sonden kann man sie sichtbar machen. Es entsteht ein **Bandenmuster** wie der Strichcode auf einer Milchtüte. Anschließend vergleicht man die Bandenmuster untereinander. Je mehr Banden zweier Menschen übereinstimmen, desto näher sind sie miteinander verwandt. Stimmen alle Banden zweier genetischer Fingerabdrücke überein, stammen die Proben mit hoher Wahrscheinlichkeit von ein und derselben Person.

ANWENDUNGSGEBIETE · Im Jahre 1998 legte das Bundeskriminalamt eine Datenbank an, in der genetische Fingerabdrücke gesammelt werden. Diese Datenbank ermöglicht es, *Täter* zu identifizieren und den Spuren am Tatort zuzuordnen. So kann heute eine bereits vor Jahren am Tatort sichergestellte DNA-Spur analysiert und noch nach Jahren der Täter überführt oder verdächtige Personen entlastet werden. Auch im Bereich des *Sports* kann die DNA-Analyse zum Einsatz kommen. Geringe Mengen an menschlichen Zellen im Urin reichen aus, um eine Urinprobe eindeutig einem Sportler zuzuordnen. So konnten Wissenschaftler zum Beispiel bei den Olympischen Spielen in Atlanta Falschaussagen von Sportlern widerlegen und die Zugehörigkeit von Urinproben mit Dopingmitteln eindeutig nachweisen. Durch verfeinerte Methoden der Molekulargenetik ist es heute weiterhin möglich, die *Abstammung* einer Person nachzuweisen. Trotz fehlendem Vergleichsmaterial aus dazwischen liegenden Generationen, kann eine Verwandtschaftsbestimmung von einer weit über 100 Jahre alten Spur, durch Haare oder Blut an Stoffresten, mit einem lebenden Nachkommen nachgewiesen werden.

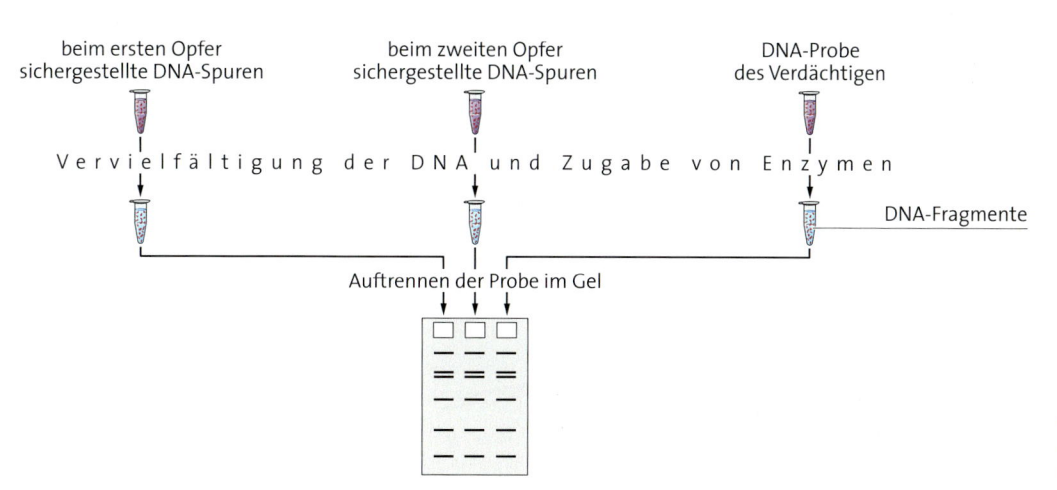

03 Entstehung eines genetischen Fingerabdrucks

Material A ▸ Vaterschaft

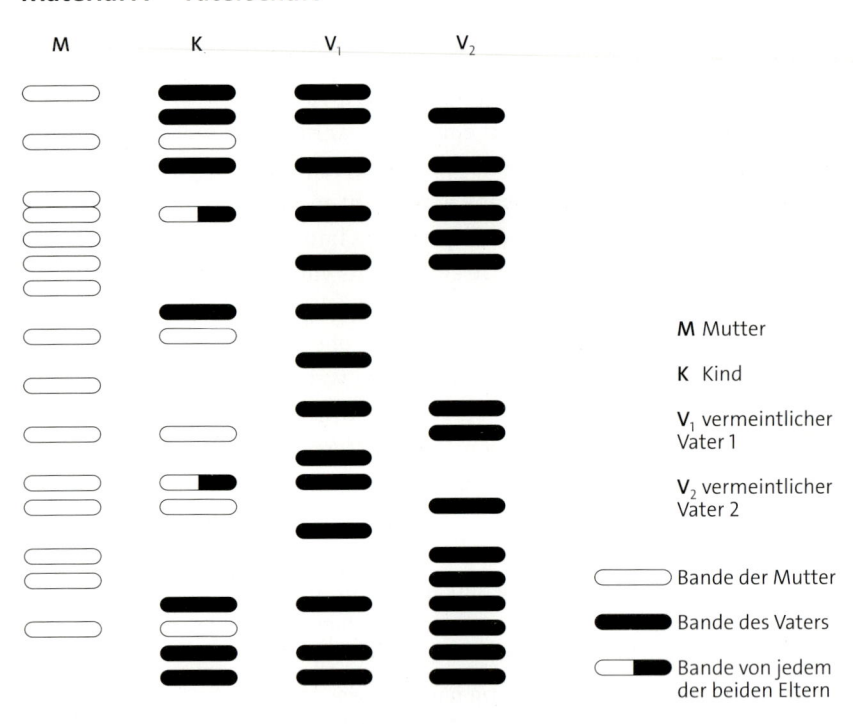

M Mutter

K Kind

V₁ vermeintlicher Vater 1

V₂ vermeintlicher Vater 2

⬭ Bande der Mutter

⬬ Bande des Vaters

⬭⬛ Bande von jedem der beiden Eltern

Sowohl zur Strafverfolgung als auch im Zivilrecht werden DNA-Profile erstellt. So konnte man Tausende von Vaterschaftsfällen erfolgreich klären. Die Abbildung zeigt einen Ausschnitt eines Bandenmusters.

A1 Beschreibe die Bandenmuster der untersuchten Personen!

A2 Werte die Bandenmuster aus und nimm Stellung zur Frage der Vaterschaft!

A3 Beurteile den Einsatz des genetischen Fingerabdrucks zur Aufklärung von Kriminalfällen!

Material B ▸ Gendoping

Olympia 2020: Gendoping gerät außer Kontrolle

Nach dem Ende der Olympischen Spiele in London sind zehn Dopingfälle bekannt geworden. Routinemäßig werden Urinproben aller Medaillengewinner für spätere Untersuchungen eingefroren. Fachleute gehen davon aus, dass viele Dopingfälle unentdeckt bleiben.

B1 Diskutiere den Einsatz von Doping bei sportlichen Wettkämpfen!

B2 Interpretiere die Karikatur!

01 Klonschafe

Klonen

Die geschlechtliche Fortpflanzung führt zu Nachkommen, die in ihrer Erbinformation den Eltern zwar ähnlich, aber nicht identisch sind. 1996 aber wurde Dolly geboren, ein Lamm, dessen Erbinformation identisch mit der eines erwachsenen Schafs war. Wie konnte man das erreichen?

KLONEN · Man übertrug den Zellkern der Euterzelle eines Schafs, dem Muttertier 1, in eine Eizelle, deren Zellkern abgesaugt wurde. Die Eizelle stammte von einem anderen Schaf, dem Muttertier 2. Durch spezielle Kultivierungsmethoden entwickelte sich ein Embryo, der in die Gebärmutter eines dritten Schafs, dem Muttertier 3, eingesetzt wurde. Nach einer normalen Tragzeit wurde Dolly geboren. Dolly war genetisch identisch mit dem Spender des Zellkerns, dem Muttertier 1. Solche Lebewesen, die untereinander genetisch identisch sind, bezeichnet man als **Klon.** Inzwischen wird das *Klonen* mit mehreren Methoden bei vielen Säugetieren wie Rindern, Schweinen, Ziegen und Katzen erfolgreich angewendet. Selbst Zuchtpferde werden heute in großem Umfang geklont.

Bei einer anderen häufig verwendeten Methode wird eine Eizelle im Reagenzglas befruchtet. Nach wenigen Zellteilungen werden die Zellen getrennt. Aus jeder Zelle entwickelt sich ein Embryo, der jeweils in ein Tier eingepflanzt wird. Dort entwickelt er sich bis zur Geburt. Im Unterschied zur Entstehung von Dolly sind alle diese Nachkommen nur untereinander identisch, aber nicht mit einem der beteiligten erwachsenen Tieren. Das Klonen ist keine Methode der Gentechnik, weil die Erbinformation nicht verändert wird.

02 Schema zur Entstehung von Dolly

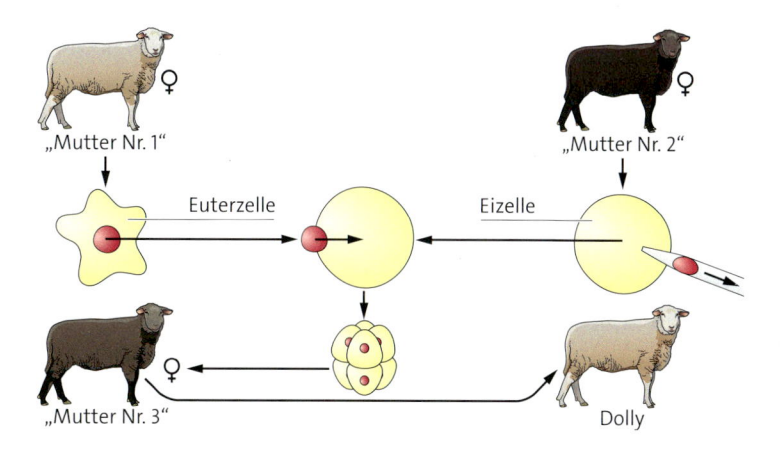

„Mutter Nr. 1"   Euterzelle   Eizelle   „Mutter Nr. 2"

„Mutter Nr. 3"   Dolly

Klonen

Als Klone bezeichnet man genetisch identische Lebewesen wie zum Beispiel eineiige Zwillinge. Während beim Menschen diese natürliche Entstehung von Klonen eine Ausnahme bildet, gibt es andere Organismengruppen wie Quallen, Insekten oder auch Pflanzen, bei denen durch ungeschlechtliche Vermehrung Klone in hoher Anzahl entstehen.

Neben der natürlichen Entstehung von Klonen können heute mithilfe biotechnologischer Verfahren Klone auch von bereits ausgewachsenen Säugetieren künst-lich erzeugt werden. Beim künstlichen Klonen können sehr unterschiedliche Ziele verfolgt werden. Das **reproduktive Klonen** zielt auf eine Erzeugung vollständig entwickelter, genetisch identischer Lebewesen. Diese Form des Klonens findet insbesondere in der Tierzucht Anwendung. Das Verfahren des **therapeutischen Klonens** dient hingegen dazu, *embryonale Stammzellen* herzustellen. Diese embryonalen Stammzellen sollen, so das Ziel der Forschung, im Körper eines genetisch identischen Patienten defekte Körperzellen ersetzen und so bestimmte Krankheiten heilen oder zumindest lindern. Für diese völlig unterschiedlichen Zielsetzungen können jedoch zum Teil identische Verfahren genutzt werden. Das am weitesten entwickelte Verfahren dafür ist der **Kerntransfer.**

KERNTRANSFER · Diese Methode ermöglicht die Übertragung genetischer Informationen in eine fremde Eizelle, die dann zu einem Embryo heranwachsen kann. Hierzu wird zunächst aus einer Eizelle, die den Eierstöcken einer Spenderin entnommen wird, der vorhandene Zellkern entfernt. Dann wird ein Zellkern, zum Beispiel eines zu behandelnden Patienten, entnommen und in die „leere" Eizelle übertragen. Die so entstandene Zelle kann sich bei erfolgreicher Behandlung mit Differen-

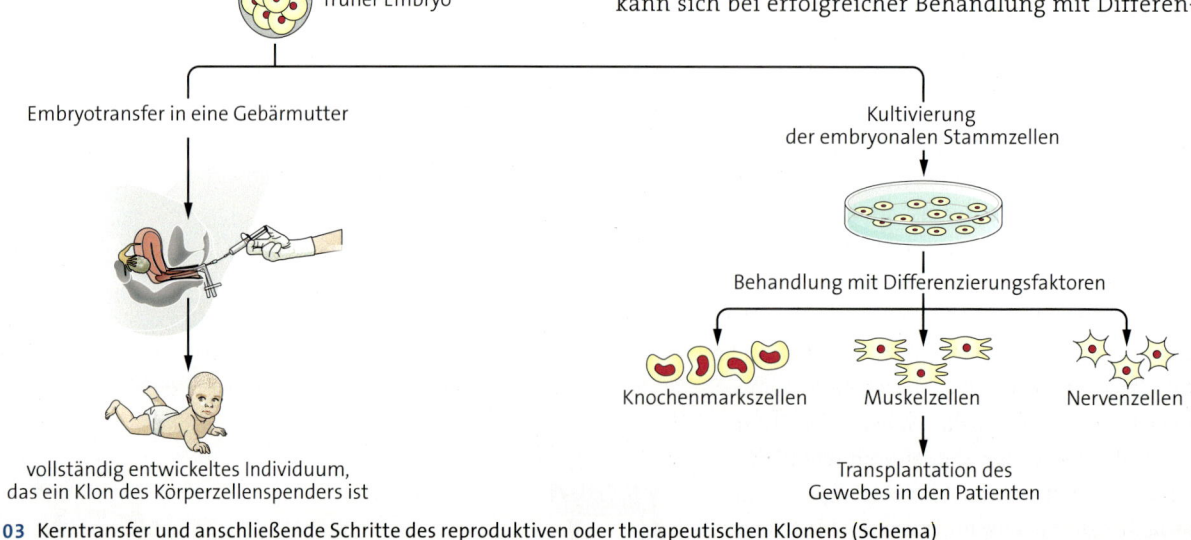

03 Kerntransfer und anschließende Schritte des reproduktiven oder therapeutischen Klonens (Schema)

zierungs- und Wachstumsfaktoren zu einem Embryo entwickeln, der genetisch identisch mit dem Zellkernspender ist.

REPRODUKTIVES KLONEN · Wird ein so erzeugter Embryo in eine Gebärmutter eingesetzt, kann sich ein vollständiges Lebewesen entwickeln. Genau auf diesem Wege wurde das bekannte Klon-Schaf Dolly erzeugt. Das Verfahren ist jedoch bis heute mit vielen Risiken, zum Beispiel durch DNA-Schäden, behaftet.

THERAPEUTISCHES KLONEN · Ein durch Kerntransfer erzeugter Embryo enthält Stammzellen. Diese embryonalen Stammzellen sind *pluripotent*, das heißt sie können sich durch Zugabe von speziellen Differenzierungsfaktoren zu ganz unterschiedlichen Zelltypen entwickeln. Diese Zellen sind noch immer genetisch identisch mit den Zellen des Zellkernspenders. Daher werden sie von dessen Immunsystem nicht abgestoßen und können potenziell defekte Zellen in dessen Körper ersetzen.

THERAPEUTISCHES KLONEN IST UMSTRITTEN · In Deutschland ist das reproduktive Klonen durch das Embryonenschutzgesetz strikt verboten. Doch auch das Erzeugen von Embryonen zur Gewinnung von Stammzellen, wie es im Rahmen des therapeutischen Klonens erfolgt, ist hierzulande nicht erlaubt. Andere Länder wie Frankreich oder England verbieten dies nicht. Diese Verbote durch das Embryonenschutzgesetz wurden auch im nationalen Ethikrat diskutiert, einer Gruppe aus Juristen, Ethikern, Medizinern und anderen, die Empfehlungen zu ethisch brisanten Themen erarbeiten. Ihre Diskussion zum Thema Stammzellen endete im Jahre 2004 damit, dass sie sich auf kein Votum einigen konnten. Der wesentliche Streitpunkt in der Debatte besteht darin, inwieweit ein früher Embryo, der aus wenigen Zellen besteht und noch nicht größer ist als die ursprüngliche Eizelle, als schützenswert eingestuft werden sollte.

Stellungnahmen zum Embryonenschutz:

Kommentar eines Juristen: „Wo menschliches Leben existiert, kommt ihm Würde zu."

Kommentar eines Politikers: „Zentraler Bezugspunkt für die ethische Bewertung des Forschungsklonens mit menschlichen Zellen ist die Menschenwürde, die jedem Menschen individuell und unabhängig von bestimmten Eigenschaften zukommt. Aus dem Prinzip der Menschenwürde folgt ein Instrumentalisierungsverbot, das heißt, der Mensch darf niemals vollständig zu fremden Zwecken benutzt, sondern muss immer auch als „Selbstzweck" anerkannt werden. Beim Forschungsklonen wird jedoch ein Embryo nicht um seiner selbst willen, sondern zur Gewinnung von Stammzellen oder für andere Forschungszwecke erzeugt. Damit kommt es zu einer vollständigen Instrumentalisierung des Embryos."

Kommentar einer Medizinerin: „Es scheint mir geradezu absurd, dass ganz frühe menschliche Embryonen, die man nur unter dem Mikroskop sehen kann, so schutzwürdig sein sollten wie geborene Menschen."

Kommentar eines Wissenschaftlers: „Der Schutz- und Würdestatus von embryonalen Zellen wird meist dadurch begründet, dass diese sich potenziell zu einem Menschen entwickeln können, der dann fraglos schutzwürdig ist. Würde jedoch allein das Potenzial ausreichen, um einen Schutzstatus zu begründen, dann müssten auch Eizellen und Spermienzellen geschützt werden, denn auch diese besitzen ein gewisses Potenzial, sich gemeinsam zu einem Menschen zu entwickeln. Üblicherweise schützen wir Dinge nicht allein aufgrund ihres ohnehin stets unsicheren Potenzials."

1) Diskutiere die Kommentare zum Embryonenschutzgesetz und gib deine eigene Meinung an!

A ▸ Tier- und Pflanzenzucht

Kann ich ...

1 › die verschiedenen Züchtungsmethoden beschreiben, die auf Kreuzungen beruhen, und jeweils ein Beispiel nennen? *(Seite 368 bis 370)*

2 › die Kombinationszüchtung erläutern und ein entsprechendes Kreuzungsschema interpretieren? *(Seite 369)*

3 › den Heterosiseffekt beschreiben? *(Seite 369)*

4 › Auslesezüchtung und Kombinationszüchtung miteinander vergleichen? *(Seite 368 und 369)*

5 › das Prinzip der Hybridzüchtung mithilfe eines Kreuzungsschemas darstellen? *(Seite 369 und 370)*

6 › Vorteile und Nachteile moderner Züchtungsverfahren erläutern? *(Seite 368 bis 370)*

7 › mögliche Folgen von Polyploidie bei Pflanzen nennen? *(Seite 371)*

B ▸ Gentechnik

Kann ich ...

1 › erklären, was Gentechnik ist? *(Seite 372)*

2 › erklären, weshalb übertragene Gene abgelesen und verwirklicht werden können? *(Seite 372)*

3 › ein Pfeildiagramm erstellen, das die Übertragung der Erbinformation darstellt, die für die Bildung von menschlichem Insulin erforderlich ist? *(Seite 373)*

4 › die Wirkung von Bt-Mais auf Insekten beschreiben? *(Seite 374)*

5 › Methoden der Reproduktionsmedizin beschreiben? *(Seite 376 und 377)*

6 › erläutern, was Präimplantationsdiagnostik ist und Vorteile und Nachteile nennen? *(Seite 377)*

7 › Möglichkeiten und gesetzliche Grenzen der Gentherapie beschreiben? *(Seite 377)*

C ▸ Genetischer Fingerabdruck

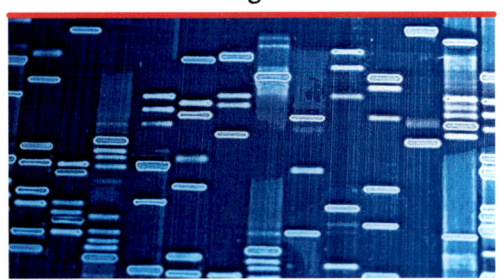

Kann ich ...

1 ʃ beschreiben, was der genetische Fingerabdruck ist und wie er hergestellt wird? *(Seite 378 bis 379)*

2 ʃ begründen, dass durch den genetischen Fingerabdruck eine DNA-Probe einer bestimmten Person zugeordnet werden kann? *(Seite 378 und 379)*

3 ʃ mindestens zwei Anwendungsgebiete für das Fingerprinting erläutern? *(Seite 379)*

D ▸ Klonen

Kann ich ...

1 ʃ die Eigenschaften eines Klons nennen? *(Seite 381 und 382)*

2 ʃ die Klonierung durch Übertragung eines Zellkerns beschreiben? *(Seite 381)*

3 ʃ Beispiele für natürliche Klone nennen? *(Seite 382)*

4 ʃ erläutern, wie durch die Verwendung embryonaler Zellen Klone entstehen können? *(Seite 382 und 383)*

5 ʃ erklären, warum das Klonen kein gentechnisches Verfahren ist? *(Seite 381)*

Kann ich aus dem Kapitel „Biowissenschaften und Gesellschaft" Beispiele nennen für das Basiskonzept:
- Struktur – Eigenschaft – Funktion?
- Entwicklung?

Biologische Anthropologie

1   **Evolution des Menschen** **388**

In diesem Kapitel beschäftigst du dich mit

- der Stammesentwicklung des Menschen. Du erfährst, wie Fossilfunde ausgewertet werden und wie mithilfe von anatomischen Daten und genetischen Methoden die Abstammung des heutigen Menschen erforscht wird.

- wesentlichen Entwicklungsschritten bei der Menschwerdung. Du lernst mögliche Zusammenhänge zwischen Klimaänderung und Selektion kennen und erfährst, dass im Zusammenhang mit der biologischen Evolution eine kulturelle Evolution erfolgte.

- der Out-of-Africa-Hypothese. Du erfährst, wie sich der Mensch auf der Erde ausbreitete.

- der Stressreaktion. Du erfährst, dass die Stressreaktion ein Ergebnis der Evolution ist. Du lernst, wie die Stressreaktion abläuft und wie du am besten mit Stress umgehst.

01 Fußspuren von Laetoli

Stammesentwicklung des Menschen

Die Abbildung zeigt 3,6 Millionen Jahre alte Fußspuren von Lebewesen mit aufrechtem Gang. Die versteinerten Abdrücke wurden 1976 in Laetoli gefunden, einem ostafrikanischen Ort, wo viele weitere Fossilfunde menschenähnlicher Lebewesen gemacht wurden. Waren sie Vorfahren von Menschen oder von Menschenaffen? Wie kann man das feststellen?

ERFORSCHUNG DER STAMMESGESCHICHTE · Woher kommen wir? Dies ist eine der ältesten Fragen, mit der sich Menschen beschäftigen. Zu ihrer Lösung tragen in erster Linie Fossilfunde von Knochen, Zähnen und anderen Spuren bei. Mithilfe von Altersbestimmungen können Fossilien zeitlich eingeordnet und mögliche Stammbäume erstellt werden. Zahnformen lassen auf die Beschaffenheit der Nahrung schließen. Die Feinstruktur einiger Fossilien gibt Auskunft über die Fortbewegungsweise. Der Vergleich von DNA verschiedener Lebewesen liefert Hinweise auf Verwandtschaft und auf gemeinsame Vorfahren. Klimatische Gegebenheiten vergangener Erdepochen lassen Rückschlüsse auf die Entwicklungsgeschichte zu. So entsteht ein immer genaueres Bild der Menschheitsgeschichte. Selbst wenn noch vieles im Dunkeln liegt: Die Vielzahl der vorliegenden Indizien bestätigt die Annahme, dass der Mensch von Tieren abstammt.

Allerdings bleibt die Rekonstruktion der Stammesgeschichte des Menschen an manchen Stellen unbestimmt. Das liegt daran, dass Fossilien immer Spielraum für Interpretationen zulassen, insbesondere dann, wenn die Funde unvollständig sind. Auch die Altersbestimmung ist oft nicht eindeutig und Rückschlüsse auf Nahrung, Lebensraum oder Zeitspanne der Existenz einer Art sind lückenhaft. Unsere Vorstellung von der Menschwerdung ist also nicht endgültig geklärt. Somit werden neue Funde und verbesserte Methoden bisherige Vorstellungen verändern oder sogar ersetzen.

02 Verwandt-
schaftsgruppe der
Primaten:
A Schimpanse,
B Altweltaffe
(Berberaffe),
C Neuweltaffe
(Brüllaffe),
D Koboldmaki,
E Lemur (Katta)

PRIMATEN · Die Entwicklung des Menschen beginnt innerhalb der **Primaten**. Diese biologische Ordnung der Säugetiere entstand vor etwa 80 bis 90 Millionen Jahren in der Kreidezeit. Primaten sind an das Baumleben angepasst. Sie haben Greifhände und -füße mit abspreizbaren Daumen und Großzehen. Finger und Zehen tragen Nägel und keine Krallen. Ihre Augen sind nach vorne gerichtet, was räumliches Sehen und Abschätzung von Entfernungen ermöglicht. Dazu kommen ein relativ großes Gehirn, langsames Wachstum, späte Geschlechtsreife und komplexes Sozialverhalten. Nicht alle Primaten haben alle diese Merkmale. Obwohl Menschen keine Greiffüße besitzen, haben sie genügend Merkmale für eine Zuordnung zu den Primaten.

Die Primaten werden unterteilt in Feuchtnasenaffen mit Lemuren und Galagos sowie Trockennasenaffen. Dazu gehören Koboldmakis sowie Neuwelt- und Altweltaffen. Unter den Altweltaffen gibt es Hundsaffen mit hundeartiger Körperhaltung und Menschenaffen. Letztere zeichnen sich dadurch aus, dass sie sich nicht in den Baumkronen laufend, sondern hangelnd fortbewegen.

DIE WIEGE DES MENSCHEN · Die eigenständige Menschheitsgeschichte, die auch **Hominisation** genannt wird, begann, als eine ursprünglich einheitliche Population in die Vorfahren des Menschen und die Vorfahren des Schimpansen getrennt wurde. Wann dieser Prozess stattgefunden hat, kann mit dem vorhandenen Datenmaterial nur ungefähr bestimmt werden. Die meisten Forscher gehen davon aus, dass die Trennung in einem Zeitraum vor 5,5 bis 6,5 Millionen Jahren erfolgte. Zu dieser Zeit entstand in Afrika durch geologische Vorgänge ein mächtiges Gebirge, was zu einem Klimawandel führte: Der ursprüngliche Lebensraum trennte sich in den westafrikanischen Regenwald und das trockene Ostafrika. Hier entwickelte sich aus einem dichten Wald eine offene Baumsavanne. Die Vorfahren des Menschen mussten nun Strecken zwischen den Bäumen auf dem Boden zurücklegen.

Manche Forscher nehmen an, dass bei diesen Umweltbedingungen der aufrechte Gang einen Selektionsvorteil darstellte. Ähnliches gilt, wenn sich die Vormenschen in den Uferbereichen von Flüssen und Seen watend fortbewegt hätten. Auch das könnte den Erwerb des aufrechten Ganges erklären. Die in den Bäumen lebenden Menschenaffen Schimpanse, Gorilla oder Orang-Utan waren an eine andere Fortbewegungsweise angepasst.

1 Beschreibe mögliche Zusammenhänge zwischen Klimaänderung und Selektion des aufrechten Ganges!

DER AUFRECHTE GANG · Einige der nun auftretenden Vormenschen, deren wissenschaftlicher Name **Australopithecus** ist, sind zumindest überwiegend aufrecht gegangen. Dies zeigen Fossilien von Knochen- und Gelenkformen, mit denen man das Skelett rekonstruieren kann. Auch die eingangs beschriebenen Fußspuren stammen von Zweibeinern.

Einer der sensationellsten Funde wurde 1974 in Äthiopien gemacht: Eine Forschergruppe entdeckte etwa 3,2 Millionen Jahre alte Knochen, die einer Frau der Art **Australopithecus afarensis** zugeordnet werden konnten. Die Wissenschaftler gaben ihr den Namen Lucy. Lucy hatte ein menschenähnliches Gebiss. Sie war 1,20 Meter groß und ihr Hirnvolumen entsprach mit etwa 400 Kubikzentimetern demjenigen heutiger Schimpansen. Auch ihr Gesicht war schimpansenähnlich mit niedriger Stirn, flacher Nase und hervorstehendem Kiefer.

Der aufrechte Gang verhalf den Vormenschen zu einem guten Überblick im offenen Gelände. Dadurch konnten sie Beutegreifer frühzeitig erkennen und die freien Hände zur Verteidigung einsetzen. Die steil einfallende Sonneneinstrahlung traf auf eine kleine Oberfläche, sodass sich der Körper weniger aufheizte.

Auffällig sind Funde von Fossilien später lebender *Australopithecus*-Arten. Ihre massiven Kiefer, großen Backenzähne und der Scheitelkamm auf dem Schädel als Ansatz für eine starke Kaumuskulatur sind Hinweise auf eine Angepasstheit an eine harte Pflanzennahrung, die langes Kauen erforderte.

Daneben gab es aber auch grazilere *Australopithecus*-Arten. Ihre kleineren Zähne lassen vermuten, dass sie sich zumindest zeitweise von Fleisch, zum Beispiel Aas, ernährt haben.

WERKZEUGHERSTELLUNG · Vor etwa 2,5 Millionen Jahren wurde das Klima noch trockener. Aus der Baumsavanne entwickelte sich eine Busch- und Grassavanne. Da sich das Nahrungsangebot an Früchten weiter verringerte, starben viele *Australopithecus*-Gruppen aus. Es überlebten vor allem solche, die andere Nahrungsquellen erschlossen. Von **Homo habilis**, dem geschickten Menschen, weiß man aus Fossilfunden, dass er gezielt unterschiedliche Steinwerkzeuge hergestellt hat, mit denen er Knochen aufbrach oder Fleisch von Knochen abschabte. Kleinere Mahlzähne im Gebiss der Frühmenschen sind ein weiteres Indiz für eine veränderte Ernährung.

Mit der Herstellung von Werkzeugen ging die Vergrößerung des Gehirns einher. Heutzutage wird die Werkzeugherstellung als entscheidender Evolutionsschritt in der Stammesgeschichte des Menschen angesehen.

lateinisch australis = südlich

altgriechisch pithecos = Affe

afarensis bedeutet: aus der Region Afar (in Äthiopien) stammend

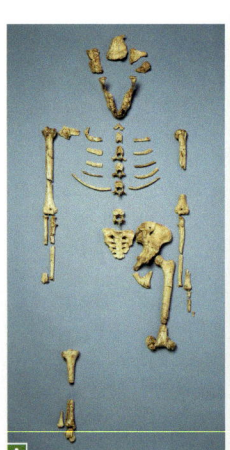

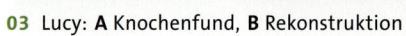

03 Lucy: **A** Knochenfund, **B** Rekonstruktion

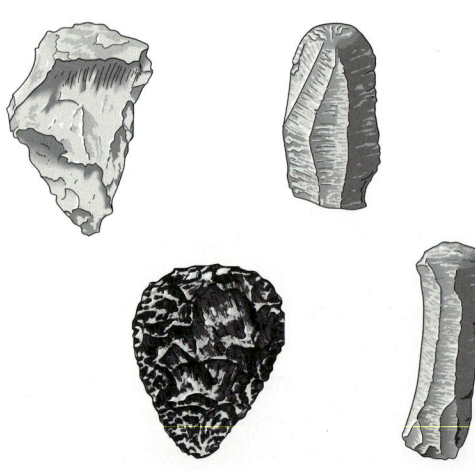

04 Steinwerkzeuge

BEHERRSCHUNG DES FEUERS · Fossilfunde menschenähnlicher Lebewesen, die vor etwa 1,9 Millionen bis ungefähr 200 000 Jahren lebten, zeigen eine Weiterentwicklung des bisherigen Typs: Durch eine Vergrößerung des Hirnschädels entstand ein menschenähnliches Gesicht und Platz für ein größeres Gehirn. Sein Volumen nahm von 700 Kubikzentimetern bis auf 1100 Kubikzentimeter zu. Im Vergleich zu früheren Formen waren die Arme kürzer und die Beine länger. Das führte zu einer Körperhaltung, die dem Lebewesen den Namen **Homo erectus** einbrachte, der aufrechte Mensch. Seine geringe Körperbehaarung kann als Angepasstheit an das Langstreckenlaufen angesehen werden, denn dadurch kann die Körpertemperatur besser reguliert werden.

Besonders bemerkenswert ist die Tatsache, dass zusammen mit Knochenfossilien und differenzierten Feuersteinwerkzeugen fast immer Spuren von Feuerstellen und Asche gefunden wurden. Nach Auffassung einiger Forscher ist die Handhabung des Feuers ein weiterer wesentlicher Schritt in der Stammesentwicklung des Menschen: Nun konnten Mahlzeiten gekocht werden. Gekochte Nahrung ist leichter verdaulich und liefert somit mehr Nährstoffe, was vor allem der Entwicklung des Gehirns zugute kam. Die gemeinsame Nahrungsaufnahme an einer Feuerstelle hatte sicher auch Einfluss auf das Sozialverhalten.

Zum Teil mehr als eine Million Jahre alte Fossilien aus Asien beweisen, dass Gruppen von *Homo erectus* ihren afrikanischen Entstehungsort verlassen und andere Erdteile besiedelt hat. Auch in Europa lebte vor etwa 650 000 Jahren mit *Homo heidelbergensis* eine *Homo-erectus*-Form, die vermutlich auf frühe afrikanische Vorfahren zurückgeht.

Der **Neandertaler**, der mehr als 200 000 Jahre Europa besiedelte, stammt ebenfalls von *Homo erectus* ab. In Afrika entwickelte sich vor etwa 200 000 Jahren aus *Homo erectus* der moderne Mensch, **Homo sapiens**, der Jetztmensch.

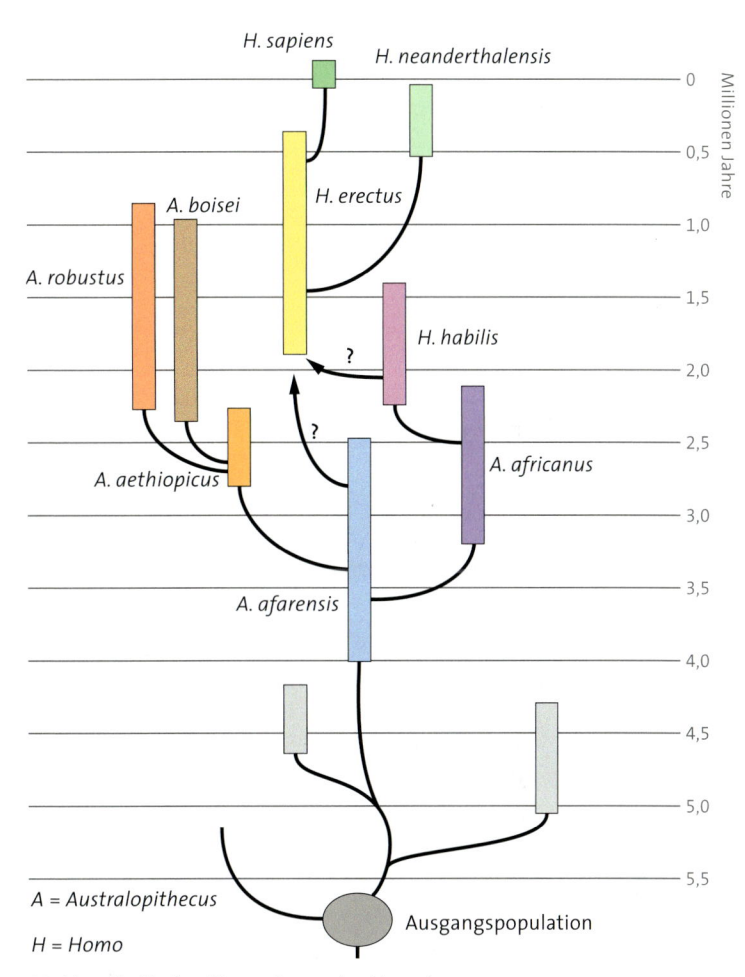

A = Australopithecus
H = Homo

05 Hypothetischer Stammbaum des Menschen

Nachweise des *Homo sapiens* in Asien, Australien, Europa und Amerika existieren seit etwa 40 000 Jahren. In Europa verdrängte er den Neandertaler, vermutlich weil er konkurrenzüberlegen war.

Kennzeichnend für den *Homo sapiens* sind seine kulturellen Fähigkeiten, beginnend mit der Höhlenmalerei, der Schmuckherstellung, der Laut- und Schriftsprache oder der Entwicklung religiöser Rituale. Ein Ende der sich beschleunigenden „kulturellen Evolution" ist nicht absehbar.

2 Vergleiche die wesentlichen körperlichen Merkmale von *Australopithecus afarensis* und *Homo erectus*!

Material A ▸ Vergleich des Skeletts von Schimpanse, *Australopithecus* und Mensch

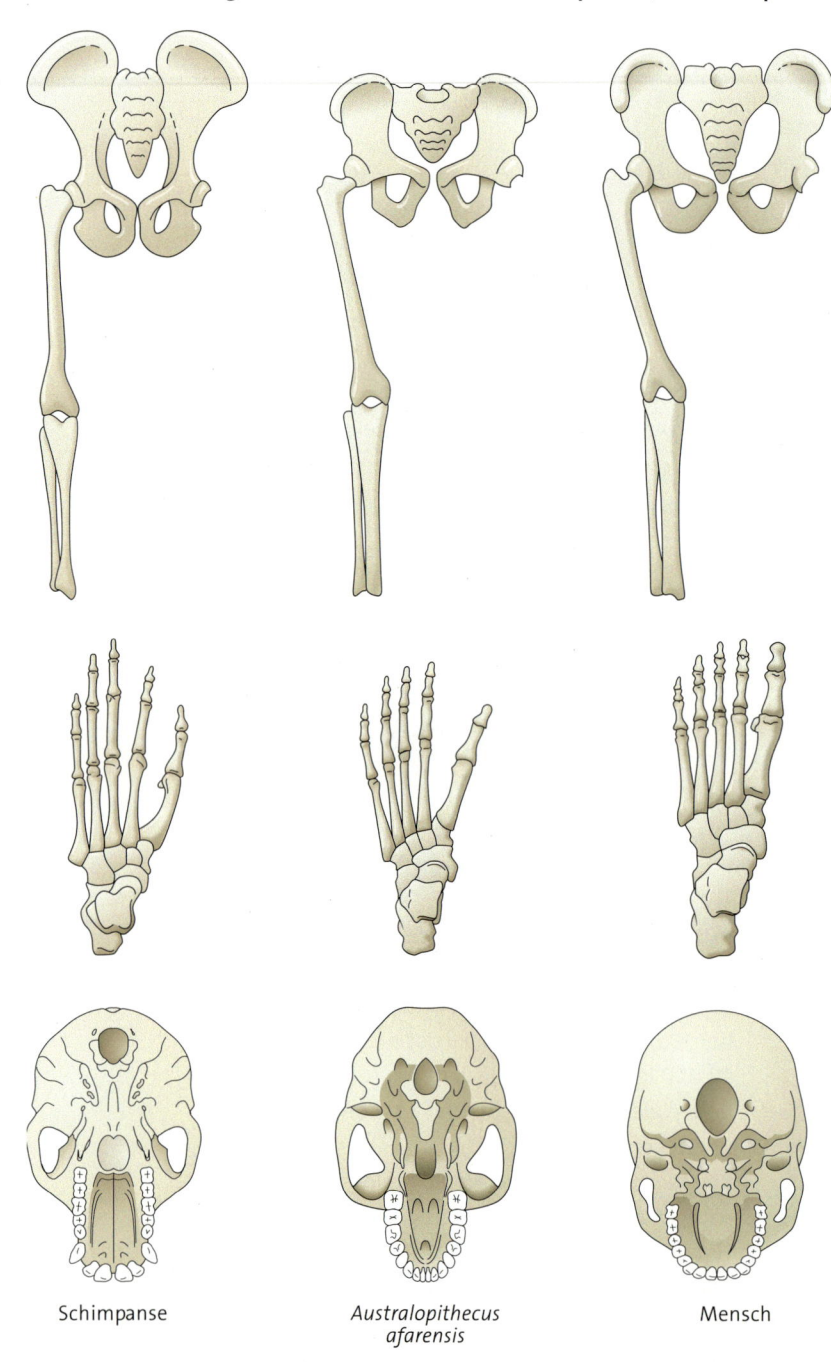

Schimpanse

Australopithecus afarensis

Mensch

A1 Beschreibe die Stellung des Oberschenkelknochens zum Becken und stelle Vermutungen an, welche Bedeutung dies für die aufrechte Körperhaltung hat!

A2 Beschreibe Form und Bau des Beckens! Gib begründet an, ob man daraus Rückschlüsse auf die Art der Fortbewegung ziehen kann!

A3 Vergleiche den Bau der drei Fußskelette und erläutere, inwieweit sie zum Klettern in Bäumen oder zum Laufen auf dem Boden geeignet sind!

A4 Vergleiche die Form der Gebisse sowie die Form und die Anordnung der Zähne in den Gebissen!

A5 Stelle Vermutungen an, welche Aussagen anhand der Form des Gebisses sowie der Form und der Größe der Zähne gemacht werden können!

A6 Vergleiche die jeweilige Lage des Hinterhauptsloches!

A7 Stelle einen Zusammenhang her zwischen der Lage des Hinterhauptsloches und der Körperhaltung!

A8 Erläutere, ob mithilfe der anatomischen Merkmale Aussagen über die Fähigkeit zum aufrechten Gang von *Australopithecus* möglich sind!

Die Abbildungen zeigen Becken und Oberschenkel, Fußskelett und Schädel von unten von Schimpanse, *Australopithecus afarensis* und heutigem Menschen.

Durch das Hinterhauptsloch verlässt das Rückenmark den Schädel. Es liegt unmittelbar hinter der Wirbelsäule. Im Oberkiefer sind die Zähne zu erkennen.

Material B ▸ Menschwerdung

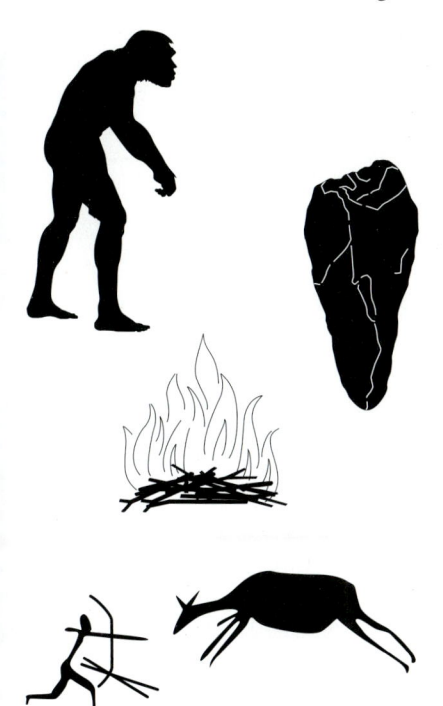

Im Verlauf der Stammesgeschichte fanden Entwicklungen statt, die zu den Eigenschaften des Menschen geführt haben, die ihn von Tieren unterscheiden. Als Wendepunkte für diese Menschwerdung werden diskutiert:

- der Erwerb des aufrechten Gangs,
- die Herstellung und die Nutzung von Werkzeugen,
- die Beherrschung des Feuers und damit die Möglichkeit, Nahrung zu kochen,
- die Herstellung von Schmuck und von Kunstgegenständen wie Wandmalereien.

B1 Beschreibe für alle vier Fälle, welchen Einfluss die jeweiligen Neuerungen auf die Lebenssituation der betreffenden Lebewesen hatten!

B2 Erläutere die Entwicklung von Gehirnvolumen und Sprache im Zusammenhang mit den vier Neuerwerbungen!

B3 Diskutiere mit deinen Mitschülern, welche der vier neuen Fähigkeiten eurer Meinung nach der Startpunkt der Menschwerdung war!

Material C ▸ Gehirnentwicklung und Energiebedarf

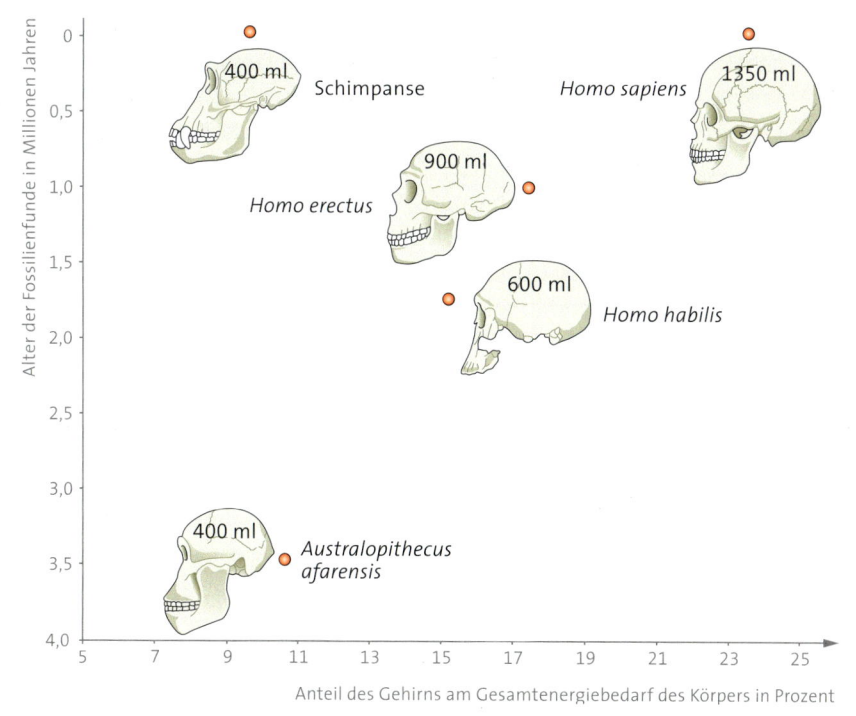

C1 Beschreibe den im Diagramm dargestellten Zusammenhang!

C2 Erläutere die Einflüsse, die sehr wahrscheinlich zu einer Vergrößerung des Gehirns geführt haben!

C3 Erkläre mithilfe des Diagramms, welcher Zusammenhang zwischen der Ernährungsumstellung auf fleischliche Nahrung und dem Wachstum des Gehirns besteht!

C4 Formuliere eine Vermutung, weshalb die Gehirne von Neandertalern und von *Homo sapiens* etwa gleich groß sind!

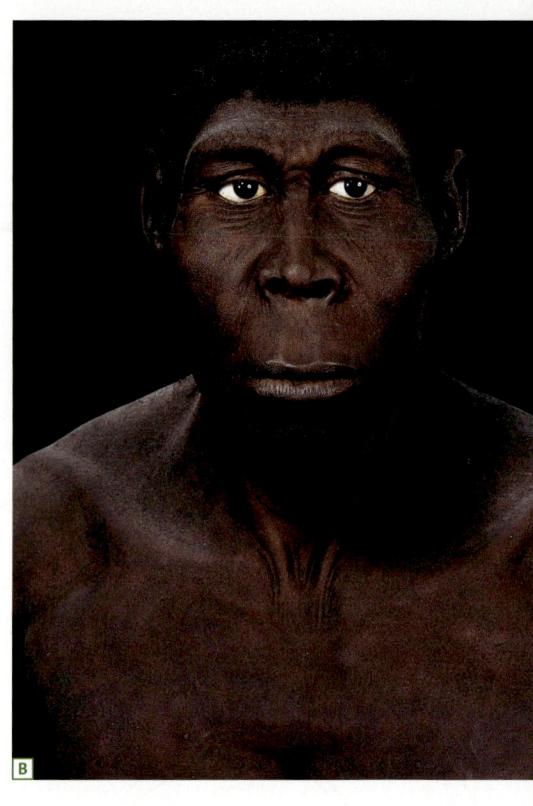

01 Javamensch:
A Knochenfund,
B Rekonstruktion

Der Mensch erobert die Erde

Vor rund 100 Jahren wurden auf Java und in der Nähe von Peking Knochen gefunden, die man später dem Frühmenschen Homo erectus zuordnen konnte. Der älteste der beiden Funde wurde auf etwa 1,8 Millionen Jahre datiert. Dies entspricht in etwa dem Alter von Funden des Homo erectus in Afrika. Wie lässt sich das erklären?

AUSBREITUNG DER FRÜHEN MENSCHEN · Nach einhelliger Ansicht der meisten Paläontologen hat die Menschheitsgeschichte ihren Ursprung in Ostafrika, in einem Gebiet des heutigen Äthiopien, Tansania und Kenia. Dort wurden etwa zwei Millionen Jahre alte Fossilien eines grazilen *Homo erectus* gefunden, der bisweilen auch als *Homo ergaster*, der *arbeitende Mensch*, bezeichnet wird. Neben den Fossilien in Ostasien und auf den indonesischen Inseln wurden auch in Südafrika, in Spanien, im Kaukasus und in Deutschland Überreste gefunden, die *Homo erectus* zuzuordnen sind.

Wenn *Homo erectus* also in Ostafrika entstanden ist, kann er nur durch Auswandern in die genannten Gebiete gelangt sein.

Wie aber war es möglich, dass er in relativ kurzer Zeit an ungefähr 10 000 Kilometer entfernte Orte gekommen ist und sogar Inseln besiedeln konnte? Nimmt man eine Ausbreitungsgeschwindigkeit von nur einem oder gar einem halben Kilometer pro Jahr an, so ergibt sich für die Bewältigung dieser Entfernungen eine Zeit, die evolutionsbiologisch als „rasch" bezeichnet werden kann. Da außerdem während der verschiedenen Eiszeiten der Meeresspiegel mehr als 100 Meter tiefer lag, entstanden Landbrücken, auf denen Meeresarme überwunden oder heutige Inseln erreicht werden konnten. Außerdem gab es im Gebiet der heutigen arabischen Halbinsel und der Sahara keine unüberwindlichen Wüsten, sodass auch hier Wanderungen möglich waren.

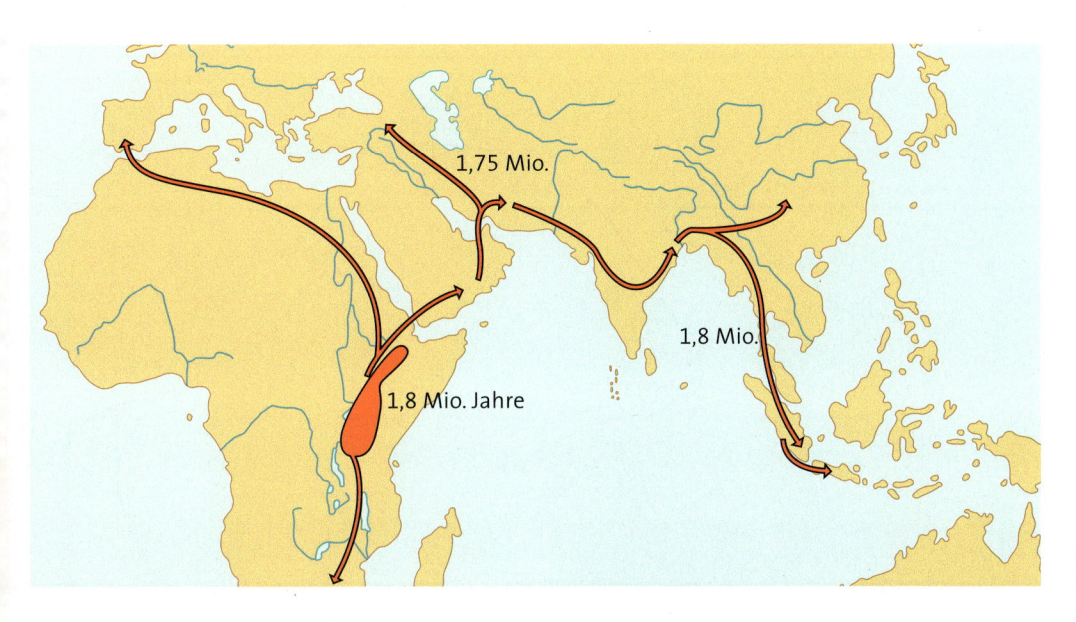

02 Die Ausbreitung von *Homo erectus*

DER NEANDERTALER · Im Jahr 1856 fanden Arbeiter in einem Steinbruch in der Nähe von Düsseldorf Knochen, die später dem **Neandertaler** zugeordnet wurden. Anhand weiterer Funde weiß man heute, dass dieser Menschentyp etwa 200 000 Jahre lang bis ungefähr vor 30 000 Jahren in Europa und im Nahen Osten lebte.

Der Neandertaler war untersetzt, hatte einen kinnlosen Kiefer und Überaugenwülste. Sein Gehirnvolumen lag mit bis zu 1500 Kubikzentimetern über dem des heutigen Menschen. Die Form eines Zungenbeinfundes zeigt, dass er die anatomischen Voraussetzungen zum Sprechen hatte. Er verwendete differenzierte Werkzeuge und benutzte Speere mit Knochenspitzen. Seine Nahrung bestand vorwiegend aus Fleisch. Er lebte in räumlich aufgeteilten Höhlen oder in Zelten aus Fellen und schützte sich mit Fellkleidung vor Kälte. Einige Knochenfunde zeigten Verletzungen, die offenkundig medizinisch behandelt worden waren. Grabbeigaben weisen auf Bestattungsrituale hin.

Als sein direkter Vorfahre gilt der *Homo heidelbergensis*, der bis vor etwa 200 000 Jahren in Europa lebte. Dieser wird von einigen Forschern als eigenständige Art, von anderen hingegen als eine an das kalte Klima angepasste Form des *Homo erectus* angesehen.

03 Neandertaler, Rekonstruktion aus dem Neandertalermuseum in Mettmann

Sicher scheint zu sein, dass der Vorfahre von *Homo heidelbergensis* vor etwa einer Million Jahren aus Nordafrika kommend in Südeuropa eingewandert ist.

1⌡ Beschreibe die Ausbreitungswege von *Homo erectus*!

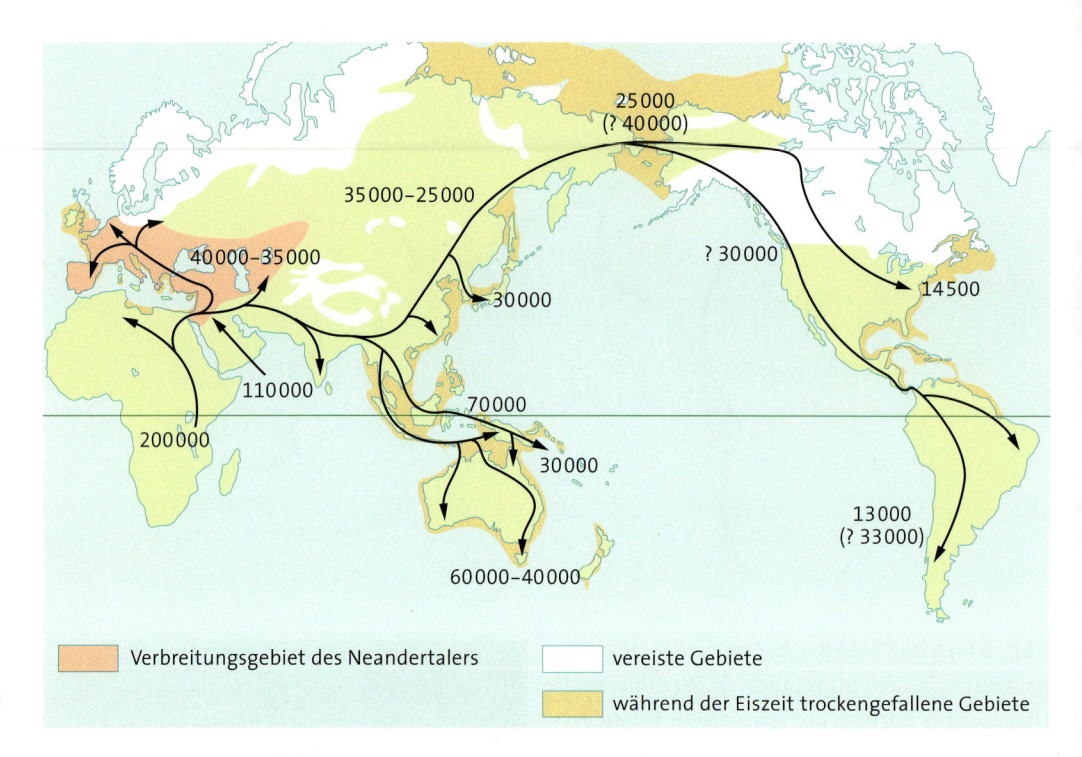

04 Die Ausbreitung
von *Homo sapiens*

AUSBREITUNG DES HOMO SAPIENS · Die Herkunft des modernen Menschen war bei Wissenschaftlern lange Zeit umstritten. Die meisten von ihnen sind aber inzwischen davon überzeugt, dass *Homo sapiens* in Afrika entstand und von dort aus die ganze Erde erobert hat. Diese **Out-of-Africa-Hypothese** wird sowohl durch Fossilmaterial als auch durch genetische Untersuchungen gestützt. Die ältesten Fossilien, die eindeutig *Homo sapiens* zugeordnet werden können, stammen aus dem heutigen Äthiopien und sind ungefähr 160 000 Jahre alt.

Die genetischen Untersuchungen wurden weltweit an 147 Menschen durchgeführt. Dabei wurde festgestellt, dass der weibliche Urahn der heutigen Menschen vor etwa 200 000 Jahren in Afrika gelebt haben muss.

Mithilfe der Untersuchungsergebnisse konnten auch die Ausbreitungswege rekonstruiert werden. Demzufolge lebte *Homo sapiens* bis vor rund 110 000 Jahren nur auf dem afrikanischen Kontinent. Danach besiedelte er zunächst Asien und später die anderen Kontinente. Im heutigen Hinterindien trennten sich die Wege zweier Gruppen: Die eine breitete sich nordwärts über Ostasien und die während der Eiszeit trockengefallene Beringstraße bis nach Nord- und Südamerika aus. Die andere zog südwärts und erreichte Australien über die ebenfalls während der Eiszeit weitgehend zusammenhängende Landmasse des heutigen Indonesien. Vor etwa 40 000 Jahren erreichte der moderne Mensch Europa. Die Besiedlung erfolgte wahrscheinlich über Vorderasien.

Nach neueren Untersuchungen enthält das Erbgut von Eurasiern, Australiern, Nord- und Südamerikanern sowie Nordafrikanern einen Anteil von zwei bis vier Prozent Neandertalergenen. Afrikaner südlich der Sahara besitzen diese Gene nicht. Dies kann nur damit erklärt werden, dass der aus Afrika auswandernde *Homo sapiens* vor etwa 100 000 Jahren mit dem im Gebiet des heutigen Nahen Ostens ansässigen Neandertaler gemeinsame Nachkommen hatte.

2 Vergleiche die Ausbreitung von *Homo sapiens* mit der von *Homo erectus*!

Material A ▸ Der Ursprung des modernen Menschen

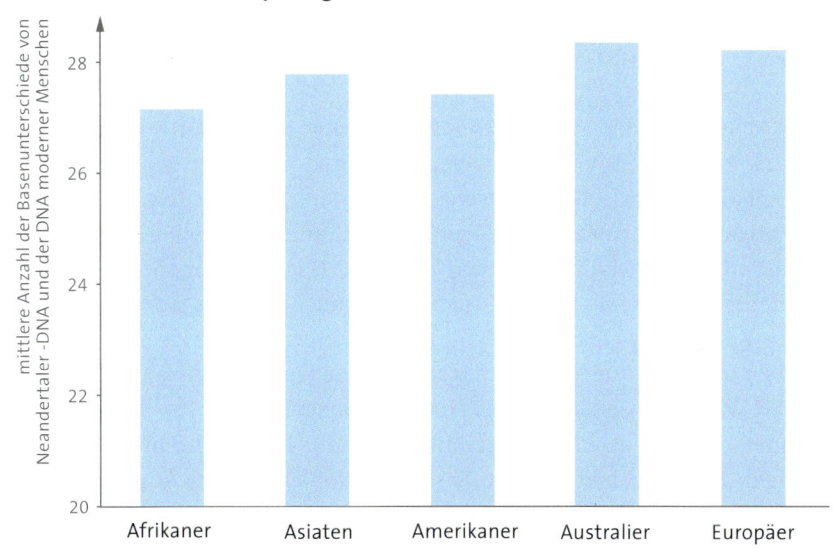

Das Diagramm zeigt die Basenunterschiede eines bestimmten Abschnitts der DNA von Neandertalern und der DNA der jeweiligen Populationen.

A1 Gib an, wie die Unterschiede in der DNA-Basensequenz zustande kommen!

A2 Vergleiche die Annahme mit der Out-of-Africa-Hypothese! Nimm dazu Seite 396 zu Hilfe!

A3 Beschreibe die im Diagramm dargestellten Ergebnisse!

A4 Werte die Ergebnisse aus und erläutere, ob die Annahme, dass der moderne Mensch durch allmähliche Veränderung regionaler Populationen entstanden ist, bestätigt oder widerlegt wird!

Der Ursprung von *Homo sapiens* war lange Zeit umstritten. Manche Wissenschaftler nahmen an, dass der moderne Mensch durch allmähliche genetische Veränderung der verschiedenen *Homo-erectus*-Populationen in den unterschiedlichen Regionen der Erde entstanden sein könnte. Um diese Annahme zu untersuchen, wurde der genetische Abstand zwischen Neandertaler und Menschen verschiedener Kontinente überprüft. Dieser ist umso größer, je mehr Unterschiede es in der Basensequenz eines bestimmten DNA-Abschnitts gibt.

Material B ▸ Vermutungen zum Aussterben des Neandertalers

Neandertaler und moderner Mensch lebten mehrere tausend Jahre in Europa nebeneinander.

Es ist nicht geklärt, weshalb der Neandertaler schließlich ausgestorben ist. Dazu einige Vermutungen:

B1 Gib an, welche Spuren Hinweise für die Richtigkeit der Vermutungen A bis D geben könnten!

B2 Erläutere, welche Probleme aufgetreten sein könnten, wenn Vermutung E zutrifft!

B3 Recherchiere vergleichbare Beispiele aus der jüngeren Menschheitsgeschichte für den Fall F und berichte!

B4 Entscheide dich für eine Vermutung und begründe!

Vermutungen zum Aussterben des Neandertalers

A Neandertaler waren Spezialisten für das kalte Klima in Europa während der Eiszeit.

B Der Neandertaler war Großwildjäger. Das Aussterben von Mammuts und anderen Beutetieren führte daher zu Nahrungsengpässen.

C Der moderne Mensch hatte bessere Waffen und hat den Neandertaler zum Aussterben gebracht.

D Die Kindersterblichkeit war bei Neandertalern höher und ihre Lebenserwartung geringer.

E Der moderne Mensch und der Neandertaler konkurrierten um die gleichen Umweltangebote und der moderne Mensch war überlegen.

F Der moderne Mensch brachte Krankheitserreger mit, gegen die der Neandertaler nicht immun war.

Menschliche Rassen – ein umstrittener Begriff

ART UND RASSE · Alle heute lebenden Menschen gehören zur Art *Homo sapiens*. Mit dem Begriff **Art** werden alle Lebewesen bezeichnet, die gemeinsam fruchtbare Nachkommen zeugen können. Genetische Untersuchungen der DNA von Fossilien deuten darauf hin, dass auch der Neandertaler zu dieser Art gehörte, aber eine eigene **Unterart** darstellte. Der biologische Begriff Unterart wird für Populationen einer Art verwendet, die sich in vielen Merkmalen unterscheiden. Manchmal wurde früher, insbesondere im englischen Sprachraum, anstelle des Begriffs Unterart auch der Begriff **Rasse** benutzt.

Von Rassen spricht man vor allem in der Tierzucht, zum Beispiel bei Hunden oder Tauben. Dort werden Tiere mit besonderen Merkmalen gezielt gepaart und von anderen artgleichen Tieren ferngehalten. Nach etlichen Generationen prägen sich bestimmte Merkmalskombinationen aus, die für die Rasse typisch sind.

01 Toilettenanlage während der Apartheid

RASSEN UND RASSENDISKRIMINIERUNG · In verschiedenen Regionen der Erde sehen Menschen unterschiedlich aus: Vor allem Körpergröße, Statur, Hautfarbe, Augenfarbe, Haarfarbe und Haarstruktur variieren stark. Deshalb hat man auch Menschen in verschiedene Rassen eingeteilt. Infolge von Abgrenzungsproblemen wurden drei, zehn oder bis zu 60 Rassen unterschieden.

Bereits in der Mitte des 19. Jahrhunderts wurde äußeren Merkmalen vielfach auch kulturelle Fähigkeiten und Intelligenz zugeordnet. Nach der Veröffentlichung von DARWINs Evolutionstheorie übertrugen viele seine Aussagen auf die menschliche Gesellschaft und begründeten damit den **Sozialdarwinismus**: Sie behaupteten, dass auch kulturelle und soziale Veränderungen der natürlichen Selektion unterlägen.

Dadurch wurde nicht mehr nur zwischen verschiedenen Rassen unterschieden, sondern diese wurden auch bewertet. So wurde die eigene Rasse als besser, überlegen oder höherwertig angesehen. Es entstand eine Weltanschauung, die andere Lehrmeinungen weitgehend ausschloss. In der Zeit des Nationalsozialismus führte diese Ideologie zur Judenverfolgung und wurde sogar zum Inhalt des Biologieunterrichts. Mit den Nürnberger Rassengesetzen rechtfertigte das NS-Regime später seine Massenmorde. Auch nach dem zweiten Weltkrieg blieb Rassendiskriminierung offiziell erhalten, in den Südstaaten der USA bis in die 1960er-Jahre und in Südafrika sogar bis 1990.

Auch heute noch gibt es Menschen, die für rassistische Parolen und diskriminierende Sprüche empfänglich sind. Dies zeigt der Zuspruch, den einige politische Gruppierungen mit ihrer zum Teil offen rassistischen Wählerwerbung erfahren.

MENSCHENGRUPPEN · Bei der Begutachtung von Menschen war man lange Zeit nur auf die Feststellung äußerer Merkmale angewiesen. So wurden Menschen verschiedener Kontinente vermessen, gezeichnet, fotografiert und danach klassifiziert. Heute forscht man mit molekulargenetischen Methoden, um die Verwandtschaft verschiedener Menschengruppen zu untersuchen. Dabei stellt man immer wieder fest, dass es nur sehr geringfügige Unterschiede zwischen menschlichen Populationen gibt. Zum Beispiel belegten Untersuchungen an mehr als 1000 Personen aus 51 verschiedenen Populationen, die im Jahr 2008 veröffentlicht wurden, dass eine scharfe genetische Trennung zwischen den einzelnen Populationen nicht möglich ist. Man beobachtete lediglich sehr feine geografische Abstufungen im Erbgut von Menschen verschiedener Regionen.

Aufgrund dieser Erkenntnisse erklärte die UNESCO, die Organisation der Vereinten Nationen für Erziehung, Wissenschaft und Kultur, im Jahr 1995, dass die Anwendung des Rassebegriffs auf den Menschen wissenschaftlich nicht mehr vertretbar sei.

BEISPIEL HAUTFARBE · Ein wichtiges Kriterium der Rassentheorie war die Hautfarbe. Aber welche Bedeutung hat die Hautfarbe für die Evolution des Menschen?

Wissenschaftler nehmen an, dass die dunkle Hautfarbe bei den frühen Menschen entstand, nachdem sie ihre dichte Körperbehaarung verloren hatten. Die Pigmentierung der Haut schützt vor schädlicher UV-Strahlung und verringert dadurch das Krebsrisiko. Deshalb ist in Gegenden mit hoher Sonneneinstrahlung eine dunkle Haut von Vorteil. In Gegenden mit wenig Sonneneinstrahlung hingegen sind hellhäutige Menschen besser angepasst. Zudem benötigt der Mensch eine geringe Dosis UV-Strahlung zur Synthese von Vitamin D, das für die Kalkeinlagerung bei der Knochenbildung wichtig ist.

Im Jahr 2005 entdeckten Wissenschaftler zwei Varianten eines an der Pigmentsynthese beteiligten Enzyms, die sich nur geringfügig unterscheiden. Bei hellhäutigen Menschen ist an Position 111 eine einzige Aminosäure ausgetauscht. Hierdurch ist die Wirkung des Enzyms gegenüber dem Enzym dunkelhäutiger Menschen wesentlich herabgesetzt. Eine kleine genetische Veränderung hat also eine große Auswirkung auf das äußere Erscheinungsbild.

Dies scheint bei anderen genetisch bedingten Unterschieden der Körperoberfläche ähnlich zu sein. Es leuchtet ein, dass vor allem solche Gene unterschiedlich selektiert wurden, die in Anpassung an unterschiedliche Klimazonen äußere Merkmale bestimmen. Weil aber das äußere Erscheinungsbild so unterschiedlich ist, nahm man Gleiches auch vom Rest der genetischen Ausstattung an. Dies ist jedoch ein Trugschluss: Der genetische Unterschied aller Menschen ist nur sehr gering.

1 ⌡ Vergleiche, welche Unterschiede zwischen menschlichen Populationen biologisch festgestellt und welche von Rassisten behauptet werden!

02 Jugendliche verschiedener Kulturen

01 Klassenarbeit

Stress

> *Für viele Schülerinnen und Schüler ist die Klassenarbeit eine Belastung. Wie reagiert der Körper auf solche und andere belastende Situationen?*

STRESS · Jeder von uns kennt das Gefühl, wenn bei Klassenarbeiten und ähnlichen Prüfungen unser Herz schneller und heftiger klopft, die Atmung rascher geht und wir das Gefühl haben, hellwach zu sein. Häufig ist jedoch auch Angst im Spiel. Man fasst solche seelischen Anspannungen und andere Einstellungen des Körpers auf belastende oder gefährliche Situationen unter dem Begriff **Stress** zusammen. Reize, die Stress auslösen, die *Stressoren*, stammen in der Regel aus unserer Umwelt. Jedoch können wir auch uns selbst unter Stress setzen, zum Beispiel wenn unser Ehrgeiz uns antreibt, ein möglichst gutes Ergebnis bei einer Prüfung zu erzielen. Wir empfinden Stressoren nicht immer als belastend. Sportliche Herausforderungen empfinden viele als angenehm. Man bezeichnet positive Belastungen als *Eustress*, unangenehmen Stress dagegen als *Disstress*.

lateinisch stringere = anspannen

KURZZEITSTRESS · Die Antwort des Körpers auf Stress geht vom Gehirn aus. Es nimmt die Stressoren wahr. Von einem Bereich des Zwischenhirns, dem Hypothalamus, läuft danach die Erregung über das Rückenmark und die Nervenfasern des *Sympathikus*, einem Teil des vegetativen Nervensystems, zu den Organen. Unter anderem führt das dazu, dass das Herz schneller schlägt. Von besonderer Bedeutung aber ist die Wirkung des Sympathikus auf Hormondrüsen, die wie eine kleine Kappe oben auf jeder der beiden Nieren sitzen. Wegen ihrer Lage werden sie als **Nebennieren** bezeichnet. Sie bestehen aus einem zentralen Bereich, dem *Nebennierenmark,* und einem außen liegenden, der *Nebennierenrinde.* Der Sympathikus zieht zum Nebennierenmark. Er regt dort die Ausschüttung der Hormone **Adrenalin** und **Noradrenalin** in die Blutbahn an.

Adrenalin und Noradrenalin wirken an vielen Stellen des Körpers. Sie erhöhen die Herzschlagfrequenz und erweitern die Verzweigungen der Luftröhre, die Bronchien. Dadurch

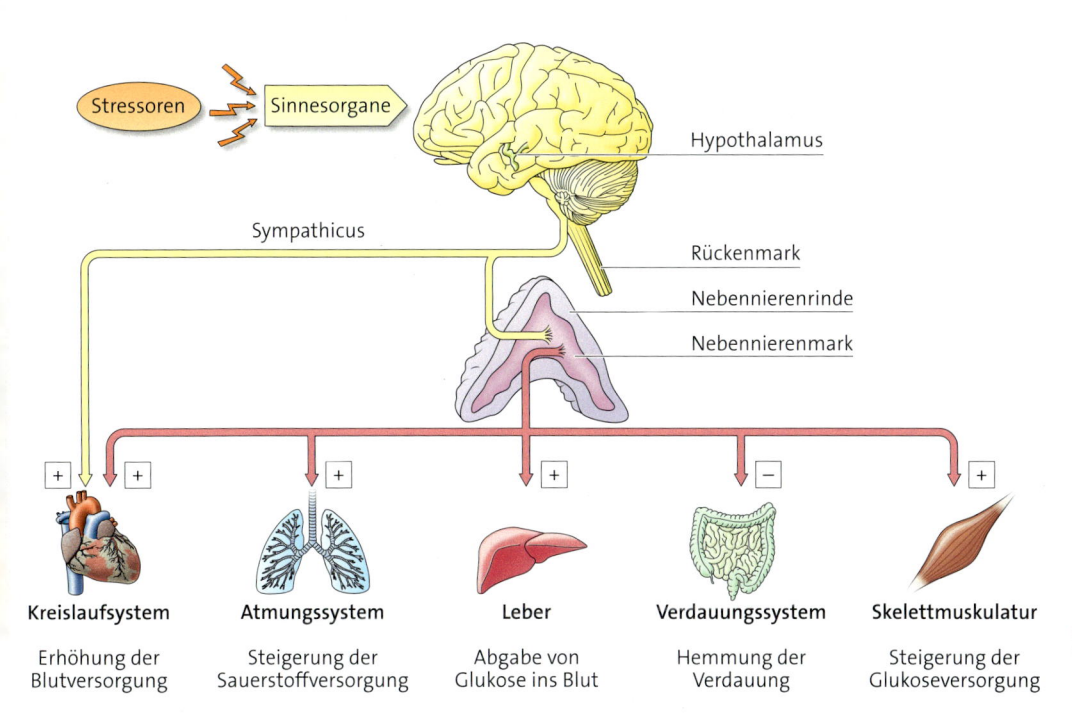

Kreislaufsystem	Atmungssystem	Leber	Verdauungssystem	Skelettmuskulatur
Erhöhung der Blutversorgung	Steigerung der Sauerstoffversorgung	Abgabe von Glukose ins Blut	Hemmung der Verdauung	Steigerung der Glukoseversorgung

02 Vorgänge und Wirkungen von Kurzzeitstress

erhalten die Zellen des Körpers mehr Sauerstoff. Ebenso fördern diese Hormone den Abbau von Glykogen in der Leber und die Abgabe der gebildeten Glukose in das Blut. Dadurch steht den Zellen mehr Glukose für den Energiestoffwechsel zur Verfügung. Energiebedürftige Vorgänge können daher stärker ablaufen, zum Beispiel die Kontraktion von Muskelzellen. Die Blutgefäße von Herz, Gehirn und Skelettmuskeln werden unter dem Einfluss von Adrenalin erweitert, die der Verdauungsorgane und der Haut werden verengt. Das ist vorteilhaft, denn so werden die Organe stärker mit Blut, also mit Sauerstoff und Nährstoffen, versorgt, die in der Stresssituation besonders leistungsfähig sein sollten. Die in dieser Situation weniger wichtigen Organe erhalten eine geringere Blutmenge. Der Sympathikus und die Hormone Adrenalin und Noradrenalin erhöhen also sehr schnell die Leistungsfähigkeit des Körpers.

Eine Stressreaktion kann lebenswichtig sein. In der Steinzeit zum Beispiel musste die Leistungsfähigkeit des Körpers schnell erhöht werden, wenn ein Raubtier angriff. Die stärkere Aktivität des Sympathikus und die Ausschüttung von Adrenalin und Noradrenalin erhöht allerdings nur für kurze Zeit die Leistungsfähigkeit. Man spricht daher von **Kurzzeitstress.** Er bereitet den Körper auf Kampf oder Flucht vor. Die Veränderungen werden daher auch als **„fight or flight syndrome"** bezeichnet.

Der Kurzzeitstress sicherte unseren Vorfahren das Überleben. Die Menschen der Steinzeit waren vielen Gefahren ausgesetzt. Die Stressreaktion ermöglichte es ihnen, auf Bedrohungen schnell mit Kampf oder Flucht zu reagieren. Kurzzeitig waren und sind infolge der Stressreaktion körperliche Höchstleistungen möglich.

Heute wird der Körper durch den Kurzzeitstress häufig in eine erhöhte Leistungsfähigkeit gebracht, die Leistung erfolgt aber gar nicht, weil es weder zum Angriff noch zur Flucht kommt. Klettern im Hochseilgarten zum Beispiel empfinden Menschen mit Höhenangst als unangenehm und sind gestresst. Sie leiden unter Atemnot, Schwindel und Schwitzen und möchten die Situation vermeiden und flüchten. Die Unterdrückung der Flucht kann zu starken Reaktionen bis hin zur Verkrampfung und Erstarrung führen.

LANGZEITSTRESS · Hitze, Kälte, Hunger, Durst, ultraviolette Strahlung und weitere Umwelteinflüsse können den Körper über längere Zeit belasten. Die gleichen Wirkungen haben aber auch Überforderung im Beruf oder in der Schule, Partnerschaftskonflikte, übergroßer Ehrgeiz, Zusammenleben auf engem Raum, Einsamkeit und Mobbing. Solche Stressoren führen zu *psychischem Stress*. Auch Krankheiten, Dauerschmerz und körperliche Beeinträchtigungen sind solche langfristigen Belastungen. Alle diese Stressoren sind die Ursachen für **Langzeitstress.**

Stressoren, die Langzeitstress auslösen, erregen über die Sinnesorgane und das Großhirn auch den Hypothalamus. Der schüttet daraufhin ein Hormon aus, das in der Hypophyse zur Freisetzung des Hormons *ACTH* führt. Dieses Hormon regt die Nebennierenrinde an, mehrere weitere Hormone auszuschütten. Ein wichtiges davon ist *Cortisol*. Die Ausschüttung von ACTH wird unter anderem dadurch geregelt, dass Cortisol in einer negativen Rückkopplung die Hypophyse hemmt, ACTH abzugeben.

Cortisol wirkt an vielen Stellen im Körper. Es begünstigt Ablagerungen in den Arterien. Dadurch verengen sie sich, sodass sich der Blutdruck erhöht. Infolgedessen steigt das Risiko

ACTH = adrenocorticotropes Hormon

eines Herzinfarkts oder eines Schlaganfalls. Cortisol vermehrt auch die Bildung von Magensaft. Oft sind Magenschleimhautentzündungen oder Magengeschwüre die Folge. Außerdem schwächt dieses Hormon das Immunsystem, sodass häufiger Infektionen auftreten. Unter dem Einfluss von Cortisol kommt es zur Umwandlung von Proteinen in Glukose. Vor allem Muskeln werden dadurch abgebaut, sodass das Körpergewicht abnimmt. Auch Störungen bei der Bildung von Sexualhormonen treten durch die Wirkung von Cortisol auf. Dadurch kann es zu Fehlgeburten und zum Ausbleiben des Eisprungs sowie bei Männern zu Sterilität und Impotenz kommen.

Häufig aufeinanderfolgender Kurzzeitstress führt zur vermehrten Ausschüttung von Cortisol und hat damit die gleichen Auswirkungen wie Langzeitstress. Langzeitstress führt zu körperlicher und psychischer Erschöpfung. Wer längere Zeit unter Stresssymptomen leidet, sollte sich ärztliche Hilfe suchen. Auch Sport oder Entspannungsübungen können die Folgen von Langzeitstress vermindern.

1 ⌟ Nenne die Wirkungen von Adrenalin und Noradrenalin sowie von Cortisol!

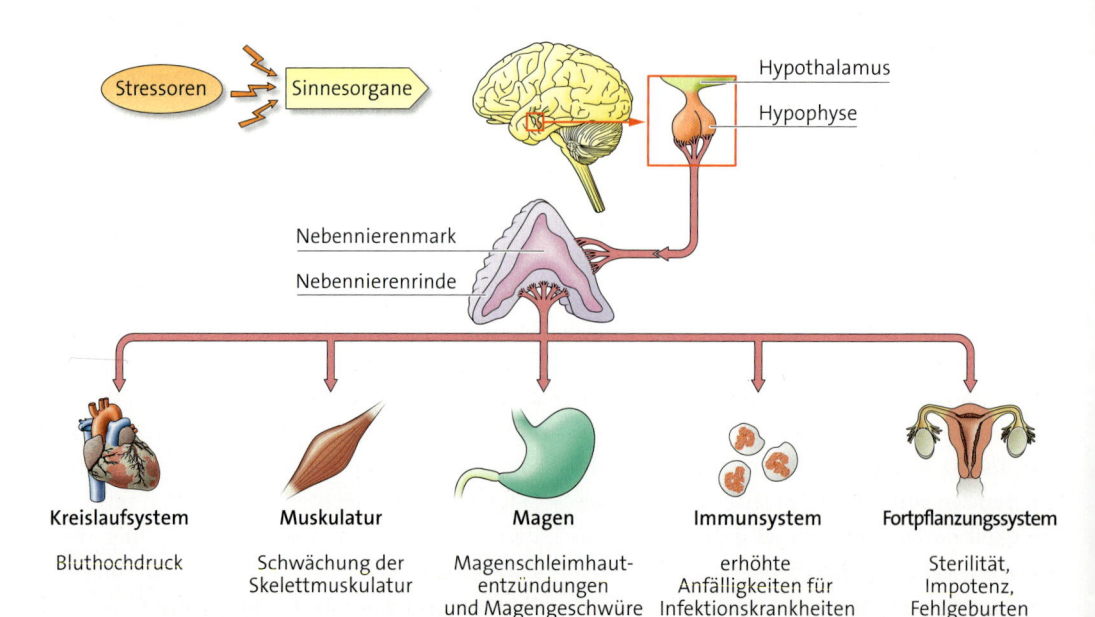

03 Schädliche Wirkungen von Langzeitstress

Kreislaufsystem	Muskulatur	Magen	Immunsystem	Fortpflanzungssystem
Bluthochdruck	Schwächung der Skelettmuskulatur	Magenschleimhautentzündungen und Magengeschwüre	erhöhte Anfälligkeiten für Infektionskrankheiten	Sterilität, Impotenz, Fehlgeburten

Hypothalamus
Hypophyse
Stressoren
Sinnesorgane
Nebennierenmark
Nebennierenrinde

Material A ▶ Stresssituationen

1) Geburtstagsparty
2) Knochenbruch beim Fußballspiel
3) weit überzogenes Konto
4) Verliebtheit in einen neuen Partner
5) Trennung der Eltern
6) Diskobesuch
7) Schulwechsel
8) dauerhaft getrennt werden von Freund oder Freundin
9) Wohnungswechsel
10) Wettkampf bei Bundesjugendspielen
11) Führerscheinprüfung
12) Auftritt bei Theateraufführung

C

A1 Ordne die in den Abbildungen und der Liste dargestellten Situationen folgenden Stressformen zu: Eu- oder Disstress, Kurz- oder Langzeitstress!

A2 Vergleiche die Vorgänge im Körper bei einem der in der Liste aufge-

führten Beispiele für Kurzzeitstress mit einem Beispiel für Langzeitstress!

A3 Nenne Veränderungen deines Schulalltags, durch die Stress vermieden werden könnte!

Material B ▶ Tupaias

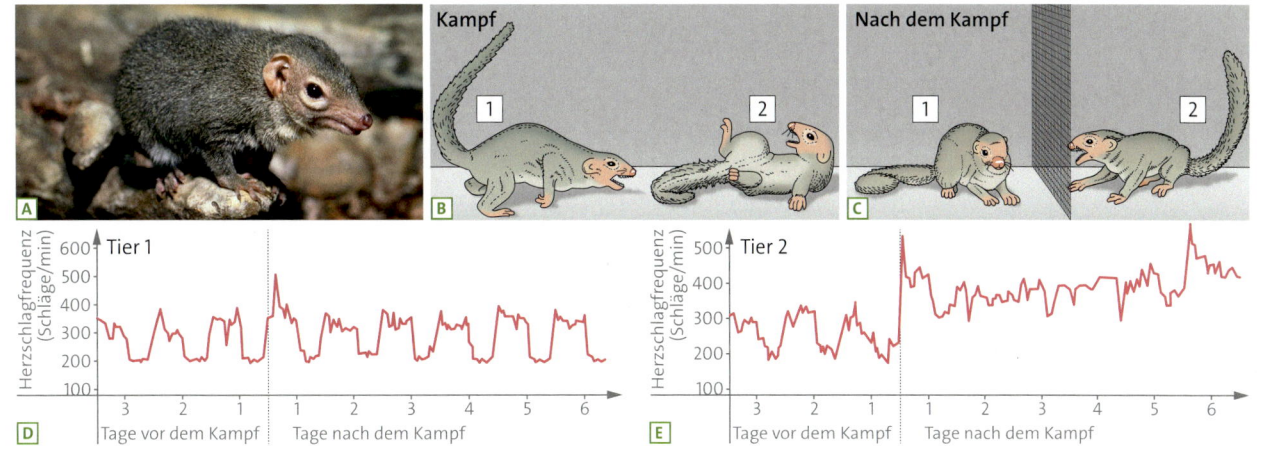

Kampf 1 2

Nach dem Kampf 1 2

A   B   C

Tier 1 — Herzschlagfrequenz (Schläge/min) 600 500 400 300 200 100

3 2 1 | 1 2 3 4 5 6
Tage vor dem Kampf | Tage nach dem Kampf

D

Tier 2 — Herzschlagfrequenz (Schläge/min) 500 400 300 200 100

3 2 1 | 1 2 3 4 5 6
Tage vor dem Kampf | Tage nach dem Kampf

E

Tupaias sehen ähnlich aus wie Eichhörnchen, sind aber sehr ursprüngliche Verwandte der Affen. In einem Versuch wurden zwei Männchen nach einem Kampf durch einen Maschendraht voneinander getrennt. Die Tiere konnten sich immer wieder sehen und riechen. Die Diagramme zeigen die Schlagfrequenz des Herzens der beiden Rivalen.

B1 Stelle in einem Pfeildiagramm die hormonelle und nervöse Regelung dar, die bei beiden Tieren in B abläuft!

B2 Vergleiche die beiden Diagramme D und E!

B3 Erkläre den Kurvenverlauf nach dem Kampf im Diagramm E!

B4 Erkläre, weshalb zu erwarten ist, dass im Versuch das Körpergewicht des unterlegenen Tieres in den Tagen nach dem Kampf sinkt!

B5 Erkläre an diesem Beispiel, weshalb Kämpfe mit klaren Gewinnern und Verlierern für beide vorteilhaft sein können!

A ► Evolution des Menschen

B ► Die Stressreaktion

Kann ich …

1 Probleme bei der Erforschung der Stammesgeschichte beschreiben? *(Seite 388)*

2 Merkmale der Verwandtschaftsgruppe der Primaten nennen, die für die Entwicklung zum Menschen bedeutsam sind? *(Seite 389)*

3 Mögliche Ursachen für den Erwerb des aufrechten Ganges nennen und die damit verbundenen Auswirkungen beschreiben? *(Seite 390)*

4 die Herstellung von Werkzeugen als einen wesentlichen Schritt in der Menschwerdung erläutern? *(Seite 390)*

5 begründen, weshalb die Beherrschung des Feuers ein wichtiger Entwicklungsschritt hin zum Menschen gewesen ist? *(Seite 391)*

6 erläutern, dass die Entwicklung der Menschen in Afrika ihren Ursprung hatte? *(Seite 396)*

7 die Ausbreitung von *Homo erectus* und *Homo sapiens* beschreiben? *(Seite 394 bis 396)*

Kann ich …

1 beschreiben, was man unter Stress versteht? *(Seite 400)*

2 die Vorgänge und Wirkungen des Kurzzeitstresses beschreiben? *(Seite 400 und 401)*

3 die Bedeutung der Stressreaktion für das Überleben der Menschen in der Steinzeit erläutern? *(Seite 401)*

4 den Kurzzeitstress mit dem Langzeitstress vergleichen? *(Seite 400 bis 402)*

5 die beim Langzeitstress beteiligten Hormone und deren Funktion nennen? *(Seite 402)*

Kann ich aus dem Kapitel „Biologische Anthropologie" Beispiele nennen für das Basiskonzept:
* Entwicklung?

Aufgaben sind ein wichtiger Bestandteil deines Biologiebuchs „Biosphäre 7–10" und unterstützen auf vielfältige Weise das Lernen. Um Aufgaben lösen zu können, müssen sie richtig verstanden werden. Hierbei ist es wichtig, verschiedene Typen von Aufgaben unterscheiden zu können. Der Operator, das Verb der Aufgabenstellung, gibt dir die Anweisung, welche Form der Aufgabenbearbeitung gefordert ist. Im Folgenden findest du zu den verschiedenen Operatoren jeweils eine Beschreibung und Beispielaufgaben mit Lösungen.

NENNEN · Aufgaben mit dem Verb „Nennen" fordern lediglich dazu auf, bestimmte Sachverhalte, Begriffe oder Daten ohne Erläuterungen, aufzuzählen. Auch das Beschriften einer Abbildung gehört dazu.

Beispielaufgabe: Nenne wichtige Produzenten und Konsumenten erster Ordnung im offenen Meer!

Lösung: Produzenten im offenen Meer = Pflanzenplankton, einzellige Algen;
Konsumenten 1. Ordnung im offenen Meer = Tierplankton, zum Beispiel Kleinkrebse, die einzellige Algen fressen

BESCHREIBEN · Aufgaben mit dem Verb „Beschreiben" zielen darauf ab, wichtige Eigenschaften von Strukturen, Sachverhalten oder Zusammenhängen mit eigenen Worten strukturiert und mithilfe der Fachsprache in ganzen Sätzen wiederzugeben.

Beispielaufgabe: Beschreibe die Nahrungsbeziehungen im Ökosystem Trockenmauer!

Lösung: Die Grundlage für die Nahrungsbeziehungen im Ökosystem Trockenmauer stellen die Pflanzen der Trockenmauer dar. Sie bauen durch Fotosynthese Nährstoffe auf und werden deshalb als Produzenten bezeichnet. Pflanzenfresser, wie Asseln und Schnecken, die sich sowohl von den lebenden Pflanzen als auch von abgestorbenen Pflanzenresten ernähren, sind Konsumenten erster Ordnung. Asseln werden zum Beispiel von den räuberisch lebenden Steinläufern gefressen, die man als Konsumenten zweiter Ordnung bezeichnet.

Räuberische Tiere, die sich wiederum von anderen Räubern ernähren, wie die Mauereidechse, stehen am Ende dieser Nahrungskette und sind Konsumenten dritter Ordnung. Bakterien und Pilze bauen die Nährstoffe abgestorbener Pflanzenreste, toter Tiere und Tierkot zu Mineralstoffen ab, die Pflanzen wieder aufnehmen können. Sie sind die Destruenten oder Mineralisierer des Biotops.

VERGLEICHEN · Bei Aufgaben mit dem Verb „Vergleichen" sollen Gemeinsamkeiten und Unterschiede von Merkmalen, den Vergleichskriterien, festgestellt werden. Die Ergebnisse lassen sich in Textform oder zum Beispiel in Form einer Tabelle darstellen.

Beispielaufgabe: Vergleiche das Vorkommen von Organellen in Pflanzen- und Tierzellen miteinander!

Lösung:

	Tierzelle	Pflanzenzelle
Zellkern	+	+
Mitochondrien	+	+
Chloroplasten	-	+
Endoplasmatisches Retikulum	+	+
Golgi-Apparat	+	+
Vesikel	+	+
Vakuole	-	+
Ribosomen	+	+
Zellwand	-	+

+ = vorhanden; - = nicht vorhanden

ERKLÄREN · Aufgaben mit dem Verb „Erklären" verlangen, dass die Ursachen und Zusammenhänge zu einem bestimmten Sachverhalt verständlich gemacht werden.

Beispielaufgabe: Erkläre, weshalb das Anpflanzen von Pflanzen mit Knöllchenbakterien das Wachstum anderer Pflanzen fördert!

Lösung: Die Knöllchenbakterien binden den Luftstickstoff und überführen ihn in Ammonium. Beim Anpflanzen von Pflanzen mit Knöllchenbakterien wird deshalb der Boden mit Ammonium angereichert. Pflanzen ohne Knöllchenbakterien können Luftstickstoff zum Aufbau von organischen Stickstoffverbindungen nicht nutzen. Enthält aber der Boden reichlich Ammonium, das auch von diesen Pflanzen genutzt werden kann, wird damit auch deren Wachstum gefördert.

ERLÄUTERN · Aufgaben mit dem Verb „Erläutern" fordern dazu auf einen Sachverhalt veranschaulichend und durch zusätzliche Informationen verständlich darzustellen. Hilfreich ist die Verwendung weiterer Beispiele, Vergleiche oder auch Bezüge zu den biologischen Prinzipien.

Beispielaufgabe: Erläutere Maßnahmen, mit denen die Folgen menschlicher Eingriffe in das Ökosystem Fließgewässer abgeschwächt werden können!

Lösung: Durch Abwasserreinigung oder Abwasserklärung kann die Wasserqualität eines Fließgewässers verbessert werden und als Trinkwasser erhalten bleiben. Hierbei wird zunächst Abfall entfernt, bevor Bakterien gelöste Stoffe und Fäkalien abbauen. In einer chemischen Bearbeitung werden Schadstoffe entfernt. Das so gewonnene, sauberere Wasser kann wieder vielen Wasserorganismen als Lebensraum dienen, wenn es zurück in das Fließgewässer geleitet wird.
Durch Renaturierungsmaßnahmen können Lebensräume für Wasserorganismen geschaffen werden und die Hochwassergefahr verringert werden. Dadurch erhöht sich die Artenanzahl der Lebewesen, wodurch die Selbstreinigungskraft eines Fließgewässers erhöht wird.

BEURTEILEN · Bei Aufgaben mit dem Verb „Beurteilen" soll zu einem bestimmten Sachverhalt ein selbstständiges Urteil abgegeben und unter Verwendung der Fachsprache sachlich begründet werden.

Beispielaufgabe: Beurteile, ob bei der Genommutation „Trisomie 21" die Ultraschalluntersuchung für die pränatale Diagnose geeignet ist!

Lösung: Da die Ultraschalluntersuchung mehrfach während der Schwangerschaft durchgeführt wird, kann man das Wachstum des Embryos beobachten. Die im Verhältnis zum Rumpf längeren Arme und Beine müssten auffallen, ob das jedoch als sichere Diagnose ausreicht ist eher fraglich. Denn auch bei gesunden Kindern könnten solche körperlichen Auffälligkeiten auftreten.

EINE VERMUTUNG UND EINE HYPOTHESE AUFSTELLEN · Bei diesem Aufgabentyp soll zu einer bestimmten Frage eine begründete Vermutung als Antwort formuliert werden. Erst wenn eine Vermutung mithilfe von Beobachtungen oder Sachinformationen begründet wird, nennt man sie eine Hypothese. Sie kann durch eine Überprüfung bestätigt oder verworfen werden.

Beispielaufgabe: Stelle Vermutungen an, weshalb ein Arzt bei einer Untersuchung den Kniesehnenreflex prüft!

Lösung: Vermutlich prüft der Arzt, ob die motorischen Nervenzellen im Rückenmark richtig arbeiten. Ebenso kann er mit dem Reflex prüfen, ob die Rückenmarksnerven funktionstüchtig sind.

Beispielaufgabe: Stelle eine Hypothese auf, welche die unterschiedliche Verteilung von Stäbchen und Zapfen erklärt!

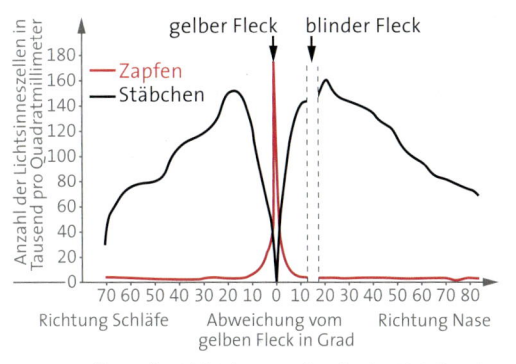

01 Verteilung der Lichtsinneszellen in der Netzhaut

Lösung: Hypothese: *„Stäbchen und Zapfen sind unterschiedlich lichtempfindlich."*
Die sehr lichtempfindlichen Stäbchen, die für das Dämmerungssehen zuständig sind, befinden sich deshalb eher am Rand des Auges, wo der Lichteinfall gering ist. Da auf die Stelle des schärfsten Sehens das meiste Licht trifft befinden sich hier die Zapfen, welche nicht so lichtempfindlich sind wie die Stäbchen. Sie sind für das Tages- und Farbsehen zuständig.

EIN DIAGRAMM ERSTELLEN UND AUSWERTEN

· Bei der Bearbeitung einer solchen Aufgabe ist es wichtig, ein zum Inhalt passendes Diagramm auszuwählen. Überschrift, Achsenbeschriftungen oder eine Legende sind immer Bestandteil eines Diagramms.
Grundlage für die Auswertung eines Diagramms ist seine Beschreibung. Die Auswertung oder Deutung erfordert nicht nur eine Schlussfolgerung aus dem Diagramm zu nennen, sondern auch zu begründen, weshalb sie aus den Ergebnissen hervorgeht.

Beispielaufgabe: Stelle den Temperaturverlauf der beiden Messpunkte in einem Diagramm dar!

Temperaturen in Grad Celsius		
Uhrzeit	Messpunkt 1	Messpunkt 2
15.30 Uhr	19,4	16,0
16.30 Uhr	18,2	15,3
17.30 Uhr	13,9	13,7
18.30 Uhr	12,9	13,0
19.30 Uhr	10,2	12,6

Lösung: Messung des Temperaturverlaufs

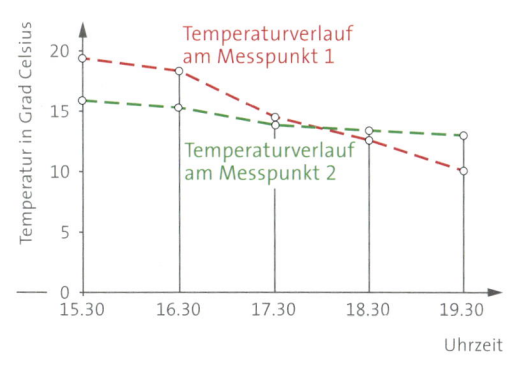

02 Messung des Temperaturverlaufs

Beispielaufgabe: Beschreibe das Kurvendiagramm und werte es aus!

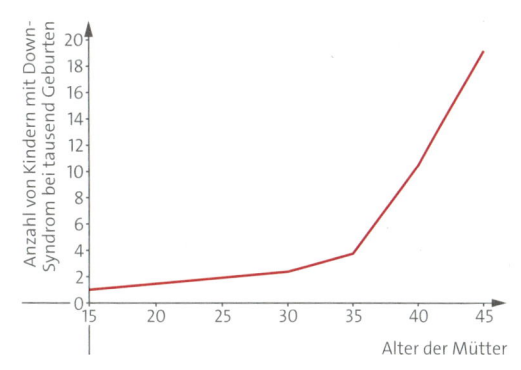

03 Kinder mit Down-Syndrom

Lösung: In dem Kurvendiagramm ist der Anteil der Kinder mit Down-Syndrom an der Gesamtheit der Kinder in Abhängigkeit zum Alter der Mütter dargestellt. Die Y-Achse gibt den Anteil der Kinder in Promille an, während auf der X-Achse das Alter der Mütter in Abständen von fünf Jahren aufgetragen ist. Bis zum Alter von 35 Jahren steigt die Kurve nur flach an und erreicht den Wert von circa 4 Promille der Kinder mit Down-Syndrom. Im Alter zwischen 35 und 45 Jahren steigt dagegen die Kurve steil an. Die Wahrscheinlichkeit, Kinder mit Down-Syndrom zu bekommen, erhöht sich auf 19 Promille bei 45 Jahre alten Müttern. Da die Bildung der späteren Eizellen schon während der Embryonalentwicklung beginnt, steigt das Risiko einer Fehlverteilung mit zunehmendem Alter der Mutter.

A

ABO-System *356 ff.*
Abdruck *67*
Abhängigkeit *274*
abiotische Umwelt-
  faktoren *160 f., 164, 168 f.*
Abwasser *190, 195, 197*
Achillessehnenriss *298*
Adaptation *242*
adäquate Reize *239, 243*
additive Farbmischung *250*
Adenin *339*
Adenosintriphosphat
  (ATP) *293 f.*
Aderhaut *242*
Adrenalin *400*
Aids *231, 322*
Akkommodation *244*
Akne *217*
Aktinfilament *292, 293*
Aktionspotenzial *265*
aktive Immunisierung *319*
Alkohol *274*
Allel *334, 337, 353, 355*
Allergen *323*
Allergie *323*
Allergietest *323*
Allesfresser *171*
Aminosäure *97, 109, 147, 281,
  346 ff.*
• essenzielle *109 f.*
Aminosäuresequenz *346,
  350*
Amöbe *52, 53, 55*
Amphetamine *274*
Amphibien *75 ff.*
Amylase *104, 110*
Anaphase *330, 343*
Angepasstheit *81, 85, 187 f.*
Anhefter *188*
Anpassung *297*
Ansteckung *304*
Antagonist *287, 291*
Antibiotika *306*
Antigen *316, 318 f., 357*
Antikörper *316 ff., 357*
Aorta *124, 125, 128, 130*
Äquatorialebene *330, 343 f.*
Arbeitsgedächtnis *273*
Archaeen *14 ff.*
Archaeopteryx *64, 70 f., 73*
Art *15, 21, 84 f., 398*
Artenschutz *211*
Artensterben *207*
Artenvielfalt *182, 204 f., 211*
Arterie *124, 126*
Arterienpumpe *126*

Assoziationsfeld des
  Sehens *252*
Atembewegung *115, 117*
Atemöffnung *33*
Atmung *114 f.*
Atmungsorgan *114*
Atom *135*
ATP *293 f.*
aufrechter Gang *389 f., 393*
Auge *242 ff.*
• Adaption *242*
• Aderhaut *242 f.*
• Anpassung *244*
• Bildentstehung *244*
• Bildwahrnehmung *251*
• Lichtbrechung *247*
• Lichtstrahlen *239*
• Sehsinn *239*
Augenfleck *54*
Augenkammer *242*
Augenlid *242*
Augentierchen *54 f.*
Auslesezüchtung *368*
Außenskelett *32*
Australopithecus *390, 392*
• afarensis *390, 392*
autotroph *153, 166*
AVERY, Oswald *338*
Axon *264, 270*

B

Bakterien *14, 16, 17, 304 ff.,
  312, 314, 373*
• transgene *373*
Bakterienzelle *305*
Balken *268 f.*
Ballaststoff *96, 98, 281 f.*
Bandenmuster *379*
Bänderriss *298*
Bandwurm *311*
Bärlappgewächs *50*
Barthaar *216*
Base *338, 340, 347, 349*
Basensequenz *347*
Basentriplett *347 ff.*
Basiskonzept *294*
• Energie *294*
• Entwicklung *82*
• Struktur-Eigenschaft-
  Funktion *116*
• System *94*
Bauchatmung *115, 118*
Bauchspeichel *103*
Bauchspeicheldrüse *102,
  108, 112, 287*
Baumfarn *63*

Baumschicht *166*
Bedecktsamer *46, 64 f.*
Befruchtung *342, 344*
• äußere *76*
• innere *76*
Belohnungssystem *274*
Bergahorn *49*
Bernstein *67*
Beuger *294*
Beute *172*
Bevölkerungsent-
  wicklung *202*
Bewegung *10 ff., 261, 292 f.*
• willkürliche *270*
Bewegungsmangel *297*
Bewirtschaftung *182*
Beziehung *223*
Bienenstock *33*
Bildentstehung *244*
Binde *227*
Bindegewebe *93, 292 f.*
Bindegewebshülle *262*
Biodiversität *182, 204 f., 207*
Biomasse *178, 179*
Biosphäre *162*
biotische Umwelt-
  faktoren *161, 170 ff.*
Biotop *160 f.*
Biotopschutz *211*
Biozönose *161*
Birkenpilz *51*
Bisexualität *224*
Bläschendrüse *220*
Bläschenkeim *228*
Blätterpilz *51*
blinder Fleck *243*
Blut *120 ff.*
Blutbestandteile *120 ff.*
Blutdruck *126*
Blütendiagramm *40 ff.*
Blütenformen *45*
Blütenpflanzen *40 ff.*
Blütenstand *44*
Bluterkrankheit *123*
Blutgefäß *124 ff.*
Blutgerinnung *122*
Blutgruppe *357*
Blutkreislauf *124 f., 127*
• doppelter *125*
Blutplasma *120*
Blutplättchen *122*
Blutserum *122*
Blutzellen
• rote *120 ff.*
• weiße *121 ff.*
Blutzuckerspiegel *286 ff.*
Bodenerosion *200, 202*

Bodenlebewesen *24*
Borkenkäfer *172*
Brackwasser *186*
Brechkraft *247*
Brennpunkt *246*
Bronchien *114*
Bronchiolen *116*
Brustatmung *115*
Brustkorb *115, 128*
Bulimie *285*
Bt-Mais *374, 375*
Buntspecht *172*

C

CAJAL, Ramón Y *266*
Cannabis *274*
CARLOWITZ, Hans Carl
  von *208*
Chemorezeptor *256*
Chitin *16, 32*
Chlorophyll *142*
Chloroplast *54, 142, 146, 148,
  305*
Cholera *304, 306*
Chromatid *329*
Chromatinfaden *339*
Chromoplast *143*
Chromosomen *328 ff., 333,
  339, 342 f., 361*
• Arbeitsform *329*
• Bau *339*
• homologe *333*
• Neukombination *344*
• Transportform *329*
Chromosomenpaar *333, 344*
Chromosomensatz *333*
• diploid *323, 342*
• haploid *333, 342 f.*
Clique *218*
Codesonne *349*
Codon *347 f.*
Coitus interruptus *230*
Coming-out *224*
Cortisol *402*
CRICK, Francis *338*
Curare *267*
Cytosin *339*

D

Darmzotte *103*
DARWIN, Charles *84 ff.*
Deckgewebe *93*
Dendrit *264*
Desoxyribonukleinsäure
  (DNS oder DNA) *338*
Desoxyribose *338 f., 348*

Destruent *162, 171, 189*
Diabetes mellitus *288 f.*
Diaphragma *231*
Diastole *130*
Dickdarm *112*
Digitales Herbarium *48*
diploid *333, 371*
diploider Chromoso-
  mensatz *342*
Disstress *400*
DNA *338 ff., 346, 348 f., 372,
  378, 388*
• Neandertaler *397*
Dolly *381*
Domäne *14, 17*
dominant *337, 352 ff.*
Dopamin *274*
Doppelhelix *339 f.*
Doppelstrang *339 ff.*
doppelter Blutkreislauf *125*
Down-Syndrom *360, 363*
Drogen *274*
• illegale *274*
• legale *274*
Drüsenzelle *93*
Dünndarm *102, 108 ff., 112*

E

Echter Farn *50*
Ecstasy *274*
Ei *34*
Eiche *46*
Eichel *220*
Eierstock *217, 221*
Eileiter *221*
Einfachzucker *96, 147*
Eingeweidemuskel *293*
Einnistung *228*
Einzelblüte *44*
Einzeller *16 f., 52, 310*
Eisprung *226, 228, 232*
Eiter *315*
Eizelle *217, 221, 226 ff., 342,
  344*
Ektoparasit *311 f.*
Element *135*
Embryo *228, 328, 376 f., 381*
Embryonenschutzgesetz *376*
Empfängnisverhütung *230 ff.*
Endknöpfchen *264 ff.*
Energie *96, 97, 129, 134, 146,
  152, 176 f., 189, 280 f., 293,
  296*
Energiebedarf *280, 283*
Energiebilanz *280*
Energiefluss *176, 177, 179, 189*

Energiegewinnung *208*
Energiehaushalt *153*
Energieträger *136, 183, 294*
Energieträgerwechsel *136*
Energieumsatz *135*
Entwicklung *11 f., 82*
• Heuschrecke *34*
• Honigbiene *34*
Entwicklungsgeschichte
• Wirbeltiere *70*
Entzugserscheinung *274*
Enzym *104 ff., 350, 373, 379*
Enzymwirkung *104 f.*
Epidemie *304*
Epidermis *148*
Erbanlage *332, 337*
Erbgang *353, 354*
Erbinformation *80, 328, 334,
  338 ff., 372*
Erbsubstanz *308 ff., 322*
Erdaltertum *63, 65*
Erdfrühzeit *62 f., 65*
Erdmittelalter *64 f.*
Erdneuzeit *64 f.*
Erdzeitalter *62 ff.*
Erektion *223*
Erholungsfunktion *180*
Erkennungsschwelle *259*
Ernährung *96, 280, 282*
Ernährungspyramide *282*
Erreger *305, 308, 311, 315 ff.,
  322*
Erregung *240, 261, 265 f., 269,
  272, 274*
Erregungsleitung *265 f.*
Erstinfektion *318*
Erythrozyten *120, 356*
Esche *46, 49*
essenzielle Aminosäure *109*
Essigsäurebakterien *306*
Essstörung *284*
Esssucht *285*
Eukaryoten *14, 17*
Eustress *400*
Evolution *68, 71, 86*
Evolutionstheorie *86*

F

Familienforschung *352*
Farbmischung
• additive *250*
• subtraktive *253*
Farbwahrnehmung *250*
Farn *14, 50, 65*
Farnpflanze *15, 50*
Fauna *161, 165*

Fehlsichtigkeit *247*
Fernakkommodation *244*
Fett *97, 100, 108, 147, 281 f.*
Fettleibigkeit *285*
Fettsäure *97, 110, 147*
Fettzelle *93*
Fetus *228*
Feuchtlufttier *26, 30*
Fibrin *122*
Fichte *47*
Fieber *315, 317*
Fiebermücke *310 f.*
fight or flight syndrome *401*
Filtrierer *188*
Finne *312*
Fische *75, 77*
• kieferlose *63*
Fitness *81, 296 f., 299*
Flächenverbrauch *206*
Flaschengarten *158*
Flechte *51*
FLEMING, Alexander *306*
Fließgewässer *184 ff., 191 ff.*
Flirtsignal *218*
Flora *161, 164*
Fluss *184*
Flussaue *186*
Follikel *221, 226*
Fortpflanzung *11, 12, 26, 30*
• ungeschlechtliche *50 f.*
Fossilien *63, 66, 68 f., 73*
Fossilisation *67*
Fotosynthese *63, 134, 146 f.,
  149 ff., 159, 166, 178*
Fotosyntheserate *147*
FRANKLIN, Rosalind *338*
Fresszelle *315 f.*
Frucht *42*
Fruchtblatt *41 f.*
Fruchtform *42*
Fruchtwasseruntersu-
  chung *362*
Fuchsbandwurm *312 f.*
Funktionsmodell *119*

G

Galapagosinseln *84*
Gallenblase *110, 112*
Gallensaft *110*
Ganglion *290*
Gänseblümchen *12*
Gartenerbse *43*
Gasaustausch *114, 116*
Gebärmutter *221, 228, 231*
Gebärmutter-
  schleimhaut *221, 228, 231 f.*

Gedächtnis *272 f.*
Gedächtnismodell *273*
Gedächtniszelle *318 ff.*
Gefleckte Taubnessel *43*
Gegenspielerprinzip *294 f.*
Gehirn *250 ff., 265, 268, 270,
  273*
Gehörsinn *239*
Geißel *305*
gelber Fleck *243*
Gelbkörper *226*
Gelbkörperhormon *226*
Gemeine Sumpfdeckel-
  schnecke *31*
Gen *334, 355, 372 ff., 377*
• dominant *352*
• Merkmal *350*
• rezessiv *352*
Gendoping *377*
genetischer Code *347*
genetischer Fingerab-
  druck *378 ff.,*
Genommutation *361, 363*
Genotyp *333 f., 337, 346, 352,
  354 f., 357 f. 371*
Genprodukt *334*
Gentechnik *372, 376, 381*
Gentherapie *377*
Gepard
• Steckbrief *22*
Geruchssinn *239, 256 ff.,*
Geruchswahrnehmung *259*
Gesamtumsatz *280 f.*
Geschlechterrolle *218*
Geschlechtsdrüse *217*
Geschlechtshormon *217, 226*
Geschlechtsmerkmale
• primäre *216*
• sekundäre *216, 218 f.*
Geschlechtsorgane *216 f.,
  220 f.*
Geschlechtsreife *217*
Geschlechtsverkehr *223*
Geschlechtszelle *220 f., 342*
Geschmack *258*
Geschmacksknospe *257*
Geschmackspapille *257*
Geschmacksqualität *257*
Geschmackssinn *239, 257*
Geschmackssinneszelle *257*
Gewässergüte *190, 192*
Gewässergüteklasse *190*
Gewässernutzung *194*
Gewässerökosystem *162*
Gewässerschutz *195*
Gewebe *93 ff.*
Glaskörper *242*

Gleichgewichtssinn 239
Gliederfüßer 39
Gliedertier 32
Glockentierchen 54
Glücksgefühl 274
Glückszentrum 274
Glukagon 287
Glukose 96, 99, 102, 146 f., 152, 286 ff.
Glukosegehalt 288
Glycerin 97, 110, 147
Glykogen 287 f., 401
Gonorrhoe 306 f.
graue Substanz 268, 270
Griffel 41
Grippe 309
Grippevirus 308
Großhirn 268 f., 272
Großhirnrinde 268, 271
Grünalge 15
Grundfarbe 250
Grundumsatz 280
Guanin 339

H

Hainbuche 49
Hain-Schnirkelschnecke 31
Hair-Flip 218
Hämoglobin 120 f.
haploid 333
haploider Chromosomensatz 342 f.
Harnleiter 220
Harnröhre 221
Harn-Sperma-Röhre 220
Haschisch 274
Haut 92
Hautmuskelschlauch 24
Head-Toss 218
Heckenrose 41
Hefepilz 51
Helferzelle 322
HELMONT, Jan Baptist van 149
Herbarium 48
• Digitales 48
Heroin 274
Herpes 309
Herz 125 f., 128, 130 f.
Herzkammer 128, 130
Herzkranzgefäß 129
Herzmuskel 130, 293, 297
Herzschlag 125
heterosexuell 224
Heterosiseffekt 369
heterotroph 153, 171

heterozygot 353, 356, 369 f.
Heuschnupfen 323
Heuschrecke
• Entwicklung 34
Hirnanhangsdrüse 226
Hirnhaut 268
Hirnhautentzündung 305, 312, 319
Hirtentäschelkraut 42
HIV 322
Hochwasserschutz 196 f.
Hoden 216 f., 220
Hodensack 216, 220
Hohlmuskel 128
Hohlvene 125, 129
Hominisation 389
Homo
• erectus 391, 394 f., 397
• ergaster 394
• habilis 390
• heidelbergensis 391, 395
• sapiens 391, 393, 396 f.
homolog 333
Homologien 75
homosexuell 224
homozygot 336, 352 f., 356, 369
homozygoten 370
Honigbiene 32
• äußerer Körperbau 32
• Ei 34
• Entwicklung 34
• innerer Körperbau 33
• Kokon 34
• Larve 34
• Puppe 34
• Vollinsekt 34
Hormon 217, 226, 232, 286 f.
Hormondrüse 286
hormonelle Verhütung 232
Hormonsystem 286
Hornhaut 242, 244
Humus 174
Hutpilz 51
Hybridzüchtung 370
Hydroskelett 25, 26
Hygiene 227, 306
Hypophyse 217, 226, 269
Hypothalamus 400, 402

I

Ichthyostega 63, 65
immun 319
Immunabwehr
• unspezifische 315
• spezifische 316

Immunisierung 318 ff.,
• aktive 319
• passive 320
Immunität 318
Immunsystem 314 f.
Impfung 320
Infektion 304, 312
Infektionskrankheit 304, 306, 319
Inkubationszeit 304, 309
Insekt 32 ff.,
Insulin 287 f., 372
Intensivierung 200
Interphase 329 f.
In-vitro-Fertilisation 376 f.
Inzuchtzüchtung 369
Iris 242
Ischiasnerv 262

J

Jaguar 20, 21
Jungfernhäutchen 221
Jura 64

K

Kalendermethode 230
Kamille 44
Kammerling 54
Kapillare 124
Kapsel 305, 308
Kartoffelpflanze 145
Karyogramm 333, 360
Katze 20
Katzenschreisyndrom 363
Kehlkopf 114
Keimdrüse 217
Kelchblatt 40 ff.
Kennzeichen des Lebendigen 11 f.
Kernteilung 328
Keuchhusten 306
Kiefer 47
kieferlose Fische 63
Killerzelle 316, 318
Kinderlähmung 309
Kirschbaum 46
Kirschblüte 40 f.
Kitzler 221
Klammerer 188
Kleinhirn 269
Klimaerwärmung 201
Klimaveränderung 205 f.
Klinefelter-Mann 361
Klonen 381 f.
Knochenfisch 63, 65
Knochenmark 121

Knorpelfisch 63
Knorpelzelle 93
KOCH, Robert 306
kodominant 356
Kohl 42
Kohlenhydrate 96, 102, 147, 281 f., 287
Kokain 274
Kokken 305
Kombinationszüchtung 369
Kompartiment 143
Kondom 231, 233
Konkurrenz 22, 167
Konkurrenzausschlussprinzip 167
Konsument 171, 185, 188 f.
Konsument dritter Ordnung 162, 171
Konsument erster Ordnung 162, 171
Konsument zweiter Ordnung 162, 171
Kontaktinfektion 309
Kontraktion 293
Kopflaus 312
Korbblütler 44
Kornblume 44
Körperkreislauf 125
Körperschlagader 124
Körpertemperatur 134
Krankheit 308, 310
Krankheitserreger 121, 310 f., 314 ff., 319, 322
Krautschicht 166
Kreislaufwirtschaft 209
Kreuzblütler 42
Kreuzotter 80 ff.
Kreuzungsschema 359
kriterienstet 18
kriterienunstet 18
Kronblatt 40, 42 ff.
Kronenschicht 166
künstliche Besamung 376
Kunststoffmüll 210
Kurzsichtigkeit 247
Kurzzeitstress 400 f., 403
Kutikula 148

L

LAMARCK, Jean Baptiste de 85 f.
Landökosystem 162
LANGDON-DOWN, John 360
Langzeitgedächtnis 273
Langzeitstress 402, 403

Lärche 47
Latimeria 73
Laubbaum 46, 49
Laubblatt 148
Laubstreu 174
Laubstreuzersetzer-Nahrungskette 177
Lebensgemeinschaft 160 f.
Lebensraum 160, 184
Lebensweise 26, 30, 33
Leber 110, 112, 287
Lederhaut 242
Leistungsfähigkeit 296
Leistungsumsatz 280
Leitfossil 63, 68
Lernen 272
• mehrkanalig 273
Lerntyp 272
Licht 166, 176, 250
Lichtmikroskop
• Bedienung 57
Lichtsinneszelle 242 f., 245
Liebe 222
Liebespfeil 30
LINNÉ, Carl von 14 f.
Linse 242, 244
Linsenband 244
Lipase 110
Lipid 110
Lippenblütler 43
Löwe
• Steckbrief 22
Löwenzahn 44
LSD 274
Luchs 20 f.
Luftröhre 114
Luftverschmutzung 199, 202
Lunge 114 ff., 125
Lungenarterie 116, 125
Lungenbläschen 116
Lungenentzündung 304
Lungenfell 115
Lungenflügel 115 f.
Lungenkapillare 116
Lungenkreislauf 125
Lungenschnecke 29
Lungenvene 116, 125
Lymphgefäßsystem 315
Lymphknoten 315

M

Mäandern 185
Magen 102, 108 ff., 112
Magersucht 284
Makrophage 315
Malaria 310 f., 313

Maltase 104
Maltose 102, 104
Malzzucker 96
Marihuana 274
Markscheide 264
Masern 309
Masturbation 218
Maulbeerkeim 228
mechanischer Reiz 238
mehrkanaliges Lernen 273
Meiose 342 ff., 361
Membran 143
MENDEL, Johann Gregor 336, 369 f.
MENDELsche Regeln 336, 352, 357
Mensch 11, 388 ff.
Menschenaffe 389
Menschheitsgeschichte 388 f.
Menstruation 217, 227
Menstruationskalender 229
Menstruationszyklus 226 f., 230
Merkmal 332, 346 f., 352 ff., 358
• dominant 353
• Gen 350
• rezessiv 353
Merkmalsausprägung 81, 85
Merkmalsausprägungen 80
Merkmalsträger 352
Metamorphose
• unvollständige 34
• vollständige 34
Metaphase 330, 343
Methoden
• Arbeiten mit Modellen 118
• Bestimmungsschlüssel 37
• Bestimmung von Bodenlebewesen 175
• Gewässeruntersuchung 192
• Herbarium – Sammeln und Bestimmen 48
• Herstellung eines mikroskopischen Präparates von Pflanzenteilen 144
• Informationsbeschaffung 36
• Mikroskopieren und Zeichnen 56
• Ordnen 18
• Präparation eines Schweineauges 248

• Präparation eines Schweineherzens 132
• Untersuchung eines Ökosystems 164
• Vergleichen 22
• Versuchsprotokoll erstellen 106
MIESCHER, Friedrich 338
Mikropille 232
Mikroskop 56, 142
Mikrovilli 103
Milchsäurebakterium 306
Mineralisation 174
Mineralisierer 162, 171
Mineralstoff 96, 98, 281 f., 304
Minipille 232
mischerbig 337
Mitesser 217
Mitochondrien 92 f., 143, 135
Mitose 328 ff.
Mittelhirn 269
Mittellauf 184 ff.
Mittelpunktstrahl 246
Modellexperiment 83
Modellkritik 119
Moleküle 135
Monatsblutung 226 f.
Monokultur 182
Moos 15, 50
Moosschicht 166
Mosaikform 70
motorische Nervenfaser 261 f.
motorische Nervenzelle 270
motorisches Feld 269
mRNA 348, 350
Mücke 310
Mumie 67
Mumps 309
Mündung 186
Muskel 261, 292 ff.
Muskelfaser 264, 292 f.
Muskelfaserbündel 292 f.
Muskelfaserriss 298
Muskelfibrille 292 f.
Muskelgewebe 93
Muskelhaut 292 f.
Muskelkontraktion 295
Muskelpumpe 126
Muskelsucht 285
Muskelzelle 93
Muskulatur 261, 268, 270, 292
Mutation 81 f., 85, 340
Mutterkuchen 228
Muttermund 221

Mycel 51
Myosinfilament 292 f.
Myosinkopf 292

N

Nabelschnur 228
nachhaltig 198
Nachhaltigkeit 208
Nachhirn 269
Nacktsamer 47, 63, 65
Nadel 47
Nadelbaum 47
Nahakkommodation 244
Nährstoff 96, 111, 134, 147
Nährstoffbedarf 281
Nahrungsbeziehung 162, 170 ff., 189
Nahrungskette 162, 170
Nahrungsmittel 96, 97
Nahrungsnetz 162, 170 f.
Narbe 41
Nasenhöhle 256
Nasenschleimhaut 114
Nasentier 258
natürliche Auslese 80 ff., 85
Neandertaler 391, 395 f.
• DNA 397
Nebenhoden 220
Nebenniere 400
Nerv 240, 262
Nervenfaser 261 f., 264, 272
• motorische 261 f., 270
• sensorische 261 f., 270
Nervenfaserbündel 262
Nervengewebe 93
Nervensystem 260 ff.
• Arbeitsweise 260 f.
• Bau 260
• autonomes 291
• peripheres 260
• vegetatives 260, 290
• zentrales 260, 265, 272
Nervenzelle 93, 260, 262, 264 ff., 270, 274
Netzauge 32
Netzhaut 242 ff., 250
Neukombination 344
Neuron 264
neuronales Netz-Modell 273
Nisse 312
Noradrenalin 400
Nukleinsäure 338
Nukleotid 339 f., 348

O

Oberflächenvergrö-
ßerung 103, 116
Oberlauf 184 f.
ökologische Nische 167
ökologischer Fußab-
druck 203
ökologisches Defizit 203
Ökosystem 161 ff.
Ökozone 206
optische Achse 246
optische Täuschung 252
Ordnungskriterium 20
Ordnungssystem 18 f.
Organ 94 f.
Organisationsstufe 94
Organismus 92, 94
Organsystem 94
Orgasmus 223, 230
Östrogen 217, 226
Out-of-Africa-Hypo-
these 396
Ovulation 221, 226

P

Paläontologen 394
Palisadengewebe 148
Pantoffeltierchen 53 f.
Panzerfisch 63, 65
Parallelstrahl 246
Parasympathikus 290 f.
Partnerschaft 223
passive Immunisierung 320
PASTEUR, Louis 306
Pearl-Index 233
Penicillin 306
Penis 216, 220, 223, 230
Periode 227
peripheres Nervensystem
(PNS) 260
Pessar 231
Pest 307
Petting 230
Pferde 72
Pflanzen 15 f., 17, 40 ff., 152
Pflanzenfamilie 41, 44 f.
Pflanzenreich 15
Pflanzenzelle 142 ff., 305
Pflanzenzucht 369
Phänotyp 332 ff., 337, 346,
354 f.
Pickel 217
Pigmentschicht 242 f.
Pille 232
Pilze 16 f., 50 f.
Plasmazelle 316

Plasmid 373
Plasmodien 310
Plazenta 228
PNS 260
Pocken 309
Pollution 216
polyploid 371
Population 161
Präimplantationsdiag-
nostik 377
pränatale Diagnostik 362
PRIESTLEY, Joseph 158
Primat 389
Prinzip der Energieer-
haltung 136
Produzent 162, 171, 185, 189
Projektionsfeld des
Sehens 252
Prokaryoten 14, 16
Prophase 330
Prostata 220
Protease 108, 110 f.
Protein 97, 101, 108 f., 147,
281 f., 346 ff., 350
Proteinbiosynthese 347 ff.
Proteinhülle 308 f.
Pubertät 216 ff., 220, 226
Puls 126
Pupille 242, 245

Q

Quartär 64
Quastenflosser 63, 65
Quelle 184

R

Radula 29
Rasse 398 f.
Rassendiskriminierung
398
Räuber 172, 188
Räuber-Beute-
Beziehung 172 f.
räumliches Sehen 251
Reaktionszeit 263
Recycling 199
Reduktionsteilung 343
Reflex 270 f.
Reflexbogen 270
Regel, weibliche 227
Regelung 261, 286
Regenbogenhaut 242
Regenwurm 14 f., 24 ff.
Reich 14 ff., 51
Reifeteilung 343
reinerbig 336 f., 355

Reize 238, 240 f., 265, 273
• chemische 238, 256
• mechanische 238
• physikalische 238
Reizbarkeit 10, 12
Reiz-Reaktions-Schema 261
relative Altersbe-
stimmung 68
Renaturierung 195
Replikation 340
Reproduktionsmedizin 376
Reptil 71, 75, 77
resistent 306
Ressource 198, 203
Ressourcenschonung 209
Retentionsfläche 196
Retina 242
Rezeptor 239, 286
rezessiv 337, 352 f., 354 f.
Rhesusfaktor 358
Rhesusunverträg-
lichkeit 359
Rhizoide 50
Ribonukleinsäure 348
Ribose 348
Ribosom 348, 350
Riechen 256 ff.
Riechhirn 256 f.
Riechkolben 256 f.
Riechschleimhaut 256 f.
Riechsinneszelle 256 f.
Rinderbandwurm 311, 313
Ringelnatter 14
Ringelwurm 24, 39
Ringmuskel 242 ff.
Rippenfell 115
RNA 348
Röhrenblüte 44
Röhrenpilz 51
Rosengewächs 41
Rosmarin 43
Rosskastanie 49
Rotbuche 49
rote Blutzelle 120 f.
Röteln 309
Roter Fliegenpilz 51
Rote Wegschnecke 31
Rückenmark 268, 270, 290
Rückenmarksnerv 270

S

Salbe 231
Salzsäure 108
Samenerguss 230
Samenpflanze 15, 50
Sammellinse 246

Säugetier 20 f., 64, 75, 77
Saurier 64
Schachtelhalm 63, 65
Schachtelhalmgewächs 50
Schalenamöbe 54
Schamlippe 216, 221
Scharlach 304, 307
Schaumspray 231
Schaumzäpfchen 231
Scheide 221
Scheinfüßchen 52
Schimmelpilz 306
Schleimhaut 314 f.
Schlüssel-Schloss-
Prinzip 104, 256, 266
Schmecken 256 ff.
Schmerz 270
Schmetterlingsblütler 43
Schnecke 28, 30
Schnee 274
Schnürring 264, 265
Schote 42
Schutzbarriere 314
Schutzimpfung 319
Schutzmechanismus 306
Schwammgewebe 148
Schwangerschaft 226,
228 ff.
Schweißdrüse 217
Schwellkörper 220 f.
Schwellung 298
Schwertwal
• Steckbrief 23
Sediment 67
Segelklappe 128 ff.
Segment 24, 32
Sehen 250 ff.
• Assoziationsfeld 252
• Projektionsfeld 252
• räumliches 251
• Wahrnehmung 252
Sehne 292 f.
Sehnerv 243, 252
Sehsinn 239

Selbstreinigung 190
Selektion
• Birkenspanner 82
• natürliche 81 ff.
sensorische Nerven-
faser 261 f.
Sexualhormon 232
Sexualität 223
Sibirischer Tiger 20 f.
Sinn 239
Sinnesorgan 239 ff., 260 f.,
272

Sinneszelle 239 f., 265
Skelett 75
Skelettmuskel 292 f.
Skelettmuskulatur 292
Sommerlinde 49
Sonnenblume 44
Sozialdarwinismus 398
Spaltöffnung 146, 148
Spaltungsregel 337, 370
Speed 274
Spenderzelle 373
Sperma 220
Spermienleiter 220
Spermienzelle 216, 220, 228,
   230 f., 342, 344
Spindelfaser 330, 343
Spirale 231
Spirochäten 305
Spitzahorn 49
Spore 50
Sporenkapsel 50
Sporenpflanze 50
Sporentierchen 310
Sportlerherz 131
Sportverletzung 298
Spurenelement 98
Spurenfossilie 67
staatenbildendes Insekt 33
Stäbchen 243, 305
Stammbaum 354 f., 359
• Wirbeltier 79
Stammbaumanalyse 352 f.,
   355
Stammesentwicklung 388
Stammesgeschichte 388,
   393
stammesgeschichtliche
   Verwandtschaft 76
Stammhirn 269
Stammzelle 93
Stärke 96, 100, 102 ff., 147,
   152, 287
Staubblatt 41 f., 44
Stechpalme 46
Steckbrief
• Gepard 22
• Löwe 22
• Schwertwal 23
• Walhai 23
Steinkern 67
Steinpilz 51
Stempel 41, 44
Steuerung 261
Stickstoffkreislauf 178 f.
Stieleiche 49
Stigmen 33
Stimmbruch 216

Stockwerk 166 f.
Stoffkreislauf 171, 176, 178
Stoffspirale 189
Stoffumwandlung 135
Stoffwechsel 10, 12
Strahlengang 246
Strauchschicht 166
Strecker 294
Stress 400
Stressoren 400
Streuschicht 174
Strickleiternerven-
   system 25, 33
Stromatolithen 62 f.
Strömung 188
subtraktive Farbmi-
   schung 253
Sucht 274
Suchtmittel 274
Symbiose 51
Sympathikus 290 f., 400 f.
Symptom 304, 309, 322
Synapse 264, 266 f., 270
synaptischer Spalt 266
Syphilis 305
Systematik 14, 16
Systole 130

T
Tabak 274
Talgdrüse 217
Tampon 227
Taschenklappe 128 ff.
Tastsinn 239
Teilung 305
Telophase 330, 343
Temperaturmethode 230
Temperatursinn 239
Tertiär 64
Testosteron 217
Thymian 43
Thymin 339, 348
Tier 17
Tierreich 15
Tierzelle 92
Tiktaalik 70
Tochterzelle 328 f., 344
Tollwut 309
Tonoplast 143
Tracheen 33
Training 297
transgene
• Bakterien 373
• Tiere 375
Transkription 348, 350
Translation 348, 350

Transmitter 266, 274
Traubeneiche 49
Treibhauseffekt 201
Trilobiten 68
Tripletts 349
Trisomie 21 360 f.
tRNA 348
Trockenmauer 160 f., 163
Tröpfcheninfektion 304, 309
Trophiestufe 177
Tuberkulose 305 f.
Turner-Frau 361
Typhus 306
Tyrannosaurus rex 62

U
Übergangsform 70 f.
Übernutzung 206
Überträger 307, 312
Überträgerstoff 266
Ufer 186
Ultraschalluntersu-
   chung 362
Umweltfaktoren siehe abio-
   tische/biotische Umwelt-
   faktoren
Unabhängigkeitsregel 369
Uniformitätsregel 336, 369
Unterlauf 184, 186
Uracil 348
Urpferdchen 66
Urvertrauen 222
Uterus 221

V
Vagina 221, 223, 230
Vakuole 143
Variabilität 80 ff., 333 ff.,
   344 f.
Variation 85
Vaterschaft 380
vegetatives Nerven-
   system 260, 290
Vene 125, 126
Venenklappe 126
Verdauung 96, 102, 108
• Fette 110
• Kohlenhydrate 102 ff.
• Proteine 108 f.
• Überblick 112 f.
Verdauungssaft 103
Verdichtung 200
Vergleichskriterium 18
Verhütung 223, 230
• chemische 231
• hormonelle 232

• mechanische 231
• natürliche 230
Verhütungsmittel 231 f.
Verhütungsring 232
Verhütungsstäbchen 232
Verrenkung 298
Verschmutzung 206
Versiegelung 200
Verstauchung 298
Versteinerung 67
Verwandlung
• unvollständige 34
• vollständige 34
Verwandtschaft 20, 388
• stammesgeschicht-
   liche 76
• Wirbeltier 74
Vielfachzucker 96, 102
Vielfalt 14 ff., 85 ff.
Virus 308 f., 314, 316, 322
Vitamin 96, 98, 281 f.
Vogel 71, 75, 77
Vorhof 128
Vormensch 389
Vorsteherdrüse 220

W
Wacholder 47
Wachstum 11 f., 328
Wachstumsschub 216
Wahrnehmung 240 f., 252
Wahrnehmungs-
   schwelle 259
Wald 166, 170 f., 177, 180, 182
Walhai
• Steckbrief 23
Wärme 176, 189
Wasserpest 142
Watson-Crick-Modell 338
WATSON, James 338
Wechselbeziehung 159
Wechseltierchen 52
weiblicher Zyklus 227
Weichtier 28, 39
Weide 49
Weidegänger 188
Weidegänger-Nahrungs-
   kette 177
Weinbergschnecke 10 f.,
   28 ff.
Weißbuche 49
weiße Blutzelle 121
Weitsichtigkeit 247
Wellhornschnecke 31
Wespe 14
Wespenspinne 14

Wiesenschaumkraut 42
Wilde Möhre 14
willkürliche Bewegung 270
Windpocken 309, 318 f.
Winterstarre 30
Wirbellose 15, 38 f.
Wirbelsäule 74
Wirbeltiere 15, 74 ff.
• Entwicklungsge-
  schichte 70
• Fortbewegung 75
• Fossilien 70
• Gliedmaßen 78
• Stammbaum 79
• Verwandtschaft 74
Wirtswechsel 311
Wirtszelle 308 f.
Wollhaarmammut 69
Wundstarrkrampf 306
Wundverschluss 122
Wurzelschicht 167

Z

Zapfen 243, 250
Zehn-Prozent-Regel 177, 189
Zeigerart 190, 192 f.
Zellatmung 63, 134, 152 f.,
  159, 178, 287 f., 293
Zellbestandteile 142
Zelldifferenzierung 93 f.
Zelle 92, 94, 142
Zellkern 92, 143, 330, 348, 381
Zellkörper 264
Zellmembran 92, 142, 305
Zellplasma 92, 143, 305
Zellteilung 94, 328 f.
Zelltyp 93
Zellwand 142, 305
Zellzyklus 329, 331
zentrales Nervensystem
  (ZNS) 260, 265, 272
Zentralkörperchen 330
Zentralnervensystem 260
Zentromer 329
Zerkleinerer 188

Zersetzer 306
Zerstreuungslinse 246
Zieralge 54
ZNS 260, 262, 270
Zucht 368
Zuckerkrankheit 288
Zunge 257
Zungenblüten 44
Zungenkarte 259
zweieiige Zwillinge 228
Zweifachzucker 96, 102
Zwerchfell 115
Zwillinge
• eineiige 228, 335
• zweieiige 221, 228, 335
Zwillingsforschung 353
Zwischenhirn 269
Zwischenrippenmusku-
  latur 115
Zwitter 26, 30
Zwölffingerdarm 102, 108,
  110, 112
Zygote 93, 94, 228, 328

Minkus, Volker, Isernhagen; **254 mitte rechts:** Minkus, Volker, Isernhagen; **255 oben mitte:** Minkus, Volker, Isernhagen; **256.1:** Shutterstock / Iaroslav Neliubov; **258.5:** iStockphoto / David Schliepp; **259 Mat. A:** Shutterstock / Kent Weakley; **260.1:** picture-alliance / ASA / Philippe Crochet; **262.3:** picture-alliance / SGS / Science Photo Library; **263 MB:** picture-alliance / M.i.S.-Sportpressefoto; **263 o.:** Minkus, Volker, Isernhagen; **264.1:** 123RF / Renjith Krishnan; **268.1:** picture-alliance / ASA / Natascha Haupt; **272.1:** mauritius images / Cultura; **274:** Fotolia / Iryna Tiumentseva; **276 A:** Corbis / Menelaos Mich / Demotix; **276 B:** Shutterstock / Serg Zastavkin; **276 C:** Shutterstock / Iaroslav Neliubov; **277 D:** picture-alliance / ASA / Natascha Haupt; **279.:** Shutterstock / Dmitry Lobanov; **280.1:** mauritius images / Alamy; **283 Mat. B links:** Fotolia / Robert Neumann; **283 Mat. B rechts:** iStockphoto; **285.2 A:** picture-alliance / dpa; **285.2 B:** iStockphoto; **286.1:** mauritius images / tips images; **288.4:** mauritius images / Science Photos Library; **288.5:** Shutterstock / Dmitry Lobanov; **290.1:** mauritius images / www.urbanlip.com; **292.1:** REUTERS; **296.1:** imago / Alfred Harder; **298 mitte:** mauritius images; **299 Mat. B links:** picture-alliance / GES-Sportfoto; **299 Mat. B mitte:** iStockphotoMax Bolotnikov; **299 Mat. B rechts:** mauritius images / AGE; **300 A:** mauritius images / Alamy; **300 B:** mauritius images / tips images; **300 C:** mauritius images / www.urbanlip.com; **301 D:** REUTERS; **301 E:** imago / Alfred Harder; **303:** mauritius images / Science Photos Library; **304.1:** REUTERS / Finbarr O'Reilly (DEMOCRATIC REPUBLIC OF CONGO); **305.2:** Agentur Focus / Gelderblom / eye of science; **305.3:** Agentur Focus / SPL; **305.4:** mauritius images / Alamy; **305.5:** Agentur Focus / SPL / AMI IMAGES; **306.6:** picture alliance / WHA / United Archives / United Archiv; **306.7:** iStockphoto / mediaphotos; **308.1 A:** PHIL / Public Health Image Library; **308.1 B:** mauritius images / Science Source; **309.3 A:** iStockphoto / ScrappinStacy; **309.3 B:** Shutterstock / LoloStock; **310.1:** CDC / James Gathany; **311.2:** Corbis / Visuals Unlimited, Inc. / Dr. Arthur Siegelman; **311.3 A:** Agentur Focus / SCIENCE PHOTO LIBRARY / CNRI; **311.3 B:** StockFood GmbH/sciencephotolibrary/ERIC GRAVE; **312.5 A:** mauritius images / Alamy; **312.5 B:** Corbis / George D. Lepp; **312.5 C:** Okapia / Darlyne A. Murawski / P. Arnold, Inc.; **314.1:** mauritius images / Stephanie Böhlhoff; **314.2:** Agentur Focus / SPL / Jürgen Berger; **315.4:** Okapia / Kage Mikrofotografie; **317 Mat. A-A:** iStockphoto / Scott Cramer; **317 Mat. A-B:** Shutterstock / Kletr; **317.Mat. A-C:** iStockphoto / Victor Melniciuc; **317 Mat. A-D:** mauritius images / Alamy; **318.1:** Agentur Focus / SPL; **319.2:** iStockphoto; **320.3:** iStockphoto; **320.4:** iStockphoto / lifeonwhite.com; **321 Mat. B:** Rupp, Gabriele; **322.1:** BZgA*; **323.1 mitte:** Rupp, Gabriele; **323.1 oben links links:** iStockphoto / Kaan Ates; **323.1 oben links rechts:** Fotolia / Amaro; **323.1 oben rechts links:** mauritius images; **323.1 oben rechts rechts:** mauritius images / imagebroker; **323.1 mitte links:** iStockphoto; **323.1 mitte rechts links:** Agentur Focus / DR KLAUS BOLLER / SPL; **323.1 mitte rechts rechts:** Agentur Focus / STEVE GSCHMEISSNER / SPL; **323.1 unten links:** picture-alliance / BSIP / IMA; **323.1 unten re:** Fotolia / seen; **324 A:** Agentur Focus / Gelderblom / eye of science; **324 B:** PHIL / Public Health Image Library; **324 C:** CDC / James Gathany; **325 D:** Okapia / Kage Mikrofotografie; **325 E:** iStockphoto; **327:** Corbis / 3d4Medical.com; **328.1:** Smith, Bradley, Ann Arbor, MI, USA; **329.3 A:** sciencephotolibrary / Fawcett, Don W.; **329.3 B:** mauritius images / Science Source; **331 Mat. A links:** mauritius images / Phototake; **331 Mat. A mitte:** mauritius images / Phototake; **331 Mat. A rechts:** mauritius images / Phototake; **332.1:** Glow Images; **333.3:** mauritius images / Science Source; **335 Mat. A links:** Schiek, Dr. Ulrike; **335 Mat. A rechts:** Schiek, Dr. Ulrike; **335 Mat. B oben:** Shutterstock / Andrey Arkusha; **335 Mat. B unten:** mauritius images / Onoky; **336.1 A:** picture alliance / akg-images; **336.1 B:** Okapia / Christian Grzimek; **338.1:** Corbis / Rainbow / Science Faction / Hank Morgan; **342.1:** mauritius images / Phototake; **346.1:** Fotolia / Franz Pfluegl; **352.1 l.:** 123RF / Tyler Olson; **352.1 r.:** gemeinfrei; **353.3 oben links:** 123RF / Dan Kosmayer; **353.3 oben rechts:** Fotolia / ninell; **353.3 unten links:** 123RF / Shao-Chun Wang; **353.3 unten rechts:** 123RF / Tono Balagauer; **356.1:** picture alliance / dpa; **360.1:** mauritius images / Science Source; **362.3:** iStockphoto / Isabelle Limbach; **364 A:** mauritius images / Phototake; **364 B:** Corbis / 3d4Medical.com; **364 C:** Glow Images / ; **365 D links:** 123RF / Tyler Olson; **365 D rechts:** gemeinfrei; **367:** picture alliance / Science Photo; **368.1:** Okapia / Ramona Richter / Tierfotoagentur; **368.2 A:** mauritius images / Roland T. Frank; **368.2 B:** Okapia / Karl Gottfried Vock; **369.3 A:** Okapia / Marc de Clerck / KINA; **369.3 B:** mauritius images / imageBROKER / Jürgen & Christine Sohns; **370.4:** F1online / dst Imagebroker RM; **371 Mat. B oben links:** Mauritius images / imagebroker / Reinhard Hölzl; **371 Mat. B unten rechts:** Mauritius images / imagebroker / Reinhard Hölzl; **372.1:** Shutterstock / Shots Studio; **374.3:** Okapia / Nigel Cattlin / Holt Studios; **374.4:** Okapia / Nigel Cattlin / Holt Studios; **376.1:** mauritius images / imageBROKER; **378.1:** Corbis / Hero Images; **378.2:** Shutterstock / isak55; **381.1:** Shutterstock / Jason Benz Bennee; **384 A:** Okapia / Ramona Richter / Tierfotoagentur; **384 B:** Shutterstock / Shots Studio; **385 C:** Shutterstock / isak56; **385 D:** Shutterstock / Jason Benz Bennee; **387:** Neanderthal Museum, Mettmann; **388.1:** Agentur Focus / SPL / Reader; **389.2 A:** Fotolia / nasared; **389.2 B:** Shutterstock / Bernhard Richter; **389.2 C:** imago; **389.2 D:** picture-alliance / chromorange; **389.2 E:** Shutterstock / Damson; **390.3 A:** Alamy / The Natural History Museum; **390.3 B:** Bridgemanimages. com; **394.1 A:** Schieder, Ing. Markus; **394.1 B:** akg-images / Hess. Landesmuseum; **395.3:** Neanderthal Museum, Mettmann; **398.1:** VISUM; **399.2:** Fotolia / Franz Pfluegl; **400.1:** Minkus, Volker, Isernhagen; **403 Mat. A-A:** Shutterstock / ollyy; **403 Mat. A-B:** Fotolia / Igor Mojzes; **403 Mat. B B:** Okapia / NAS / TomMcHugh; **404 A:** Fotolia / Franz Pfluegl; **404 B:** Minkus, Volker, Isernhagen

* Mit freundlicher Genehmigung und Unterstützung der Bundeszentrale für gesundheitliche Aufklärung